인류를 만든

의례와
종교

황소걸음학술총서 2

Ritual and Religion in the Making of Humanity

인류를 만든
의례와 종교

로이 라파포트 Roy Rappaport | 강대훈 옮김

황소걸음
Slow&Steady

일러두기

1. 용어는 가급적 한국 인류학계의 관행에 따랐습니다. 아직 정립된 용어가 없을 때는 한글로 출판된 인류학 개론서나 교과서를 참고했고, 그마저 없을 때는 가급적 뜻을 전달하기 쉬운 우리말로 옮겼습니다.

2. 인명과 지명 등 중요한 고유명사는 본문 맨 처음에 영문이나 한자를 병기했습니다.

3. 단행본과 잡지는 《 》로, 논문은 〈 〉로 표기했습니다.

4. 국내에 번역·출간된 책이나 논문은 번역 제목에 원제를 병기하고, 출간되지 않은 책이나 논문은 원제에 번역 제목을 병기했습니다.

5. 지은이 주는 미주로, 옮긴이 주는 각주로 처리했습니다.

6. 본문에 다른 책을 인용한 부분은 원서 표기에 따라 괄호 안에 지은이와 출간 연도를 넣었습니다. 출간 연도가 두 개인 경우, 뒤의 것은 초판 연도입니다.

7. system은 문맥에 따라 체계나 시스템으로 표기하되, 라파포트가 시스템 이론을 많이 참조해서 가급적 '시스템'으로 표기했습니다.

이 책에서 내가 발전시킨 논지에 큰 영향을 주었거나, 나의 인생과 경력에서 중요한 의미가 있는 인류학자 네 명에게 이 책을 바친다. 그들이 내 인생으로 들어온 순서는 다음과 같다.

로버트 레비Robert Levy

에릭 울프Eric Wolf

머빈 메깃Mervyn Meggit

키스 하트Keith Hart

그들은 모두 나를 형처럼 대해주었다. 키스는 나보다 한참 어린데도 그랬다.

추 천 사

에밀 뒤르켐Émile Durkheim은 1차 세계대전이 발발하기 전인 1912년, 《종교 생활의 원초적 형태Les Formes élémentaries de la vie réligieuse》를 출간했다. 1차 세계대전은 유럽에서 30년 이상 축적되어온 역사적 과정을 공고히 했고, 20세기 우리에게는 친숙한 사회형태의 토대를 놓았다. 중앙집권 국가에 의해, 그 국가를 위해 조직되며, 각 분야 전문가 계급이 운영하는 사회 말이다. 뒤르켐은 사회학의 주요 창시자로서, 이 전문가 계급의 활동이 강조되는 사회 연구를 위한 새로운 학문 확립에 크게 기여했다. 그는 《종교 생활의 원초적 형태》에서 인류의 미래를 위한 절박한 질문을 제기한다. 과학은 사회 체계를 확립하기 위한 지적 토대로 기능하던 종교를 원래 자리에서 몰아낸 듯했다. 그러나 과학이 종교의 기능을 대신할 수는 없었다. 그 결과 현대인의 영적 실존에 커다란 공백이 생겼고, 뒤르켐은 그 공백이 메워져야 한다고 보았다. 그러나 그 공백을 어떻게 메워야 하는지는 상상하지 못했다.

　이 책은 로이 라파포트가 종교와 사회, 생태의 관계에 대해 30년 이상 탐구해온 결과물이다. 내가 보기에 이 책은 뒤르켐이 대답하지 않고 남겨둔 질문에 처음 체계적으로 응답했다. 동시에 규모 면에서 앞선 위대한 선학들의 저작과 견줄 만한, 종교인류학 분야의 기념비적 작품으로 평가받아 마땅하다. 라파포트는 이 책에서 인류가 21세기에 마주칠 상황에 적합한 새로운 종교의 발전을 위한 청사진을 제시한다. 그가 표방한 목적은 소박하다. 즉 종교 생활의 실제적 모체母體로서 의례를 더 잘 이해할 수 있도록 인류학적 선행 연구들을 검토한다는 것이다. 그러나 '생각하는 갈대'인 인류가 궁극적으로 책임져야 할 이 세계를 운행시키는 과학 법칙들과 양립할 수 있는 종교를 구상하는 데 기여하고 싶다는 지은이의 바람이 책 곳곳에서 드러난다.

종교는 원래 예술과 과학을 포괄하는 더 큰 범주의 일부였다. 오늘날 종교에 대한 지적 신뢰의 추락은, 종교적 신비주의에 대항한 지식의 한 형태로 나타난 과학이 예술과 자주 대립하는 데서도 드러난다. 거칠게나마 과학을 세계를 객관적으로 알고자 하는 욕구로, 예술을 현저한 주관적 자기표현의 장場으로 본다면, 종교는 전형적으로 우리 내부의 무엇과 외부의 무엇을 연결해서 주체 – 객체 관계의 양면을 모두 건드린다. 어원학적으로 종교religion란 인간을 외부의 힘과 결합하는 어떤 것이다. 종교는 인간과 세계의 의미 있는 상호작용을 확립하고, 인간의 덧없음에 맞서 단단한 반석을 제공한다.

뒤르켐의 종교 개념도 이와 일치하지만, 거기에는 근본적으로 새로운 몇 가지 통찰이 있었다. 뒤르켐은 알려진 것과 미지의 것에 대한 경험을 구분했다. 우리가 아는 것은 하루하루의 삶, 일상적 실존의 평범한 특징이다. 우리는 일종의 사적인 분주함 속에서 그것들을 경험한다. 하지만 이 삶은 자연재해, 사회적 혁명, 무엇보다 죽음이라는 우리가 알지 못하는 근원에서 유래한 더 큰 힘에 맡겨졌다. 우리는 개인과 인간 집단의 운명에 영향을 미치는 이 미지의 원인들을 필사적으로 다스리려고 하거나, 적어도 그것들과 우호적인 관계를 원한다. 그래서 뒤르켐에게 종교란 알려진 것과 알지 못하는 것의 간극, 즉 일상적 경험으로 구성된 속俗의 세계와 그런 경험에서 벗어난 비일상적인 성聖의 세계의 간극을 메우기 위한 조직화된 노력이었다.

뒤르켐은 우리가 보통 신성성을 영적인 힘으로, 즉 세계의 종교에서 신이라 불리는 힘으로 이해한다고 보았다. 그러나 그는 인간에게 궁극적으로 미지의 것은 사회 내 인간들의 집합이라고 여겼다. 인류학자들은 인간의 행위가 그들이 속한 사회에서 어떻게 유래하는지 파악하는 일이 만만찮다는 사실을 안다. 종교의 주요 메커니즘인 의례에서 부각되는 것도 바로 이런 집합적 삶의 속성이다. 뒤르켐은 인간이 의례를 통해 공유된 경험에서 채 발현되지 않은 힘, 즉 사회를 숭앙하며 그것을 신이라고 부른다고 주장한다. 때로 인간은 영적 세계를 자연 세계로 객관화하여 이를 숭배한다. 그가 보기에 이 자연종교, 당시 그가 수행한 오스트레일리아 원주민의 '토테미즘' 연구와 관계된 자연종교는 과학을 포함해 모든 체계적 지식의 모체matrix였다. 따라서 《종교 생활의 원초적 형태》의 주요 과제 중 하나는 과학 역시 종교를 낳은 동일한 욕망, 즉 알려진 것과 알지 못하는 것을 연결시키고자 하는 그 욕망에서 유래했음을 드러내는 것이었다.

뒤르켐의 논지에 따르면, 일상생활의 혼돈은 공유된 집단적 실존의 사회적 사실social fact을 재현하는 관념을 통해 어느 정도 안정시킬 수 있다. 과학, 예를 들어 사회학은 우리가 이 사실을 깨닫는 데 도움을 준다. 그러나 보통 과학적 지식과 그것의 방법론은 문화의 일관성과 안정성을 와해시킨다. 뒤르켐은 의례의 주요 과제가 개인에게 이 집합표상collective representation을 주입하는 것이라고 믿었다. 그 책의 유명한 구절에서 뒤르켐은 의례적 경험의 '들썩임effervescence'에 대해 말한다. 그런 영적 엑스터시 상태에서 우리는 사회생활 속에 서로를 서로에게 결합시키는 교훈들을 내면화한다. 뒤르켐은 사회화 과정이라는 이 중요한 개념을 더 발전시키지 않았다. 라파포트의 이 책은 다른 무엇보다 바로 이 논점을 확장한 것이다.

추천사에서 책의 내용을 미리 알려줄 필요는 없다. 이 책에서 라파포트는 자신의 논지를 놀라우리만치 명쾌하게 전개하고 깊이 천착한다. 나는 이 책이 뒤르켐을 창시자로 하는 인류학의 전통에 속하는 저작일 뿐 아니라 분석철학서라고 말하고 싶다. 지은이는 가차 없을 만큼 정확한 용어를 사용하고, 인상적인 지적 전통의 조류에서 태어난 그 문장에는 힘이 넘친다. 예를 들어 이 책 2장은 의례가 인간 사회에서 어떻게 여겨졌는가 하는 점에 대한 탁월한 리뷰이며, 이는 앞으로도 변함없을 것이다. 또 형식성, 불변성, 전통이라는 몇 안 되는 키워드로 구성된 그의 의례에 대한 정의는 이 책의 14개 장 가운데 11개 장 이상에서 논의된 결과다. 그 방대함과 일관성을 고려할 때 이에 필적할 만한 저서를 찾기는 힘들 것이다.

라파포트가 이처럼 의례에 철저한 관심을 보이는 것은 의례를 종교의 토대라고 보기 때문이다. 그도 뒤르켐처럼 종교가 현대사회에서 제대로 살아남지 못했으며, 사회를 이끄는 제도로서 지배력을 잃고 대신 점점 늘어나는 소외된 대중의 일시적인 정서적 처방제로 전락했음을 안다. 그는 타락한 우리의 20세기 패턴이 21세기에도 반복된다면 22세기는 없으리라는 것도 안다. 돈과 소비라는 '사이비–종교'가 자연과 사회를 단기적인 수준에서도 지속 가능하지 않은 속도로 파괴하기 때문이다. 라파포트는 이 세계의 위기에 대한 하나의 응답이 천문학이 아니라 생태학에 근거를 둔—다시 말해 인간 사회가 지구라는 행성 안의 존재라는 점을 주지시키는—포스트모던 과학을 기반으로 한 종교라고 보았다.

이것이 책 제목의 대략적인 의미다. 라파포트가 이 책에서 사용하는 humanity라는 단어는 개인적 성질이자 집합 명사이며, 역사적 과제를 가리킨다. 어떤 의미에서 국가와 문화를 초월한 인류 보편의 잠재성을 성취하기 위한 인간의 노력은 아직 시작되지 않았다. 하지만 그 잠재성은 인간이라는 종의 기원, 즉 언어의 발견과 종교에 내재했다.

종교의 포괄적 특성은 '성스러움holiness'으로 이는 신성성the sacred, 누미노스the numinous, 비술秘術, the occult, 신성the divine을 포함하는 개념이다. 성스러움은 전체성whole이며, 건강함과도 관련이 있다. 의례를 통해 거듭 연행演行, performance 되는 종교는 우리가 사물의 온전성과 접촉할 수 있는 수단이다. 우리는 점점 인간 사회가 지구 생물계의 일부일 뿐임을 깨달아간다. 인간이란 종은 지금까지 종종 무분별한 파괴를 자행해왔다. 이제 우리의 임무는 전체로서 생명계에 대한 책임을 받아들이는 것이다. 종교는 그런 과제 수행에 필수 불가결한 요소이며, 의례는 종교의 능동적 토대다. 이 모든 내용에서 뒤르켐이 쓴 《종교 생활의 원초적 형태》의 그림자가 어른거린다.

뒤르켐의 책과 라파포트의 이 책 사이에는 전쟁, 관료제의 확립, 과학의 발전이 있었다. 그사이 인류학은 어엿한 학문 분과로 자리 잡았고, 이 책은 많은 인류학적 성과에 근거한다. 그러나 라파포트는 신학자와 심리학자, 생태학자, 철학자의 논의도 참조한다. 이 점에서 그는 18세기 계몽사상에서 유래한 인류학의 학문적 기원에 충실한 셈이다. 칸트는 생애 말기에 출간한 일련의 강의록(《Anthropology from a Pragmatic Point of View 실용적 관점에서 본 인류학》)에서 현대적 의미의 '인류학anthropology'이라는 용어를 처음으로 만들었다. 거기서 칸트는 '인류가 어떻게 개별 국가들의 경계를 넘어 세계주의적 사회를 만들 수 있는가'라는 질문을 던진다. 그는 인지, 미학, 윤리에 관한 비교 연구에서 해답을 찾는다.

칸트에게 공동체와 거기서 통용되는 상식은 사회적 상호작용에서 만들어진다. 미학적인 것은 주로 사회적인 것으로, 그 기원은 좋은 음식과 대화, 교제다. 뒤르켐은 이런 칸트의 도회적 논의에 근거해서 더 원시적인 의례 개념을 강조했다. 라파포트는 한 걸음 더 나아가 뒤르켐이 할 수 없던 것, 즉 '의례가 어떻게 단순히 국가라는 경계를 넘어 지구-사회를 지탱할 수 있을까'라는 과제와 씨름한다.

우리는 19세기 인류학자들이 신봉하던 보편 법칙을 이제 신뢰하지 않는다. 그 이유는 간단하다. 당시 인류학자들은 동등하지 않은 세계의 여러 인종을 통합해 날카로운 합리성의 원리로 통치할 수 있다는 서구 제국주의의 능력을 무한히 신뢰했기 때문이다. 그 이후 세계 사회를 바라보는 또 다른 시각이 등장했다. 즉 자급자족적인 국민국가로 구성된 세계를 인정하고, 세계 어디에 사는 사람이든 그들이 얼마나 미개하든 모두 자기 삶의 방식을 견지할 권리가 있다는 문화상대주의에 입각한 시각 말이다. 이런 시각은 현대 인류학에서 너무나 기본적이라, 라파포트가 강조한 것이 새삼스러워 보일지 모른다.

오늘날에는 보편적 주제에 대해 방대하고 소상한 책을 쓰는 일이 구식이 되어버렸다. 난해한 소주제별 논문과 민족지를 위한 민족지 쓰기, 공공 문제 회피 등이 정석이 된 것이다. 이 책은 그와 반대로 지금까지 연구 성과를 아우르는 야심찬 지적 기획으로, 인류학을 되살리고 미래에 인간이 살기를 희망하는 세계에도 주목해야 한다고 주장한다.

라파포트의 이 야심찬 기획은 20세기 말 사회적 조건 덕분에 가능했다. 현재 우리는 전화와 TV, 컴퓨터의 융합에 따른 정보 통신 혁명의 시대를 통과하고 있다. 2차 세계대전 이후 세계적 교환망의 점진적 통합 덕분에 지구적 차원의 유례없는 왕래와 소통이 가능해졌다. 동시에 우리는 환경 파괴와 세계 사회에 널리 퍼진 막대한 불평등도 의식하게 되었다. 뒤르켐이 사회를 조직하는 유일한 수단으로 은밀히 신뢰한 '국가' 장치 역시 혼란에 빠졌다. 넬슨 만

델라의 국가 정도를 제외하면 어떤 정부도 대중의 폭넓은 지지를 이끌어내지 못하고 있다.

지금 우리는 무엇이 막 끝나고 새로운 것이 시작되려는 찰나에 있다. 라파포트는 자기 논지의 역사적 맥락은 언급하지 않는다. 그러나 이 책의 놀라운 윤리성은 20세기 국민국가들이 곧 인류 공통의 어젠다를 조직하기 위한 새로운 연합체에 자리를 내줘야 한다는 그의 확신에서 나온 것이다. 다시 말해 우리는 보편적인 무엇에 관한 새로운 개념이 필요하다. 인류학은 종교가 과학에 의해 축출되었을 때 그 빈자리를 메워왔다. 그러나 인류학 자체는 종교가 아니며, 인간 조건에 관한 사려 깊은 지식에 근거해서 종교에 대한 새로운 접근법을 모색하는 수단이다.

현재 세계는 종교로 가득 차지 않았느냐고 반문할 수도 있다. 실제 사정 역시 그렇다. 그러나 오늘날 주된 종교적 경험의 수단, 특히 기독교와 이슬람 근본주의는 주로 소외된 대중을 끌어들인다. 이 종교들은 세계 사회를 연결시킬 수단은 제공해도, 각 사회를 통치하는 제도에는 아직 영향을 줄 수 없다. 이는 비극적인 일인데, 이 종교들이 인류의 통신수단이 새로운 방향으로 빠르게 발전하는 시대에 퇴행적인 방식으로 경전 속의 교리에 집착하기 때문이다.

라파포트는 많은 이들이 종교의 가장 독특하고 우려할 만한 특징으로 꼽는 분열과 갈등을 조장하는 능력에 대해서는 자세히 언급하지 않는다. 대신 그는 의례에 깃든 건설적인 힘에 초점을 맞춘다. 그는 이 책이 생명의 고양이라는 목표에 기여할 수 있도록 종교 생활을 혁신하려고 힘쓰는 사람들을 위한 일종의 안내서가 되기를 바랐다. 결과는 그의 뜻대로 될 수도 있고 아닐 수도 있다. 그러나 그가 이 책에서 최소한 의례와 종교인류학을 위한 새로운 방향을 제시했다고 온당히 평가할 수 있다.

뒤르켐은 종교 생활이 성과 속, 개인과 집단이라는 분리된 세계를 이어준다는 이원론적 관념을 품었다. 이는 앞으로 사회가 국가의 비인격적 제도와 시장에 의한 노동 분화에 따라 운영될 것이라는 가정에서 나온 견해다. 그런 세계에서 개인적이고 일상적인 요소는 사회나 역사와 어떤 의미 있는 관계도 맺지 못한다. 따라서 인간의 삶을 규정하는 추상적 원리가 종교적 의례에서 어떻게 재생산되는지 발견하는 것은 전문가와 사회학자, 인류학자의 몫으로 남겨진다. 라파포트의 입장은 그와 놀라우리만치 다르다. 그의 의례 정의는 신성성과 일상적인 것, 사회와 개인 혹은 문화와 자연 사이에 뚜렷한 경계를 긋지 않는다. 이는 익명적 사회구조에 대한 신뢰가 상당히 무너진 20세기 후반의 사회적 상황을 반영하는 것이다.

현대에도 유효한 인류 보편적 요소가 무엇인가에 관한 라파포트의 비전은 우리의 20세기를 열었고, 대학이라는 공간을 특권적 피난처로 삼아온 모더니스트 운동을 다시 생각하게 만든다. 특히 라파포트는 과학과 종교가 화해할 방법을 찾아야 한다고 주장한다. 양자의 불화는 파괴적일 뿐 아니라, 최근의 점성학과 경제학 등에서 발견되는 둘의 허위적 통합은 잠재적으로 더욱 그러하기 때문이다. 학계 동료들은 대부분 그의 주장에 별 감흥을 받지 못할 것이다. 오랫동안 다른 사고방식에 길들여졌고, 종전의 제도에 지나치게 의존하기 때문이다. 그러나 전문화된 지적 탐구를 위한 새로운 시대가 도래한다면, 젊은 인류학자들과 종교 연구자들은 인간 가능성의 새로운 영역을 탐구한 라파포트의 대담한 저서에서 큰 자극을 받을 것이다.

1997년 4월 케임브리지에서

키스 하트

서 문

내 친구들은 알겠지만 이 책은 오랜 구상의 결과물이다. 나는 그 가운데 몇몇 개념을 1960년대 후반부터 다듬었다. 나는 학계에 있는 기간에 대부분 의례와 종교에 대해 강의했다. 그리고 이 책에 담긴 일부 내용은 1979년 〈Obvious Aspects of Ritual 의례의 명백한 양상들〉 〈Sanctity and Lies in Evolution 인류 진화에서 신성성과 거짓말〉이라는 논문 형태로 발표했다. 이 책의 초기 원고는 약간 수정해서 1982년에 출판하기로 했으나, 퇴고하면서 원고가 불충분하다는 사실을 깨달았다. 결국 나는 고쳐 쓸 '시간이 생길 때까지' 출판을 미루기로 했다.

그 무렵 나는 현지 조사를 떠나야 했다. 현지 조사에서 돌아와 미국인류학협회AAA 회장을 맡았다. 당시 나는 미시간대학교 교수직 외에 남은 시간을 협회 업무에 쏟았다. 학계 사람들이 대부분 그렇듯 1~2주 내에 완성해달라는 기사와 논문 요청에 시달렸는데, 보통 나는 그것을 쓰는 데 몇 달 정도가 걸렸다. 그런저런 사정으로 이 책의 집필은 매우 더디게 진행되었다. 그리 흡족하진 않아도 고쳐 쓴 부분이 원문보다 낫다는 사실에 만족한 게 당시 상황이었다. 물론 여전히 내가 말하려는 바가 원하는 만큼 명료하게 표현되지 않았다는 느낌은 있었다.

그러다 1996년 4월, 폐암 판정을 받았다. 나를 진단한 존슨 박사는 암이 치료 불가능한 수준으로 발전하지는 않았으며, 내가 가장 중요하다고 생각하는 일에 몰두해도 된다고 말했다. 폐암 진단 이후 자연스럽게 책 집필을 마쳐야겠다는 생각이 강해졌다. 나는 문장을 최대한 다듬어야 한다는 강박에서 조금은 놓여났다. 집필을 방해하던 여러 가지 일이 뒤로 물러나고, 이 원고 작업이 내 삶의 중심이 되었다.

폐암과 관련해서 나는 운이 좋았다. 지금까지 전혀 고통을 겪지 않았고, 내 증상은 체력이 달려서 한 번에 2~3시간 이상 작업하면 피로하다는 것뿐이었다. 여기서 이 책을 집필한 여러 달 동안 내가 생활하는 데 직접적인 도움을 준 로버트 토드Robert Todd 박사, 제임스 아론-토마스James Arond-Thomas, 마이클 셰아Michael Shea, 훌륭한 주사 담당 간호사 앵커린 달레루스Annkarine Dahlerus와 제니퍼 웰시Jennifer Welsh에게 감사의 말을 전하고 싶다. 주디 페더부시Judy Federbush는 책을 집필한 마지막 해뿐 아니라 이 원고와 다른 일들이 나를 옥죄던 이전에도 멀쩡한 정신으로 버티게 해주었다. 그녀의 도움이 없었다면 이 원고를 완성하지 못했을 것이다.

나를 살아 있게 하고 온전한 인간으로 기능할 수 있게 해준 사람은 아내 앤Ann이다. 책의 서문이나 감사의 말에 이런 표현이 진부하다는 것을 알지만, 나처럼 증상이 경미한 사람이라도 암 환자가 사랑이 담긴 배려 없이 어떻게 1년 이상 버틸 수 있을지 상상하기 어렵다. 앤의 지지는 단순한 사랑의 부름이나 의무 이상이었다. 내

딸 아멜리아Amelia와 지나Gina도 종종 도움을 주었다.

이 자리를 빌려 미시간대학교 문학·과학·예술대학과 지난해 내게 필요한 물적 지원을 해준 인류학과에 감사를 표하고 싶다. 미시간대학교 에디 골든버그Edie Goldenberg 학장과 존 크로스John Cross 부학장, 인류학과의 유능한 리더인 리처드 포드Richard Ford와 콘래드 코탁Conrad Kottak 씨에게 깊이 감사한다. 그들이 제공한 기금으로 내 원고의 관리자 수잔 엘스 와이먼Susan Else Wyman과 참고 문헌 검토자 브라이언 호이Brian Hoey를 고용할 수 있었다. 여러 해 전에 수상한 '메리 앤드 찰스 왈그린Mary and Charles Walgreen 학술상'에도 깊이 감사드린다. 덕분에 원고 작업에 필요한 추가적인 시간을 낼 수 있었다.

마지막으로 내가 받은 지적인 조언과 도움, 자극에 감사하고 싶다. 이 원고 구상에 들인 오랜 시간을 감안하면 쉬운 일은 아닌데, 시간이 많이 흘렀고 장소도 여러 번 바뀌어서 나를 도와준 사람들의 이름을 모두 언급할 수 없을지도 모르겠다. 먼저 이 원고의 일부를 읽어준 다양한 연령대 학생들이 있다. 각 세대 학생 가운데 통찰력 있는 질문이나 코멘트를 던져서 나의 논점을 재고하지 않을 수 없게 만든 사람들이 최소 한 명은 있었다.

개별적으로 감사드려야 할 사람들이 있다. 원고 작업 초기에 그레고리 베이트슨Gregory Bateson과 나눈 대화는 특별한 깨달음을 주었다. 그리고 영국 케임브리지에 머무는 동안 모리스 블로흐Maurice Bloch, 메이어 포티스Meyer Fortes와 길게 대화할 기회가 있었다. 당시 런던에 체류하던 에릭 울프Eric Wolf와도 중요한 대화를 나눴다.

로버트 레비Robert Levy와 머빈 메깃Mervyn Meggitt은 원고 초안의 전반부를 세심하게 읽어주었다. 그들의 꼼꼼한 비평은 원고를 책으로 만드는 데 큰 도움이 되었다. 그들의 연구 역시 책에서 인용했지만, 미처 다 표시하지 못한 사유의 흔적이 책 곳곳에 있을 것이다. 그 외에도 원고의 여러 부분을 읽고 중요한 제안을 해준 알레타 비에르색Aletta Biersack, 엘렌 메서Ellen Messer, 셰리 오트너Sherry Ortner, 아람 엥고얀Aram Yengoyan이 있다. 오래전 오스트리아 부르크바텐슈타인Burg Wartenstein에서 개최된 '의례와 화해를 위한 웨너그렌 학회'에서 마거릿 미드Margaret Mead, 메리 캐서린 베이트슨Mary Catherine Bateson, 로저 에이브러햄스Roger Abrahams, 바버라 배브콕 Barbara Babcock, 페헤언 오도허티Fehean O'Doherty를 만난 일은 나에게 일종의 돌파구가 되었다. 당시 웨너그렌 재단의 회장이던 리타 오스문센Lita Osmundsen에게도 깊이 감사한다.

폐암 진단을 받은 뒤 키스 하트는 나를 가장 충실하게 지지해주었다. 그는 영국 케임브리지에서 두 번이나 미국을 방문하여 원고의 마무리를 도와주고, 통찰력 가득한 추천사도 써주었다. 이 책이 완성된 것은 키스 하트의 노력 덕분이다. 마지막으로 케임브리지 대학 출판부의 직원들, 특히 인류학 담당 편집자 제시카 쿠퍼Jessica Kuper에게 깊이 감사한다. 그녀는 내 건강 상태를 감안하여 원고 검토와 책의 발간을 빠르게 진행해주었다.

1997년 7월 미시간 앤아버에서
로이 A. 라파포트

차 례

1

서론

서론

이 책의 목표는 종교의 본성과 자연 속의 종교에 대한 이해를 조금이나마 넓히는 것이다. 그러므로 이 책은 인류의 본성, 즉 그 자체는 아무 내적 의미도 없으며 물리법칙의 지배를 받는 이 세계에서 생존하기 위해 나름대로 의미를 구축해야 하는 인간이라는 종의 본성을 다룬다.

이 책은 종교의 가장 일반적이고 보편적인 요소인 '신성성' '누미노스' '비술' '신성'에 주목하며, 의례에서 일어나는 이 요소들과 '성스러움'의 융합을 주로 다룬다. 궁극적으로 인류의 진화와 세계의 진화에서 인류의 위치를 논할 것이다.

두 주제는 상이하거나 대립되는 것처럼 보이지만 그렇지 않다. 이 장 뒷부분에서 나는 책 전체의 기저를 이루면서 종종 표면에 등장하다가 후반부의 중심 논지가 될 주장 하나를 제시하려 한다. 종교는 인간의 언어능력이 없었다면 태어날 수 없었고, 역으로 지금 우리가 일상적으로 종교라 부르는 무엇이 없었다면 인류는 전前 인류나 원시인류 상태에서 벗어나지 못했으리라는 것이다. 더 나아가 입증할 수는 없지만, 종교의 기원이 인류의 기원과 정확히 일치하지는 않더라도 밀접한 관련이 있었으리라는 것이다.

종교를 어떻게 정의하든 종교의 절대적인 편재성遍在性은 종교에

대한 이와 같이 심오한 의미 부여가 타당함을 말해준다. 인류학이
나 역사학계의 일반 연구자들은 모두 종교가 없는 사회는 없다는
데 동의한다. 의도적으로 종교를 제거하려고 한 과거 소비에트연
방(Tumarkin, 1983) 같은 사회에서도 그랬다. 모든 시대와 장소에서
종교가 인간의 사고와 행위에 중요한 위치를 점했다는 사실, 사원
을 짓고 사제를 모시고 신에게 공희를 바치고 이단자를 처형하는
데 인간이 소비한 모든 에너지와 피, 시간, 부富의 총량을 감안하
면, 때로 매우 괴이한 외양을 취하는 종교가 인간이라는 종에게 어
떤 의미로든 필수 불가결한 것임을 알 수 있다.

　종교의 기원과 중요성에 대한 이런 제안은 이 책에서 발전시킬
구체적인 논의를 위한 기본적 맥락이 될 것이다. 그러나 구체적인
논의의 타당성이 이 책의 일반적인 명제에서 자연스레 도출되지는
않는다. 종교적 요소가 인류의 진화에 필수 불가결했다는 견해는
인간 삶의 추상적이고 희귀하고 의미로 충만한 양상을 조야한 진
화론적 해석에 맡겨, 오히려 종교의 깊은 의미성을 파악할 수 없는
것으로 만들어버릴 수 있다.

　나는 이 책에서 그런 환원을 시도하지 않는다. '전체로서' 종교나
종교적 요소에 대한 설명은 단순히 기능주의적ㆍ적응적 의미로 환
원될 수 없다. 종교를 적응, 기능, 기타 실용주의적 가정이나 이론
에 근거해 선험적으로 설명하는 것은 역설적으로 전체 탐구를 방대
한 동어반복으로 만들어 종교의 실용적 의미를 발견할 수 없게 한
다. 종교의 적응적 중요성(그런 게 있다면)을 드러내고 이를 '그 자
체로' 이해하는 유일한 방법은 '종교 자체의 본성에 충실한' 설명

을 제공하는 것이다. 이는 우리의 설명이 어떤 식으로든 '개별 종교의 방식'에 근거하지는 않음을 의미한다. 모든 종교가 그 본성상 진실에 대한 특별한 권리를 주장한다면 '개별 종교의 방식'은 무수한 종교 전통의 당파적 방식으로 갈라질 수밖에 없다. 우리가 해야 할 일은 인류의 보편 요소, 인간 조건의 보편 요소, 종교의 보편 요소와 종교, 인류의 관계를 탐구하는 것이다.

이 책은 신학 논문이 아니라 인류학 저서이므로, 이 책의 야심은 어떤 특수 신학의 그것보다 일반적이다. 인류학적 탐구로서 이 책의 가정은 철저하게 과학적이다. 그러나 이 책은 그것이 이해하고자 하는 개념을 존중하고, 모든 **종교**의 진실이 무엇이며 모든 종교 안에서 무엇이 진실인지 이해하려고 노력한다. 모든 종교가 주장하는 진실의 특별한 성격 말이다. 나는 이 책 마지막 장에서 신성성의 진실이 어떻게, 어떤 의미에서 거짓이 될 수 있는지 논의하려한다. 이 장 후반부와 10~12, 14장은 관습적 진실의 특정한 형식과 그것들의 관계, 거짓의 여러 형식에 대한 탐구라고 볼 수 있다.

이 책은 종교의 기원이나 그것의 진화적 중요성이라는 주제와 별개로 의례에 대한 연구서로도 읽을 수 있다. 이 책의 주요 논지 중 하나는 종교의 개념적·경험적 구성 요소인 신성성, 누미노스, 비술, 신성 그리고 이 요소들과 성스러움이 의례에서 통합된다는 것이다. 더 논리적인 용어로 표현하면, 위와 같은 종교적 구성 요소는 의례를 구성하는 **형식**의 **수반물**entailments이다. 용어의 정의는 나중에 제시하고, 지금은 의례를 **구조**structure로 이해하고자 한다. 일반적이고 가변적인 특징에서 발견되는 거의 항구적인 관계의 집합 말이다. 형식이나 구조로서 의례는 특정한 논리적 특성이 있다. 그러나 의례의 특성이 논리적인 것만은 아니다. 의례의 일반적 특징 하나가 연행performance인 이상, 의례는 실천practice이라는 특성도 있다. 의례에서 논리는 여러 독특한 방식으로 상연되고 형상화(실현)된다.

나는 의례를 종교적 개념이 태어나는 토대로 간주하기 때문에, 이 책의 많은 부분(2~12장)을 의례 분석에 할애했다. 나는 2장에서 소개한 의례의 정의를 2~12장에 '풀어서' 설명할 것이다. 그 과정에서 신성한 것, 누미노스, 비술적인 것, 신적인 것, 성스러움이 논의될 것이다. 더 나아가 사회계약, 윤리, 세계 창조의 패러다임, 시간과 영원성의 관념, 불멸성의 시사, 우리가 로고이Logoi(로고스의 복수)라 부르는 세계에 대한 질서 부여 작용이 모두 의례라는 형식의 수반물이자 생성물이라고 주장할 것이다.

그렇기 때문에 이 책은 의례에 대한 연구서이기도 하다. 나는 먼저 의례의 내적 논리를 다루고, 그 논리에 수반되는 것(신성성 같은)과 의례적 진실의 본성을 논의한 다음, 마지막으로 인류 진화에서 의례가 차지하는 역할과 그 산물을 논의할 것이다. 나는 서론에서 후속 논의를 위한 폭넓은 맥락을 제공하기 위해 인류 진화의 문제를 짧게 언급했다. 이 주제는 책의 초반과 중반에서 간접적 · 간헐적으로 논의하고, 13~14장에서 본격적으로 고찰할 것이다.

이제 인류 진화의 가장 중요한 특성과 종교가 개선한 문제점을 논의해보자.

1.
인류의 진화

나는 이 책이 '사람과hominid'나 '인간 진화human evolution'가 아니라 '인류의 진화the evolution of humanity'를 다룬다고 말했다. '사람과의 진화'나 '인간 진화'는 모두 인간종과 다른 영장류의 공통점을 강조한다. 다시 말해 인간도 동물이고 다른 유기체에 의존해서 살며, 인간종 역시 삿갓조개나 사자를 지금의 모습으로 있게 한 자연선택 과정에 따라 출현했다는 것이다. 이런 공통점도 분명 있지만, '인류의 진화'라는 구절은 인간종을 다른 모든 종과 구별하는 인간의 역량을 강조한다.

우리 조상은 언어의 탄생과 더불어 거칠게나마 '진짜 인간fully human'으로 불릴 만한 존재가 되었다. 모든 동물은 의사소통하며 심지어 식물도 정보를 주고받는다(Bickerton, 1990). 그러나 지금까지 알려진 바에 따르면 오직 인간에게 언어가 있다. 언어는 일단 퍼스Charles Sanders Peirce(1960)나 부츨러Justus Buchler(1955)가 말한 의미에서 상징―이때 기호는 오직 '규칙', 즉 관습에 따라 그것이 지시하는 바와 관계가 있다[1]―으로 구성된 어휘로 이루어진다. 그리고 인간 언어는 이 상징을 결합하는 일련의 규칙, 즉 의미론적으로 무한한 담화를 생성하는 문법이 있다.

언어의 소유는 언어 없는 생물은 상상할 수 없는 삶의 방식을 가능하게 했다. 상징으로 이루어진 제한된 어휘와 빈약한 문법이 있던 '원시언어proto-language'(Bickerton, 1990, 6~7장)조차 원시인류에게 중요한 이점을 부여했음이 틀림없다. 원시언어와 더불어 의사소통의 양상은—어쩌면 이 세계의 진화에서 처음—'지금, 여기'라는 제약에서 벗어나 과거와 먼 곳을 가리킬 수 있게 되었다. 동시에 노동 분화가 촉진되고, 더 정확한 계획과 협력이 가능해짐으로써 '미래'에도 더 큰 질서를 부여할 수 있게 되었다. 그 결과 사회조직은 더 분화되고 효율적이며 유연해져서, 사람들의 상호 지지와 보호를 위한 새로운 차원이 열렸을 것이다.

근본적으로 의사소통 능력이 증가하면서 인간의 개념적 역량conceptual capacity도 증가했다고 가정할 수 있다. 게다가 상징의 출현은 개념적 역량을 증가·변형시켜 새로운 학습을 가능하게 했다.[2] 인간은 상징적 전달을 통해 다른 이들의 설명은 물론, 직접경험으로도 배울 수 있게 되었다. 이런 배움은 단순한 이야기에서 공동의 지식으로 전환되고, 나아가 전통으로 보존되었을 것이다.

언어능력의 즉각적인 이점은 뚜렷하다. 그렇기 때문에 언어능력은 한번 발전한 이후 강한 진화적 선택의 대상이 되어, 언어 사용과 관련된 인간의 해부학적 구조도 유례없이 빠른 변형과 정교화를 겪었으리라고 추정할 수 있다.[3] 원시언어와 언어들은 상대적으로 짧은 기간에 출현했을 것이다. 계획하고 협력하고 과거와 멀리 떨어진 것에 대해 보고하고, 지식을 축적하거나 전달하고, 새롭고 더 효율적인 방식으로 학습하는 능력의 증가는 인류 역사의 초기 요인 중 언어능력을 더 향상하도록 밀어붙인 선택압이 되었을 것이다.

이보다 덜 뚜렷하지만 중요한 언어의 수반물 역시 장기적으로 영향을 미쳤을 수 있다. 언어와 더불어 인간 담화는 '지금, 여기'라는 제약에서 벗어나 구체적인 과거와 멀리 떨어진 곳, 예측 가능한 미래까지 닿을 수 있게 되었다. 담화는 결국 구체적인 것의 제약에서 완전히 벗어났다. 구체적인 것의 초월과 문법의 출현은 인과적 현상으로도 볼 수 있다.[4] 담화가 구체적인 것의 영역과 현재에서 벗어나고 문법이 출현하면서, 결국 담화는 실제 세계와 평행하게 존재하는 '그랬을지도 모르는 과거' '그래야 하는 것' '그럴 수 있던 것' '절대 그렇지 않을 것' '언제나 그럴지도 모르는 것'의 세계를 자유로이 탐색할 수 있게 되었다. 그렇다면 담화는 바람직한 것, 윤리적인 것, 적절한 것, 가능한 것, 우연한 것, 상상적인 것, 일반적인 것과 더불어 그것들의 반대 항인 바람직하지 않은 것, 비윤리적인 것, 불가능한 것(Rapapport, 1979b)의 영역까지 탐험할 수 있다. 이런 세계를 '탐험'한다는 것은 단순히 거기 있는 것을 발견하는 일이 아니다. 그것은 거기 있는 것을 창조한다.

언어는 단순히 상상된 것에 대한 의사소통을 촉진하는 데 그치지 않고, 상상될 수 있는 것의 범위를 크게 넓힌다. 이런 확장된 개념적 능력과 커뮤니케이션 능력의 산물―설명, 이해 체계, 추상화, 평가―은 일반적인 인간 적응 양식의 기초가 되었으며, 인간 종이 계속 분화되어 탄생시킨 많은 사회의 특수한 적응 양식의 토대가 되었다. 그렇다면 언어와 그 이전의 원시언어는 인류의 진화적 성공에 절대적이다. 사실상 인류는 언어의 산물이라 해도 과언이 아닐 것이다.

2.
적응

나는 방금 '적응adaptation'이라는 용어를 도입했다. 적응이라는 테마는 13장에서 자세히 논의할 것이다. 여기서는 이 개념이 여러 생물학과 인류학적 논의에서 중요하게 취급되지만, 그 의미가 모호하다는 점을 언급하고 넘어가려 한다. 여러 연구자들의 '적응'에 대한 정의가 다르기 때문에, 꼭 필요하지 않더라도 그 말의 의미를 분명히 하는 것이 좋겠다. 이 책에서 말하는 적응이란 모든 살아 있는 시스템—유기체, 집단, 사회, 생태계 심지어 생물권 전체—이 파괴, 죽음이나 멸종 가능성과 함께 그들을 지속적으로 위협하는 외부 교란 앞에서 스스로 유지해가는 과정이다.

그레고리 베이트슨(1972)은 이 문제를 정보 이론의 관점에서 다루었다. 그에 따르면 적응적 시스템은 지속적으로 그것을 허위화falsify*시키려고 위협하는 외부 교란에 맞서 그것에 관한 특정한 명제들의 진실 가치truth value를 보존하려는 경향이 있다. 그 명제들의 '진실'의 보존이란 그 명제들을 부분 요소로 하는 시스템의 존속이나 영속과 관련이 있다. 유기체의 경우 이런 '명제들propositions'은 특정 유기체 고유의 구조와 작동을 위해 유전적·생리학적으로 코드화된 정보를 말한다. 그러나 인간의 사회시스템에서 지배적인

---

* falsify는 '반증하다' '위조하다' 같은 뜻이 있지만, 이 책 전체의 문맥을 고려해 '허위화'로 번역했다. —옮긴이, 이하 동일

'명제들'은 다음과 같은 것이다. "우리 주 여호와는 오직 하나인 여호와시니."* 이런 명제의 무효화는 유대교의 몰락을 의미한다.

교란에 대한 적응적 반응은 단기적이고 가역可逆적인 상태의 변화와 장기적이고 비가역적인 구조의 변화를 모두 포함한다. 두 변화는 구별 가능해도 자연에서 항상 분리되지는 않는다. 적응적 반응이 고립된 경우는 드물다. 차라리 그 반응은 특정한 시간적 · 논리적 성격이 있는 차례sequence에 따른다(Bateson, 1972; Rappaport, 1971; Slobodkin and Rapoport, 1974). 즉 빠르게 동원할 수 있고 쉽게 되돌릴 수 있는 상태 변화에서 시작되어 (교란이 이어진다면) 조금 더 되돌리기 어려운 상태 변화로 나아간다. 몇몇 경우 '진화적'이라고 불리는 되돌릴 수 없는 구조의 변화로 이어진다.

가역적인 '기능적' 변화와 비가역적인 '진화적' 변화를 연결하는 일반 명제는 때로 '로머의 법칙Romer's Rule'이라 불린다. 이 법칙은 데본기에 양서류가 육기어류**에서 출현하는 과정을 설명한 동물학자 A. S. 로머의 이름을 딴 것이다. 데본기 얕은 웅덩이에 거주하고 폐호흡 · 저서 섭식성 육기어류는 천적이 적은 새로운 적소niche를 탐색하기 위해 바로 육지로 올라온 게 아니다. 대신 그 어류는 간헐적으로 가뭄이 올 때 마른 육지에 노출되었다. 그런 상황에서 사지 구조의 상대적으로 작은 변화(두툼한 뼈가 있던 지느러미가 발로 변했다)와 다른 하위 시스템의 변화가 진화적 선택의 대상

---

* 유대인이 구약성경에서 가장 중요하게 생각하는 구절이다.

** 지느러미에 뼈가 있는 어류. 오늘날의 폐어 등이 여기에 속하며, 양서류는 육기어류에서 진화한 것으로 알려진다.

이 되었다. 마른 땅 위를 가로질러 물로 돌아가기 유리했기 때문이다.

따라서 척추동물에게서 일어난 최초의 육지 적응은 사실 수중 생활을 유지할 수 있게 하는 것이었다. 다르게 표현하면 일부 하위 시스템의 구조적 변화는 전체 시스템의 더 근본적인 양상들을 불변의 상태로 유지시킨다. 따라서 모든 진화적 변화에서 우리가 물어야 하는 근본적인 질문은 다음과 같다. "이런 변화를 통해 변하지 않은 것은 무엇인가?" 이 문제를 정보 이론의 관점에서 다시 기술하면, 하위 구조적 명제의 수정이나 변형은 시스템 전체를 허위화시키려고 위협하는 외부 조건의 변화에 맞서 전체 시스템과 관련된 더 근본적인 명제의 진실 가치를 불변의 상태로 보존해준다. 적응에 관한 더 자세한 논의는 후속 장에서 계속하고, 여기서는 두 가지를 지적하고 넘어가려 한다.

첫째, 적응에 대한 이 짧은 설명에서도 적응적 시스템이 일반적으로 구조상 위계를 갖췄다는 것을 알 수 있다. 양서류로 진화한 육기어류의 우화寓話는 시스템이란 부분들로 구성된 불가피하고 환원할 수 없는 위계적 전체를 이룬다는 점을 잘 보여준다. 하위 시스템의 변화는 살아 있는 전체로서 시스템의 지속성을 보존한다. 시스템들은 포괄과 종속이라는 이차적·파생적 의미에서도 위계적이다. 정상 기능하는 적응적 시스템의 하위 시스템은 전체 시스템을 유지하기 위해 복무한다. 이를 정보 이론의 문제로 다시 번역하면 시스템의 주요 명제들의 진실 가치를 보존하기 위해서 그에 종속되는 명제들은 수정·변형·대체될 수 있다.

둘째, 지금까지 적응 논의에서 핵심적인 것은 융통성flexibility이다. 그리고 언어의 소유와 더불어 인간이 갖춘 적응적 융통성과 비견할 만한 것은 없는 듯하다. 인간 행동을 위한 사회조직과 규칙들이 염색체 속 유전자가 아니라 언어로 표현된 관습에 따라 규정된다면, 그것들은 한 사람의 일생 혹은 하룻밤 사이에도 대체될 수 있다. 덕분에 인간종은 자신을 다양한 신종으로 분화시키려고 수세대를 낭비할 필요 없이, 세계가 제공하는 엄청난 환경적 다양성을 이용하고 지배할 수 있었다.

3.
상징

언어와 그것의 수반물인 문화—이해 체계, 제도, 관습, 물질적 도구로 구성되는 일반적 삶의 양식으로서 그것의 존재, 유지, 활용이 언어에 달린[5]—는 분명 사람과hominid의 적응적 장치 가운데 일부로, 자연선택 과정을 통해 출현했음이 틀림없다.

그러나 "언어는 인간 삶의 토대다"라는 거창한 주장으로 언어의 중요성을 전부 설명할 수 없다. 언어 출현의 의미는 인간종의 영역을 넘어서기 때문이다. 레슬리 화이트Leslie White는 상징—그의 의미로 언어—의 출현은 단순히 특정 종의 생존 기회를 높이는 진화적 혁신이 아니었고, 최초의 생명체 출현 이후 진화 자체의 진화에서 가장 근본적인 혁신이었다고 말한다. 상징이 인류에게 고유한 것이라는 생각은 인간의 지위는 천사보다 약간 낮을 뿐이라는 불편한 신학적 주장을 상기시킨다. 그러나 그런 단언의 위험성을 명심하고 인간이 자연 – 내 – 존재임을 인정하면, 화이트의 주장이 터무니없지 않다.

언어의 발전이 진화 과정에서 성性의 출현만큼 놀라운 혁신은 아니라고 반박할 사람이 있을지도 모른다. 그 둘은 어떤 면에서 유사성이 있다. 결과적으로 양자 모두 정보를 재결합하고 전달하기 위한 수단이기 때문이다. 성은 사회성을 위한 토대를 놓았고, 언어는 그 후에 이를 정교화시켰다. 그러나 언어의 중요성이 성에 의한 유전정보의 재결합과 전달보다 덜한 것은 아니다. 상징과 더불어 완전히 새로운 형식의 정보(그 말의 가장 넓은 의미에서)가 세계에 출현했다. 그 새로운 형식은 새로운 내용을 창조했고, 그 후 사람속Homo은 물론 세계 전체가 예전과 같지 않은 곳이 되었다.

상징이 인간종을 넘어 세계에 갖는 획기적 의미는 상징 출현 이후 수만 년—아마도 수십만 년—동안 뚜렷이 인식되지 않았다. 그러나 언어와 원시언어가 이를 소유한 초기 인류의 삶에 미친 영향은 어마어마한 것으로 드러났다. 앞서 말했듯이 언어는 지금, 여기라는 고정된 현실에서 사고와 커뮤니케이션을 해방함으로써 가능한 것, 있음직한 것, 바람직한 것, 가치 있는 것과 같은 다른 세계를 발견할 수 있게 했다. 그러나 이 설명은 부족하다. 언어는 단순히 그런 사고를 허용하는 데 그치지 않고 그것을 요구하면서 불가피한 것으로 만든다. 인류는 자신이 발명한 의미에 의지해서 생존하고 또 생존할 수 있는 종이다. 이런 의미와 이해 체계는 단순히 독자적으로 존재하는 세계의 반영이나 근사적 모방에 그치지 않고 그 세계의 구축에도 기여한다.

인간이 사는 세계는 단지 지질학적·기상학적·생물학적 과정으로 구성되지 않는다. 그 세계는 바위, 나무, 바다로 구성된 세계가 아니라 상징적으로 이해되고 수행적으로 확립되는(Austin, 1962, 4장부터) 우주론, 제도, 규칙, 가치로 구축된 세계다. 언어와 더불어 세계에는 선악의 개념, 민주주의와 공산주의 같은 추상체, 명예와 용기, 관대함 같은 가치가 생겼고, 악마나 신령, 신과 같은 상상적 존재, 천국이나 지옥 같은 상상된 장소가 생겼다. 이 모든 개념은 언어에 의존한 사회적 행위에 따라 구체화되어 실체, 즉 진짜 '사물'이 되었다. 따라서 인간의 세계는 오직 생물체가 거주하던 세계보다 상상할 수 없을 만큼 풍요로워졌다.

'인간의 세계들.' 모든 인간 사회는 고유한 문화를 발전시킨다. 즉 주변의 나무, 바위, 바다에 대한 이해뿐 아니라 나무나 동물, 바위만큼 실제적이고 보이지 않는 많은 것에 대한 이해 체계도 포괄하는 고유한 세계를 구축한다. 인류는 물리적 사물만큼 중요한 문화의 존재를 통해서 그들의 사회 체계를 운영·변형했으며, 수렵·채집민을 제외하고 대략 1만 년 전부터 농업을 통해 그들을 둘러싼 생태계까지 지배했다.[6] 그때부터 언어는 인간이라는 종의 경계를 넘어서 인류가 속한 자연적 시스템까지 재배치하고 종속시켰다.

4.
결정적 역전

앞서 나는 언어가 인간의 적응에 핵심적이었다고 말했다. 이 설명은 언어와 언어 사용자 관계의 성격을 정의하는 데 부적절하다. 행위자로서 인간이 오직 그들이나 그 조상들이 상상한 의미에 따라 행동하거나 행동할 수 있다면, 그런 개념이 그들의 적응에서 일부인 만큼 그들도 그런 개념에 복무하게 된다. 다시 말해 인류 진화에서는 적응 장치adaptive apparatus와 적응종adapting species의 관계에서 역전이나 부분적 역전이 일어난다. 인간종의 적응에 핵심적이던 언어적 역량은 신, 천국, 지옥 같은 일련의 개념을 출현시켰는데, 이 개념이 반대로 그들의 창조자를 사로잡은 것이다. 단순한 언어 적응 이론가들의 주장처럼 인간을 인도하고 인간에게 정보를 제공하는 모든 개념이나 행위가, 그것을 가지고 살아가는 인간 유기체의 생존과 재생산에 도움이 되는 것은 아니다.

언어는 인간 적응 양식의 중추였지만 거기에는 대가도 따랐다. 적응적 시스템이 그것을 허위화시키려는 교란 앞에서 그것에 관한 특정한 명제의 진실 가치를 보존하려고 (의식적으로든 무의식적으로든) 행동하는 시스템이라고 정의한다면, 역전inversion이라는 은유(분명 지나치게 단순화되었지만)가 적절하다면, 인간의 사회 체계에서 선호된 명제는 신, 명예, 자유, 조국, 선善 같은 개념이라고 말할 수 있을 것이다. 우리는 그 개념을 보존하기 위해 종종 많은 개인의 희생이 뒤따랐음을 안다. 신의 유일론적·삼위일체적 성격과 관련된 명제 때문에, 숱한 사람들이 자기 목숨을 희생하거나 다른 사람을 죽였다. '불명예보다 죽음을!' '빨갱이가 되느니 죽음을!' 같은 속세의 강령도 비슷한 역할을 했다.

진화에서 이런 역전의 의미는 뚜렷한데, 이는 심오하고도 획기적인 사건이다. 첫째, 다른 생물종의 행동과 조직, 진화를 설명하는 데 얼마나 탁월하든 '포괄적 적합도inclusive fitness'나 '혈연 선택kin selection' 같은 개념은 문화적 현상을 제대로 설명할 수 없다. 둘째, 다른 생물종과 다르게 집단 선택(group selection : 집단의 생존에는 긍정적으로 기여하지만 특정 개인의 생존에는 부정적으로 작용하는 특질에 대한 선택)은 인류의 진화에서 실제로 일어나며, 대단히 중요하다. 집단 선택이 가능하려면 개인에게 생물학적 생존과 안녕, 이익이라는 개념을 구분하는 장치가 필요하다. 문화화 과정에서 각인되어 사실적이고, 자연스러우며, 공적이고, 신성한 (따라서 따르지 않을 수 없는) 것으로 여겨지는 신, 천국, 영웅주의, 명예, 수치, 조국, 민주주의 같은 개념은 민족지적 · 역사적 기록이 있는 모든 문화에서 지배적인 역할을 했다.

요약하면 언어는 진화의 본성에 심오한 변화를 야기했고, 진화하는 시스템의 본성에 더 심오한 변화를 일으켰다. 인간 이외 생물 시스템은 대개 유전적으로 기입된 정보로 구성되는 유기체 시스템이다. 인간 시스템은 상징적(언어적)이면서 유전적인 정보에 따라 구성되는 문화-유기체적 시스템이다. 유기체적인 것에서 문화-유기체적인 것으로 전환은 분명 대단한 진화적 이점을 수반했을 것이다. 우리는 이제 언어의 출현과 그것의 수반물인 문화가 인간에게 반드시 이득이 되지는 않았음을 살펴볼 것이다. 먼저 잘 알려지지 않은 진화적 법칙 하나를 보자. 모든 진화적 '진보'는 앞선 문제에 대응하여 이를 개선하는 동시에 새로운 문제를 만들어낸다. 언어도 예외가 아니다.

우리는 언어에 대한 찬사에서 출발해 그것의 악을 인식하기에 이르렀다. 언어는 상징적인 것과 유전적인 것의 유례없는 모순의 가능성을 불러일으키는데, 인간이 다른 무엇보다 보존하고자 애쓰는 바로 그 명제가 인간의 죽음을 불러온다. 여기에 더해, 언어 그 자체의 미덕에 두 가지 악이 내재한 듯 보인다. 이것은 언어가 가져다준 축복만큼 뚜렷하지 않지만, 모두 심오하고 중대한 악이다.

5.
거짓말

첫 번째 악은 거짓말lie이다. 퍼스의 용법에서 상징 기호는 오직 관습적으로 그것이 지시하는 바와 관계한다. 그렇다면 기호는 의미작용signification이나 지시 대상referent이 없어도 생겨날 수 있다. 반대로 사건 역시 기호화되지 않고 발생할 수 있다. 인간의 담화를 '지금, 여기'라는 한계에서 벗어나게 하고 더 일반적으로 그것을 단순한 재현이나 무엇에 관한 이야기 이상이 되게 하는 이 관습적 관계는, 거짓말을 최초로 가능하게 하거나 최소한 거짓말을 촉진한다. 인간 삶의 규모가 확장되면서 기호가 그것이 지시하는 바에서 자유로워질수록 거짓의 가능성도 크게 증가한다.

거짓의 개념은 조금 논의가 필요하다. 나는 '거짓lie'을 가장 일반적인 의미에서 허위의 여러 형식을 총칭하는 말로 사용한다. 그런 거짓 중 덜 일상적인 거짓으로는 내가 '베다적 거짓말Vedic Lies' '악마적 거짓말Diabolical Lies' '그노시스적 거짓말Gnostic Lies' '억압의 거짓말Lies of Oppression' '우상숭배적 거짓말Idolatrous Lies'이라고 부르는 것들이 있다. 이들에 대해서는 나중에 논의할 것이다. 지금은 가장 친숙하고 가장 근본적인 '보통의' 혹은 '상스러운' 거짓말[7]을 논의해보자. 이는 정보 발신자가 허위라고 생각하는 정보를 의도적으로 전달하는 행위다.

이 보통의 거짓말(이제부터 그냥 '거짓말'이라고 부를 것이다)은 종종 기만deceit과 연계된다. 그러나 기만은 발생 빈도나 범위에서 거짓말보다 일반적이다. '기만'이라는 용어에는 당하는 쪽이 불리하도록, 특히 그들을 속이는 자들과 관계에서 불리하도록 뭔가 호도하려는 의도가 있다. '거짓말' 역시 의도를 함축하지만 거짓말에서 의도가 전달된 정보와 관계된 데 반해, 기만에서 의도는 정보 수신자에 대한 효과, 구체적으로 정보 수신자의 반응과 관계된다. 이렇게 구분하면 '거짓말'과 '기만'은 중첩되나 동일한 범위에 있는 현상을 가리키는 말이 아님을 알 수 있다.

기만은 종종 거짓말에 동원되고 거짓말은 종종 기만적이지만, 기만적이지 않은 거짓말도 찾기 쉽다. 사람들은 아픈 아이에게 "곧 괜찮아질 거야"라고 말하는 것을 기만이라고 생각하지 않는다. 화자가 사실은 그 아이가 죽어가고 있다고 생각하는 상황이라도 말이다. 환자가 심장병처럼 감정에 따라 악화될 수 있는 질병을 앓는 경우, 우리는 '진실을 말하는 것'이 오히려 신의를 저버리는 행위라고 생각한다. 배신이 기만의 한 형태라면, 모든 기만적인 행위가 거짓말은 아니다. 심지어 다른 사람을 해치려는 속임수조차 엄격한 의미에서는 거짓말이 아닐 수 있다. 그리스인이 트로이 성문 안에 남겨둔 목마는 진정한 의미에서 거짓말은 아니지만, 믿기 힘든 기만의 핵심 요소였다.

거짓말은 대개 인간의 문제처럼 보이지만, 기만은 좀 더 일반적인 문제인 듯하다. 최소한 동물 사이에서는 기만적 특성을 보이는 행위와 유기적 구조가 흔히 발견된다. 몸 부풀리기, 눈속임, 죽은 척하기, 위장, 의태 등이 여기에 포함된다. 그러나 이런 현상 중 일부에는 의도성이 없다. 말벌 흉내를 내는 파리는 의식적으로 그렇게 보이려는 것이 아니며, 특정 생물의 죽은 척하기 역시 유전적으로 프로그래밍 된 것이다. 게다가 상대를 오인하게 만들려는 의도가 있다고 기만성을 정의하는 건 불충분하다. 상식적인 사람이라면 복싱에서 페인트 동작, 체스에서 덫, 브리지 게임에서 묘수, 미식축구에서 거짓 밀치기[8] 혹은 현대전에서 매복, 고대 그리스인의 트로이 목마 등을 기만이라고 말하지 않을 것이다.

기만이라는 개념은 그 기만이 훼손하게 될 신뢰 관계를 전제로 한다. 위의 마지막 두 사례에서는 행위 시점에 신뢰 관계가 존재하지 않으므로 그 신뢰의 훼손도 일어나지 않는다. 여기서 종종 뚜렷한 경쟁 관계나 적대 관계에 있는 동종의 상대를 향한 허세를 제외하고, 위에서 언급한 동물의 행위는 일반적으로 한 생물종이 다른 생물종―항상 그렇지는 않아도 대개 천적―을 기만하기 위한 것이다. 그 생물종들은 분명 신뢰 관계를 맺지 않는다.

위의 몇몇 사례에서 의도성과 종전의 신뢰 관계가 발견되지 않는다는 점을 감안하면, '기만deception'을 좀 더 포괄적인 범주에 두고 그 아래 기만행위deceit와 거짓말lie이 하위 범주로 중첩되었다고 보는 게 타당하다. 이때 거짓말은 세 번째 하위 범주, 더 나은 용어가 없으므로 '순진한 기만innocent deception'이라 부르는 것과도 중첩된다.[9]

기만행위와 기만은 일반적으로 거짓말보다 생물종 사이에서 광범위하게 발견된다. 그러나 거짓말은 기만행위와 기만의 가능성을 어마어마하게 높인다. 언어를 공유하지 않는 개체들 사이에서는 거짓말의 가능성이 제한적이라는 점도 인정해야 한다. 즉 거짓말하는 인간에게 당할 수 있는 존재는 인간 외의 생물이 아니며, 보통 다른 사회에 속한 구성원도 아니다. 이런 근접성과 공통 언어의 문제를 잘 고찰하면 인간이 하는 거짓말의 피해자는 대부분 그와 동일한 사회에 속한 개인과 집단, 다시 말해 거짓말하는 자와 신뢰 관계에 있던 이들이라는 결론이 나온다.

거짓말이 대부분 인간의 문제라는 지적은 새롭지 않다. 홉스 Thomas Hobbes(1951(1651))는 17세기에 그런 지적을 했다. 그보다 훨씬 전에는 플라톤이 《국가》에서 '고귀한' 거짓말을 논하며 언어가 그 전제 조건임을 밝혔다. 성 아우구스티누스도 《고백록》에서 비슷한 논의를 펼친다. "인간에게 언어가 주어진 것은 서로 기만하게 하기 위함이 아니라, 자기 생각을 다른 이들에게 전달할 수 있도록 하기 위함이라는 점이 분명해진다."(Bok, 1978에서 인용) 20세기에는 호케트Hockett와 올트먼Altman(1968)이 호케트가 일찍이 작성한 인간 언어의 '설계상 특징design features'에 '얼버무릴 수 있는 능력'을 추가했다. 그보다 몇 년 전에는 철학자이자 신학자 마르틴 부버Martin Buber가 《Good and Evil 선과 악》에서 거짓말이 인간악의 두 가지 토대 중 하나라고 선언했다.

> 거짓말은 인간이 자연에 도입한 특수한 악이다. 우리의 모든 폭력과 악행은 자연의 여러 피조물도 나름의 방식으로 저지르는 것을 발전시킨 형태일 뿐이다. 그러나 거짓말은 인간의 고유한 발명품이다. 거짓말은 동물이 만들어내는 어떤 기만과도 구별된다. 거짓말은 피조물로서 인간이 진실의 존재를 인식한 뒤에 가능해졌다. (1952)

생태학자 소프W. H. Thorpe(1968) 역시 호케트와 올트먼에 대한 논의에서 부버의 주장을 발전시키는데, 거짓말할 수 있는 능력은 "인간이라는 종의 고유한 것이며 다른 동물에서는 거의 발견되지 않는다"고 썼다.

소프가 지적한 뒤 수십 년간 동물의 기만에 대한 연구가 상당히 진행되었고, '과연 인간만 거짓말하는가'라는 의문이 제기되었다. 기만행위는 동물 사이에도 널리 퍼졌고, '진짜 거짓말'과 대단히 닮은 행위는 영장류나 개과 동물에서도 자주 관찰된다(Ruppell, 1986).[10] 그런데도 거짓말이라는 불명예는 여전히 인간의 몫인 것 같다. 예를 들어 20년 전, 제인 구달Jane Goodall은 탄자니아 곰베에서 지금은 유명하다 못해 극적인 존재가 된 젊은 야생 침팬지 '피간Figan'이 보여준 놀라운 행동을 보고했다. 연구자들은 보통 침팬지를 가까운 데서 관찰하기 위해 공터에 바나나를 놓아둔다. 서열이 높은 수컷들이 침팬지 사회를 지배하는데, 당연히 그들이 바나나를 대부분 먹어 치운다. 피간은 자기가 먹을 바나나 양을 늘리려고 동료들이 상대의 행동에 보이는 관심을 의식한다고 설명할 수밖에 없는 행동을 했다.

침팬지 한 무리가 쉬고 나서, 그중 하나가 무리의 시선을 끌려고 격앙된 상태로 펄쩍 뛰어오르면 다른 침팬지들이 긴장한다. 이때 그 침팬지가 어디론가 재빨리 사라지면 다른 침팬지들은 그 녀석을 따라간다. 그가 특이한 소리를 들었다고 생각하기 때문이다. 피간은 여러 차례 그런 식으로 동료 무리를 섭식지에서 다른 곳으로 데려갔다가, 잠시 뒤 혼자 조용히 돌아와 음식을 차지했다. 제인 구달은 "녀석은 분명 의도적으로 그런 행위를 했다"고 썼다. 다른 기회에 피간을 관찰한 마가리타 순달Margaritha Thurndahl은 내게 피간의 기만은 더 정교하다고 말했다. 피간은 단지 무슨 소리를 들은 척했을 뿐만 아니라 그 뒤 숲을 향해 달려갔고, 뭔가 소리치면서 동료들에게 소리 지르도록 유도했고, 그런 소란이 진행되는 중에 혼자 공터로 돌아왔다.

우리는 피간의 재간에 경탄한다. 이 경탄은 퍼스적 의미에서 상징적이지 않은 의사소통에 근거한 거짓말이 얼마나 어렵고 서투른지 알기 때문이다. 피간의 기호는 상징적이지 않지만 거짓 지표성indexicality에 해당한다. 여기서 지표index란―주석 1에 언급한 대로―퍼스의 기호의 세 가지 분류에 따르면 그것이 지시하는 바에 '실제적으로 영향을 받는' 기호를 말한다(검은 구름은 비를 상징하지 않지만 비를 암시하거나 비의 지표가 된다). 따라서 침팬지 무리 중 하나가 격앙된 몸짓과 긴장한 태도를 보이는 것은 이를 관찰하는 다른 침팬지들에게 저 녀석이 무슨 소리를 들었다는 의미다.

우리는 피간의 기발함과 엉큼함에 찬탄함과 더불어, 허위‐지표pseudo-indices에 의존한 거짓말이 얼마나 어색하고 어려우며 제한적인지 명심해야 한다. 앞서 말했듯이 상징이 없다면 메시지의 의미는 거의 '지금, 여기'에 국한될 수밖에 없다. 그렇다면 거짓말도 이 제약에서 벗어날 수 없다. 또 다른 유명한 사례를 인용하면(Hediger, 1955) 팔이 철창 사이에 끼인 흉내를 내서 사육사를 우리로 유인한 암컷 고릴라는 오직 **현재의**(지금, 여기) 사태에 대해 거짓 메시지를 전달할 수 있다. 녀석은 지난주에 자기 팔이 끼였다거나, 미래에 자기 팔이 끼일 거라는 사실은 나타내거나 흉내 낼 수 없다. 녀석의 메시지 전달은 현재에 국한될 뿐만 아니라, 녀석이 쉬지 않고 그 거짓말의 전달에 관여해야 한다. 피간 역시 '저기에 뭔가 있다'는 메시지를 전달하기 위해서는 거기에 뭔가 있는 것처럼 계속 행동해야 한다. (순달 박사의 설명이 정확하다면, 피간은 의도적이든 아니든 동료들이 스스로 그 메시지를 전달하게 함으로써 자신이 행동을 멈춘 뒤에도 거짓의 효과를 연장할 수 있을 것이다.)

반대로 상징적인 거짓말은 지속적으로 전달할 필요가 없다. 그것은 전달이 멈춘 뒤에도 오랫동안 세계의 상태에 관한 피해자의 이해 체계에 영향을 미치며, 피해자가 특정한 상황에서 이를 떠올릴 때마다 부활한다. 문장이나 단어를 통해 상징적으로 전달된 거짓말은 중세 유럽에서 나타난 피의 비방Blood Libel*처럼 수 세기 동안 이어질 수 있다. 영장류와 (그리고 다른 동물들과) 인간 역량의 이 심오한 차이를 감안할 때 나는 '이 세계의 유일한 진짜 거짓말쟁이'는 인간이라고 생각한다. 우리 사회에서 몇몇 침팬지는 인간의 기호를 습득했지만, 야생의 가장 영악한 영장류라도 '원시적 - 거짓말하기Proto-Lying'라고 불릴 만한 것, 즉 허위 - 지표에 근거한 거짓의 형태 이상을 보여주지 못한다.

따라서 거짓말의 문제는 언어와 인간의 본질에 내재한 문제이자, 인간 사회에도 근본적인 문제다. 관건은 특정한 메시지의 진실성이나 신뢰 가능성뿐만 아니라 그것의 신용 가능성, 신빙성, 더 나아가 신뢰 자체다. 즉 특정한 커뮤니케이션 시스템이나 커뮤니티의 존속에 필수적인 신뢰 가능성의 근거가 관건이다. 모든 동물이나 인간 집단의 생존은 최소한의 질서정연함을 갖춘 사회적 상호작용을 기반으로 한다. 그런데 사회시스템의 질서정연함은 일정 수준의 신뢰 가능성이 보장되는 커뮤니케이션에 근거한다.

메시지 수령자는 자기가 받은 메시지를 충분히 믿을 만하다고 여겨 기꺼이 수락할 수 있어야 한다. 그 메시지가 충분히 믿을 만하지 않다면, 그에 대한 응답도 점점 예측하기 어려워질 테고, 사

---

* 특정 개인이나 집단에 대한 부당한 비방을 말한다. 중세 유럽에서 유대인이 아이들을 유괴 · 살해해 그 피를 종교의식에 사용한다는 반유대주의적 비방에서 유래한 용어다.

회생활은 더 무질서해질 것이다. 베트남전쟁을 치를 무렵 (미국의 지도자들이 보여준) '언행 불일치Credibility Gaps'는 사회를 좀먹고 개인의 사기를 꺾었다. 한 커뮤니케이션 시스템에 거짓이 도입되면, 메시지 수신자는 자신이 수신하는 메시지가 충분히 믿을 만하고 거기에 근거해서 행동해도 된다고 어떻게 확신할 수 있는가? 나는 다른 무엇보다 종교의 특정 양상, 특히 의례의 양상이 언어에 내재한 허위성의 문제를 개선하여 인간의 사회성이 충분히 발전·유지될 수 있도록 한다고 주장한다. 여기서 세 가지 언급해둘 것이 있다.

첫째, 나는 종교가 단순히 점증하는 허위 가능성에 대한 적응적 반작용으로 출현했다고 주장하는 게 아니다. 그와 반대로 종교의 몇몇 핵심 요소, 특히 신성성의 개념이나 신성화 과정, 의례에서 언어적 표현은 거짓말만큼 언어의 가능성에 의존하며, 종교는 언어와 더불어 출현했다고 본다. 이 견해에 따르면 종교는 언어만큼 오래되었고, 더 정확히 말해 인류만큼 오래되었다.

둘째, 여기서 종교가 거짓을 치료cure할 수는 없음을 분명히 해야 한다. 거짓말에 대한 절대적 처방은 존재하지 않으며, 존재해서도 안 된다. 대다수 철학자와 신학자들은 허위를 뚜렷한 악으로 간주하지 않았다. 우리 역시 특정한 거짓말이 베푸는 사회적 선행을 안다. 가장 뚜렷한 예로 '하얀 거짓말white lies'은 듣는 사람을 보호하기 위한 거짓말이다. 비진실성insincerity은 예의의 중요한 요소이며, 사회적 관계에 빠져서는 안 될 윤활유다. 게다가 거짓말은 예를 들어 생뚱맞은 질문을 던진 사람에 대한 사려 깊은 답이 될 수 있다. 많은 경우 거짓말은 식민지 주민이 선교사나 식민 행정관 등 외부의 위협에 맞서, 자신의 문화적 의미를 지키는 데 도움을 주기도 했다. 다행히 거짓말을 추방하는 능력에서 종교가 인류의 다른 수단보다 뛰어나지는 않다. 종교는 거짓말에서 유래한 악을 개선하는 일 이상은 할 수 없다.

셋째, 상징적으로 코드화된 모든 메시지가 위와 같은 곤란을 야기하지는 않는다. 사람들은 필연적 진실, 잘 알려진 불변하는 사실, 경험적 법칙, 사회적 규칙에 관해 소통할 때 신뢰성이나 신용 가능성을 문제 삼지 않는다. 상식적인 사람이라면 1+1=2라는 메시지를 이의 없이 수락할 것이다. 각각의 항에 할당된 의미를 고려할 때 이 명제를 부인하는 것은 자기-모순적이다. 1+1=3이 옳다고 생각하는 사람도 최소한 이론적으로 그 명제가 거짓이라는 논리적 원인을 안다. 비슷하게 얼음에 충분한 열을 가하면 물이 된다는 진술도 거짓으로 여겨지지 않는다. 이런 일반 명제는 사회적으로 의미 있는 메시지의 일부일 뿐이다.

열과 물, 녹는점, 끓는점 등에 관한 법칙은 멀리 떨어진 호수의 물이 녹았는지, 거기서 낚시를 시작할 만한지 말해주지 않는다. 1+1=2라는 메시지 역시 금고에 얼마나 많은 보물이 남았는지 말해주지 않는다. **카슈루트**Kashrut[*]는 신실한 유대인에게 만찬의 주인이 내온 고기가 유대 율법에 맞게 도살되었는지 알려주지 않는다. 또 파푸아뉴기니 마링족 남자가 의례적인 **룸빔**rumbim 나무 심기가 부족 간에 휴전을 선포하는 의식임을 아는 것과, 특정한 지역 집단

---

[*] 유대교의 식사 계율.

이 그런 의례를 실시했는지 아는 것은 별개의 문제다. 신용 가능성이나 신뢰성의 문제와 관련된 것은 세계의 **본성**에 관한 그 사회의 **일반 명제**가 아니라, 지속적으로 변하는 세계의 현 상태에 관한 구체적 정보, 특히 그 세계의 사회적 측면에 관한 정보다.

6.
대안성

거짓말이 언어의 미덕과 그것의 특별한 능력에 내재한 유일한 악, 즉 언어라는 사과에 꼬여든 유일한 벌레는 아니다. 언어의 두 번째 문제는 대안성alternative이다. '거짓말'의 문제는 대부분 기호와 그 기호가 지시하는 것의 상징적 관계에서 유래한다. 그런데 대안성의 문제는 언어의 또 다른 필수 요소인 문법을 통해 상징에 질서가 부여된다는 사실에서 유래한다.

문법은 대안성의 개념을 거의 불가피하게 수반한다. 'YHVH(야훼)는 신이며 마르두크는 신이 아니다'라거나 '사회주의는 자본주의보다 낫다'는 문장을 상상하고 표현할 수 있는 문법이 존재한다면, 그 반대 항 역시 상상하고 표현하고 행할 수 있다.

물론 대안을 이해하는 능력은 대다수 동물의 인지 과정에 내재한다. 개에게 쫓기는 다람쥐를 상상해보자. 다람쥐는 기어올라 도망칠 수 있는 나무를 점찍거나, 자기가 택할 수 있는 루트의 장점과 단점까지 평가할 수 있을지 모른다. 그러나 언어와 문법이 도입되면 대안의 범위는 거의 양자 도약을 하듯 폭발적으로 증가한다. 우리는 여러 대안적 행위를 할 수 있는 다람쥐의 능력에서 그 다람쥐가 여러 대안적 사태를 인식하고 그것의 장점까지 이해할 수 있다고 추론한다. 그러나 인간의 문법은 단순히 대안적 행위나 사태를 이해·평가하는 능력을 향상하는 것 이상을 행한다. 문법은 대안적 세계, 다시 말해 마르두크나 YHVH의 법칙 어느 쪽에 의해서도 통치될 수 있는 대안적 질서 혹은 사회주의나 자본주의 원리에 따라 조직되는 상이한 세계에 대한 인식을 가능하게 한다.

대안적 질서를 상상하고 확립할 수 있는 능력 그 자체는 문제적이지 않다. 그 능력은 적응적 융통성, 즉 변하는 조건에 대응해 시스템의 조정·변경 능력을 혁신적으로 향상하고, 때로 그런 능력 자체를 구성한다. 그러나 이렇게 강화된 융통성에는 불가피하고 위험한 수반물이 따른다. 무질서의 토대 역시 증가하는 것이다.

어떤 현실 사회도 유토피아는 아니다. 따라서 한 사회의 구성원이 자기가 살고 노동하는 세계보다 최소한 몇 가지 면에서 나은 세계의 질서를 상상하는 모습은 쉽게 찾아볼 수 있다. 그들이 더 나은 질서를 상상한다면, 그들의 행위는 어떻게 현재 그들이 경험하는 질서의 존속에 충분할 만큼 순응적인 상태로 유지될 수 있을까? '가능한 것'이라는 개념은 언제나 어느 정도 '실제적인 것'과 대립한다. 그렇다면 이 '가능한 것'의 개념은 종전의 사회적·개념적 질서에 교란을 야기할 수 있다. 그 개념이 필연적으로 종전 질서의 개선이나 바람직한 대체를 향할 필요는 없기 때문이다. 마르틴 부버(1952)는 이런 교란 능력 때문에 '대안성'을 인간악의 두 번

째 토대로 보았다.[11]

 대안성에 대한 고찰은 단순히 무질서보다 깊은 차원의 문제를 드러낸다. 무질서가 존재하려면 무질서해질 수 있는 질서가 존재했어야 한다. 여기서 우리는 그런 질서의 '정당성'이라는 근본적 문제와 직면한다. 즉 무엇이 있는 그대로 현실이고, 무엇이 실제이며, 무엇이 단순히 공포나 갈망에 따른 허구인가 하는 문제, 상상되었거나 상상 가능한 여러 대체안 중에서 어떤 것이 '진실'이라고 주장될 수 있는가 하는 문제다. 진실은 마르두크인가, YHVH인가? 삼위일체인가, 유일한 신성인가? 그보다 낮은 층위에서 말하자면 무엇이 명예롭고 불명예스러우며, 무엇이 윤리적이고 비윤리적인가?

 이런 문제들이 이슈가 되는 사회에서 '현실' 혹은 '진실'은 단순히 하나 혹은 다른 가능성에 대한 시민적 합의의 결과가 아니며, 단순한 관용의 결과도 아니다. 이 점은 히브리 예언자들이 우상숭배와 왕들의 습관에 비난을 퍼부은 데서 분명히 드러난다.* 여기서 문제는 실제 어떤 질서가 우세한가가 아니라 어떤 질서가 우세해야 하는가이다. 최소한 상징적으로 구성되는 세계의 사회적 요소에서 '현실' 혹은 '진실'은 윤리적인 동시에 사회적인 차원이며, 그런 현실과 상충되는 역사적 사태는 거짓으로 간주된다. 우리는 이 문제를 특히 4장과 10장에서 다시 논의할 것이다.

---

* 종전 사회 체제에서 널리 받아들여지는 질서라 해도 정당한 '진실'로 인정받지 못할 수 있다는 의미.

56

여기서 나는 무엇이What is의 문제가 과학자나 철학자가 아닌 사람에게는 별이나 바위, 소화消化나 나뭇잎의 돋아남, 그 잎에서 일어나는 광합성과 연관된 문제가 아니라고 주장한다. 다시 말해 그 문제는 이 세계의 가시적이거나 비가시적인 물리적 요소, 우주론적·지질학적·기상학적·생태학적·유전적·생리적 과정에 따라 구성되는 요소의 문제가 아니다. 그 문제는 주로 신이나 악마 같은 상징적 존재, 천국이나 지옥 같은 장소, 명예나 치욕 같은 정신적 미덕, 선과 악 같은 윤리적 성질, 민주주의나 사회주의, 평등, 자유, 자유기업, 조국 같은 사회적 추상체에 그 실제성actuality이 달린 세계 내 요소와 관련된 문제다. 이것은 모두 상상 가능한 대안이며, 이의를 제기할 대상이 될 수 있다. 마르두크인가, YHVH인가 하는 문제처럼 말이다.

'실재the real'의 문제는 세계의 상징적 요소와 관계된다는 주장은, 이 세계의 물리적 요소들이 기원·진화·작동하는 원리나, 그 요소들이 구성하는 실체가 무엇인지 모두 알려졌거나 이해될 거라는 의미가 아니다. 분명 그렇지 않은데 앞으로 영영 그럴 수 없으리라고 믿을 만한 이유가 있다(Grim, 1991). 아울러 이 책은 종교에 대한 것이지만, 나는 인간이 지속적으로 상호작용 하는 세계의 물리적 요소―생물, 사물, 물질―에 관한 질문을 무시하거나 이를 전문가에게 맡기자는 우스꽝스런 주장을 펴는 게 아니다. 우리는 세계의 상징적 요소와 물리적 요소의 상호작용을 논의해야 한다. 이는 상징적 요소로 구성된 현실에 대한 인간 지식과 '자연적으로 구성된' 세계 내 요소에 대한 지식의 토대가 상이하다는 점을 인정하자는 것이다.

세계의 물리적 요소와 과정은 알려지기 위해 발견되어야 한다. 인류는 그것을 식별하기 위한 일반 원리와 절차를 발전시켜왔다. 그러나 세계의 상징적 요소는 자연적으로 구성된 것이 아니고 인간의 발명품이다. 그것의 정당성에 대한 지식—마르두크가 세계를 지배하는지, YHVH가 단순히 이단적 상상력이 만든 허구는 아닌지 혹은 그 반대인지—은 발견의 문제가 아니다. 상징에 근거한 세계 내 요소의 현실성은 일단 그것을 현실로 간주하는 사람들이 구축·확립·유지하는 것이다. 다시 말해 상징에 근거한 세계 영역에 관한 '진실'을 안다는 것은 존재론적이며, 차라리 인식론적인 문제다. 잠바티스타 비코Giambattista Vico는 1699년에 다음과 같이 썼다.

> 인간과 인간 정신의 창조물의 관계는 신과 자연의 관계와 같다. "신은 홀로 자연을 만드셨다. 그리고 이런 표현이 허용된다면 인간은 기교Arts의 신이다."

그는 1710년 《On the Most Ancient Wisdom of the Italians 이탈리아인의 가장 고대적인 지혜에 관하여》 첫 문장에 다음과 같이 썼다.

> "베룸verum(진실한 것)과 팩툼factum(만들어진 것)은 교체가 가능하다." 다시 말해 이 둘은 하나이며 동일하다. 우리는 만들어진 것을 사실로 인식한다. (Palmer, 1988)

비코의 이런 중심 사상은 데카르트적·자연과학적 방법론의 몇몇 양상에 대한 급진적인 비판을 담고 있다. 초연하고 공정한 관찰자가 정확한 관찰로 얻어낸 객관적 지식이 세계에 관한 진실을 담고 있으며, 객관적 지식의 궁극적이고 완벽한 형태는 수학이기 때문에 오직 수학적 설명이 확실성을 담보하고, 진실을 추구하는 나머지 지식의 형태는 대수롭지 않거나 거짓된 것이라는 데카르트의 주장에 대한 비판 말이다.

비코는 초기 저작(1709, 1710)에서 진실과 관련된 수학의 우월성을 암묵적으로 인정하지만, 수학적 진실이 우리에게 알려지는 것은 우리가 그것을 객관적으로 발견했기 때문이 아니라 정확히 그러지 못했기 때문이라고 지적한다. 우리는 수학을 연구하면서 객관적 세계의 가장 불변하는 특징을 발견하는 것이 아니라 논리적 체계를 발명한다. 우리가 수학의 진실을 전부 알 수 있는 것은 우리가 그것을 만들었기 때문이다.

비코는 이런 진실의 형식을 일반 원칙으로 끌어올린다. 특정한 사물을 완벽하게 알 수 있는 의식은 그 사물을 만든 의식뿐이다. 따라서 비코는 자연 세계를 진정으로 알 수 있는 유일한 의식은 신의 의식인데, 신이 자연을 만들었기 때문이라고 주장한다. 인간은 실험을 통해 신을 모방하면서 자연 세계의 작동을 엿볼 수 있지만, 그 외에는 '외부의 지식outside knowledge'에 제약된다. 다시 말해 확인을 통해서 알 수 있는 지식—예를 들어 목성 주위에 위성이 네 개 돈다든지—이나 직접적으로 확인 가능한 지식—예를 들어 지구가 태양 주위를 돈다는 사실—에서 끌어낼 수 있는 추론에 얽매였다.

그와 반대로 비코에 따르면 인간은 자신이 만든 것, 예를 들어 기계나 그보다 중요하게는 이미지, 사고, 상징, 제도에 대해서는 완전하고 진정한 지식이 있다. 우리가 그것을 창조했기 때문이고, 우리가 거기에 참여하지 않았다 해도 그것은 충분히 우리 자신과 동일한 인간 정신에 의해 창조되어 우리가 다양한 방법으로 접근할 수 있기 때문이다. 하지만 인간은 자연을 창조한 신적인 정신에는 그렇게 접근할 수 없다. 비코가 1699년에 썼듯이, 우리와 인간 정신의 창조물의 관계는 신과 자연의 관계와 같다("신은 홀로 자연을 만드셨다. 그리고 이런 표현이 허용된다면 인간은 기교의 신이다").

비코는 데카르트적 방법론을 물리적 세계에 적용해 도달할 수 있는 진실의 형식과, 인간이 '시민사회의 세계 내에서' 성취할 수 있는 진실의 형식을 구분한다.

전자가 만들어내는 진실은 비코가 세르툼certum이라 부른 열등한 진실이다. 이는 확인 가능한 단순한 사실이다. 한편 인간은 직접적 경험에서 얻는 지식, 불쌍하거나 상처 받거나 아버지가 되거나 환희를 느낀다는 게 무엇인지에 대한 지식, 원인과 동기, 이유, 작동에 대한 내적 지식inside knowledge인 더욱 깊은 지식, 즉 원인지per causas를 갖출 수 있다. 이런 지식을 비코는 베룸, 즉 '진실된 것'이라고 불렀다. 그의 일반 논지는 1710년에 펴낸 《이탈리아인의 가장 고대적인 지혜에 관하여》 첫 문장에 나온다. "고대 로마인에게 베룸(진실된 것)과 팍툼(만들어진 것)은 교체가 가능하다(즉 하나이며 동일하다)."

이 문장은 보통 인식론적 원리로 간주되며, 이는 사실이다. 하지만 나는 그 이상이라고 본다. 일단 더 깊은 차원에서 이 문장은 존재론적이다. 비코는 인간 정신과 기교의 관계는 신과 자연의 관계와 같다고 말하면서, 내가 보기에 세계의 상징적 요소에 대한 인간 정신의 잠재적 전지전능성과 인간 정신 자체의 전지전능성을 함께 인정한다. 여기에는 최소한 20세기에 '화행 이론Speech Act Theory'이라 불릴 이론의 편린이 반짝인다(Austin, 1962; Searle, 1969; 이 책 4장 참조).

후자의 진실은 거짓말과 밀접히 연관된다. 둘 다 인간의 창조물로, 우리는 여기서 인간이 어떻게 자신이 직조해야 하는 진실에 근거를 제공하며, 그것을 어떻게 거짓과 구분할까 하는 문제와 마주친다.

이 질문은 한스 큉Hans Küng이《Does God Exists?신은 존재하는가》첫머리에 던진 질문과 유사하다. "현대적 · 합리적 인간이 나타난 뒤 인간의 확실성의 문제를 풀기 위한 필사적인 시도가 있었다. 우리는 묻는다. 모든 인간의 확실성의 토대가 될 수 있는 거대한 바위 같은, 결코 흔들릴 수 없는 확실성은 어디에 있는가?" (Küng, 1980)

나는 '현대적'과 '합리적'이라는 용어를 빼고 큉의 질문을 다시 논의하고 싶다. 이는 인류의 역사만큼 오래된 문제다. 현대의 '합리적' 인간은 확실성을 확립하는 데 쓰여온 고대적 수단이 붕괴하는 걸 목격하지만, 이는 또 다른 문제다. 인류가 사회적 · 문화적으로 진화해오면서 확실성의 문제는 점점 심각하고 골치 아픈 것이 되었고, 심지어 절망적으로 변했는지 모른다.

나는 이 문제가 인간 조건에 본질적으로 내재한다고 본다. 즉 우리에게 아직 다 알려지지 않은 인과적 법칙의 지배를 받지만 그 본질적 의미는 결여된 이 세계에서, 오직 그 자신이 구축하는 의미와 이해 체계를 통해 생존하고 또 생존할 수 있는 인간이라는 종의 조건에 내재한다고 본다. 더 나아가 이 세계는 거짓말이 편재하는 세계이며, 신과 가치, 사회질서 같은 핵심 요소의 '현실성'과 '진실'을 창조해야 할 뿐 아니라, 그것들을 허위화시키려는 점증하는 대안적 가능성의 위협에 맞서 이를 수호해야 하는 세계다. 이 세계에 말word이 존재해야 한다면, 거짓말과 지나치게 많은 말—다시 말해 허위와 바벨의 언어—의 파괴력에 맞설 수 있는 진정한 말The Word, True Word을 구축할 필요가 있다.

이 책의 중심 논지는 종교는 그 자체로 상징적 진실과 신념의 토대인 진정한 말씀True Word을 직조한다는 것이다. 이 장 초반부에 썼듯이, 나는 진정한 말씀이 주조되는 장소가 의례라고 본다. 나는 앞으로 의례의 정의와 그 일반적 특징을 논의할 것이다. 먼저 모든 종교적 의례에서 전달되는 두 가지 메시지(자기-지시적 메시지와 규범적 메시지)를 구분하고, 그것의 차이를 기호와 지시물의 관계를 통해 논의할 것이다. 자기-지시적인 메시지의 흐름에 대해서는 그런 메시지 전달의 형식적 특징에 초점을 맞추어 명료성, 모호성, 애매성과 관련된 함의를 다룰 것이다. 4장에서는 자기-지시적인 메시지와 규범적 메시지의 차이를 다룰 것이다. 나는 사회적 계약, 윤리, 관습의 확립이 의례적 형식에 내재한다고 주장하며, 어째서 거의 모든 의례가 말뿐만 아니라 행위와 사물을 포함하는가 하는 문제를 탐구할 것이다.

그다음에는 신성성의 개념을 낳는 의례의 순차적·동시 발생적·위계적 차원을 논의할 것이다. 신성한 진실 혹은 신성화된 진실과 다른 진실의 차이도 탐구할 것이다. 이때 신성성과 질서의 관계에서 로고스Logos라는 개념이 발전해 나온다. 한편 나는 종교의 비담화적이고, 감정적이며, 경험적인 양상과 의례에서 그런 양상이 생성되는 모습을 조사할 것이다. 의례에서 신적인 것의 개념이 나타나는 점도 고찰할 것이다.

우리는 적응의 문제로 돌아와 인류의 적응적 구조와 과정에서 신성한 것, 누미노스, 성스러움이 차지하는 위치를 논의하고, 성스러움과 권력의 관계, 더 나아가 신성성의 부패, 누미노스의 거짓, 성스러움의 파괴를 논할 것이다. 마지막으로 과학을 정의하는 발견의 인식론epistemology of discovery과 세계의 상징적 측면의 기저를 이루는 의미의 존재론ontology of meaning의 모순, 그 둘의 화해 가능성을 논할 것이다.

2

의례의
형식

의례의

형식

나는 1장에서 소개한 느슨한 종교의 정의보다 구체적이고 일반적인 정의는 제시하지 않으려 한다. 이 책에서 종교란 성스러운 영역domain of the Holy을 의미한다. 종교의 구성 요소는 신성한 것, 누미노스, 비술적인 것, 신적인 것이 있으며, 이런 요소들이 생성되는 행위 형식인 의례도 포함된다.

이런 개략적인 설명으로도 우리가 탐구해야 할 영역을 가리키기에 충분하다. 종교라는 정의의 애매모호함 자체가 종교가 점하는 영역과 그 형상의 무한성, 그 경계의 흐릿함을 잘 보여주기 때문이다. 종교라는 개념은 필연적으로 애매할 수밖에 없는데, 이 애매모호함은 무지의 소산이 아니다. 우리는 모두 사람들이 종교라는 용어를 어떤 식으로 이해하고 사용하는지 안다.

그런데 (종교의 정의가 아니라) 종교의 각 요소를 고찰할 때는 상황이 다르다. 예를 들어 '성스러운holy'과 '신성한sacred'이라는 용어는 그 용법이 크게 다르며, '누미노스numinous'라는 용어는 다른 말보다 우리에게 덜 친숙하다. 이 개념들은 분석에 직접적으로 관여하며 분석의 구체적 대상이 되는 데 반해, '종교'란 이런 분석이 행해지는 영역을 가리킬 뿐이다. 따라서 종교적 요소에 대한 이해는 '종교'에 대한 일반적인 이해보다 훨씬 구체적이어야 한다. 이 책의 주요 목표 중 하나가 종교의 본성, 다시 말해 성스러움과 그 구성 요소들의 성격을 더 깊이 이해하는 것인 만큼 그 요소들을 선험적인 것으로 정의해서는 안 된다. 그보다 그 요소들을 하나씩 파악해가야 한다.

지금은 이 책에서 '신성한'이라는 용어는 언어로 표현되며 또 표현될 수 있는 종교의 담화적 측면을, '누미노스'는 비담화적·정감적이고 말로 표현할 수 없는 특질을 가리킨다는 점을 언급해두자. '비술적occult'이라는 용어는 종교의 특이한 효험적 능력(우리는 이 문제를 거의 다루지 않는다)을, '신적인divine'이라는 용어는 종교의 영적인 지시 대상을 의미한다. '성스러운'(일상적으로 또 많은 연구자들의 저서에서 이 단어는 '신성한'과 동의어로 쓰인다. 그들이 사용하는 '신성한'은 이 책의 용법보다 의미가 넓고 모호하다)이라는 용어는 '신성한'과 구별되며, 총체적인 종교적 현상, 즉 나의 주장에 따르면 의례에서 성취되는 종교의 네 가지 요소의 통합을 지칭한다. 이런 포괄성에는 이유가 있다. '성스러운holy'이라는 낱말은 고대 영어 할리그halig에서 유래했다. 이 단어에서 '전체whole' '건강한healthy' '치유하다heal'라는 단어도 파생되었다(아메리칸 헤리티지 사전 3판, 1992; 옥스퍼드 영어사전, 1983 참조).

성스러움과 그 구성 요소들은 의례에 의해 창조되고 통합된다. 나는 의례를 통해 그 종교적 요소에 접근할 것이다. 이제 의례에 대한 논의를 시작해보자.[1]

1.
의례의 정의

나는 '의례'를 연행자에 의해 전적으로 코드화되지 않은 형식적 행위, 발화의 거의 불변하는 차례로 구성된 퍼포먼스라고 정의한다. 극도로 간결한 이 정의는 더 자세한 설명과 논의가 필요하다. 그것의 구체적인 특징(퍼포먼스, 형식성, 불변성, 행위와 발화, 연행자가 아닌 이들에 의한 코드화)을 논하기 전에 몇 가지 일반적인 언급이 필요하다.

첫째, 이 정의는 종교 행위 이상의 것을 포함한다. 예를 들어 정신분석가들은 '의례'라는 용어와, 이와 동의어는 아니더라도 밀접한 관계가 있는 '의식ceremony'이라는 용어를 모두 신경증에서 유래한 병리적인 정형화된 행위(Freud, 1907) 혹은 사람들 사이의 관례적이고 반복적이면서도 적응적인 상호작용(Erikson, 1966)으로 이해했다. 사회학과 인류학에서 '의례'와 '의식'은 넓은 범위의 사회적 사건을 지칭하지만, 그 사건들이 모두 종교적인 것은 아니며, 그런 사건들의 형식적 측면을 의미하기도 한다(예를 들어 Bell, 1992; Firth, 1967, 1973; Goffman, 1967; E. Goddy, 1972; J. Goddy, 1961; Grimes, 1990; Kertzer, 1988; La Fontaine, 1972; Leach, 1954; Moore and Myerhoff, 1977).

의례라는 용어가 단지 인간 현상을 가리키는 것도 아니다. 생태학자들은 포유류뿐만 아니라 파충류, 조류, 어류, 심지어 다른 문phyla에 속하는 생물에서 관찰되는 행위를 가리키기 위해 의례라는 용어를 '과시display'라는 용어와 거의 비슷한 의미로 사용한다(Bell,

1992; Blest, 1961; Cullen, 1966; Etkin, 1964; Grimes, 1990; Hinde, 1966; Huxley, 1914; Wynne-Edwards, 1962).

그렇다면 우리는 물을 수 있다. 인류학자, 신학자, 정신분석가, 생태학자들의 용법에서 의례라는 단어는 다양한 현상을 지칭하기 위한 라벨일 뿐이며, 그것들 사이에 어떤 공통점이 있는지 조사하는 것은 부질없는 일인가? 아니면 농게의 구애 춤에서 로마 인민의 문제와 같이 폭넓고 상이한 현상을 지칭하는 이 용어가, 의심할 여지없는 차이에도 기저에 깔린 중요한 공통성을 가리키는가? '의례'라는 일반 범주에 드는 다양한 사례에서 발견되는 차이는 뚜렷하고도 중요하다. 무릎을 꿇는 가톨릭 사제의 행위와 구애를 위한 갑각류의 열정적인 몸 돌리기를 구분하는 것은 어렵지 않으며, 전자를 후자의 복잡화로 간주하거나 그 둘의 차이를 어떤 식으로든 최소화하려는 시도는 우스꽝스럽다.

일단 의례라는 범주 혹은 잠재적 범주에서 그 구성 요소들의 차이가 아무리 충격적으로 느껴질지라도, 그 차이를 강조하기보다 그 요소들의 공통점—그 유사성이 모호하거나 공허하게 느껴질지라도—에 주목하는 것이 유용할 것이다. 내가 먼저 의례의 유사성에 주목한다고 해서 나중에 그 차이를 논하지 않겠다는 뜻은 아니다. 다만 공통성에 대한 고찰은 그 차이를 더 적절한 시각으로 조망할 수 있게 한다. 먼저 종교적 의례와 다른 의례가 어떻게 닮았는지 논의하면 나중에 그 차이를 더 명료하게 볼 수 있고, 종교 의례와 다른 의례의 구분은 신성성, 누미노스, 성스러움의 개념을 규정하는 데도 유용할 것이다.

우리의 의례 정의는 인간 의례뿐만 아니라 생태학자들이 새나 짐승, 곤충에게도 있다고 말한 특유의 양식화된 '과시 행동displays' 까지 포함한다. 그러나 우리의 정의가 아무리 포괄적이어도 '종교적'이라고 불리는 모든 행위가 거기에 포함될 수는 없다. 물론 도덕적 행위는 그것을 수행하는 행위자나 공동체에 의해 종교적인 것으로 간주될 수 있으며, 최소한 종교적 원칙을 그것의 지침으로 삼을 수 있다.

우리의 의례 정의에 자선 행위를 권장하고, 불륜을 금지하며, 부모를 존경하는 행위까지 포함할 수는 없다. 모든 종교의식 행위가 이 범주에 적절하게 포함되는 것도 아니다. 어떤 사람들은 그들이 신적인 것으로 간주되는 무엇과 '헐벗은 조우naked encounter', 즉 의례에 의해 매개되지 않는 방식으로 만난다(James, 1961). 물론 우리는 그들이 과거에 그런 경험에 의미를 부여하거나 그런 경험을 환기하는 의례에 참여한 적이 없는데도, 그런 경험을 한 사람에게서 비슷한 이야기를 듣지 않았는데도 그런 '직접적 경험'을 했는지 (혹은 할 수 있었는지) 질문할 수 있다. 이런 질문은 논의의 초점에서 벗어난 것이며, 모든 의례가 종교적인 것이 아니므로 모든 종교 행위가 의례인 것도 아니다. 그럼에도 나는 우리가 정의한 의례가 종교가 자라나는 토대라고 주장할 것이다.

2.
의례 형식의 논리적 수반물

종종 의례와 결부되는 몇몇 특징은 우리의 정의에서 빠졌다. 먼저 '상징'이라는 말이 나오지 않는다. 의례는 이따금 상징의 한 형태로 간주된다(Tambiah, 1985; Moore and Myerhoff, 1977 참조). 그러나 1장에서 살펴보았듯이 '상징'을 퍼스가 말한 의미로 이해한다면 전적으로 (심지어 본질적으로) 그렇지는 않다. 의례가 전적으로 상징적이 아니라는 점은 의례의 흥미롭고 중요한 특징 중 하나다. 의례를 통해 상징적 커뮤니케이션에 내재하는 곤란(특히 언어의 두 가지 악, 즉 거짓말과 바벨의 혼란)이 개선될 수 있기 때문이다.[2] 우리는 이 문제를 이 장 끝부분과 이 책 전반에 걸쳐 논의할 것이다.

둘째, 우리의 정의는 의례가 무엇에 '관한' 것이며, 무엇을 '위한' 것인지 뚜렷하게 규정하지 않는다. 그 정의는 실제적이거나 기능적이지 않지만, 시간과 장소를 불문하고 모든 의례에 공통된 지각 가능한 특징에 주목한다. 특정한 사건을 의례라고 인식하게 만드는 특징 말이다. 그렇다면 그 정의는 (의례라는 낱말의) 일상적인 영어 표현과 부합하며, 내가 보편적 혹은 거의 보편적으로 (언제나 언어로 정의되지는 않는다 해도) 인정된다고 믿는 행위 범주와도 상응한다. 동시에 그것은 여러 구체적인 특징을 명시하기 때문에, 종교에 대한 우리의 느슨한 정의와 다르게 상당한 분석적 효용이 있다. 그래서 그 정의는 캐퍼러Bruce Kapferer(1983)가 의례의 적절한 정의에 필수적인 것으로 제안한 요건에도 부합한다.[3]

우리의 정의는 의례의 명시적인(즉 인지 가능한) 요소를 강조하는 동시에, 암묵적으로 그런 요소들의 항구적 관계를 규정한다. 그 관계는 상황에 따라 어느 정도 달라질 수 있다. 1장에서 언급했듯이 나의 '의례' 개념은 형식이나 **구조**를 가리킨다. 나는 이 구조를 구성하는 어떤 요소도 의례 고유의 특징은 아니지만, 그것들의 관계는 의례 고유의 것이라고 주장할 것이다. 조금 다르게 표현하면 의례는 그 구성 요소―연행, 불변성, 형식성 등―가운데 어느 것도 의례에 독점적으로 속하는 것이 없는 독특한 구조다. 의례 구조의 특이성은 우리의 정의에서 즉각적으로 드러나지 않는데, 이 장 후반부에서 의례를 다른 연행 형식과 구별할 것이다.

우리의 의례 정의가 물질적·기능적인 대신 형식적이라는 데 단순히 분류학적 의미가 있는 것은 아니다. 행위 형식으로서 의례는 분명 소소한 사회적·물질적 결과(이것은 '기능적'일 수도 있고 아닐 수도 있다)를 야기할 수밖에 없다. 그러나 의례를 형식이나 구조로 정의하는 일은 **바로 그 사실 때문에** 그런 효과를 고려하는 이상의 무엇을 포착한다. 규정되었으나 가변적인 특징, 요소 사이에 존재하는 일련의 영속하는 구조적 관계의 집합인 의례는 자연스럽게 사회적·물질적 결과를 낳을 뿐만 아니라, 그 논리적 수반물logical entailment도 지닌다.

나는 연행자들에 의해 전적으로 코드화되지 않은 형식적 행위나 발화의 거의 불변하는 차례를 따르는 연행은 논리적으로 관습의 확립, 사회적 계약의 승인, 우리가 로고이(로고스의 복수)라고 부르는 통합된 관습적 질서의 구축, 윤리성의 부여, 시간과 영원성의 구축, 세계 창조 패러다임의 재현, 신성성 개념의 생성과 관습적 질서의 신성화, 비술적 힘에 관한 이론 구성, 누미노스적 경험의 창조, 신성神性의 인식, 성스러움의 파악, 의미성을 초월한 의미 질서의 구축을 수반한다고 주장할 것이다. 이 요소들과 여기서 파생되는 이차적 수반물 역시 우리가 의례라고 정의한 형식에 내재한다. 그 정의를 찬찬히 곱씹으면서, 우리는 이 의례의 수반물을 특히 4장 이후 자세히 논의할 것이다.

3.
의례와 형상인形相因, formal cause[*]

나는 우리의 의례 개념이 물질적이거나 기능적이지 않다고 말했다. '사회적 계약은 의례 형식이나 구조에 내재한다' '의례는 그 본성상 의례적 내용에 도덕성을 부여한다' 같은 주장은 단순한 기능주의적 설명과 비슷하게 들린다. 사실은 그렇지 않은데, 논의를 이어가기 전에 이 점을 분명히 할 필요가 있다. 나는 과거에 이 문제와 관련해 심각한 오해를 산 적이 있기 때문이다. 이 문제에 관심이 없는 독자들은 여기서 2장 4절로 건너뛰어도 무방하다.

　내가 심각하게 오인된 대목은 이곳이다. 모리스 블로흐(1986)는 마링족 의례 주기에 관한 나의 분석[**]이 의례 일반에 관한 기능주

---

[*] 아리스토텔레스 철학에서 사물의 형상을 만들어내는 원인을 말한다. 집의 설계도가 그 예다.

[**] 로이 라파포트의 유명한 민족지《Pigs for the Ancestors조상을 위한 돼지들》(1968)을 말한다.

의적 – 생태 이론의 일부라고 본 것 같다. 그 책을 쓸 때 나의 초점은 의례의 그런 측면이 아니라, 특정 시스템에서 내가 의례의 기능이라고 간주한 측면이었다. 공평하게 말하면, 블로흐의 오해는 부분적으로 내 탓이다. 나는 《조상을 위한 돼지들》의 마지막 단락에 다음과 같이 썼다.

> 무엇이 인간에게 고유한 것인지 이해하려면 인간이 다른 생물과 공유하는 존재의 양상도 고려해야 한다. 이런 확신 탓에 나는 마링족의 종교적 의례나 그것과 결부된 신앙을 인간 외 다른 동물의 행동까지 포괄할 수 있는 준거 틀frame of reference에 포함했다. 나는 이 준거 틀에 근거해서 마링족이 환경에 적응하는 데 종교가 수행한 핵심적 역할을 밝혔다. (1968)

당시에는 이런 진술이나 마링족의 의례에 관한 다른 주장이 의례 일반에 대한 **특별히** 생태학적인 명제로 이해될 수 있다고 생각하지 않았다. 우리는 생태적·정치적 관계와 관련이 없는 의례 사례를 얼마든지 들 수 있다. 비슷하게 캐서린 벨Catherine Bell은 《Ritual theory, Ritual practice 의례 이론, 의례 실천》(1992)에서 (내가 그녀를 오해하지 않았다면) 의례에 대한 나의 접근을 '생태학적 합리주의ecological rationalism'(p. 108)라며 블로흐와 동일한 오해를 보여주었다.

다음으로 브루스 캐퍼러(1983)는 무어와 마이어호프Moore and Myerhoff(1977), 라파포트(1979), 탐바이아Stanley Tambiah(1985), 레비스

트로스Claude Lévi-Strauss(1981), 블로흐(1973)의 의례에 대한 정의와 개념을 '기능주의적'이라고 비판했다. 그가 어째서 이들의 논의를 한데 모아 무차별적으로 '기능주의적'이라는 딱지를 붙였는지 잘 모르겠다. 그는 "(이 저자들에게) 의례는 현저하게 형식화되고, 정형화되고, 반복적인 특징이 있는 행위다. 이런 정의는 협소하고, 반계몽적이며, 종종 그릇된 것으로 분석이 필요하다… 이런 것들이 우리가 이해해야 할 의례라는 현상의 정의로 제안되었다…"고 했다. 어째서 형식성, 정형성, 반복성이 '기능'을 암시하는지 이해하기 힘들지만, 캐퍼러는 그런 정의에 자신이 말한 오류가 어떻게 수반되는지 설명하지 않는다. 내 생각에 그는 맥을 잘못 짚었다.

위 사례처럼 구체적인 것을 보편화하고, 목적인目的因, final cause[*]적 진술이 필요한 곳에서 형상인적 진술을 제공하는 것은 진부한 오류다. 목적인과 형상인의 혼동은 19세기 프랑스의 노동 분화를 설명하면서 뒤르켐이 유기적 연대organic solidarity가 노동 분화에 내재한 것이라고 주장한 사례에서도 찾아볼 수 있다. 반대로 족외혼은 거의 동맹 세력alliance(영국과 프랑스 학계에서 쓰던 의미)의 형성을 수반한다는 주장은, 기능주의적(목적인적) 주장이 아니라 형상인적 주장이다.

그렇다면 우리의 논지는 본질적으로 형상인적 혹은 구조적 형식을 취할 텐데, 부수적 논의는 다른 형식을 취할 수 있다.

---

[*] 아리스토텔레스 철학에서 사물의 생성, 변화, 운동의 원인이 되는 목적을 말한다.

4.
의례의 형식과 물질

우리의 정의가 의례의 내용이나 목적을 규정하지 않는다는 점을 좀 더 논의해보자. 예를 들어 가톨릭 미사, 북아메리카 평원 인디언의 태양 춤,* 오스트레일리아 중부 사막의 통과의례, 파푸아뉴기니의 치료 의례나 멕시코 아즈텍족의 인신 공양 의식에서 무엇이 **공통적인가**, 다시 말해 무엇이 의례에서 **보편적인가** 하는 점과 관련해 전 세계 의례의 숱한 내용과 목적을 모두 정의에 포함할 수 없고, 그래서도 안 된다. 이는 의례를 구성하는 형식적 행위와 발화의 변하지 않는 차례에 목적이 없다거나, 그것들이 아무것도 나타내지 않는다는 의미가 아니다(혹은 모리스 블로흐가 말하듯이[1973] 의례가 '명제로서 힘propositional force'을 결여한다는 의미도 아니다. 나는 이 주장에 진심으로 반대한다).

인간 의례에서 발화는 대개 전적으로 언어적이다. 즉 단어에 의해 표현되며, 상징적으로 (종종 다른 방식으로) 무엇인가를 의미한다. 그리고 행위는 형식화되는 과정에서, 형식화되기 때문에 의미를 띤다. 그렇다면 탐바이아(1985)가 나의 주장과 다르다고 보았으나 사실 그렇지 않은 어느 구절에 썼듯이 "의례 언어, 몸짓, 물질의 조작에서 발견되는 질서와 표현의 패턴이 바로 의례의 **형식**이다.

---

* 북아메리카 인디언 부족들이 들판에 기둥을 세우고 태양을 바라보며 춤을 추던 의식. '태양을 바라보는 춤' '목마르는 춤'이라 불렸다.

형식은 내용의 배열이다"(강조는 원저자).

　나는 의례적 형식과 내용의 관계를 조금 다르게 이해한다. 그 자체로 의미가 있는 행위와 발화의 형식화, 그렇게 형식화된 행위와 발화를 거의 불변하는 차례에 배열하는 행위는 그런 행위와 발화의 내용물, 즉 의례의 지시물significata에 의례적 형식을 부과한다. 동시에 그런 형식화는 **특정** 의례의 개별 형식을 구성하며, 한편으로 구체적이고 물질적인 의례라는 사건에서 **일반적인** 의례 형식을 **구현**한다. 물질화된 구체적 사건이 없다면 일반적인 의례 형식도 존재할 수 없다. 예를 들어 파충류나 조류에서 포유류라는 분류군을 구별하는 포유류 고유의 특질이 있는 낙타, 마멋, 향유고래나 다른 동물이 존재하지 않는다면, 일반적인 포유류라는 형식도 존재하지 않는다. 모든 의례 연행에는 형식의 물질화, 물질에 대한 질서 부여가 수반된다. 따라서 나는 어떤 의례 분석에서도 형식과 내용 중 하나를 무시하는 것은 오류라고 생각하며, 지금까지 이런 주장을 펼쳐왔다.

　형식 혹은 물질. 이제 탐바이아와 나의 논지가 결정적으로 갈라지는 지점에 도달했는데, 이는 부분적으로 그가 나의 주장을 오인한 탓이다. 그가 오인했다면 다른 사람도 오인할 수 있으므로 이 문제를 분명히 하는 게 좋겠다. 탐바이아는 내 글을 인용하면서 다음과 같이 썼다.

　　나는 라파포트(1979)가 정확히 맥루언Marshall McLuhan이 실수한 것과 같은 방식으로 실수했다고 생각한다. 다시 말해 그는 정형성, 의례적 불변성 등이 있는 '의례의 표면들surfaces of ritual'을 의례의 상징, 그의 표현대로 하면 '의례에서 드러날 수 있는 상징들의 관계'와 분리하여 논의할 수 있다고 생각한다. (1985)

나는 어떤 의례의 연행에서도 형식과 내용은 분리할 수 없다고 말했다. 하지만 실제 의례에서 형식과 내용이 분리할 수 없다고 말하는 것과, 이 둘을 분석적 차원에서 구별할 수 없다고 말하는 것은 다른 문제다. 내가 보기에 그 둘은 실제적 차원에서 분리할 수 없지만 개념적 차원에서는 구별할 수 있다. 문장의 형식—선언적, 질문적, 명령적—을 각 형식이 만들어내는 특정한 진술, 질문, 명령과 구별할 수 있듯이 말이다.[4]

'각 형식이 만들어내는that they shape.' 내가 보기에 최소한 의례적 형식이란, 형식적 행위와 발화의 상대적으로 불변하는 차례에 담긴 (상징적이거나 그렇지 않은) 의례적 내용에 아무것도 덧붙이지 않는 중립적 매개체는 아닌 것 같다. 최소한 의례의 고유성은 그 상징적 깊이에 있다는 점을 기억할 필요가 있다. 에드먼드 리치Edmund Leach(1954)는 "신화는 의례를, 의례는 신화를 함축하고, 이 둘은 하나고 동일하다"라고 썼다. 이 문장을 좀 더 확장하면 의례는 더도 덜도 말고, 정확히 의례적 행위와 발화에 의해 상징적으로 코드화된 지시물이 의미하는 것을 나타낸다. 라퐁텐La Fontaine(1972)은 이런 입장을 더 명료하게 발전시켰다. "이 책에서 나는 의례적 행위를 우리가 신앙 체계라고 부르는 것, 이야기나 신화에서 형상화되는 문화적 가치들이 또 다른 매개체를 통해서 표현된 것으로 이해한다." 나는 여기에 동의하지 않는다.

다시 언급하지만 나는 의례 내용 분석에 상징적이거나 구조적 혹은 다른 접근법을 도입해도 무방하다고 본다. 하지만 의례를 단순히 다른 방식으로도 표현·성취할 수 있는 내용을 표현하는 상징적 매체 중 하나로 간주하는 것은 의례의 고유성을 무시하는 처사라고 생각한다. 현대 연구자들도 의례가 단순히 사물의 존재 방식을 표현하는 대안적 방법 중 하나는 아니며, 특정한 의미나 효과는 의례에서 혹은 오직 의례에서 가장 잘 표현되거나 성취된다는 데 동의한다.

의례의 물질적 요소가 무한한 이상, 그것의 의미와 효과는 의례의 보편적 형식에서 유래하는 게 틀림없다. 세계의 모든 의례가 서로 다르고 특정한 문화 – 특수주의적 해석을 요청한다는 점을 감안하면, 의례 형식이 의례의 상징적 깊이에 숨어 있다고 할 수 없다. 이 형식은 의례의 '표면'이나 그 근처에 존재한다. 다시 말해 그것을 통해 의례를 인지할 수 있는 의례의 지각 가능한 특징들의 관계에 존재한다. 나는 이 특징들을 통해 의례를 정의했다. 지금까지 논의한 것을 정리해보자.

첫째, 의례 형식을 구성하는 지각 가능한 특징들의 관계는 (가장 중요하게는 연행자와 그들이 코드화하지 않은 불변의 질서에 따라 수행되는 연행들의 관계) 모든 의례의 특정한 물질적 요소(대개 상징적인)들의 관계와 다르다. 의례적 형식은 적어도 의례적 물질에 무엇을, 다시 말해 상징적으로 부호화된 물질 그 자체로는 표현할 수 없는 무엇을 덧붙인다.

둘째, 이런 관찰에서 의례의 내용은 예를 들어 신화의 내용과 전혀 다르지 않을 수도 있으며, 의례적 형식과 물질은 분리 불가능하더라도 구별된다는 것, 의례적 형식은 '프레임frame'(Goffman, 1967)이나 '맥락 표시자context marker'(M. C. Bateson, 1973) 혹은 '메타 - 메시지'로 의례의 내용과 관계한다는 사실을 알 수 있다. 의례 내용의 무수한 다양성과 반대로 의례 형식이 보편적이라면, 그 형식에 내재한 메타 - 메시지 역시 보편적이라고 보는 것이 타당하다.

셋째, 특정한 의미와 효과가 의례 형식에 수반되며 오직 그 형식에 수반된다면, 의례의 등가물은 존재하지 않는다. 심지어 이 책 후반부에 설명할 몇 가지 이유 때문에, 의례를 대신할 만한 만족스런 대안조차 존재하지 않는다. 이 점은 의례의 편재성(거의 보편성에 가까운)을 설명하기 위한 단서가 될 수 있다. 의례가 없는 사회는 없기 때문이다.

넷째, 의례의 중요성 자체가 의례의 편재성에 기여할 수도 있다. 의례의 내용은 이 요정tooth fairy*의 행동처럼 하찮고 사소한 문제와 관련될 수도 있고, 그것이 의례 형식을 통해 표현되거나 성취될 수도 있다. 그러나 이 장 2절에서 다룬 의례의 논리적 수반물은 하찮지도, 사소하지도 않다. 반대로 그것은 인간이 사회적 삶을 지속하는 데 필수적이다. 나는 의례를 인류에게 근본적인 사회적 행위로 간주한다.

---

* 밤에 어린아이 머리맡에 빠진 이를 두면 이것을 가져가는 대신 동전을 놓아둔다는 상상 속의 존재.

이 책은 의례의 내용을 무시하지 않지만, 의례 형식의 독특한 수반물을 주로 다룬다. 그 형식의 핵심 특성은 차차 탐구할 것이다. 이제 의례 형식에 관한 일반적 진술에서 그 형식을 구성하는 여러 특징으로 눈을 돌려보자.

나는 의례의 어떤 특징도 의례의 고유한 특징은 아니라고 말했다. 의례에서 독특한 것은 그 특징들의 접합conjunction이다. 여기서는 논의의 편의를 위해 그 특징부터 고찰할 것이다. 각 의례 요소가 연관되는 독특한 방식과 그 관계의 함의나 수반물은 이 장 후반부와 책 전반에서 다룰 것이다.

5.
의례의 첫 번째 특징 : 연행자가 아닌 이들에 의한 코드화

첫 번째, 우리의 정의에 따르면 의례 연행자는 자기 연행을 구성하는 모든 행위와 발화를 직접 규정하지 않는다. 그들은 주로 다른 사람과 확립했거나 확립했다고 여겨지는 의례의 질서를 엄격하게 따른다.

이 점은 단순하고 뚜렷한 궁금증을 불러일으킨다. 때때로 겉보기에 새로운 의례가 출현하는데, 우리가 그 의례의 신적 기원을 인정하지 않는 이상 그것의 발명에는 분명 인간 행위자가 개입하지 않았겠는가? 우리의 대답은 이렇다. 즉 우리의 의례 정의는 수많은 연행자를 고려하지만, 주기적인 혁신자를 고려하지는 않는다.

이 점은 이 책의 논지에 아무런 해를 끼치지 않는다. 그러나 의례의 기원이라는 문제는 여전히 남는다.

먼저 의례의 확립, 특히 우리의 주요 논의 대상인 종교적 의례의 확립에서 의도적이고 계산된 발명이 얼마나 역할을 수행했는가는 불분명하며, 그 효과도 제한적이었을 것이다. 종전 환경에서 완전히 새로운 의례를 만들어내려는 의식적 시도가 종종 있었지만, 그 의례들은 자주 인위적·허위적인 것으로 간주되었다. 사람들이 새로운 의례에 참여하거나 연행을 거부한 이유는 그들에게 기대되는 바가 무엇인지 알 수 없었거나, 의례 발명자의 요구가 연행자의 요구와 합치하지 않았기 때문일 수도 있다. 그게 아니라면 단순히 시간과 관습에 따라, 다시 말해 예부터 연행에 의해 인가되지 않은 형식적이고 정형화되고 엄숙하고 때로는 그로테스크한 공적 행위를 수행할 마음이 없었기 때문인지도 모른다.

한 번도 거행되지 않은 의례는 참여자의 눈에 가식처럼 보일 수 있다. 따라서 완전히 새로운 요소로 구성된 의례는 의례로 확립되지 못할 가능성이 높다(여기서 '확립'의 기준은 범주적으로 유사한 상황에서 그 의례가 반복해서 연행되어야 한다는 점이다). 완전히 새로운 요소로 구성된 의례는 설사 시도된 적이 있다 해도 극히 드물었다. '새로운' 의례도 대개 옛 의례에서 취한 요소로 구성될 가능성이 높다(Turner, 1973). 이 경우 옛 요소들을 재배열하고 몇몇 요소를 버리거나 다른 요소를 도입할 수는 있지만, 새로운 요소를 발명하는 것은 제한적이다. 그렇게 옛 의례에서 유래한 사회적 승인이 이어지는 것이다.[5]

연행자들이 특정 의례를 신적인 존재가 내려준 것으로 보거나, 최소한 신적 존재와 연관성 속에서 신성화되었다고 이해하는 경우, 인간이 의례를 발명하거나 새로운 의례를 도입하는 일이 일종의 모순을 야기한다. 그러나 종교 의례의 변화를 연구하는 학자들에 따르면, 의례 주창자는 새로운 의례를 발명하지 않고 단지 그것을 새롭게 고쳐 쓴다. 그들은 의례에서 시간과 오류의 산물인 하찮고 천하고 악한 요소를 제거하고, 더 정의롭던 시대의 순수성을 회복한다고 주장함으로써 모순을 피해 간다. 다른 경우에는 새로운 의례를 도입하는 개인들이 의례 발명자라는 책임 자체를 부인한다. 그들은 주관적 경험에서 우러나온 확신에 근거해, 꿈 혹은 비전을 통해 신령이나 신이 자신에게 새로운 의례를 계시했다고 주장하는 것이다(Mooney, 1896).[6]

6.
의례의 두 번째 특징 : (예법으로서) 형식성

그다음으로 형식성formality이 있다. 형식성은 형식에 대한 집착을 말하며, 이는 모든 의례의 뚜렷한 특징이다. 종종 우리가 특정 사건을 의례로 인식하거나 규정하는 까닭은 그것의 형식적 특성 때문이다. 의례 내 행위는 격식을 따르고 반복적인 경향이 있다. 의례의 차례는 관습적이고 정형화된 요소로 구성된다. 그것들은 양식화되고 종종 품위 있는 몸짓과 자세로 구성되며, 그런 요소를 시공간적으로 배열하는 방식은 대체로 고정되었다. 의례는 지정된 맥락에서, 다시 말해 특정 시간과 날짜, 생물학적 리듬, 성장의 정도, 물리적 조건이나 사회적 상황에 따라 정기적으로 수행되며, 종종 특정한 장소에서 행해진다. 인간 의례에 적용되는 것은 동물 의례에도 적용된다. 신자들이 일요일 오전 10시에 교회에 모이듯이, 찌르레기 무리 역시 해 질 무렵 특정한 나무로 모여든다. 여기서 몇 가지 언급해둘 것이 있다.

첫째, 많은 의례의 연행에 예법이 있고 '형식성'과 '예법decorum' 이라는 개념이 중첩되지만, 이 둘은 동의어가 아니며 형식성이 반드시 예법 있는 행위를 수반하지는 않는다. 예를 들어 10대의 인사는 정형화되었다는 의미에서 형식적이지만, 그 자체로 격식 있지는 않다. 로저 에이브러햄스(1973)가 강조했듯이, 몇몇 의례의 형식성은 희극적이고 폭력적이고 음란하고 신성모독적인 행위를 포함하거나 심지어 이를 규정한다.

테와Tewa 인디언(Ortiz, 1969)과 다른 북아메리카 인디언, 스리랑카(Kapferer, 1983)와 그 외 지역 의례에서는 광대들이 중요한 역할을 한다. 태평양 소시에테제도의 아리오이족Arioi은 의례에서 음식의 금기를 깨뜨렸고, 블라이William Bligh 선장과 다른 선원들이 음란한 것으로 생각한 춤을 추었다. 또 의식을 거행하는 도중에 마라에 marae라고 불리는 성스러운 구역에서 선교사와 탐험가들이 동성애적 방탕이나 남색男色으로 보고한 행위를 시연했다(Bligh, 1937; Ellis, 1853; Van Gennep, 1960). 많은 아메리카 인디언 의례에서는 자기 고행이 권장되며(J. Brown, 1971; Jorgensen, 1972; Radin, 1923), 다른 사회 의례에서는 고문이 중요한 역할을 한다(Wallace, 1972).

둘째, 이 점이 더 중요한데 인간 행위를 구분할 때 형식적이고 양식화된, 정형화된 행위와 '비공식적' 혹은 자발적인 행위를 단순히 이분법적으로 구분하는 건 옳지 않다. 분명 인간 행위는 연속체적인 것이다. 참여자에게 상당한 자율성이 보장되며 그 행위가 다른 이들과 상호작용을 통해 지속적으로 수정되기 때문에, 그 양식화 정도가 미미한 자발적인 상호작용부터 말과 행위의 차례가 전적으로 혹은 거의 전적으로 규범화되어 참여자들이 대단한 주의와 법식을 가지고 수행해야 하는 정교한 의례 행위까지 다양한 행위가 존재한다. 에이브러햄스(1973)는 경험적 차원에서 형식성이 증가하고 자발성이 감소하는 인간 행위의 여러 단계를 구분할 수 있다고 제안했다.

이 단계는 (1) 일상 대화나 행위에 끼어든 양식화된 말이나 몸짓 (2) 인사, 공경 혹은 예의 바른 몸가짐 같은 양식화된 표현에서 '일상적 의식성儀式性' (3) 지속 기간이 어느 정도 되는 '자기 의식적으로 패턴화된 형식적 상호작용'에서 시작된다. 다양한 개별 재판 자료가 일목요연하게 제시되어야 하는 법정의 경직된 절차를 떠올려보자. 법정에서 적합하다고 간주되는 발화의 범위는 제한되지만, 소송 당사자는 (그런 제약 내에서) 논란이 되는 구체적 사실을 충분히 설명할 수 있다. 이런 절차의 경직성은 소송사건에 대한 충분하고 일관된 설명이 판사에게 제공될 수 있도록 한다. 즉 소송에서 정형화된 절차는 소송의 내용적 측면을 보조하기 위한 것이다.

이제 에이브러햄스가 말한 네 번째 단계로 넘어가자. (4) 취임식, 대관식, 작위 수여식, 결혼식 등 형식성이 높은 사건에서는 가변적 요소와 불변적 요소 사이에 역전이 일어난다. 여기서는 사건의 불변적 측면이 우세해지는데, 다르게 표현하면 불변적 측면 자체가 특정한 효력을 만들어낸다. 왕관을 씌우거나 성수를 뿌리는 양식화된 행위는 왕자를 왕으로 바꾼다. 전통적 맹세를 암송하고 상대방의 손가락에 반지를 끼워주는 행위는 약혼자를 배우자로 바꾼다. 성경 말씀을 읊으며 성수를 뿌리면 어린아이가 기독교도가 된다. 이런 형식적 요소는 그 자체로 특정한 의례적 사건—대관식, 결혼식, 세례식—의 핵심이다.

그 의례에서 새로운 뭔가가 불가능하다는 말은 아니다. 예를 들어 새로 취임한 대통령이나 군주는 관례적으로 취임식 담화를 한다. 많은 성직자는 결혼식에서 처음 만난 부부에게 축하 설교를 한다. 그들의 연설 내용은 다르지만(물론 적절하다고 여겨지는 발화의 범위는 대체로 일반적인 말, 관례적인 말, 영감을 주는 말로 제한된다), 그들의 발화 자체가 그 의례가 목표로 하는 당사자의 지위 변화를 야기하지는 않는다. 그 말은 단지 장식적인 것으로 맹세하기, 성수 뿌리기, 반지 교환하기 같은 불변하는 형식적 행위나 발화에 따라 그 목적을 달성하는 의례적 사건을 풍요롭게 할 뿐이다.

마지막으로 (5) 가장 형식적인 사건을 포괄하는 범주가 있다. 이 경우 연행은 양식화되고 정형화된 말과 행위의 고정된 차례로 진행되며, 연행의 거의 모든 측면은 엄격하게 규정된다. 연행자가 그 차례에 새로운 정보를 도입하는 경우는 거의 없다. 그 차례 자체가 형식화되었고 협소하게 정의되기 때문이다. 이렇듯 가장 높은 수준으로 형식화된 행위 범주는 대개 종교적 의례다. 거꾸로 표현하면 종교 의례는 인간 행위의 연속체에서 형식적 극단에 치우치는 경향이 있다. 한편 초자연적인 존재에 대한 관례적 언급은 '성공을godspeed!' 같은 표현이나 법정 맹세, 대관식 맹세, 성수 뿌리기 같은 '일상적 의식성'에서도 드러난다.

여기서 지적할 것이 있다. 일반적인 사건의 형식적이고 정형화된 측면을 지칭하는 '의례성'과, 형식적 구성 요소에 따라 지배되는 상대적으로 불변하는 사건으로서 '의례'를 구별할 필요가 있다. 하지만 앞서 본 형식성의 연속체에 어떤 자의적인 불연속점을 설정해서 의례를 다른 사건들과 완전히 구별할 필요는 없다. 다만 이 연구의 주제가 되는 현상은 그 연속체 위에서 더 형식적이며 덜 가변적인 쪽에 놓인, 충분히 정교해서 '예식 질서liturgical order'라 불리는 것을 포함하는 의례임을 밝혀두고 싶다. 여기서 예식 질서란 지정된 맥락에서 일정한 길이로 반복되는, 형식적 행위와 발화의 거의 불변하는 차례를 말한다.

나는 '예식 질서'라는 용어를 개별 의례에 형식을 부여하는 말과 행위의 차례뿐 아니라 방주네프Arnold Van Gennep(1960)의 문제의식은 따르되 그의 용어는 쓰지 않고 말하면, 출생부터 죽음까지 진행되는 직선적 경로에서 참여자들의 연령 주기마다 개최되는 의례, 전쟁과 평화의 교대, 오스트레일리아 사막을 횡단하는 '꿈의 트랙'과 관련된 의례의 순서에도 사용할 것이다. 그 용어는 때로 특정한 전통 내 의례의 총체(예를 들어 마링족의 예식 질서)를 지칭하기도 한다.

7.
의례의 세 번째 특징 : 불변성 (거의 불변하는)

불변성은 형식성(형식의 준수)에 의해 필연적·논리적으로 생겨난다. 이 점은 대단히 중요하기 때문에 나의 정의에서 명시적으로 언급했다. 이 특징의 심오한 의미는 4장과 8장에서 자세히 다룰 것이다. 여기서는 우리의 정의가 의례를 불변하는 것이 아니라 '대체로 more or less' 불변하는 것으로 규정했음을 강조해두자. 이는 부분적으로 뚜렷한 사실 하나를 인정하기 위해서다. 즉 가장 세심한 의례 연행에서도 부정확성은 피할 수 없고, 의례의 연행 집단이 완전히 의식하지 못한다 해도 예식 질서는 시간에 따라 변하며, 예식 질서의 다양한 요소는 그런 변화에 차별적으로 영향을 받는다(이 점은 이 장 후반부와 8장에서 더 논의할 것이다). 마지막으로 어떤 의례도 논리적으로 필연적인 약간의 변형을 허용하지 않을 정도로 엄격하게 명시되지 않는다.

논리적 필연성과 관련해서 '동일한' 의례를 둘이나 그 이상의 연행자가 수행할 경우, 뚜렷하고도 불가피하게 연행자들의 차이가 생긴다. 연행자 A와 연행자 B는 동일한 사람이 아니다. 이는 동어반복이지만 의례 연행이 연행자에게 주는 함의를 감안할 때 전혀 사소한 문제가 아니다. 이 문제는 4장에서 더 탐구할 것이다.

이제 의례적 변주의 의도성이라는 문제를 생각해보자. 가장 불변하는 예식 질서에서도 연행자들이 조금이나마 선택권을 행사할 가능성, 심지어 필요성이 존재한다. 예를 들어 미사에는 성찬식이 포함되지만 미사 참가자들은 이에 참여할 수도, 참여하지 않을 수도 있다. 유대교 예식에는 성궤에 보관된 율법서(토라)를 꺼내는 일과 관련된 일련의 행위가 포함된다. 그 행위는 연행자들을 명예롭게 하지만, 유대교 예식은 누가 그 영광의 주인공이 될지 규정하지 않는다. 뉴기니 섬 마링족도 몇몇 의례에는 돼지 공희가 필요하지만, 잡아야 할 돼지의 숫자는 규정되지 않는다.

한편 연행 자체의 변형 가능성과 더불어, 의례의 잠재적 참여자들에게 주어지는 (언제나 명시적이지는 않더라도 최소한 논리적인 가능성으로 열려 있는) 가장 근본적인 선택지가 있다. 바로 의례에 참여할까, 참여하지 않을까 하는 문제다. 이 문제는 사소해 보이지만 대단히 중요한 것으로, 후속 장에서 더 자세히 논의할 것이다. 끝으로 몇몇 의례는 그것을 언제 어디서 개최할까 혹은 개최할까, 개최하지 않을까 하는 것과 관련된 가능성이 존재한다.

요약하면 가장 불변하는 예식 질서에서도 변화는 가능하며, 변화가 요구될 때도 있다. 경우마다 다르지만 그런 변화의 중요성, 변하는 것과 변하지 않는 것의 관계는 다음 두 장에서 논의할 것이다.

형식성과 관련된 마지막 논점은 의례의 또 다른 특징과 관련 있다. 형식성이 없는 의례는 존재하지 않지만, 형식적인 모든 사건이 의례는 아니다. 시각·조형·음악 예술도 대부분 반복적이고, 리드미컬하며, 양식적인 패턴을 사용한다. 건축도 대부분 그렇다. 의례는 종종 특별한 용품이 필요하고, 그 용품은 대개 특별한 장소에 보관된다. 그 사물과 장소는 의례 내 요소와 형식적으로 유사한 추상적 성격을 띠며, 해당 의례에 필수 불가결한 요소가 되기도 한다. 십자가형으로 배치한 성당이나 예배당의 십자가, 어떤 사람이 성호를 긋는 행위를 생각해보라. 그것들은 의례의 적절한 구성 요소로 간주될 수 있으며, 심지어 '의례화ritualized'되었다고 말할 수도 있다. 물론 '의례화'라는 용어는 많은 동물이 다양한 과시 행동과 더불어 흔들거나, 진동하거나, 부풀리거나, 퍼지게 하는 외관상으로 '쓸모없는' 기관에 사용된다(Blest, 1961). 하지만 그 행위가 그 자체로 의례는 아니다. 의례라는 개념에는 연행performance이 형식성만큼 본질적이기 때문이다.

8.
의례의 네 번째 특징 : 연행 (의례와 다른 연행의 형식들)

연행이 없다면 의례는 존재하지 않는다. 차후 상호작용에 질서를 부여하는 순간적인 인사 의례든, 정교한 예식 의례든 마찬가지다. 예식 질서는 문헌에 쓰일 수 있지만 그런 기록 자체가 의례는 아니다. 문헌 기록은 의례의 단순한 설명이나 그 연행을 위한 지침일 뿐이다. 지금도 수메르와 아카드의 사원에서 행한 예식에 대한 기록이 있다(Hallo and Van Dyjk, 1968; Jacobson, 1976). 그러나 그 예식은 이제 연행을 통해 생명을 얻을 수 없다. 예식 질서는 오직 연행을 통해서 구현되며 그 실체를 얻는다.

　연행은 의례의 뚜렷한 양상이며, 그 개념 자체에 내재한다. 이 점을 계속 강조할 필요는 없으리라. 그러나 앞서 언급한 점 때문에 연행의 중요성은 과소평가할 수 없다. 의례는 단순히 예식 질서에서 구현되는 요소를 표현하고 제시하고 유지하고 확립하는 수많은 방식 중 하나가 아니다. 리치(1954)가 표현했듯이 '신화는 의례를, 의례는 신화를 **함축**'하지만, 양자는 그가 말한 대로 '하나이자 동일'한 게 아니다.

'언어적 진술인 신화'는 리치가 생각한 것과 다르게 '행위적 진술인 의례와 동일한 것을 말하지' 않는다. 의례 안에서 '표현된' 많은 것은 물론 신화나 법률서, 신학 논문, 소설, 드라마, 시에서도 '표현된다'. 하지만 앞의 주장을 반복하면, 다른 방식으로 말할 수 없고 오직 예식 질서에 의해서 '표현되는' 것들이 있다. 그것들은 부분적으로 연행되는 예식 질서와 연행이라는 행위의 특별한 관계에 의해 표현된다. 연행 행위 자체는 연행되는 질서의 일부다. 조금 다르게 표현하면, 무엇을 '말하고' '행하는' 방식은 말해지고 행해지는 내용 자체에 내재한다. 맥루언과 피오레Quentin Fiore(1967)가 지적했듯이 매체 그 자체가 메시지이며, 좀 더 엄밀하게 표현하면 메타‒메시지다. 우리는 다음 장에서 이 문제를 다시 다룰 것이다.

형식적 행위와 발화가 거의 불변하는 차례로 구성되었다 해도, 모든 형식적 연행을 의례로 간주할 필요는 없다. 일상적 언어 표현에 비춰봐도 그렇고, 우리 역시 그 관행을 거스를 이유가 없다. 몇몇 학자는 '의식ceremony'과 '의례ritual'를 구분한다. 의례와 몇몇 연극 형식은 어떤 측면에서 유사하지만, 다른 측면에서는 중요한 차이를 보인다. 운동경기도 연극이나 의례와 어느 정도 닮았고, 연극과 운동경기가 한때 의례와 연관되기도 했다. 그 밖에 의례의 특징을 공유하는 다른 사건―정치적 모임, 축제, 카니발, 시위―도 있다. 요약하면 의례는 더 광범위한 연행 형식 중 하나이며, 표면적으로 몇몇 퍼포먼스 형식과 더 긴밀히 연관된 듯하다. 이 문제는 여기서 자세히 논의하기에는 지나치게 복잡하기 때문에, 의례와 다른 주요 연행 형식을 구별하는 몇몇 차이만 지적하려고 한다.

이 사례 중에서 가장 긴밀히 연관된 형식은 '의식'과 '의례'다. 그게 사실이라면 양자는 필히 구분되어야 한다. 레이먼드 퍼스 Raymond Firth(1967), 맥스 글럭먼과 메리 글럭먼Max Gluckman and Mary Gluckman(1977), 다른 학자들은 이 둘을 구분했다. 맥스와 메리 글럭먼은 이 문제와 관련된 선행 연구를 언급하면서, '의례'라는 용어는 "행위자의 시각에서 비술적인 힘과 관계된 행위를 아우르는 말이다. 그런 신앙이 존재하지 않는 곳에서는 '의식'이라는 용어를 사용해야 한다"고 썼다. R. 퍼스의 구분은 이와 조금 다르다.

> 내 생각에 의식은 의례의 한 종류다. 여기서 의례의 고유한 특징은 특정한 사회적 상황을 바꾸는 절차 속의 효험이 아니라, 그 사회적 상황의 상징적 승인 혹은 드러냄에 있다. 다른 의례적 절차도 그 자체로 타당성이 있다고 여겨지지만, 형식성을 특징으로 하는 의식儀式적 절차는 그 자체로 사회적 상황을 유지하거나 거기에 변화를 줄 목적으로 신봉되지 않는다. (1967)

사실 R. 퍼스와 글럭먼의 견해는 거의 동일하다. 그들이 의례적인 것, 의식적인 것의 특징으로 간주하는 요소는 거의 같다. 흥미로운 것은 그 요소들이 에이브러햄스가 분류한 형식성의 연속체에서 4~5단계의 특징과 비슷하다는 점이다. 그렇다면 의례와 의식은 구별 가능하고, 어떤 맥락에서는 그런 구분이 유용할 수 있지만 그런 구분이 과연 가치 있는가 하는 의문이 남는다. '사회적 상황을 승인하거나 드러내는' 표현은 그 자체로 그런 상황을 유지하고 변화시키는 행위이기 때문이다. 더 나아가 그런 행위의 효험―그것이 비술적인 것이든 아니든―은 종종 불명료한 상태로 남는데, 내가 보기에 이는 의도적인 것이다.

연극과 의례의 차이는 더 뚜렷하다. 첫째 차이는 참여자와 연행적 사건의 관계다. 의례 참여자는 신도이며, 신도와 그들 앞에서 행해지는 사건의 관계는 **참여**다. 공연에 참여하는 사람은 한쪽은 **공연자**, 다른 한쪽은 **청중**이다. 청중과 공연자는 거의 철저하게 분리된다. 기능 면에서는 언제나 그렇고, 공간 활용에서는 거의 그렇다. 종종 높아진 무대, 프로시니엄아치,* 커튼 등이 양자의 공간을 구획한다. 공연자는 공연한다. 발레에서는 춤을 추고, 콘서트에서는 노래하거나 악기를 연주하며, 우리에게 가장 중요한 장르인 드라마에서는 '연기'를 한다. 청중은 한편으로 공연자와, 다른 한편으로 신도와 구분된다. 청중은 퍼포먼스 자체에 참여하지 않는다. 그들은 보고 듣는다.

의례에 참여한 이들이 의례에 참여한다고 해서 모두 동일하거나 동등한 역할을 맡지는 않는다. 그들의 역할은 고도로 분화되었다.

---

* 무대와 객석을 구분하는 액자 모양 건축구조.

통과의례에서 입문자와 피입문자 사이에는 뚜렷한 차이가 있고, 연행자들의 차이 역시 대단히 복잡해질 수 있다.

글럭먼은 개인의 세속적 관계와 지위에 걸맞게 의례적 역할을 할당하는 것을 '의례화'라고 불렀다. 고전적 사례를 인용하면 (Bateson, 1958〔1936〕) 이아트물 부족의 네이븐 의례에서 어머니의 형제(Wau)와 여동생의 아들(Laua)은 각각 친족 관계로 규정된 역할을 수행한다. 영국 왕의 대관식에서도 참여자는 사회적 지위에 따라 역할을 부여받는다. 참여자들의 세속적 지위 차가 강조되지 않거나, 의도적으로 무시되는 의례에서도 상황은 다르지 않다. 가톨릭교회에서도 사제는 미사를 집전하고 신도는 미사를 드린다고 명시함으로써, 참여자의 역할 차이를 뚜렷이 인정한다.[7] 분명 사제는 교구 사람들보다 할 일이 훨씬 많지만, 미사 참여는—이는 모든 의례에서 진실인 듯한데—교구 사람들에게 단지 (운동경기나 연극의) 청중이 보여주는 공개적인 수동성보다 많은 무엇을 요구한다. 신도는 요구에 따라 노래하고, 춤추고, 무릎을 꿇고, 예식 질서에 적절히 반응하며, 의례 연행의 특정 순간에 특정한 방식으로 돼지를 죽여야 한다.

세부적인 재현 내용이 무엇이든, 그 행위는 의례 참여자에게 그들이 연행 중인 사건을 관망하지 않고 거기에 참여함을 알려준다. 이 참여가 참여자에게 부여하는 의미는 4장에서 논할 것이다. 지금은 그 의미가 청중과 공연의 관계에는 없음을 지적하려 한다. 더 나아가 신도는 의례를 마칠 때 특정한 방식으로 공식적 지위 변화를 경험하기도 한다. 반면 드라마의 청중은 깊이 감동받을 수 있지만, 사회적 지위 변화를 경험하지는 않는다.

논의를 더 전개하기 전에 분명히 해둘 것이 있다. 첫째, 청중과 신도의 구별이 항상 행위상으로 분명하지는 않다. 예를 들어 캐퍼러(1983)가 연구한 신할라족*의 악령 퇴치 의례에서 신도는 광대와 다른 연행자를 구경하는 데 많은 시간을 보낸다. 그러나 이들이 관객과 비슷하게 행동해도 예식의 다른 순간에 의례에 참여하지 않는 것은 아니다. 조금 다르게 표현하면 참여는 신도를 정의하는 중요한 특징이지만, 대다수 신도 집단의 다양한 구성원이 수행하는 역할은 동일하지 않다. 따라서 몇몇 참여자는 의례의 특정한 순간에 청중과 흡사한 다른 참여자의 주목을 받기도 한다.

둘째, 때로 의례 참여자는 아니지만 의례 현장에 참석한 이들이 연행자들에게 청중과 비슷한 존재가 되기도 한다. 평원 인디언의 태양 춤을 감상하는 관광객이 그 예다. 여기서 '청중과 비슷한audience-like'이라고 말한 이유는 특정한 퍼포먼스가 정확히 그 참석자를 향한 것이 아닐 때, 참석자를 청중으로 부를 수 있는가 하는 의문 때문이다. 이런 변칙적인 참석자는 종종 '방문자'나 '주최측'에게 어색하고, 당혹스럽고, 때로는 분노와 수치를 불러일으키는 존재가 되며, 심지어 해당 의례를 의례가 아니라 '의례의 흉내' 정도로 격하하기도 한다.[8]

셋째, 문화적으로 인정된 형식 사이에 존재하는 중간 형식의 연행이 있다. 그것의 독특한 힘은 그 모호함에 있다. 드라마와 의

---

* 스리랑카에 거주하는 부족.

례 사이에 위치한 예수 수난극과 성사극*이 그 예다. 최근 수십 년간 청중을 몇몇 서구 연극 공연에 끌어들이려는 노력이 있었지만(Schechner, 1985) 큰 성공은 거두지 못했다. 옆자리에 앉은 사람에게 말을 거는 것조차 무례하게 여겨질 만큼 에티켓에 따른 신분 보호가 강조되는 청중 집단을 신자로 바꾸는 일이 극도로 어려웠기 때문일 것이다. 신자들은 대개 아는 사람들로 구성된다. 설사 그렇지 않다 해도 그들은 드라마의 관객과 다른데, 다른 신자 역시 자신에게 친숙한 예식 질서에 참가하고 있음을 알기 때문이다. 그들은 서로 공통의 토대 위에 있음을 알고, 자신을 공통된 커뮤니티의 구성원으로 간주할 수 있다. 이런 태도는 신자가 다른 신자에게 "평화가 그대와 함께 있기를" "**샤밧 샬롬**(그대에게 축복이 있기를)"과 같이 관례화된 방식으로 인사할 것이 기대된다는 점 때문에 더욱 강화된다.

의례와 드라마의 더 큰 차이는 서구 전통에서 의례와 가장 닮은 드라마 형식, 즉 그리스비극을 살펴보면 분명해질 것이다. 아리스토텔레스에 따르면(《시학》, Mckeon 옮김, 1941) 비극과 희극은 모두 의례에서 유래했다. 특히 비극은 **디티람보스**Dithyramb, 즉 디오니소스와 관련된 봄의 제전에서 유래했다. 20세기 초에 제인 해리슨Jane Harrison(1913)은 '드라마drama'라는 단어가 의례를 의미하는 **드로메논** dromenon('행해진 일들')이라는 고대 그리스어에서 유래했다고 지적했다(파트리지Eric Honeywood Partridge(1958)는 드라마의 어원이 '행동하다' '이

---

* 성경에 나오는 사건이나 기독교 성인의 삶을 소재로 한 연극.

루다' 등을 의미하는 드란dran에서 유래했다고 본다).

아이스킬로스의 시대(기원전 525~456)에 드라마는 대체로 의례와 구별되었지만, 여전히 의례와 연계되어 공연되었다. 그리스비극도 의례처럼 연행자 외 다른 사람이 코드화한 형식적인 행위와 발화의 거의 고정된 차례로 구성된다. 하지만 두 양식의 불변성은 그 의미가 다르다. 의례는 그것의 불변성을 뚜렷이 내보이거나 심지어 과시하는데, 개인이 의례를 연행하는 도중에 **필연적으로** 준수하게 되는 **특수한** 질서가 불변성에서 재현되기 때문이다. 연행자들이 한번 연행을 시작하면 그들에게 가능한 선택지는 극도로 좁아진다. 연행되는 의례 질서가 제시하는 형식적 선택지는 예를 들면 성찬식을 시행할까 말까, 돼지 한 마리를 바칠까 두 마리를 바칠까 등이다. 의례적 질서가 규정하는 이외 방식으로 행동하기를 '선택'하는 것은 무의미한 일이나 소음이 될 뿐이며, 의례를 망치는 일이자 신성모독이 될 확률이 높다.

분명 드라마도 배우의 말과 움직임이 공연을 시행하기 전에 다른 이들, 즉 극작가에 의해 대본으로 쓰인다는 의미에서 불변적 질서가 있다. 그러나 비극 원고에 함축된 불변성은 특정한 질서의 (도덕적·사회적) 적절함을 단순하고도 직설적인 방식으로 재현하거나 승인하기 위한 것이 아니다(최종적으로 그럴 수도 있지만). 창작된 비극[9]에서 주인공은 곤란한 상황에 처한다. 맥스와 메리 글럭먼(1977)이 〈안티고네〉에 대한 논의에서 지적했듯이, 비극의 결말은 (비록 공연 전에 글로 쓰인 원고가 존재한다 해도) 불확실한 것으로 재현되며, 신의 통제 아래 있는 세계에서도 주인공의 선택에 달렸다. 신이 지정한 세계의 적절한 질서는 불변하는 예식 질서에서 확립된다. 비극적인 사건은 오류를 범할 수 있는 인간의 선택에서 비롯되는 파멸의 불가피성에서 유래한다.

　비극의 주인공은 의례적으로 규정된 질서와 모순될 수 있는 요소의 세계에서(〈안티고네〉의 경우, 신과 왕에 대한 복종과 혈육에 대한 애정의 갈등) 그런 오류의 파멸적 결과를 예측하지 못한다. 이는 의례에서 적절한 질서나 유일한 질서 혹은 질서 그 자체로 재현되는 것이 드라마에서는 문제적인 것으로 재현된다는 뜻이다. 다르게 표현하면 의례는 질서를 규정하지만 드라마는 그 질서를 성찰하며, 그 성찰이 성공적이었을 경우 청중에게도 그런 성찰을 불러일으킨다. 여기서 우리는 의례의 불변성과 드라마의 불변성의 본질적 차이를 발견한다. 의례의 불변성은 가시적일 뿐만 아니라 그 자체가 강조된다. 의례의 엄격한 반복성 자체가 의례에서 코드화된 것의 적절성을 나타낸다. 반대로 드라마의 불변성은 그 드라마가 제시하는 딜레마에 생기를 불어넣는 새로움과 자발성이라는 환상 아래 있다. 여기서 불변성은 변주 가능성에 대한 환상을 만들어내는 극적 장치일 뿐이다.

　의례와 드라마의 또 다른 차이점도 여기서 밝혀진다. 일반적 드라마, 특히 비극에서 제기되고 밝혀지고 다뤄지는 문제는 인류가 맞닥뜨리는 가장 심오한 질문이다. 그런데도 드라마에서 연기하는 인물은 '단지 연기를 한다'. 더 정확히는 실제 행위를 하는 게 아니라 그 행위를 흉내 낸다. '리얼리즘'을 향한 서구 드라마의 경향, 즉 일상적 삶의 모든 '비공식적' 행위를 가장하는simulating 공연 양식이 이를 분명히 보여준다. 이 점은 영어에서 드라마의 동의어 중 하나인 play(극, 놀다)에도 함축되었다. 이와 반대로 의례는 '진지한' 것이다. 의례가 장난스럽고 유쾌하고 익살맞고 음란하고 신성모독적이고 심지어 그 모든 특성이 복종의 몸짓이나 공식화된 문구의 암송처럼 정교하게 양식화되었다 해도, 연행자는 의례를 이 세계에서 실제 일어나는 사건으로 이해한다.

드라마에서 배우가 '단지 연기한다'고 해서 배우나 그들이 공연하는 극 자체가 진지하지 않다는 뜻은 아니다. 그들이 극 바깥 세계에 아무런 영향을 미치지 않는다는 것도 아니다. 그러나 맥스와 메리 글럭먼(1977)이 지적했듯이, 드라마를 상연하는 자체가 이 세계의 사건에 직접적으로 영향을 미친다고 간주되지는 않는다. 드라마도 이 세계에 영향을 미치지만, 그 방식은 의례가 그 효과를 달성하는 방식과 본질적으로 다르다. 이 문제는 이 장 후반부와 4장에서 자세히 논의할 것이다.

운동경기 역시 의례나 드라마와 닮았으므로 짧게 고찰할 필요가 있다. 여기서는 경기에 참석한 사람들의 관계가 의례나 연극에서 그것과 다르다. 운동경기에서도 연극처럼 선수와 관중은 분리되고 종종 제3의 인물, 즉 관리자나 심판 등이 개입하여 게임의 규칙을 적용하고 강제한다. 운동경기의 관중은 극의 청중과 달리 그 행사의 진행에 수동적으로 따를 필요가 없을 뿐이다. 그들은 편파적일 수 있고, (주로 자기 팀을 응원하거나 상대 팀을 야유하는 식으로) 자기가 선호하는 바를 큰 소리로 표현할 수 있다. (자기가 응원하는 팀과 같은 색 옷을 입거나, 그런 응원에 걸맞은 몸짓이나 행동으로) 시각적인 수단을 동원할 수도 있다. 미국의 몇몇 운동경기에서는 그런 응원이 어느 정도 형식화되어 보조 공연이나 치어리더들이 동원되며, 미식축구에는 행군 악대가 추가되기도 한다.

몇몇 운동경기에 능동적으로 참여하는 '팬'은 단순한 청중보다 신자를 닮았지만, 언제나 매우 자발적이고 종종 시끌벅적해지는 전형적인 신자와 다르다. 팬은 아무리 열광적으로 응원해도 게임 자체에 참여하지 않는다. 그들과 그들의 행위는 그라운드에서 진행되는 게임에서 분리되며, 이 점에서 그들은 신자보다 청중에 가깝다. 그러나 자기 태도나 감정이 그들이 관람하는 연극의 결과에 영향을 미칠 수 없음을 아는 청중과 달리, 운동경기의 팬은 보통 자기 행위가 그들이 관람하는 실제 사건(게임)에 영향을 미칠 수 있다고 느낀다. 이 점은 의례와 다소 닮았지만, 그 효험의 원리는 같다고 볼 수 없다. 팬은 로마가톨릭 신자가 미사를 돕는다고 말하는 의미에서 그 경기를 돕지는 않는다. 그러나 그들은 단순히 자기 팀을 격려하고 아마도 고양함으로써 자기 팀에 지지를 보낸다. 여기서 팬과 응원하는 팀의 관계는 청중과 연극 배우의 관계와 정반대다. 배우의 공연은 청중에게 영감을 주거나 다른 방식으로 메시지를 전달하지만, 운동경기에서는 팬의 행위가 선수를 고무하고 자극한다.

이 논의에는 지금까지 자주 언급한 운동경기와 의례나 드라마의 차이가 함축되었다. 의례 행위는 보통 정해졌고, 드라마의 결말 역시 불확실하게 표현되지만 결정되었다. 반대로 운동경기의 결과는 불확실하다. 예식 질서의 불변성이 이 불안정하고 혼란스런 세계에 질서를 부과하는 방식이라면, 드라마에 숨은 불변성은 그런 질서에 관해 영원하고도 풀리지 않는 질문을 던지기 위한 것이다. 반면 운동경기의 불변성은 게임의 규칙에 국한되며, 게임 자체를 직접 정의하지 않는다. 서구식 운동경기에 내재한 메시지가 있다 해도 그것은 깊이 숙고할 대상이 아니며, 의례에서 그렇듯이 합의된 질서를 규정하는 것도 아니다. '게임의 규칙대로' 경기를 진행할 때는 암묵적으로 그렇더라도 말이다.

경기에서 강조되는 메시지는 기량, 용기, 힘, 결단력, 협력, 경쟁, 충성심, 승리의 가치와 관련이 있다. '페어플레이'나 '스포츠맨십'에 부여되는 명예도 있다. 경기에서 극적 딜레마가 드러나는 부분이 있다면 승리와 페어플레이의 모순 가능성을 들 수 있다. 또 경기에서 비극에 필적할 만한 것을 찾자면 불가피한 패배 정도다. 이 점에서 〈안티고네〉와 로즈 볼 미식축구의 차이는 각 행사의 엄숙성이 아니라 참석자와 그 행사의 관계에 있다. 〈안티고네〉는 유한한 존재인 인간의 패배를 재현하고, 청중에게 그 패배에 대해 숙고할 것을 요청한다. 로즈 볼 미식축구는 승리나 패배를 재현하지 않는다. 승리와 패배를 모두 **보여줌으로써** 그에 대해 성찰할 만한 재료를 제공하거나, 대다수 사람에게 그리 오래 기억에 남지 않을 순간적인 성찰을 제공할 뿐이다. 경기는 오락이다.

승리와 패배의 문제는 레비스트로스가 《야생의 사고 The Savage Mind》 1장에서 대조한 게임과 의례의 차이와 관련 있다.*

---

* 원문은 레비트스토스, 《야생의 사고》(안정남 옮김, 한길사, 2001)에서 인용.

게임은 **분리하는**disjunctive 효과가 있다. 끝날 때는 대전하는 선수나 팀의 차별이 생겨난다. 게임이 시작될 때는 양쪽이 평등했으나, 게임이 끝날 때는 승자와 패자로 갈린다. 그러나 의례는 게임과 완전히 대칭을 이루며 **결합시키는**conjoins 속성이 있다. 원래 분리된 두 집단, 예를 들면 의례 집행자와 결합된 집단과, 신자와 결합된 집단(여기서는 영적인 결합이라고 할 수도 있다) 등 두 집단 사이에 연합 혹은 모든 경우에 유기적인 관계가 성립되는 것이다. 게임의 경우 대칭성은 미리 결정되며 구조적인 성격이 있다. 어느 편이든 규칙은 같다는 원칙 아래 대칭성이 나왔기 때문이다.

비대칭성은 그 뒤에 생긴다. 의도적인 일이든, 요행이든, 재능에 의한 일이든 일의 우연성으로 불가피하게 일어난다. 의례는 그 반대다. 성과 속, 신자와 의례 집행인, 죽은 자와 산 자, 통과의례를 받은 자와 받지 않은 자 사이에 비대칭성이 미리 결정되며, '게임'은 사건을 이용하여 모든 참가자를 승자로 만든다. (1966, 강조는 원저자)

스탠리 탐바이아(1985〔1979〕)가 지적했듯이, 이 눈부신 비교가 모든 의례에 적용된다고 믿는 인류학자는 없을 것이다. 그러나 이 분석은 트로브리안드인이 크리켓 게임을 의례의 일부로 변용한 경우나, 레비스트로스가 인용한 예를 들면 리드Read(1965)가 연구한 뉴기니의 가후쿠 - 가마족Gahuku-Gama이 축구를 하면서 점수가 같아질 때까지 경기를 반복한 사례를 이해하는 데 도움을 준다. 레비스트로스(1966)에 따르면 "그것은 게임을 의례처럼 취급하는 사례다". 그러나 트로브리안드인의 크리켓이나 가후쿠 - 가마족의 축구는 의례와 게임의 중간 형태라고 보는 게 타당하다. 그 사건들은 한편으로 의례적 통합의 성취를 통해, 다른 한편으로 운동경기의 분리 절차를 통해 그 고유한 힘을 끌어낸다.

운동경기와 연극의 중간적 형식도 존재할 수 있다. 예를 들어 체조와 하이다이빙high diving*은 그 본질상 발레에 필적할 만한 힘과 기량, 육체적 미학을 보여준다. 이는 주로 그 맥락화의 측면에서 서커스나 공중 곡예사의 공연 같은 노골적인 연극적 공연과 구별된다. 연극이나 서커스 공연에서 공연자는 엔터테이너이자 예술가다. 거기에 경쟁적 구조가 더해지면 공연자는 선수가 된다. 그러나 체조나 곡예 같은 중간적 형식이 성사극이나 트로브리안드인의 크리켓처럼 자체의 특별한 힘을 갖출 수 있는지는 불분명하다.

마지막으로 의례, 연극, 운동경기, 이것들과 조금 다르지만 동일한 군에 속한다고 간주될 수 있는 사육제 같은 연행 형식을 생각해보자. 이 형식은 시공간상에서 연계된다. 그리스비극은 디오니소스를 기리는 봄의 축제에서 공연되었다. 예수 수난극은 부활절에, 사육제는 교회력에 따라 거행된다. 올림픽경기 역시 제우스를 기려 4년마다 그리스 올림피아의 제우스 성역인 알티스Altis에서 행했다. 다른 지역에서 개최된 그리스 경기 역시 신들을 기리는 행사였다. 델피에서 행한 피시아 경기Pythian games는 아폴론을 위한 것이었고, 코린트에서 열린 이스미안 경기Isthmian game는 포세이돈을

---

* 높이 5미터, 7.5미터, 10미터인 대에서 뛰어내릴 때 자세의 아름다움과 정확성을 겨루는 다이빙 경기. 제한 선택 뛰기와 자유 선택 뛰기가 있다.

위한 것이었다.

이런 형식의 연계는 일단 드라마와 경기 모두 의례와 관련성에서 신성화됨을 보여준다. 흥미로운 점은 이런 연계에서 운동경기, 드라마, 의례는 동격의 파트너가 아니라는 것이다. 다시 말해 장기화된 의례 주기가 드라마와 운동경기가 개최될 수 있는 맥락을 설정한다. 이런 포섭 관계는 어떤 의미에서 드라마와 운동경기가 의례에 종속된다는 것, 다시 말해 그 행사의 의미는 부분적으로 그것이 그 일부를 구성하는 예식 질서에서 유래함을 암시한다.

9.
의례의 다섯 번째 특징 : 형식성 (물리적 효험과 대비하여)

우리의 의례 정의가 매우 간결하기 때문에, 그중 몇몇 용어에는 무겁고 이중적인 의미가 실릴 수밖에 없다. 지금까지 우리가 사용한 '형식적formal'이라는 용어는 예법과 격식, 형식의 준수, 반복성, 규칙성, 양식화의 의미를 모두 포함한다. 또 '형식적'이라는 용어는 '기능적'이라는 말과 대조되며, 더 정확히는 물리적 효험이라는 의미와 대조된다. 의례가 '진지하다'는 말은 의례의 형식적 행위가 도구적(어떤 통상적 의미에서든)이라는 의미가 아니다. 많은 학자들은 오래전 호먼스George Homans가 "의례적 행위는 외부 세계에 관한 실용적 결과를 생산하지 않는다―이것이 의례적 행위의 한 특징이다"(1941)라고 한 견해에 동의하며, 물질적 효험의 부재를 의례를 정의하는 특징 가운데 하나로 본다.[10] 이제 몇몇 고전적 의례 연구를 다시 살펴보자.

상반된 듯 보이지만 결국 하나로 수렴되는 두 가지 입장이 의례에 내재한 물질적 효험의 부재라는 테마를 다룬다. 하나는 오래전 에드먼드 리치가 명료하게 제안한 것이다. 그는 인간 행위를 물질적으로 도구적인 행위와 그렇지 않은 행위로 구분했다. 그는 자신이 연구한 '버마 고산지대' 주민에 대해 다음과 같이 썼다.

> 카친족의 '관습적 절차'에 따르면 논을 정리하고 볍씨를 뿌리고 논둑을 쌓고 잡초를 뽑는 행위는 전통적 관례에 따라 정형화되었다. 여기에 기술적으로 쓸모없는 온갖 잉여와 장식이 끼어든다. 카친족의 경작 행위를 단순히 기능적 행위로 볼 수 없게 하는 것이 바로 불필요한 잉여다. 사실 모든 기술적 행위가 그렇다. 언제나 기능적으로 필수적인 요소가 존재하며, 거기에 단순히 지역적 관습 혹은 미적인 잉여라고 부를 만한 요소가 더해진다. (1954)

리치는 의례라는 범주에 지역적으로 특수하고, 형식적이고, 기술적으로는 쓸모없는 '잉여와 장식'을 포함한다. 이 '잉여'는 그가 '테크닉technique'이라고 이름 붙인 기술적 구성 요소나 양상에 영향을 미치는 절차다. "테크닉은 측정과 예측 가능한 경제적·물질적 결과를 낳는다. 반면 의례는 그 행위에 참여한 개인에 대해 무언가 '말해주는' 상징적 진술이다"(p. 13). 이 견해는 에이브러햄스가 제안한 형식적 행위의 연속체와 상응하며, 앞서 우리가 구분한 의례

ritual와 의례들rituals의 차이와도 상응한다. 리치는 의례 행위가 일상적인 기술적 행위와 분리되는 게 아니라, 고도로 형식화된 예식 의례도 기술적 요소를 갖출 수 있다고 주장하기 때문이다.

> 어떤 의미에서는 카친족의 종교적 희생 의례를 순수하게 기술적이고 경제적인 행위로 간주할 수 있다. 이 의례는 가축을 죽여 고기를 분배하는 절차이며, 내가 보기에 대다수 카친인에게 의례에서 가장 중요한 문제는 고기 분배인 것 같기 때문이다. 그러나 희생 의례에는 도축, 요리, 고기 분배와 별 관련이 없는 행위가 상당히 많이 등장한다. 이 양상을 나는 의례적인 것이라고 칭한다. (1954)

의례에 대한 또 다른 일반적 견해는 몇몇 학자들이 주장한 것으로, 위 견해와 다른 듯 보이지만 그렇지 않다. 이 입장은 사람들이 의례를 행할 때 단지 자신에 대해 '무언가 말하는' 것이 아니라, 그들 세계의 상태에 관해 '무언가 행하고' 있다고 이해한다. 의례 연행자들이 종종 그런 관념 체계를 갖춘 것은 몇몇 원시 부족이 그들의 의례나 의례 일반을 지칭하는 용어에 함축되었다. 예를 들어 티코피아Tikopia 사회조직의 근간이 되는 의례 주기는 '신들의 일'(Firth, 1967)이라 불린다. 테와 인디언의 연례적 의례 주기의 핵심이 되는 의례는 '일들works'(Ortiz, 1969)이라고 불린다. 뉴기니 섬의 마링족은 종종 자신의 의례를 '라우아 콩궁raua kongung'이라 부르는데, 이는 '신령의 일'을 의미한다(여기서 '콩궁'이라는 용어는 '정원 일' 등의 표현에서도 쓰인다). 의례를 의미하는 그리스어 드로메논dromenon은

'행해진 일a thing done'을 뜻하며, 제인 해리슨(1913)에 따르면 '예식liturgy'이라는 용어는 레이투르기아leitourgia에서 파생되었다. 이는 그리스어로 사람들 혹은 대중을 의미하는 레오스leos 혹은 라오스laos, 일 혹은 서비스를 의미하는 에르곤ergon의 합성어로, 공공사업을 의미한다. 이때 '서비스service'는 단순한 '말talk' 이상의 의미가 있다.

그런데 의례에 의해 행해진 것 중 직접적인 물리적 인과 작용을 야기하는 물질적 테크닉을 통해 성취되는 것은 거의 없다. 의례 내에서 행해진 것 중에서도 일부가 그럴 뿐이다. 구디Jack Goody(1961)는 언젠가 의례를 '수단과 목적의 관계가 그 자체로 본질적이지 않은 정형화된 행위(관습)의 범주'라고 정의했다. 의례가 무엇을 행한다면, 이는 테크닉과 달리 물리적 인과법칙에 따른 물질과 에너지의 작용으로 성취할 수 없는 무엇을 행하는 것이다. 의례에서 영향을 받는 것이 무엇이든, 의례는 물리적 법칙과 조금 다른 종류의 작용이나 힘에 초점을 맞춘다.

비록 의례 연행자들이 자연적인 것과 그렇지 않은 것을 뚜렷이 구분하지는 않더라도, 전쟁 주문의 효험과 전쟁용 창의 차이를 안다면 이 모든 것을 이해할 것이다. 보통 학자들은 사람들이 사실이라고 믿으며 의례에서 일깨우고자 하는 비非물리적인 작용을 정의할 때 '초자연적supernatural, preternatural'이라는 용어를 써왔다.

그러나 포티스(1966)는 문자가 있는 문화에서 발명된 것이라며 '초자연적'이라는 용어에 반대했다. 그는 최소한 부족사회 구성원들은 이 세계를 뚜렷한 것과 감춰진 것(혹은 비술적인 것)으로 구성된 것으로 본다고 주장했다. 두 요소는 여러 복합적인 의례적 차례에 깃들었으며, 긴밀히 얽혀 통합된 현실을 구성한다는 것이다. 포티스는 이 구분을 광범위하게 적용되는, 심지어 보편적인 것으로 보았다. 뚜렷한 것은 감각적 경험을 통해 알려지며, 이는 물질적 인과법칙을 따른다. 비술적인 것은 그렇게 알려질 수 없고, 물리법칙을 따르지도 않는다. 포티스가 보기에 의례는 비非의례와 구분되는데, 이런 구분은 연구자뿐만 아니라 토착민도 행하는 것이다. 이때 의례는 그 효험을 비술적인 것에서 끌어낸다.

포티스는 뚜렷한 것과 비술적인 것의 구분이 토착민에게도 일반적이라고 주장하면서, 연구자 입장에서 비술적인 것이 "개인 행위의 무의식적(정신분석적 의미에서) 힘과 그 힘의 사회적 등가물, 즉 사회적 관계의 환원 불가능한 요인의 존재에서 기원한다"(1966)고 보았다. 비술적 효험의 기원에 관한 토착민의 개념과 토착민이 현실로 간주하는 비술적인 것의 토대에 관한 인류학자의 설명은 이 책에서 종종 논의할 텐데, 여기서 자세히 고찰할 필요는 없어 보인다. 어떤 경우에는 비술적인 것에서 유래한다고 간주되는 효과가 연행자에게는 알려지지 않은(주석 10 참조) 물리적 인과 과정에 따른 것일 수도 있다. 그러나 그 과정에서 비술의 효험에 대한 설득력 있는 일반 이론을 끌어낼 수는 없다. 비술이라는 개념이 전 세계적으로 공인될 만큼 그 과정이 흔한 것 같지도 않다.

다소 이질적이지만 또 다른 이론적 흐름은 비술적인 것이 의례 연행[11]의 정서적 힘과 설득력에서 유래한다고 본다. 지나가는 길에 한마디 하자면, 몇몇 연구자는 인간의 감정과 체계적 관련성을 모든 의례의 특징으로 본다.[12] 이 주장이 사실이든 아니든 많은 의례에서 감정이 정기적으로 촉발되며, 이 감정이 종종 강력하고 설득력 있다는 데 의심할 여지가 없다. 따라서 감정을 의례적 '힘'의 근원이나, 의례 참여자들이 추구하는 특정 사태를 불러일으키는 의례적 능력의 근원, 의례의 실제적이고 상상적인 효험의 근원이라고 보는 것도 무리는 아니다.

하지만 감정이 의례적 힘의 유일한 근원은 아니며, 다듬어지지 않은 감정이 어떻게 잘 규정된 행위와 목적으로 인도될 수 있는지 질문해야 한다. 또 다른 이론은 비술적인 것의 근원을 의례에 사용되는 언어의 특징에서 찾는다. 인류의 모든 의례에는 언어나 언어가 지시하는 언어의 등가물이 동원된다. 의례적 행위와 의례적 목표가 물리법칙에 따라 연관되지 않는다면 그 둘의 관계는 물리적으로 자명하다고 볼 수 없다. 그 자명함이 인식되지 않는다면 그것은 규정되어야 한다. 그 자명함을 창조하기 위해서는, 또 인지될 수 없는 것을 명명하기 위해서는 퍼스가 말한 의미의 상징(즉 언어)에 의존해야 한다. 의례가 물리적 은유나 도상(예를 들어 이미지에 핀을 꽂는 행위처럼)으로 그 효과를 달성하는 경우에도 여전히 언어에 의존한다. 위의 사례에서 저 행위는 단순히 핀을 어느 곳에 두는 방식이 아니다. 그것은 하나의 재현이며, 특정한 사람이 주술적 공격의 대상이 된다는 사실이 최소한 암시적으로라도 언어에 의해 규정되어야 한다. 다시 말해 행위와 효과의 관계를 언어로 규정하는 것 자체가 그 행위의 중요한 구성 요소가 된다.

이런 입장은 말이나 말에 의한 특정한 행위에 주술적인, 혹은 창조적인 힘이 있다는 거의 보편적인 주장과도 상응한다. 예를 들어

피네건Ruth Finnegan(1969)은 오스틴John L. Austin(1962)의 수행문 이론을 언급하는데, 이 주제에 대해서는 4장에서 논의할 것이다. 탐바이아(1973)와 페르난데스James Fernandez(1974) 역시 은유적 진술에 대해서 언급한다. 탐바이아는 좀 더 일반적인 차원에서, 언어에 숭고하리만치 신비한 힘을 부여한 것은 언어의 몇몇 특질에 대한 자각이라고 주장했다.

> 어떤 의미에서 언어는 우리 바깥에 있으며, 인류의 문화적 · 역사적 유산의 일부로 우리에게 주어진 것이다. 동시에 언어는 우리 안에 있는 것으로서 우리를 움직이고, 우리 역시 능동적인 행위자agent로서 언어를 창조한다. 말들은 실존하며 그것 자체가 어떤 의미에서 인간과 인간, 인간과 세계를 연결하고, 그 관계를 확립하는 행위자다. 말들은 그 관계에 '영향을 줄 수' 있다. 그래서 말들은 우리가 직접 관찰할 수 없지만 사용할 필요가 있다고 생각한 형이상학적 개념인 힘force에 대한 현실적인 재현물 중 하나다. (1968)

그리고 양식style이 있다. 의례적 발화는 '단순한 말들'이 아니며, 종종 그 외견상의 힘을 강화하는 특별한 성격—정형성(Bloch, 1973), 기괴함(Malinowski, 1965), 반복성—이 있다. 종종 그 말들을 발화할 때 예의범절과 정확성이 요구되기도 한다. 이 문제는 나중에 다시 논의할 것이다.

비술적인 것의 효험이 언어나 감정에 근거한다는 견해는 아직 철저히 연구되지 않았고, 두 견해가 상호 배타적인 것도 아니다.

여기서 의례의 비술적 효험이 전적이거나 부분적으로 말에 의존한다면 (연구자의 분석 이론과 토착 이론에서) 커뮤니케이션으로서 의례와 효험적 행위로서 의례의 구분은 무의미해진다. 이는 의례 연행자들이 모든 의례(효험이 있다고 생각되는 의례를 포함해)의 비술적 효험을 확신한다는 의미가 아니다. 단지 효험이 있는 의례는 그보다 큰 의례 범주, 즉 수많은 커뮤니케이션 양식 중 하나로서 의례의 하위 범주라는 뜻이다. 리치(1966)는 다소 과장되게 이와 비슷한 주장을 펼쳤다. 그는 커뮤니케이션 행위와 문화적 관습에서 드러나는 행위(도구적이거나 물리적 차원의 행위가 아니라)의 차이가 미미하다고 말했다.

10.
커뮤니케이션으로서 의례

의례를 커뮤니케이션 양식 가운데 하나로 보면 의례의 가장 기이한 특징—몇몇 의례에서 나타나는 일상적 삶과 시공간적 분리, 몇몇 의례 동작이나 몸짓의 그로테스크한 성격, 몇몇 의례적 발화의 기괴함, 의례에 사용되는 몇몇 물건과 구조물의 대단한 정교함—이 먼저 눈에 띈다. 신호를 일상적인 기술적 행위와 쉽게 분리할 수 있다면 그 효력은 더 커진다. 의례적 동작이나 자세가 비일상적일수록 신호로 인지되지, 물리적 효험이 있는 행위로 인지되지 않는다. 동물 사이에서 의례적 몸짓은 대부분 걷기, 둥지 만들기, 먹이 찾기와 같은 도구적 행위를 기반으로 하는 듯하다. 그러나 의례는 이런 움직임에 '전형적 형식'이라 불릴 만한 무엇을 강제한다. 그 움직임은 과장되거나, 속도가 변하거나, 그 밖에 다른 방식으로 정교해질 수 있다(Cullen, 1966). 기능적인 동작과 사물의 의례적 정교화는 인간에게서도 발견된다(예를 들어 행진 속도 조절, 국가를 상징하는 검 주조). 물론 인간 의례에 사용되는 많은 인공물이나 몸짓은 기술적 행위의 형식과는 관계가 없지만 말이다.

비일상적인 자세나 몸짓처럼 의례의 특별한 시공간 역시 의례적 말과 행위를 일상적 말이나 행위와 구분한다. 의례의 시공간에서는 일상에 사용하는 말과 행위조차 특별한 의미를 띤다. ("내가 하겠습니다"라는 문장을 생각해보라.) 의례 연행에 특별한 시간과 공간을 할당하는 것은 메시지의 발신자와 수신자를 한곳에 모으고, 그 메시지가 소통시키려는 바가 무엇인지도 명시한다. 요약하면 의례의 형식성과 비非도구적 측면은 의례의 의사소통 기능을 강화한다.

의례를 커뮤니케이션으로 보는 견해는 많은 의례들이 고립적으로 수행된다는 사실과 상충한다. 이런 고립된 행위를 커뮤니케이션 사건으로 보면 '커뮤니케이션'의 의미가 흐려지거나 무의미해지는 건 아닌지 반박할 수 있다. 그러나 사적인 몰두에서 주관적 체험 역시 '커뮤니케이션'이라 불릴 수 있다. 그런 의례에서 연행자들은 자신이 영적 존재와 소통한다고 느끼기 때문이다.

게다가 고립된 의례에서도 평소 교류가 불가능하던 정신의 많은 영역이 소통하며, 참여자들의 감정이 의례 행위 자체의 자극에 반응한다. 이 점을 고려하면 의례를 자동-커뮤니케이션적auto-communicative이고 전술-커뮤니케이션적allo-communicative인 행위로 간주할 수도 있다(Wallace, 1966). 나는 이런 자동-커뮤니케이션이 공적 의례에서도 극히 중요하다고 생각한다. 사실 의례적 메시지의 전달자는 언제나 그 메시지의 가장 중요한 수신자이기도 하다. 이 점은 4장에서 자세히 논의할 것이다.

의례를 커뮤니케이션의 한 양식으로 이해한다고 의례라는 개념의 범위가 축소되지는 않는다. 반대로 의례에 더 확장된 커뮤니케이션 개념이 포함된다. 완전한 분리는 불가능하더라도 자연적 과정의 범주를 크게 둘로 구별할 수 있다. 첫째, 물리학과 화학, 생물학의 법칙에 따라 물질이나 에너지가 직접 그 영향을 받는 무엇에 작용하여 효과를 산출하는 과정이 있다. 둘째, 발신자가 수신자에게 정보를 전달하여―즉 수신자에게 형식을 재현하거나, 전달하거나, 주입하거나, 더 단순하게는 메시지를 전달하여―그 효과를 성취하는 과정이 있다.

두 번째 입장은 최근 수십 년간 언어철학(Austin, 1962; O'Doherty, 1973; Searle, 1969; Skorupski, 1976)과 인류학(Finnegan, 1969; Bateson, 1972b; Rappaport, 1979; Silverstein, 1976; Tambiah, 1985), 정보 커뮤니케이션 이론, 사이버네틱스(Bateson, 1972; Wilden, 1972) 분야의 발전과 맥을 같이한다. 이들의 견해에 따르면 커뮤니케이션은 단순한 '말하기saying'뿐 아니라 일종의 '행하기doing'도 포함한다. 이때 행하

기의 효험은 '힘'이 아니라 '정보'와 관련된다.[13]

우리는 효험이 있는 의례조차 커뮤니케이션의 한 양식으로 인정할 수 있지만, 동일한 실수를 반복하지 않기 위해서라도 리치의 그릇된 제안(1966)에 대한 포티스의 권고(1966)를 상기할 필요가 있다. 포티스는 발화 역시 "단순히 그와 다른, 덜 특수화된 신호 체계로 구성된 비언어적 의례와 함께" "의례의 한 형식"으로 이해되어야 한다는 리치의 제안에 대해, "커뮤니케이션으로서 의례 개념과, 의례의 존재 자체를 인정하지 않는 사고방식은 종이 한 장 차이"라고 일침을 놓았다. 의례가 커뮤니케이션의 한 양식이라는 말은 의례가 다른 커뮤니케이션 양식과 교체될 수 있다는 의미가 아니다. 의례는 특정한 메시지와 특정한 정보 전달에 특화된, 독특하고 특별한 매개체다.[14]

11.
자기-지시적 메시지와 규범적 메시지

인간 의례에서 전달되는 메시지는 크게 두 종류로 나눌 수 있다. 첫째, 인간과 동물의 모든 의례에서 참여자는 자신의 현재 물리적·심리적·사회적 상태와 관련된 정보를 다른 참여자들에게 전달한다. 리치가 말했듯이 의례는 "개인이 특정 순간에 몸담고 있는 구조적 체계 내의 지위"(1954)를 표현하는 데 기여한다. 그러나 의례에서는 개인뿐만 아니라 집단 전체의 지위 역시 소통된다

(Rappaport, 1968). 나는 이런 메시지를 '자기 – 지시적self-referential'이라 부른다.

몇몇 인간 의례와 모든 동물 의례에서는 오직 자기 – 지시적 메시지가 전달될 것이다. 수컷 개코원숭이가 다른 원숭이에게 엉덩이를 보여줄 때 그는 복종이라는 신호를 전달하는 것이며, 올라타는 자세는 지배라는 신호를 표시한다. 의례에서 전달되는 메시지 내용은 전적으로 참여자의 현 상태와 그런 현 상태의 관계에 대한 것이다. 이때 의례는 자기 – 지시적이며 오직 자기 – 지시적이다. 허리 굽히기, 인사하기, '숙녀' 앞에서 중절모 끝을 살짝 잡기와 같이 양식화된 인간의 제스처도 그렇다.

우리는 여기서 몇몇 인간 의례와 모든 동물 의례의 현저한 차이를 발견한다. 몇몇 인간 의례에서는 모든 의례 메시지가 참여자 사이에서 전달되는 자기 – 지시적 정보로 구성되지는 않는다. 여분의 메시지는 참여자들에 의해 **전달되지만**, 그 참여자들이 **코드화한** 것이 아니다. 참여자들은 의례 예식에 코드화된 메시지를 발견한다. 그 메시지들은 연행자들이 코드화하지 않았고 불변화되는 경향이 있으므로, **그것 자체로는** 연행자들의 현재 상태를 재현할 수 **없다.** 예를 들어 가톨릭 미사(그중 몇몇은 거의 1000년 이상 변하지 않고 유지되었다)를 구성하는 말들과 행위는 **그 자체로** 미사를 집전하고 거기서 말하는 이들의 현 상태를 재현하지 않는다. 그런 메시지들을 둘러싸는 예의범절, 외관상의 항구성, 불변성 등을 고려하여, 나는 이런 메시지를 '규범적canonical'이라고 부를 것이다.

우리는 규범적 메시지와 자기 – 지시적 메시지를 구분하면서 무엇보다 의례 예식의 불변하는 질서에서 코드화된 것들의 의미와, 불변하는 메시지를 전달하는 행위 자체의 의미를 구별하는 셈이다. 즉 유대인의 '궁극적이고 신성한 공준Ultimate Sacred Postulate'*인 셰마Shema가 지난 3000년 동안 변하지 않았다는 사실(Idelsohn, 1932), 특정한 사람이 그것을 특정 행사에서 암송하는 것은 다른 문제다. 셰마는 변하지 않고 유지되었지만 그것을 암송하는 사람이나 관련된 장소는 세대를 거치고 상황에 따라 계속 바뀌었다.[15] 우리는 이 관계를 4장에서 논의할 것이다.

자기 – 지시적 메시지가 지시하는 바, 다시 말해 개별 참여자들이나 집단 전체의 물리적 · 정신적 · 사회적 현 상태는 '지금, 여기'의 영역에 국한되지만, 규범적 메시지가 지시하는 바는 **결코** 그렇게 국한되지 않는다. 규범적 메시지는 언제나 과거에 말했거나 연행된 말과 행위, 질서, 과정과 실체, 현재를 초월했거나 초월했다고 간주되는 물질적 · 사회적 · 추상적 · 이상적 · 영적 존재를 포함한다. 자기 – 지시적 메시지는 **사건**의 즉각적이고, 특수하고, 필수적인 양상을 재현한다. 반면 규범적 메시지는 **보편적 질서**의 일반적이고, 오래 지속되며, 심지어 영원한 양상을 재현한다. 사실 그 메시지의 불변적 성질은 의례적 전달 양식 자체의 불변성에 의해 도상적으로 드러난다(즉 그 의미가 확실히 전달된다).

앞에서 가장 불변하는 예식 질서에도 변화의 여지가 있다고 한 것을 떠올려보자. 예를 들어 성체성사의 규범은 1000년 이상 거의

---

* 모든 종교의 신성성의 기반이 되는 신조, 교리를 말한다. 자세한 내용은 13~14장 참조.

변하지 않았지만, 성찬식에 참여한 사람은 때마다 바뀌었을 것이다. 파푸아뉴기니 마링족의 카이코kaiko 축제 시작 의례는 돼지 공희를 포함한 종전의 예식 질서에 따라 진행되지만, 돼지의 수나 의례를 거행할 시기, 다른 집단에서 초대해야 할 사람이 누구인지는 규정되지 않았다. 더 나아가 개인은 언제나(최소한 논리적으로는) 연행될 의례에 참여할지 말지 결정할 수 있다. 자기 - 지시적 메시지와 규범적 메시지는 개별 의례에서 따로 전달되는 것이 아니라, 모든 예식 질서에서 긴밀히 얽혀 있다. 규범적 정보의 흐름은 예식 질서의 불변하는 양상이나 요소에 따라 전달되며, 자기-지시적 정보는 그 예식 질서가 허락하거나 요구하는 모든 변화를 통해 전달된다고 말할 수 있다.

12.
상징, 지표, 메시지의 두 흐름

우리는 규범적 메시지와 자기 - 지시적 메시지가 전달되는 방식의 차이를 고찰하며, 1장에서 간략히 다룬 근본적인 기호학의 문제와 다시 마주친다. 두 가지 메시지 흐름에서는 기호와 그것이 지시하는 바의 관계가 다르다는 점이 가장 중요한 문제다. 규범적 메시지는 시공간상으로 현재에 국한되지 않으며, 심지어 시공간 연속체를 완전히 벗어났다고 여겨지는 실체를 다룬다. 그 메시지가 나타내는 바는 종종 초자연적이고, 개념적이며, 추상적인 본성이 있다. 비록 그 메시지들이 이차적으로 도상icon[16]을 채택하고 지표index[17]를 제한적으로 활용하더라도, 그것들은 상징에 근거하며 오직 상징(그것이 의미하는 바와 법칙이나 관습을 통해 연관되는 기호)에 근거할 수 있다. 반대로 전달자의 현재 상태—지금, 여기에 국한된—와 관련된 정보의 전달은 단순한 상징적 의미화를 넘어 지표적으로 재현될 수 있다. 서론에서 자세히 논한 것처럼 상징적 정보 전달에 끼어들기 쉬운 악, 즉 거짓말과 바벨의 악을 고려할 때 이 점은 상당히 중요하다. 의례에서 자기-지시적 정보의 전달을 위한 지표의 사용은 그 두 가지 악의 파괴적 가능성을 차단할 수 있다.

퍼스의 정의를 인용하면, 지표란 "그것이 의미하는 대상체Object에 의해 실제로 영향을 받으면서 그 대상체를 가리키는 기호"(Buchler, 1955)다. 이 정의는 명료해 보이지만 지표와 퍼스가 말한 다른 기호—도상과 상징—의 차이, 다양한 지표적 형식 사이의 차이는 지표에 대한 퍼스의 정의 중 가장 간결한 위의 정의처럼 그리 간단한 문제가 아니다. 아서 버크스Arthur Burks(1949)는 퍼스가 지표를 논의하면서 혼동을 일으켰다고 옳게 지적했다. 그러나 내가 보기에 더 큰 문제는 버크스가 퍼스의 논의를 명료화하려고 하면서 지표에 대한 전체 논의를 더 복잡하게 만들었다는 점이다.

퍼스와 최근의 연구자들인 버크스, 야콥슨Roman Jakobson(1957), 실버스테인Michael Silverstein(1976)의 저서를 꼼꼼히 읽어보면 지표에 대한 나의 이해가 이들과 미묘하게 다르며, 퍼스의 지표 개념과도 여러 측면에서 다르다는 것을 알 수 있다. 그렇다면 나의 용법을 정당화하기 위해 지표와 다른 기호들의 관계를 논의할 필요가 있다. 이 문제는 이 장 부록에서 논의할 것이다. 여기서는 내가 지표를 어떤 의미로 사용하는지 분명히 하자. 나는 앞서 인용한 퍼스의 단순한 정의를 최대한 문자 그대로 따르고자 한다. 따라서 발진은 홍역을 나타내며(홍역의 지표이며), 활짝 펼쳐서 떠는 공작의 꽁지는 성적 흥분을, 풍향계는 바람의 방향을, 롤스로이스 자동차나 검은 담비 코트는 소유자의 부富를, 과거 소련의 노동절 퍼레이드는 소비에트의 군사력이나 힘을, 1970년 11월 15일 워싱턴에서 열린 집회는 베트남전에 반대하는 목소리의 규모와 사회적 구성을 나타낸다.

이런 사례에도 상당한 차이가 있다. 예를 들어 홍역을 나타내는 발진은 '자연적 지표'나 '증상'이라 불릴 수 있다. 그것은 단순히 원인에 따른 자연적 효과이며, 질병을 의미한다고 해석될 수는 있어도 그 질병을 가리키기 위해 나타나거나 만들어지거나 의도적으로 '전달되는' 기호가 아니기 때문이다. 공작의 꽁지 과시도 그 행위 자체에 내재한 성적 흥분의 자연적 결과지, 기호로 만들어진 것은 아니다. 그렇지만 '데모'라고 불리는 워싱턴 집회는 특정한 정치적 입장의 저력을 주장·보고·이야기하는 사건이 아니라, 그 힘을 내보이고 입증하는 사건이다.

위 사례 사이에는 몇몇 중요한 차이가 있지만, 그 항목들은 기호로서 지표 개념 아래 무리 없이 묶일 수 있다. 즉 그 지시물에 의해 야기되거나, 그 지시물의 일부거나, 극단적인 경우 그것이 나타내는 바와 동일한 기호 말이다. 다르게 표현하면 지표란 특정한 사건이나 조건의 인지 불가능한 양상의 현존이나 존재를 드러내는, 그런 사건이나 조건들의 인지 가능한 양상을 말한다.

'사건들events' 혹은 '조건들conditions'. 지표와 그 지표가 지시하는 바의 관계를 감안하면, 지표는 그런 사건이나 조건과 결합되었으며 그것 없이는 진정으로 생겨날 수 없다. 앞서 피간과 다른 영장류의 사례를 통해 보았듯이, 이는 지표적 커뮤니케이션에서는 기만의 여지가 제한적임을 시사한다.

그러나 상징이 도입되면 거짓의 기회가 대폭 확장되고, 거짓의 결과 역시 훨씬 중대해진다. 이렇게 되면 거짓이 '원시적proto' 단계에서 벗어나 '진짜 거짓'의 단계까지 올라간다. 그러나 의례에서는 거짓을 말할 수 있는 상징의 능력이 어느 정도 극복되거나 최소한 개선된다. 의례는 자기-지시적 정보, 즉 발신자의 현 상태와 조건에 관한 정보 전달을 위해 상징 대신 지표의 사용을 더 선호하기 때문이다. 물론 몇몇 지표는 허위화될 수 있고—슬프지 않은데 운다거나, 침팬지가 놀랐다는 가짜 지표를 통해 다른 침팬지를 놀라게 한다거나, 롤스로이스를 소유한 것처럼 보이려고 렌트하고 훔치는 식으로—몇몇 지표는 잘못 이해될 수 있다—롤스로이스 운전자가 차 주인이 아니라 운전기사거나, 말을 더듬는 이유가 뇌졸중이 아니라 취했기 때문이거나. 그러나 의례는 허위화에 거의 영향을 받지 않거나 오인하기 힘든 지표에 주로 의지한다. 인간이 평소보다 자신을 좀 더 신뢰할 만한 존재로 여겨지게 하고 싶을 때, 정교한 언어 대신 말 못하는 동물의 그것과 훨씬 닮은 방식으로 소통한다는 점이 씁쓸하고도 흥미롭다.

나는 의례에서 전달되는 모든 자기-지시적 메시지가 지표적이라고 주장하는 것은 아니지만, 그중 일부는 지표적인 것이 분명하다. 예를 들어 구디너프 섬 주민(Young, 1971)이나 과달카날 섬의 시우아이족Siuai(Oliver, 1955) 남자가 경쟁적인 의례 축제에서 많은 돼지와 조개껍데기, 얌을 내놓을 때, 그는 단지 자신이 영향력 있고 중요하며 위세와 명망이 있는 인물(빅맨)이라고 주장하는claiming 게 아니다. 그는 자신이 그렇다는 것을 입증한다demonstrating.

그가 내놓는 재화의 양은 그가 얼마나 대단한 사람인지 보여주는 거의 정확한 지표다. 그 재화의 양이 그것이 지시하는 바—개별적으로 혹은 조합되어 '빅맨다움bigness'의 속성을 구성하는 그의 영향력, 위세, 권위, 근면, 명성—에 '의해 실제로 영향을 받기' 때문이다. 따라서 시우아이족의 무미나이muminai(빅맨)였던 투로놈 마을의 소니soni라는 남자가 1937년 어느 날, 그 가치상 조개껍데기 목걸이 1920개와 맞먹는 돼지 32마리를 내놓았을 때, 그는 주민 1100명 앞에서(Oliver, 1955) 최소한 상대적이나마 자신이 얼마나 대단한지 보여준 것이다. 즉 그는 돼지 30마리를 내놓은 남자보다 좀더 대단하고, 돼지 25마리를 내놓은 남자보다 훨씬 대단하다.

3장과 5장에서 자세히 논하겠지만, 인간이 보통 기호와 그 지시물에서 기대하는 특성의 역전이라는 문제에 주목해보자. 언어 사용자로서 인간은 상대적으로 실체가 없는 기호와 실체가 있는 기호의 지시물에 익숙하다. 예를 들어 '개'라는 말과 그 말이 가리키는 동물의 관계를 떠올려보라. 그런데 기호가 그 자체로 물리적 특성이 없는 상태나 특성(위세, 가치, 힘, '빅맨다움' 같은)을 가리킬 경우, 그 기호를 신뢰할 수 있으려면 물질적(축제에 내놓은 돼지 32마리처럼)이어야 한다. 그 성질을 나타내는 기호에 실체가 없다면 말뿐인 것, 즉 헛소리나 허세, '흰소리'로 여겨질 것이다.

의례의 지표는 항상 그렇지는 않다 해도 대개, 부분적으로는 물질적이다. 그래서 그 지표들은 허위화가 대단히 어렵거나 불가능하다. 시우아이족의 사례에서 관건은 소니라는 빅맨이 돼지 32마리를 내놓았다는 사실이다. 그중 몇 마리가 자기 것이고 몇 마리를 빌렸느냐가 그곳 주민에게는 흥밋거리였겠지만, 우리 논의에서는 중요하지 않다. 소니가 돼지 32마리를 전부 내놓을 만큼 부유하지 않다 해도, 그는 다른 이들에게 돼지를 빌리거나 동원할 수 있을 만큼 강하고 영향력 있고 신뢰를 받는 인물이기 때문이다.

다른 사례에서 지표성은 덜 뚜렷하지만 더 흥미롭다. 파푸아뉴기니의 지미Jimi 계곡과 심바이Simbai 계곡에 거주하는 마링족 남자는 다른 부족의 카이코 축제에서 춤을 춤으로써 그 부족이 다음 전쟁을 치를 때 도와주겠다는 의미를 전달한다. 춤과 전쟁 사이, 특히 **지금**의 춤과 **차후**의 전쟁 사이에는 내재적이거나 인과적인 관계가 없다. 그런데도 그 춤은 지표적이다. 여기서 춤이 가리키는 것은 미래의 전투가 아니라, 미래에 있을 전쟁에서 싸우겠다는 **현재의 맹세**다. 맹세나 서약 같은 관습적 행위는 상징적인데, 최소한 언어가 없이는 그 맹세가 무엇을 표시하거나 가리킬 수 없기 때문이다.

춤이 맹세를 의미한다는 것 역시 관습적이다. 다른 행위, 예를 들어 오른손을 올리거나 "나는 맹세한다" "나는 서약한다"와 같은 언어 표현 역시 비슷한 메시지를 전달할 수 있다(5장에서 나는 이 경우 행위가 말보다 훨씬 효과적이라고 주장할 것이다). 그런데도 춤은 단순히 마링족 남자의 맹세를 상징하지 않는다. 춤은 그 맹세를 가리키는데 마링족 사람들은 맹세라는 관습적 행위를 춤이라는 관습적 행위에 내재한, 그 행위의 한 측면으로 이해하기 때문이다. 즉 춤추는 것은 맹세하는 것이다. 4장에서 자세히 논의하겠지만 카이코 축제에서 춤추기는 '수행문performative'(Austin, 1962), 다시 말해 관습적 사태를 창조하는 관습적 행위다. 춤이 맹세를 창조하는 한, 춤은 필연적으로 맹세를 가리킨다.[18]

여기서 우리는 춤과 약속이라는 두 관습의 지표적 관계를 다뤘다. 이 경우 모호함이나 애매함의 구름 뒤에서 기만을 획책하는 것도 불가능하다. 그런 애매함이나 모호함이 존재할 여지가 없기 때문이다. 춤추는 것은 맹세하는 것이며, 다른 무엇이 아니다.

그러나 이 문제가 전부는 아니다. 마링족 춤꾼의 사례는 지표성을 나타내는 동시에 그 한계도 보여준다. 춤은 지지의 맹세를 가리키지만, 지지의 맹세 자체가 맹세의 이행은 아니다. 조금 다르게 표현하면 맹세하는 것은 의무를 떠안는 것이지만, 현재 의무를 떠안는 것과 미래에 그 의무를 이행하는 것은 다른 문제다. 맹세의 완수가 맹세에서 불가피하게 따라오는 것은 아닌데, 이 경우 맹세는 춤이기 때문이다.

따라서 자기-지시적 정보의 지표적 전달은 허위가 만들어내는 여러 문제와 그 부산물, 즉 신뢰성과 신용의 확립 문제에 대한 부분적인 해독제일 뿐이다. 무엇이 카이코 축제의 주최 집단에게 현재 다른 부족의 춤꾼들이 보여주는 춤의 맹세를 미래에 이행하리라고 믿게 하는가? 이것은 또 다른 문제로, 의례의 다른 측면과 관계된다. 이 문제는 나중에 다시 논하고, 지금은 주최 집단의 확신이 지표적으로 전달된 맹세와 의례의 불변하는 규범에서 태어난 메시지의 연관성에 근거한다는 점만 언급하려 한다.

요약하면 의례에서는 두 가지 정보가 전달된다. 인간과 동물의 모든 의례는 참여자의 현 상태에 관한 정보인 자기 – 지시적 정보를 전달한다. 이 정보는 늘 그렇지는 않더라도 대개 상징이 아닌 지표적인 방식으로 전달된다.[19] 규범적 정보는 자연, 사회, 우주의 영속하는 양상에 대한 정보로, 예식 질서의 외관상 불변성에 코드화되었다. 예식의 불변성은 예식 내 규범적 정보의 외관상 불변성의 도상icon일 수도 있고, 그 정보의 실제적 불변성의 지표index일 수도 있다. 궁극적으로 규범적 메시지는 상징에 의존한다.

모든 의례에는 자기 – 지시적 요소가 있다. 그러나 몇몇 의례에서는 규범적인 것의 의미가 자기 – 지시적인 요소를 압도하여, 예를 들어 가톨릭 미사에서는 자기 – 지시적 요소가 사소해 보인다. 이 문제는 4장에서 논의하고, 여기서는 다음과 같은 주장을 개진하고자 한다. 모든 예식 의례, 좀 더 정확하게 말하면 모든 종교적 의례에서는 다른 방식으로 전달될 수 없는 지표적 메시지가 전달된다. 그 메시지는 전혀 하찮지 않고, 오히려 지표적 메시지 없이는 규범적 메시지가 아무 힘이 없을 뿐 아니라 심지어 무의미해질 수 있다.

앞서 주장한 대로 어떤 자기 – 지시적 메시지는 규범적 메시지와 연관성에서 수용될 수 있고, 규범적 메시지는 특정한 자기 – 지시적 메시지를 수반하지 않을 경우 그 힘과 때로는 타당성마저 상실한다면, 의례는 단순히 두 가지 정보가 전달되는 커뮤니케이션 양식이 아니다. 오히려 의례는 두 가지 메시지가 상호 의존하는 대단히 복잡한 커뮤니케이션 형식이다.

부록

퍼스와 그를 따르는 후대 학자들은 지표를 조금씩 다르게, 그러나 중요하게 차이 나는 방식으로 정의했다. 퍼스가 제시한 가장 단순한 정의에 따르면, 지표는 "그것이 의미하는 대상체Object에 의해 실제로 영향을 받으면서 그 대상체를 가리키는 기호"(Buchler, 1955)다.

퍼스는 또 지표를 다음과 같이 정의한다.

> (지표는) 그 대상체를 가리키는 기호나 재현이다. 이 가리킴은 그 대상체와 비슷함이나 유사성 때문이 아니고, 그 대상체가 우연히 소유한 일반적 특징과 관련성 때문도 아니다. 그것은 한편으로 그 기호가 개별적 대상체와, 다른 한편으로 지표가 기호로서 특정 인간에게 불러일으키는 감각이나 기억과 역동적인(공간적인 것까지 포함하여) 연관성이 있기 때문이다. (Buchler, 1955)

이런 지표의 정의(특히 첫 번째 것)와 버크스의 정의에는 약간 차이가 있다. 버크스에게 지표란 "그 대상체와 실존적 관계(손가락으로 무엇을 가리키는 행위처럼)에 있거나" "실존적 연결성을 기반으로 그 대상체를 결정하는 기호"다.

나중에 퍼스는 지표의 정의를 다음과 같이 정교화한다.

> 지표는 세 가지 특징적 징표를 통해 다른 기호와 구별할 수 있다. 첫째, 지표는 그것이 가리키는 대상체와 의미 있는 유사성을 갖지 않는

다. 둘째, 지표는 개인, 단일 단위single unit, 단일 단위의 집합, 단일 연속체를 가리킨다. 셋째, 지표는 맹목적 충동을 통해 그들의 대상체로 주의를 집중한다.

퍼스가 드는 지표의 사례는 다음과 같다.

나는 건들거리는 자세로 걷는 남자를 본다. 이는 그가 뱃사람임을 가리키는 것일지 모른다. 그리고 나는 안짱다리인데다 코듀로이 바지에 각반을 하고, 재킷을 입은 남자를 본다. 이는 그가 기수나 그와 비슷한 인물임을 가리키는 것일 수 있다. 해시계나 시계는 하루 중 특정 시간을 가리킨다. 문을 쿵 두드리는 것은 지표다. 사람의 주의를 집중하는 모든 것은 지표다. 우리를 놀라게 하는 모든 것은 지표다. 그것이 두 경험 영역의 접점junction을 표시하는 한에서 말이다. 따라서 엄청난 벼락은 뭔가 대단한 일이 일어났음을 가리킨다. 그 사건이 정확히 뭔지 우리가 모르더라도 말이다. 이때 그 사건은 몇몇 다른 경험과 연관된다.

기압계의 낮은 수치와 습한 공기는 비의 지표다. 우리는 자연법칙에 따라 기압계의 낮은 수치와 습한 공기가 임박한 비와 연관되리라고 가정한다. 풍향계는 바람의 방향에 대한 지표다. 일단 그것은 바람과 같은 방향을 가리키며, 풍향계와 바람은 진정한 연관성이 있기 때문이다. 두 번째는 우리가 특정한 방향을 가리키는 풍향계를 볼 때 그 방향으로 주의가 집중되며, 바람에 따라 흔들리는 풍향계를 볼 때 우리는 정신의 법칙에 따라 저 방향이 바람과 연관된다고 생각하도록 구조화되었기 때문이다. 북극성이나 그것을 가리키는 손가락은 어디가 북쪽인지 알려주는 지표다. 기포수준기나 다림추 역시 수직 방향을 알려주는 지표다. (Buchler, 1955)

논의를 진행하기 전에 두 가지를 언급할 필요가 있다. 첫째, 퍼스가 첫 번째 인용문에서 말한 '특징적 징표characteristic mark'는 다음과 같이 수정하는 게 나을 것이다. 지표는 그 대상체와 중대한 유사성을 갖지 않을 필요가 있다. 퍼스의 원래 정의는 그가 든 사례와 완전히 일치하지 않기 때문이다. '다림추가 수직 방향을 알려주는 지표'인 것은 부분적으로 다림추의 줄이 중력 법칙에 의해 수직으로 늘어지기 때문이다. 풍향계의 방향도 이와 비슷하다.

퍼스가 예로 든 기호 중 일부는 다른 기호와 충격적일 만큼 다르다. 예를 들어 퍼스는 북극성과 북쪽을 가리키는 손가락이 지표적인 의미에서 동의어이며, 컴퍼스의 바늘과도 동의어라고 이해하는 듯하다. 그러나 지표가 대상체와 맺는 관계라는 측면에서 그것들은 근본적으로 상이하다. "어느 쪽이 북쪽인가요?"라는 질문에 특정한 방향을 손가락으로 가리키는 행위는 기호 표시자의 의도적인 행위이며, 그 행위는 실제로 대상체나 북쪽의 영향을 받지 않는다. 그 행위는 기껏해야 기호 표시자가 북쪽이라고 믿는 방향의 영향을 받는데, 이는 매우 다른 문제다. 나는 여기서 '기껏해야'라고 말했다. 기호 표시자가 "어느 쪽이 북쪽인가요?"라는 질문을 받고 의도적으로 자신이 남쪽이라고 믿는 방향을 가리킬 수도 있기 때문이다.

이와 반대로 북극성은 북극의 꼭대기나 거기서 매우 가까운 곳에 위치한다. 그렇다면 북극성은 북극과 정태 – 공간적static spatial ('동적dynamical'과 반대 의미에서) 관계에 있고, 이 관계를 알고 북극성을 찾을 수 있는 모든 이에게 북극성은 북쪽을 가리킨다.

여기에는 다른 차이도 있다. 퍼스의 몇몇 예는 최소한 어떤 지표의 대상체는 매우 모호할 수 있으며(그의 벼락에 대한 설명에서 보듯이), 어떤 지표는 쉽게 오해될 수 있음을 보여준다. 어떤 남자의 건들거리는 걸음걸이는 그가 뱃사람임을 나타낼 수도 있지만, 그는 술 취한 변호사거나 신경계 질환을 앓는 주식 중개인일 수도 있다. 반대로 삼각대에 다림추를 매다는 줄은 그 지표 – 대상체 관계가 극도로 명확해서 보통 사람이라면 오해하기 힘들다.

몇몇 문제는 상황을 더 복잡하게 만든다. 예를 들어 해시계와 시계는 모두 하루 중 특정 시간을 가리키지만, 그 방식은 매우 다르다. 해시계의 그림자는 해시계의 막대기가 햇빛을 가리기 때문에 생긴다. 최소한 해가 떠 있는 동안 태양의 위치가 '특정 시간'을 의미하며, 막대기 뒤에 생기는 그림자의 위치는 의심할 여지없이 그 대상체인 시간에 의해 '실제로 영향을 받는다'. 반대로 시곗바늘의 위치가 어떻게 특정 시간에 의해 '실제로 영향을 받는지', 그 시간과 '역동적 연관성' 속에 있는지 알아내기는 어렵다. 실제 그렇지 않다는 사실은 같은 시간, 같은 장소에 있는 시계조차 때로 다른 시간을 가리킨다는 점에서 추론할 수 있다. 그렇다면 퍼스는 여러 지표(그리고 지표와 다른 기호 유형)의 많은 중요한 차이점을 언급하지 않은 셈이 된다.

오래전에 아서 버크스가 썼듯이 "퍼스의 기호 이론은 연구하기 어렵다. 이 주제에 대한 그의 유별나게 파편적인 글쓰기 때문이기도 하고, 그의 논지 자체의 불일치와 혼동 때문이기도 하다"(1949). 버크스는 이 불일치와 혼동을 어느 정도 일소했으나, 내가 보기에는 다른 모순을 끌어들였다. 여기에 대해 간략히 논의해보자.

버크스는 퍼스의 '해석체interpretant' 개념을 오해했거나 최소한 퍼스와 다른 의미로 사용한다. 퍼스에게 해석체는 기호 자체의 한 양상이다.

> 기호 혹은 **표상체**representamen는 특정한 측면이나 역량에서 어떤 사람에게 무엇인가 불러일으키는 어떤 것이다. 기호는 사람에게 말을 거는데, 다시 말해 그 사람의 정신에 그것과 동등한 기호, 어쩌면 더 발전된 기호를 창조한다. 기호가 창조하는 그 기호를 나는 **첫째 기호의 해석체**라 부른다. (Buchler, 1955)

반면 버크스는 '해석체'를 '개인의 정신에서 창조된 기호가 아니라, 기호가 말을 거는 어떤 사람'으로 이해한다. 이 점은 다음 단락에서 분명히 드러난다.

> 기호는 그것의 대상체를 그것의 해석체에게 상징적·지표적·도상적으로 재현한다. '붉다'라는 단어를 생각해보자. 이 단어는 상징인데, 해석체에게 붉음의 성질을 의미하기 때문이다. 해석체는 이 단어의 의미를 확립하는 영어의 관습적 언어 규칙에 따라 해석한다. (1949)

여기서 두 가지 문제가 야기된다. 첫째, 해석체가 기호의 한 양상이 되면, 더 정확히 대상체가 그 대상체를 의미하는 '무엇'을 통해 굴절되면, 지표의 본성에 관한 중요한 질문이 해결되지 않은 채 사라진다. 그 질문은 대상체와 해석체의 불일치라는 문제다. 퍼스의 첫 번째 예에서 건들거리며 걷는 대상체는 '뱃사람'이지만, 내가 지적했듯이 그 해석체(퍼스의 의미에서)는 '취했거나' '뇌졸중'을 앓는 사람일 수도 있다. 내가 보기에 퍼스는 이 문제를 명확히 하지 않았고, 버크스의 뚜렷한 오해 역시 도움이 되지 않는다.

둘째, 버크스가 '해석체'를 '어떤 사람'으로 정의한 것은 퍼스의 원래 논의에서 기호의 발신자나 수신자, 즉 기호 표현자encoder와 기호 해독자decoder에 대한 논의와 그들의 차이에 관한 논의가 거의 없는 것에 대한 대응이었을 수 있다(비록 퍼스가 '〔기호를〕 사용하는 지성'과 기호를 '전달받는 어떤 사람', 다시 말해 메시지 수신자나 기호 해독자에 대해서는 언급하지만〔Buchler, 1955〕 말이다). 퍼스의 이론은 기호 이론이지 커뮤니케이션 이론이 아니다. 어떤 이론도 세상 만물을 모두 설명할 수 없다는 점을 감안해도, 발신자와 수신자에 대한 논의를 소홀히 한 것은 기호 이론에 몇 가지 문제를 야기한다.

기호 이론을 기호와 그 대상체의 관계의 본성에 대한 고찰이라는 의미로 좁게 정의해도 상황은 마찬가지다. 앞서 보았듯이 손가락으로 무엇을 가리키는 것과 '북쪽'이라는 방향의 관계는, 북극성과 북쪽의 관계와 같지 않다. 북쪽을 가리키는 것은 어떤 경우든 의식 있는 행위자의 가리키는 행위(메시지 전달)를 동반한다. 반대로 북극성과 북극의 관계는 한번 **발견되면** 영원히 북극성이 북쪽을 가리키게 마련이다. 따라서 어떤 사람이 북쪽을 찾으려고 북극성이나 나침반을 볼 때, 의식 있는 정보 전달자는 필요하지 않다. 북극성과 같이 나침반 역시 한번 **발명되면** 영원히 북쪽을 가리킬 수 있다(물론 굴절이나 편향을 보정했다는 가정 아래). 하지만 여기에도 차이가 있다. 북극성이 북쪽을 가리키는 것은 편의상 공간적 우연이다. 그런데 나침반이 북쪽을 가리키는 것은 자석 바늘과 자기를 띤 북극의 '역동적 연관성'의 결과다. 다시 말해 이것은 우주적인 '자연법칙'이 작용한 결과다.

요약하면 지표들이 정의상 그것의 대상체나 지시물에 의해 '실제로 영향을 받는다'면, 기호의 표현자와 전달자(이 둘이 언제나 같은 것은 아니다), 기호의 수신자와 해석자를 간과하는 것은 필연적으로 지표들의 중요한 차이점을 무시하는 셈이 된다.

내가 생각하기에 여기서 버크스는 가장 중대한 혼동을 일으켰다. 버크스는 자신의 혼동을 퍼스의 혼동으로 간주한 것이다.

> 퍼스는 기호론적 관계와 인과관계를 혼동했다. 그는 풍향계가 바람 방향의 지표라고 말한다. 그러나 그의 정의에 따르면 풍향계는 기호가 아니다. 해석체는 풍향계가 바람의 방향을 의미하거나 재현한다고 보지 않는다. 해석체가 하는 일은 풍향계의 위치가 바람에 의해 야기된 효과라는 그의 지식에 근거해, 풍향계의 위치를 보고 바람의 방향을 추론하는 것이다. (1949)

나는 퍼스가 풍향계, 기압계, 기포수준기 혹은 그와 비슷한 도구를 지표에 포함한 것이 인과관계와 기호론적 관계의 혼동이나 그와 비슷한 혼동의 결과라고 생각하지 않는다. 퍼스가 지표 형식에 대한 분류 기준을 발전시키지는 않았지만, 인과적인 것과 기호론적인 것의 융합은 지표의 기본적 유형, 즉 내가 보기에 모든 지표 중에서 '가장 순수하고' 가장 근본적인 지표를 정의하는 본질적인 특성이다. 그 지표를 '진실한 지표true index'라고 부르자. '진실한 지표'는 기호 – 대상체 사이에 완벽한 상응 관계가 존재하거나, 효과 – 원인 관계, 부분 – 전체 관계가 존재하는 지표다. 다시 말해 진실한 지표는 그 대상체의 효과, 양상, 부분이 되는 기호다.

여기서 '진실한 지표'의 두 하위 범주를 구분할 필요가 있다. 첫째, '자연적 지표natural index' 혹은 '증상'이라 불릴 만한 지표가 있다. 비를 가리키는 검은 구름, 홍역을 가리키는 발진, 북쪽을 가리키는 북극성, '뱃사람'을 가리키는 건들거리는 걸음걸이 등이 여기에 포함된다.

둘째, '인공적 지표constructed index'라 불릴 만한 것이 있다. 여기에는 바람 방향을 가리키는 풍향계, 기압을 가리키는 기압계, 수직 방향을 가리키는 다림줄, 주인의 주의를 끌고자 하는 사람이나 동물(예를 들어 큰까마귀)의 존재를 나타내는 문 두드리는 소리, 빅맨다움을 나타내는 돼지 32마리 증여, 맹세를 나타내는 마링족의 춤 등이 포함된다. 이 지표는 그것이 가리키는 바를 나타내기 위해 인간이 의도적으로 구성·채택한다는 점에서 자연적 지표와 근본적으로 다르다.

의도적인 구성물로서 인공적 지표는 그 **본성상** 기호론적이기 때문에 자연적 지표와 다르다. 자연적 지표는 어떤 현상의 인지 가능한 양상이다. 그것은 동일한 현상의 덜 인지 가능한 양상에 의해 '실제로 영향을 받거나' '그것과 실존적 관계에 있거나' '역동적' 관계에 있는 현상의 양상을 관찰자에게 지시한다. (검은 구름은 기호로서 기능할 수 있지만, 그 본성상 비나 다른 무엇의 기호는 아니다.) 그럼에도 인공적 지표는 '진실한 지표'가 될 수 있는데, 기호와 대상체의 관계가 자연적 지표에 못지않게 효과 – 원인 관계, 부분 – 전체 관계를 이루기 때문이다. 즉 인공적 지표라는 기호도 그 대상체에 의해 야기되거나, 그 대상체의 부분 혹은 양상일 수 있다. 퍼스의 원문에서 보았듯이 이 관계는 대상체가 맹세나 빅맨다움 같은 관습일 때도, 한편으로 기호가 돼지 증여나 춤추기에 참여하는 관습일 때도 그대로 유지된다.

인공적 지표는 그 본성상 기호론적이지만 자연적 지표는 그렇지 않다는 점은 때로 중요한 또 다른 차이를 유발한다. 쉽게 말해 자연적 지표는 대개 더 분산되었고, 인공적 지표보다 덜 집중적이다. 퍼스에 따르면 벼락이 가리키는 것은 모호하고, 건들거리는 걸음걸이가 가리키는 것은 애매하다. 발진이 가리키는 것은 일반적이면서 모호하고, 검은 구름이 가리키는 것—비가 올 가능성—도 불확실하다. 반대로 풍향계나 다림줄, 돼지 32마리가 가리키는 것에는 모호하거나 애매하거나 일반적이거나 불확실한 점이 전혀 없다. 그것들은 가능한 한 가장 구체적이다. 풍향계는 바람의 방향을 가리키며, 오직 바람의 방향을 가리킨다. 다림줄은 더도 덜도 아닌 수직성을 가리킨다. 돼지 32마리 증여는 그 증여자가 얼마나 '큰 빅맨인지' 말해준다.

퍼스의 용어로 다시 말해보자. 퍼스의 기호 개념은 지금까지 논의한 세 가지 요소, 즉 기호(혹은 기호 전달체)와 대상체, 해석체에 국한되지 않는다. 그 개념에는 네 번째 요소가 포함된다. "기호는 대상체를 지시하는데, 모든 측면에서 그런 것이 아니고 특정한 관념에 준거하여 그렇게 한다. 이 관념을 나는 때로 표상체의 근거ground라고 불렀다."(Buchler, 1955) 그래서 기둥 옆 보에 매달린 다림줄은 그 기둥이 어떤 나무로 만들어졌는지 말해주지 않는다. 그 기둥이 수직인지 말할 뿐이다. 풍향계는 바람을 가리키지 않으며, 오직 바람의 방향을 가리킨다. 수직성과 방향은 이런 지표의 근거다. 그리고 인공적 지표는 언제나 그런 근거가 있지만, 자연적 지표는 그렇지 않거나 최소한 뚜렷한 근거는 없다고 말할 수 있다.

이제 내가 버크스의 혼동으로 간주한 지점을 살펴보자. 버크스는 풍향계, 다림줄, 그와 비슷한 모든 기호는 지표가 아니라고 주장했다. 그것들은 바람의 방향 등을 재현하거나 의미하지 않으며, 다만 기호 해석자들이 그런 것을 **추론**하기 때문이라는 얘기다. 나는 철학자도 심리학자도 아니지만 첫째, 추론과 해석의 논리적 차이는 특정한 소송사건에서 인간 행위의 차이보다 분명하다고 생각한다. 둘째, 특정한 장치의 상태에서 끌어낼 수 있는 결론이 하나뿐인 경우(다림줄은 오직 수직성을, 풍향계는 오직 바람의 방향을 가리키듯이) 기호와 대상체 사이에 단순하고도 직접적인 지표적 관계가 성립한다. 셋째, 위 주장과 연계하여 어떤 사람이 풍향계가 바람의 방향을 가리킨다고 여긴다면 그들 안에서 그들도 모르는 어떤 정신적 작용이 일어나든, 그 풍향계는 지표다. 넷째, 농부가 풍향계를 볼 때마다 추론을 시작한다는 점을 입증할 수 있더라도 그 과정은 매우 짧고 비공식적이고 무의식적이어서 거의 '추론'이라고 불릴 수 없을 것이며, (농부에게는) 지시 작용·indication으로 경험될 것이다. 추론은 그 정의상 전제에서 결론을 이끌어낸다. 위 경우에서 '바람은 북서쪽에서 분다'는 결론은 사실상 전제인 (1) 풍향계는 바람의 방향을 가리킨다, (2) 풍향계는 북서쪽을 가리킨다와 거의 동일하다. 다섯째, 그런 장치의 주요한 용도 중 하나는 그 본성상 '진실한 지표'보다 오류에 노출되기 쉬운 추론의 필요를 줄이거나 없애는 데 있다. 여섯째, '바람은 북서쪽에서 분다'는 결론을 풍향계와 그것의 위치로 구성되는 전제에서 나온 추론으로 여긴다 해도, 여기서 지시indication와 추론은 상호 배제적이지 않다. 지표가 전제를 구성하기 때문이다. 게다가 지표성은 기호 전달체sign vehicle와 대상체 관계의 한 양상이지만, 추론은 기호 해석자의 활동이다.

나는 풍향계 같은 장치와 관련해서 버크스가 오해했다고 생각하지만, 자연적 지표의 해석에서는 추론이 훨씬 더 중요한 역할을 한다고 보는 게 타당하다. 어떤 남자의 건들거리는 걸음걸이가 취기, 신경계 질환, 뱃사람의 특징을 가리킨다고 해석하려면 해석자는 다른 지시물(의복, 남자의 위치, 말투 등)을 고려해야 하며, 그것들을 종합해서 '건들거리는 걸음걸이'라는 기호가 정말 무엇을 가리키는지 추론해야 한다. 추론은 인공적 지표가 가리키는 것의 '이차적 해석secondary interpretation'에서도 중요한 역할을 한다. 예를 들어 기압계는 정확히 대기압을 나타낸다. 우리는 그런 지시물에서 (어느 정도 불확실함이 섞인 신뢰와 함께) 내일 비가 올지, 날이 맑을지 등을 추론할 수 있지만, 기압계가 내일의 날씨를 가리키는 것은 아니다. 그러나 검은 구름이나 기압계에서 내일의 날씨를 전부 예측할 수 없다고 해서, 그 둘이 퍼스가 '지표'라고 부른 기호의 일반 범주에서 제외되는 것은 아니다. 조심스럽게 말하면 이 문제를 혼동한 사람은 퍼스가 아니라 아서 버크스인 것 같다.

요약하면 우리는 자연적 지표와 인공적 지표를 구분했다. 더 나아가 내가 '진실한 지표'라고 부른 포괄적인 지표군의 하위 범주도 제시했다. '진실한 지표'라는 명칭은 두 가지 이유에서 적절해 보인다. 첫째, 이 명칭은 거기 속한 지표를 처음에 퍼스가 암시했고, 그 뒤에 버크스(1949)와 실버스테인(1976), 기타 학자들이 논의한 몇몇 혼합된 지표와 구별한다. 둘째, 이 명칭은 기호가 특정한 원인의 결과일 때는 어쩔 수 없이 그 원인을 가리키며, 진실일 수밖에 없음을 암시한다. 비록 그 대상체가 기호의 수신자에 의해 오인되거나 오해될 수는 있더라도 말이다. 침묵에는 늘 어느 정도 애매모호함이 깃들었으므로, 나는 '진실한 지표'의 군에서 북쪽을 가리키는 손가락을 의도적으로 제외했다. 지표와 진실의 문제는 잠시 뒤 다시 논의할 것이다. 여기서는 앞에 말한 '혼합된 형식'을 간단히 살펴보자.

다음은 퍼스의 문장이다(Buchler, 1955). "절대적으로 순수한 지표의 예나 지표적 성질이 완벽하게 결여된 기호를 찾아내는 것은 불가능하지는 않더라도 어렵다." 나는 이 진술이 과장되었다고 본다. 그럼에도 이 진술은 '지표' '도상' '상징'이 기호의 가능한 양상aspect으로 간주되어야지, 필연적으로 **분리되고 개별적인** 기호로 간주되어서는 안 된다는 타당한 제안을 담고 있다. '절대적으로 순수한' 지표나 기호 유형을 찾아내는 것이 정말 어렵거나 불가능한지는 여기서 논의할 필요가 없다. 앞서 제시한 '진실한 지표'는 대부분 지표적으로 순수하지만, 그렇지 않다 해도 순수한 지표는 존재한다고 볼 수 있다. 예를 들어 다른 연구자들의 논의에 따라 나는 1장에서 동물의 커뮤니케이션이 대부분 지표적이라고 주장했다. 영장류는 미미한 예외의 **가능성**을 보여주지만, 거기서도 상징은 완전히 결여되었다.

도상은 상황이 다르다. 도상적 행위, 즉 피해자의 이미지를 바늘로 찌르는 행위에서는 그 이미지가 피해자의 재현이고, 바늘은 주술적 공격의 재현이며, 그 피해자가 정확히 누구인지 규정하기 위해 상징─궁극적으로 언어─에 근거한다. 버크스는 퍼스를 인용해 이 점을 논의한다.

> 퍼스는 어떤 기호라도 여러 성질이나 관계를 체현하거나 나타낼 수 있기 때문에, 어떤 기호가 도상이며 도상적 측면이 있다는 사실을 전달하기 위해서는 몇몇 상징적 수단이 필요하다는 점을 간과한다. 그는 순수한 도상은 존재할 수 없다는 점도 간과한다. (1949)

'순수한 도상은 존재할 수 없다'는 주장은 인간의 경우 타당해 보이지만, 동물의 커뮤니케이션에서는 사정이 다르다. 여기서 중요한 질문은 첫째, 유전학적 의태(새의 먹이가 되는 나방이 새가 싫어

하는 나방의 형태를 닮는 경우)나 벌의 춤(도상적으로 꽃가루가 있는 방
향과 거기까지 거리를 가리킨다고 생각되는)을 도상적인 것으로 간주
할 수 있는가 하는 점이다. 둘째, 그것들이 도상적이라면 그것들의
도상성은 지표성에 근거하는가. 이 질문을 여기서 논의할 필요는
없지만, 위의 각 사례에서 도상의 진화적 출현 단계를 생각해볼 수
있다. 이때 도상이 지표에서 진화했는가, 아닌가는 또 다른 질문
이다.

　나는 순수한 지표나 순수한 상징의 예를 찾아낼 수 있다고 보지
만, 상징적·지표적 성질을 띠는 기호는 인간 커뮤니케이션에 중
요하며 더 나아가 필수 불가결한 역할을 수행한다. 퍼스도 그런
기호를 인식했고, 그 후 버크스(1949)와 야콥슨(1957), 실버스테인
(1976)이 이 문제를 자세히 논의했다. 그 복잡한 논의를 여기에 옮
길 필요는 없을 것이다. 다만 인간의 말 역시 종종 지표적으로 사
용될 수 있다는 점을 지적하고 싶다. 예를 들어 '이것this'이라는
단어는 무엇을 가리키는 손가락과 정확히 동일한 방식으로, 즉각
적인 환경에 있는 무엇을 가리킨다. 그렇다면 이 말은 지표지만
'이것'이 단어인 한, 모든 단어처럼 그것은 상징이다. "상징은 표상
체representation인데, 그것의 표상적 특징이 정확히 그것의 해석을 결
정하는 규칙이 되는 표상체다."(Buchler, 1955) 이 말은 상징의 지시
적 의미가 관습적이라는 뜻이다.

　퍼스와 버크스, 실버스테인에 따르면 보통 지표로 사용되는 단
어 유형은 시간과 공간을 가리키는 말, 다양한 대명사를 포함한
다. 이런 논의는 상징이나 상징적으로 구성된 현상 사이에도 지표

적 관계가 가능함을 보여준다. 실버스테인은 다음과 같이 썼다.

> 오스트레일리아 원주민 언어에서는 지표적 단어를 비지시적인 상호
> 보완적 지표 한 쌍으로 분화하는 경향이 발견된다. 딕슨Robert M. W.
> Dixon(1971)이 디르발족Dyirbal에 대해 썼듯이, 거기에는 '일상적인' 지
> 표적 단어 쌍과 '장모에 대한 단어 쌍'이 있다. 후자는 화자가 유별적
> 장모classificatory mother-in-law나 그녀와 동격의 인척이 있을 때 사용하는
> 단어다. 다시 말해 일상적 용어와 완전히 다른 '장모 단어'는 대화 상
> 황에서 화자(X)와 몇몇 '청중'—사회적으로 정의된 그 대화의 수신
> 자(Y)가 아닌—의 인척 관계를 지표화한다. 그렇다면 사용 어휘의 전
> 환은 (사람들의) 사회적 거리를 만들고 유지하는 인척 금기 지표affinal
> taboo index로 볼 수 있다. (1976)

우리는 여기서 본질적으로 상징적인 두 형식, 즉 특별한 어휘와 인
척 터부의 지표적 관계를 발견한다.

이 사례는 앞서 논의한 관습적 기호나 사물의 지표적 관계—춤
과 맹세, 돼지와 빅맨다움 사이—사례와는 근본적으로 다르다. 앞
선 사례들의 경우, 기호와 대상체는 절대적으로 분리할 수 없다.
춤은 맹세이며, 돼지 32마리를 내놓는 것은 빅맨답다는 뜻이다. 이
때 기호는 대상체에 의해 실제로 영향을 받는데, 기호 자체가 대상
체를 야기하기 때문이다. 그렇다면 그 기호는 허위일 수 없기에,
나는 그 기호를 '진실한 지표'의 범주에 포함했다.

디르발족은 상황이 다르다. 이때 대상체(장모의 존재)와 기호(특

정한 어휘의 사용)의 연관성은 훨씬 희박하다. 퉁명스런 원주민은 장모가 왔을 때도 그 특별한 어휘를 사용하지 않을 수 있다. 반대로 장모가 눈앞에 있지 않은데도 그런 어휘를 사용할 수 있다. 디르발족은 특정한 남자의 장모가 그곳에 있는지를 그의 단어에서 추론할 수 있을 것이다. 따라서 우리는 그 남자의 발화가 장모의 현존을 가리킨다indicates고 말하고 싶은 유혹을 느끼지만, 그 기호 형식이 근원적으로 진실하다고 볼 수는 없다. 기호 – 대상체 관계에서 기호의 비중이 상대적으로 희박하기 때문에, 나는 그것을 '진실한 지표'의 범주에 포함하지 않을 것이다. 지표라고 추정되는 '손가락으로 가리키기' 같은 행위도 마찬가지다.

3

**자기-지시적
메시지**

자기-지시적

메시지

이 장에서는 자기-지시적 메시지와 그것의 전달을 논한다. 의례의 자기-지시적 양상에 대한 고찰은 자연스럽게 의례의 규범적양상에 대한 고찰로 이어지지만, 자기-지시적 메시지와 그것의전달 양식이 훨씬 흥미롭다.

앞 장에서 우리는 가장 불변적인 예식 질서에도 변주의 여지가있으며, 그런 변주는 의례 연행의 특정 요소와 관련된 것임을 살펴보았다. 예를 들어 어떤 의례에는 돼지 공희가 필요하지만, 잡아야할 돼지 숫자는 규정하지 않는다. 우리는 규범적 메시지는 의례 연행의 불변하는 측면이나 요소를 통해 전달되며, 자기-지시적 메시지는 그 예식 질서의 연행이 허용·수반·요구하는 모든 변주를통해 전달된다고 말했다.

이 장에서 우리는 먼저 의례 연행의 변주, 특히 변주와 지표성을 살펴볼 것이다. 그다음으로 의례적 내용의 수적 변주numerical variation와 추상체의 물질적 재현, 아날로그적 과정의 디지털적 재현을 논의할 것이다. 의례적 커뮤니케이션의 이런 양상이 메시지 전달의 명료성과 효율성에 미치는 영향에 대한 고찰은 이진법적 신호로서 의례 개최라는 문제로 이어진다. 그리고 상이한 시스템의 경계를 가로지르는 정보의 전달에서 의례가 어떤 역할을 하는지 논의할 것이다. 마지막으로 의례의 자기 – 정보성self-informativeness을 살펴보고, 의례적 메시지의 자기 – 지시적 흐름과 규범적 흐름의 관계를 논하면서 이 장을 마칠 것이다.

의례 연행에서 아무런 변주도 없다면 자기 – 지시적 메시지의 전달은 일어나기 어렵다. 그렇다면 한 해의 특정한 날에 예법에 따라 수행되는 대단히 오래된 의례 규범이 어떻게 연행자의 특수한 현재 상태에 관한 정보를 전달할 수 있는가? 의례는 어떻게 연행자에 관한 특수한 정보를 소통시킬 수 있는가? 전문적 의미에서 정보(Shannon and Weaver, 1949)는 불확실성을 줄이는 무엇이다. 정보의 최소 단위는 '비트bit'인데, 비트는 가능성이 똑같은 두 가지 대안 사이에서 불확실성을 줄여주는 정보의 양을 말한다. 그 예는 '예스'와 '노'가 똑같이 가능할 때, '예스/노 질문'에 대한 답을 들 수 있다. 여기서 대안이 없다면 이런 엄격한 의미에서 어떤 정보도 전달될 수 없다(10장 참조). 이 점은 의례의 규범적이고 자기 – 지시적 양상에 관한 중요한 질문을 제기하는데, 그 문제는 나중에 논의할 것이다. 여기서는 가장 불변적인 예식의 연행에도 근본적인 변주의 기회가 존재한다는 점만 반복한다.

의례의 잠재적 연행자는 논리적 가능성의 차원에서라도 향후 개최될 의례에 참여하거나 참여하지 않을 수 있다. 사소해 보이는 이 최소한의 선택 가능성은 구체적이면서 종종 정확하고 사회적으로 중요한 정보를 전달할 뿐만 아니라, 의례 참여 자체에 심오하고 일반적인 의미를 부여한다. 이 점은 다음 장에서 논의할 것이다.

1.
의미의 층위

지금까지 논의에서 몇몇 독자는 다음과 같은 의문이 생겼을지도 모른다. 지은이는 의례의 의미를 좁은 의미에서 '정보'로 축소하는 건 아닐까? 그렇지 않다. 나는 정보를 의례에서 특정한 역할을 수행하는 한 가지 의미 유형으로 보지, 정보 그 자체가 의례의 의미(혹은 그보다 훨씬 적은 의미)와 외연이 같다고 보지는 않는다. 나는 의미의 의미meaning of meaning라는 철학적 문제를 다룰 만한 자격도, 여유도 없다. 다만 의례에서 발견되는 의미의 종류가 무한히 다양하다 해도 이 책의 목적을 위해 거칠게나마 의미의 세 유형, 더 낫게 표현하면 의미의 세 층위를 구별할 수 있을 것이다.

먼저 내가 다른 곳(1979a, 1992)에서 저차 의미low-order meaning라고 부른 의미가 있다. 이것은 단순한 일상적 차원의 의미다. '개'라는 단어의 의미는 개이며, 이때 개는 '고양이'라는 또 다른 단어로 표현되는 고양이와 구별된다. 저차 의미는 **구별**에 근거하며, 정보 이론에서 말하는 정보와 외연이 정확히 같지는 않아도 그것과 긴밀히 연관된다. 저차 의미를 조직하는 (유일하지는 않더라도) 전형적인 구조는 분류 체계다.

그러나 단순한 의미 차원에서 **의미성**meaningfulness(그 용어의 의미가 무엇이든)에 대한 논의로 넘어가려 한다면, 합리적으로 구획된 의미의 차이뿐 아니라 감정으로 충만한 가치도 고려해야 한다. 우리는 그런 의미를 전달 · 환기하기 위해 차이에 따른 구별 외 다른 수단에 의존한다. 예를 들어 어떤 사람이 상당히 복잡한 정보 뭉치를 마주하고 "그게 다 무슨 뜻이죠?"라는 질문을 했다고 하자. 그가 요청하는 의미는 구별에 근거한 것이 아니다. 그런 질문에 대답할 때 우리는 구별의 횟수를 늘리는 대신 줄이며, 겉보기에 이질적인 현상들의 유사성을 발견하려고 노력한다. 내가 다른 곳(1979a, 1992)에서 '고차 의미higher-order meaning'이라고 칭했지만 사실 '중차 의미middle-order meaning'라고 불렀으면 더 좋았을 의미에서는, 외관상 구별되는 현상들의 표면 아래 숨은 유사성이 차이보다 중요해진다. 그 유사성이 밝혀지거나 드러날 때, 그것은 계시의 힘으로 우리를 놀라게 한다.

저차 의미의 전형적 집합소가 분류 체계라면, 더 고차적인 의미의 전달체는 은유다. 은유는 이 세계의 의미성을 더욱 풍요롭게 하는데, 은유에 참여하는 모든 단어의 의미는 그 자신을 뛰어넘어 다른 사물들의 도상 수준으로 변모하기 때문이다. 예술과 시가 은유에 주로 의지한다는 점도 의미심장하다. 이는 은유가 그 함축적 울림으로 직설적이고 설명적인 담론보다 정서적으로 훨씬 강력한 재현 양식이기 때문일 것이다. 은유는 담론보다 설득력이 강한 것이 틀림없다.

의미의 층위를 더 살펴보자. 저차 의미가 차이에 따라, 중차 의미가 외관상 구별되는 사물들 사이에 (종종 숨겨진 채로) 존재하는 유사성의 발견이나 드러냄에 따라 전달된다면, 내가 고차 의미라 부르는 의미는 동일성이나 통일성, 즉 자아와 타자의 근본적인 동일시나 통합에 근거한다. 이 의미는 지성적이지 않고 때로 전혀 그렇지 않은 대신 경험적이다. 이 의미는 예술이나 사랑의 행위를 통해서 경험하며, 아마도 의례와 다른 종교적 예배에서 가장 자주 경험할 수 있을 것이다. 고차 의미는 의례 과정을 통한 정서적 감동부터 '신비적'이라고 일컫는 심오한 누미노스적 경험에 이르기까지 다양한 강도로 경험된다. 더 강렬한 고차 의미를 체험한 이들은 그것을 '존재의 경험The Experience of Being' '존재 자체Being-Itself'와 같이 모호한 표현으로 지칭한다. 그들은 그런 경험이 언어의 한계를 벗어나지만 어쩌면 그 의미를 형언할 수 없기 때문에 엄청나게, 심지어 궁극적으로 의미로 충만했다고 말한다.

차이가 중차 의미에서 급격히 감소한다면, 고차 의미의 궁극적인 현현顯現에서 무화된다. 마지막 차이, 즉 의미 있는 대상과 그것을 의미 있게 여기는 존재의 차이는 신비적 합일unio mystica, 즉 자아와 타자, 자아와 우주, 자아와 신적인 존재의 합일이라는 경험을 통해 지워진다. 저차 의미의 저장고가 분류학이고 중차 의미의 전달체가 은유라면, 고차 의미로 향하는 길은 참여다. 우리는 앞에서 참여가 의례의 필수 불가결한 요소라고 언급했다.

요약하면 우리는 차이, 유사성, 합일이라는 의미성의 세 가지 토대를 구별했다. 이것은 모두 의례에서 중요하다. 이런 의미의 층위가 퍼스가 말한 세 가지 기호와 대강 연계된다는 점도 흥미롭다. 언어의 의미론적 차이를 기반으로 한 저차 의미는 퍼스가 말하는 상징, 즉 그것이 의미하는 바와 '규칙에 따라 연계된' 기호에 의존한다. 그리고 이질적인 현상의 형식적(혹은 다른) 유사성의 인식에 근거한 중차 의미는 도상적으로 전달된다. 반면 합일에 근거한 고차 의미는 지표적으로 경험된다. 즉 그 기호들이 지시하는 바의 효과나 그것의 **부분**으로 경험된다.

언어에 의해 정교해진 저차 의미가 인류에게 필수적인 점도 언급할 필요가 있다. 궁극적인 의미성은 전적으로 그렇지는 않더라도 대개 비非담화적이다. 그러나 '저차' '중차' '고차' 같은 용어는 중립적이지 않으며, 내가 그 의미를 세 가지 층위에 배치한 방식이 자의적이고 편향되었다는 반박도 있을 수 있다. 데카르트식 합리주의자였다면 나와 반대되는 순서를 택했을 것이다. 논리학의 신봉자였다면 의미 영역에서 중차 의미와 고차 의미를 추방했을지도 모른다.

그러나 나의 서열은 단순히 의미 작용의 세 유형이 아니라 의미성의 위계이며, 그 점에서 타당성이 있다. 차이, 유사성, 합일은 기호와 그것이 지시하는 바의 상이한 관계—상징적, 도상적, 지표적—를 함축하거나 수반할 뿐만 아니라, 기호와 그 기호에서 의미를 발견하는 존재의 서로 다른 관계도 함축한다. 저차 의미를 구성하는 의미론적 차이는 메시지나 텍스트에 내재한 것이다. 그렇다면 저차 의미는 그것을 의미 있게 여기는 존재들과 분리되며, 양자사이에는 어느 정도 거리가 존재한다. 저차 의미는 물리적 · 사회적 · 개념적 대상체를 구분하는데, 우리는 그렇게 구분된 대상체를 '객관적인 것'으로 취급한다.

이 용어는 대상체를 지칭하는 말이면서 '주관적'이라는 단어와 대비되는 말이다. 주관성은 중차 의미에서 근본적인 것은 아니라도 더욱 중요한 것이 된다. 패턴 인식에 의존하는 중차 의미는 저차 의미의 대상화 작용보다 인간 정서로 충만한 인지 작용을 동반한다('일차 과정'에 대한 Fenischel, 1945; Langer, 1953; 이 책 12장 참조). 하지만 시나 이야기, 의례가 드러내는 유사성에 언제나 패턴 인식이 수반되지는 않는다. 중차 의미는 인간의 몸과 정신을 통해 공명하며, 인간의 의식이나 무의식에 다른 차원의 경험을 제공한다. 그때 사람, 기호, 기호의 지시물은 구별을 기반으로 한 저차 의미보다 가깝게 결합된다. 의미는 강한 주관성을 띠며 더욱 즉각적인 것이 된다.

고차 의미에서 기호, 기호의 지시물, 그 기호가 의미를 띠는 어떤 사람의 거리는 완전히 소멸되지 않더라도 급격히 줄어든다. 어떤 기호를 의미 있다고 여기는 존재가 자신에게 의미 있는 그 무엇과 합일된다고 느끼며, 그 무엇에 참여하기 때문이다. 이때 의미는 지시적인 것이 아니라 존재의 상태state of being가 되며, 그렇기 때문에 전적으로 주관적인 그 무엇이 된다. 내가 제시한 의미성의 위계는 무엇보다 주관성의 위계인 셈이다.

물론 의미의 세 층위를 구별하는 것은 그 층위들을 분리하는 것이 아니다. 각 의미의 층위를 연구하는 학자들이 대체로 고립되었음은 대단히 안타까운 일이다. 그 층위들은 체계적인 방식으로 연관되기 때문이다. 중차 의미와 연계나 포섭은 저차 의미에 가치를 부여한다. 즉 단순한 정보가 더 의미 있는 정보로 변모한다. 반대로 저차 의미는 더 고차원적 의미의 작동에 필요한 차이를 제공한다. 현상들의 차이가 인식되지 않으면 이질적인 현상들의 유사성을 밝힐 수도 없다. 초월적 합일에서 모든 차이와 유사성을 해소하기 위해서는 먼저 그렇게 해소될 차이와 유사성이 존재해야 한다.

우리의 의미 위계는 주관성의 위계일 뿐만 아니라 통합integration 의 위계이기도 하다. 언어에 깃든 저차 의미의 변별성은 세계를 구체적인 사물로 분할한다. 중차 의미를 구성하는 유사성의 인식은 그 사물들을 연관 짓는다. 고차 의미는 세계를 전일성全一性 속에 통합한다. 따라서 중차 의미와 고차 의미는 종종 사물을 대상화하는 언어의 능력에 수반되는 파편화와 소외의 경험을 넘어선다. 그러나 의미의 세 층위가 언제나 평화롭게 공존한다고 볼 수는 없다. 순진한 과학주의와 합리주의는 중차 의미나 고차 의미의 타당성을 부인할 텐데, 정보 자체가 의미성의 적敵이 될 수 있음은 흥미로운 아이러니다. 반대로 중차 의미와 고차 의미에 대한 맹목적인 추종은 자연과 사회 세계에 존재하는 중요한 차이를 무시할 것이다.

거칠게 말해 의미의 이런 위계 구조는 이 책의 논지 전개 순서와 일치하지만, 앞으로 나는 이런 위계 구조를 대부분 암시적으로 제시할 것이다. 그렇다면 독자에게 이 책의 논지 전개 순서를 분명히 밝혀두는 것이 좋겠다. 앞선 두 장에서 우리 논의의 토대를 제시했으니, 이제 의례의 가장 뚜렷한 양상에서 의례의 표면이라 불릴 만한 것과 그 의미를 탐구할 것이다. 그리고 후속 장에서는 의례의 깊이 속으로 더 내려갈 것이다(이 장에서 언급한 저차·중차·고차 의미라는 표현대로 하면 더 차원 높은 의미로 올라갈 것이다). 자기-지시적 메시지를 다룬 이 장은 암시적인 방식이긴 하나 저차 의미에 초점을 맞춘다. 이는 자기-지시적 메시지가 저차 의미만 있다거나, 고차 의미는 오직 규범적 메시지에 존재한다는 뜻이 아니다. 이 점은 의미의 객관성과 주관성에 대한 앞선 논의에도 드러나며, 책 후반부에서 고차 의미를 다룰 때 더욱 분명히 제시될 것이다.

2.
마링족 의례 주기에서 변동과 지표성

의례의 내용, 개최 시간과 장소는 상황에 따라 달라질 수 있다. 파푸아뉴기니 중앙 고산지대의 심바이 계곡과 지미 계곡에 거주하는 화전민 집단인 마링족의 몇몇 의례는 이 점을 분명하게 보여준다(Rappaport, 1968).

　내가 마링족과 함께 지낸 1962~1963년에 그들은 유럽인과 거의 접촉하지 않은 상태였다. 당시 마링어 사용자는 대략 7000명이었는데, 그들은 100명에서 900명까지 규모가 다양한 20여 개 독립적인 지역 집단으로 구성되었다. 각 집단은 하나 혹은 그보다 많은 부계씨족으로 구성되었고, 몇 제곱마일이나 되는 영토에 거주했다. 영토 한쪽은 대개 강가 저지대에서 산마루까지 이어졌다. 다른 쪽은 지미 계곡이나 심바이 계곡과 접했다. 그들의 정치적 관계를 보면 각 지역 집단은 최소한 계곡을 경계로 적대 세력이 하나 있었다. 1950년대 중반까지 각 집단 사이에 간헐적인 전쟁이 일어났다. 그들은 12년 혹은 그 이상 걸리는 정교하고 장기적인 순환적 의례 체계가 있었다. 우리가 여기서 주목할 의례도 그 의례 주기의 일부인데, 나는 이 의례 주기와 개별 의례를 다른 책에서 자세히 기술했다(Rappaport, 1984).

여기서는 그 의례 주기의 몇몇 특징을 논의하고자 한다. 마링족 의례 주기는 각 지역 집단이 개별적으로 수행한다. 인접한 영토를 점유한 여러 씨족은 거기에 참여함으로써 단일한 지역공동체로 정의된다(8장 참조). 그 의례 주기는 전쟁이 진행되는 도중에 시작된다. 다른 집단과 적대적 관계—그 대상은 언제나 인접한 집단이다—가 미적지근한 상태로 오래 유지되면 한 집단에서 음밤프 쿠mbamp ku(전쟁 돌)라는 의례적 물건을 링기 인ringi yin(링기 가옥)의 중앙 막대에 건다. 이 작고 둥근 돌은 전쟁에서 죽은 자들의 혼령(라와 무기rama mugi, 붉은 혼령들)과 관련이 있다. 전쟁 돌이 걸리면 링기라고 부르는, 비술적인 힘이 깃든 숯덩이를 링기 가옥 안에 준비한다. 이 시기에 개최되는 의례는 매우 정교하고 화려하다. 이때는 전쟁에서 죽은 자의 영혼과 조상들의 이름이 불리고, 돼지 공희가 치러진다. 이 의례는 의례 전과 의례 후를 결정적으로 갈라놓는다.

전쟁 돌을 걸면 적대 집단의 구성원들이 공식적인 적(세낭 유cenang yu, 도끼 남자들 : 도끼날을 통해 관계를 맺는 남자들)으로 변모한다. 세낭 유와 아군은 전시뿐만 아니라 평화 시에도 엄격하고 오래 지속되는 금기에 따라 분리된다. 한번 상대방을 세낭 유로 선포한 집단 사이의 금기가 사라지려면 4세기 정도가 필요하다. 전쟁 돌을 내건 다음에는 응구이 음밤프ugui mbamp(형제 싸움), 우라 아웨레ura awere(이유 없는 싸움)를 치르기 시작한다. 처음에는 활과 화살로 전투를 치르다가, 나중에는 창과 도끼까지 사용하는 치명적인 전쟁이 이어진다. 전쟁 돌을 내거는 것과 더불어 많은 터부―대부분 성관계나 많은 음식과 관련된―가 부과된다. 이 터부는 전쟁 기간 내내 효력이 있지만 그중 몇몇은 훨씬 오래 지속되고, 몇몇 터부는 당사자들에게 평생 지속된다.

이상적인 마링족 지역 집단은 부계친족과 그들의 결혼한 아내로 구성된다. 그러나 사실상 모든 지역 집단의 남자 구성원은 대부분 처가 측 집단에 거주하는 비非부계 친족이다.[1] 그 남자들의 거주 집단에서 전쟁 돌을 내걸면 그는 단순한 동맹군이 아니라 그 집단의 일원으로 전쟁에 참여해야 한다. 이 참여는 거의 관습적인 것이다. 그 남자가 처가 집단과 한편이라고 선언하지 않으면 수치를 당할 것이고, 전쟁에 참여하지 않으면 그 집단의 영토에 거주하지 못할 수도 있다. 이때 그가 처가 측 전사 집단의 일원이 되고 싶다면, 얼굴과 몸에 링기를 바르고 그 집단에 합류해야 한다.[2]

반면 동맹군 전사들은 몸에 링기를 바르지 않는다. 따라서 마링족 남자는 링기를 발라서 단순한 동맹자가 아니라 핵심 전사로 전투에 참여하는 것을 나타낸다. 핵심 전사의 역할은 단순한 동맹군의 역할보다 훨씬 위험하다. 상대 집단의 전사들은 동맹자보다 핵심 전사를 우선적으로 죽이고 싶어 하며, 심지어 동맹군 전사들은 죽이거나 부상당하게 하기를 꺼린다.[3]

전쟁이 끝나고 한 지역 집단이 자기 영토를 지켜낸다면(전쟁을 치른 두 집단은 대부분 자기 영토를 지킨다) 그 집단은 다시 몇 가지 의례를 실시한다. 이 의례는 무엇보다 이전까지 그 집단에 거주한 이방인에게 집단으로 동화될 기회를 제공한다. 그 절차는 다음과 같다. 먼저 이방인 남자가 다 자란 돼지가 있다면 그 돼지를 집단 내 다양한 신령들에게 바치고, 전쟁에서 동맹군으로 참여한 이방인 남자들에게 돼지고기를 대부분 나눠줘야 한다. 즉 그는 이방인을 자기가 편들어 싸운 지역 집단의 일원처럼 대하는 것이다. 그가 의례에서 취하는 역할(돼지 공희자이자 돼지고기 증여자)은 필연적으로 자신을 포용해준 지역 집단이 전쟁에서 동맹군과 신령들에게 진 빚을 일부 떠맡는 것을 나타낸다.

　적대감을 없애는 이 의례에서 가장 중요한 마지막 행위는 각 지역의 하위 영토 집단(보통 부계씨족이나 부계씨족의 연합)이 유 민 룸빔 yu min rumbim(여기서 유는 남자들, 민은 영혼과 삶의 원리, 그림자를 의미한다. 룸빔의 학명은 *Cordyline fruticosa*, 피진어로 탕켓tanket이라 한다)이라는 작은 나무를 심는 것이다. 모든 남자들은 이 의례에 참여해 룸빔 나무를 쥐고 그 뿌리의 흙을 다져야 한다. 몇몇 현지인은 그 나무에 자기의 민(영혼)을 주입한다고 말한다. 남자들은 이렇게 함으로써 룸빔 나무를 심는 대지와 자신의 연결성, 그들의 연결성을 드러낸다. 토착 전사와 같은 방식으로 집단의 영토를 수호하고 자기 돼지를 잡아 공물로 바친 이방인 남자도 룸빔 나무를 움켜쥐고, 아마도 자기 영혼을 다른 이들의 영혼과 섞으면서 그들에게 합류한다. 그것으로 사실상 그는 자신을 그 집단의 대지에 심는다.

　여기서 마링족 전쟁과 관련된 세 가지 의례적 맥락에 주목해보자. 일찍이 리치는 의례에서 '개인은 특정 순간에 몸담은 구조적 체계 내의 지위'를 표현한다고 지적했다. 토착민으로서 룸빔 의례에 참여하는 것은 중요한 일이지만 거의 주목할 가치가 없는데, 이미 확립된 사실을 드러내기 때문이다. 더 주목할 만한 것은 토착민의 의례 불참일 것이다. 반면 그 입지가 모호한 이례적 존재인 이방인 남자의 의례 참여는 훨씬 주목할 만하다. 예전에는 완전히 확실치 않던 무엇을 분명히 드러내는 행위이기 때문이다. 즉 그 이방인이 자신을 어떤 집단에 위치하게 하는지 분명해진다.

이방인의 의례 참여는 소속성membership을 나타낸다. 링기 칠하기, 돼지 증여, **룸빔** 나무 심기 등이 외관상이나 사실상 소속성과 관습적으로 연계되지만, 참여가 단순히 소속성을 상징하지는 않는다. 전투에 나가기 전에 링기를 바르는 행위는 단순히 핵심 전사로 식별된다는 위험을 수락하겠다는 보고나 주장이 아니다. 그런 위험의 수락을 상징하는 것도 아니다. 숯 바르기는 그 자체가 그런 위험의 수락이다. 거기에는 어떤 거짓의 가능성도 없다. 비슷하게 이방인이던 남자가 돼지를 잡아 돼지고기를 다른 동맹 전사들에게 나눠줌으로써 토착 전사 집단의 일원이 될 때, 그 남자는 토착 집단의 일원에게 필요한 책임을 수행할 의사가 있음을 상징으로 표시하는 것이 아니다. 그는 그 책임을 이행하는 중이다. 그의 행위는 (앞서 리치가 말한 대로) 그의 위치를 나타낸다. (1) 그 행위가 매우 가시적이기에, 즉 보여주기 위한 것이기 때문이며 (2) 그 행위가 그것의 지시물의 한 양상이자 그 지시물에 내재한 것이기 때문이다.

어떤 사람이 자기 영혼을 주입한 나무를 심어서 특정 영토에 대한 소속성을 표시하거나, 자기 영혼을 다른 이들의 그것과 섞어서 한 집단에 합류하는 것은 분명 도상적 측면이 있다. 그 행위와 그 행위로 지시되는 것 사이에 형식적 유사성이 존재하기 때문이다. 그러나 룸빔 나무 심기는 소속성의 지표index이기도 하다. 그 나무 심기가 예전에는 존재하지 않은 소속성을 탄생시키기 때문이다.

이 설명은 무엇보다 의례에서 전달되는 정보가 대단히 중복된다redundant는 점을 암시한다. 마링족의 연속적인 세 가지 의례는 소속성을 문제 삼는다. 리치(1966)와 다른 연구자들(Bloch, 1973)은 의례가 특정 메시지를 되풀이하는 방식을 강조했다. 그러나 이방인이던 자에게 마링족의 세 의례가 전적으로 동어반복은 아니다. 첫째, 그는 토착 집단에 소속되는 위험성을 수락했다. 둘째, 그것의 경제적·의례적 책임을 수락했다. 그다음에야 그는 집단에 소속될 권리를 부여받는 의례에 참여한다.

여기서 지시되는 것, 즉 이방인이던 자의 소속성은 표면적으로 단순한 양자택일의 문제다. 남자는 토착 집단의 일원이거나 이방인이다. 그러나 이 뚜렷하고 단순한 지시 작용은 다소 복잡한 과정에서 도출된다. 이방인 남자에게 그 집단의 의무와 책임을 수락하겠다는 의사가 있어야 하고, 토착 집단의 구성원들도 그를 받아들여야 한다. 즉 이방인 남자가 룸빔 나무를 쥐는 행위는 복잡한 사적·공적인 의사 결정 과정의 합산적 결과물이다. 우리는 나중에 이 문제를 다시 논의할 것이다.

3.
마링족 의례 주기에서 지표, 도상, 수數

룸빔 나무를 심고 나면 적대 관계가 종결되고 휴전이 시작된다. 여러 해 뒤에—이는 10년 이상일 수 있다—그 집단이 옛 전쟁에서 조상들의 신령과 동맹자들에게 진 빚을 전부 갚을 수 있을 만큼 돼지가 모였다고 판단하면, 룸빔 나무를 뽑고 1년 내내 카이코 축제를 거행할 수 있다. 카이코 축제 중에 동맹자들과 조상에게 진 빚은 돼지고기로 상환되며, 축제가 끝나면 그 집단은 다시 전쟁을 시작할 수 있다.[4]

　마링족 지역 집단은 카이코 축제 중에 때때로 다른 우호적인 집단의 구성원을 초청해서 접대하는데, 이 축제를 자세히 설명할 필요가 있다. 이 축제는 참여자에게 큰 의미가 있는 자기-지시적 메시지로 가득하기 때문이다. 이 축제는 보통 오후 늦게 방문자들이 도착하면 시작된다. 여기서 가장 인상적인 사건은 북과 노래가 곁들여진 가운데 주최 측 남자와 방문자 측 남자가 함께 춤을 추는 것이다. 이 춤은 방문자가 도착한 시각부터 다음 날 아침까지 계속된다. 해 질 녘에 주최 측이 방문자에게 공식적인 음식을 내줄 때를 제외하고 쉬지 않고 이어진다. 춤판은 동틀 무렵 교역 장소로 변한다. 그때는 대개 주최 측이나 방문자 측 외에, 걸어서 하루 정도 거리에 있는 지역 사람들이 찾아와 교환을 시작한다. 전통적으로 깃털, 조개껍데기 장식품, 도끼, 소금, 새끼 돼지 등을 교환한다.

　카이코 축제에서 방문객이 추는 춤은 향후 주최 집단이 전쟁을 벌일 때 그들을 도우러 오겠다는 맹세를 의미한다고 했다. 마링족의 사회구조를 감안하면 의례는 그런 정보 전달에 특히 효율적인 매개체다.

마링족 사회는 매우 평등하다. 남자들을 강제로 다른 집단의 전쟁에 참여하게 만드는 어떤 정치권력도 없다. 다른 집단의 전쟁을 돕는 것은 각자 판단에 따른다. 따라서 동맹 전사를 모집할 때 특정 우호 집단에 공식적으로 요청해도 소용이 없다. 그보다 곧 있을 전쟁에 깊이 연루된 남자들이 다른 집단에 속한 인척, 동족, 때로는 교역 파트너에게 도움을 청한다. 요청을 받은 남자들은 자기 마을 사람들과 다른 지역 집단에 속한 친족을 부추겨 '싸움을 도와주게' 한다.

카이코 축제에서 춤출 남자들을 초대하는 일도 전쟁에서 도움을 요청한 남자들의 몫이다. 이때 한 집단이 다른 집단을 초대하는 것이 아니라, 개인이 자기 친족이나 교역 파트너를 초대한다. 초대받은 남자들은 다시 마을 사람이나 다른 지역에 사는 친족에게 "춤추는 것을 도와달라"고 한다. 춤추기와 전쟁의 등가성은 외부 방문자들이 춤추기 전에 치르는 의례와 전쟁 전에 치르는 의례가 유사하다는 점에서도 드러난다. 이때 남자들은 전쟁과 춤추기를 위한 힘을 강화하려고 특별한 찰흙(gir)을 복사뼈와 발에 의례적으로 바른다. 그리고 적군의 유해를 포함해 비술적인 힘이 있는 물건을 담은 **음밤프 육**mbamp yuk(전투 꾸러미)을 무기와 북, 전사의 어깨, 머리, 머리 깃에 문지른다. 이는 무기와 전사의 몸을 더 날카롭고 강하고 열정적이게 만들며, 머리 깃을 더 생기 있고 매력 있게 만든다.

춤의 전투적 성격은 방문자들이 주최 측의 춤판 위로 입장하는 양식화된 방식에서도 잘 드러난다. 그들은 울타리를 밀어젖히고, 마링족의 길고 낮은 전쟁용 함성을 지르면서, 도끼나 **음밤프 육**을 휘두르는 소규모 선두 부대를 따라 입장한다. 이때 그들은 마링족과 다른 파푸아뉴기니 고산 부족 특유의 기이한 전쟁 춤 양식에 따라 앞뒤로 요란스럽게 뛰며 입장한다. 방문자 측 여자들은 그 남자들 뒤를 조용히 따르는데, 이때 춤판 가장자리에 있던 주최 측 여자들이 그들을 인사로 맞이한다.

처음에는 방문자들이 춤판에 등장한다. 그들이 입장용 노래를 마치면 주최 측 남자들이 합류한다. 두 집단은 한동안 개별적으로 춤추다가 점점 섞이면서 함께 춤추기 시작한다. 그러다 해 질 녘이 되면 주최 측이 일련의 환영사를 하고 방문자들에게 음식을 제공한다. 음식은 대부분 채소 요리로 주재료는 타로다. 그리고 갈증에 대비해 사탕수수 즙을 준비한다. 주최 측 남자들이 개별적으로 방문객에게 음식을 가져다주면, 방문객은 '춤추는 것을 도와주러 온' 모든 이들에게 음식을 공개적으로 재분배한다. 방문객은 그 분배 과정을 통해 주최 측에게 자신들이 동원한 동맹군의 숫자를 보여준다. 비슷한 방식으로 방문객은 음식 분배를 통해 자신을 초청한 집단의 사회적 지위를 가늠한다.

주최 측은 자기 집단 남자들에게 축제 때 사용할 음식을 가져오게 한 다음, 이를 한데 모아 방문자에게 보여준다. 이때 음식 모으기에 얼마나 많은 남자들이 참여했는지, 개인이 얼마나 많은 음식을 냈는지 모든 사람들이 확인한다. 요약하면 이 과정에서 주최 측과 방문객은 상대의 사회적 지위를 가늠한다.

날이 어두워지면 다시 춤이 시작되어 낮은 횃불 아래서 동이 틀 때까지 이어진다. 청중은 대부분 여자다. 춤추기는 암묵적으로 경쟁적 성격을 띤다. 남자들은 자주 짧은 휴식을 취하지만, 밤새 쉬지 않고 과시적으로 춤추고 노래한다. 동이 트고 춤판에서 춤 대신 교역이 시작될 때면 체력이 좋은 젊은 남자들 몇몇이 부은 발에 쉰 목소리로 남아 있다.

춤꾼을 동원하고 접대에 활용되는 인적 네트워크는 전사 동원에 활용되는 인적 네트워크의 도상$_{icon}$처럼 보이는데, 그 둘이 형식적으로 닮았기 때문이다. 그러나 '도상'이라는 용어는 그 관계를 설명하기에 적절하지 않다. 춤꾼 동원용 네트워크는 단지 전사 동원용 네트워크와 '비슷한' 것이 아니다. 춤추기에 초대된 남자들은 전쟁 시 지원 요청을 받을 가망이 높고, '춤추는 것을 도와준' 사람들은 전쟁을 도와주는 사람들이 될 공산이 크다. 춤꾼과 전사 동원 네트워크가 거의 동일하다는 점과 춤추기가 전쟁에 참여한다는 맹세임을 고려할 때, 카이코 축제를 위한 춤꾼 동원은 지표적이면서 도상적인 가치가 있다고 말할 수 있다. 그렇다면 전사 동원용 네트워크가 춤을 통해 드러나는 이 사건은 도상적 지표$_{iconic\ index}$로 간주해야 마땅하다.

4.
마링족 의례 주기에서 자연 지표

우리는 아직 카이코 축제에서 지표적으로 전달되는 자기 - 지시적 메시지를 전부 다루지 않았다. 훨씬 단순하고 직설적인 자기 - 지시적 메시지가 남았다. 일단 남자들이 이 축제에서 자기를 표현하는 방식을 살펴보자. 그들의 개인적 장식품은 때때로 숨이 멎을 만큼 인상적이다.[5] 방문자는 유대류의 털로 만든 밴드, 난초의 섬유로 만든 끈에 무지갯빛 풍뎅이 장식을 머리에 두르고, 독수리와 앵무새, 극락조의 깃털을 꽂고 등장한다. 그리고 아름다운 코 장식물과 귀마개, 진주와 청자고둥, 바다달팽이 껍데기로 만든 펜던트가 있고, 목에는 개오지 조개껍데기, 교역용 보석, 말린 율무로 된 목걸이를 걸고 나온다. 손목에는 팔찌를 끼고 허리에는 섬세한 난초 직물로 짠 허리띠를 차는데, 그 사이로 우아한 사선 문양이 있는 허리 천이 드리워진다. 허리 천은 유대류의 털로 장식했으며, 그 우아한 뼈대는 다양한 장식용 식물로 만들었다. 천의 전면은 빨강 · 파랑 · 노랑 · 초록 · 검정 · 흰색 염료로 현란하게 꾸미고, 그 위에 판다누스 오일을 발라 반짝인다.

방문자들이 소리치면서 춤판으로 달려들 때 그들의 눈부신 머리깃이 장중하게 흔들린다. 북소리가 들리고 그들의 의상이 바스락거리면 청중은 인사와 환호로 맞이하는데, 관중은 대부분 춤판 가장자리에 선 여자들이다. 방문자와 비슷한 방식으로 대단히 공들여 꾸민 주최 측 남자들 역시 방문자의 도착에 주의를 기울인다.

하지만 그들은 보통 여자들보다 크게 환호하지 않는다.

화려한 장식과 관련해서 두 집단 남자들 사이에는 대단한 경쟁심이 있다. 그들은 자기의 장식이 상대 집단 여자들의 마음속에 욕망을 불러일으키리라는 희망과, 자기 집단 여자들이 상대 남자들의 화려함에 끌릴지도 모른다는 두려움을 동시에 표현한다. 그 전에 카이코 의례에 참여하는 남자들은 자기 외모와 춤동작을 여자들에게 매혹적으로 보이도록 꾸미고, 자기 집단 여자들이 상대 집단 남자들에게 매혹되지 않도록 보호하여 그들과 눈이 맞아 달아나는 일이 없게 한다. 한편 의례 참여자들은 장식품이나 그 밖의 물건에 주술을 걸어 사람의 몸이나 북 같은 도구에 문지른다. 주최 측에서는 특정한 신령들에게 공개적으로 기도를 올린다.

방문자들이 향후의 전투 지원을 약속하기 위해 밤새도록 춤출 필요는 없다. 그 맹세의 전달은 방문자들이 춤판으로 들어와 양식화된 춤을 추는 것이면 충분하다. 나이 든 남자들은 음식이 분배될 무렵 춤판에서 물러나지만, 젊은 남자들은 순전히 춤추는 즐거움을 위해 계속 춤춘다. 그들은 춤을 춤으로써 미혼 여성 청중에 대한 관심을 드러낸다. 그들이 자신을 매력적으로 봐주고, 그들에게 접근할 수 있기를 희망하면서.[6] 카이코 축제에서 남자의 춤은 생태학자들이 말하는 '구애용 과시'에 가깝다. 이 성적인 과시는 구애 절차의 일부 혹은 전부이며, 뿔논병아리나 농게처럼 다른 종에서도 발견된다.

마링족 축제에서는 미혼 남성들이 아직 그들과 친밀하지 않은 미혼 여성들 앞에서 자신을 드러낸다. 이런 양식은 젊은 여자들이 남자의 다른 모습도 찬찬히 뜯어볼 수 있는 기회를 제공한다. 남자의 부와 인맥은 장식품, 단정한 용모, 춤에서 보여주는 용기, 우아함, 참을성을 통해서 어느 정도 드러난다. 역으로 표현하면 남자의 풍요로운 장식은 그의 부와 인맥에 실제로 영향을 받는다. 남자의 춤 솜씨는 그의 신체적·정신적·감정적 특징, 그것들이 한데 모여 생기는 용기, 우아함, 지구력에 실제로 영향을 받는다고 보는 게 옳다. 따라서 남자의 경제적 지위와 심리적·물리적 특징은 카이코 축제에서 여자들에게 지표적으로 (물론 다른 방식으로도) 전달된다.

남자들은 꾸미고 춤을 추면서 이런 개인적 특징을 단지 상징화 symbolize하는 게 아니라 과시display한다. 이런 과시에 담긴 지표성은 앞서 우리가 본 몇몇 다른 지표보다 어떤 의미에서 단순하고 직접적이다. 예를 들어 춤추기와 전투의 맹세의 지표적 관계는 두 관습의 지표적 관계다. 그렇다면 그것은 '이차 지표second order index'라고 부를 수 있다. 전사 동원 네트워크를 나타내는 춤꾼 동원 네크워크에서 기호는 도상적인 동시에 지표적이다. 반대로 남자의 춤 솜씨와 지구력의 관계는 검은 구름과 비의 관계만큼 단순하고 직접적이다. 그것은 '자연적으로' 지표적이다.

카이코 축제를 개최하고 1년이 조금 더 지나 치르는 마지막 행사에서, 주최 측은 돼지를 대부분 조상에게 바쳐서 빚(지난 전쟁에서 그들에게 받은 도움)을 청산한다. 그리고 동일한 돼지고기를 동맹 세력과 인척에게 주어 그들에 대한 의무도 청산한다. 산 자와 죽은 자에 대한 채무를 청산했으므로 그들은 다시 적과 전쟁을 치를 수 있다. 다시 산 자와 죽은 자의 도움을 받을 수 있다는 확신이 생겼기 때문이다. 카이코 축제가 끝나면 얼마 지나지 않아 전쟁이 일어날 확률이 높다. 카이코 축제의 완수는 그 축제를 주관한 집단의 군사적·생태학적·경제적 유능함의 지표다. 카이코 축제를 개최하려면 자기 영토를 성공적으로 방어해야 하고, 채무를 청산하는 데 충분한 돼지를 모아야 하기 때문이다.

5.
서수적 메시지와 기수적 메시지

여기서 카이코 축제 막바지에 치르는 행사의 또 다른 양상을 살펴보자. 돼지 공희를 치른 다음 날, 주최 측은 지난 1년간 여러 개별 의례에 초청한 모든 사람을 불러 모은다. 이때는 춤판에 10여 개 지역 집단에서 온 1000명이 넘는 사람들이 모인다. 그러면 주최 측 사회자가 춤판 가장자리에 막대와 어린 나뭇가지로 만든 의식용 울타리(높이 4.5~6미터)인 파베pave 위에 두 다리를 벌리고 서서, 지난 전쟁 때 도움을 받은 다른 집단 남자들의 이름을 하나씩 부른다. 이름이 불린 영예로운 남자는 수행단을 따라 전쟁 노래와 북소리를 들으며 파베 사이 빈 공간으로 걸어간다. 그러면 어떤 사람이 소금에 절인 돼지고기를 그의 입에 물려준다. 그는 덜렁거리는 돼지고기를 꽉 물고 춤춘 뒤 도끼를 휘두르며 물러 나온다. 청중은 환호를 보낸다.

여기서 이름이 불리는 순서는 대략 참여한 전사의 명예 등급에 따른다. 맨 처음 호명된 남자가 가장 명예롭고, 그다음 몇 명도 명예가 높다. 맨 마지막에 이름이 불린 남자는 대개 자기 뒤에 아무도 없다는 사실을 발견하고 모욕감이 든다. 어떤 경우에는 명예가 가장 높은 사람을 쉽게 정할 수 있다. 주최 측 집단을 돕다가 전쟁에서 죽은 동맹군의 친족이 가장 높은 명예를 얻으며, 처음에 호명된다. 그다음으로 전쟁에서 적군을 죽인 남자들, 적군을 부상당하게 했거나 자기 집단을 보호하다가 부상당한 남자들이 호명된다. 그리고 다른 도움을 준 사람들이 뒤따른다. 보통 각 범주에는 여러 남자들이 포함되기 때문에, 누구를 먼저 세울지 결정해야 한다. 자기-지시적 메시지는 개인뿐만 아니라 집단에 의해서도 전달되는데, 남자들을 호명하는 순서는 집단적으로 합의한 결과이기 때문이다.

어떤 의례에서는 (리치가 말한 대로) 연행자들이 자기가 몸담은 사회 체계에서 자신의 사회적 지위에 관한 메시지를 전달할 뿐만 아니라, 그 사회 체계에서 그들의 지위가 어느 정도인지 통지 받기도 한다. 따라서 동맹 전사 집단은 호명 순서에 따른 명예 등급을 통해 그들이 주최 측 사회 체계에서 어떤 위치인지 통지 받는다. 앞서 언급한 또 다른 의례에서는 이방인이던 자가 **룸빔** 나무를 심으면서 집단에 소속되기 전에 토착 집단 구성원의 암묵적 동의가 필요하다. 그 집단에 속하겠다는 이방인의 수락만큼 중요한 이 암묵적 동의는 의례의 연행을 통해 표시된다. 이 동의는 지표적으로 드러난다. 이방인이 그 의례에 참여할 수 있도록 허락하는 행위 자체가 수락이기 때문이다.

요약하면 마링족 의례에서는 다양한 자기 - 지시적 메시지가 지표적으로 전달된다. 그 메시지의 지표성의 근거는 다양하지만, 의례적으로 전달되는 자기 - 지시적 메시지에 지표적 요소가 완전히 부재할 수는 없다. 이 점은 우리가 1장에서 제기한 허위성, 신뢰, 신용의 문제에 대단히 중요하다.

앞서 살펴본 대로, 개인의 참여와 관련된 변동 사항(참여할지 말지)은 의례 내용의 변주와도 관계가 있다. 그런데 이 둘은 거의 구별하기 힘들다. 예를 들어 마링족의 춤추기에서 드러나는 춤꾼 동원 네트워크의 실상은, 많은 개인이 '참여'할지 여부를 결정한 결과다.

보통 가장 불변하는 예식 질서에서도 수數와 관련된 변동 가능성은 존재하는데, 수의 기수적·서수적 측면에서 모두 그렇다. 정보 전달에서 서수의 역량은 파베 행사의 사례에서 잘 드러난다. 거기서 남자들은 상이한 명예 등급을 얻도록 차등적 순서로 배열된다. 다른 의례에서는 변동의 기수적 측면이 더 중요하다. 카이코 축제는 개인에게 그들의 개인적 상태에 관한 정보를 전달할 기회를 제공하지만, 그 정보는 합산되어야 한다. 정보 수신자에게 가장 중요한 것은 그런 합산이다. 내가 보기에 카이코 축제의 주최 측은 방문자들이 얼마나 잘 꾸미고 왔느냐가 아니라 그들의 규모에 관심이 있다. 카이코 축제에 따른 합산 과정에서 드러나는 향후 동맹자의 숫자가 그들이 추후 벌일지도 모르는 전쟁 계획 수립에 중요하기 때문이다.

몇몇 공적 의례의 합산적 측면은 뚜렷하고 단순하지만, 좀 더 논의할 가치가 있다. 먼저 윈－에드워즈Vero Copner Wynne-Edwards(1962)[7]와 다른 연구자들을 따라 카이코 축제를 '내부－과시적epideictic'이라고 이름 붙일 수 있다. 여기서 내부－과시 행위란 집단에 대한 소속감을 내부적으로 과시해서 집단의 규모, 힘, 밀도와 관련된 정보를 집단 구성원에게 전달하는 행위다. 이는 동물들에게 흔한 것으로, '각다귀의 춤, 물맴이의 회전, 새와 박쥐가 쉴 때 보여주는 계략, 새와 박쥐, 곤충, 새우에게서 발견되는 합창'(p. 16) 등이 그 예다. 윈－에드워즈의 관찰에 따르면 내부－과시 행위는 주로 관습적인 타이밍에, '전통적 장소'(p. 17)에서 일어난다. 그는 내부－과시가 특정한 생물군집과 자원의 관계를 회복하거나 바꾸는 행위에 앞서 일어난다고 설명한다.

 그러나 이를 집단의 규모를 자신에게 과시하는 모든 사건에 적용할 수는 없다. 지역 감리교회에서 하는 일요 예배에도 내부－과시적 측면이 있다. 신도에게 그 예배의 규모를 드러내기 때문이다. 이런 정보의 과시가 신도와 그들의 자원의 관계를 회복하거나 바꾸기 위한 행위의 전조는 아니다. 하지만 카이코 축제는 윈－에드워즈가 정의한 의미에서도 내부－과시적이라 볼 수 있다. 군집과 자원의 관계를 회복하거나 바꾸는 방법 중 하나는 유기체를 영토 위에 분산하는 것이다. 카이코 축제는 의례적으로 확립된 휴전기의 막바지에 열리며, 휴전이 끝나면 종전의 인구 패턴은 전쟁으로 수정되거나 변화를 겪는다. 카이코 축제는 휴전이 지속될 때 특정 집단이 동원할 수 있는 전사의 규모가 어느 정도인지 평가하는 수단이다.

다른 마링족 의례 역시 내부 – 과시적 측면이 있는데, 룸빔 나무 심기도 여기에 포함된다. 그 의례는 '우리' 집단에 포함된 사람과 포함되지 않은 사람이 누구인지 알려주고, '우리' 집단이 얼마나 큰지 보여준다. 의례의 이런 내부 – 과시적 측면은 개별 참가자들이 지표적 메시지를 공적 · 동시적으로 전달하는 데서 유래한다.

6.
무형적인 것의 수량화와 물질적 재현

내부 과시적 의례에서 특정 생물군집은 그들의 수적 성격과 견본 (전부든 부분이든)에 의해 직접적으로 재현된다. 그래서 그 의례들은 직접적으로 지표적이다. 의례에서 양적 정보의 지표적 전달이 단지 연행자 숫자의 변화에 의존하는 것은 아니며, 집단의 크기나 힘 이외 문제와도 결부된다. 게다가 양적 재현물이 언제나 그것이 재현하는 것에 내재하지는 않는다. 이 사실을 보여주는 유명한 예로 미국 북서부 연안 원주민의 포틀래치(Codere, 1950; Drucker, 1965), 구디너프 섬의 아부투abutu 축제(Young, 1971), 과달카날 섬 시우아이족의 무미나이muminai 축제(Oliver, 1955)가 있다. 이 행사들에서 지위, 덕, 정치적 영향력과 관련된 정보는 (합산된 양이 아니라) 분배되거나 파괴되거나 소비되는 음식과 재화의 양에 따라 드러난다.

하지만 내부 과시적 의례들이 단순히 숫자를 세고 합산하는 것은 아니다. 그 의례들은 사회적 삶의 중요하고 무형적이며 복잡하고 비계량적인 측면, 즉 위세나 덕, 명예, 수치, 영향력 같은 측면을 단순하고 계량적일 뿐만 아니라 구체적인 항목으로 번역한다. 이 과정은 우리에게 친숙한 기호와 지시물의 특성을 도치한 것이다. 예를 들어 '개'라는 단어와 그 단어가 가리키는 동물처럼, 우리는 실체가 없는 기호와 실체가 있는 지시물에 익숙하다. 무형적인 것을 물질을 통해 재현하는 것은 대단히 흥미롭고 근본적으로 중요한 문제다. 이에 대한 고찰은 나중으로 미루자.

여기서는 위세나 용기처럼 그 자체로 물리적 실체가 없는 상태나 조건, 특성이 재현할 대상이 될 때, 기호가 진실한 기호가 되려면 반드시 실체가 필요하다는 점만 언급해두자. 그런 기호에 실체가 없다면 주장, 단순한 말, '허세'에 지나지 않는다. 그래서 의례적 기호는 종종 실체가 있는데, 이 문제는 나중에 더 논의할 것이다. 이제 활용되는 대상의 수적 변화를 통해 자기 – 지시적 메시지를 전달하는 의례의 또 다른 측면을 논의해보자.

포틀래치나 무미나이 축제와 같은 의례에서는 위세나 덕이 성취되는 것이지 표현되는 것은 아니라는 반박이 있을 수 있다. 게다가 그 의례에서는 단순한 위세나 영향력을 성취하는 것 이상이 행해진다. 대규모 음식 분배가 그 예다. 그런 의례들의 경제적·생태학적 기능은 충분히 입증할 수 있지만, 2장에서 '의례'와 '의례들'을 구분한 것을 감안할 때 여기서 다시 논의할 필요는 없어 보인다.[8]

그 의례들을 진행하는 도중에 사람들은 지위를 얻는 동시에 그것에 관한 정보를 소통한다. 그러나 이 구분이 뚜렷하지 않은데, 지위를 얻는 것은 지위를 인정하는 것을 수반하기 때문이다. 지위란 그 정의상 공적인 무엇이다. 그러나 지위가 인정되려면 지위에 관한 정보가 전달되어야 하며, 그 정보는 이 의례들의 중추를 구성하는 내부적 – 과시를 통해 효율적이고 명료하게 전달된다. 위세와 용기는 단순히 그 의례들에서 묘사 · 주장 · 보고되지 않는다. 그 것들은 거기서 물질화된다. 4장의 논의를 조금 앞당기면, 행위와 말은 그 의례들에서 분리할 수 없을 뿐만 아니라 거의 구별할 수 없다.

이런 논지의 함의 중 하나는 이 의례들에서 나타나는 무형적 성질의 구체적 재현이 **필연적으로** 정확하다는 점이다. 사회가 경쟁적 분배에 근거해 위세를 부여한다면, 더 많이 분배하는 자가 더 큰 위세를 얻는다. 하지만 이 설명으로는 그 과시들이 단순히 낭비 취미처럼 비칠 수 있다(물론 백인과 접촉한 뒤의 포틀래치는 그런 낭비 취미였을지도 모른다). 의례에서 표현되는 덕, 영향력, 명성은 그런 과시 외부의 사태들과 연관된다. 한 남자가 분배할 수 있는 음식의 양은 그와 아내의 고된 노동, 지지자를 동원할 수 있는 그의 수완, 그들을 부추기고 강제해서 도움을 얻을 수 있는 능력 이상의 무엇에서 나오기 힘들다. 따라서 그 과시는 그것이 재현하는 것과 직접적인 지표적 관계에 있다.

이 경우 기호(과시)와 그 재현물은 지표적 관계에 있지만, 그 관계는 대단히 단순하다는 점을 지적해야 한다. 더 많이 분배한 자를 더 영향력 있는 자로 인정하는 것은 그 자체로 그와 그의 라이벌이 재화를 수집·분배하기 위해 활용한 인맥의 성격이 무엇인지, 그들의 재화 동원 전략은 무엇인지, 지지자들에게 무슨 약속을 했는지 등을 고려하지 않는다. 의례의 세부 사항을 통해 그런 내막에 관한 뉘앙스는 약간 전달할 수 있지만(예를 들어 지지자들이 자기 공물을 개별적으로 가져오는 경우처럼—마링족의 사례 외에도 구디너프 섬의 아부투 축제에서 공물을 늦게 가져오는 사람들의 예[Young, 1971]를 참조하라). 일반적으로 과시는 실제보다 적은 정보를 전달한다. 그런 단순화는 때때로 오인을 불러일으킨다. 예를 들어 대규모 과시 행위를 벌인 남자가 사실은 분수에 넘치는 짓을 했다거나, 그의 입지가 겉보기보다 훨씬 허술했을 수 있다. 하지만 이 단순화는 사태의 복잡성을 감당할 수 있는 차원으로 축소해서 개인들의 비교를 용이하게 한다.[9]

7.
아날로그적 과정의 디지털적 재현

앞서 우리는 위세, 영향력, 수치, 덕과 같은 사회적 삶의 양상이 셀 수 있는 돼지, 진주조개 껍데기, 모포, 구리, 동판이나 기타 가치재의 숫자를 통해 평가되는 것을 보았다. 여기서 몇몇 의례는 순수하게 셈하기와 순서 매기기를 위한 장치라는 점이 분명해진다. 그러나 그 의례의 작동에는 단순한 셈하기나 순서 매기기 이상의 무엇이 포함된다. 일단 셈하기에서는 근본적으로 셀 수 있는 사물,

즉 어떤 구체적인 실물이 있어야 한다. 이 의례에서는 본성상 계량화가 어렵고 셈하기는 불가능한 무형적인 성질에, 물질적일 뿐만 아니라 명확히 계량화할 수 있는 형식—돼지나 구리, 동판의 수와 같은—이 주어진다. 이 점에서 의례적 과시는 훨씬 광범위한 현상, 즉 아날로그적 특성이나 과정의 디지털적 재현과 관계가 있다.

커뮤니케이션 공학자들은 아날로그적 연산과 디지털적 연산, 그런 연산 방법을 채택하는 시스템과 과정을 구분한다. 거칠게 말해서 이는 측정하기measuring와 셈하기counting의 구분이다. '아날로그적'이라는 용어는 특정한 값이 연속적이고 인지 불가능한 단계적 차이를 통해 변하는 시스템이나 그런 과정을 칭한다. 예를 들어 온도, 거리, 속도, 영향력, 성숙, 분위기, 위세, 덕 같은 항목은 아날로그적이다. 다른 현상처럼 신호도 아날로그적일 수 있다. 예를 들어 고통의 비명은 인지 불가능한 연속선을 따라 그 강도가 높아질 수 있으며, 이 비명의 강도는 그것이 나타내는 고통의 강도를 가리킨다. 반대로 '디지털적'이라는 용어는 특정한 값이 연속적이고 극소한 단계적 차이를 통해 변하는 것이 아니라, 불연속적 도약을 통해 변하는 시스템이나 그런 과정을 칭한다.

'자연스럽게' 디지털적 표현을 취하는 불연속적 현상의 예는 심장박동, 동물 군집의 규모 변화 등이 있다. 어떤 사물은 디지털적 요소와 아날로그적 요소가 모두 있다. 온도조절기는 수은주와 바이메탈 막대*처럼 지속적인 변화를 보여주는 아날로그적 요소도

---

* 온도 변화에 따른 수축률과 팽창률이 다른 두 가지 금속을 접합해서 만든 막대.

있지만, 두 불연속적 위치인 'on'과 'off' 사이를 왔다 갔다 하는 스위치(디지털적 요소)도 있다. 아날로그적 신호가 있듯이 디지털적 신호도 있다. 디지털적 신호는 돼지나 모포의 숫자처럼 불연속적인 단위나 규모다. 아날로그적 과정은 디지털적으로 재현될 수 있으며 자주 그렇다.

시간은 연속적이고 또 연속적인 것으로 간주되지만, 많은 시계에서 보듯이 디지털적으로 재현될 수 있다. 거리 역시 마찬가지다. 우리는 시간과 거리를 측정할 수 있는 동시에 날, 분, 광년, 마일 등의 단위를 셀 수도 있다. 위세나 영향력은 시간, 거리, 각 변위처럼 연속적으로 변할 수 있지만, 포틀래치에서 모포나 멜라네시아 지역 축제에서 돼지의 분배처럼 셀 수 있는 사물은 정확하게 (디지털적으로) 재현될 수도 있다.

우리가 고찰하던 의례들은 연속적 현상이 디지털적으로 재현되는 사건이다. 이 의례들에서 디지털적 재현은 몇 가지 뚜렷한 이점이 있다. 돼지, 구리, 모포와 같은 지표를 통해 전달되는 위세나 영향력 등에 관한 지표적 정보는 그것의 지시물(위세나 영향력 등)보다 훨씬 정확하다. 그 자체로는 이산적 단위로 구성되지 않은 현상에 이산적 척도를 부여하는 것, 다시 말해 연속적 과정이나 비분화된 현상에 디지털적 연산이나 신호 체계를 부여하는 것은 이 세계의 중요하지만 모호한 측면을 명료하게 정의하는 데 도움을 준다. 지위를 분배·소비·파괴되는 구리나 얌, 돼지의 숫자로 평가한다면, 경쟁하는 개인들의 지위 비교가 상대적으로 수월해진다.

1937년 투루놈 마을의 추장과 위세나 영향력을 겨루려고 한 시우아이족 남자는, 무미나이 축제에 모인 1100명 앞에서 조개껍데기 목걸이 1920개와 맞먹는 돼지 32마리를 정확히 분배했다(Oliver, 1955).[10] 정확성precision은 정밀함accuracy이 아니다. 때로 아날로그적 과정이나 실체를 디지털적으로 재현하는 과정에서 정밀함이 상실되기도 한다. 디지털화의 장점은 명료성clarity을 늘리는 것이다. 영향력, 위세, 덕을 돼지와 같은 이산적 단위로 재현하는 것은 비교를 용이하게 해서 사회적 · 정치적 상황의 애매모호함을 줄여준다. 디지털화가 물질적 재현에 의존하는 만큼 이런 모호함의 감소는 물질화의 결과이기도 하다. 경쟁적 축제에 분배된 돼지 32마리는 단순하고도 뚜렷하게 돼지 25마리보다 많다.

여기서 두 가지를 지적할 필요가 있다. 첫째, 의례적 과시가 모호함을 줄이는 정도는 경우마다 다르다. 마링족 카이코 축제에서 주최 집단은 과거에도 방문객을 초대했다. 하지만 유럽인이 도착하기 전에 그들은 보통 20이 넘는 숫자를 세지 못했다. 따라서 그들이 축제에 얼마나 많은 전사들이 왔는지 추산한 것은 부정확할 수 있다. 정확성을 기했다 해도 모호함은 존재했을 것이다. 돼지 32마리는 분명 돼지 25마리보다 많았겠지만, 그 축제가 엄밀한 셈하기를 위한 행사가 아닌 이상 돼지는 31마리가 되지 않았을 수도 있다. 사실 구디너프 섬 **아부투** 축제의 결과는 그 정확성에도 불명료하다. 거기서 분배된 서로 다른 생필품을 비교할 수가 없기 때문이다. 영Michael Young은 그 경쟁적 축제의 영향에 대해 다음과 같이 썼다.

이누바족의 우두머리는 그의 리바liva를 계산하고 나서 길이 3미터 정도 되는 타로 더미, 크기와 종류가 다른 얌 12꾸러미를 더 내놓을 수 있음을 발견했다. 그의 경쟁자는 바나나 18꾸러미, 나무 접시 2개, 너무 커서 현실에 있을 법하지 않은 얌 6개가 있었다고 한다. 돼지의 숫자는 양쪽이 같았다. 그는 바나나 때문에 자기가 이겼다고 결론지었다. 그러나 그의 경쟁자 역시 자기 집에서 비슷한 계산을 해보면서, 타로 때문에 자기가 이겼다고 생각했을 것이다. 몇 달 뒤 그들은 모든 사람들과 함께 그 경쟁이 '정당'했지만 무승부라고 말할 것이다. 어떤 사람의 승리와 패배를 말하려면, 돼지 숫자나 특정한 식품류(특히 얌)의 양이 비교할 수 없을 만큼 차이 나야 한다. (1971)

둘째, 첫째 항목이나 위의 인용문과 관련 있는 사항이 있다. 인간사에서는 막연함과 애매모호함 역시 긍정적인 역할을 한다는 점이다. 영은 썼다. "한 이누바인은 얌에서, 그의 경쟁자는 돼지 숫자에서 상대를 이길 수 있다. 이것은 양측에게 대단히 만족스러운 사태인데, 양측 모두 부분적 승리를 주장하며 완벽한 패배를 인정하지 않아도 되기 때문이다."(p. 203)

몇몇 의례적 과시에 내재한 연속적 현상의 디지털적 재현이 사태의 정확성을 높이고 애매모호함을 낮춘다고 해서, 그 명료성이 언제나 칼로 자른 듯 깔끔해지는 것은 아니다. 그런 명료성이 모든 경우에서 모호성이나 막연함보다 선호된다고 할 수도 없다. 질서 정연한 사회적 삶을 위해서 어떤 구별은 최대한 날카롭게, 어떤 구별은 흐릿하게 할 필요가 있다.[11] 우리는 이 장에서 의례적 커뮤니케이션의 디지털적 측면을 다루는데, 이 문제는 결론에 도달할 때까지 계속 논의할 것이다. 그렇다고 의례적 커뮤니케이션이 오직 디지털적이라는 말은 아니다. 사실은 그렇지 않다. 의례의 아날로그적 측면은 이후의 장들에서 논의할 것이다.

8.
의례 개최의 이항성二項性

디지털 척도와 신호에 따른 연속적 현상의 재현은 의례 내용뿐만 아니라 의례 개최와도 관련이 있다. 의례 내용의 디지털화는 모호함을 줄이지만, 의례 개최 역시 연행자의 현 상태와 관련된 애매함을 줄이거나 심지어 제거한다. 의례 개최는—개인의 의례 참여와 마찬가지로—디지털적인 것을 그 극단까지 혹은 극단 너머로 이끈다. 다시 말해 의례 개최는 디지털적인 것을 이진법을 향해 이끌어가며, 이산적 단위나 상태를 이항적인 것으로 축소한다. 한 사회의 레퍼토리에 포함된 모든 의례는 특정한 순간에 개최되거나 개최되지 않거나 둘 중 하나다. 의례 개최는 이항적 신호(예스/노, 0/1, 온/오프, 이것이냐/저것이냐, 소년/남자, 전쟁/평화 등)를 전달한다. 이항 신호는 의례 개최에 본질적인 것으로, 그 본성상 모호함과 거리가 멀다.

이런 주장이 뻔한 것 아니냐는 반박이 있을 수 있다. 의례 개최의 이항적 특성은 사실 의례에 국한되는 게 아니라 모든 사건에 일반적으로 적용될 수 있지 않은가, 라고. 정보는 관찰 가능한 차이에 내재한 것이며,[12] 의례 외 사건의 개최 역시 관찰 가능하다. 그러나 우리는 "사건event이란 무엇인가?"라고 물을 수 있다. 사건은 언제, 어떻게 시작되며 끝나는가? 사건의 발생을 구성하는 것은 무엇인가? 의례의 형식성과 비非도구성은 의례 개최를 다른 여러 '사건'의 발생보다 훨씬 명료하게clearer 만든다. 다른 사건들은 시공간 측면에서 자의적으로 발생하기 때문이다.

이 특성들은 의례에서는 특정한 메시지가 전달된다는 점과 그 메시지의 내용도 알려준다. 게다가 (정형화되고 형식적이고 반복적이고 전통적인 특징이 아니라) 자발적이고 새롭고 기묘한 특징이 현저하게 드러나는 다른 사건들은 그 '의미'가 즉각적으로 뚜렷할 수 없다. 그 의미들은 해석의 산물이 되며, 해석은 사람마다 다를 수 있다. 마지막으로 위 사건들에서도 정보는 수집될 수 있지만, 모든 사건이 커뮤니케이션 사건이라고 간주될 수는 없다.

의례 개최의 의미가 하찮다는 반박이 있을 수도 있다. 일요일 오전 10시의 감리교 예배가 그 자체로 신도에게 대단한 의미가 있는 것은 아니다. 달력에 따른 정기적 의례 개최는 기껏해야 그런 의례를 포함하는 시스템이 계속 기능한다는 '작동 신호match signal'일 뿐이다. 반면 달력에 따른 의례 개최의 실패야말로 뭔가 비일상적인 것, 뭔가 나쁜 일이 일어났음을 가리킨다. 반대로 달력에 따르지 않는(비非생물학적 주기에 따르는) 의례 개최는 종종 대단히 중요한 신호들로 구성되며, 우리가 주목하는 것도 바로 그 신호들이다. 그런 의례의 개최와 관련해 제일 중요한 질문은 "그 의례가 무엇 때문에 연행되는가?"이다. 어떤 경우에는 그 대답이 뚜렷하다. 예를 들어 아이에게 백일해 증상이 나타나면 치료 의례를 행한다. 하지만 그런 의례의 유발 인자들이 항상 뚜렷하거나 단순한 것은 아니다.

의례 개최는 예스/노 혹은 이것이냐/저것이냐 하는 신호를 전달한다. 그러나 그 의례 개최는 연속적이고, 증감을 통해 변하는 **특정한 상태나 상태 범위**(신체적 성숙이나 가축 떼의 규모 변화와 같은), 심지어 그런 여러 과정의 관계에서 생겨나는 **복잡한 상태 혹은 상태 범위**의 성취나 위반에 따라 **촉발**될 수 있다. 그렇다면 의례 개최는 복잡한 양적 정보의 단순한 질적 재현인 셈이다. 양적 정보는 아날로그적이거나, 그 자체로 아날로그적이지는 않아도 연속적 과정의 디지털적 재현으로 구성된다. 따라서 의례 개최는 복잡한 연속적 과정에 대한 정보를 합산하여 그것을 가장 단순한 디지털적 신호로 번역한다고 말할 수 있다. 다르게 표현하면, 의례 개최는 연속적인 '증감' 과정에 '예스/노' '이것이냐/저것이냐' 식의 단순화와 결단을 부과한다.

이런 부과의 단순한 예로 이 후보나 저 후보 중 한 사람이 뽑히는 대통령 선거를 들 수 있다. 한 후보가 선출되면 다른 후보는 패한다. 그들의 표차가 한 표든 수백만 표든 상관없다. 물론 선거 결과를 양자택일식 요약으로 환원하면 그 정보의 결과, 원인과 관련된 상당한 정보 손실이 일어난다. 그렇다면 의례는 그것이 합산하는 것에 '내재한' 구별보다 날카로운 구별을 제공한다.

이런 단순화 작용의 의미는 '성인식'에서 가장 잘 드러난다. 신체적·지적 성장은 보통 연속적이고 점진적이다(물론 그런 성장이

유난히 빠르거나 더딘 시기가 있을 수 있다). 개인의 성장은 상당히 모호하고 막연하게 진행되는데, 특히 사춘기에 그렇다. 사춘기에는 개인이 행동에 질서를 부여하기 어렵다. 생물학적 성장 이외 어떤 것에 의해서도 인도되지 않는다면 사춘기 청소년은 어린이로서 행동해야 하는지, 어른으로서 행동해야 하는지 알 수 없을 것이다. 다른 이들 역시 그들에게서 무엇을 기대하고 요구해야 하는지 모를 것이다.

인간 행위에 질서를 부여할 때는 개인적 성숙의 연속성보다 인격의 범주에 의지하는 편이 효과적이다. 이때 그 범주는 신체적·지적인 동시에 사회적이다(아이/어른, 소년/남자, 소녀/여자 등). 방주네프(1960)는 오래전에 "'사회적 사춘기'와 '생리학적 사춘기'는 본질적으로 다르며, 그 둘이 일치하는 경우는 드물다"고 말했다. 그는 옳았지만 두 사춘기가 연관되지 않은 것은 아니다. 사회적 성숙도나 단계를 나타내는 범주는 신체적·지적 발전의 연속성에 구별을 부과한다. 개인에게 그런 범주를 부과하거나 개인이 한 범주에서 다른 범주로 이동하는 의례(통과의례)는, 그런 기회가 없다면 계속 모호하고 불확실한 것으로 남을 인간의 성장 과정에 명료함과 확실성을 부여한다.

몇몇 사회에서는 젊은이들이 자기 지위와 관련된 불확실성을 제거하기 위해 스스로 통과의례를 실시한다. 예를 들어 소시에테제도에서는 11~14세 소년들이 자발적으로 음경의 포피를 절단한다.[13] 그들은 이를 통해 아이의 지위에서 타우레아레아taure'are'a의 지위로 넘어간다(Levy, 1973). 후자의 지위는 전자의 지위와 여러 면

에서 다르다. 더 많은 자주성, 소년의 부모에 대한 의존성 감소가
후자의 특징이다. 레비에 따르면 개인의 '욕망과 활동'도 변한다.
늘 관습대로 행해지는 것은 아니지만, 음경의 포피 절개는 첫 성관
계 전에 해야 한다.

타히티인은 섹스 시 절개하지 않은 포피는 찢어질 수 있고, 소녀
들도 포피를 절개하지 않은 음경을 좋아하지 않는다. 따라서 소년
들은 포피 절개를 원하는데, 절개하지 않으면 연배가 높은 소년들
이 놀리기 때문에 더욱 그렇다. 보통 가까운 친구들로 구성된 소집
단이 포피 절개를 함께하며, 수술은 경험 많은 성인 남자가 한다.
소년들은 그 일을 부모에게 알리거나 조언을 구하지 않으며(그들은
어머니가 걱정하기 때문이라고 말한다),[14] 수술 역시 고립된 장소에서
은밀하게 행해진다.

하지만 소년들은 수술 후 며칠 동안 과장되게 걷거나, 사타구니
의 통증을 다른 방식으로 드러내서—혹은 드러내는 척해서—자
기의 새로운 지위를 과시한다. 한 소년의 포피 절개는 커뮤니티에
다음과 같은 신호를 뚜렷하게 전달한다. 그 소년이 복잡한 생물학
적·사회적·심리학적 발전 과정에 따라 아이의 지위를 떠나 타우
레아레아의 지위를 보유할 때가 되었고, 그 수술을 그들에게 맡길
수도 있었지만 소년이 직접 시행했다는 신호 말이다. 연속적 과정
에 대한 복잡하고 관찰 불가능하고 불명료한 '증감식' 정보가, 포
피 절개에 따라 매우 가시적인 '이것이냐/저것이냐'의 단일 신호로
환원된 것이다.

테이트James Teit(1906)에 따르면, 캐나다 서부 톰슨 강 원주민 사

회에서도 젊은이들이 자신의 달라진 지위를 직접 선포한다. 그들은 12~16세에 활이나 카누, 여자에 대한 꿈을 꾸고 나서 비전 탐색vision quest 의식을 실시한다. 그러나 톰슨 강 원주민은 (자발적 지위 변화의 표현이) 타히티 사례보다 덜 분명하며, 다른 미국 인디언들은 더욱 그렇다. 예를 들어 위네바고족의 소년과 소녀들은 언제 '금식'할지 스스로 결정할 수 있지만, 금식하지 않을 경우 노인들에게 회유와 협박을 당한다(Radin, 1923).

페티트George Pettitt에 따르면(1946) 크로족, 수족, 히다차족, 오지브와족, 델라웨어족, 네즈퍼스족, 살리시족 아이들도 상황은 비슷하다.[15] 페티트는 그곳 아이들이 그런 압력과 더불어 비전 탐색에 대한 강한 기대 속에 자라난다는 점을 들면서, 젊은 입문자들이 비전 탐색을 주도한다는 일반적인 믿음에 의문을 표한다. 그러나 금식의 시작은 사람들이 그 아이를 숲 속으로 밀어 넣었든, 아이가 비전이나 수호 신령을 찾기 위해 자발적으로 떠났든, 사회적 지위의 변화나 최소한 그것을 향한 첫걸음을 나타낸다.

젊은이들도 그런 사회적 변화를 열망할 수 있지만, 어린아이나 젊은이의 지위를 바꿔야겠다는 결단은 보통 어른들에게서 온다. 예를 들어 잠비아의 은뎀부족Ndembu 소년들은 6~16세에 할례를 받고, 무칸다Mukanda라 불리는 일련의 정교하고 장기적인 의례를 치르는 동안 고립된 곳에서 다양한 시련을 겪으며 훈련에 임한다. 무칸다 의례는 10년에 한 번 정도 거행하며, 어떤 '지역'에서도 치를 수 있다(Turner, 1967). 이 의례의 개최는 은뎀부 사회의 인구 분포 변화에 의해 촉발되는 것으로 보인다.

무칸다 의례 개최는 타히티의 포피 절개 의례 이상으로 가시적인 '예스/노' 신호에, 복잡하고 전부 관찰할 수 없는 과정에 대한 모호한 정보[16]를 상당량 압축해서 넣는다. 예를 들어 허드렛일을 할 소년들이 점점 부족해지는 사태, 소년들이 어머니에게 점점 애착을 보이는 현상, 그에 대한 남자들의 걱정, 다시 말해 오염에 대한 남자들의 걱정과 오염의 회피가 점점 어려워지는 사태, 훈육되지 않은 소년들의 소란스러움, 어린 소년들과 나이 든 소년들 사이에 적개심 증가, 할례 받고자 하는 소년들의 열망, 무칸다 의례에서 명예로운 지위를 얻고자 하는 남자들의 욕망 등이 그런 과정이다.

개최는 모든 통과의례에서 중요하지만, 단지 그 의례들에서 중요한 건 아니다. 마링족의 **룸빔** 나무 심기와 그 뒤의 뽑기 의례에 다시 주목해보자. 이 의례들은 특정한 연속적 과정에서 주요 이해 당사자들이 직접 관찰하거나 정의하기 어려울 정도로 복잡한 수준에 도달한 사회적 상태에 의해 촉발되며, 그런 상태를 가리킨다. 앞 절에서 우리는 **룸빔** 나무 심기가 남자들에게 지역 집단에 대한 소속성을 드러낼 기회를 제공한다고 말했다. 하지만 이 의례는 전쟁을 끝내기 위해서도 거행된다. **룸빔** 나무 심기는 한 지역 집단이 전쟁을 중단했음을 나타낸다.

룸빔 나무 심기는 전쟁을 끝내려는 적대 집단 중 한쪽이나 양쪽의 만장일치로 결정한다. 만장일치에 영향을 주는 다양하고 복잡한 원인에는 명예, 분노, 사망하거나 다친 사람들의 숫자, 계속 지원을 희망하거나 중단하려는 동맹 집단의 태도, 경작의 필요성 등이 있다. 한 집단의 논의에 적대 집단의 구성원은 참여할 수 없다. 그러나 그 논의는 집단 구성원들에게도 모호하고 애매하며 혼란스러운데, 마링족은 투표와 같은 방식으로 의사를 결정하지 않기 때문이다. 결정이 내려지면 마지막에 그들은 "대화가 하나가 되었다"고 말한다. 이는 행동을 취할 만큼 합의되었다는 뜻이다.

우리의 사례로 돌아오면 이는 어떤 사람의 단호한 반대 없이 **룸빔** 나무를 심을 수 있다는 의미다. **룸빔** 나무 심기는 한 집단이 복잡하고 연속적이거나, 최소한 증감에 따라 변하는 과정에 대응하는 것이다. 그들이 택할 수 있는 두 가지 상태에서 예전의 패를 버리고 새로운 패를 선택했음을 의미한다. 즉 호전적 상태에서 비非호전적 상태로 돌아선 것이다. 대부분 한 지역 집단은 적대 집단이 **룸빔** 나무를 심었다는 소식을 접하면, **룸빔** 나무를 심는 것으로 대응한다. 적대하는 집단들의 **룸빔** 나무 심기는 개별적으로 진행되지만, 일반적으로 중립적인 제삼자를 통해 상대 집단의 조건이나 명확한 의도를 타진한 뒤 비슷한 시기에 실시하는 듯하다 (Rappaport, 1984).

룸빔 나무 심기와 더불어 휴전이 시작된다. 휴전은 지난 전쟁에서 도움을 준 조상과 동맹자에게 답례하는 의미로 제공할 돼지가 충분히 모일 때까지 계속된다. 돼지가 충분히 모였다고 만장일치로 결정이 내려지면—보통 10~20년 뒤—**룸빔** 나무가 뽑히고 채무는 카이코 축제에서 돼지고기 증여를 통해 대부분 해소된다. 축제에서 **룸빔** 나무 뽑기와 그 뒤 여러 희생 의례는 비非교전 상태에서 교전 상태로 변화를 표시한다. 이 의례들은 연속적 과정이 특정한 상태에 도달하면("조상에게 바칠 동물이 충분히 준비되면") 개최된다. 따라서 의례 개최는 특정한 상태에 도달하는 것을 가리킨다.

이 과정은 다른 책에서 언급했으므로(Rappaport, 1984) 지금은 마링 사회에서 돼지 개체 수의 변화가 간단한 문제가 아님을 지적하려 한다. 돼지 개체 수 변화에 영향을 주는 중요한 요소 중 하나는 인간에게 닥치는 불운의 빈도다. 인간의 질병, 부상, 사망이 발생할 때마다 돼지 공희가 치러지기 때문이다. 집중과 분산이 교대로 일어나는 마링족의 거주 패턴 역시 돼지 수 증가 속도에 영향을 준다. 마링족은 집에서 기르는 수돼지를 모두 거세하기 때문에 암돼지의 임신은 야생 멧돼지와 교미한 결과다. 멧돼지는 인간이 조밀하게 모여 사는 지역에 잘 오지 않는다. 사람들은 암돼지를 자유롭게 풀어놓고 기르지만, 암돼지와 멧돼지의 교미는 인간 거주지가 분산되었을 때 자주 일어날 공산이 크다.

조상에게 바칠 돼지의 충분한 숫자는 구체적으로 규정되지 않는다. 나의 경험적 조사에 따르면, 한 집단이 부양하고 감당할 수 있는 돼지의 최대치가 '충분한 돼지의 수'에 가깝다. 돼지들은 먹여 길러야 하고, 종종 밭을 망쳐놓기 때문에 지나치게 많으면 골칫거리가 된다. 이때 여러 가지 원인이 인간이 감당할 수 있는 돼지의 최대치에 영향을 준다. 먼저 집단 내 여자의 수, 건강, 연령이 있다(돼지를 보살피는 것도, 돼지 식량을 기르는 밭을 관리하는 것도 여자다). 사람들이 경작하는 타로, 얌, 고구마의 비율도 중요하다(돼지는 주로 고구마를 먹고, 사람은 타로를 선호하기 때문이다). 돼지가 일으키는 말썽이나 난폭한 행동의 빈도 역시 문제가 된다(돼지가 밭을 망쳐놓으면 종종 돼지 주인과 밭 주인 사이에 다툼이 일어난다).

적대 집단이 조상에게 바칠 돼지를 준비할 때는 의례용 돼지를 가급적 많이 준비해야 한다. 돼지가 적으면 곤란한 일이 발생하기 때문이다. 조상에게 바칠 돼지가 적으면, 거기서 나오는 돼지고기를 대부분 받는 그들의 옛 동맹자는 그 집단 사람들이 무책임하니 다음에는 도와주지 말아야겠다고 생각할 것이다. 그렇다고 돼지를 더 많이 모으려고 무작정 의례를 연기하면, 그들보다 부유한 적에게 공격받을 수 있다.

돼지의 성장률과 돼지 개체 수의 최대 규모는 돼지 주인의 일반적 풍요나 성공의 지표다. 돼지 개체 수에 영향을 미치는 다양한 원인을 감안할 때, **룸빔** 나무 뽑기에서 드러나는 한 집단의 '일반적 성공'이나 '풍요'는 연속적이고 요동치는 수많은 변수와 그 변수들의 관계가 관여하는 고도로 복잡한 상태라고 볼 수 있다. 이 복잡하고 요동치는 양적 정보, **룸빔** 나무 뽑기를 통해 '예스/노' '이것이냐/저것이냐'라는 진술로 단순화·환원되는 이 복잡한 정보는 의례를 연행하는 집단도 전부 파악할 수 없다. 설사 그것이 가능하다 해도 거기에 비추어 지역 집단의 교전 상태를 결정하려면 해석이 필요한데, 관여된 정보의 복잡성이나 모호함, 불안정성을 감안할 때 그런 해석은 오류에 빠지기 쉬울 것이다.

이런 곤란함은 의례 개최와 같은 메커니즘을 동원하여 불안정하고 불확실하며 복잡한 양적 정보를 질적이거나 예스/노와 같은 이항적 신호로 번역할 수 있다면 극복 가능하다. 룸빔 나무 뽑기가 바로 그런 메커니즘이다. 의례 개최를 야기하는 가변적 과정은 애매하고 모호하며 불완전하게 파악되지만, 의례 개최는 한 치도 모호함 없이 한 지역 집단의 일반적 상태가 예전에는 금지된 무엇을 행할 단계에 와 있음을 가리킨다. 의례 개최는 확고한 신호로, 단순히 생태적 관계들의 '증감'하는 연속적 과정이 아니라, 전쟁과 관련된 두 가지 가능한 상태 중에서 하나를 버리고 다른 것을 선택했음을 나타낸다. 즉 휴전에서 비非휴전을 택했음을 나타낸다.

요약하면 음경의 포피 절개나 할례, 룸빔 나무 심기나 뽑기에서 전달되는 메시지의 명료함은 의례의 개최와 비非개최라는 이항 대립에서 유래한다. 이 이항 대립은 양이 상당하고 복잡한 '증감식' 정보를 '예스/노' '온/오프' '이것이냐/저것이냐'라는 질문에 대한 답으로 환원한다. 정보이론에 따르면 의례의 개최는 정보 1비트를 포함한다. 이때 '비트'는 동등한 잠재적 대안 두 개 사이의 불확실함을 제거하는 정보를 말한다. 정보 1비트를 담은 대답은 가장 단순한 대답이며, 일상 세계에서는 어떤 모호함도 없는 대답이다. 그렇다면 위의 경우에서 보았듯이 의례 개최는 연속적이고 모호한 양적 차이에 일체의 모호함도 없는 질적 구별을 부과한다.[17]

이 장은 의례의 자기 – 지시적 메시지를 다루지만, 연속적이고 그 자체로 모호한 과정에 소년기/성인기, 교전/비非교전 상태와 같이 분명한 구별을 부여하고, 그런 차이를 명확하게 표시하는 의례의 능력이 단지 자기 – 지시적 메시지에서 드러나지는 않는다. 개최 이전과 이후를 완벽하게 분리하는 의례는 일반적으로 자연에 존재하는 연속체에 자연의 그것보다 훨씬 날카로운 구별을 부여하는 데도 적합하다. 예를 들어 해마다 치르는 축제들은 계절을 단순한 날씨 변화보다 날카롭게 구별한다. 그 축제들은 달력에 근거한 의례(아마 생물학적 주기에 따른 의례 역시) 개최에도—비록 예측 가능하다 해도—의미가 있음을 보여준다. 그런 의례 개최의 확실성은 1년 중 가장 더운 시기에 극도로 추운 날씨의 변덕에 맞서는 보루가 되기도 한다.

의례 개최가 이항적 성격을 띤다고 해서 이항적 구분이 한 번만 일어나는 것은 아니다. 의례는 종종 줄지어 치러진다. 예를 들어 통과의례는 인간이 태어나 죽을 때까지 여정을 따라 진행되며, 계절에 따른 축제는 주기적으로 일어나고, 전쟁을 평화 상태로 그리고 평화를 전쟁 상태로 바꾸는 의례 역시 교대로 일어난다. 안식일은 여러 날을 주 단위로 구분한다. 해마다 시작과 끝에 행해지는 의례도 그렇다.

이런 의례 사이의 기간은—부분적으로 그 기간이 의례에 따라 구획되기 때문에—개인 차원의 성숙이 있었거나 날씨가 더 따뜻해졌을 경우처럼 아무래도 좋은 기간이 아니라 중요한 기간이다. 유년기, 청년기, 성년기 혹은 봄, 여름, 가을, 겨울 혹은 전쟁, 평화의 시기가 그런 기간에 속한다. 이 요소들은 그것들을 구별하는 의례에 의해 통합되어 중요한 전체를 구성한다. 즉 삶과 역사를 구성하고, 개인의 삶을 역사와 사회에 통합하는 세월을 구성하며, 더 나아가 우주의 질서로 통합되는 사회와 역사를 구성한다. 우리는 시간의 구축과 관련된 의례의 역할을 6장에서 다룰 것이다.

의례 개최는 그 작동 방식이나 연속적 과정에 대한 효과 측면에서 디지털적 연산 기계를 닮았다. 리브스C. M. Reeves(1972)는 오래전에 디지털 회로의 설계에 관한 입문용 교과서에서 다음과 같이 썼다. "진정한 기계의 성공적인 작동은 변수들이 예전의 값에서 원하는 값으로 변할 수 있도록 시간 간격time interval을 적절히 분할하는 능력에 달렸다. 그렇다면 논리적으로 볼 때 시간의 흐름은 자연 상태에서 연속적이지만 (기계에서는) 이산적이다." 현대의 기계들은 시간 간격을 세밀하게 설정하여, 보통 변수 값이 마이크로초나 나노초 단위에서 연속적인 방식으로 변한다. 이 시간 단위들은 찰나적인 것으로 간주되어 변화 이전 혹은 이후의 변수 값에 의존하는 최종 연산에서는 무시된다. 비슷하게 어떤 의례에서는 특정 변수 값이 의례나 일련의 의례 계열 도중에 변한다(Van Gennep, 1986; Turner, 1969).

일상적 삶에서 분리 행위와 통합 행위 사이에는 행위자 일부 혹은 전부의 조건이나 상태의 특정한 양상이 변모를 겪는 전이기liminal period가 있다. 디지털 기계처럼 의례 내에서 변수 값이 변화를 겪는 시간은 엘리아데Mircea Eliade(1959)나 다른 학자들이 지적했듯이 일상적 시간을 벗어난 시간이다. 그러나 이 '시간 사이의 시간time between the times'이 극도로 짧은 디지털 기계와 달리, 의례적으로 구획되는 전이기적·주변적 기간은 몇 시간, 며칠, 몇 달 혹은 몇 년간 이어질 수 있다.

한편 의례에서 일어나는 사건과 행위자 상태의 몇몇 측면을 바꾸는 수단이 언제나 담화적·디지털적인 것은 아니다. 의례가 구획하는 의례 이전과 의례 이후의 시간적 틈에는 시간의 경계나 구획이 선명해지지 않고 도리어 지워지는, 연속적이고 대단히 감정으로 충만한 연행의 시간이 존재한다. 내가 앞서 주장했듯이 의례의 디지털적 측면을 강조하는 것이 아날로그적 측면을 부인하는 것은 아니다. 이어지는 장에서 우리는 의례 개최 내에 아날로그적 정신이 온전하게 보존됨을 살펴볼 것이다.

9.
의례 개최와 이질적 체계의 연합

의례는 그것이 구별한 것—축제나 희생 의례가 계절을 구획하거나, 의례적 공식 선언이 전쟁과 평화를 분리하는 것처럼—을 연결시킨다. 우리는 앞에서 의례가 '상이한' 체계의 경계를 넘어 정보가 전달되는 것을 촉진하는 것을 보았다. 상이해 보이는 체계들을 구분 짓는 것이 무엇인지 정의하는 일은 어렵다. 그러나 여기서는 통과의례에 관한 우리의 설명에서 대비된 '사적' vs. '공적'인 과정이나 체계, 마링족의 사례에서 대비된 '지역 영토 체계local system' vs. '지역 체계regional system'를 활용해 그런 구별을 설명해보자.

타히티인의 포피 절개 의례에서 젊은이의 사적 영역에서 전개되는 심리적 · 신체적 과정에 대한 정보는 축약되어 공적(사회적) 체계로 전달된다. 은뎀부족 남자들의 결정에 의해 치러지는 무칸다 의례에서는 공적 체계에서 사적 체계로 정보 흐름이 더 중요해 보인다. 이때 소년들에게 사회적 정보―그들의 새로운 지위, 의무, 특권에 관한 정보―를 전달하는 것은 성인 남자들이다. 소년들은 공적 행위자로서 이런 새 정보를 공적 페르소나에 통합하는 동시에, 사적인 심리적 과정에 새겨 넣어야 한다.

미국 원주민의 사례에서는 양방향으로 중요한 정보 흐름이 존재하는 듯하다. 형식적으로 비슷하게, 마링족이 **룸빔** 나무를 뽑는 행위는 한 영토 생태 시스템(단일한 영토를 공유하는 인간 집단과 다른 생물종의 상호작용 시스템)에 관한 정보를 지역 시스템(더 넓은 지역에서 살아가는 다양한 인간 집단의 전쟁, 혼인, 교역과 같은 거래 시스템)으로 전달한다.

신호 전달(transduction : 정보나 에너지를 한 시스템에서 다른 시스템으로 전달하는 것을 의미하는 전문 용어)이 언제나 단순한 전달의 문제는 아니다. 종종 그 정보를 수신 체계나 그것의 하위 체계에서 의미가 있도록 번역할 필요가 있다. 때로 이 '번역'은―그렇게 불릴 수 있다면―단순히 양식modality의 변화일 수도 있다. 축음기판의 홈에서 스피커 사운드를 만들어내듯이 말이다. 두 하위 체계의 '언어'나 척도, 즉 축음기판의 홈과 스피커의 떨림은 완벽하게 상응해야 한다. 크기가 특정한 축음기판의 모든 홈에는 그에 비례하는 주파수 진동과 볼륨이 존재한다. 축음기판의 홈에서 바늘의 떨림으로, 전기 신호로, 스피커의 떨림으로, 소리로 이어지는 연속적이고 아날로그적인 정보의 번역이 가능한 것도 이 때문이다.

그러나 자연에서는 상호작용 하는 시스템이나 하위 시스템의 조직과 행위에서 완벽한 상응이 일어나는 예가 드물다. 우리가 앞서 살펴본 사례에서도 이는 흔치 않다. 공적 시스템은 사적 시스템의 도상icon이 아니며, 마링족 지역 시스템의 구조와 기능은 인간 집단이 그 일원으로 참여하는 지역 생태 시스템의 그것과 상응하지 않는다. 게다가 공적 시스템과 사적 시스템, 지역 시스템과 생태 시스템의 관계가 전적으로 일관적인 것도 아니다. 예를 들어 타히티 주민의 사회적 상호작용의 빈도와 강도, 성격은 참여자의 정서적·신체적 변화에 직접 비례하여 변하지 않는다. 마링족 집단이 돼지고기, 진주조개 껍데기, 여자를 교환하는 것이 그 집단의 작물 수확이나 돼지의 개체 수 변화에 직접 비례하여 늘어나거나 줄어드는 것도 아니다.

비록 양자는 연계되고 동일한 개인들 역시 두 과정에 지속적으로 참여하지만, 공적 과정과 사적 과정은 준*독립적으로 존재한다. 마링족의 생태적 상호작용과 지역 차원의 사회적·경제적·정치적 관계 역시 준독립적이다. 두 경우 모두 한 시스템의 변화가 다른 시스템의 변화에서 직접 도출되지는 않는다. 그렇다면 이 상반되는 시스템에 내재하거나 그것들을 정의하는 과정은 서로 구별되고, 동일한 기준으로 비교할 수 없다. 간단히 말해 공적 시스템과 사적 시스템은 '동일한 대상에 관한' 것이 아니며, 동등한 척도나 '언어'가 있는 것도 아니다.

사적 시스템의 주관적인 척도나 언어는 생리적이고 심리적인 영역을 다룬다. 그 영역의 현상들은 많고 다양하며, 종종 그것들을 경험하는 주체에서 숨겨지거나 알려지지 않은 상태다. 이런 현상으로 당, 열량, 단백질 섭취 정도, 발육 속도와 규모, 신체적·

심리적 스트레스의 수준과 유형; 평안, 우울, 걱정, 자신감, 공포, 낙담, 분노, 미움, 사랑, 경외 같은 감정; 소망, 충동, 목표; 학습된 지식의 유형과 양, 그 외 많은 사항을 꼽을 수 있다. 사적 시스템은 유기체의 성장과 건강, 그것의 필요와 욕구의 만족, 궁극적으로는 그것의 생존에 '관해' 염려한다. 언어를 통한 정식화보다 이미지, 암시, 비유, 은유, 환유, 상징에 근거한 '일차적 사고 과정primary process thinking'은 사적 시스템이나 그 시스템의 몇몇 하위 시스템에서 대단히 중요하다. 이 일차적 사고 과정에는 부정적 조건문negative conditional이나 한정적 명제qualifying conjunction가 존재하지 않으며, 강한 감정으로 충만하다(Bateson, 1972e; Brenner, 1957; Fenichel, 1945).

이와 대조적으로 공적 시스템의 척도나 언어는 사회적·경제적·인구학적·정치적 사건이나 실체 혹은 과정이다. 그 예는 지위와 역할, 혼인, 교역, 복수(앙갚음), 출생률과 사망률, 분열과 융합, 사회적·문화적 분화와 균질성 등이 있다. 공적 시스템은 사회 질서의 유지와 변화에 '관한' 것이며, 그런 관습적 사회질서에 의거해 통치되는 유기체 집단의 존속에 관한 것이기도 하다. 공적 시스템의 질서는 의식적이고 합리적이며, 대개 언어에 의존하고, 문법과 논리의 규칙을 따르는 '이차적 사고 과정secondary process thought'에 크게 의존한다(Brenner, 1957; Fenichel, 1945).

마링족 영토 시스템의 척도는 주로 돼지 개체 수의 역학을 통해 표현되긴 하나, 생태학적인 것이다. 그 척도는 작물 생산이나 휴경지 면적, 경작지의 유기적 구성과 구조, 생산된 작물의 비율, 다양한 활동에서 일어나는 에너지 소비의 양, 단위 구역별 에너지와 영양분의 반환 양, 인간 집단과 그들의 돼지, 다른 생물의 규모와 그것들 사이의 역학, 에너지 소비, 종 다양성을 포함한다. 그 시스템은 영양 교환과 거기에 참여하는 다른 생물종 군집에 '관한' 것이다. 한편 마링족 지역 시스템의 척도는 주고받은 여자의 수, 교환되거나 빚진 가치재의 수, 적군에게 살해된 남자의 수 등이다. 이 시스템은 명시적으로 동맹, 교역, 전쟁에 관한 것이며, 암시적으로 지역 집단이나 사회, 아마도 문화의 지속성에 관한 것이다.

이런 구별이 서로 다른 시스템을 구분하는 명확한 기준을 제공하지는 않지만, 상이한 시스템을 구별하는 것이 꼭 별개의discrete 실체들을 구별하거나 분리하는 것은 아님을 명심할 필요가 있다. 모든 인간은 사적인 심리생리학적 시스템(그 안의 하위 시스템 역시 구별이 가능하다)을 갖추고, 공적 시스템의 일원이거나 거기에 참여한다. 공적 시스템은 대개 동일한 기준으로 비교 불가능한 여러 하위 시스템으로 구성된다. 마링족 지역 집단은 지역 생태계—동일한 지역에 거주하는 상이한 생물종 군집 사이의 영양 교환 시스템—에 참여함과 동시에, 다른 지역에 거주하는 집단의 인간, 재화, (전쟁을 통한) 토지의 교환 시스템에도 참여한다. 여기서 '시스템'이란 대략적으로 말해 일관된 과정의 집합이지 개별적인 실체가 아니다. 상이한 시스템도 공통의 구성 요소가 있을 수 있지만, 동일 기준으로 비교 불가능한 교환으로 구성되고 상이한 목표가 있으며, 상이한 '언어'나 척도를 통해 '표현된다'.

우리가 사례로 든 각 시스템의 과정은 그 시스템과 상호작용 하는 상대 시스템의 과정과 다르며, 두 시스템의 척도를 동일한 기준으로 비교할 수 없다. 따라서 지속적으로 변하는 한 시스템의 양적 정보가 다른 시스템에 직접적으로 의미 있는 것은 아니다. 여기서 '의미 있다'는 것은 정보가 시스템의 작동에 미치는 효과, 더 정확히 그 정보를 수신하는 시스템의 조절적 작용에 미치는 효과를 의미한다. 정보가 '직접적으로 의미 있지 않다'는 말은, 그 정보가 번역 과정 없이는 수신자의 정보 과정에 편입될 수 없는 척도로 표현되었다는 뜻이다. 그러나 한 시스템에서 일어나는 과정에 대한 정보가 다른 시스템에 직접적으로 의미 있지 않다고 해서 아무런 관련이 없다는 뜻은 아니다.

한 사회 단위를 구성하는 유기체의 신체적·심리적 조건의 변화가 그 사회 단위의 작동에—비록 즉각적이거나 비례적으로는 아니라도—최종적으로 영향을 미치는가 하는 문제는 우리의 논의에서 벗어난다. 마링족의 지역 생태 시스템과 지역 시스템의 관계 역시 마찬가지다. 관건은 정보를 그 정보의 수신 시스템과 관련 있도록relevant, 더 나아가 그것에 의미 있는 척도로 번역하는 일이다.

이 문제를 해결하는 것이 의례다. 앞서 보았듯이, 의례 개최의 유무는 그런 의례를 야기하는 양적 정보를 단순한 이항 신호(예스/노, 이것이냐/저것이냐)로 만든다. 이런 신호는 모호한 데가 없을 뿐만 아니라, 정보의 발신 시스템과 다른 수신 시스템에서 의미가 있다. 예를 들어 포피 절개란 "소년이냐/남자냐"라는 질문에 대한 양자택일식 응답으로 간주될 수 있다. 소년/남자의 구분은 연속적인 남자의 성숙 과정에 공적이거나 사회적인 구별이 부과된 것이지만, 관찰자에게는 그런 성숙에서 유래한 것으로 보인다. 다시 말해 '소년'과 '남자'는 공적·사적 시스템에서 모두 의미가 있다.

비슷하게 **룸빔** 나무를 뽑는 것은 다음 질문에 '예스'라고 답하는 것이다. "챔바가족은 조상에게 진 빚을 갚을 만큼 충분한 돼지를 모았는가?" 조상에게 바칠 돼지를 충분히 모았다는 것은 그 부족과 환경의 관계와 지역 정치적 관계에서 모두 의미가 있다. 달리 표현하면 '충분한 돼지'란 연속적이고 연관되지만 기준이 동일하지 않은 두 과정, 즉 부족 차원의 생태학적 과정과 지역 차원의 사회 정치학적 과정의 교차점을 나타낸다.

여기서 우리는 인간 사회에 널리 퍼졌고 어쩌면 보편적일 현상의 문화적 표현을 만난다. 유기적 시스템에서 상이한 요소들의 신호 전달 제어는 거의 이항적 메커니즘에 의존하는 것으로 보인다. 동일한 기준으로 비교 불가능한 현상 사이에서는 양적 정보를 직접 번역하기 어렵기 때문이다(Goldman, 1960). 윌든A. Wilden(1972)은 "신경 시스템 연구에서 발견된 바에 따르면, '유형'이나 '상태'가 서로 다른 시스템 사이에 있는 경계를 가로지르기 위해서는 디지털화가 꼭 필요하다. 물론 이런 시스템의 유형이나 경계를 어떻게 기능적으로 정의할지는 불분명하다"고 썼다. 윌든에 따르면 신경학 외에도 음운학, 정신분석학, 연극, 교환이론, 인류학적 연구에서 발견되는 아날로그/디지털적 구분이 이런 명제를 뒷받침한다.

10.
의례 개최와 교란에 대한 완충 작용

의례는 이항적 성격 때문에 연속적인 현상에 구별을 부여하고, 동시에 판이하거나 동일한 기준으로 비교할 수 없는 과정들을 연결하는 데 적합하다. 구별distinguishing과 연결articulating은 상반된 기능이지만 양자가 모순되지는 않는다. 마링족 의례는 전쟁의 시기와 평화의 시기를 구별하고 드러내지만, 그 둘을 통제된 교대 현상으로 나눠 실제로는 연계시킨다. 심리적·신체적 과정으로 구성된 사적 시스템과, 지위와 역할로 구성된 공적 시스템의 구분은 의례 개최(그리고 참여)에 따라 생기는 인위적 구별이 아니다. 반대로 의례 개최는 둘의 경계를 명확히 하며, 그것들을 연계시키는 동시에 동일한 방식으로 떼어놓는다. 그럼으로써 의례는 각 시스템의 준(準) 독립적인 성격을 보호한다. 여기에는 적응적 의미가 있다.

　앞서 우리는 사회적 상호작용의 빈도, 강도, 성격이 거기에 참여하는 개인들의 심리적 상태 변화에 직접 비례하지는 않는다고 말했다. 실제로 그런 일이 일어난다면 이는 재앙이 될 것이다. 이 사실은 비슷하거나 상이한, 다른 연접식 시스템들의 관계에도 똑같이 적용된다. 어떤 살아 있는 시스템도 다른 시스템과 상호작용 없이는 생존할 수 없다. 그러나 인과관계의 사슬에 어떤 부분적인 불연속성이나마 존재하지 않는다면 역시 생존은 불가능하다. 그런 불연속성이 없다면 한 지점에서 발생한 무질서가 순식간에 모든 곳으로 퍼져 나가, 자연의 모든 것이 강렬하고 모순되는 스트레스에 지속적으로 노출될 것이다.

세계를 구성하는 시스템들의 준※독립성과 인과적 불연속성이 단지 자연의 뚜렷한 양상은 아니다. 그것은 필수적이다. 그러나 뚜렷하고 필수적이라고 해서 당연하게 받아들여지는 것 같지는 않다. 제프리 비커스Geoffrey Vickers(1968)는 현대 문명의 문제는 세계가 하나가 아니라는 점이 아니라 세계가 하나라는 점이라고 말했다. 예전에 나 역시(1969, 1977, 1994) 시스템 내 일관성[18]이 지나친 '과도 – 응집성hypercoherence'은 일관성의 결여만큼 치명적일 수 있다고 주장했다.

시스템 내 일관성이 증가할수록 혼란의 가능성도 커진다. 그런 혼란은 언어나 강압적 행위에 의해 싹틀 수도 있고, 그 자체로는 순수한 메시지에 대한 반응에서 생겨날 수도 있다. 그러나 의례 개최를 통한 신호 전달은 그런 혼란의 가능성을 줄인다. 의례에서 전달되는 정보는 축소·단순화되며, 명료하고 의미 있는 것으로 변하기 때문이다. 다시 말해 의례는 서로 구별되는 준독립적인 시스템을 보호·구획해서, 이 세계의 응집성이 견딜 수 있는 수준까지 발전되도록 제한한다. 달리 표현하면 의례 개최는 서로 다르고 준독립적인 시스템들을 처음에는 구분하고, 그다음에는 연계시킬 뿐만 아니라 그 시스템들이 서로 방해할 가능성을 줄여준다.

이 문제는 복잡하고 애매하기 때문에 약간의 논의와 사례 제시가 필요하다. 우리는 앞서 의례 개최가 의례를 발생시키는 여러 조건을 둘러싼 애매모호함을 일소한다고 말했다. 의례 개최를 촉발하는 것은 연속적인 (사태의) 증감 과정이지만, 의례는 이항적 성격을 통해 구별되는 두 상태 중 하나에서 다른 하나로 전환을 분명하게 표시한다. 내가 보기에 이런 애매모호함의 감소는 (이는 동어반복이나 마찬가지지만) 전달되는 메시지의 명료함을 증가시킨다. 나는 그 과정이 메시지를 '정화'한다고 말하고 싶다. 다시 말해 의례가 메시지 전달에서 일어나는 모든 모호함을 제거할 수는 없어도, 개인 차원의 심리적 조건의 해로운 사회적 효과를 중화neutralize할 수 있다.

예를 들어 **룸빔** 나무 심기 의례는 모든 사람이 자기의 분노, 적의, 슬픔, 의혹, 기타 상충되는 감정을 완화해 동료들과 합의에 도달할 때까지, 즉 지금이야말로 그 의례를 개최해서 전쟁을 마칠 때라고 결정하기까지 기다려주지 않는다. 여전히 많은 사람들이 애매한 감정이 들 때도 **룸빔** 의례는 개최될 수 있다. 비슷하게 타히티 소년들은 자신이 소년기를 지나 **타우레아레아**에 접어들 준비가 되지 않았다고 느낄 때도 포피 절개 수술을 받을 수 있다. **룸빔** 나무 심기는 그 나무를 심는 사람뿐만 아니라 그 외 사람들에게도 특정한 신호를 전달한다. 타히티 포피 절개자의 시술은 다른 사람들보다 그 시술을 당한 소년에게 훨씬 큰 신호를 전달한다. 이때 소년들은 자기의 애매한 감정과 **상관없이 확실한** 행동을 취한 것이고, 그 행동은 그들의 사회적 지위를 다시 정의한다.

(**룸빔** 의례가 행해지면) 마링족 남자들은 싫든 좋든 한동안 전사를 그만두고 경작자가 되어야 한다. 타히티 소년들은 (시술 뒤에는) 돌이킬 수 없이 소년기를 떠나 청소년이 되어야 한다. 개인이 새로운 사회적 지위에 대해 의혹이나 낯선 감정, 태도를 느낀다 해

도 그 지위를 무효화할 수는 없다. 그런 태도들은 의례적 신호 전달 과정에 따라 '여과된다'. 그것들은 공적인 사회시스템에서 어떤 자리도 찾을 수 없는 '사적인' 심리적 현상이기 때문이다. 달리 표현하면 의례 개최는 사회적 과정이 해로운 심리적 과정에 의해 오염되는 것을 막아준다. 이 점은 2장에서 살펴보았듯이, 의례 연행자들 자체가 의례의 가장 중요한 메시지 수신자가 되는 경향이 있다는 점과도 관련이 있다.

(또 다른 유명한 커뮤니케이션 이론의 은유를 사용하면) 심리적 '잡음noise'에서 사회적 과정을 보호하는 메커니즘이 단지 방어적인 '여과'는 아니다. 결단decision은 달력에 근거하지 않은 의례의 개최에 형식적으로 내재하고, 의례 개최는 어떤 결단을 표시한다. 그러나 결단의 신호는 단순히 연속적 과정에서 드러나는 수많은, 거의 무한한 상태 중 하나를 반영하는 것이 아니다. 의례 개최에 함축된 예스/노 식의 결단은 결단 과정 자체를 종결짓는다. 따라서 (그 의례를 개최하겠다는 결단과 분리할 수 없는) 의례 개최는 단순히 증감 과정에 의해 야기되는 것이 아니다. 의례 개최는 재귀적으로 그 연속적 과정에 부과되어 그 과정의 한계를 설정한다. 소년을 유년기와 단절시키는 포피 절개나 포경 의례는 그들의 어린애 같은 태도, 즉 유지된다면 어엿한 남자로 성장하는 것을 방해할 태도를 없애는 데 중요하다.

그런 의례는 소년에게서 아이 같은 태도와 부모나 친족에 의존하는 마음을 제거해준다. 또 그런 태도는 적절하지 않고 주변의 지지를 얻지 못하기 때문에 머지않아 시든다. 의례 개최에 내포된 정보 1비트는 유년기를 종결지을 뿐만 아니라 (그 의례 개최가 '이것이냐/저것이냐'라는 질문에 대한 답이기 때문에) 다른 삶의 단계를 시작하게 한다. 소년들은 그 의례에 참여함으로써 자신의 사회적 성장 과정에 중요한 한 가지 변화를 이룬다. 그 변화는 신체적 성장과 불충분하게 연계되며, 신체적 성장만으로 도출될 수 없다. 의례는 그 변화를 돌이킬 수 없이 소년에게 주지시킨다.

비슷하게, 시공간적으로 분리되지 않으면 서로 간섭을 일으키는 전쟁의 추구와 평화의 추구는 **룸빔** 의례에 따라 명확하게 분리된다. 그 의례는 한 시기를 종결짓고 다른 시기를 시작하게 하며, 집단들의 정치적 관계에 날카롭고 분명한 교대alternation의 명령을 부과한다. 이 명령은 개인들의 호전적 야심, 평화를 위한 계획, 경제적 안녕, 명예와 수치의 감정, 생태학적이거나 인구학적인 행운 같은 복잡하고 연속적인 변화 과정에 내재한 것이 아니다. **룸빔** 나무를 심고 뽑으면서 한 집단은 다른 집단에게 자기의 상태 변화를 알린다. 대다수 의례에서 참여자들은 자기의 현 상태와 관련된 정보를 다른 이들에게 전달한다고 말할 수 있다. 그러나 그 정보를 자신에게 전달하는 일은 모든 의례에서 일어난다. 지난 장에서 보았듯이, 의례 참여는 정보 전달적informative이면서 자기-정보 전달적self-informative이다.

의례 내용뿐만 아니라 의례 개최 역시 자기-정보 전달적일 수 있다. 예를 들어 과시적 의례에서 특정 집단은 자기 집단의 규모와 힘에 대한 정보를 전달받는다. 여기서 의례 개최의 측면에 주목해 보자. 의례 개최가 참여자에게 자기의 현 상태에 관한 정보를 전달한다는 것은, 단순히 거울과 같이 그의 현재 조건의 모든 복잡성,

모호성, 애매함, 불안정성을 반영한다는 뜻이 아니다. 그 개최는 인식 가능한 가장 단순한 척도로, 다시 말해 양자택일식인 선택지 중 하나를 통해 그의 상태를 규정define해야 한다. 그는 전사 아니면 농부다. '소년' 아니면 '남자'이며, 이 집단의 구성원 아니면 저 집단의 구성원이다. 이 규정은 그를 사적으로 혼란스럽게 하는 어떤 양가성ambivalence과도 무관하다. 의례 개최는 의례 참여자들에게 자기의 현 상태에 관해 말해줌으로써 특정 순간의 불확실성을 줄인다. 따라서 의례의 연속적 개최는 참여자들의 하루, 한 해, 평생에 대단히 오래 존속하는 질서를 도입할 수 있다.

의례 참여가 참여자에게 자기의 상태에 관해 뭔가 알려줄 수 있으려면, 그의 무정형한 조건에 형식이 부과되어야 한다. 나는 의례 참여의 자기-정보 전달성을 주장했는데, 이와 관련해 몇 가지 의문이 제기될 수 있다. 나 역시 어떤 의례에서는 참여자들이 서로 다른 기능이 있으며, 그중 몇몇이 그들 아닌 다른 이들에게 정보를 전달한다는 사실을 인정한다. 예를 들어 통과의례에는 신참이 있고 의례 집행자가 있다. 결혼에서 신랑 신부가 자신을 남편과 아내로 변모시키는 모든 예식을 알지는 못한다. 그들은 사제에게 성체성사를 받는다. 다른 많은 의례에서도 다른 참여자들의 현 상태를 정의해주는 의례 집전자들을 찾아볼 수 있다. 그런데도 의례 참여는 자기-정보 전달적이다. 참여자들은 오직 참여를 통해서 자기의 현 상태에 관한 규정을 받아들인다. 개인의 의례 참여는 그들 자신의 행위의 결과이자 양상이다. 그 행위는 대개 그들 자신의 선택에 따른 것이다. 실제적인 문제로 그들이 어쩔 수 없이 참여하게 되었다 해도 최소한 이론적으로 다른 선택지가 있었을 것이다.

어떤 의례에는 지역 생태 시스템이 지역 정치 시스템과 연계되었을 수 있고, 어떤 의례에는 규모와 유형이 다른 많은 사회 단위가 한자리에 모일 수도 있다. 그러나 우리의 논지에 따르면, 모든 의례에서 사적인 심리생리학적 과정과 공적인 질서는 연계되는 동시에 분리된다. 이는 타히티의 성인식이나 마링족의 **룸빔** 나무 심기/뽑기 의례에서 잘 드러난다. 마링족 남자는 이 의례에 참여함으로써 사적 자아에 공적 상태의 변화를 부과한다. 즉 그는 **룸빔** 나무를 뽑으면서 자신을 농부에서 잠재적인 전사로 바꾸며, **룸빔** 나무를 심으면서 자신을 전사에서 농부로 바꾼다.

의례 연행자가 자기의 상태―남자, 전사, 기사, 왕, 신하, 참회자, 시민, 병자―를 정의하는 언어나 형식은, 그 상태에 대한 자신의 이해나 의례 집전자(그런 집전자가 있다면)의 이해에서 나오는 것이 아니다. 그 형식은 의례에서 일어나는 순차적 사건에, 개인과 사회와 세계를 하나로 묶어주는 의례 개최의 연속에 코드화되었다. 다시 말해 그 형식은 규범을 통해 전달되며, 의례 참여자들이 그것을 발견하고 활성화하는 것도 규범에서다. 일단 그 형식은 그것이 속한 규범적 질서에서 의미가 있다. 다시 말해 그 형식과 의례 내 다른 형식의 관계는 정식화되었으며, 보통 명시적으로 공표된다. 그 형식은 시공간에서 행해지는 의례의 연행을 넘어서 사회적·우주론적 지시물이 있기도 하다.

연행자는 의례에 참여함으로써 **사적** 자아를 벗어나 공적인 규범적 질서로 편입된다. 거기서 그는 자신의 사적인 과정에 부과되는 범주category를 발견한다. 대개 불변하는 규범은 다양할 수 있는 참여자들의 상태에 매우 제한된 몇 가지 범주를 부과한다. 이 과정은 통과의례와 같이 돌이킬 수 없는 변화, 순수와 오염, 위반과 속죄, 터부의 선언과 폐기, 번갈아 일어나는 전쟁과 평화 같은 단기적 상황의 이항적 변화를 통해서 나타난다. 의례에 참여한 개인이 자신에 관한 의미를 발견하는 것도 이 규범에서다.

규범이 없다면 의례의 자기–지시적 메시지는 의미가 없어지거나 아예 존재하지 못한다. 규범 없이는 카이코 축제에서 춤추기는 그저 춤추기에 지나지 않을 것이다. 규범적 지침과 한계가 자기–지시적 메시지를 정의한다고 볼 수 있다. 그러나 이는 자기–지시적 메시지가 철저하게 규범적인 메시지에 종속된다는 의미가 아니다. 이 장 첫머리에 언급했듯이, 예식 질서를 보유할 만큼 충분히 긴 모든 의례는 그것이 없으면 규범이 어떤 힘이나 타당성도 갖추지 못하는 자기–지시적 메시지가 있다. 따라서 의례의 자기–지시적 메시지에 대한 논의는 자연스럽게 의례의 규범적 내용에 대한 논의로 이어진다. 우리는 다음 장에서 그 둘의 관계를 다룰 것이다.

4

의미의
연행

의미의

연행

의례에서 자기 – 지시적 메시지와 규범적 메시지의 복잡한 관계를 일단 말하기saying와 행하기doing의 관계를 통해서 접근해보자. 이 장에서는 의례적 효험의 일반 원리를 고찰한 다음, 의례 자체의 형식에 내재한 핵심적인 지표적 메시지를 논의할 것이다. 2장 후반부에서 지표적 메시지가 없이는 규범이 아무런 영향력을 행사하지 못할 것이라고 말했다. 내가 생각하기에 이 문제는 의례의 핵심을 관통한다. 우리는 이 점에 비추어 의례에서 관습의 확립, 의례에 내재한 사회적 계약과 윤리를 논의할 것이다. 나는 이 논의에 의거해서 의례를 인류의 근본적인 사회적 행위로 간주하려 한다.

3장 끝부분에서 의례 참여가 연행자의 현 상태의 특정한 측면을 나타내는 동시에, 그런 상태를 변화시키는 결단을 부과한다고 말했다. 이 주장은 다소 모호한 것 같다. 예를 들어 타히티 소년들의 포피 절개 의례가 한편으로 소년이 성숙 과정에서 특정한 단계에 도달했음을 나타내고, 다른 한편으로 그 과정에 이항적 결단을 부과한다는 주장은 다소 혼란스런 모순적 진술이 아닐까? 그런데 특정한 조건을 '나타내는' 것과 그것을 '변화시키는' 것은 별개의 문제다. 나는 그 둘을 혼동하지 않는다. 물론 양자는 융합되었다. 의례에서 전달되는 자기 – 지시적 메시지는 단지 연행자의 상태에 관해 '뭔가 말하는' 것이 아니다. 그 메시지들은 그 상태에 관해 '뭔가 행한다'. 타히티 소년들은 포피 절개 수술을 받음으로써 분명 자기 성장 단계에 관해 뭔가 나타낸다. 하지만 그가 자기 성장 단계에 뭔가 행했다는 점도 분명하다.

비슷하게 마링족 남자들이 카이코 축제에서 춤추는 것은 다음 전쟁 때 주최 측을 도와주겠다는 맹세를 나타낸다.[1] 춤추기는 마링족에게 맹세의 효력이 있기 때문이다. 이때 신호는 (단순히 상징적인 것이 아니고) 지표적이다. 춤추기와 맹세 행위는 하나이며, 동일하기 때문이다. 물론 그런 맹세는 위반될 수 있지만, 2장에서 논의한 이유들에 따르면 그런 맹세를 했다는 점은 속일 수 없다.

나는 많은 의례의 자기-지시적 메시지는 지표적 성격을 띤다고 말했다. 이제 1장에서 가볍게 언급한 논점을 다시 강조하자. 관습적 상태를 나타내는 행위들(맹세와 같은)의 지표적 성격은 그 행위들이 가리키는 바를 성취한 결과다. 지표적인 자기-지시적 정보 전달에서 기호와 지시물의 관계는 우리에게 좀 더 친숙한 상징적 정보 전달에서 기호-지시물 관계의 정반대라고 말했다. 보통 사람들은 별생각 없이 지표적 기호나 다른 기호들이 우리의 지시 행위와 별개로, 혹은 그런 지시 행위 이전에 존재하는 사태들을 보고·묘사·재현·의미·규정·반영·지시한다고 생각한다. 의례적 행위와 발화는 (그와 반대로) 기호 자체가 특정한 사태를 창조하는데—이것이 의례의 마술이다—그 사태가 창조되었으므로 기호는 그 사태를 가리킬 수밖에 없다.

우리는 이 장 후반부에 의례에서 필수 불가결한 지표적 메시지를 논할 것이다. 그다음 관습적 상태들이 변하는 방식과, 더 심오한 층위에서 어떻게 그런 관습 자체가 의례에서 확립되는지 살펴볼 것이다. 이런 맥락에서 내가 의례의 가장 심오한 지표적 메시지라고 주장하는 것들의 의미가 가장 잘 설명될 수 있을 것이다. 일단 여기서는 의례적 효험의 원리로 눈을 돌려보자.

1.
물리적 세계와 의미의 세계

의례 개최와 의례의 내용은 그것이 부과되는 무엇을 형성·변화시킨다. 하지만 그 형성과 변화는 2장에서 살펴보았듯이 주로 에너지나 물질의 법칙에 따라 일어나지 않는다. 종종 의례의 '힘power'[2]이라 불리는 것들은 다른 수단들과 원리들에 근거한다. 여기서 우리는 자연에 존재하는 두 가지 효험efficacy―물리적인 것과 의미적인 것―을 구별해야 한다. 리치가 '테크닉technique'이라 부른 것, 즉 물리학이나 화학 법칙에서 물질과 에너지의 작용을 통해 그 결과가 성취되는 것들의 효험은 대부분 물리적인 것이다. 하지만 기도祈禱는 의례가 아니며, 단순한 말들도 아니다. 기도의 효험은 커뮤니케이션의 원리에 근거한다.

베이트슨은 물리적인 효험과 의미적인 효험의 일반적 차이를 다음과 같이 설명했다.

커뮤니케이션의 세계와 조직의 세계에서 상황은 달라진다. 이 세계에서 효과는 힘, 충격, 에너지 교환에 따라 야기되지 않는다. '효과effects' ─ 더 나은 용어를 찾을 수 없어서 효과라고 하자면 ─ 는 차이(정보의 비트들)에 의해 발생한다.

전체적인 에너지 관계도 달라진다. 정신의 세계에서는 어떤 것도 ─ 아무것도 아닌 것도 ─ 원인이 될 수 있다. 우리는 자연과학에서 원인을 궁구하고, 그것들이 '실제로' 존재하기를 기대한다. 그렇지만 0은 1과 다르며, 0이 1과 다르기 때문에 0도 커뮤니케이션의 세계에서는 원인이 될 수 있다. 당신이 쓰지 않고 비워둔 편지는 격앙된 반응을 불러올 수 있다. 당신이 소득세 항목 칸을 비워두면 세무서 직원이 행동을 개시할 것이다. 그들 역시 아침과 점심, 차와 저녁을 먹고 신진대사에서 유래한 에너지로 (당신의 빈칸에) 반응할 수 있다. 존재한 적이 없는 편지는 (물리적으로) 어떤 에너지원도 될 수 없다…. 내가 정의하는 정보, 다시 말해 정보의 기본 단위는 차이를 만드는 차이다. 정보가 차이를 만들 수 있는 것은 신경 통로를 통과하며 지속적으로 변형을 겪는 정보 자체에 에너지가 공급되기 때문이다.

이 통로들은 촉발될 준비가 되었다. 우리는 질문이 그것들에 내재한다고 말할 수 있다.

그러나 인간의 신체에 존재하는 대다수 정보 통로와 외부의 통로에는 중요한 차이점이 있다. (외부의) 차이는 먼저 빛이나 소리의 차이로 변형되어 그런 형태로 나의 감각기관에 전달되어야 한다. 그것의 전달에 필요한 에너지는 통상적인 자연과학적 방식에 따라 그것의 '배후behind'에서 제공된다. 하지만 그 차이가 내 몸의 말단기관을 자극하며 몸 안으로 들어오면, 그때 정보 전달에 필요한 에너지는 내 몸의 원형질에서 일어나는 신진대사가 제공한다. 내 몸은 그 차이를 받아들이며, 그 차이를 되살리거나 변형하거나 통과시킨다. (1972d, 강조는 원저자)

나는 베이트슨과 달리 정보를 의미 형식 이상으로 간주하지 않는다. 모든 의미 형식이 엄격한 의미에서 정보로 환원될 수 있다고 생각하지 않기 때문이다. 그래서 나는 의례를 (정보적 행위가 아니라) '의미적 행위meaningful act' 범주에 포함했다.

효험을 물리적인 것과 의미적인 것으로 나눈다고 해서, 그것들이 자연 상태에서 분리되거나 분리될 수 있다는 의미는 아니다. 의례가 의미의 커뮤니케이션을 통해 그 효과를 성취한다는 말은 의례가 에너지와 물질을 소비하거나 동원하지 않는다는 뜻이 아니며, 기술technique이 의미의 인도 없이 아무렇게나 활용된다는 뜻도 아니다. 정보가 존재하지 않는 물질 – 에너지는 필연적으로 생명이 없다. 또 물질 – 에너지와 분리된 정보와 다른 의미 형식은 수학적인 것, 형식적 추상체, 순수한 정신체, 플라톤적 의미의 이데아로 간주할 수 있다. 그런 간주 행위 자체는 다른 모든 이해 행위처럼 생물학적 과정에 속한다. 따라서 물질과 에너지 없이는 일어날 수 없다.

메시지의 의미성과 그 메시지의 전달에 필요한 에너지의 양에는 직접적인 관계가 없어 보이지만, 정보적이거나 그보다 차원 높은 커뮤니케이션에는 언제나 에너지가 필요하고 때로는 물질도 필요하다. 말하기는 에너지에 의해 이루어진다. 정보는 종이에 쓰이고, 돌에 새겨지며, DNA에 결합되고, 자기테이프에 녹음된다. 반대로 유기체가 감지한 자기에게 영향을 미치는 모든 에너지 변화, 물질적 환경에서 포착한 모든 에너지 변화는 그 안에 정보를 품고 있다. 정보란 그 특성상 포착되었거나, 포착될 수 있는 차이이기 때문이다. 게다가 베이트슨이 지적했듯이, 물질 – 에너지와 정보적 과정은 종종 분리될 수 없다. 정보를 수신한 유기체는 자신의 에너지를 사용하여 물질적·정보적 요소를 포괄하는 특정한 결과를 다시 만들어내기 때문이다.

자연에서 물질 – 에너지 과정과 정보적 과정은 서로 구별될 수 있지만 분리될 수는 없다. 흥미롭게도 오스트레일리아 원주민, 고대 히브리인을 포함한 세계 여러 사회의 신화는 세계 창조를 (전체로든 부분으로든) 존재하던 미완의 원시적 물질에 형식을 부여하는 행위나 행위들로 간주한다(Bateson, 1972b). 그렇다면 세계 창조를 물질에 정보를 부여하는 행위이자, 형식의 물질화로 이해할 수 있다. 여기서 더 차원 높은 의미가 따라온다.

자연에서 정보 과정과 물질 – 에너지 과정은 분리할 수 없지만, 그것과 그것이 영향을 미치는 대상, 그것이 효과를 성취하는 방식은 구별할 수 있다. 분명히 물질과 에너지는 불활성을 띤 물질에 가장 효과적으로 작용한다. 다시 말해 가장 예측 가능한 결과를 불러일으킨다. 그러나 정보나 다른 의미 형식의 효험은 정보를 기입하고 전달하는 전달자의 능력에 근거할 뿐 아니라, 그 메시지를 인식하고 이해하고 숙고하는 수신자의 능력에도 의존한다.

이 세계의 모든 실체가 정보를 수신할 수 있는 것은 아니다. 세계 창조의 신화적 행위를 차치하고 보면, 무생물적이고 불활성을 띤 사물은 메시지를 전혀 수신할 수 없다. 그 사물에 형식을 부여하고, 변형하고, 일정하게 배열해서 다른 이들에게 정보를 전달하는 수단으로 쓸 수 있더라도 그것 자체는 정보를 수신할 수 없다. 하지만 유기체나 사회시스템, 인간이 고안한 몇몇 기계는 메시지를 수신한 다음 그 내용에 따라 자기 행동이나 이해 체계를 수정할 수 있다. 물론 개별 시스템의 정보 수신 능력은 크게 차이가 난다. 추측컨대 개는 달팽이보다 정보 수신 능력이 훨씬 뛰어나다. 인간도 개보다 훨씬 우수하다.[3] 세계의 여러 인간 집단 사이에도 정보를 수신·가공하는 평균적 능력에 차이가 있는지 알려진 바 없지만, 개인 사이에는 그런 능력의 차이가 존재한다. 경험적 연구가 아니라 상식에 비춰보면, 인간 집단 역시 정보를 수신하고 그 내용에 따라 자신을 변환할 수 있는 능력에 차이가 날 것이다. 각 집단의 규모나 문맹률, 기술 수준이 다르고, 정보의 수신이나 저장, 해석, 전파를 위한 전문 기관 측면에서도 차이가 나기 때문이다.[4]

상이한 인간 집단이 의미 있다고 여기는 것 사이에도 차이가 존재한다. 이것이 비교인류학이 존재하는 이유다. 그렇다면 몽골어로 된 발화는 미국인에게 정보를 거의 전달하지 못할 것이며, 몽골식 의례에서 전달되는 비언어적·언어적 메시지 역시 그럴 것이다. 대다수 미국 청소년은 요도 절개 의례에 깊은 인상을 받겠지만, 그런 시술을 통해 왈비리족Walbiri이나 아룬타족Arunta 소년처럼 사회적 성인으로 인정받고 싶어 하지 않을 것이다. 의례라는 형식은 보편적일 수 있지만, 모든 인간 의례는 특정 사회나 교회, 집회 등에 고유한 기호를 포함한다.

예식 질서에 포함되는 기호 요소 역시 어느 정도는 사회적 · 문화적으로 구성된다. 예식 질서에 코드화되어 개인들이 수신하는 메시지가 '이해되기' 위해서는(그 메시지가 신비스럽지 않다는 의미는 아니다), 그것들이 어떤 방식으로든 학습될 필요가 있다. 그것의 지시물과 관습적으로 연계된 기호를 생득적으로 이해할 수는 없기 때문이다. 다시 말해 의례 참가자들은 의례가 전달하는 메시지를 수신할 수 있도록 교육되거나 세뇌되어야 한다.

캠벨Joseph Campbell(1959), 에릭슨Erik Erikson(1966), 터너Victor Tuner(1969), 월러스Anthony F. C. Wallace(1966), 구디너프Erwin Ramsdell Goodenough(1990) 등의 연구는 부분적으로 개인이 아이일 때부터 어른이 되어가며 여러 의례에 참여하는 과정에서, 의례를 통해 정보를 전달받는 능력을 학습한다는 것을 보여준다. 에릭슨(1966)은 이런 준비 과정을 '의례화'라고 불렀는데, 이 문제는 다음 장에서 다시 논의할 것이다. 여기서는 의례의 정보 전달, 형성, 변형 능력은 의례의 특별한 정보 전달 양식뿐만 아니라 특별한 준비를 거친 수신자들의 (정보) 수신에도 의존함을 지적하려고 한다.

운동과 에너지 작용에서 성취되는 효과와 의미를 통해 성취되는 효과는 뚜렷이 다르다. 물리적 효과—들어 올린 역기, 파놓은 참호, 포켓으로 들어가는 당구공, 중화된 산성 물질, 제련된 금속, 경작된 식물—는 물리적 과정을 통해 성취된다. 반면 관습적 효과 —왕이 되는 왕자, 약속으로 변하는 말, 속된 것의 신성화, 휴전의 선포―는 오직 의미 행위를 통해 성취된다. 한 젊은이가 기사도의 의무를 다하거나 기사 임명을 받는 데 어떤 에너지가 필요하든 간에, 그 에너지는 왕이나 영주의 손에서 그의 검과 어깨로 전해지는 것이 아니며, 왕이나 영주의 목소리에서 나오는 것도 아니다. 베이트슨을 다시 인용하면, 그 에너지는 그 기사의 아침과 저녁 식사에서 나온다.

기사 임명식은 왕이나 영주가 기사를 검으로 치면서 가하는 힘이 아니라, 기사에게 그의 기사도에 관한 정보를 전달함으로써, 더 정확히는 기사도를 불어넣으면서 그를 기사로 변모시킨다. (옥스퍼드 대사전에 따르면, 젊은이는 작위를 받아 기사로 변모한다. 이는 정보 수신을 통한 변용적 측면을 강조한 설명이다.) 물론 기사 임명식에서 특정한 사물을 동반한 물리적 행위가 일어나지만, 기사 임명 과정에서 일어나는 변화는 한 젊은이의 물리적 변화가 아니며, 물리적 · 화학적 · 생물학적이라 부를 수 있는 과정으로 촉발된 것도 아니다. 기사 임명식에서 변화는 그 임명식을 하는 사회의 관습에 따라, 그 변모를 겪는 주체와 다른 관계자들에게 특정한 의미를 전달함으로써 성취된다.

이 설명은 마링족 사회에서 룸빔 나무를 심으며 일어나는 집단에 대한 소속성과 교전 상태의 변화에도 적용할 수 있다. 입문자에게 심각한 신체적 고통을 겪게 하고 평생 그 흔적을 남기는 의례―흉터 내기, 요도 절개, 포경, 송곳니 뽑기, 코 뚫기, 손가락 절단―에서도 상황은 마찬가지다. 그런 행위에서 유래하는 중대한 변화는 분명 물리적인 것도, 그런 사건 자체에서 야기된 신체적 변화의 결과도 아니다. 그 변화는 그것이 전달하는 의미에서 나온다.

신체 절단, **룸빔** 나무 심기, 기사 임명식과 같은 의례적 행위는 판 노이만J. Van Neumann의 표현을 빌리면 '표지들markers'이다. 그것들은 "관찰 가능한 물질 – 에너지의 다발, 단위, 변화로, 그것들이 한데 모여 만든 패턴이 정보가 담긴 상징을 간직 · 전달한다"(James Miller, 1965). 여기서 흥미로운 문제는 다음과 같다. 인간은 사용 가능한 여러 부호와 표지들의 목록 가운데 어떤 메시지를 전달하기 위해서는 에너지나 물질의 측면에서 그리 많은 비용이 들지 않으며, 정확하고 섬세한 말speech이라는 수단을 사용한다. 하지만 어떤 메시지를 전달하기 위해서는 상대적으로 정확성이 떨어지고, 물질 – 에너지 비용이 많이 들며, 때로는 고통스러운 신체적 행위를 채택한다. 지난 장에서 나는 이 문제를 짧게 언급했는데, 다음 장에서는 본격적으로 논의할 것이다.

물리적인 것과 의미적인 것이 우세한 영역을 구분한다고 그 둘의 경계가 날카롭거나 분명하다는 의미는 아니다. 바다라는 자연 공간이 기도나 명령에 따라 분할되거나 반환될 수는 없다. 왕자가 왕이 되거나, 신랑과 신부가 남편과 아내가 되는 것이 단순히 물질과 에너지의 문제도 아니다. 기도뿐만 아니라 약藥도 기도하는 사람의 신체적 상태에 영향을 미치며, 심지어 그 기도의 대상이 되는 사람의 건강에도 영향을 미칠 수 있다. 주술도 그렇다. '부두 주술에 의한 죽음voodoo death'에 대해서는 많은 기록이 있다(최근의 논의를 위해서는 렉스Barbara Lex(1979), 다킬리Eugene d'Aquili와 로플린Charles Laughlin(1979)을 참조할 것).

이런 예들은 저주, 살해 기도, 주술적 공격 같은 관습적으로 코드화된 발화와 행위에 내재한 정보를 인간 유기체가 생화학적이고 신경학적인 신호로 번역할 수 있으며, 특정한 의례의 효험은 인간의 이런 능력에 의존함을 말해준다. 이 신호들은 메시지를 수신하는 유기체에게 이롭거나 해로운 신체적 결과를 불러일으킨다. 신체적 효과를 염두에 둔 의례 행위는 종종 단순하고 관찰도 쉽지만, 그런 효과를 불러일으키는 차후의 신경계나 호르몬 전달 과정은 그렇지 않다. 그 과정은 극도로 복잡하고 직접적 관찰이 불가능하다. 이 경우 한 행위와 그것의 최종 결과를 이어주는 인과법칙의 정확한 성격은 모호하고, 심지어 신비한 것으로 남는다. 인간이라는 유기체 내에서 물리적인 영역과 의미적인 영역의 경계는 잘 알려지지 않았다. 그러나 그 경계가 명확한 것일 수는 없다. 그런 경계 영역의 모호함이 의례적 말과 행위의 비술적 효험에 대한 개념의 토대라고 추정할 수 있다.

2.
화행

편의상 의미 행위의 범주에 넣은 행위들 사이에도 중요한 차이가 있다. 기사 임명식, **룸빔** 나무 심기, 포피 절개와 같은 사건은 단순히 정보 수신자에게 그들의 사회적·물리적 환경의 조건에 관한 정보를 알려주는 메시지와 구별되어야 한다.

그 이유는 첫째, 그런 의례들은 참여자에게 그들 자신의 변화에 대한 정보를 전달할 확률이 높다. 더 정확히 표현하면, 그 의례들은 그들을 둘러싼 환경의 변화가 아니라 그들 자신의 변화를 유발한다.

둘째, 환경적 조건에 관한 단순한 메시지는 수신자의 반응을 크게 고려하지 않지만 의례는 수신자의 반응을 규정하며, 종종 매우 정확하게 규정한다. 중세 유럽에서 한 젊은이가 기사 작위를 받는다고 자신이 원하거나 상상한 다른 진로를 택할 수 있는 지위를 박탈당한 것은 아니다. 그러나 그는 기사가 되었고, 이제는 기사일 뿐이다. 마링족 사회에서도 이방인이 한 집단의 **룸빔** 나무를 손으로 쥐면, 그는 **합법적으로** 오직 그 집단의 일원이 된다. 그리고 **룸빔** 나무가 뽑히면 마링족 농부들은 잠재적 전사로 변모한다. 타히티 소년들 역시 포피 절개 수술을 받으면 **타우레아레아**에 접어들 뿐이다.[5]

셋째, 사회적·물리적 환경의 상태와 관련된 메시지도 우리 자신이나 우리를 둘러싼 조건을 변화시키는 행동으로 이어질 수 있다. 최소한 몇몇 의례는 이런 변화를 위한 것이다. 앞서 본 기사 임명식은 젊은이에게 기사가 되라고 명하거나 어떻게 기사가 되는지 알려주는 게 아니다. 그것은 젊은이를 기사로 바꾼다.

의례는 관습적 효과를 불러일으키는 관습적 말과 행위로 가득하다. "나는 그대를 기사로 명하노라" "나는 이 배를 퀸엘리자베스호로 명한다" "당신에게 오직 진실을 말할 것을 맹세하오" "전쟁에서 당신을 돕겠다고 약속하오" "우리는 피고가 유죄라고 선고한다".

인간사에서 이런 발언의 중요성은 뚜렷하기 때문에 굳이 논의할 필요가 없어 보인다. 그러나 몇몇 철학자는 지난 수십 년간 이런 발화의 특이한 성격에 주목해왔다. J. L. 오스틴(1962)은 이런 발화를 '수행적 발화performative utterance' '발화 수반 행위illocutionary acts'라고 불렀다.* 설J. R. Searle(1969)은 그 발화들을 '화행話行. speech acts'이라는 범주에 포함했고, F. 오도허티(1973)는 '사역적factitive' 발화라는 중요한 하위 범주에 포함했다. 스코럽스키John Skorupski(1976)는 그 발화들과 유사한 발화를 '작용적 행위operative acts'로 지칭했다.

여기서 분명히 해야 할 점이 있다. 오스틴이 초기에 쓴 용어를 빌려 내가 '수행문performatives'이라 부르는 표현들의 힘은, 단순히 그런 행위와 발화들이 사람의 정신과 마음에 미치는 영향에서 나오는 게 아니다. 어느 마링족 남자가 속으로 무슨 생각을 하든, **룸빔 나무를 심는 것은 그를 한 집단의 일원으로 편입시킨다.** 권위 있는 집전자가 적절하게 수행하는 의례에서 파문되거나 추방되거나 강등되는 사람들이 거기에 대해 어떻게 생각하고 느끼든, 그들이 파문되고 추방되고 범죄자로 낙인찍히거나 강등된다는 사실에는 변함이 없다. 권위 있는 사람이 적절한 방식으로 평화를 선

---

* 존 오스틴은 1960년대 영국의 언어학자들이 주축이 되어 창시한 화행 이론(speech-act theory)의 대표적 학자다. 화행 이론은 '언어는 무엇을 행하는가'라는 물음, 즉 말 자체가 일종의 행동이 된다는 점에 천착한다. 말이 특정한 현상이나 사태를 기술·묘사·보고하는 것뿐만 아니라, 특정한 사태나 효과를 유발할 수도 있다는 것이다. 오스틴은 '저것은 꽃이다' '거기에 회색 건물이 있다'처럼 사태를 묘사하거나 보고하는 종래의 발화를 진위문이라 부른다. 수행적 발화란 "이 사람을 신부로 맞아들이겠습니까?"라는 질문에 대한 답("네!")처럼, 말 자체가 그 말이 가리키는 사태를 창조하거나 수행하는 발화를 말한다. "네"라는 발화는 그 자체가 '이 사람의 신부가 됨'이라는 사태를 창조하거나 이를 언약적으로 수행하는 것이다.

포한다면 그에 반대하는 사람들을 전부 설득하지 못했어도 평화는 선포된다. 이는 수행적인 행위와 발화들이 사람들을 특정한 방식으로 행동하게 할 만큼 설득적·위협적·고무적이지 않다는 말이 아니다. 화행 이론에 따르면 의례적 발화와 행위는 '발화 효과력perlocutionary force'과 '발화 수반력illocutionary force'이 있다.[6]* 다시 말해 관습적 효과가 있는 행위들은 특정한 발화나 행위 자체를 통해 완수된다.

수행문이 완수하는 행위의 성격은 경우마다 다르다. 권위 있는 인물이 적절한 절차에 따라 어느 배에 퀸엘리자베스호라는 이름을 붙인다면 그 배는 그렇게 불린다. 다른 이가 자기 마음대로 그 배를 '호텐스호'라고 부를 수 있겠지만, 그 배는 퀸엘리자베스호가 되었고 다른 여지는 없다. 반면 한 마링족 남자가 다른 집단의 카이코 축제에서 춤을 추어 다음 전쟁에 지원할 것을 약속했다면, 여기에는 다른 여지가 없는 게 아니다. 그 남자가 약속을 이행하는 일이 남았고, 그는 약속 이행에 실패할 수도 있다.

특정한 행위를 구성할 뿐 아니라 실제로 그것과 관련된 사태를

---

* 오스틴은 《Performative utterance말과 행위》라는 책에서 발화의 종류를 세 가지로 구분한다. 첫째, 사태나 의미를 있는 그대로 진술하는 행위를 발화 행위(locutionary act)라 한다. 이는 가장 일상적인 의미에서 '어떤 것을 말하는' 행위다. 둘째, 어떤 것을 말하는 가운데(in saying something) 어떤 것을 행하는 발화 수반 행위(illocutionary act)가 있다. 이는 '말함'이 '행함'과 겹치거나 동시에 일어나는 행위다. 셋째, 어떤 것을 말함으로써(by saying something) 어떤 것을 행하는 발화 효과 행위(perlocutionary act)가 있다. 이는 '말함'이 실제 '행함'을 불러오는 행위다. 예를 들면 "그는 나에게 '그녀를 쏘라'고 말했다"는 발화 행위, "그는 나에게 그녀를 쏘라고 촉구(충고, 명령 등)했다"는 발화 수반 행위, "그는 나로 하여금 그녀를 쏘게 했다(쏘게 설득해서 결국 내가 쏘았다)"는 발화 효과 행위다.

창조하는 명명命名 행위는 우리가 '사역적factitive'*이라 부르는 수행문의 범주에 속한다.[7] 의례에서 완수되는 많은 언어 행위―기사작위 수여, 평화의 선포, 결혼, 정화 의식―는 사역적이지만 모든 언어 행위가 그렇지는 않다. 그중 몇몇은―이중에는 오스틴이 '언약 발화commissive'라고 부른 발화가 포함된다―그것이 가리키는 사태를 창조하지 않고, 언젠가 그런 사태를 수행하겠다는 언약을 전달할 뿐이다.[8]

3.
의례와 수행성의 특별한 관계

전쟁을 평화로 바꾸고, 오염된 것을 정화하고, 남자와 여자를 혼인 관계로 결합시키는 많은 의례의 핵심은 수행 행위performative act이며, 그 의례들은 수행적이다. 그러나 수행성이 단지 의례에 존재하는 것은 아니다. 예를 들어 어느 바 주인이 "오늘 영업은 끝났습니다"라고 하는 말은 의례적 발화가 아니다. 그러나 그가 그렇게 말하면 영업은 끝난 것이고, 손님들은 술을 더 주문할 수 없다. 수행성은 단지 의례에 존재하는 게 아니지만, 의례와 수행성은 특별한 관계가 있다.

---

* 목적어를 어떤 상태로 되게 하는 동사. 예를 들어 '그들은 그를 대통령으로 선출했다' '그는 그녀를 행복하게 만들었다'는 문장에서 선출했다, 만들었다 같은 동사.

의례의 형식적 성격은 의례에 포함된 수행문들이 성공할 확률을 높인다. 다른 언어 행위처럼 수행문도 실패할 수 있다. 예를 들어 (대학교수인 내가) 한 학생을 가터 기사Knight of the Garter[*]로 임명한다면, 임명 절차를 완벽하게 따랐다 해도 그 학생이 가터 기사가 될 수는 없다. 반대로 영국의 엘리자베스 여왕이 앤 공주의 준마를 기사로 임명한다면, 괴벽怪癖에 대한 영국인 특유의 관대함을 고려한다 해도 그 말이 기사가 될 수는 없다. 어느 정신 나간 사제가 결혼식에서 장례용 애도문을 암송한다 해도, 그 앞에 선 남녀가 애도의 대상이 되지는 않는다(Austin, 1962). 이 모든 불완전한 수행문은 의례적 수행문이며, 의례적 수행문도 실패할 수 있다. 그러나 이 사례들이 아무리 어이없어도 의례적 수행문이 실패할 확률은 비非의례적 수행문보다 적다. 예식 질서의 형식성 때문에 의례에 포함된 수행문은 적절한 자격과 권위를 갖춘 집전자에 의해, 적절한 상황에서, 적절한 절차에 따라 발화되기 때문이다.

게다가 의례의 형식성은 그 의례에서 행해지는 것들이 무엇인지 명확하고 명시적으로 밝혀준다. 예를 들어 마링족 남자가 다른 남자에게 무심한 어조로 "다음 전쟁에서는 당신을 도와주겠다"고 말했다고 하자. 이 말은 그 남자의 속내를 막연히 표현한 것인지, 그럴 가망이 높다는 예상인지, 약속인지 확실치 않다. '도움'이 뭔지도 분명하지 않다. 그러나 이 메시지를 카이코 축제에서 춤으로 전달하면 도와주겠다는 맹세가 분명히 표현되며, 그 '도움'이 전쟁

---

[*] 영국의 명예 기사 작위. 일반인에게 수여되는 최고의 명예 훈장이다.

지원이라는 의미가 관계된 모든 사람들에게 관습적으로 전달된다. 의례는 그것이 전달하는 수행문을 명시적으로 드러내며, 그 수행문의 정확한 이행을 보장한다. 그럼으로써 의례는 그 수행문을 중대한 것으로 만든다. 참여자의 현 상태와 관련된 메시지들이 의례 참여를 통해 전달될 때 그 메시지들은 결코 모호하지 않다. 의례의 형식성과 엄숙성, 예법은 의례가 담고 있는 수행문들에 다른 방식으로는 주입되기 어려운 무게를 부여한다.

요약하면 의례는 수행문을 명시적으로 표현해서 참여자들에게 지금 그들이 하는 행위가 무엇인지 명료하게 알려주며, 암묵적이나마 무엇이 그런 수행문에 수반되는 의무의 위반이나 오용인지 규정한다. 이런 뚜렷한 규정은 사람들로 하여금 행동하기 전에 '한 번 더 생각하게' 하고, 의무의 위반이나 오용 가능성을 줄인다. 달리 표현하면 의례의 형식성에 내재한 명료한 규정은 그 자체로 발화 효과력이 있으며, 많은 의례의 특성인 형식성과 엄숙성, 예법 역시 마찬가지다. 재귀적으로 의례의 형식성에 내재한 발화 효과력은 의례에서 상연되는 모든 수행문을 강화한다.

의례의 수행문을 논의해야 하는 두 가지 이유가 더 있다. 첫째, 주술적 · 종교적 의례에서 신성하고 비술적인 행위를 수행문과 연계하면 의례의 관습적 성격이 신비화되며, 의례의 성공 확률이 높아진다. 왕관과 성유聖油의 신성한 덕에 근거해서 왕의 즉위식을 치르면, 그런 신성화가 없는 단순한 연행적 · 관습적 행사일 때보다 왕의 통치와 사회질서 유지에 효과적이다. 신성화되지 못한 왕의 권위는 예를 들어 가신들의 사소한 불만에 의해서도 쉽게 손상될 수 있다.

둘째, 루스 피네건(1969)이 모호하게 제안했듯이 종종 '말들의 마술적 힘'이라 불리는 현상에 '숨어 있는 진실'은 말의 발화 수반력과 관련되었을 수 있다. 구체적으로 표현하면 예식의 일부를 구성하는 몇몇 말과 행위의 마술적 힘은, 그것이나 그것과 연계된 관습적인 사태의 관계에서 유래한다. 앞서 보았듯이 수행문이나 그것과 연관된 사태의 관계는 (수행적이지 않은) 일반 진술이나 그것과 연관된 사태의 관계와 정반대다. 일반 진술이 지칭하는 사실이나 사건, 상황은 그 진술과 별개로 이전부터 존재하던 것이다. 그 일반 진술이 진실한 것으로 인정받으려면 앞서 존재하던 독립적 사태들과 어느 정도 합치해야 한다. 하지만 수행문은 그것과 관련된 사실이나 사건, 상황을 창조하기 때문에 사실이 수행문 뒤에 생겨나며, 그 수행문에 의지한다. 수행문과 가장 뚜렷한 사실 발화factive는 자기-충족적이다. 수행문은 관련된 사태들과 합치된다는 의미에서 그 수행문 자체를 진실한 것으로 만든다.

이 점에 비추어보면 수행성, 특히 의례적 행위와 발화의 사실 발화성factiveness은 의례의 일반적인 비술적 효험―특히 말의 마술적 힘까지 포함해―의 근거가 된다. 의례적 말은 관습적 사태나 '제도적 사실'을 창조하며, 그렇게 창조되었기 때문에 그 사실은 '날것의 사실brute fact'만큼 실제적인 것이 된다(Searle, 1969). 말들의 마술적 힘은 사실 발화성의 원리가 확장됨에 따라 단순히 의미의 영역을 넘어서 물리적 세계까지 미칠 수 있다. 그러나 우리는 의례가 성취할 수 있는 효과의 한계를 논할 때 신중을 기해야 한다. 앞서 우리는 수행문의 발화 수반력은 그것의 발화 효과력에 따라 강화될 수 있다고 말했다. 설득, 협박, 회유, 영감 부여, 엑스터시의 효과는 순수하게 관습적인 것이나 담화적 의식의 영역을 넘어 신체적인 영역까지 미칠 수 있다. 이는 치유 의례에 따른 치료, 마술에 의한 상해傷害의 사례에서 분명히 드러난다.

4.
의례의 첫 번째 근본적 직무

수행문은 의례에만 존재하는 게 아니다. 모든 의례에는 수행문 이상의 무엇이 포함되었다. 사실 몇몇 예식은 어떤 의미에서도 수행문이라 불릴 만한 것을 포함하지 않는 것 같다. 많은 종교 의례의 목표는 관습적 절차를 통해 직접적인 관습적 효과를 불러일으키는 게 아니다. 그러나 단순한 수행성이 의례의 본질은 아니라 해도, 수행성과 비슷하거나 그보다 고차원적인 무엇은 그것의 본질이 될 수 있다. 모든 의례가 명명백백하게 수행적이지 않다 해도, 수행성은 의례에 의해 가능해진다. 지금 우리는 2장에서 자세히 다루지 못한 형식성과 연행의 결합이라는 문제에 접근한다. 즉 예식 질서를 연행하는 행위에 무엇이 내재했는지 살펴보고, 그럼으로써 자기 - 지시적 메시지와 규범적 메시지의 관계의 핵심이 무엇인지 물어야 한다.

　여기서 대단히 중요한 예식 질서의 특징은 연행performance이다.

다시 말해 그 예식은 연행되어야 한다. 연행 없이는 의례도, 예식 질서도 있을 수 없다. 고대 우르나 테베 지역에서 행해진 예식에 관한 기록은 지금도 남아 있다. 그러나 그 기록은 단순히 그 예식들에 관한 것이며, 그 예식들 자체는 아니다. 그것은 죽은 의례의 잔해다. 그 기록이 간직한 예식 질서는 살아 있는 사람들의 몸과 숨결, 함성에 의해 생명력을 부여받을 수 없다. 연행은 예식 질서를 제시하거나 표현하는 방법일 뿐만 아니라, 그 자체가 예식 질서가 전달하는 메시지의 핵심 양상이다.

여기서 의례라는 현상에 내재한 몇 가지 문제를 살펴보자. 예식 질서는 형식적 행위와 발화의 순차적 연속으로 구성되는데, 그렇기 때문에 오직 그 행위들이 연행되고 그 말들이 사람의 목소리를 얻을 때 구현된다. 다시 말해 실제적인 것이 되고 실체$_{res}$가 된다. 연행 행위와 연행되는 것—연행에 의해 창조되는 것—의 관계는 필연적으로 연행자와 그가 연행하는 것의 관계를 규정한다. 연행자는 단순히 예식 내에서 코드화된 메시지를 전달하는 자가 아니다. 그는 그 예식 질서에 참여하며—다시 말해 그 질서의 일부가 되며—그 자신의 몸과 숨결로 그 의례에 생명을 부여한다.

예식 질서를 연행한다는 것, 다시 말해 그 정의상 연행자 외 다른 사람에 의해 코드화된 형식적 행위와 발화를 불변의 차례에 따라 연행한다는 것은 필연적으로 그 질서에 복종한다는 뜻이다. 따라서 예식 질서에는 권위와 명령이 내재한다(Maurice Bloch, 1973 참조). 그러나 그 질서에는 '권위'나 '복종' 같은 말들이 함축하는 것보다 내밀하고, 구속력 있는 무엇이 내포되었다. 커뮤니케이션이라는 개념에는 최소한 발신자와 수신자, 메시지, 발신자에서 수신자에게 그 메시지가 전달되는 통로라는 개념이 함축되었다. 한편 규범적 메시지의 경우, 즉 의례 연행자가 전통적으로 확립된 메시지를 경전 등에서 접할 수 있는 경우 메시지의 발신자와 생성자encoder를 구별해야 한다. 메시지 생성자의 정체는 까마득한 과거 속으로 사라졌고, 그 때문에 그들의 메시지는 시간을 초월한 것이 된다.

우리는 앞서 의례적 커뮤니케이션의 독특성, 다시 말해 의례에서는 메시지의 발신자와 수신자가 종종 동일하다는 것을 살펴보았다. 적어도 발신자는 언제나 그 메시지의 중요한 수신자 중 한 명이다. 이제 의례의 또 다른 독특함을 살펴볼 차례다. 연행자들이 자신들이 구현하는 질서에 참여하거나 그 질서의 일부가 된다는 것은, 발신자 겸 수신자인 그들이 스스로 발신하고 수신하는 메시지 자체와 결합된다는 의미다. 연행자들은 연행이 창조하는 질서나 그 연행에서 생명을 얻는 질서에 복종함으로써 잠시나마 그런 질서들의 일부가 되며, 그 질서들과 구별이 불가능해진다. 따라서 연행자들이 의례에 참여하는 한, 그들이 참여를 통해 구현하는 예식 질서를 거부하는 것은 자기-모순적이며 불가능하다. 의례 참여자들은 예식 질서를 연행함으로써 그 질서의 규범 내에 코드화된 무엇을 수락할 수밖에 없으며, 그런 수락을 그들 자신과 다른 이들에게 드러낸다.

이런 수락acceptance 행위가 의례의 근본적인 직무 중 하나다. 의례적 규범의 수락에서 자기-지시적 메시지와 규범적 메시지는 하나가 된다. 수락은 모든 의례 연행에 내재한 자기-지시적 메시지, 다시 말해 그것이 없이는 예식 질서와 그것이 규정하는 규범적 메시지가 중요성을 가질 수도 존재할 수도 없고, 공허한 것이 되는 지표적 메시지다. 수락은 결코 사소한 메시지가 아닌데, 인간이 특정한 관습적 질서를 수락하는 것은 유전자에 의한 것이 아니기 때문이다. 개인은 원하지 않으면 의례에 참여하지 않을 수 있다. 이런 참여 거부는 행위자에게 언제나 최소한 논리적인 하나의 가능성으로 남는다. 참여(수락)는 언제나 논리의 문제이며, 어느 정도 개인의 선택을 기반으로 한다. 그런 선택의 대가는 때로 엄청날 수 있지만 언제든 가능하다.

5.
수락, 신념, 복종

수락이 의례의 연행에 내재한다는 주장은 여전히 의심스러울 수 있다. 따라서 이번 절과 다음 절에서는 이 주장을 더 정교하고 분명히 해보자.

첫째, 수락은 신념belief이 아니다. 신념은 물론 신념의 발생이라는 개념은 정의하기 어렵다(Rodney Needham, 1972). 여기서는 '신념'을 최소한 개인의 인지 과정과 그들에게 진실한 것으로 비치는 재현물의 관계와 관련된, 혹은 그런 관계에서 유래하는 심적 상태로 이해하려고 한다. 그렇다면 '신념'은 이차적 과정second-order process이다. 다시 말해 일차적 과정과 외부 현실의 관계에 대한 과정이다. 이 설명에 따르면 신념은 오직 주관적으로 인식 가능한 내적 상태로, 의례 참여가 필연적으로 의례 참여자들에게 그런 상태를 야기한다고 볼 수는 없다.

둘째, 그와 반대로 수락은 사적인 상태가 아니며 의례 참관자나 연행자에게 분명히 드러나는 공적인 행위다. 사람들은 믿기 때문에 수락할 수도 있다. 그러나 수락은 그 자체로 신념이 아니며, 심지어 어떤 신념도 수반되지 않을 수 있다. 의례 연행은 종종 발화 효과력이 있으며, 의례 참여는 종종 개인의 사적 과정에 영향을 미쳐 특정한 공적 행위에 동조하도록 할 수 있다. 그러나 항상 그렇지는 않은데, 신념은 (수락의) 설득력 있는 이유지만 유일한 이유는 아니기 때문이다. 반대로 신념은 수락을 거부할 이유가 되기도 한다. 종교개혁자나 이단자들은 신적 존재에 관한 특정 원칙을 깊이 믿기 때문에, 그들이 인정하지 않거나 타락했다고 보는 특정한 종교 단체의 의례에 참여하지 않을 것이다.

이 설명은 의례 연행의 참여는 대단히 가시적이지만, 꼭 마음에서 우러나온 것이 아닐 수도 있음을 암시한다. 의례 참여가 필연적으로 복종이라는 내적 상태를 만들거나 가리키지 않기 때문이다. 이 견해는 의례 참여를 공허하고, 심지어 위선적인 형식주의의 일환으로 치부하는 종교 비판자들의 주장이다. 또 '의례'라는 단어의 현대적 의미 중 하나, 즉 의례를 내용과 의미가 결여된 형식적 행위로 보는 용법에서도 이런 시각이 드러난다. 역설적으로 종교의 긍정적 측면에 주목하는 학자들은 의례적 연행에 따른 수락, 개인의 믿음과 별개로 행해진 수락은 단순한 신념이나 확신보다 훨씬 심오하다고 주장한다. 수락은 연행자가 자신의 의혹과 의심을 무시하거나 초월할 수 있게 하기 때문이다.

가장 독실한 신자들조차 때로는 그들이 철저하게 복종하는 의례에서 표현되는 문제에 의혹을 품거나 회의를 표시한다. 이런 의혹을 넘어서는 심오한 수락은 기독교의 특정한 신앙faith 개념과도 일맥상통한다. 가톨릭 사제였던 오도허티(1973)는 "신앙은 주관적인 신념이나 경험된 확신이 아니며, 가장 고귀한 신앙에도 의혹이 깃들 수 있다"고 썼다. 틸리히Paul Tillich(1957) 역시 신앙은 필연적으로 불확실이나 의혹의 요소를 포함한다고 말했다. 또 하나 흥미로운 점은 유대교가 신자들에게 믿음을 요구하지 않는다는 것이다. 믿음은 명령될 수 있는 것이 아니기 때문이다. 대신 유대교는 신자들에게 율법의 수락을 요구한다. 이 수락은 그들의 모든 삶에 퍼진 여러 의례적 규범에 복종하는 것을 통해 드러나며, 그런 복종에 내재한다.

그렇다면 수락의 행위와 그것에 결부되는 개인의 내적 상태 사이에는 종종 불일치가 있을 수 있다. 개인은 자신이 사적으로 의심하거나 경멸하고, 은밀하게 거부하는 것을 공적으로는 수락할 수 있다. 그러나 이 수락이 연행에 내재한다면 개인의 은밀한 거부로 훼손되지 않는다. 의례적 연행의 수락 뒤에 개인의 은밀한 거부가 숨어 있을 수 있다는 말은, 의례적 수락의 근거가 매우 다양할 수 있다는 의미다. 더 나아가 수락은 필연적으로 신념에 근거할 필요가 없으며, 심지어 개인의 '수긍'이라는 주관적 상태조차 꼭 함축할 필요가 없다는 의미다.

그렇다면 수락은 확신할 수 없고 '진실하지 않은insincere' 행위인가? '진실하지 않음'이 수락을 무효화하지는 않는다. 수락의 의미를 훼손하는 것처럼 보이는 진실성의 결핍에도 의례적 연행을 통한 수락의 미덕이 숨어 있다. 의례의 사회적 효능은 그런 심오함의 결여, 더 정확히 외적 행위와 내적 상태의 불일치 가능성에 근거한다. 신념과 수락의 구별은 3장에서 논의한 사적인 것과 공적인 것의 구별에 상응한다. 의례 참여는 사적 과정과 공적 과정 사이에 경계를 긋는다. 예식 질서는 은밀하게 행해진다 하더라도 공적 질서이며, 그 의례에 참여하는 것은 연행자 개인의 사적인 상태나 믿음과 무관하게 공적인 질서의 수락을 나타낸다. 여기서 수락이 포함되는 다양한 수행문―약속하기, 맹세하기, 거부하기, 칭찬하기, 평가하기―에 대한 오스틴의 견해를 살펴보자.

이 경우 우리는 말들의 발화와 더불어, 특정한 내면적이고 영적인 행위의 수행―이때 언어는 그런 경험을 보고하는 기능만 담당한다―이 꼭 수반된다고 가정해서는 안 된다. 애매한 사례들은 이런 오해를 하기 쉽다. 예를 들어 "내일 거기에 간다고 약속할게"라는 문장을 살펴보자. 우리는 이런 발화를 단순히 약속이라는 내적·영적 행위에 대한 외적이고 가시적인 수행의 기호로 간주하기 쉽다. 이런 견해는 여러 고전 문헌에도 등장한다. 에우리피데스의 연극에서 히폴리투스는 말한다. "나의 혀는 맹세했지만, 나의 심장은 그러지 않았다." '심장'을 '정신'이나 '혼'으로 바꿀 수 있지만, 어찌 되었든 여기에는 (표면과 다른) 심중의 여분이 표현된다. (1970)

우리는 히폴리투스의 말에서 진지함, 진실함의 과잉이 어떻게 부도덕성으로 이어지는지 분명히 볼 수 있다. "약속하기란 단순히 단어 내뱉기가 아냐. 그것은 내적이고 영적인 행위야!"라고 주장하는 사람은 한 세대의 (언어) 이론가들에 맞선 경직된 모럴리스트임이 틀림없다. 우리는 그가 독특한 전문가로서 모든 뛰어난 자질을 갖추고, 자신을 관찰하며, 윤리적 공간의 비가시적 깊이를 조사하는 것을 본다. 그러나 (그의 주장에도) 히폴리투스는 빠져나갈 구멍을 찾아내고, 이중 결혼을 한 사람은 "꼭 할게I do"라고 변명하며, 의무를 이행하지 않은 사람은 "장담할게I bet"라는 말로 자신을 방어한다. "우리의 말이 우리의 보증이다our word is our bond"라고 말할 수 있으려면 우리는 정확해야 할 뿐 아니라 윤리적이어야 한다(Austin, 1962).

의례 연행에서 수락은 내적인 신념을 반영할 수도 있다. 그 수락은 개인의 '정신' '심장' '영혼'을 자신과 일치시키게 할 수도 있다. 그러나 이는 필연적인 것이 아니다. 정신, 가슴, 영혼 혹은 다른 '심중의 여분'이 고안하는 모든 속임수를 제거할 수는 없다. 나는 오스틴의 논지에 근거해서 의례적 연행이 모든 위선을 제거할 수는 없다 해도, 그런 위선을 공적으로 무효화한다고 주장한다. 사회적·도덕적 구속력을 발휘하는 것은 가시적이고 명시적이고 공적인 수락 행위지, 비가시적이고 모호하고 사적인 개인의 감정이 아니다.

공적 과정과 사적 과정은 연계되(어야 하)지만 느슨하게 연계되므로, 오스틴이(1962) '불운들infelicities'이라 부른 것—다양한 비진실들―도 생겨날 수 있다. 공적인 질서가 그 질서에 종속되는 개인의 (사적인) 믿음, 충실함, 호의, 신념 혹은 열광에 근거한다면, 비진실성이나 기만의 가능성 대신 비‐질서 혹은 무질서의 가능성이 들어설 것이다. 사적 과정에 근거해서 공적 질서를 구축하는 것은 거의 불가능하기 때문이다. 물론 사적 과정이 의례의 내적 역동에 중요하지 않다는 말이 아니다.

다음 장에서 우리는 신념과 종교적 경험에 관해 논의할 것이다. 나는 여기서 개인의 사적 상태는 그 본성상 인식이 불가능하며, 심지어 개인의 태도 역시 언제나 수월하게 식별할 수는 없다고 주장한다. 인간은 자신이 복종해야 하는 관습처럼 중요한 문제 앞에서 양가적 태도를 보이는 경향이 있고, 사적 상태는 변덕스럽기 때문이다. '공통의 신념'은 매우 단순한 사회에서도 그 자체로 공적 질서를 확립하는 충분히 건실한 토대가 될 수 없다. 일단 그 신념이 공통된 것인지 알 수 없을 뿐만 아니라, 신념은 종종 양가성과 애매모호함에 의해 교란된다.

그러나 수락은 그렇지 않다. 예식 질서는 공적인 것이며, 의례에 참여한다는 것은 사적인 신념의 상태와 무관한 공적인 질서의 공적 수락을 의미한다. 수락은 공적일 뿐만 아니라 명료한 것이다. 개인은 의례에 참여하거나, 참여하지 않을 수 있을 뿐이다. 여기서 선택지는 이항적이며, 형식적으로 어떤 애매모호함도 없다.[9] 의례 참여가 연행자의 사적 상태를 '믿지 않음'에서 '믿음'으로 바꾸지는 못하더라도, 의례에서는 사적 과정의 모호함이나 양가성, 변덕스러움이 단순하고 명료한 공적 행위에 종속된다. 이 공적 행위는 연행자 자신뿐만 아니라 제삼자에게도 인식될 수 있다. 따라서 의례의 연행은 근본적인 사회적 행위인데, 의례 자체에 내재한 수락이 알 수 없고 변하기 쉬운 사적인 신념이나 확신으로 구성할 수 없는 공적 질서의 토대가 되기 때문이다.

연행에서 구현되는 예식 질서의 수락이 그 질서에 수반되는 규칙이나 규범의 무조건적인 준수를 보장하지는 않는다. 불륜과 도둑질을 금지하는 예배에 참여한 사람이 교회를 나서자마자 좀도둑질하거나, 성찬식을 마치고 이웃의 배우자와 불륜을 저지를 수도 있다. 그러나 이런 부도덕한 현실을 인정한다고 의례적 수락이 위선적이거나, 사소하거나, 의미 없다고 말할 수는 없다(Douglas, 1973). 의례적 연행을 통한 수락의 사회적 효험을 부정할 수도 없다. 위 사례들은 사실 의례의 효험을 긍정하는데, 그런 위반이 수락을 무효화하거나 사소한 것으로 만들 수 없기 때문이다. 이런 사건에서는 의례적 수락의 의미가 가장 극적으로 드러난다.

의례적 연행의 일차적 기능 혹은 메타 기능은 개인의 행동을 직접 통제하는 것이 아니라, 개인의 일상적 행위가 **따라야 마땅한** 관습적 이해 체계, 규칙, 규범을 확립하는 것이다. 어떤 사람이 의례에서 불륜을 저지르지 않겠다고 맹세했어도 그가 불륜을 저지를 가능성은 있다. 그러나 의례는 그에게 그가 수락하고 동시에 활성화하는 규범(불륜 금지)을 확립한다. 그가 규범을 준수하든 준수하지 않든, 그는 그 규범을 준수하겠다고 자신에게 다짐한 것이다. 그가 그러지 못했다면 스스로 맹세한 의무를 위반한 셈이다. 이 주장은 위에서 인용한 오스틴이나 철학자 J. R. 설의 주장과도 비슷하다.

> 개인이 한 제도institution의 규칙을 들먹이면서 제도적 행위를 시작할
> 때, 그는 필연적으로 이렇거나 저렇게 규정된 방식으로 행동한다. 이
> 는 그가 그 제도를 수긍하거나 부정하는 것과 무관한 문제다. 약속이
> 나 수락 같은 언어적 제도의 경우, 그 말들의 진지한 발화는 개인을
> 그 말들의 의미에 근거해서 구속한다. 특정한 일인칭 발화는 (그 발화
> 가 가리키는) 의무를 떠맡는 것이기도 하다. (1969)

설은 그 뒤에 의무의 개념이 수락, 인정, 수긍과 긴밀히 연관된
다고 지적한다. 이는 수락 없이는 어떤 의무도 없고 어쩌면 도덕성
은 수락과 더불어 시작되는 것임을 암시한다.[10] 물론 의례 외 상황
에서도 관습적 의무, 규칙, 절차의 수락이 가능하다. 그러나 의례
적 연행의 형식적이고 공적인 특성은 (의례에서) 그런 수락 행위가
일어난다는 것, 그런 수락이 진지하다는 것, 그렇게 수락되는 것이
무엇인지 대단히 명료하게 밝혀준다. 오스틴의 용어로 하면(1962),
의례는 '명시적으로 수행적explicitly performative'이다. 요약하면 의례의
직무는 복종의 강요가 아니라 의무의 확립이다.

6.
수행성, 메타-수행성, 관습의 확립

이제 모든 의례가 수행적 행위―관습적 효과를 성취하기 위한 관습적 절차― 나 그것과 형식적으로 유사한 무엇을 포함하지 않더라도 의례 형식에는 더 높은 질서가 내재하며, 의례의 이런 특성이 수행적 행위를 가능하게 한다는 주장으로 돌아가자.

오스틴(1962)은 수행문이 완수되려면 충족되어야 할 여섯 가지 조건을 열거했다(Searle, 1969도 참조할 것). 여기에는 앞서 우리가 암묵적으로 언급한 조건들―예를 들어 적절한 권위를 부여받은 인물이 적절한 상황에 발화해야 하며, 그 발화가 정확하고도 완벽하게 수행되어야 한다는 것―이 포함된다. 우리는 의례의 형식성이 이런 조건의 충족에 기여하는 것을 살펴보았다. 그러나 의례가 반드시 정확하고 완전한 연행을 보증하는 규약으로 기능해서 수행성에 기여하지는 않는다. 의례의 중요성은 훨씬 더 근본적이다.

오스틴은 수행문의 성공에서 가장 중요하고 기본적인 조건을 A.1이라고 표기했는데, 이는 다음과 같다. "(수행문을 완수하기 위해서는) 특정한 관습적 효과가 있는 수락된 관습적 절차가 존재해야 한다. 이 절차에는 특정한 인물이 특정한 상황에, 특정한 말들(혹은 특정한 상징적 행위의 연행)을 발화하는 행위가 포함된다." (1962, 강조는 저자) 관습적 효과는 그것들을 성취할 관습 없이는 성취될 수 없다. 한 젊은이가 기사로 변모하기 위해서는 그러기 위한 절차가 필요하며, 그 절차가 관계된 공적 영역에서 수락되어야 한다. 오스틴은 언급하지 않았지만 우리는 앞서 기사 임명 절차에 대한 수락은 암묵적이면서도 뚜렷하게, 기사도라는 관습 자체의 수락을 수반한다고 말했다. 한 젊은이가 사제나 주교에 의해 '주님을 위한 기사로서 무장'할 때, 주님의 신성에 대한 수락 역시 수반된다(Marc Bloch, 1961).

오스틴이 말한 기본 요건은 뚜렷해 보이지만 사소한 문제는 아니다. 그것의 위반이 가능하기 때문이다. 수행적 시도는 실패로 돌아갈 수 있다. 예를 들어 (다른 이들의 인정 없이) 연행자만 특정한 절차를 채택하거나, 자신이 성취하려는 사태를 인정한다고 생각해보라. 한 미국인이 아내에게 "당신과 이혼한다"는 말을 세 번 반복한다고 해서 이혼이 성립되지는 않는다. 이혼 자체를 인정하지 않는 사회에서는 어떤 이혼 절차도 효력이 없다(Austin, 1962). 관습적 절차나 관습적 상태, 심지어 관습적 규약 전체는 어떤 이들에게는 수락되고, 어떤 이들에게는 수락되지 않을 수 있다. 그리고 어떤 사회에서든 시간에 따라 관습이 변한다. 그 관습의 적용 범위도 확대되거나 축소되고, 어떤 관습은 사라지거나 새로 생겨난다. 수락되지 않기 때문에 사라지는 관습도 있다(Austin, 1962). 두 사람의 결투를 위한 예법이 그 예다. 오늘날 미국이나 영국에서 장갑으로 상대의 뺨을 툭 친다 해도 결투가 벌어질 확률은 없다. 과거에 이런 의례 행위를 포함하던 관습 자체가 이제 수락되지 않기 때문이다. 그것들은 '역사'가 되었다.

오스틴에 따르면, 수행문이 효과를 내려면 그와 관련된 관습들이 존재하고 사람들이 받아들여야 한다. 그러나 그는 이런 전제 조건들이 충족되는 방식에는 거의 관심을 기울이지 않았다. 내가 여기서 주장하는 바는, 의례가 그런 조건들을 충족한다는 점이다. 관습, 다시 말해 일반적이고 공적인 이해 체계, 합법적 절차, 제도를 확립한다는 것은 관습에 실체를 부여하는 것이며, 동시에 그것을 수락하는 것이다. 오스틴이 파악했듯이(1962) 그 둘은 거의 구분이 불가능하다. 말 그대로 관습은 그 자체가 관습이 수락될 때만 존재하기 때문이다(Gregory Bateson, 1951 참조).[11]

의례를 연행하는 것은 의례적 질서에 복종하는 것이자, 그 질서를 구현하거나 실체를 부여하는 것이다. 의례적 연행은 그것이 재현하는 관습들의 권위를 인정할 뿐만 아니라, 그 관습들 자체에 실체를 부여한다. 연행이 없다면 예식 질서는 종이 뭉치에 기록된 죽은 글자 혹은 망각 속으로 증발할 실체 없는 형식일 뿐이다. 의례적 연행은 그것이 순응하는 관습적 질서의 구현이다. 반대로 표현하면, 의례적 연행은 그 연행을 일부로 삼는 관습적 질서를 구현한다. 의례 참여자들은 몸의 에너지나 목소리의 표현을 통해 그 질서에 생명을 부여한다. 그들은 그렇게 함으로써 물질과 에너지의 세계에 질서를 확립한다. 그들은 그 질서에 **내용을 부여해서** 그 질서를 **구현하**는 것이다.

수행문을 관습적 효과를 성취하기 위한 관습적 절차로 이해한다면, 의례는 단순히 수행적인 것 이상이다. 앞서 우리는 기사 임명식이 단순히 한 젊은이를 기사로 바꾸는 이상의 사건이라고 말했다. 즉 그 임명식은 젊은이를 기사로 바꾸는 관습적 절차 자체도 반복해서 확립한다. 다시 말해 그 관습의 존재를 수락한다. 기사 임명식은 기사도라는 관습을 반복적으로 확립하고, 신의 이름으로, 신을 위해 기사도를 펼칠 것을 주문하며 작위를 수여하므로 신성神性이라는 관습도 확립한다. 이와 반대로 미사는 인간과 신의 관계에 대한 더 일반적인 관습적 이해 체계를 확립한다. 의례적 연행에 내재한 수락의 행위는 의례에서 일어나는 특정한 관습적 행위—왕관 쓰기, 혼인하기, 기사 작위 수여하기, 정화하기—처럼 단순히 수행적인 행위가 아니라 메타-수행적meta-performative인 행위다.

관습의 확립은 의례의 두 번째 근본적인 직무다. 그것이 근본적인 이유는 모든 의례의 수행적 기능이 의례에 근거하거나 의례를 상정하며, 의례 외부의 관습적 절차 역시 의례에 근거하기 때문이다. 또 관습의 확립이 그렇게 확립된 개별 관습들에 의한 개별 기능의 성취를 가능하게 하는 일종의 '메타 기능metafunction'이기 때문이다.

형식적 의미에서 그것이 근본적인 이유는 의례 규범에 코드화된 것들을 관습으로 확립하는 사건이 의례 형식에 내재하기 때문이다. 다시 말해 연행자 자신이 코드화하지 않은 형식적 행위와 발화의 불변하는 차례로 구성된 연행 자체에 내재하기 때문이다. 여기서 우리는 의례의 불변성과 형식성의 심오한 중요성을 이해할 수 있다. 그것들은 의례에서 수락되는 것의 내용을 변함없이 유지한다. 불변성이 없다면 의례에서 수락되는 것들은 관습이 되지 못할 것이다. 규범이 개별 의례마다, 개별 참여자들에 의해 자유롭게 변경된다면 수락은 어떤 중요성이나 의미도 없으며 심지어 논리적으로 불가능해질 것이다.

우리는 말들의 **마술적 힘**이라는 개념의 '실제 내막' 중 하나가 신비화된 수행성 혹은 사실 발화성일 수도 있다고 보았다. 그렇다면 진정한 **말씀**The Word의 창조적인 힘과 관련된 세계의 여러 개념 역시 신비화된 메타-수행성이나 메타-사실 발화성에 근거하고, 불변하는 예식 질서에 참여함으로써 관습의 구현에 근거한다고도 할 수 있다.

7.
관습의 확립과 의례적 · 일상적 실천

의례의 연행에서 뚜렷하고도 명시적으로 수락된 의무들은 개인의 불신이나 위반에 의해 무효화되지 않는다. 이 점은 비진실성과 기만성의 초월이라는 측면에서 의미가 있다. 지금 우리는 대단히 중요한 문제, 즉 관습과 행위의 관계, 구체적으로 일상적 행위를 통한 관습 확립의 어려움이라는 문제를 다룬다. 나는 의례의 근본적인 직무 중 하나가 관습의 확립이라고 주장했다. 그러나 관습이 반드시 의례에서 확립된다고 말하지는 않았다. 이런 측면에서 의례는 개인의 일반적 실천이나 행위와 크게 다르지 않아 보인다. 관습은 칙령decree에 의해 확립될 수도 있다. 그러나 의례적 연행과 관습 확립을 위한 다른 수단들 사이에는 중요한 차이가 존재한다.

의례적 연행은 일상적 실천과 대조된다. 그레고리 베이트슨(1951)이 오래전에 언급했듯이, "특정한 코드 체계codification 속의 모든 진술은 그런 규준화의 긍정이기도 하다. 따라서 그 진술은 어떤 의미에서 메타-커뮤니케이션적이다(내가 '나는 고양이를 본다'고 말할 때, 나는 암묵적으로 '고양이'라는 단어가 내가 보는 것을 의미한다는 전제를 긍정한다)". 여기서 '코드code'의 핵심적 의미는 언어학적인 것으로, 이는 언어 요소들을 더 큰 의미 단위로 결합시키는, 발화 가능한 것들에 근거하지 않거나 그것을 제약하는 어휘나 규칙을 의미한다. 언어적 관습은 일상적 실천에 의해 확립되었다고 간주할 수 있다.

몇몇 인지인류학자는 코드라는 개념을 단순히 언어라는 테두리에 국한하지 않는다. 그들은 대개 문화를 "메시지와 행위를 사회적으로 적절한 방식으로 구성·해석하기 위한 공유된 인지적 규범들"(Frake, 1964)로 구성된 복잡한 코드로 본다. 그러나 의례는 이렇게 넓고 의미론적으로 불분명한 의미에서 코드는 아니다. 의례는 정형화된 행위와 발화들의 정형화된 차례에 가까우며, 그렇기 때문에 의례에서 표현될 수 있는 것들은 제한적이다. 몇몇 연행의 양상에서 허용되는 변주 덕분에 연행자들이 지표적 메시지를 약간 추가할 수 있지만, 그런 메시지가 추가될 수 있는 의례의 불변하는 측면인 규범의 내용 자체는 고정되었다.

따라서 어떤 의례에서도 전달될 수 있는 지표적 메시지의 범위는 제한적이다. 게다가 의례 참여자들은 규범에 내재한 불변의 메시지를 직접 코드화하지 않고 전달할 뿐이다. 그렇기 때문에 '의례적 질서'라는 용어가 '의례적 코드'라는 용어보다 적절해 보인다. 질서는 대단한 구속적 성격이 있으므로 질서의 수락은 구속적 성격이 덜한 코드의 수락보다 사회적으로 중대한 의미가 있다. 그렇다면 중대한 것, 규범적인 것에 높은 가치를 부여해야 할 때 의례적 질서를 도입할 필요가 있다. 의례는 의례에서 규정되는 것을 정확하게 명시하며, 의례적 형식과 예법은 그것의 내용을 중대하게 만들기 때문이다.

그러나 사회적 삶을 조직하는 관습에 '코드'와 '질서'라는 단순한 이분법을 부과할 필요는 없다. 몇몇 의례에 내재된 언어적 코드와 관습적이고 교조화된 이해 체계는 '제약의 연속체continuum of constraint'의 양극단이다. 두 극 사이에는 사람들이 상대에게 말하거나 상대에 대해 말하고, 세계에 관해 말하는 것뿐만 아니라, 서로 그리고 그들을 둘러싼 세계와 더불어 행하는 것들을 조직시키는 다양한 관습이 존재한다. 이런 연속체의 질서에 대해서는 거의 알려진 바가 없다. 다시 말해 특정 문화 영역은 다른 영역보다 좁고 엄격한 제약을 받는지, 한 사회의 제약은 다른 사회의 제약과 어떻게 다른지 거의 알려지지 않았다. 우리는 신성화를 논의하는 장에서 이 문제로 돌아올 것이다. 지금은 의례의 불변성에 의해 비교적 수준 높은 제약이 의례에 부과된다는 정도로 말해두자.

한편 욕망이 강한 사람일수록 관습을 잘 위반하고, 그런 위반의 결과도 클 것이라고 추정할 수 있다. 관습은 일상적 실천보다 의례에서 확립되는데, 그렇게 확립되는 관습은 특정한 사회의 관습적 이해 체계와 더 긴밀하고 강하게 연계되었을 것이다(이 부분에 대해서는 신성화에 관한 10장을 참조할 것). 그런데 말하기의 관습 같은 특정한 관습들은 일상적 관행에서 유래하며, 그런 관행에 의해 의미 있고 질서 있는 사회적 상호작용을 허용하기에 충분할 만큼 안정적으로 유지된다. 이 경우 "규범norm은 통계적 평균과 일치한다" (Leach, 1972). 그런 관행과 관련된 변이들은 충분히 용인되며, 일상적 실천이 그런 관습을 확립·유지하고 바꾸기도 한다. 그러나 일상적 실천이나 관행이 그 자체로 모든 관습을 확립하지는 않으며, 통계적 평균이 언제나 관습적 행위에서 유래하지도 않는다.

그 이유는 첫째, 일상적 관행을 통해서는 비일상적 차원의 관습들을 확립할 수 없기 때문이다. 그런 관습들은 가장 중요하게—그리고 아마 배타적으로—종교의 토대가 되는 이해 체계와, 신이나 신성한 존재들과 관련된 교리나 비밀 의식을 포함한다. 그것들은 보통 물질적 지시물이 결여되었고 언제나 비일상적인 무엇으로 간주되는데, 일상적 관행에서는 태어날 수 없다. 이 관습들의 근본적 중요성은 추후에 다시 논의할 것이다.

둘째, 일상적 관행에서 유래하는 통계적 평균은 단순한 공동의 실천, 개인적 행동의 합산 이상이 아니다. 그런 합산된 평균을 개인의 행동 지침이나 평가 기준으로 사용하기도 어렵다. 그것들은 도덕적 함의가 있는 관습에는 특히 부적합한데, 부도덕의 개념이 단순히 통계적으로 평균적인 행동 범위에서 일탈deviation로 환원되기 때문이다. 즉 부도덕은 그 범위에 '속하지 않는 것', 도덕은 '속한 것'이라는 식이 된다. 그런 도덕과 부도덕의 개념은 사실 차원에서 그릇되며—어떤 사회에도 그런 도덕 개념은 없다—작동 차원에서도 부적절하다. 어떤 사회도 최소한 장기적으로는 그런 식으로 작동할 수 없기 때문이다.

그 경우 공동의 실천 자체를 평가할 기준이 없고, 심지어 한 사회의 윤리적 규범에 따른 공동의 실천 자체도 악하거나 반사회적이거나 자기 파괴적일 수 있다. 공동의 실천, 통계적 평균, 일상적 관행으로는 확실하게 구속적이고 자의적이며, 대단히 강렬하거나 위험한 감정을 동반하는 사회적 삶의 측면과 관계된 관습을 확립할 수 없다. 혹은 복종을 요구하는 관습, 즉 개인이 공동의 선을 위해 자기 이익을 희생할 것을 요구하는 관습도 확립할 수 없다. 이런 관습에서는 언어적 관행의 경우보다 행동의 다양성이 훨씬 적게 허용된다. 조금 다른 문제지만, 관습 자체의 성격에서도 불확실성이 훨씬 덜 허용된다. 일상적 관행은 언제나 다양하기 때문에 일상적 차원에서 규칙과 관습은 종종 위반된다.

문제의 방향은 옳았지만 리치가 다음과 같이 말했을 때, 그는 충분히 숙고하지 않은 듯하다. "무정부 상태를 피하려면 사회를 구성하는 개인은 때때로 상징의 형태라도 자신의 사회적 행위를 인도하게 되어 있는 근본적 질서를 상기해야 한다. 의례 수행은 참여하는 모든 구성원에게 바로 이런 기능이 있다. 의례는 순간적이나마 다른 때라면 허구였을 무엇을 명시적으로 드러내는 것이다." (1954) 리치는 다른 의미로 사용했을지 모르나 예식 질서에서 재현되는 것들이 허구는 아니며(비인간적 자연에서 주어진 것이 아니라 인간에 의해 '만들어진' 것이라는 의미에서 허구는 예외. Geertz, 1973 참조), 의례적 연행은 개인에게 사회의 토대가 되는 질서를 상기시키는 역할 이상을 수행한다.

우리의 일반 논지에 내재된 가정을 분명히 하자. 사회의 질서는 우주의 질서와 마찬가지로 무질서를 향해 와해되는 경향이 있다. 사회의 물질적 요소는 유지되지 않으면 분해되거나 썩어 기능을 상실한 파편이 된다. 그리고 사회의 의미적 요소, 즉 관습적 이해 체계나 규칙 역시 지속적으로 명료화되고 교정되고 재확립되지 않으면 오류와 난센스, 애매함과 흐리멍덩함, 위선과 무의미로 해체되고 만다. 일상적 실천의 변화무쌍함은 관습을 명료화하고 재확립하기는커녕 그것들을 침식시키는 경향이 있다. 따라서 최소한 사회의 특정한 관습은 일상적 행위 차원의 변화와 분해, 역사적 훼손에서 분명히 보호될 필요가 있다.

의례는 단순히 일상적 관행—행위와 역사—이 훼손하고 분해하는 사회의 질서를 사람들에게 상기시키는 것은 아니다. 의례는 그런 질서를 확립하고 재확립한다. 의례는 일상적 실천의 변화무쌍함에 맞서, 의례가 신성불가침으로 규정한 관습을 보존한다. 그럼으로써 의례는 개인의 행동을 특징짓는 통계적 평균에 맞서, 그것과 독립된 차원의 실체를 관습에 부여한다. "모두 그렇게 한다" 앞에서는 (통계적 평균과 달리) 아무도 예외일 수 없다. 기독교인에게 불륜은 죄인데, 설사 모든 기혼 신자들이 불륜에 탐닉하더라도 그런 행위는 죄로 남는다.

그러나 관습의 위반이 언제나 단순히 엔트로피의 문제, 즉 전적으로 실현되었어야 하는 이상적 질서에 반하는 무질서나 무정부주의의 문제는 아니다. 일부 사회의 구성을 관찰하면 몇몇 관습의 위반이 흔할 뿐 아니라 체계적으로 진행되지만, 관습은 여전히 사회 유지에 핵심적 역할을 한다. 글럭먼(1954)은 오래전에 몇몇 아프리카의 의례를 이런 시각에서 분석했다. 마링족과 다른 파푸아뉴기니 부족 사이에서도 부거제(시가살이)적·부계적인 이데올로기가 널리 퍼졌다는 점을 상기해보자. 거기서 명목상 영토를 소유하는 것은 부계씨족이며, 그보다 작은 구역을 소유하는 것은 부계 측 하위 씨족이다(Rappaport, 1968). 이 집단들은 그들과 그들의 죽은 조상이 함께 거주한다고 알려진 특별한 장소에서 대개 부계씨족의 조상에게 의례를 거행한다.

하지만 이들이 직면한 생존의 문제는 대단히 심각해서 각 소집단의 인구 변화가 격심하다(1963년 쳄바가족의 하위 씨족들은 구성원 숫자가 1~2명에서 35명까지, 씨족은 16~70명이었다). 그리고 이 변화가 부거제적·부계적 이상을 침해한다. 각 집단은 이웃에 맞서 어느 정도 힘을 유지할 필요가 있다. 집단의 구성원 숫자가 줄어들면 각 집단은 이방인을 꾀어 정착하게 한다. 그들의 친족 용어는 '에고'의 세대에서 보면 이로쿼이 유형*이다. 그러나 에고의 모든 아래 세대, 에고의 2세대 위부터 친족 용어는 이방인의 동화에 적합하다. 즉 그 세대에서는 친족 용어에 의해 부계친족과 다른 혈족을 구분하지 않고, 2세대까지 인척도 구별하지 않는다.

룸빔 나무 심기 의례를 거치면 먼 혈족 구성원도 부계 종족 구성원이 될 수 있다. 의례를 통해 비-부계 구성원이 부계 구성원이 되는 것은, 지속적으로 위협받는 부거제와 부계제의 관습을—생

---

* 인류학자 루이스 모건(Lewis Henry Morgan)이 《Systems of Consanguinity and Affinity of the Human Family 인간의 혈연관계와 인척 관계의 제도》(1871)에서 제시한 친족 유형. 이로쿼이 유형은 삼촌(아버지의 형제)과 이모(어머니의 자매)를 모두 '아버지' '어머니'로 지칭하지만, 외삼촌과 고모는 가족 용어로 지칭하지 않는다.

물학적인 부계제는 아니더라도―보존할 수 있게 해준다(LiPuma, 1990 참조). 이것은 적응적 차원에서 대단히 중요하다. 파푸아뉴기니 고산지대에서는 때로 인구밀도가 높아져 다른 곳으로 이주하고 싶어 하는 사람들을 집단에서 배제할 필요가 있다(Meggitt, 1965b). 실제로는 위반되지만 의례상으로 보존되는 부계 원칙은 이런 배제가 필요할 경우 그 근거가 된다.

의례를 일상 행위와 구별하는 중요한 특징인 형식성은, 의례가 코드화한 관습을 일상적 실천 차원의 오류나 위반에서 보호하는 데 중요한 역할을 한다. 그런 보존이 의례의 형식성에 크게 의존하며, 관습의 수락과 관습의 정확한 규정이 의례 형식에 내재하기 때문에 기능적·메타 기능적 측면에서 의례와 필적할 만한 행위 범주를 찾기는 힘들다고 볼 수 있다.

관습을 확립하고 그 관습을 행위 차원의 변동과 위반에서 보호하는 것이 의례만은 아니다. 관습은 칙령에 의해 선포될 수도 있고, 권력에 의해 유지될 수도 있다. 그러나 사람들이 칙령을 수락하는 행위가 칙령의 선포 자체에 내재한 것은 아니다. 반대로 예식 질서를 구현하고 동시에 수락하는 것은 의례적 행위 자체다. 게다가 수락의 행위는 그렇게 수락된 관습과 관련된 의무를 확립한다. 이는 공적 차원의 의무이며, 칙령을 준수하는 사람들은 느낄 수 없는 의무다.

관습이 왕이나 의회 등에 의해 자의적으로 선포된 경우에도 그 관습에 참여하는 사람들은 여전히 의례에 둘러싸였다는 점이 흥미롭다. 왕은 대관식을 치러야 하고, 가신은 자기 직무에 대한 맹세를 해야 한다. 의회 회기는 일정한 법식에 따라 개회하고 폐회하며, 그 심의 역시 거의 불변하는 절차를 따른다. 게다가 선포된 칙령을 사람들이 간접적이고 집단적으로 수락하는 것은, 왕이나 국가 혹은 그들의 상징에 대한 충성 맹세와 같은 의례적 행위에서다. 관습을 선포하는 사람들은 여기서 자신의 권위를 얻는다.

어떤 질서를 수락한다는 것은 그 질서의 조건에 정당성을 부여한다는 뜻이다. 또 질서의 조건에 정당성을 부여한다는 것은 자신에게 그 질서를 따르겠다는 의무를 부과하는 것이다. 달리 표현하면, 그 질서들을 수락하는 사람의 행위를 평가하는 적절한 기준으로 인정한다는 뜻이다. 예식 질서에 참여하는 것이 그런 질서의 수락인 한, 참여는 그 질서를 정당화한다.

증명할 방법은 없지만, 그 구조 자체에 권위와 암묵적인 복종이 동시에 내재한 의례는 인류가 관습을 확립하는 데 사용한 가장 원시적인 수단이었을지도 모른다. 몇몇 인간 집단이 명령으로 관습을 선포하고, 다른 이들은 거기에 복종하는 것을 가능하게 한 조건들은 인류 역사상 비교적 최근에 출현했다. 이런 현상이 인류가 곡식과 가축을 처음 기르기 시작한 1만 년 이전에는 존재한 것 같지 않다. 반대로 의례는 관습의 확립을 위한 초개인적 권력 기구가 필요하지 않으며, 그런 권력 기구에 선행했음에 틀림없다.

8.
의례 구조에 내재한 도덕성

의례의 연행은 관습을 확립할 뿐만 아니라 거기에 도덕성을 부여한다. 도덕적 명령이 모든 의례에서 명시적으로 드러나지는 않지만, 도덕성은 사회계약과 같이 의례의 구조 자체에 내재한다.

앞서 우리는 J. R. 설의 논지에 따라, 의례적 참여에 내재하는 수락에 의무가 수반됨을 살펴보았다. 그렇다면 의무의 위반은 언제나, 모든 곳에서 부도덕하게 여겨지는 매우 드문 행위 중 하나라고 말할 수 있다. 예를 들어 살인이 언제나 부도덕하게 여겨지지는 않는다. 인류 역사에서 살인이 꼭 필요하고 경탄할 만한 행위로 여겨진 경우도 많다. 부도덕함은 암묵적이나마 살인해서는 안 된다는 의무가 있는 상황에서 살인을 저질렀을 때 생겨난다. 부도덕하게 여겨지는 거의 모든 다른 행위에서도 상황은 마찬가지다. 의무의 위반은 살인, 강간, 절도 같은 개별적 차원의 위반이 아니라 그보다 고차원적인 일반성 차원의 위반이다. 그리고 그 자체로는 긍정적이거나 중립적이거나 별 의미가 없는 행위들을 절도나 살인 같은 범죄로 규정하는 것은 (일반성 차원의) 의무 위반이다.

그렇다면 의무의 위반은 유일한 근본적인 부도덕 행위다. 의무의 위반이 없다면 어떤 행위도 부도덕할 수 없고, 위반이 존재한다면 그 사실 때문에 행위는 부도덕해진다. 이 주제는 난해한 것으로 여기서 전부 논의할 수는 없다. 나는 다만 의무를 이행하는 데 실패하면 부도덕하다는 낙인을 찍는 것이 인류 보편적 현상임을 강조하고 싶다. 그렇다면 예식 질서의 연행에 내재한 수락과 그 수락에 수반되는 의무 정도만큼, 의례는 관습을 확립하는 것만큼 도덕을 확립한다고 말할 수 있다. 관습의 확립과 도덕의 확립은 사실상 불가분의 것이며, 그 둘은 하나다.

여기서 수행문과 그것이 관여하는 사태의 관계에 다시 주목해보자. 오스틴은 처음에 수행문은 그 속의 진술과 다르며, 그 자체로는 옳거나 그르지 않지만 그 진술은 옳거나 그를 수 있다고 주장했다(1970). 그는 나중에 이 견해에 의문을 표했다. 몇몇 수행문, 특히 판정 발화verdictive의 경우 수행문과 사태의 관계는 진위문true statement과 그 사태의 관계와 유사하기 때문이다. 그 뒤 오스틴은 상황이 항상 그렇지는 않다는 사실을 추가로 발견했다. 그는 언급하지 않지만 수행문과 진위문은 진실 그리고 도덕성의 토대와 관계 맺는 방식이 서로 다르다.

우리는 의례의 지표적 성격을 논하면서 수행문과 그것이 다루는 사태의 관계가 진술이나 묘사에서 기호 - 대상체 관계와 정반대라는 것을 살펴보았다. 진술은 독립적으로 존재하는 사태들을 보고report한다. 반대로 수행문은 그런 사태들을 **구현**realize한다. 기호 - 대상체의 이 역전된 관계에는 훌륭한 진술과 수행문이 무엇인가에 대한 암시가 숨어 있다. 묘사적 진술의 적절함은 그것이 묘사하는 사태와 얼마나 일치하는가에 따라 판가름 난다. 진술이 사태와 충분히 일치하면 그 진술은 참되거나, 정확하거나, 옳다고 평가받는다. 그렇지 않으면 그릇되거나, 오류가 있거나, 부정확하거나, 거짓이라고 평가받는다. 이 경우 우리는 사태를 기준으로 진술의 정확성,

적절성, 진실성을 평가한다.

수행문은 그 기준이 반대다. 한 젊은이가 적절한 작위를 받고 기사가 된 다음, 기사도의 모든 규범을 계속 위반하는 경우를 생각해보자. 또 마링족에게 적절한 의례에 따라 평화가 선포되었는데, 얼마 안 있어 그 의례에 참가한 집단 중 하나가 다른 집단을 공격하는 경우를 생각해보자. 여기서 우리는 기사 임명식이나 평화 선포 의례 자체가 거짓이라고 말하지 않고, 그 후에 일어난 사태에 문제가 있다고 말한다. 이 경우 우리는 수행적 행위의 규정과 얼마나 일치하는가에 따라 사태를 평가한다.

예식 질서는 사건들—행위나 역사—이 평가될 수 있는 기준을 제공한다. 그렇기 때문에 예식 질서는 본래 옳거나 도덕적이다. 즉 도덕성은 의례적 규범이 도덕성 일반 혹은 도덕적이라고 간주되는 구체적 행위를 명시적으로 주장하기 전에 의례 연행의 구조 자체에 내재한다. 도덕성은 궁극적으로 무엇이 옳고 그른가에 대한 진술이 아니라, 의례가 옳거나 그릇된 것으로 확립한 것들에서 유래한다. 달리 표현하면, 일상적 관행에 구속되지 않는 관습을 확립한다는 것은 거기에 비추어 행위들의 '상태$_{is}$'를 평가할 수 있는 '그래야 함$_{ought}$'의 영역을 확립하는 것이다.[12]

의례의 도덕성 확립은 사실 발화성과 언약적 함축이 포함된 사례에서 가장 분명히 드러난다. 개인이 의례 참여를 통해 창조한 관습적 사태의 조건들에 맞지 않게 행동하는 것은 분명히 비도덕적이다. 그러나 나의 논지는 도덕성이 의례의 메타-사실 발화성에도 내재한다는 것, 다시 말해 개별 관습과 관습적 질서의 확립에도 내재함을 암시한다. 관습적 사태의 조건이 아니라 그런 사태를 규정하는 관습적 질서 자체를 위반하는 사람은, 단순히 부도덕한 행위를 저지르는 것이 아니라 배교자가 된다.

여기서 페르시아의 조로아스터교, 인도의 베다교에서 의례적으로 확립된 적절한 질서에서 벗어난 사태를 지칭할 때 '거짓말'이라는 의미도 있는 용어—페르시아에서는 드루즈druj, 인도에서는 안르타anrta—를 사용했다는 점은 흥미롭다(Duchesne-Guillemin, 1966; Norman Brown, 1972; Orlin, 1976). 이런 사태는 '베다적 거짓말' '조로아스터적 거짓말'이라 불릴 수 있는데(Rappaport, 1979b), 위반자는 그 사태가 의례적으로 확립된 질서에 부합하지 않음을 안다. 이런 사태는 '세속적 거짓말'의 역逆이다. 세속적 거짓말은 정보 전달자가 자신이 보고하려는 사태를 불완전하게 전달한다는 것을 아는 진술이다.

9.
의례, 신화, 드라마

수락은 신념이나 복종을 수반하지 않는다. 의례적 규범을 연행하면서 연행자가 의례에서 코드화된 세계관, 원리, 규칙, 절차를 수락한다는 것은 그가 사적인 견해나 감정과 무관하게 그 조건을 준수하기로 했음을 의미한다. 달리 표현하면 수락의 행위는 그렇게 수락된 것들에게 정확성과 적절성, 정당성, 도덕성을 부여하며,

그럼으로써 그것들을 공동의 실천이나 행위, 사건, 역사, 특히 수락자 자신의 처신을 비추어 평가할 수 있는 기준으로 확립한다.

인류학계의 뻔한 통념 하나를 문제 삼자면, 연행자와 그들이 연행하는 것의 의례적 관계는 내용뿐만 아니라 형식적 측면에서 의례와 신화를 구분한다. 의례적 행위는 단순히 "세계, 사회, 인간에 관한 언어적 진술―우리가 신념이라고 부르고 내러티브와 신화에서 정교해지는 진술―에서 표현되는 문화적 가치를 다른 매개체로 표현한 것"(La Fontaine, 1972)이 아니다. 그리고 40년 전에 리치(1954)가 썼듯이 "신화는 의례의 대응짝이다. 신화는 의례를 함축하며, 의례는 신화를 함축한다"고 쳐도, 신화와 의례는 "하나이며 동일하다"고 단언한 것은 옳지 않다. 그 둘은 절대 하나가 아니며 동일하지 않다. 그 둘이 동일한 사건과 사물을 다룬다고 해도, 심지어 의례가 단순히 신화의 내용을 상연하는 경우에도 그렇다. 신화는 어떤 자기-지시적 메시지도 담지 않는다. 신화가 구연될 때 신화와 그것을 구연하는 개인 사이에 어떤 특별한 관계도 전제되거나 확립되지 않는다.

신화 구연자는 입문자 앞의 사제, 청중 앞의 엔터테이너, 제자 앞의 주술사, 아이 앞의 아버지, 학생들 앞의 프랑스 구조주의자, 여성 사교 협회 회원들 앞의 문학비평가, 독자들 앞의 민속학자가 될 수도 있다. 비록 신화 구연자가 사제라도 그는 자신이 참여하거나 복종하는 질서의 일부로서, 필연적으로 그 신화를 수락하지 않는다. 신화 구연자와 그가 구연하는 신화의 관계는 종종 청중이나 독자에게 알려지지 않으며, 사실 그 청중이나 독자와 별 관계가 없다. 그들에게 중요한 것은 보이고, 들리고, 구연되거나 상연될 수 있는 신화의 내용 자체다. 신화 구연자는 자신이 구연하는 신화를 단순한 이야기 이상으로 수락할 필요가 없다. 청중 역시 그렇기에 수락이 일어난다 해도 그것은 신화의 형식에 대한 복종 때문이 아니라 그 이야기의 발화 효과력, 즉 그들을 감동시키는 이야기의 능력에 대한 반응일 뿐이다. 의례처럼 신화 역시 '사멸'할 수 있다 (Eliade, 1963). 그러나 신화는 오직 기록에서 보존된다 해도, 의례처럼 단순히 죽은 글자 뭉치가 되는 것은 아니다.

의례는 신화와 반대로 단순히 신화적 내용을 세세하게 상연하는 경우라도, 언제나 연행자와 그들이 연행하는 내용의 특별한 관계를 규정한다. 따라서 의례는 커뮤니케이션 측면에서 신화보다 많은 것을 말한다. 의례는 참여자가 자신이 연행하는 신화들을 수락했다는 지표적 메시지까지 전달하기 때문이다.

그렇다면 신화와 의례보다 신화와 드라마가 '하나이자 동일한' 것에 가깝다는 주장도 가능하다. 신화를 기반으로 한 드라마는 더도 덜도 말고 정확히 그 신화의 재연이다. 그렇기 때문에 드라마의 연행에서는 의례와 달리, 참여자들이 연행되는 이야기를 전적으로 수락할 필요가 없다. 그러나 의례와 드라마는 종종 밀접하게 연관된다고 간주되었다. 제인 해리슨은 오래전에 서구 드라마의 기원이 의례라는 주장을 펼치며, '드라마drama'라는 단어가 종교적 의례를 의미하는 고대 그리스어 드로메논dromenon(문자 그대로 의미는 '행해진 것')에서 유래한다고 보았다. 의례와 드라마의 이런 가설적 유사성에 비추어, 2장보다 자세히 의례와 드라마의 차이를 논의해 보자.

첫째, 양자의 가장 중요한 차이점은 신도와 청중의 차이다. 신도는 의례에 참여하는데, 이때 참여는 참여라는 단어의 모든 의미에서 그렇다. 서구식 드라마의 청중은 단순히 관람한다. 청중은 퍼포먼스를 위해 모였지만, 그 퍼포먼스의 일부는 아니다. 반면 신도는 일반적으로 의례에서 일정한 행위를 요구받는다. 그들은 노래하거나, 춤추거나, 낭독하거나, 무릎을 꿇거나, 먹거나, 마셔야 한다. 청중에게는 그런 행위가 요구되지 않으며, 심지어 아무것도 할 필요가 없을 때도 있다. 신도는 의례를 구성하는 의례 집전자의 연행에 참여하지만, 청중은 드라마를 연행하는 배우들의 행위에 참여하지 않는다. 배우들은 전면의 무대에서 공연하고, 청중은 좌석에 앉아 아무 행동도 하지 말아야 한다.

둘째, 의례 참여자들의 행위는 그들이 암묵적으로 인정하는 특정한 질서를 표현하거나 거기에 생명을 불어넣는다. 그러나 극장에서 배우들이 자기 역할을 연기해 총체적 드라마를 만들어낼 때, 그들은 허구를 창조한다. 청중은 그 공연을 허구 이상의 무엇으로 수락할 필요가 없다. 청중이 드라마를 위대한 허구, 예를 들면 셰익스피어의 작품처럼 진실성 넘치는 허구로 수락할 때조차 그것을 현실로 수락하지 않는다. 어느 정도 구체적인, 그들이 그 일부가 되는 현실이 아니라 다른 무엇의 재현으로 간주한다. 여기서도 수락은 신화 구연처럼 드라마가 청중을 설득하고 감동시키는 능력에 근거하지, 그 형식에 대한 복종의 요구에 근거하지 않는다. 오스틴의 용어로 말하면 드라마는 의례 없는 신화처럼 기껏해야 발화 효과력이 있을 뿐, 발화 수반력이 있는 것은 아니다.

여기서 의례 연행자들의 '행위$_{act}$'와 드라마 배우들의 '연기$_{act}$'를 비교해보자. 의례 연행자에게 '행위'란 중요한 질서를 긍정하거나 창조하는 행위인 동시에, 그가 그 질서를 수락했다는 표현이다. 그 행위는 심지어 질서나 연행자 자신을 바꿀 수 있다. 다시 말해 의례적 행위는 '뭔가 한다$_{does\ something}$'. 그것은 세계에 영향을 끼치기 위한 것으로, 실제 그런 효과를 일으킨다. 반대로 드라마 속 연기는 세계에 영향을 미치는 무엇을 행하는 것이 아니라 그런 행위를 모방한다. 게다가 드라마에서 행위는 비 – 드라마적 의미의 행위가 아니다. 이 점은 드라마적 행위를 '실제 삶에서' 행위와 떼어놓는 모든 연극적 · 맥락적 장치들에 의해 청중에게 분명히 전달된다. 좌석, 무대의 커튼, 약 두 시간 동안 극작가의 말과 연출자의 지시에 따라 극중 일시적 인물을 연기할 배우들의 실제 이름이 담긴 팸플릿 등에 의해서 말이다.

드라마적 의미의 연기는 정확히 비 – 드라마적 의미의 행위가 아니다. 이런 차이는 드라마의 유의어인 영어 단어 'play(연극, 놀이)'에서 분명히 드러난다. play라는 말에는 진지함의 결여가 함축되었다. 신도가 의례에 참여할 때는 자기 연행으로 창조한 항구적인 어떤 질서에 참여하는 것이다. 하지만 배우들은 연극$_{play}$에서 배역을 연기한다. 무대 커튼이 내려지고 배우가 자기 정체성으로 돌아오는 순간, 배역은 증발한다.

여기서 우리는 무엇이 의례와 드라마를 구별하는지 살펴보았지만, 특정한 사건이 언제나 순수하게 둘 중 하나에 속하는 것은 아니다. 어떤 퍼포먼스는 두 가지 요소가 모두 있다. 더 낫게 표현하면, 의례와 드라마를 양극으로 하는 연속체의 한 지점에 놓였다. 그런 예로는 기적극, 수난극, 교회에서 행하는 종교음악 연주회가 있다. 특정한 퍼포먼스의 강력한 효과나 실패는 이 연속체 자체의 애매모호함에서 유래하는지도 모른다. 예를 들어 '관객 참여 연극living theatre'은 실패할 확률이 높다. 이 경우 청중이 의례 참여자와 비슷한 의무를 요구받지만, 의례처럼 엄격하고 형식화된 리허설이 불가능하기 때문에 청중은 자신이 무엇에 참여하기를 요구받는지, 누구와 함께 참여하는지 알 수가 없다. 시간이 흐르면 몇몇 퍼포먼스의 성격도 바뀔 수 있는데, 참여자들이 신도에서 청중으로, 그 반대로 전환될 수 있다(Kapferer, 1983).

해리슨(1913)은 고대 그리스에서 기원전 5~6세기에 일어난 공간 활용의 변화를 통해 드로메논이 드라마로 바뀐 사실을 고고학적으로 추적할 수 있다고 주장했다. 초기에는 주신酒神을 찬양하는 봄의 축제에서 모두 나와 춤출 수 있는 오케스트라, 즉 둥근 공간이 존재할 뿐이었다. 그러나 나중에는 극장, 즉 둥근 무대와 그 무대를 내려다보는 좌석이 생겨나 일반 청중과 배우를 분리했다. 해리슨에 따르면, 이런 공간 구분은 청중을 무대에서 일어나는 행위에서 분리하려는 움직임과 함께 일어났다. 그녀는 참여와 관조의 차이, 신도와 청중의 차이에 근거해서 의례와 드라마를 구별한다. 그와 반대로 오늘날에는 특정 퍼포먼스에서, 특히 록 콘서트에서 청중이 신도나 최소한 그와 비슷한 존재로 변해가는 경향이 있는 듯하다.

규범이 부재하는 그런 퍼포먼스에서 록 스타가 거의 신격화되는
것도 놀라운 일은 아니다.

10.
근본적인 사회적 행위로서 의례

지금까지 논의한 것을 요약하면, 관습적 질서의 존재 자체는 그 질
서의 수락에 달렸다. 즉 어떤 규칙이나 이해 체계도 수락되지 않으
면 관습이 될 수 없다. 의례에서는 질서의 수락과 질서의 존재 자
체가 각기 쌍방을 함축한다. 예식 질서가 연행되려면 필연적으로
수락이 따라야 하고, 의례적 연행은 그런 질서에 실체를 부여하기
때문이다. 수락에는 의무가 수반되기에 의무의 위반은 그 자체로
부도덕하다. 관습, 수락, 도덕성은 의례에서 불가분의 관계로 결
합되는데, 사실상 그것들은 거의 동일하다.

그러나 이 사실은 권력에 의한 선포, 법률 제정, 사람들의 일상
적 실천으로 확립되는 관습의 원리나 규칙, 절차, 이해 체계에는
적용되지 않는다. 즉 의례의 형식과 의례의 메시지에는 논리적으
로 특별한 관계가 존재한다. 다시 말해 연행자가 코드화하지 않은
형식적 행위와 발화들의 불변하는 차례들로 구성된 의례적 연행과
의례의 메시지―연행되는 것의 내용은 물론, 연행자와 연행 내용
의 관계까지 포괄하는―에는 논리적으로 필연적인 관계가 존재한
다. 의례는 단순히 다른 매체나 방식으로도 표현하거나 행할 수 있

는 무엇을 '말하거나' '행하는' 또 다른 방법이 아니다. 의례의 형식은 오직 의례의 것이며, 커뮤니케이션적 의미나 기능적·메타 기능적 의미에서도 의례라는 형식을 대신할 만한 등가물은 존재하지 않는다. 의례의 역량은 그 형식에 내재하며, 그 형식과 불가분의 관계에 있다. 그리고 이런 특성은 모든 의례에서 발견된다.

의례의 형식을 논의하면서 우리는 그런 형식에서 논리적·필연적으로 도출되는 의례의 근본적 성격을 간과해서는 안 된다. 관습을 확립·수락하고 도덕적인 것으로 만들면서, 의례는 단순히 사회적 계약의 상징적 재현물을 포함하는 것이 아니다. 의례는 암묵적인 사회적 계약 그 자체를 포함한다. 그렇기 때문에 공적 체계와 사적 과정의 경계를 확립·수호하고, 연계시키는 의례는 근본적인 사회적 행위 그 자체다.

5

말,
행위,
형식,
물질

말,
행위,
형식,
물질

인간은 말하는 능력이 있지만, 인간의 의례에는 행위도 포함된다. 그리고 여러 의례에서는 특별한 사물과 물질이 활용된다. 사적인 의례 역시 종종 공적인 의례처럼 특별한 몸짓이나 정형화된 움직임, 특별한 물건의 활용을 요구하며, 특별한 시간이나 장소에서 치러지기도 한다. 예를 들어 기도문을 외는 아이의 모습을 상상해보자. 그 아이는 아무 데서, 아무 때나 기도하지 않는다. 하루가 끝나갈 무렵, 침대 옆에 무릎 꿇고 눈을 감고 두 손을 모으고 기도한다. 정통 유대교도는 혼자 아침 기도를 할 때도 이마와 팔에 성구함을 잡아맨다.* 이런 육체적 표현physical display은 사적 의례나 공적 의례의 (보편적 특징은 아니라도) 광범위한 특징이며, 의례의 자기 – 정보 전달self-informing 작용을 보여주는 중요한 양상이다.

　육체적 행위나 물건, 물질이 거의 모든 의례의 구성 요소라고 말하는 것으로 이 사실을 충분히 설명할 수 없다. 물론 의례에서 육체적 표현은 태곳적인 것일 수 있다. 자세나 움직임 측면에서 인간의 의례는 말 못 하는 동물의 그것과 흡사하다. 인간 의례의 물질

* 구약성경 구절을 적은 양피지를 담은 가죽 상자. 유대교도는 아침 기도 때 성구함을 하나는 이마에, 하나는 왼팔에 잡아맨다.

적 측면은 인류의 조상이 아직 언어가 없던 시대부터 이어져 내려온 것일 수도 있다. 그러나 무엇이 고대부터 살아남은 존속물이라는 가정은, 어째서 그것이 살아남았는지 설명해주지 못한다. 의례적 자세나 몸짓이 고대적인 것임을 입증한다 해도, 어째서 이렇게 특별한 비언어적 커뮤니케이션 양식이 언어가 발명된 오늘날까지 수만 년 혹은 수십만 년간 존속했는지 알아낼 수 없다.

여기서 우리는 논지의 방향을 바꿔야 한다. 우리가 의례 내의 육체적 표현을 인류에게 언어가 없던 먼 과거부터 내려온 것이라고 선험적으로 간주하지 않는다면, 그와 관련된 더 생산적인 논의가 전개될 수 있다. 언어를 통해 편리하고 효율적이고 미묘한 뉘앙스까지 담아 소통할 수 있는 인간이, 왜 육체적 표현이라는 어색하고 제한적이고 비용도 많이 드는 커뮤니케이션 양식을 채택했을까? 뚜렷한 대답 하나는 육체적 표현이 언어가 소통시킬 수 있는 것들보다 훨씬 명료하게 그 대상체를 지시하거나, 그것들 외 무엇을 나타낼 수 있다는 점이다. 이 장에서 나는 신체적 표현의 이런 측면을 논의할 것이다. 더 일반적으로 나는 의례에서 사용되는 다양한 행위와 사물뿐만 아니라 몸짓, 동작, 흉터, 말들의 특별한 커뮤니케이션 역량을 다룰 것이다.

더 나아가기 전에 두 가지를 짚고 넘어가자. 첫째, 이 주제는 주변언어학paralinguistics*이나 동작학kinesics**의 연구 주제와 밀접한 관

---

* 대화자의 목소리, 음조, 억양, 강세, 침묵, 망설임 등 주변언어를 연구하는 언어학의 한 분과.
** 커뮤니케이션 연구에서 신체 언어, 표정, 몸짓 등을 연구하는 학문 분과.

련이 있다. 그러나 의례적 표현은 이 학문들의 연구 주제와 상당히 차이가 난다. 주변언어학과 동작학은 발화를 동반하거나, 인지 가능한 신체 상태의 변화를 통해 표출되는 자율적 메시지를 동반하는 비언어적 신호를 설명하고자 한다. 얼굴 붉히기, 말 더듬기, 앉았을 때의 몸짓, 걸을 때 몸의 움직임, 대화자와 거리 같은 신호는 무의식적인 것이다. 이는 지표적인 것으로 개인의 신체적·심리적 조건, 다시 말해 사적인 과정의 상태와 그 상태의 변화를 나타낸다. 그 신호들은 긴장, 병, 고통, 분노, 부끄러움, 성적 흥분, 분개, 환희나 다른 감정적·신체적 상황의 징후다. 그 신호들의 표현 강도에는 차이가 있으며, 그 신호들은 지속적으로 변할 수 있다. 다시 말해 아날로그적 신호들이다.

반대로 의례의 육체적 표현은 의식적 통제의 결과다. 그것들은 생리학적이거나 심리적인 사적 과정이 아니라, 관습과 관습적 상태를 지표적으로 나타낸 것이다. 즉 의례는 공적 질서와 그 질서에 대한 개인의 참여와 관련이 있다. 마지막으로 그런 의례의 육체적 표현은 주로 디지털적 양식의 정보를 전달한다. 물론 아날로그적 메시지도 담길 수 있지만 그것이 근본적이지는 않다. 사실 의례적 표현에 담긴 디지털적 메시지는 동작이나 주변언어를 통해 지속적으로 전달될 수밖에 없는 아날로그적 메시지보다 중요하며, 그 아날로그적 메시지를 억눌러 중요하지 않은 것으로 만든다.

둘째, 의례적 표현이라는 주제는 방주네프(1960)가 제기한 의례에서 도상이나 은유의 사용이라는 주제와도 연관된다. 그는 몇몇 특정한 의례에서는 그 의례가 성취하려는 것과 형식적으로 유사해

보이는 신체적 행위들이 발견된다고 썼다. 분리 의례는 종종 무엇 —예를 들어 머리카락—을 자르는 행위를 수반한다. 최근에는 탐 바이아(1973)나 페르난데스(1974)가 은유, 특히 연행자의 몸을 이용 하는 물질적 은유에 주목했다. 우리는 은유 자체의 문제를 나중에 다시 논의할 것이다. 여기서는 일단 물질의 은유라고 부를 수 있는 것에 주목하자. 즉 육체적 표현에서 재현될 수 있는 것이 아니라, 그런 표현의 철저하게 물질적인 성격에서 재현될 수 있는 것이 무엇인지 물 어보자.

1.
비−물질적인 것의 물질화

때로 물질적 표현은 말로 소통할 수 있는 것보다 많은, 또 그것과 다른 메시지를 전달한다. 앞 장들에서 우리는 시우아이족의 무미나 이 축제, 구디너프 섬의 아부투 축제, 미국 북서부 연안의 포틀래치 같은 의례적 과시를 살펴보았다. 이런 축제에서는 덕이나 위세, 정 치적 영향력, 직함을 가질 권리 같은 무형적인 가치가 물건—돼지, 얌, 구리판—을 통해 재현된다. 그리고 그 물건들에 대한 특정한 행동—그런 물건의 분배, 파괴 혹은 소비—이 수반된다.

그런 재현에서는 우리가 익히 아는 기호와 대상체의 관계가 역 전된다. 보통은 무게와 크기가 있는 것이 대상체고, 그것을 가리 키는 기호—말이나 글—가 무형적이다. 그러나 대상체가 덕이나 영향력처럼 무형적인 경우, 그 재현물이 물질적인 것이어야 큰 효과를 낼 수 있다. 이 점은 앞에서 살펴보았다. 서열이나 명예에 대한 주장은 실체에 근거하지 않으면 공허해진다. 시에라리온에 거주하는 림바족의 표현을 빌리면(Finnegan, 1969), 그런 주장들이 설득력을 갖추려면 '무거워져야 한다'. 물질적 재현은 무형적인 것에 무게를 부여하며, 그 자체로는 인식할 수 없는 것에 가시적 실체를 부여한다. 그러나 물질적 재현은 사회생활의 질서 부여에 대단히 중요한 역할을 수행한다. 여기서 구디너프 섬 주민이나 과달카날 섬 빅맨들의 과시는 그것이 나타내는 대상과 지표적 관계에 있다는 점을 기억하자. 그 과시는 영향력이나 위세를 단순히 상징화하지 않는다. 그것들은 공허한 잘난 체와 완전히 다른 방식으로 영향력과 위세를 입증한다.

물론 물질적 재현에 의해 무거워진 의례의 지표적 메시지들이 위세나 영향력과 관계된 것만은 아니다. 림바족은 예를 들어 신부를 취한 남자가 인척에게 의례적 언약을 전하거나, 어느 추장에게 그의 영토에 거주하기를 희망한다고 말할 때는 '그의 말을 무겁게 해줄' 선물이 필요하다(Finnegan, 1969). 여기서 오래전 마르셀 모스 Marcel Mauss가 거론한 답례의 의무, 선물의 수락과 더불어 발생하는 답례의 의무를 떠올려보자. 관습적 계약은 언어 없이 명시될 수 없지만, 그 계약이 언제나 언어에 의해서 확립되는 것은 아니다. 그 계약을 실현하거나 확립하려면, 다시 말해 그 계약을 규정하고 수락하며 거기에 무게를 부여하기 위해서는 가치재의 교환이 일어나야 한다.

영미법에서는 법적 계약을 체결할 때 보통 약인consideration*이 없으면 구속력이 없다. 가치재의 교환이 일어나지 않을 때도 단순히 말로는 계약이나 의무를 확립하기에 불충분하다. 그때도 거래는 손뼉 치기나 건배, 그와 비슷한 행위를 통해 최종적으로 '마무리' 되거나 '처리'된다.

물질화가 개인 간의 계약 체결에서만 필요한 것은 아니다. 공희에서도 관습적인 가치의 물질화가 일어난다. 그 공희가 공양이든 성찬식이든 상관없이 말이다. 공희는 개인의 신앙심이 물질화된다. 성찬식은 그렇지 않았다면 단순한 추상체로 남았을 존재가 물질화되어 성찬식 참여자의 일부가 되면서 그들에게 특정한 메시지를 전달한다.

육체적 표현을 통한 커뮤니케이션의 이점이 포틀래치, 구디너프 섬의 **아부투** 축제, 림바족의 의례적 선언 외 다른 사례에서 똑같이 뚜렷하게 드러나지는 않는다. 의례 내의 육체적 행위, 물건이나 물질의 사용을 통해 전달되는 메시지가 모두 언어로 적절히 번역될 수 없는 것도 아니다.

이런 측면에서 보면 양이나 모포, 돼지의 증여보다 자세나 동작이 훨씬 문제가 된다. 예를 들어 세계 여러 지역에서는 하급자가 서열이 높은 상급자에게 무릎 꿇기, 엎드리기 등 복종의 자세를

---

* 영미법에서는 법적 계약의 체결 주체들이 힘의 균형을 이뤄야 한다고 보고, 이를 위해 계약 체결 시 쌍방이 특정한 대가나 가치를 교환하게 한다. 이 교환물을 '약인'이라 하며, 이 원칙은 지금도 통용된다.

취한다. 그런 표현에서 전달되는 메시지는 '나는 당신에게 복종합니다' 혹은 그와 비슷한 것이다. 그러나 이 메시지들이 육체적 표현을 통해 전달되기 때문에 그 표현들은 그에 상응하는 말이 가리키는 의미 이상의 무엇이나 그와 다른 어떤 것을 가리키며, 그것을 더욱 명료하게 가리킨다. 인간은 무릎을 꿇거나 엎드려서 명령에 대한 복종을 말로 진술했을 때보다 훨씬 많은 것을 행한다. 그는 그 명령에 실제로 자신을 복종시키기 때문이다. 앞선 논의들과 연계해서 보면, 최소한 순간적이나마 그가 자신을 (육체적 행동을 통해) 복종시킬 때 그의 신호는 수행문적이다. 그것은 사실 발화적일 수도 있고, 언약적 의미를 띨 수도 있다.

의례에서 발견되는 형식적인 신체 행위와 그것이 나타내는 상태의 관계는, 말과 그것이 가리키는 상태의 관계만큼 관습적이라는 반박이 있을 수 있다. 이 책 마지막 장에서 논의하겠지만, 오스틴과 다른 연구자들은 언어 역시 수행적 혹은 발화 수반적 힘이 있다고 주장해왔다. 위 사례에서 언어 역시 복종의 메시지를 몸짓만큼 효과적으로 전할 수 있다. 인간의 모든 관습적 신호의 토대인 언어가 없다면 인간의 생존에 필요한 관습의 확립이 불가능하고, 어떤 수행적·사실 발화적 행위도 존재할 수 없다.

자세나 동작 역시 발화 수반력이 있다고 주장한다고 발화와 구별하는 것은 아니다. 그러나 발화의 정보 전달력에는 절하기나 인사하기 같은 육체적 행위보다 많은 애매모호함이 끼어들 수 있다. 어떤 사람이 자신의 복종을 말로 전한다면, 그는 단순히 그 복종을 진술·보고·주장하는 셈이다(진술, 설명, 주장은 거의 언제나 언어를 통해 표현된다). 그러나 무릎을 꿇는다면 그는 복종을 의미하는 특정한 행위를 수행함으로써 자신의 복종을 훨씬 명료하게 드러내는 것이다. (진술, 설명, 보고, 주장은 언제나 거의 몸짓이나 동작 없이 행해지므로) 다시 말해 육체적 행위의 수행적 성격은, 등가의 발화 형식인 단순한 보고나 진술보다 훨씬 명료할 확률이 높다.

이 점과 연관된 더 중요한 사항이 있다. 더 나은 표현이 없기 때문에 오스틴의 용어를 빌려 말하면, 육체적 표현은 발화보다 '수행적으로 강력'하거나 '수행적으로 완벽'하다고 할 수 있다. 수행적 발화도 관습적인 정보 전달 절차를 통해 순수하게 관습적이거나 제도적인 효과를 창출할 수 있다. 그러나 그 절차에 육체적 차원을 덧붙이는 자세와 동작은, 그것의 효과에 육체적 차원을 추가하는 듯하다. 즉 그렇게 창출된 효과는 관습적일 뿐만 아니라 물질적이다. 육체적 행위는 제도적 사실은 물론 그와 연관된 '거친brute' 사실, 물이나 바람, 바위처럼 '감지 가능한' 물리적 사실도 함께 창조한다. 무릎 꿇기, 절하기, 인사하기, 앞머리 잡아당기기, 모자 쓰기나 벗기 같은 행위를 통해서는 복종이나 경건함, 헌신 혹은 그 몸짓이 재현하는 다른 무엇이 '구현된다'. 다시 말해 그 무엇은 실체res가 되며, 그럼으로써 바위나 꽃이나 바람처럼 그 자체로 뚜렷한 사실성을 획득한다.

이런 맥락에서 터부의 문제는 흥미롭다. 개인이 할 수 있는 특정한 육체적 행위를 금하고, 특정한 인물이나 사물 혹은 물질을 피하게 함으로써, 터부는 희생 제물이 종교적 신앙심을 물질화하듯이 복종을 물질화하며, 동시에 관습적 분류 행위 자체에도 실체를 부

여한다. 게다가 종종 의례적으로 활성화되는 터부는 보통 의례 밖
에서도 구현된다. 따라서 터부를 태어나게 한 질서들은 터부에 의
해 세속적 세계까지 확장되어, 물질화될 뿐 아니라 뚜렷하게 자연
화된다. 우리는 마지막 장에서 이런 관습의 '자연화naturalizing'를 다
시 논할 것이다. 여기서는 '말하기' 역시 '행하기'의 한 형식일 수
있지만, '행하기'는 '말하기'의 물질화된 한 방식일 수 있다는 것을
언급하고 넘어가자.

2.
특별한 사물과 일상적 사물

의례적 행위와 의례적 물건, 물질의 사용은 그런 계기가 없었다면
무형적이었을 것을 실체화한다. 이 말은 모든 행위와 물건, 물질이
등가라는 의미가 아니다. 개별적인 물질이나 물건이 효과적으로
실체화할 수 있는 대상에는 분명히 차이가 있다. 한편으로 자세나
동작, 다른 한편으로 물질이나 물건의 활용에도 더 일반적인 차이
가 있다. 포괄적인 설명은 아니지만 지금부터 간략한 의견을 제시
하려고 한다.

　의례에서 활용되는 특수한 물건과 의례가 행해지는 특수한 장소
는 육체적 행위를 통해 실체화할 수 없는 예식 질서의 어떤 측면
을 실체화한다. 예를 들어 대성당이 1000년 동안 존속해왔다는 사

실은 예식 질서의 지속성, 예식 질서와 장소 혹은 사람들의 관계에 관해 단순히 말하는 게 아니다. 그 사실은 그것들을 입증한다. 옛 설계도에 따라 지어진 새로운 성당마저 그 설계도의 내구성과 그 설계도를 규정한 질서 자체를 입증하며, 그럼으로써 고대적이거나 고대적 패턴을 따르는 성물을 활용하는 셈이다. 게다가 고대적 형식에 따라 만들어진 새로운 물건이나 건물은 그 형식의 지속적 생명력, 적절성, 정확성을 물질화한다. 그 행위들은 의례의 연행과 아무런 차이가 없다. (실제로 몇몇 경우에는 성물의 제작 자체가 의례적 연행이 되기도 한다.)

한편 새롭거나 오래된 건물을 통해 실체화할 수 없는 예식 질서의 측면도 분명히 있다. 신성성의 개념은 다음 장에서 명확히 정의할 텐데, 여기서는 상식에 근거해 다음 사실을 생각해보자. 즉 오랫동안 존속해온 신성 구역은 연행자들이나 그들의 현재 상태, 그런 현 상태의 재현물 자체를 신성화한다. 그러나 그것은 멜라네시아 축제에서 나눠주는 얌이나 돼지가 그렇듯이 연행자들의 현 상태나 상태 변화를 물질적으로 재현할 수 없다. 의례에서 일상적 물건이나 가치재의 사용은 자기 – 지시적 메시지를 물질화하면서 그 메시지 중 일부를 지표적인 것으로 만든다. 그와 반대로 의례가 치러지는 건물, 기념물, 그보다 작은 성지는 의례적 규범을 물질화하는 듯하다. 우리는 앞서 그런 물건의 몇몇 공통적인 측면―그것의 연령, 엄격한 규정에 따른 제작―과 예식 질서의 내구성과 적합성 같은 양상에 지표적 관계가 있음을 살펴보았다.

왕의 왕관이나 성유 같은 몇몇 성물은 중간적 성격을 띠는 듯하다. 한편으로 그것들은 항구적 질서를 재현하지만 왕관이 씌워질 인물은 오직 한 사람이며, 대관식은 왕에 오르는 사람의 현 상태뿐만 아니라 그의 사회적 관계 전반에 영향을 미치는 수행적 행위다. 오그랄라 수족Oglala Sioux과 몇몇 북아메리카 인디언 부족의 신성한 담뱃대는 우주와 인간의 도상icon이며, 흡연자는 그것을 피움으로써 우주와 하나가 된다(J. Brown, 1971). 다시 말해 활용 가능한 성물은 단순히 그것의 물질적 현존을 통해 항구적인 규범적 질서의 특정한 측면을 물질화할 수 있으며, 동시에 그 활용을 통해 규범적 질서를 당대의 특수한 상황과 연계시킬 수 있다. 조금 다르게 표현하면 그런 물건은 그 자체가 규범적 질서의 일부지만, 그것의 활용은 부분적으로 자기 – 지시적이다.

3.
행위와 행위자

고대부터 전해 내려오는 성물은 규범적 질서의 항구적 성격, 즉 단순히 인간의 신체로는 실체화할 수 없는 그 무엇을 실체화할 수 있다. 신체만으로는 가치재들이 재현할 수 있는 것을 재현할 수 없다. 진주조개 껍데기, 모포, 얌, 돼지는 전유 · 수집 · 분배 · 소비될 수 있기 때문에 재화의 축적자와 다른 이들의 관계의 특정한 측면을 실체화한다. 즉 그 재화를 모아들일 때는 그의 영향력과 권위가, 분배할 때는 그의 인심과 관대함이 실체화된다. 권위와 관대함은 단순한 동작이나 몸짓으로 실체화될 수 없다. 가치 있는 물건이나 물질 없이 행해지는 동작이나 자세는 단순한 허세, 허풍, 잘난 체에 지나지 않는다.

그러나 행위에도 의례적 말이나 사물, 물질이 갖지 못하는 고유한 미덕이 있다. 우리는 의례에서 메시지의 발신자, 수신자, 규범적 메시지가 참여자 안에서 하나로 융합된다고 말했다. 의례에서는 연행자가 자신이 참여하는 예식 질서를 수락한다는 것도 살펴보았다. 그런데 수락이 신념은 아니며, 수락이 행해졌을 때도 신념은 철회될 수 있기 때문에 중요한 문제가 제기된다. 연행자란 어떤 존재이며, 그런 질서를 수락하는 자아나 행위자는 어떤 존재인가? 수락하는 자아를 구성하는 것은 무엇인가?

이제 신체의 사용이 연행자의 자아를 그 자신과 다른 이들 앞에서 정의해준다고 말할 수 있다. 우리는 오스틴의 논의에 근거해서 이 중대한 자아를 행위자의 은밀한 '심장' '영혼' '심중의 무엇'으로 규정할 수는 없다고 말했다. 수락하는 자아는 그 자신뿐만 아니라 다른 이들에게도 뚜렷이 감지되어야 하는데, 수락이란 필연적으로 자아의 공적 행위이기 때문이다. 비록 귀로 들을 수 있어도 수락의 말은 덧없으며, 발화자와 분리되거나 분리될 수 있다―즉 발화자에게서 떨어져 나올 수 있다. 그러나 동작이나 자세는 연행자의 존재 자체와 구별될 수 없으며, 즉각적이고도 직접적으로 인지가 가능하다. 무릎을 꿇거나 절하는 행위는 덧없거나 불필요한 행위가 아니다. 의례적 자세나 몸짓을 위한 몸의 사용은 특히 연행자 본인에게 (물론 목격자들에게도) 수락하는 자아의 성격을 정의한다. 의례적 자세를 취하는 몸에 의해 정의된 자아는, 발화자의 입을 떠나 사라지는 덧없는 말로 구성된 자아가 아니다. 그 자아는 그의 은밀한 '마음' '정신' '영혼'도 아니다.

어떤 사람이 무릎 꿇을 때, 그는 분리할 수 없고 반드시 필요하며 지속적으로 현존하는 자기 몸을 복종과 합치시킨다. 복종하는 자아는 큰 대가 없이 내뱉을 수 있는 그의 무형적인 말에서 태어난 것이 아니고, 시공간에 한정할 수 없는 어떤 무형적인 본질도 아니다. 달리 표현하면 암묵적 승인이나 복종이라는 메시지를 전달하기 위한 신체의 사용은, 그 순간 전달되는 담화적 메시지에 관한 비 – 담화적 메타 – 메시지가 된다. 그것은 본인과 다른 이들에게 그런 행위의 언어적 대응물(예를 들면 "나는 알라를 믿는다")로 전달 가능한 메시지를 전달할 뿐만 아니라, 그 메시지에 대한 살아 있는 자아의 책임commitment을 표현한다. 그런 육체적 행위는 '단순한 말 mere talk' 이상이다. 예를 들어 '위태로운 처지에 놓이고' '일어서거나 무릎을 꿇고' '입에 돈을 넣는' 수락하는 행위자들은 뼈와 피, 내장, 근육으로 구성된 눈에 보이고 현존하는 실체다.

이 점과 관련해서 추가 설명이 필요하다. 첫째, 나는 신체를 사용하는 모든 동작이 동등하다고 주장하는 것은 아니다. 예를 들어 무릎 꿇기나 춤추기는 할례, 타투, 상흔 새기기와 크게 다르다. 무릎을 꿇은 신자들은 언제든 일어설 수 있지만, 할례에서 생긴 상흔은 개인의 몸에 평생 남는다. 그것은 되돌리거나 삭제할 수 없고 계속 존재하며, 그 의례를 치른 자들과 치르지 않은 자들을 구분한다. 물론 할례가 남긴 돌이킬 수 없는 성흔stigmata이 덧없는 동작이나 몸짓보다 우월한 도덕적 · 우주론적 · 기호론적 의미가 있는 것은 아니다. 그런 지울 수 없는 흔적은 개인의 돌이킬 수 없는 변화를 나타내는 데 적합하지만, 무릎 꿇기나 머리 밀기처럼 돌이킬 수 있는 변화나 약속의 갱신을 나타낼 수는 없다. 몸짓과 상흔은 서로 다른 의례적 의미가 있다.

의례적 행위와 의례적 사물의 차이가 앞서 논의한 것처럼 언제나 명확하지는 않다. 요도 절개 의식을 치른 오스트레일리아 원주민은 그 자체가 성물이며, 최소한 그의 성기는 성물이 된다. 하지만 그의 요도 절개는 의례적 행위이기도 하다. 비슷하게 수족의 태양 춤 의례가 치러지는 오두막은 그 자체가 성물이면서, 의례적 행위의 산물이다(Dorsey, 1894; J. Brown, 1971). 의례에서 중요한 것이 의례적 사물 자체인지, 그것을 생산하는 행위인지 항상 분명한 것은 아니다. 예를 들어 성수를 통한 축복의 효험은 의례를 위해 신성화한 물에서 유래한다고 여겨진다. 이 경우 성화聖化된 물이 성화 과정보다 중요하다. 반대로 어둡고 접근하기 힘든 동굴에 그려진 구석기 벽화의 위치나, 그중 몇몇 벽화가 종전의 그림에 여러 차례 다시 그려졌다는 사실은, 그림 자체보다 그리는 행위가 훨씬 중요했음을 말해준다.

그러나 다른 경우에는 의례적 사물의 생산과 사물 자체가 모두 중요하다. 요도 절개 자국은 한 남자를 성물로 만드는 행위이자, 그 흔적 자체가 성물이기도 하며, 지속적 중요성이 있다. 정교한 예식 질서의 일부인 요도 절개라는 의례적 행위는 그 자체로도 상당히 중요한데, 이는 그 과정에서 신참이 견뎌야 하는 엄청난 고통과 관련이 있다. 그런 고통은 상당한 발화 효과력을 수반할 수밖에 없다. 그런 고통을 경험한 자는 결코 예전과 같을 수 없으며, 그런 시련과 흔적을 통해 그런 경험을 하지 못한 자들과 명확히 구분된다.

4.
술어와 은유

여기서 우리는 술어적 서술predication이라는 문제와 마주한다. 서술은 어떤 특질들을 사물에 귀속하는 행위로, 언어의 근본적 기능이고 언어 없이는 불가능하며 상상할 수도 없는 행위다. 그런데 언어의 출현과 더불어, 말들뿐만 아니라 말에 의해 의미가 부여된 행위들은 그 자체로 서술 능력이 있다. 우리의 논지에 따르면 몇몇 상황에서 육체적 서술의 발화 효과력은 말 자체의 발화 효과력을 훨씬 능가한다. "존은 변했다"고 말하는 것과, 존이 요도 절개의 시련을 무사히 마친 것은 다르다.

여기서 나는 존의 요도 절개가 무엇을 서술하는지 아직 말하지 않았다. 오스트레일리아 원주민 사회의 질서에 따르면, 요도 절개는 최소한 존이 남자다움을 나타낸다. 오스트레일리아 원주민 남자들은 요도 절개를 마치면 성인으로서 모든 의례적 · 사회적 기능을 수행할 수 있다. 이런 설명은 정확하지만 불충분하다. 어째서 한 남자가, 예를 들어 손가락을 자르지 않고 요도를 절개하는 고통을 감수하는지 설명할 수 없기 때문이다.

이런 질문에 분명한 답이 있다고 생각하지 않지만, 은유의 문제에서 약간 해답을 얻을 수 있을지 모른다. 페르난데스(1974)는 은유의 첫째 임무는 미완성인 대상에 '기호 – 이미지'를 부과하는 것이라고 말한다. 그에 따르면 인간은 일련의 술어 행위predication를 통해 자기 정체성을 획득한다. 그 술어 중 일부는 다른 이들이 부과했고 일부는 자기가 선택한 것으로, 그중 일부는 언어적이며 일부는 은유적이다.

"은유는 일반적으로 '한 대상을 다른 대상에 견주어 표현하는 수단'으로 정의할 수 있다. 그것은 시인 로버트 프로스트가 소탈하게 표현했듯이 '단순히 이것을 저것과 포개놓는' 일이기도 하다." (Owen Thomas, 1969) 은유는 두 개나 그보다 많은 관계 사이의 형식적 유사성을 규정하며, 형식적으로는 A:B::C:D로 표현된다. 오스트레일리아 원주민의 할례에 내포된 은유 개념을 예로 들어보자. 할례는 소년의 몸에서 음경의 포피를 잘라냄으로써 그를 어머니와 다른 여자들에게서 사회적으로 분리한다(Roheim, 1945; Campbell, 1959). 이때 잘라낸 음경의 포피는 살로 된 고리 모양인데, 이것은 여자의 음문과 흡사하다. 어머니의 음문에서 최종적으로 분리되는 것은 그 소년이 다른 여자의 음문으로 들어가기 위한 선행조건인 듯하다. 그는 어머니에게서 독립이 선언되어 사회적 · 성적 성숙의 새로운 단계로 들어선다.

오스트레일리아의 아란다족Aranda이나 다른 부족의 할례에는 분명 이보다 다양한 의미가 있으며, 다양한 해석이 제시되었다. 그것들은 여기서 다루지 않고, 할례가 정확히 무엇을 재현하는지 학자들도 의견 일치를 보지 못했다는 점만 언급하고 넘어간다. 페르난데스(1974)와 R. 퍼스(1973), 다른 학자들이 지적했듯이 그런 재현의 의미를 언어로 표현하는 것은 어렵거나 불가능하다. 요도 절개는 할례보다 애매할 것이다. 베텔하임Bruno Bettelheim(1962)과 다른 학자들이 상당한 근거에 입각해 설명했듯이 요도 절개는 여자의 질을 나타내며, 그것을 남자의 성기에 새기면 남자와 여자의 성기가 모두 소년의 성기에 재현되는 것일 수 있다. 그리고 이것이 소년에게 일종의 생식 능력 혹은 생식적 과정을 장악하는 힘을 부여하는지도 모른다.

더 일반적으로 소년들의 몸, 최소한 그들의 성기는 양극적 요소의 통합을 재현하는지도 모른다. 하지만 자연적·사회적·신화적 세계에서 이런 완전성과 통일이 무엇을 가리키며, 요도 절개와 절개된 요도가 어떤 은유 관계인지 불분명하다. 그것들은 아직 규정되지 않은 채 남았다. 은유는 불완전하지만 그런 불완전에 머무름으로써 열린 것이 되며, 그 적용 범위도 확장되거나 변할 수 있다. 우리는 완전함과 통일이라는 개념—이것 역시 명료한 개념과 거리가 멀지만—이 극도로 추상적이며, 언어로 옮기기 쉽지 않다는 점도 기억해야 한다.

은유의 문제는 우리를 물질의 은유라는 문제로 돌려놓는다. 요도 절개나 이와 비슷한 의례에서는 지나치게 추상적이어서 언어로 포착하기 힘든 개념이 물질적 기호로 재현된다. 그럼으로써 인간의 사고와 감정의 가장 추상적인 산물이 실체화되며, 이해 가능한 것으로 변한다. 그런 기호가 인간의 몸에 새겨질 때, 추상적인 것은 실체를 얻을 뿐만 아니라 즉각적인 것이 된다. 그리고 몸의 감각보다 즉각적인 경험은 없다. 요도 절개, 송곳니 뽑기, 손가락 절단, 얼굴이나 가슴, 등에 새겨진 상흔처럼 지울 수 없는 자국은 언제나 몸에 남는다. 추상적인 것이 남자와 여자의 살아 있는 몸에 구체적이고 생생한 흔적으로 남으면서, 그들은 자기 몸을 통해 구현한 추상적인 어떤 것에 따라 규정된다.

위 논의에는 비술적 효험이라는 개념의 근거가 암시되었다. 앞서 다룬 의례적 행위의 연행성, 발화 효과력에 대한 논의와 연계해서 보면 더욱 그렇다.

은유적 사고가 주술 개념의 구성 요소라는 점은 인류학계에서 오래전에 밝혀진 사실이다. 이는 프레이저James Frazer가 나눈 주술적 행위의 두 범주, 즉 공감 주술과 감염 주술의 구분에도 내포되었다.* 탐바이아(1973)는 주술적 행위의 논리가 단순히 은유적인 것은 아니지만 은유적 조작을 수반하며, 더 구체적으로 불완전한 은유의 교정을 동반한다고 주장했다. 예를 들어 에번스프리처드 Edward Evan Evans-Pritchard(1937)가 연구한 잔데족Zande 사회에서 닭똥은 백선(전염성 피부병)의 치료약으로 쓰인다. 백선은 닭똥과 닮았다. 사실 그것의 병명은 이만두라우콘도Imanduraukondo인데, 문자 그대로 가금류에 의한 질병을 의미한다. 그러나 탐바이아는 백선과 닭의

---

* 공감 주술은 유사성(은유)에 의한 주술(예를 들어 어떤 사람과 비슷하게 생긴 인형을 찌르면 그에게 피해를 줄 수 있다는 믿음)이며, 감염 주술은 인접성(환유)에 의한 주술(예를 들어 어떤 사람의 신체 일부나 의복 등에 주술을 걸면 효과가 있다는 믿음)이다.

배설물은 백선을 앓는 인간 유기체와 완전히 상이한 관계라고 주장한다. 닭은 자연스럽게 똥을 싼다. 그러나 백선은 병자의 피부에 달라붙어 괴롭힌다. 백선에 닭똥을 바르는 의례의 핵심은, 병과 환자의 관계를 닭똥과 닭의 관계와 유사하게 바꾸는 것이다.

이 논리는 언어적으로 재현될 수 있고, 그런 재현에 언어 역시 사용된다. 여기서는 닭똥을 실제로 환부에 바른다는 점이 중요하다. 그 의례의 효험은 물질에 의한 것이다. 더 정확히 표현하면 그 효험의 원리는 물질과 환자의 관계에 내재한다. 이 의례의 성공에는 의례적 재현의 은유적 특징만큼 그 물질적 성격도 중요한 역할을 한다. 전체 논리는 은유적이지만 논리 자체는 행위가 아니며, 계획이나 관념도 그 자체로 효과는 아니다. 관념은 결과와 연계되어야 한다. 의례에서 추구하는 효험이 물질적인 것이라면, 그런 연관 관계의 물질화는 관념을 그것에서 기대되는 효과와 바로 연결한다. 이 경우 의례 연행자에게는 의례에 강력한 비술적 효험이 내재한 것처럼 보일 수 있다. 그렇다면 특정 상황에서는 가금류의 배설물이 인간의 말보다 훨씬 설득력 있다는 도덕적 성격까지 띠는 교훈이 생겨날 수 있다.

몇몇 은유의 불완전함은 비술적 효험, 특히 연행과 결합된 비술적 효험에 기여한다. 앞서 우리는 의례에 풍부하게 사용되는 은유에서 '한쪽one side'은 정의되지 않은 채 남겨진다고 말했다. 앞의 예에서도 어떤 실체나 개념이 요도 절개와 음경의 관계와 비슷한 방식으로 연계되었는지 불분명하다. 요도 절개와 음경의 관계도 매우 추상적이다. 그 관계를 '전도inversion' '완벽성' '통일화' 혹은 다른 용어로 정의할 수 있을 것이다. 그 연관 관계의 추상성과 적용 영역의 모호함은 의례에 신비를 부여한다. 다시 말해 소년을 남자로 바꾸고, 그들이 남자가 되었음을 선포하는 의례의 단순한 수행적 특성을 참여자들이 파악하지 못하도록 하는 아우라를 부여한다. 조금 다르게 표현하면, 불완전한 은유에서 재현되는 관계의 추상적 특성은 비술적 효험이라는 개념의 또 다른 근거가 될 수 있다.

5.
의례적 말들

앞 절에서 우리는 의례화된 자세와 몸짓의 특별한 미덕을 살펴보았다. 그러나 그 행위와 의례적 말의 차이를 지나치게 강조해서는 안 된다. 우리는 육체적 표현과 일상 언어를 대조했지만, 모든 언어가 일상적인 것은 아니다. 말 자체도 의례화될 수 있고, 의례화된 언어는 명료하며 확신을 전달한다. 대단히 흥미로운 점은 의례화된 언어에서는 일상 언어의 특별한 능력 하나가 포기된다는 것이다. 즉 세계를 더 세부적인 범주와 조건, 조건명제로 쪼개는 능력이 포기된다. 의례적 발화는 거의 정형화·양식화되었으며, 보통 먼 옛날부터 전해 내려오는 정해진 말들의 차례로 구성된다. 의례적 말들은 보통 특정한, 세심하게 준비된 상황에서 반복되는데 종종 그 정확한 암송이 필요하다.

모리스 블로흐(1973)는 발화의 여러 지점에서 발화자가 상당히 자유로운 선택을 할 수 있는 일상적 담화와 달리, 의례적 담화는 '상호 연접적 특성feature of juncture'이 있다고 말했다. 즉 지시물referent 의 관계를 나타내는 발화의 구성 요소들이 변경될 수 없음을 강조했다. 메리 캐서린 베이트슨(1973)의 용어로 하면, 의례적 발화는 '융합되었다fused'. 즉 의례적 발화에서 그 말들의 의미는 분절되지 않은 총체인 말 덩어리에서 유래한다. 또 그 말 덩어리는 일상 담화에서 그것보다 훨씬 길고, 상당히 긴 최소한의 의미 단위로 분절되었다.

우리는 다음 장에서 의례적 발화의 불변성이 갖는 함의를 자세히 논의할 것이다. 여기서는 의례의 불변성 때문에 단계적 차이 변화, 성질 부여, '지금, 여기'의 고유성을 표현하는 언어의 역량을 전부 활용할 수 없다는 것을 지적하고 넘어간다. 그런데 언어의 유연성과 미묘함을 포기하면 명료성이 획득된다. 어떤 사람이 맹세를 하거나 하지 않거나, 충성 서약을 하거나 하지 않거나. 의례적 발화의 암송과 비-암송의 차이는 명확하다. 최소한 이런 양자택일식 대안에 근거한 관습적 사태의 형식적 양상의 차이도 명확하다. 의례는 그 자체의 정형화된 발화에 따라 현 사태에 깃든 특이 사항을 항구적인 사태의 범주로 동화시켜 제거한다. 그러지 못할 경우 최소한 그것들을 항구적 범주에 복속시킨다.

형식에서 의례적 발화와 일상 언어의 관계는, 의례적 자세나 몸짓과 일상적인 도구적 행위의 관계와 같다. 리치(1966)는 신화와 의례가 분리될 수 없다고 주장했는데, 신화는 말에 근거하고 의례는 '행위'에 근거하기 때문이라는 것이다. 이 점에서는 리치가 옳다. 말들이 단순한 '잡담'이나 '말뿐인 말'이 아니라 무릎 꿇기나 절과 같이 양식화된 의례적 발화가 되면, 종종 그 자체로 육체적 표현의 일부가 된다. 일상적 담화가 아닌 의례적 말은 의례적 자세만큼 명료한 지표적 의미를 전달할 수 있다. 그것들이 의례적 자세만큼 설득력 있지는 못할 텐데, 말은 그것이 전달하는 메시지를 물질화할 수 없기 때문이다. 그 메시지는 부가적인 말을 통해 보강할 수 있는데, 이 문제는 나중에 신성성과 신성화를 논의하면서 다시 살펴볼 것이다.

여기서 의례적 말이 단순히 의례적 행위와 사물의 부적절한 대체물이라고 생각해서는 안 된다. 의례 내의 육체적 행위와 말의 관계는 상보적이며, 모두 다른 쪽이 결여한 나름의 미덕이 있다.

탐바이아(1968)는 의례적 행위와 사물이 특별한 커뮤니케이션 성질이 있는 것처럼, 말 역시 나름의 성질이 있다고 주장했다. 행위와 물질이 의례에 현존하는 무엇을 물질화한다면, 의례적 말은 의례에 현존하는 무엇을 과거나 미래와 연결하며, 더 나아가 세계가 처음 태어나던 태초의 시기나 세계의 종말과도 연계시킨다. 의례적 말은 그 불변성을 통해 암묵적으로 현재의 사건을 고대 혹은 시간을 측정할 수 없는 장구한 사건의 범주로 넣어 동화시킨다. 이것은 단순히 말없는 몸짓이나 소모되는 사물의 덧없는 물질성으로 성취할 수 없는 일이다. 그 상징성 때문에 불변하는 말은 손쉽게 '지금, 여기'의 한계를 벗어나 '지금, 여기'에 국한되지 않는 규범적인 무엇을 절묘하게 재현할 수 있다. 십자가와 같은 사물도 상징적 가치가 있을 수 있고, 시공간을 초월한 무엇을 의미할 수 있다. 그러나 그런 사물도 반드시 말을 통해 상징적 가치를 부여받아야 한다. 규범적인 것의 재현에서 언어는 궁극적인 필수 요소이기 때문이다.

의례적 말이 자기 - 지시적 메시지 전달에 완전히 쓸모없는 것은 아니다. 그러나 언어가 필수 불가결한 것은 의례적 커뮤니케이션의 또 다른 측면 때문이다. 의례적 규범을 수락하거나 거기에 참여하는 것은 육체적 표현을 통해 가장 잘 드러나지만, 규범 자체도 언어나 언어에 따라 의미를 부여받은 물질적 상징을 통해 표현되어야 한다. '지금, 여기'에 물질적으로 존재하지 않는 신이나 조상 혹은 그와 비슷한 실체는, 그 지시 대상이 오직 현재의 것에 국한되는 행위를 통해서는 나타낼 수 없다. 언어가 없이는 그것들을 지시할 수 없다. 당대의 사회질서를 구성하는 관습―기사도, 왕권, 오염―이나 그것들과 연계된 관습적 행위―작위 수여식, 대관식, 터부의 위반―에서도 상황은 마찬가지다. 단지 행위로는 관습이 되지 못한다.

6.
형식과 물질의 재통합

의례의 언어에 대한 의존과 물질적 재현에 대한 의존의 관계는, 대략 규범적인 것과 자기 - 지시적인 것의 관계와 같다. 물론 이는 자기 - 지시적 메시지가 의례적 발화에 의해 전달될 수 없다거나, 규범적 메시지가 육체적 표현으로 번역되거나 그것에 의해 실체화될 수 없다는 의미가 아니다. 이 말은 한편으로 규범적인 것은 언어에 의존하며, 다른 한편으로 의례의 물질적 구성 요소는 메시지 전달자의 현 상태와 관련된 메시지의 지표적 전달에 특히 적합하다는 의미다. 수락하는 자아의 특별한 성격을 감안할 때, 수락의 메시지의 지표적 전달에서 동작이나 자세는 핵심적인 것이다. 수락의 메시지는 그 자체가 규범과 관련된 메타-메시지다. 한편 몸의 사용은 더 고차원적인 것이다. 몸의 사용은 수락의 성격에 관한 메타-메시지로, 다시 말해 식별 가능한 살아 있는 누구의 행위다.

의례의 육체적·언어적 측면이 갖는 정보 전달상의 이점은 상보적인 듯하다. 물론 '상보적'이라는 용어가 둘의 내밀한 관계를 전부 표현하지는 못한다. 어쩌면 그 둘은 서로 완성시킨다고 말하는 게 나을지 모른다. 의례의 물질적 측면은 예식 질서를 실체화하고, 의례적 언어는 그 질서에 형식을 부여한다. 의례에서는 형식과 실체가 한편으로 규범이나 관습 혹은 이상과, 다른 한편으로 행동과 통합된다. 사실 의례는 일상의 압력에서는 분리되게 마련인 형식과 실체의 재결합으로 간주할 수 있다. 규범적 말이 그 의미를 부여하는 의례적 자세를 취함으로써, 연행자는 규범적 형식 자체를 인간화하거나 체현한다. 연행자는 의례적 형식이나 질서에 참여함으로써 그것을 자기 안으로 통합한다. 그의 신체는 규범에 실체를 부여하고, 규범은 그의 신체에 형식을 부여하는 것이다.

그렇다면 의례적 재현에서는 우주적인 것, 사회적인 것, 심리적인 것, 신체적인 것이 하나로 융합된다. 말과 행위가 성공적으로 결합하면 첫째, 개인의 자아를 구성하는 신체적·정감적·인지적 과정이 통합되고, 둘째 그렇게 통합된 자아와 가시적인 의례적 재현물이 통합되며, 마지막으로 자아와 그것의 재현물과 자아가 참여하는 규범이 통합된다. 이때 의례적 자세나 몸짓은 사람의 몸이 취할 수 있는 수많은 자세나 몸짓 중에서 그 몸이 취한 구체적인 동작이다. 그 사실 때문에 의례적 동작은 그 예식 질서에 복종하는 것을 나타내며, 동시에 그 질서의 구속적 성격을 드러낸다. 연행자는 형식적 자세나 몸짓을 통해 예식 질서와 그 질서에 대한 자신의 수락을 체현한다. 의례 행위에서는 자기-지시적 메시지와 규범적 메시지가 통합되기 때문에, 형식과 실체의 결합을 나타내는 살아 있는 은유가 생성된다.

의례가 형식과 실체의 융합이라는 점은 성례聖禮와 그것의 연행에 대한 동방과 서방 기독교의 사고에 명시적으로 표현되었다. 그리스정교회에서 성례는 '신비'인데, 그것은 "가시적인 형식에 의해 보이지 않는 신의 은총이 신자의 영혼에 전해지는 의식이다. 이 은총은 주님에 의한 것으로, 신자들은 그를 통해 신의 은총을 받는다". 이렇게 도입된 신비는 '신의 진정한 아들'이라는 '표식'이고, '믿음의 확실한 징표'이며, '죄의 확실한 치료제'다(R. Parsons가 인용한 Peter Moglia 사제의 말, 1918). 신비에는 정식 사제에 의한 축복 외에도 (어떤 경우에는 이 조건이 충족되지 않을 수 있기 때문에) 두 요소가 더 필요하다. 즉 세례용 물이나 결혼식에서 손잡기 같은 적절한 물질과, "사제는 성령의 힘으로 이런 신비를 축성합니다"처럼 성령에 대한 기도. 여기서 적절한 물질은 그 자체로는 보거나 만질 수 없는 성령을 가시화·실체화한다. 성령은 이 물질의 세계에서 물질과 분리되어서는 자신을 드러낼 수 없으며, '신의 진정한 아들'이자 '믿음의 확실한 징표'를 나타내는 '표식'은 **필연적으로** 물질적이어야 한다.

서방 교회에서도 성례는 '성스러운 일의 표식signum rei sacrae'이다. 여기서 **표식**signum은 보고 만질 수 있으나, 그것의 **실체**res는 그럴 수 없다. 성례는 인식 가능한 기호이기 때문에 가시적이고 유형적인 것이 꼭 필요하다. 서방 교회의 성례에서도 그리스정교회처럼 세례식의 물, 사제 서품식의 손 포개기, 병자성사에 사용하는 기름, 성찬식에 쓰이는 빵과 와인 등 적절한 물질이 필요하다. 성 아우구스티누스는 세례식에 대해 "성례를 치르기 위해서는 물질에 말을 더할 것"(Lacey, 1918)이라고 언급했다. 여기서 중요한 점은 성 아우구스티누스의 시대부터 한참 지나서도 '성례sacrament'라는 말이 트리엔트공의회* 이후 '진정한 성례'를 구성한다고 여겨진 '일곱 의례' 이상의 의미가 있었다는 점이다. 성 아우구스티누스의 '성례' 정의는 모든 기독교적 의례, 더 나아가 기독교라는 종교 자체를 아우르는 테르툴리아누스Quintus Septimius Florens Tertullianus, 키프리아누스Thascius Caecilius Cyprianus의 '성례' 정의와 공통점이 많다.[1]

13세기에 접어들면 가톨릭 사상가들은 비가시적인 것을 가시화하거나 물질화시킨 기호로서 물질보다, 물질 그 **자체**에 관심을 기

---

* 1545~1563년 이탈리아 트렌토에서 열린 종교회의. 종교개혁에 맞서 가톨릭의 교리와 체계를 재정비했다.

울인다. 기욤 도세르Guillaume d'Auxerre*는 아리스토텔레스학파의 형이상학에 근거해 성례를 물질과 형식으로 나눴다. "성례에서 사용되는 가시적인 행위나 사물은 형태 없는 물질에 비길 수 있다. 이 물질의 쓰임은 정해지지 않았고, 여러 목적을 위해 사용 가능하다. 그 물질들의 영적 중요성은 말의 사용을 통해 결정되는데, 말은 그 물질에 형이상학적이고 **본질적인 형식**을 부여한다."(Lacey, 1918) 물질이 그 자체로 형태가 없듯이 물질을 결여한 형식 역시 효험이 없고, 이 세계에서 어떤 실존도 갖지 못한다.

이 원리는 좁은 의미에서 성례에 대한 정의(은총을 전달하는 의식)가 출현할 무렵에는 명시적으로 표현되었지만, 그보다 오래된 사상과 용법에서는 함축적으로 드러난다. 물론 오늘날에도 몇몇 저자는 '성례'라는 용어를 더 일반적인 방식으로 사용한다. 그렇다면 말과 행위의 결합, 즉 형식과 실체의 결합이 '진정한' 고대의 일곱 가지 성례의 특징은 아니고, 그 성례에서 왕에게 성수를 바르거나 수녀들을 축성하는 '성사聖事' 행위가 수반되지도 않았다. 이제 우리는 말과 물질의 결합은 의례 일반의 특징이며, 일반적으로 의례의 구조 자체에 형식과 실체의 통합이 잠재한다고 주장하려 한다. 이 점이 연행자의 교리에 뚜렷하게 표현되었든 아니든 상관없이 말이다.

---

* 프랑스의 초기 스콜라학자, 신학자이며 철학자.

7.
형식과 물질의 통합으로서 세계 창조

말과 물질을 모두 포함하는 의례는 그 안에 창조의 패러다임이 있다. 형식과 물질의 결합이라는 측면에서 의례는 형식적이나마 까마득히 먼 시공간에서 전개되는 세계 창조 신화와 유사하다. 그레고리 베이트슨(1972b)이 지적했듯이, 세계의 기원에 대한 많은 신화는 창조를 단순히 무에서 물질이 탄생하는 것으로 보지 않는다. 실제로 물질의 기원은 종종 무시되며, 그게 아니라면 원형적 물질이 늘 존재해온 것으로 간주된다. 신화가 주목하는 창조의 측면은 물질 그 자체의 창조가 아니라, 존재하던 미발달 상태의 원형적 물질에 형태나 질서를 부여하는 행위다. 즉 창조는 물질에 정보를 부여하고 형식을 창조하는 것, 다시 말해 형식과 실체의 통합이다.

구약성경 〈창세기〉에 묘사된 천지창조가 그 친숙한 사례다. 스페이저E. A. Speiser(1964)가 번역한 가장 오래된 성경 판본의 〈창세기〉 첫 부분을 보자(우리에게 친숙한 영역 성경보다 장엄함은 덜하지만, 원문에 더 충실한 것이라고 생각된다). "야훼가 하늘과 땅을 창조하려고 했을 때, 세계는 형태 없는 불모지였다. 바다 위에는 흑암이 가득했고 물 위로 무서운 바람만 불었다. 야훼가 '빛이 있으라' 하자 빛이 생겨났다." 일단 태초에 존재한 물질은 물인 것 같다. 물은 우리의 일상적 경험에서도 형태 없는 물질에 가장 가깝다. 물론 이 구절에는 의미상 약간 모호한 부분도 있다. 스페이저가 '형태 없는 폐허formless waste'라고 번역한 히브리어 **토후 와-보후**Tohu wa-bohu는 사실 두 단어가 연결된 것으로, '형태 없고 공허한unformed and void'이라는 뜻이다. 여기서 '공허한'이라는 단어는 우주에 형상을 부여하고 형태와 차이가 존재하는 질서 있는 세계를 창조하기 전에, 무에서 형태 없는 물질을 창조하는 과정이 필요함을 암시한다.

그런데 이 구절에서 물질의 창조는 암시되지 않는다. 그레고리 베이트슨(1972b)이 지적했듯이, 그 점은 의식되었다 해도 결과적으로 무시된다. 물질이 처음 창조된 과정은 설명되지 않지만, 그와 대조적으로 존재하던 미발달 상태의 물질을 형태 있는 물질로 변형하는 과정─일련의 말씀─은 상세히 설명된다. 〈창세기〉 1장의 저자들이 물질의 기원에 별 관심이 없었음은 분명하다. 더 일반적인 신화의 저자들 역시 이 점에 크게 주목하지 않는 듯한데, 말할 게 많지 않은 주제이기 때문인지도 모른다. 다시 말해 원형적 물질의 출현은 거기에 질서를 부여하는 활동만큼 인간 경험에 중요하게 와 닿지 않는다. 현대 우주론의 몇몇 공식이 보여주듯이 물질이 존재한다는 것은 당연한 사실이고, 물질의 창조 역시 당연한 것으로 간주되는 듯하다.[2] 게다가 인간이 경험한 것과 근본적으로 다른 물질의 존재는 상상하기 어렵고, 상상한다 해도 이는 소일거리 이상은 아닐 것이다. 물질에 관한 한, 어째서 종전의 질서가 쉽게 상상할 수 있는 다른 질서들보다 선호되는가 하는 점은 또 다른 질문거리다.

〈창세기〉 1장은 창조를 물질에 대한 정보 부여로 정의하는데, 특별한 정의는 아니다. 이는 고대 근동 지역에 일반적으로 퍼진 사상을 잘 다듬은 것이다. 〈창세기〉의 토대가 되었다고 여겨지는 바빌로니아 에누마 엘리시 신화의 첫 문장은 다음과 같다. "압수Apsu의 달콤하고 깊은 물과 티아마트Tiamat의 짠 바닷물, 구름과 서리를 관장하던 뭄무Mummu의 물이 합쳐져 물의 혼돈을 이루었다." (Hooke, 1963; Heidel, 1951) 그때는 아직 마른 땅도, 신들도 창조되지 않은 상태였다. 압수는 자연의 질서에 속한 신이고, 땅과 질서 잡힌 우주의 모든 것이 압수를 통해 태어났다. 여성-용으로 인격화된 티아마트는 구약성경의 흑암Tehom, 리워야단Leviathan, 라합Rahab의 형상에 그 흔적을 남긴 듯한데, 질서 잡힌 우주의 경계 너머에 존재하는 원시적인 물의 원리를 구현한다. 티아마트는 자신을 가두거나 제외한 세계의 질서가 사라질 때 언제든 세계 속으로 터져나올 준비가 된 신이다.

질서 잡힌 세계는 그의 후손인 마르두크가 티아마트를 죽이고야 생겨난다. 한 전투에서 마르두크는 그의 부하들인 바람을 티아마트의 입속으로 보내 그녀의 배를 부풀게 만든다. 그는 그녀를 활로 쏘아 최후의 일격을 가한다. 마르두크는 티아마트를 '조개껍데기처럼' 둘로 쪼갠 다음, 티아마트의 시신 반쪽을 높이 세워 하늘에서 떨어지는 물을 막는다. 나머지 반쪽은 발밑에 두어 땅이 되게 한다. 마르두크는 다른 신들에게 새로운 빛의 신 역할을 부과하고, 티아마트의 갈라진 신체의 사이 공간에 존재하는 우주에 질서를 확립한다.

고대 이집트의 창조 신화는 훨씬 다양하고 복잡하지만(Frankfort, 1948 참조), 메소포타미아의 창조 신화에 존재하는 갈등이 없다. 원형적 혼돈과 그 혼돈을 인격화한 괴물의 존재는 이집트 신화에서도 발견된다. 고대 이집트의 헤르모폴리스Hermopolis 신화를 살펴보자.

> 원시적 점액 속에 기괴한 생명체 여덟 마리가 살았다. 네 마리는 뱀이고, 네 마리는 개구리나 두꺼비였다. 이름이 말해주듯이 그것들은 창조된 우주의 일부가 아니라 혼돈의 일부였다. 눈Nun은 형태 없는 원시의 바다였고, 여성인 나우네트Naunet는 바다 위의 하늘이었다. 더 정확히 표현하면 눈은 혼돈으로 가득한 원시 물질이었고, 나우네트는 원시적 공간이었다. 다음 한 쌍은 쿠크Kuk와 카우케트Kauket였다. 이들에게는 한계와 경계가 없었다. 그리고 후Huh와 하우헤트Hauhet가 있었는데, 이들은 각각 어둠과 망각이었다. 마지막으로 아몬Amon과 아마우네트Amaunet가 있었는데, 이들은 감춰지고 숨겨진 존재들이었다. 이 신들 중에서 눈과 나우네트는 원시적 요소들, 다시 말해 거기서 우주가 생겨나는 아직 창조되지 않은 물질을 의미했다. 그리고 아몬과 아마우네트는 공기와 바람, 즉 그 자체로 혼돈의 원소를 의미했다. 여덟 존재는 수컷과 암컷으로 나뉘었고, 거기서 태양이 태어났다. 여덟 존재는 신비스럽게도 물에서 태양의 신을 탄생시켰고, 그것으로 자기들의 역할을 완수했다. (Frankfort, 1948)

그 후 세계 창조는 다른 신들에게 맡겨진다. "사실 대다수 사원은 모두 자기들의 신을 모셨다."(Frankfort, 1948) 크눔Khnum은 도자기 물레에서 모든 살아 있는 것을 주조했다. 솟아오른 – 땅 – 프타는 원시의 언덕으로, 물 위에 처음 솟아오른 마른 땅이다. 프타Ptah

는 도자기 물레에서 태양과 달을 창조하고 마트Maat, 즉 진실과 질서, 정확성에 의해 모든 살아 있는 것을 창조했다. 오시리스Osiris는 땅과 물, 식물, 가금, 동물을 창조했다. 토트Thoth는 눈Nun의 혼돈 속에 있을 때 말로 게브Geb와 누트Nut, 즉 땅과 하늘을 창조했다. 아텐Aten과 아툼Atum, 그 외 다른 신들 역시 창조의 기능을 수행했다(Frankfort, 1948; Petrie, 1911). 요약하면 고대 이집트에서 창조는 "무에서 뭔가 만들어내는 것이 아니었다. 동양적 사고에서 창조에는 우주의 통제라는 관념이 포함된다. 물질은 상당 부분 미리 존재했다. 창조 행위란 그 혼돈의 물질을 살아 있는 유기체로 변형하는 것이었다"(Wensinck, 1923; Frankfort, 1948에 인용됨).

고대 이집트 신화에서 우주의 형성을 담당한 몇몇 신은—전부는 아니라도(예를 들어 프타나 토트는 태양신이 아니었다)—태양신의 성격을 띠었다. 벤싱크A. J. L. Wensinck가 제안했듯이, 태양은 창조의 형상 부여 측면formative aspect을 강조하는 신화에서 특히 적합한 창조자다. 뚜렷한 에너지의 근원일 뿐만 아니라 '낮과 밤, 계절, 해의 순환을 주재'하기 때문이다.

그리스 신화 역시 앞선 사례만큼 명료하지는 않아도, 완전한 무가 아니라 조직되지 않은 원형적 물질에서 천지창조에 대한 이야기를 시작한다. 《일리아드》에서는 물의 신 오케아노스가 모든 신의 아버지로 묘사된다. 바빌로니아, 이집트, 히브리의 원시적 물처럼 여기서는 오케아노스가 원형적 물질로 간주된다. 물론 그 앞에는 대지의 여신 테티스와 무를 의미하는 밤의 여신이 존재하지만 말이다(Burns, 1911). 헤시오도스의 《신통기》는 카오스에서 이야기를 시작한다. 카오스에서 한편으로 가이아와 에로스가 탄생하고, 다른 한편으로 에레보스와 밤이 탄생한다. 그리고 그들에게서 질서 잡힌 우주가 생겨난다. 여기서 우리가 보통 간주하듯이 카오스가 형태 없고 질서 없는 물질이었는지, 아니면 무였는지 분명치 않다. 어원 연구에 따르면(Burns, 1911) 카오스는 무에 가깝다. 그러나 카오스나 밤이 무든 아니든 상관없이, 신화의 초점은 그런 물질의 창조보다 존재하는 물질에 질서를 부여하는 과정에 맞춰졌다.

후대의 우주기원론도 마찬가지다. 페레퀴데스Pherecydes의 우주론에 따르면 우주는 영원한 세 원리, 즉 정신인 제우스, 시간인 크로노스, 원형적 물질인 크토니아에서 태어난다. 이 신화의 변이형 중 하나도 근동의 우주론을 상기시키는데, 분명 거기서 영향을 받았을 것이다. (그 변이형 신화에 따르면) 제우스가 우주를 창조하기 전에 (제우스는 순수한 정신이어서 세계 바깥에 존재하기 때문에 이 과업을 성취하기 위해 에로스로 변한다) 자연의 지배권을 두고 크로노스Cronos(이는 크로노스Chronos의 후손이다)와 용龍인 오피오네우스Ophioneus 사이에 갈등이 생긴다. 제우스는 크로노스가 오피오네우스를 바다에 던져버린 뒤에야 우주를 창조할 수 있었다. 이 신화의 세부 사항은 그리스 천지창조론의 다른 측면과 완벽하게 일치하지 않는다. 그러나 번스I. F. Burns가 지적했듯이 "그 의미는 뚜렷한데, 질서 잡힌 세계인 코스모스가 확립되기 전에 무질서에 대한 승리가 존재해야 했기 때문이다". 제우스는 그 뒤 세계에 '대지와 대양, 대양의 생물'을 창조할 수 있었다.

창조가 물질의 생산이 아니라 질서의 부여라는 관념이 단지 지중해 동부 지역에서 발견되는 것도 아니고, 인류 역사의 초기부터 등장한 고등 문명의 특징도 아니다. 이와 비슷한 테마는 몇몇 부족민과 수렵·채집민의 신화에도 등장한다. 오스트레일리아 중부 지역에 사는 왈비리족의 가자리Gadjari 신화와 의례, 오스트레일리아 북부 문긴족Murngin의 와윌락Wawilak 자매에 대한 이야기가 그 예다. 물론 그들의 이웃 부족도 비슷한 이야기가 있다.

왈비리족의 가자리 의례는 꿈의 시대dreamtime─신화적인 시원의 시대로 그들은 어떤 의미에서 이 시대가 지금도 존속한다고 믿는다─에 물룽구Mulungu 언덕에서 태어난 마만다바리Mamandabari 형제의 업적에 근거한다. "그 형제의 첫 번째 행위는 그들의 정체성과 능력을 확립·증명하기 위해 자기 이름에 관해 노래하는 것이었다."(Meggitt, 1965a) 그들은 왈비리 영토를 지나 남동쪽으로 여행하며 계속 자기 이름을 노래했다. 그들이 전진하며 여러 장소와 생물을 보고 노래하자, 그들의 시선과 노래가 그것들을 탄생시켰다. 황소울음 피리bullroarer를 만들 때, 그들은 신성재에 새겨진 문양이 앞으로 여행하고자 하는 길이 될 것이라는 노래를 불렀다.

그들의 노래와 문양은 존재하는 길을 재현한 것이 아니라, 아직 창조되지 않은 길과 그 길이 연결할 특징을 나타낸다. 다시 말해 그 문양은 지도가 아니라 청사진인 셈이다. 그들은 황소울음 피리에 새겨진 문양의 패턴─동심원 형태를 띠는 점으로 된 선, 직선과 호로 연결된 점들─을 숙고하면서 노래를 시작한다. 형제는 문양에 재현된 한 점에서 다른 점으로 나가면서 모험을 계속한다. "그런 식으로 그들은 보았고, 봄으로써 그들이 횡단한 지역을 대부분 '창조'했다. 동시에 형제는 황소울음 피리를 들고 있다가 자기 발이 그리는 호의 패턴과 정확히 일치하도록 팔을 흔들었다. 그렇게 그들은 영토의 경계를 표시했다. 그들이 크게 걸으면서 팔을 힘차게 흔들었기 때문에 손에 들린 황소울음 피리가 땅을 깊이 갈랐고, 그렇게 현재 가다라Gadara라고 알려진 하천이 생겨났다."
(Meggitt, 1965a)

　형제는 노래하고 팔을 흔들면서 땅을 가로질러 전진한다. 그들은 장소와 생물을 보고 노래함으로써 그것들을 창조한다. 다시 말해 그들은 그 생물을 알아봄으로써, 그것들을 황소울음 피리와 노래의 질서 아래 둠으로써 이 세계로 데려와 창조한 것이다. 그들은 여행 중에 장소와 생물을 창조할 뿐만 아니라 의례를 확립한다. 그들은 다른 생물이 거주하는 수많은 꿈의 장소와 길을 가로지르며 그 생물과 연관된 의례적 지식을 흡수했다. 여기서 길을 가로지른 다는 것은, 길 하나를 창조함으로써 확립할 수 있는 질서보다 크고 포괄적인 질서를 확립한다는 뜻이다.

　문긴족 신화에 나오는 와윌락 자매의 창조 행위도 마만다바리 형제의 그것과 다르지 않다(Warner, 1937). 자매는 깊은 내륙에서 나와 바다를 향해 걸어가며 장소에 이름을 붙인다. 그들은 먹잇감으로 쓸 동물을 죽일 때 "너희는 곧 신성해질 것이다"라고 말하며 이름을 붙여주었는데, 그 이름은 오늘날까지 쓰인다. 할례를 다루는 이 정교한 신화는 토테미즘에 따른 언어적 차이의 초월과 여성적 오염의 기원을 다루며, 동시에 여러 복잡한 의례의 근거를 확립한다. 이 신화는 줄룽굴Julunggul이라는 거대한 뱀이 와윌락 자매와 그들의 후손을 삼켜버렸다가 토하는 내용으로 끝난다. 이 마지막 장면은 우리의 논의와 무관하다. 이 신화에서도 왈비리족 마만다바리 형제처럼 종전의 미성숙한 물질에 정보—형태와 형상, 질서—를 부여하는 행위, 즉 물질 없는 형식을 실체화하는 행위가 창조로 간주된다는 점이 흥미롭다.

북아메리카 나바호족 인디언의 우주기원론에도 비슷한 요소가 등장한다. 위더스푼Gary Witherspoon(1977)에 따르면 나바호족도 우주적 질서가 물질에 정보를 부여하는 행위와 형식의 물질화에서 태어난다고 믿는다. 이때 형식은 복합적인 방식으로 언어와 연관된다. 나바호족에 따르면 "태초에 말과 원소, 상징과 상징화된 것이 있었다". 이들의 '발생 신화' 첫 구절은 다음과 같다.

'모든 곳의 물'이라고 불리는 하나

'검은 대지'라고 불리는 하나

'최초의 말들'이라고 불리는 하나 (1977)

말들과 형태 없는 물질은 세계의 원시적인 구성 요소 중 하나다. "나바호족에게 인간은 오직 상징을 통해서 사고할 수 있다. 따라서 사고 이전에 상징이 존재했어야 한다."(Witherspoon, 1977) 즉 상징인 말은 질서나 형식의 요소지만, 그 자체가 질서나 형식을 구성하지는 않는다. 질서나 형식은 발화된 말을 통해 세계에 부여되지만, 발화speech 자체가 말word이나 언어는 아니다. 발화는 내뱉어진 말이다. 발화는 사고의 외적 형식이며, 사고는 지식의 외적 형식이다. 마지막으로 나바호족에게 지식은 우주의 원시적 구성 요소 중 하나였던 최초의 말들First Words을 인식하는 것이다. "나바호족 최초의 인간은 아담과 달리 사물에 이름을 부여(상징의 창조)하지 않는다. 대신 그는 사물의 이름을 배우기 시작한다(확립된 상징을 통해 현실을 해석한다)."(Witherspoon, 1977)

"최초의 남녀가 상징의 발명자는 아니라고 해도 형식의 창조자다. 상징을 조직하고, 배열하고, 패턴화하는 능력은 지성에 있다. 상징은 심상을 구축하기 위한 벽돌이다. 인간이 재료 없이 집을 지을 수 없듯이, 상징적 요소 없이 우주에 대한 심상을 구축할 수도 없다."(Witherspoon, 1977) 나바호족 최초의 인간은 원시적 상징에 대한 지식을 얻은 다음, 그것들을 배열하여 언어로 만든다. 즉 단어들의 모음일 뿐만 아니라 말로 지식을 재현내기 위한 규칙(형식 혹은 패턴)을 만든다. 언어로 재현되고 사고를 통해 질서를 부여받은 지식은 이제 발화 행위를 통해 수행적으로 이 세계에 부과된다.

여기서 논지의 진행 과정에 주목하자. 나바호족이 내적 형식으로 간주한 것들이 외적 형식으로 전개되면서 형식과 질서가 생겨난다. 원시적 구성 요소들이 언어로 재현된 지식에 의해 포섭되고, 언어로 패턴화된 사고에 의해 조직되며, 마지막으로 발화를 통해 세계를 향해 투사되면서 말이다.[3]

위더스푼이 지적하듯이, 나바호족 최초의 인간의 업적은 존재하는 사물의 이름을 배우는 것이다. 그 업적은 사물에 이름을 붙인 아담의 업적과 달라 보인다. 그러나 인간의 창조에 대한 성경의 해석과 관련해, 중세 유대교의 신비주의 사상은 나바호족의 세계관과 상당히 흡사한 시각을 보여준다.

카발라적 사유와 교리는 신적 영역의 현현, 즉 신의 창조적인 능력이 드러나 전개되는 세피로스Sefiroth를 중심으로 전개된다. 신은 세피로스의 창조력을 통해 자신을 드러내는데, 그 존재의 다양한 양상 중 언제나 한두 가지 모습(신은 열 가지 방식으로 자신을 드러낸다)으로 현현한다. 신적인 에너지와 빛(세피로스)의 발산으로 간주되는 그 창조적 과정은 신적인 언어의 전개 과정이기도 하다. 카발라주의자들은 신적인 빛에 대해 말하지만, 동일한 맥락에서 신적인 이름과 그 이름을 구성하는 신적인 문자에 대해서도 언급한다. 하느님의 비밀스런 세계는 언어의 세계, 즉 그 자체의 법칙에 따라 펼쳐지는 신적인 이름의 세계이기도 하다. (Scholem, 1969)

카발라 전통이 확립되기 전인 서기 3~6세기에 익명으로 쓰인 놀라운 저서 《Sefir Yetsirah 세피르 예치라》《창조의 서書》 혹은 《형성의 서書》도 언급할 필요가 있다. 숄렘Gershom Scholem에 따르면, 이 책은 골렘golem 개념의 발전에 핵심적인 역할을 했다.

성경에 한 번 등장하고(〈시편〉 139편 16절) 후대의 문헌에 여러 번 등장하는 '골렘'이라는 용어는 '형태를 부여받지 않은' '무정형의'라는 의미인 듯하다. 이 말은 그리스어 휠레hylē의 동의어로 쓰였다. 그러나 후대로 오면서 골렘은 전설, 민담, 신비 문학에서 프랑켄슈타인의 괴물 같은 생명체를 의미하게 되었다. 그 의미의 골렘은 주술사나 심

302

령술사가 무생물적 요소에 생명을 불어넣어 만든 존재다. (Scholem, 1969)

이 이야기와 아담의 창조 신화(히브리어로 땅의 존재는 아다마Adamah, 인간은 아담Adam이다)는 뚜렷한 유사성이 있다. 그리고 골렘을 창조하기 위한 의례적 절차는 분명 신비 의식이나 입문식에서 거행되었을 것이다. (Scholem, 1969)

골렘의 창조에 중요한 요소는 신의 이름과 신성한 문자들이다. 이 요소는 모든 창조에 사용된다. 그 문자들은 구조적 요소로서 창조라는 건축물을 짓는 데 사용되는 돌과 같다. 숄렘이 '기본적 문자'로서 자음을 이야기하며 언급한 히브리어(아다마)는 의심할 여지없이 문자와 원소를 동시에 의미하는 고대 그리스어 **스토이케이아**stoicheia의 모호함을 반영한다.

다음은 《세피르 예치라》 2장에 나오는 내용이다. "22개 문자 요소들 : 그는 그것의 윤곽을 정하고, 깎고, 무게를 재고, 결합하고, 교환(변형)했다. 그런 과정을 통해 그는 모든 창조의 원리, 창조되어야 할 다른 모든 것을 창조했다." 그는 어떻게 문자들을 결합하고, 무게를 재고, 교환했는가? 히브리어 자음 A와 모든 자음을 결합하고, A와 B를 포함한 문자와 다른 모든 문자를 결합하고, B와 G를 포함한 문자를 다른 모든 문자와 결합하고, G를 포함한 문자를 다른 모든 문자와 결합하고… 그렇게 그 문자들은 231개 문―22개 기본 문자에서 형성될 수 있는 문자 쌍의 숫자―을 거쳐 원점으로 돌아온다. 그렇게 창조되고 발화된 모든 것은 단 하나의 이름에서 유래한다.

맥락과 언어적 관행을 보면 이 '이름'은 신의 이름이 확실하다(다시 말해 신의 이름이나 신의 이름 중 하나는 위에서 설명한 문자 결합 공식에 따라 만들어진 것이다). 따라서 알파벳 문자에 의해 만들어지는 문자 결합 주기의 모든 '문gate'에서는 두 자음이 결합된다. 이 자음은 히브리어의 근본이 되는 두 글자다. 그리고 창조력은 이 문들을 통해 우주로 발산된다. 우주의 모든 사물이나 존재는 이런 문자들의 조합 중 하나를 통해 태어난다. (Scholem, 1969)

창조를 물질에 정보를 부여하는 행위이자 형식의 물질화로 간주하는 신화에서, 그 형식이 (언제나 그렇지는 않지만) 종종 말과 연계된다는 점에 주목하자. 오스트레일리아 원주민의 꿈의 시대에 등장하는 남녀 영웅은 발화나 노래를 통해 사물에 이름을 부여하면서 형식을 창조한다. 〈창세기〉에서도 신의 말씀으로 혼돈에 빛과 어둠, 땅과 바다라는 질서가 부여된다. 이집트 신화의 토트 역시 말로 세계를 창조했다. 여기서 우리는 도곤족의 철학자 오고테멜리Ogotemmeli의 창조에 대한 이야기(Griaule, 1965)와 신의 뜻, 신의 창조 행위, 신의 말을 동일시하는 누에르족의 견해(Evans-Pritchard, 1956)를 인용할 수도 있다.

'형식'과 말의 연계는 고대 그리스에서도 찾아볼 수 있는데, 로고스는 말이었을 뿐 아니라 언어를 통해 인간이 획득한 이성으로 인간이 발견한 질서를 의미했다. 그리고 인간에게 새로운 질서를 가져다준 두 번째 아담인 예수는 로고스가 육화한 존재다. "말은 사고의 표현임과 동시에 사고의 재현물이자 등가물이다. 그렇게 말의 이미지는 화자를 넘어서 발산된다. 따라서 말은 순수하게 영적인 존재의 아들에게 적합한 단어다."(Attwater, 1961) "우리는 예수가 그의 아버지와 달리 전적으로 정신적인 존재가 아님을 기억해야 한다. 예수는 육화한 로고스였고, 아람어*로 된 구약성경 탈굼Targums에서 신은 종종 멤라Memra로 불린다. 이는 발화라는 의미다."

이런 관념에서 예수는 단순한 말씀이 아니라 살아 있는 말씀이다. 멤라 역시 단순한 말이 아니라 발화utterance, 즉 숨결을 불어넣은 말이다. 라틴어로 영혼을 의미하는 단어가 '숨 쉬다'라는 뜻이 있는 스피라테spirate에서 유래했고 그리스어 프네우마pneuma 역시 그런 것처럼, 신을 의미하는 누에르어 쿼스Kwoth도 숨결을 의미하는 단어에서 파생되었다는 점은 흥미롭다. 히브리 신화의 루아 엘로힘Ruah Elohim, 즉 〈창세기〉 첫 구절에 등장하는 형태 없는 세계의 폐허를 휩쓸고 간 원시의 바람은 신의 바람이자 숨결로 간주할 수 있다. 루아Ruah라는 단어는 정신임과 동시에 숨결 혹은 바람이라는 의미다. 게다가 신이 흙(Adamah)에 불어넣은 것이 바로 루아이며, 그렇게 인간(Adam), 더 나아가 고유명사로서 최초의 인간인 아담이 탄생했다.

숨은 분명히 생명 과정 자체와 연계되었다. 그러나 숨이 들어왔

---

* 기원전 8세기 이후 시작되어 수 세기 동안 서남아시아의 상업용 문자로 쓰인 언어. 시리아문자나 아라비아문자의 기초가 됨.

다 나가는 기관이자, 몇몇 창조 신화에서 정신을 불어넣는 기관인 입은 발화 기관이기도 하다. 〈창세기〉에는 신의 루아와 발화의 관계가 뚜렷이 드러나지 않지만, 카발라교의 《창조의 서》와 그 주해서에는 이 관계가 드러난다. 히브리어의 음소론, 형태론, 규범적 형식의 전형을 보여주는 231개 문의 의식The rite of the 231 gates은 언어를 통해 무생물적인 흙을 지성을 갖춘 생명체로 만든다는 상상력이 처음 표현된 곳이다.

따라서 언어와 생명은 발화에서 결합되며, '숨결 – 정신'이라는 개념에서 결합된다. 나바호족 신화에서 세계에 질서를 부여한 것이 말이나 언어, 사고가 아니었음을 떠올려보자. 그것은 발화나 말하기였다. 나바호족은 공기를 물질로 간주하기 때문에, 그들에게 발화는 그 자체로 실체와 형식을 동시에 갖는다. 그러나 공기는 독특한 성질이 있는 물질이다. "나바호족의 세계에서 공기는 움직이고 지식을 품는 내재적 능력이 있는 유일한 물질 혹은 실체다." (Witherspoon, 1977)

발화란 사고에 의해 조절된(형성된) 공기 – 물질이다. 여기서 사고는 그 자체가 언어의 규칙에 따라 조직된 말들로 구성된다. 발화는 패턴화된 움직임이 있는 공기이며, 나바호족에게 움직이는 것은 생명이 있는 것이다. 공기가 없으면 움직임이 없고, 움직임이 없으면 생명이 없다. "공기 없이는 소화나 호흡 체계가 정상적으로 기능할 수 없다. 정신은 사고할 수 없고 몸은 소리나 움직임을 만들어낼 수 없다. 사고, 발화, 움직임을 위한 능력은 몸에 내재하지 않는다. 몸은 그런 능력을 공기에서 얻는다."(Witherspoon, 1977)

숨 쉬어진 말, 생명이 불어넣어진 언어, 사고가 깃든 공기인 발화는 실체 없는 형식과 형식 없는 실체를 중재한다. 그것은 형식과 실체가 모두 있으며, 움직임을 통해 실체에 형식을 부여한다. 형식이 없이 그 실체는 활성화되지 못할 것이다.

8.
의례, 세계 창조, 관습의 자연화

의례의 연행처럼 창조 신화는 종종 말과 물질을 모두 포함한다. 창조 신화와 의례의 연행에서는 원시적으로 여겨지는 두 범주, 즉 형식과 실체가 통합된다. 우리는 의례에서 이런 원형적 결합이 재현되며, 심지어 그런 결합이 다시 일어난다고 말할 수 있다.

그러나 형식과 물질의 결합은 다른 의도적 행위나 인공적 사물에서도 일어난다는 반박이 제기될 수 있다. 인간이 만든 것이든 아니든 뭔가 패턴에 따라 형성되고 행해졌다면, 그런 통합의 재현과 관련하여 의례의 특별함은 어디에 있는가?

지난 장에서 우리가 전개한 논지를 떠올려보자. 일상적 관행은 언제나 변화무쌍해서, 그 관행의 토대가 되거나, 그것을 인도하는 형식을 와해시키는 경향이 있다. 그러나 의례에서는 형식의 반복뿐만 아니라 재확립이 일어난다. 예식 질서의 불변하는 말들보다 그런 형식을 잘 재현하는 방식이 어디 있는가. 인간의 몸으로 의례적 자세를 취하는 것보다 형식에 실체를 잘 부여하는 방법이 어디 있는가. 그 자체가 언어로 명시되며, 궁극적으로 언어로 규정된 방식으로 치러지는 의례에서는 자기 – 지시적 메시지와 규범적 메시지가 융합되어 구별할 수 없어진다. 세계 창조의 순간처럼 형식은 실체화되며, 실체에는 형식이 부여된다. 그 둘은 이상적 질서가 존재하던 시원의 순간처럼 하나가 되는 것이다. 의례에서는 세계 창조의 재현뿐만 아니라 원시적 질서의 재창조가 일어난다. 삶의 일상적 관행이 이상적 질서에서 멀어지면서, 끊임없이 와해되는 형식과 실체의 원형적 결합이 다시 일어나는 것이다.

우리는 창조 신화와 의례가 모두 형식과 실체의 결합을 통해 질서를 확립한다고 주장했다. 그러나 이는 인류가 어째서 그 범주들의 구분과 통합을 중요하게 여겼는지 설명해주지 않는다. 형식이 어째서 종종 말과 연계되는지도 말하지 않는다. 자연은 물질뿐만 아니라 형식으로 가득 차 있다. 그레고리 베이트슨(1972b)이 지적했듯이, 그 둘의 구분이 인간의 직접적 경험에서 자연적 · 자발적으로 일어나지는 않는다. 어떤 인간도 카오스를 목격한 적이 없다. 어떤 사람들은 명상 속에서 카오스의 순수한 형식을 고찰했지만, 그걸 자기 눈으로 본 사람은 없다. 물리적 자연에서는 형식과 실체가 분리 불가능하게 결합되었다. 그러나 형식과 실체를 구분하는 언어에서는 그 둘이 뚜렷하게 분리될 수 없는 것은 아니다. 그렇다면 이 문제의 근거를 언어학적 현상에서 찾아보는 게 좋을 것이다.

베이트슨(1972b)은 이 구분이 "원시언어의 주어 – 술부subjectpredicate 관계에서 무의식적으로 도출되었을 것"이라고 말했다. 이 심오한 통찰을 좀 더 논의해보자. 술부는 주어에 성질이나 특징을 부여한다. 주어는 그것이 술부에 의해 진술될 때까지 어떤 의미에서는 완결되지 않은 것으로 남는다(Fernandez, 1974 참조). 그렇다면 술부는 주어에 형식을 부여하고, 주어와 형식-실체 관계에 선다. 이는 세계 자체에 확장되어 적용된 형식-실체 관계가, 언어와 언어적 사고의 중추인 술부-주어 관계의 은유임을 시사한다. 그러나 오직 한 가지 방식으로 서술될 수 있는 몇 안 되는 주어가 존재한다. 오직 주어 하나에 적용될 수 있는 몇 안 되는 술부도 있다. 모든 언어는 주어와 술어는 물론, 목적어와 접속어, 수식어 등을 포함하는 어휘들lexicons로 구성된다.

구문론syntax은 여러 범주에 속한 어휘들을 서로 대체 가능한 것으로 만든다. 다시 말해 언어는 그 본성상 다양한 대안을 상상 가능하게 한다. 그렇다면 언어의 사용과 더불어 대안alternative이라는 개념이 불가피하게 출현한다. 게다가 대안은 눈앞에서 진행되는 것과 다른 상황들circumstances의 상상뿐만 아니라, 현재의 그것과 다른 질서들의 상상까지 가능하게 한다. "이 왕은 악하다"고 말할 수 있다면 "왕들은 악하다"고도 말할 수 있다. 대안적 질서라는 개념은 무질서의 개념도 수반하는데, 대안적 질서들은 가끔 종전의 질서와 불일치하거나 갈등을 일으키며 그런 무질서의 실현 역시 가능하게 만들기 때문이다. 종전의 질서가 대안적 가능성을 염두에 둔 인간 행위에 의해 도전받지 않더라도, 대안이라는 것을 인식한 인간들의 마음은 이제 내적 갈등의 투쟁 터가 된다.[4] 인류가 진정한 카오스나 형태 없음을 본 적이 없다 해도 그들은 분명 무질서에 대한 생생한 경험이 있을 것이며, 최소한 그들 중 일부는 자신이 우연히 처해서 살게 된 질서들의 자의성과 허망함을 지각했을 것이다.

우리는 여기서 역설이나 모순에 가까운 현상, 즉 상징적 관계에 똬리를 튼 허위의 가능성처럼 언어 자체의 미덕에 내재한 문제와 마주한다. 언어 덕분에 인간종만 서로 다른 환경적·역사적 상황에 적합한 무수한 관습적 질서를 만들어낼 수 있게 되었다. 따라서 인간의 사회-문화적 질서의 세부 사항들은 유전적 요소에 의해 결정되지 않으며, 인간은 이 세계를 구성하는 아주 다양한 환경을 침범·지배할 수 있게 되었다. 관습적 질서는 언어로 규정될 수 있으며, 사실 거의 모든 것이 언어로 표현될 수 있다. 단어 몇 개만 있어도 거기서 무수히 많은 단어가 생겨날 수 있다. 그런데 인류의 적응적 유연성에 핵심적인 이런 언어의 융통성은 다양한 인간 집단이 확립한 그 독특한 질서들을 혼란과 바벨의 재난, 불협화음으로 위협할 수 있다.

어떤 말도 가능하다면 진정한 말The Word을 확립할 필요가 있다. 진정한 말은 의례에 내재하는데, 의례적 규범의 불변성 자체가 의례에 포함된 언어와 관련된 메타-메시지(꼭 그 말들이어야 하고 다른 말들은 사용되어서는 안 된다는 메타-메시지)다. 진정한 말은 우주 창조 신화에서도 확립되는데, 신화들은 바로 그 말이 자연 세계를 창조했다고 주장한다. 여기서 우리는 관습의 '자연화naturalizing'라는 문제로 접근한다.

신화에서 표현되거나 의례에서 재현된 형식과 실체의 원시적인 결합에서, 자연적 질서는 원시적 말들, 발화들, 언어가 구축한 질서에 의해 형성되거나 그 질서에 종속된다. 언어와 그 구성 요소는 관습의 본질을 이루며, 그런 개념에서 자연은 관습에 흡수된다. 달리 표현하면 자연은 문화에 포섭된다. 그러나 앞선 신화들에서 마만다바리 형제와 와윌락 자매가 이름 부르기와 노래를 통해 생물종이나 장소뿐만 아니라, 의례와 사회적 삶의 원칙도 창조했다는 점을 기억하자. 〈창세기〉의 야훼 역시 남자, 여자, 동물을 창조하고 그들의 적절한 관계까지 규정했다. 이런 창조의 방식이나 창조의 힘에서 관습적인 것과 자연적인 것은 구분되지 않는다. 자연적 질서와 관습적 질서가 동일한 창조적 힘의 엇비슷한 작용에 따른 것이라고 설명된다면, 관습적인 것과 자연적인 것은 구별되지 않을 것이다. 관습적인 것도 대지나 나무, 빛처럼 자연스러운 것이 될 것이다.

여기서 관습이 초자연적인 방식으로 설명되어 자연의 일부가 된다는 점이 흥미롭다. 많은 창조 신화는 문화적 구성 요소에 근거한 종전의 포괄적인 질서들이 자연적인 것을 동화(즉 자연의 '문화화')시키는 모습을 종종 보여준다. 그러나 심층적인 메시지는 그 반대를 말한다. 문화적 질서는 자연적 질서를 자기 안에 동화시킴으로써 자신을 자연에 동화시킨다. 그럼으로써 그 자체로는 자의적이며 부서지기 쉬운 문화적·관습적 질서가 자연법칙과 '날것의 사실brute fact'의 필연성과 항구성에 참여할 수 있게 된다.

의례와 신화는 관습적인 것을 자연적인 것으로 변모시킨다. 이

장과 앞선 장들에서 나는 이 변모가 일어나는 몇몇 방식을 고찰했다. 이제 관습과 자연적인 것을 함께 논의해보자.

첫째, 예식 질서에 표현된 관습적 이해 체계에 따르면 동일한 창조력이 물리적 세계와 관습적 세계의 사실들을 창조했다. 그리고 그 둘이 창조된 방식은 크게 다르지 않다.

둘째, 이 장 초반부에서 보았듯이 본질적으로 연행적이거나 메타‒연행적인 행위에서 사용하는 물질, 물건, 자세, 몸짓은 제도적 사실뿐만 아니라 그와 연관된 물리적 사실이나 날것의 사실도 함께 창조하는 듯하다. 흉터가 났거나 특정 자세를 취하는 몸처럼 물질적이고, 물이나 기름, 재, 돼지, 왕 홀笏, 가면처럼 실제적인 사실 말이다.

셋째, 앞선 논의들에서 암시되었지만 시간과 상황은 사실 발화적인 것을 설명적인 것으로 변모시키며, 거기서 산출된 효과들의 관습적 성격을 가린다. 다시 말해 처음 수행·발화되었을 때는 사실 동사적인 발화나 행위들이 설명적인 것이 되어간다. 예를 들어 타히티 소년에게 요도 절개 의례는 "이제 나는 타우레아레아다"라는 문장과 같으며, 이는 사실 발화적이다. 그러나 그 소년이 시술하고 하루나 한 달 뒤 이런 문장을 내뱉는 행위는 사실 발화적이지 않다. 그 발화는 단순히 사태의 설명이 된다. 사실 발화factive와 메타‒사실 발화meta-factive가 사실들facts을 만든다. 이 사실들은 외관상 자연적 사실들이 되며, 다른 자연적 사실들처럼 그것을 창조한 사실 발화와 별반 다르지 않은 문장을 통해 설명·보고될 수 있다. 여기서 우리는 사실 발화에서 진위문으로 변모가 의례의 비술적 효험(특히 말들의 주술적·창조적 힘과 관련된)이라는 개념의 또 다른 토대일 수 있음을 지적하려 한다.

넷째, 예식 질서는 그것들이 불변적인 정도만큼 관습들을 대안 없이 확립한다. 대안이 없는 것은 불가피한 것, 따라서 자연스러운 것으로 간주될 확률이 높다. 우리는 이 의례의 불변성을 나중에 자세히 논의할 것이다.

지난 장에서 우리는 의례 형식에 내재한 도덕성을 다뤘다. 여기서는 거기에 내재한 자연적인 것의 성질을 살펴보자. 두 특성을 따로 논의한다고 해서 자연적인 것과 도덕적인 것이 긴밀히 연계되지 않는다는 뜻은 아니다. 그 둘은 실제로 몇몇 의례에서 융합되었다. 질서라는 추상적 개념은 자연의 개념과 도덕의 모든 개념에 공통된 것이다. 그리고 동일한 예식 질서가 자연과 도덕에 모두 질서를 부여한다. 자연을 도덕화시키고 도덕을 자연화시키면서 말이다. 그러나 예식 질서는 그것이 코드화한 관습들을 자연스럽고 도덕적인 것으로 만들면서, 명시하지는 않더라도 암시적으로 그것이 코드화한 관습과 대조되는 관습, 즉 다른 집단의 관습들을 부자연스럽고 비도덕적인 것(혐오할 만한 것)으로 제시한다.

내가 여기서 강조한 신화와 의례 속 문화의 자연화는 인류학계에서 널리 받아들여지는 신화 개념, 즉 신화에서 인류는 자연과 구별된다는 개념과 상충되는 것으로 여겨질 수 있다. 나는 이 문제를 여기서 논하고 싶지 않다. 다만 이런 불일치는 실제적이라기보다 표면적인 것이며, 창조 신화의 서로 다른 국면이나 차원, 측면에 초점을 맞추었기 때문이라고 말하고 싶다. 예를 들어 〈창세기〉 1장에서 남자와 여자는 분명 나머지 자연 전체와 구별되지만, 그들은 인간 외 다른 것들도 창조한 야훼에 의해서 빛, 어둠, 물, 새, 땅, 나무를 창조한 것과 동일한 방식으로 창조되었다. 나에게는 이 점이 핵심으로 여겨지며, 내가 강조한 것도 이 점이다.

창조 신화에서 형식과 실체의 결합, 의례의 재창조 속에서 일어나는 형식과 실체의 재결합에서는 문화와 자연의 재결합이 일어난다. 이 결합은 그 본성상 객관화하고, 구별하고, 분할하고, 상상적인 것과 대안적인 것을 상정하는 언어 자체가 분리해놓은 것의 재결합이다. 이런 표면적인 재결합은 그 기이한 허구성에도 참된 것이다. 문화란 결국 모든 생명이 탄생한 바다라는 물리적 공간만큼 자연스러운 것이고, 비록 서로 다른 방식으로 종속되더라도 궁극적으로 세포 속 원형질이 자연법칙에 종속되는 것만큼 자연법칙에 종속되기 때문이다.

6

시간과
예식
질서

시간과

예식

질서

내가 사용하는 '예식 질서liturgical order'라는 용어는 개별 의례는 물론, 일련의 주기와 계열을 구성하는 불변하는 순차적 의례들sequence도 의미한다. 나의 정의는 방주네프(1960)의 것과 다르지만 한편으로 비슷한데, 방주네프 역시 개별 의례뿐 아니라 순차적 의례들 전체에 초점을 맞췄다.

　나는 의례들과 순차적 의례들까지 '예식 질서'라고 부를 것이다. 그것들을 그 말의 거의 모든 의미에서 질서라고 간주하기 때문이다. 첫째, 예식 질서는 '도덕적 질서' '경제적 질서' '자연적 질서'라는 말들과 같은 의미에서 질서를 구성한다. 즉 일반적으로 동일한 기준에 따라 비교 가능한 과정들이 공통의 원리와 규칙에 따라 통제되는 일관성 있는 영역을 구성한다. 둘째, 예식 질서는 이런 식으로 그 안에 포함된 관계들을 재현·유지시키고, 그것들에 '질서'를 부여함으로써 무질서나 혼돈과 대비되는 질서를 확립한다. 이 과정에서 의례는 특정 집단의 질서, 예를 들어 베네딕트 수도회의 질서를 다른 집단의 질서와 구별한다. 그 질서들은 서열화될 수 있으며, 몇몇 관행에도 그런 서열이나 위계가 함축되었다. 건축가들은 정교한 아치를 보면서 그것이 아래부터 4단 혹은 5단의 수직적 질서가 있다고 말한다.

셋째, 예식 질서가 연행자들이 아닌 다른 이들에 의해 코드화된 거의 불변하는 차례들로 구성되는 한, 그 연행에는 (질서) 준수라는 관념이 수반된다. 즉 연행자들의 말들은 명령조가 아니라도 그들이 구성하는 질서는 명령적이다. 마지막으로 가장 뚜렷하게, 예식 질서는 서로 '질서 정연하게' 이어지는 거의 고정된 행위와 발화들의 연속으로 구성되기 때문에 질서라고 말할 수 있다.

1.
예식 질서의 차원들

예식 질서는 세 '차원들dimension' 속에서 구현된다. 첫째, 동시적 simultaneous 혹은 공시적synchronic 차원이 있다. 방의 너비에 비유할 수 있는 이 차원은 터너와 다른 인류학자들이 훌륭히 연구한 것으로, 의례적 재현물의 다성적multivocal 의미에 관한 상징적 분석에서 강조된 차원이다. 다시 말해 어떤 순간에 동일한 사물이나 행위에 의해 일련의 '의미들이' 동시에 재현될 수 있다는 것이다. 터너(1967)가 분석한 은뎀부족의 무디mudyi 나무가 그 유명한 예다. 이 차원은 7장에서 다시 논의할 것이다.

둘째, 위계적 차원은 의례적 공간의 높이에 비유할 수 있다. 소수의 연구(Dumont, 1980; J. Smith, 1987)를 제외하면 이 차원은 셋 중에서 가장 덜 이해된 것으로, 대다수 인류학자와 기타 연구자들에게 무시·간과되었다. 예식 질서가 코드화하고 조직한 다양한 이해 체계들이 모든 면에서 동등하지는 않다. 그것들은 논리 계형logical typing, 구체성, 특수성, 가변성, 가역성, 우발성, 권위성, 의미를 띠게 되는 방식에서 차이가 난다(Rappaport, 1979b). 게다가 그 이해 체계들은 제멋대로 재현되는 게 아니라 일관된 구조로 조직된다. 이 차원은 8장에서 자세히 논의할 것이다.

이 장에서는 셋째, 즉 의례 공간의 길이에 비유할 수 있는 순차적sequential 차원을 살펴볼 것이다. 이 차원은 방주네프(1960)가 가장 관심을 기울인 분야다. 물론 하나가 다른 하나에 뒤따라온다는 사실에는 전혀 새로울 게 없어 보인다. 그러나 방주네프는 이 순차성에 함축된 의미가 전혀 뚜렷하거나 간단하지 않음을 오래전에 보여주었다.

우리는 여기서 방주네프가 연구한 것과 다른 순차성의 측면들을 논의할 것이다. 방주네프는 주로 의례에 의해 일어나는 연행자들의 사회적 조건 변화에 관심을 보였다. 나의 논의에서 그 주제는 부차적이다. 순차성이란 가장 뚜렷하고 즉각적인 시간적 함의가 있는 차원으로, 시간의 조직과 구축(7장의 논의에 따르면 영원성의 구축도 이 차원에서 도출된다)에 대한 차원이다. 그 외에 순차성의 공간적 측면도 간단히 논의할 것이다.

2.
성 아우구스티누스, 성 에밀, 시간과 범주

시간은 우리에게 친숙하지만 한편으로 깊은 신비를 감추고 있다. 성 아우구스티누스는 이런 시간의 불가사의함과 기이함을 탁월하게 포착했다. 16세기가 지난 지금도 그의 목소리는 종종 인용된다. "그렇다면 시간은 무엇인가? 아무도 내게 묻지 않는다면 나는 그 답을 안다. 그러나 그렇게 물은 이에게 뭔가 설명하려고 하면 나는 아무것도 모른다."(《고백록》11권) 성 아우구스티누스는 시간의 신비를 설명하기 위해 11장 이상을 할애하고 다음과 같이 쓴다.

주여, 당신에게 고백합니다. 저는 시간이 무엇인지 모릅니다. 저는 시간 속에서 일어나는 사건들에 관해 이야기했고, 오랫동안 시간에 대해 말해왔습니다. 시간의 이야기가 없다면 '오랫동안'이라는 표현 역시 의미 없을 것입니다. 그런데 시간이 무엇인지 모르는 제가 어떻게 이것을 이해할 수 있을까요? (《고백록》11권)

성 아우구스티누스의 시대부터 15세기 후, 에밀 뒤르켐은《종교 생활의 원초적 형태》서문에서 시간 개념을 인간 인식의 일반 구조 안에 두면서 그 역설적인 신비의 특수한 토대에 대해 말한다.

인간의 모든 판단의 뿌리에는 인간의 지적인 삶을 지배하는 몇 가지 본질적인 관념이 있다. 이는 아리스토텔레스 이후 철학자들이 인식의 범주라고 부른 것들이다. 시간, 공간, 계층, 숫자, 원인, 물질, 인성 등. 그 범주는 사물의 가장 보편적인 특질에 부합한다. 그것은 모든 사고를 감싸는 단단한 틀과 같으며, 지성이 정상적으로 작동하는 데 필수 불가결한 것으로 보인다. 그것은 지성의 뼈대framework와 같다. (1961)

'모든 사고를 감싸는 단단한 틀' '지성이 작동하는 데 필수 불가결한' '지성의 뼈대' 같은 표현은 시간이 왜 신비한지 잘 보여준다. 이 범주는 뒤르켐이나 다른 학자들이 보기에 사유의 대상이 아니라 사유의 수단이다. 그레고리 베이트슨(1972e)은 반세기 전에 "의식이 있는 유기체는 (실용적 이유에서) 자신이 어떻게 (사물이나 세계를) 인식하는지 알아야 할 필요가 없다. 그는 자신이 무엇을 인식하는지 알 뿐이다"라고 썼다. 그렇다면 유기체들은 자신이 '어떻게' 인식하는지 모를 때 오히려 더 잘 기능한다고 말할 수 있다. 유기체가 외부 세계에 존재하는 사물이나 행위를 인식할 때 거기에 수반되는 전기화학적 · 인지적 과정을 지속적으로 의식해야 한다면, 분명 혼돈이 발생해 인식 자체가 불가능해질 것이다.

물론 이 주장은 가설이다. 더 나은 설명은, 이 세계의 어떤 유기체나 실험심리학자도 인식이 일어날 때 자신이 인식 대상을 어떻게 인식하는지 전부 다 인지할 수 없다는 것이다. 우리는 이 장에서 인지보다 개념을 다루지만, 개념에도 같은 질문을 제기할 수 있다. 특히 의식적인 사고 자체의 '단단한 틀' '정상적인 작동' 혹은 '뼈대'를 구성하는 '범주' 같은 근본적인 개념을 우리가 어떻게 인식하는가와 관련해서 말이다.

유기체는 인지와 마찬가지로 자신이 어떻게 양quantity이라는 개념을 이해하는지 알 필요가 없다. 그는 다만 양을 이해할 수 있으면 된다. 그렇다면 인지처럼 확실하지 않더라도 최소한 '실용적 목적'을 위해서 그런 사고 작용의 토대를 조사하지 않는 편이 낫다고 말할 수 있다. 결국 지식의 확장이란 무지의 상실이며, 무지의 상실은 예전에는 단순하고 쉽던 세계의 여러 측면을 점점 복잡하고 문제적인 것으로 만든다. 어떤 사회의 기본 가정도 그 사회 구성원에게 전부 투명하게 드러나지는 않는다.

그레고리 베이트슨(1951)은 오래전에 한 사회가 의식적으로 승인하는 이해 체계의 토대가 되는 가정은 사회 구성원의 일상적 인식에서 벗어날 뿐 아니라, 거의 접근 불가능하다고 주장했다. 이 접근 불가능성의 문제는 10장에서 논의할 것이다. 여기서 나의 질문은 다음과 같다. 특정 문화의 기본 가정이 그 구성원에게 상대적으로 접근 불가능하다면, 인간 사고의 일반적 범주의 토대는 얼마나 더 접근 불가능한가?

'범주'에 대한 논의는 의식적인 인간 사고의 논리 계형(Bateson, 1972a; Whitehead and Russell, 1910~1913) 맨 꼭대기 층에 대한 논의다. 지식이나 의식의 층위를 구성하거나 통제하는 메커니즘은 해당 층위보다 '높은 논리 계형'에 속한다. 따라서 언어의 문법은 언어나 그것의 사용보다 한 단계 높은 '메타-층위'를 구성한다. 말들의 생산―발화―은 대개 의식적인 행위다. 발화자는 보통 자신이 무슨 말을 하려는지 알며, 대부분 의식적으로 단어를 선택한다. 그러나 그 발화들이 일반적으로 문법의 층위에서 구성된 규칙을 준수한다고 해도 문법을 의식의 차원으로 끌고 들어오지는 않는다. 그리고 대다수 무문자 사회는 그럴 수 있는 분석의 도구마저 결여하고 있다. 다시 말해 문법적인 메타-층위는 의식되지 않는다.

뒤르켐과 다른 연구자들은 시간의 개념과 다른 범주들이 의식의 가장 근본적 층위에 존재한다고 주장했다. 그렇다면 그 층위를 구성하는 메타-층위는 무의식이 될 수밖에 없다. 그 메타-층위는 직접적인 의식적 인식을 통해 접근할 수 없으며, 객관적인 데카르트식 탐구를 통해서 접근하기도 힘들다. 20세기 초에 저술 활동을 한 뒤르켐이 당대에 아직 명확하게 규정되지 않은 (정신분석학적인) 문제와 씨름했다고 볼 수는 없다. 그런데도 그의 논지는 의식적으로 인식된 개념이 의식적 사고를 위한 근본적인 범주가 된다면, 그 개념의 토대는 어떤 의미에서 무의식적이어야 한다는 주장과 일맥상통한다.

어떤 의미에서는 무의식적인 것. 뒤르켐에 따르면 그 범주는 프로이트적인 무의식이나 베이트슨(1972e)이 사용한 좀 더 포괄적인 무의식, 신경생리학적인 어떤 작용에 뿌리를 둔 것이 아니다. 그 범주는 유기체의 의식 바깥에 존재하며, 유기체 자체의 바깥에 존재한다. 그는 그 범주가 집단성에 근거한 공통의 것이며, 공통의 것이어야 한다고 주장했다. "그것은 가장 일반적인 개념이다. 실제적인 모든 것에 적용되며, 특정한 사물에 부착된 것도, 특정한 주체에 국한된 것도 아니기 때문이다. 그것은 모든 정신이 조우하는 공통의 장common field을 구성한다."(1961) 그 범주는 집합표상으로서 필연적으로 사회적이며 동시에 사회적 과정에서, 즉 참여자들의 의식 바깥에서 형성된다. 한 사회의 사회적 과정은 구성원의 의식적 사고에 대해 무의식적인 것(그 양상, 유형, 구성 요소)으로 관계한다.

뒤르켐은 범주의 확립에 사회적 과정이 핵심적 역할을 한다고 보면서, 그 범주가 인간의 선험적인 정신 구조에 있다거나 개인적 경험의 부산물이라고 주장하는 학자들에 반대했다. 그 말이 옳든 그르든, 지성 범주의 확립에서 개인의 정신 과정보다 사회를 우위에 놓은 것은 놀랄 만큼 대담하고 심오하며 강력한 통찰이다.

그러나 뒤르켐의 논지에 담긴 다른 측면은 그리 설득력 있지 않다. 집합표상으로서 범주가 사회적으로 구성된다는(구성되어야 한다는) 주장과, (역시 뒤르켐의 것인) 사회생활 자체가 인간에게 다른 영역에도 적용될 수 있는 범주를 부여한다는 주장은 대단히 다른 것이다. 로드니 니덤Rodney Needham(1963)은 뒤르켐이 모스와 함께 1963년에 저술한《Primitive Classification원시 분류 체계》재판 서문에서 그 주장을 설득력 있게 비판했다. 그 비판은 뒤르켐의 후기 저작들에도 유효하다.

니덤은 그런 범주가 사회생활의 일부가 아니라 종교에서 유래한다는 뒤르켐의 주장도 비판한다. 거기에 어떤 통찰이 있든 "원시적인 종교 신앙을 체계적으로 분석해보면 그런 (의식의) 주요 범주들이 자연스럽게 발견된다"는 관찰에 근거해서, 그 범주가 "종교에서 태어나며 종교에 속한다. 그것은 종교적 사고의 산물이다"라고 주장하는 것은 그리 논리적이지 못하다. 그 범주가 모든 사고의 토대가 된다면 그것이 모든 사고에서 발견된다고 기대할 수 있다.

그렇다면 특정 영역에서 그 범주가 발견된다고 해서, 그 영역이 범주보다 선행했다고 말할 수는 없다.

간과할 수 없는 문제는 또 있다. 뒤르켐은 모든 범주를 논리적 · 존재론적 · 인식론적 · 발생적 측면에서 동등한 것으로 간주한다. 여기서 그 범주들이 모두 같은 방식으로 확립된다는 주장이 따라 나온다. 그러나 그 범주들은 매우 중요한 방식으로 다르다. 예를 들어 수, 공간, 물질의 개념은 뚜렷이 구분되며, 그 개념의 확립에도 상이한 수단이 필요하다.

그런 범주들이 모두 종교에서 기원했다고 믿을 만한 이유는 없으며, 사회마다 그 범주들과 관련된 중요한 차이가 존재할 수도 있다(9장 8절 '신성성의 진실과 이차적 진실' 참조). 심지어 그것들이 모두 사회생활에서 유래하는지도 불분명하다. 특정 범주, 예를 들어 물질과 관련된 개인의 개별적 경험은 대체로 비슷해서 그런 범주의 확립은 개인의 경험에 근거한 것일 수도 있다. 더 일반적으로 생리학적 시스템으로서 인간 유기체와 인간 뇌의 보편적 구조를 고려할 때, 선험적 구조나 개인적인 경험이 아닌 사회적인 것의 역할이 그리 대단치 않아지는 지점이 분명히 존재한다. 대다수 사상가들은 기억이나 기대 같은 행위가 시간적 경험에 속하며, 사회적 과정과 문화적 특수성에 의해 형성된다고 보지만, 그 행위들은 필연적으로 뇌의 생리작용과 개인적 경험에 뿌리를 두고 있다.

이것은 우리를 시간의 범주와 관련된 더 심각한 질문으로 이끈다. 뒤르켐은 시간과 다른 범주를 개념적 모나드conceptual monad로 여긴 듯하다. 그러나 고대부터 사상가들은 시간을 어떤 방식으로

든 통합된 것으로 다뤘다. 명시적으로든 암묵적으로든 시간 개념과 시간적 경험이 구별되는 동시에 연계된 요소로 구성된다고 본 것이다. 이 요소에는 지속, 변화, 움직임, 빈도, 리듬, 속도, 통과, 동시성, 현재라는 개념, 확장, 연쇄 등이 포함된다. 이 요소들이 모두 인간 경험의 동일한 측면에 근거한 것 같지는 않으며, 오히려 그렇지 않다고 믿을 만한 이유가 더 많다(J. T. Frazer, 1966, 1975; Jacques, 1982; E. Parsons, 1964; Ornstein, 1969 등).

요약하면 뒤르켐은 범주의 확립에 사회적 과정이 핵심적 역할을 한다고 주장하면서 인간의 관념 체계에 대한 이해에 크게 공헌했다. 그는 선험적 구조주의나 개인적 경험을 기반으로 한 경험주의 어느 쪽도 설득력 있게 설명하지 못한 빈틈, 특히 관찰 가능한 사회들의 차이와 개인들의 차이에서 유래할 수 있는 문제와 관련된 빈틈을 설명하기 위해 사회를 끌어들였다. 그러나 뒤르켐은 자신의 사례를 과장하는 동시에 충분한 증거를 제공하지 않았다. 《종교 생활의 원초적 형태》 서론과 결론에서 뒤르켐은 사회에 의한 범주의 구축에 관해 탁월한 논의를 전개한다. 그 책에는 지금까지 사회 과학자가 생산한 종교에 관한 중요한 설명이 있다. 그러나 뒤르켐은 시간 개념이나 다른 범주가 실제로 종교적 사고나 실천을 통해 어떻게 형성되는지 분명하고 자세하게 밝히지 않았다.

가장 옹호할 만한 입장은 개인적 경험, 선험적 구조, 사회과정이 모두 정도 차는 있더라도 인간 사고의 토대 확립에 기여한다는 것이다. 각 집단이 그 토대를 공통의 것으로 인정해야 한다는 점을 감안하더라도 말이다. 이 옳고 단순한 설명에서 한 발 더 나가보

자. 사회들의 차이와 동일한 사회 내 개인들의 중요한 차이를 가장 뚜렷하게 보여주는 범주와 그 범주의 양상을 형성하는 데는 사회적 과정이 가장 큰 영향을 미쳤을 것이다.

다양한 범주의 상대적 중요성은 그 범주가 즉각적인 사회적 함의entailment를 얼마나 수반하느냐와 관련이 있다. 예를 들어 시간이나 시간적 요소(사회적 조직화에 필수적이므로)는 많이 수반하지만, 물질은 그렇지 않다. 나는 이 문제를 여기서 체계적으로 논의하지는 않을 것이다. 나의 주장은 뒤르켐의 그것보다 훨씬 소박하다. 즉 예식 질서는 최소한 몇몇 사회의 시간적 질서를 조직하거나 사회적으로 구성하며, 의례를 통해 조직된 '시간적' 질서는 영원성은 물론 일상적인 시간까지 포용한다는 것이다.

3.
시간적 경험과 공적 질서

그렇다면 시간 감각이 각 사회에 의해 완전히 무에서 구축된다는 주장은 지나친 것이다. 보통의 인간이라면 현재를 과거나 미래와 구분하고, 에드먼드 리치(1961)에게는 미안한 말이지만 과거와 미래도 구분한다. 인간은 어떤 사건은 주기적이고 순환적이지만[1] 어떤 사건은 그렇지 않음을 안다. 그리고 오래전에 벌어진 사건이나 먼 미래에 벌어질 일도 인지할 줄 안다. 기억, 희망, 기대 같은 개념은 물리학자나 천문학자의 시간 개념에는 존재하지 않지만, 살아 있는 인간의 시간적 경험에 편입된다.

　여기서 인류학자나 다른 학자들이 언급한 시간적 개념을 전부 논의할 수는 없다. 그러나 현대의 시간 개념(Milne, 1948; E. Parsons, 1964; Whitrow, 1972 참조)을 포함한 몇몇 시간적 개념은 다른 것보다 개인적 경험과 밀접히 연관된 듯하다. 예를 들어 성 아우구스티누스는 시간이 미래부터 현재로 끊임없이 흘러와 과거가 되어가는 흐름의 감각에 관심이 많았다(이 흐름은 인간이면 누구나 일상적으로 느낄 것이다). 시간에 관한 사유를 기록한 거의 모든 사상가처럼 성 아우구스티누스의 시간 개념에서도 움직임, 변화, 그것들에 대한 인식이 핵심적이다.

　　당신(시간)은 이 변할 수 있는 세계를 구성하는 동시에 구성하지 않는 모든 사물의 창조자일지 모른다. 시간의 변화 가능성changeableness은 다음 사실에서 드러난다. 즉 시간은 관찰되고 수량화된다. 시간은 사물의 변화에 의해 만들어진다. 《고백록》 12권)

　이 책 11장에서 성 아우구스티누스는 다시 쓴다. "움직임의 변화가 없다면 시간도 없다." 그는 변화나 움직임이 시간에 내재한 것인지, 변화나 움직임이 일어나는 기간을 시간이라고 하는지 숙고하고 후자를 지지한다. "내게 천체들의 움직임이 시간이라고 말하지 마라." 여호수아의 기도에 대한 응답으로 치러진 그 유명한 여리고 전투에서 태양은 멈췄지만, 여전히 '시간은 흘렀기' 때문이다(《고백록》 11권). 그는 시간의 신비에 매혹되어 책의 뒷부분에서

"시간은 연장선extension에 지나지 않는다. 그러나 무엇의 연장선인지는 나도 알 수 없다"고 고백한다.

마지막으로 그는 인간의 정신을 시간적 과정의 핵심적인 장소로 간주한다. "그렇지만 어떻게 지금 여기에 존재하지 않는 미래가 축소되거나 소진될까? 인간 마음의 작용이 아니라면 어떻게 여기 존재하지 않는 과거가 증가할 수 있으며, 인간이 기대하고 숙고하며 기억하는 세 가지 활동을 할 수 있을까?"《고백록》11권) 이런 변화와 기대, 기억, 끊임없이 변하는 주의력의 세계는 변하지 않는 신적인 세계와 대조된다. 성 아우구스티누스는 그 세계를 동경한다.

> 과거의 일을 모두 망각하면서, 괴로워하지 않고 다만 지나가면서, 태어나야 하거나 사라질 것들이 아니라 과거였던 것들을 잊으면서. 거기서 오고 감이 없고 사라지지도 않는 천사들의 기쁨을 숙고하리. 나는 시간 속에서, 내가 모르는 그 질서 속에서 분열되었다. 그리고 나의 생각은 온갖 어지러운 현상으로 혼란스럽다. 《고백록》11권, 강조는 본인)

변하지 않는 것과 변하는 것의 관계는 나중에 다시 논의할 것이다. 여기서는 인간이 시간 속에서 경험하는 것이 혼란스러울 만큼 다양하며, 시간적 경험 자체도 변함없거나 동질적인 것이 아니라는 것만 언급해두자.

우리 주변에는 다양한 생체 시계*가 존재하고, 아주 짧은 시간

---

* 생리 활동을 주기적으로 반복할 수 있도록 해주는 몸속의 기제.

주기는 현재에 대한 감각이나 동시성의 인식과 연관될 수 있다(E. Hall, 1984; Ornstein, 1969 등). 그러나 그것들은 더 긴 기간은 인식하지 못한다. 모든 인간의 삶을 동일한 속도로 이끌어가는 보편적인 시간 감각도 존재하지 않는 듯하다. 주관적 시간의 속도는 일정하지 않은데 인간의 삶의 기억과 희망의 연대기는 사적이고 독특한 것이며, 후회나 그리움, 고통, 기쁨, 예감, 희망에 따라 재배열되는가 하면, 질병이나 연령 혹은 단순한 건망증에 의해 헝클어질 수도 있기 때문이다. 인간에게 있는 이런 시간 감각은 개별적이고 불안정하며 왜곡될 수도 있다. 시간 감각은 그 자체로는 시간적 질서의 토대가 될 수 없다. 그렇다면 단순히 사회생활을 조직하기 위해서가 아니라, 개인의 시간적 경험에 분명한 표시가 새겨진 통로를 제공하기 위해서 시간에 공적 질서를 부여할 필요성이 있다. 그렇기 때문에 모든 사회는 공적인 시간적 질서를 인정하는 것이다.

4.
연속, 분할, 시기時期와 사이기

각 사회가 시간을 구성하기 위해 사용하는 재료는 서로 다르다. 물론 자연은 시간적 재료의 보편적 근원이며, 여러 사회는 자연의 주기성에 근거해 시간을 조직한다. 이 말은 시간이 단순히 자연에 의해 주어진다는 의미가 아니다. 그 시간에 의해 삶이 조직되는 이들에게는 그렇게 보일지 몰라도 말이다. 시간은 자연 과정—계절의 주기, 달이 차고 이지러짐, 낮과 밤의 교대 등—에 근거할 수도 있지만, 시간이 이 과정에 의해 확립되는 것은 아니다. 보편적으로 의미 있는 자연 주기는 낮과 밤의 주기뿐인 듯하다.

많은 문화들은 시간의 조직을 위해 여러 자연 주기를 활용하지만, 시간은 언제든 재확립될 필요가 있다. 게다가 시간을 구축하는 재료들이 자연의 주기성에 국한된 것은 아니다. 예를 들어 4년에 한 번 열리는 올림픽이 있는가 하면, 한 주가 5일이나 7일, 9일인 사회가 있고, 의례 주기를 완수하는 데 8~20년 혹은 그 이상이 걸리기도 하는 마링족의 사례처럼 주기가 다양한 의례들이 있다. 고대 중국에서는 세계의 주기를 2만 3639년이라고 생각했고(J. T. Frazer, 1975; Joseph Needham, 1966), 베다 경전의 시대yugas 구분에 따르면 고대 인도의 우주적 주기는 360년부터 상상할 수 없는 기간까지 다양했다(Eliade, 1957a).

아리스토텔레스(《Physica 자연학》; McKeon, 1941)와 많은 후대 학자들은 시간적 경험과 시간 자체는 본질적으로 연속, 반복, 비 – 반복의 문제라고 생각했다. 화이트헤드Alfred North Whitehead(1927)는 시간을 '획기적 기간들의 순수한 연속'이라고 보았고, 그보다 앞서 매켄지J. S. MacKenzie(1912)는 영원성에 대한 논의에서 시간을 '단순히 발전하는 과정에 있는 연속의 형식'이라고 정의했다.[2]

이 설명은 명료하게 들리지만 무엇의 연속이란 말인가? 우리는 연속을 말할 때, 대체적으로 변별 가능한 사건이나 사태의 연속을 의미한다. 그러나 3장에서 논의했듯이 "'사태' 혹은 '사건'이란 무엇인가?" 우리는 개별적으로 겪는 사건을 대개 특이한 방식으로 해석하며, 연속적인 시간 경험을 상이한 방식으로 분절한다. 게다가 봄에서 여름이 되는 규칙적이고 반복적인 자연 변화조차 사실은 모호한 것이다. 자연은 그런 변화를 뚜렷하게 표시하지 않기 때문이다. 자연 과정은 대부분 연속적인 것이고, 이 연속성은 그 자체로 막연함과 모호함을 만들어낸다.

의례의 형식적 성격은 '자연적' 혹은 '연속적' 사건의 흐릿한 경계와 뚜렷이 대조된다. 반복적으로 치러지는 의례는 대개 변하지 않으며, 종종 엄격한 법식이 강조된다. 이 말은 의례가 문화적 사건 중 가장 반복적인 사건이라는 뜻이다. 그렇다면 의례 개최는—의례는 되풀이되므로—인류가 만들어낸 모든 사회적 사건 중 가장 분명한 사건에 속한다. 의례의 의미 해석은 다른 사회적 사건의 의미 해석보다 상대적으로 수월하다. 그 자체로 예식 질서의 일부인 의례의 내용과 의례 개최는 공적 의미를 확립하기 때문이다.

의례 개최의 확실성 덕분에 의례는 자연 과정 위에 그것 자체에 내재한 것보다 훨씬 날카로운 불연속성을 부과할 수 있다. 더 나아가 의례 개최는 그 자체로 끊임없이 이어진 다른 과정에도 불연속성을 부과한다고 주장할 수 있다. 그렇기 때문에 인간은 이전의 것과 이후의 것을 가차 없이 구별할 때 의례를 사용한다. 연속적 과정에서 구별된 것들은 '국면phase'이라 부를 수 있는데 그것들은 '단계stage', 다시 말해 개별적인 사태의 연속series이기도 하다. 이 국면—'발달적' 과정의 일부든, 반복적 과정의 일부든—은 그것들이 전개되는 특정한 기간duration에 특수한 성격을 부여하며, 그렇게 함으로써 그 기간을 시기period로 바꾼다.[3]

반대로 표현하면, 시기는 각 국면을 아우르는 시간적 길이다. 이때 국면의 예로 봄/여름/가을/겨울, 유년기/청년기/성년기/죽음, 낮/밤을 들 수 있다. 따라서 예식 질서는 그것을 구성하는 일련의 의례들을 통해 연속적인 기간을 뚜렷한 시기로 분할하고, 각 시기에 의미를 부여한다. 더 나아가 예식 질서가 한 시기를 다른 시기와 구분할 수 있기 때문에, 구분된 각 시기를 더 크고 의미 있는 실체로 통합할 수도 있다. 유년기·청년기·성년기·노년기를 질서와 일관성을 갖춘 일생으로 통합하고, 봄·여름·가을·겨울을 해year로 통합하는 식이다.

다른 연구자들과 비슷한 맥락에서 매켄지가 썼듯이 시간이 '단순히 (발전 중이거나 다른) 과정에 내재한 연속의 형식'이라면, 예식 질서는 과정에 형식을 부과하여 연속을 만들어낸다. 서로 이어질 무엇—시기—이 없다면 연속도 없다. 영어 단어 'time'의 어원은 인도-유럽어의 di 혹은 dai인데, 그 의미가 '나누다'인 점도 흥미롭다(아메리칸 헤리티지 사전, 1992). 의례는 연속적인 시간을 뚜렷한 시기로 분할함으로써 연속의 수단을 제공하고, 분할된 시기를 더 큰 전체로 통합한다. 이것이 시간 구축의 출발점이다.

그러나 이제 시작일 뿐이다. 의례의 시간적 중요성은 단지 규정되지 않은 시간의 흐름을 의미 있는 시기로 분할하는 것이 아니다. 의례의 시간 자체가 보통 의례 사이의 기간보다 훨씬 중요한 문화적 의미가 있기 때문이다. 심지어 기어츠Clifford Geertz는 발리 섬, 더 나아가 인도네시아에서는 시간의 흐름을 구성하는 10개 주기(이는 아마 세계에서 가장 복잡한 시간 체계일 것이다) 사이의 기간은 문화적 의미가 없다고 주장했다.

> 그 주기와 초 - 주기(supercycle : 둘 혹은 그보다 많은 주요 주기가 결합해
> 서 생겨나는 주기. 예를 들어 7일짜리 주기 5회, 5일짜리 주기 7회를 동시에
> 완수했을 때 만들어지는 35일짜리 주기)는 끝이 없고, 고정되지 않으며,
> 셀 수도 없다. 그것의 내적 질서에 아무 의미가 없으므로, 클라이맥스
> 도 없다. 그 주기는 축적되지 않으며, 시간을 구축하거나 소비되지도
> 않는다. 그 주기는 지금이 언제인지 말해주지 않는다. 다만 지금이 어
> 떤 시간인지 말해준다. (1973)

기어츠에 따르면 이런 순열식 달력이 장려하는 시간 인식은 '사
건적punctual'이지 '기간적durational'인 것이 아니다.

> 그 주기는 시간이 흐르는 속도를 재기 위한 것이 아니다. 어떤 사건
> 이 일어난 뒤 시간이 얼마나 흘렀고, 앞으로 시간이 얼마나 남았는지
> 알기 위한 것이 아니다. 그것은 이산적이고 자족적인 시간의 입자, 즉
> '날day'을 구별하고 분류하기 위해 사용된다. (p. 393)

기어츠는 그 사건의 날이 종종 '시간' 혹은 '시점'이라고 불리며,
다른 날은 '구멍'이라고 불린다고 언급한다(p. 394). 이 '구멍'은 어
떤 일도, 최소한 어떤 중요한 일도 일어나지 않는 날이다. 반면 '시
간'은 뭔가 중요한 것, 예를 들어 종교적 축제와 같은 사건이 일어
나는 날이다. 발리 섬의 순열식 달력은 세속적 행위를 하기에 상서

롭거나 불길한 날도 구분한다.

동시에 작동하는 10개 주요 주기가 의미 있는 시기를 구획하지 않는다는 주장은 타당해 보인다. 논리적으로 가능한 다른 방법을 찾기 어렵기 때문이다. 그러나 실제 그 주기나 초–주기 중 일부가 모두 그렇지는 않다. 기어츠는 자바 섬에 대한 글에서 다양한 주기의 형식적 결합(문화적 결합은 아니라 해도)에 따라 생겨나는 '시간적 길이temporal extension'를 '주week'라 부르지 말자고 제안한다. '주'라는 용어는 최소한 의미 있는 기간duration이란 뜻을 함축하기 때문이라는 것이다.

베커Judith Becker(1979)는 기어츠의 주장에 반대하면서, "5일이 한 주가 되는 주기(시장이 열리는 주기)와 7일이 한 주가 되는 주기(날에 이름이 붙은 주기)는 일상적으로 가장 많이 사용되는 두 시간 체계다"라고 쓴다. 쇠바르디Soebardi(1965)도 '주'라는 단어를 쓰는데, 그와 베커의 논의에서(아마 이 점에 관한 기어츠의 논의에서도) 각 사건 사이의 기간(특히 '오일장' 사이의 5일)이 정말 의미가 없는지 잘 드러나지 않는다.

기어츠가 자기 논의에 더 무게를 싣고 싶었다면, 즉 발리 사람들에게 널리 퍼진(추정컨대 다른 인도네시아 지역에서도) 기간적인 것이 아닌 사건적인 시간 양식에서는 기간이나 시간의 흐름에 대한 분명한 감각이 결여되었다고 주장하고 싶었다면, 그는 지나치게 멀리 간 듯하다. 일단 기어츠 자신이 지적했듯이, 발리에는 순열식 시간 인식 외에도 태양–달에 따른 시간 인식이 있었다. 즉 '카카Caka 체계를 통한 절대 날짜'와 '시대가 계속 이어진다는 힌두교의 관념'에 따른 시간 인식이 있었다. 더 중요하게 쇠바르디는 '자바인 중에서도 몇몇 인종 집단, 예를 들어 니아스인Niasese, 다약족Dayak, 토라자족Toradja, 아체족Achehnese과 기타 부족'은 다양한 '전통적 시간 체계'를 사용한다고 지적한다. 그의 설명에 따르면 그 전통 체계들은 시간의 기간적인 측면을 강조한다. 예를 들어 니아스인은 다음과 같다.

> 1년을 지칭하는 용어는 도피dofi인데 이는 별을 의미한다. 니아스인이 1년이 넘는 기간을 지칭하고 싶을 때는 파게faghe라는 용어를 쓰는데, 이는 쌀이라는 뜻이다. 멘드루와 파게mendruwa faghe는 2년이다. 따라서 니아스인은 추수한 횟수로 연수를 계산한다. 여기서 '연year'은 기간으로 따지면 6개월이다. (1965)

비슷하게 토라자족도 "식물이 자라서 익는 시기를 타우ta'u라 부른다. 산 타우san ta'u는 1년을 의미하는데, 이는 '쌀을 한 번 수확한 해rice-year'라는 뜻이다". 이는 기간으로 따지면 6개월이다.

우리는 인도네시아의 시간 인식에 관한 베커와 기어츠, 쇠바르디의 논의에서 의례의 시간적 의미는 단순히 의미 없는 시간의 흐름에 방점을 찍어 그것들을 의미 있는 시기로 구분하는 것 이상임을 알 수 있다. 의례가 개최되는 시간은 (언제나 그렇지는 않다 해도) 보통 고양된 의미가 있는 순간이다. 각 시기와 그 시기를 구분하는 의례가 사회 구성원의 일상생활과 관계 맺는 방식과 정도는 사회마다 다르다. 우리는 이 장 후반부에서 이 문제를 다시 논의할 것이다.

　각 사회가 의례 사이 기간에 주의를 기울이는 정도는 다르지만, 특정 사회의 시간 구축 양식을 '기간적' 혹은 '사건적'이라는 식으로 양분하는 것은 부당해 보인다. '사건적punctual'이라는 말부터 부적절한데, 그 안에 '점point'이라는 개념이 함축되었기 때문이다.* 공간에서 점이란 길이가 없는 위치를 의미한다. 유사하게 시간에서 점이란 순간이다.

　그러나 어떤 의례도 순간적이지 않다. 예를 들어 하지 축일 전야제는 해 질 무렵부터 해 뜰 무렵까지 이어지기 때문에, 충분히 긴 기간으로 구성된다. 이 기간은 앞선 봄의 시간에도, 앞으로 올 여름의 시간에도 속하지 않으며, 그 자체가 봄과 여름이라는 시기 중간의 중요한 사이기interval를 구성한다. 각 시기를 구별하면서 의례는 필연적으로 특정한 시기를 하나의 유class로, 그것들 사이의 사이기를 별개의 유class로 규정한다. 이 사이기는 단일한 의례로 구성될 수도 있고, 더 연장되어 별개의 시작 의례와 마무리 의례로 구성될 수도 있으며, 더 복잡한 의례 구성 패턴을 나타낼 수도 있다. 의례적으로 구획된 기간 자체가 더 긴 의례적으로 구획된 기간에 포함될 수도 있다.

　사이기와 그것이 분할하는 시기의 구분은 잘 알려진 '두 가지 시간'의 구분, 엄밀하게 표현하면 두 '시간적 조건'의 구분에 상응한다. 한편으로 '일상적이고' '밋밋하고' '세속적' 시간은 주로 시기에

---

*　영어 단어 puncture는 구멍, 작은 점 등을 뜻한다.

속하며, 사이기의 '시간'은 그와 다르다고 여겨진다. 후자의 시간을 위해서는 '비일상적인' 혹은 '신성한' 시간, 심지어 '시간을 벗어난 시간'과 같은 신비스런 구절이 사용된다.

방주네프(1960), 빅터 터너(1967, 1969), 에드먼드 리치(1961), 월러스(1966)와 다른 학자들은 사이기에 일어나는 행위와 사건의 특별한 성격에 주목했다. 그들에 따르면 사이기에는 전이transition가 일어나며, 일상적 논리나 일상적 사회관계와 다른 무엇이 그 시간을 지배한다. 우리는 이 문제를 나중에 다시 논의할 것이며, 그 학자들이 중요하게 다루지 않은 비일상적 시간 자체의 독특한 성격을 살펴볼 것이다. 나는 '시간을 벗어난 시간'이 정말로 시간 바깥에 존재하는 시간임을 주장할 것이다.

5.
시간적 원리

시간이 언제 어디서나 의례에 따라 구성된다거나, 시간의 흐름이 항상 의례가 확립하는 대로 경험된다고 주장할 수는 없을 것이다. 그러나 날과 해를 숫자로 구분하는 현대의 세속 사회에서도 한 해의 전환기 같은 순간에는 의례적 시간 인식이 중요하다. 역사학이나 지질학에서 대단히 긴 기간을 개념화할 때는 의례 대신 기록과 숫자를 사용하지만, 여전히 우리는 예수 탄생 이후의 서기라는 개념을 사용한다.

의례가 시기를 분할하여 시간을 구성하는 방식은 사회마다 다르다. 에번스프리처드(1940)는 누에르족의 시간 인식을 논하면서 그 사회에는 두 가지 일반적인 시간 범주가 존재한다고 말했다. 그는 '대부분 환경을 반영하고 환경과 관계에서 유래하는 생태적 시간ecological time'과 사회적 과정이나 사회적 관계를 반영하는 '구조적 시간structural time'을 구분한다. 그는 "자연의 변화와 그 변화에 대한 인간의 반응에 근거한 시간 인식은 1년을 주기로 하며, 사계절보다 긴 시기를 구별하는 데는 사용될 수 없다"며 "그보다 긴 시기는 거의 전적으로 구조적 시간인데, 구조적 시간과 연계된 사건들은 사회집단 관계의 변화"라고 썼다.

생태적 시간과 구조적 시간의 구분은 에번스프리처드나 누에르족이 말한 것처럼 언제나 명료하게 나뉘지는 않더라도 여전히 유용해 보인다. 예를 들어 마링족 사회는 의례를 통해 돼지 개체 수의 변화, 즉 인간 집단이 그들의 환경과 맺은 관계의 변화에 질서를 부여하고, 그 과정을 총 6~20년에 달하는 의미 있는 순차적 시기로 변환한다. 특정 계절이나 해보다 훨씬 긴 이 시기는 환경적 관계를 기반으로 하지만, 지역 영토 집단의 관계나 그 관계의 변화에 영향을 주고받기도 한다.

에번스프리처드는 누에르족의 연구에서 발견한 이 시간 원리를 일반 이론으로 주장하지는 않았다. 상당히 폭넓게 적용될 수 있는 원리지만, 그것으로 시간의 구축이라는 일반적 현상을 설명하기는 불충분하다. 예를 들어 미국 사회는 1년이라는 시간의 구성에 약간의 생태적 원리를 사용한다. 그러나 1년 단위로 셀 수 있는 과거나 규정되지 않은 미래를 설명할 때는 구조적 시간의 원리를 거의 사용하지 않는다. 1776년은 미국이 대영제국에서 독립을 선언하지 않았어도 똑같은 1776년이었을 것이다. 시간의 흐름을 끝없이 1년 단위로 인식하는 이 원리는 최근까지 몇몇 복잡 사회에서 사용했다. 그 원리는 구조적 과정에서 시간 개념을 분리하고, 시간이 의존하는 자연적 과정을 하늘 위 천체의 일로 축소한다.

이 점에서 천체의 시간과 생태적 시간을 구분할 필요가 있다. 인간과 하늘에서 일어나는 관찰 가능한 사건의 관계는 인간과 그들의 직접적 환경의 관계와 중요한 방식으로 다르기 때문이다. 첫째, 앞에 말했듯이 구조적 · 생태적 · 개체발생적ontogenic(아래 설명 참조) 주기성이 사용될 때는 시간 자체와 세계의 중요한 변화를 명확하게 구분할 수 없다. 그러나 시간이 하늘에서 구성된다면 구분은 훨씬 명확해진다. 세계의 중요한 사건은 구조적이든, 생태적이든, 개체발생적이든, 순환적이든, 직선적이든, 엔트로피적이든, 진보적이든 모두 시간 안에서 일어난다. 그런 시간은 그 안에서 일어나는 모든 사건과 더 뚜렷이 구별된다.

둘째, 인간은 그들의 환경에서 다른 생물종과 상호작용 하고 그 서식지의 무생물적 특성을 조작 · 수정하지만, 태양이나 달, 별은 인간의 조작 능력에서 벗어난다. 천체의 운동을 시간 구성에 사용한다는 것은 시간을 절대적이고, 고정적이고, 가차 없고, 확실한 것으로 만든다. 이는 다른 수단을 통해서는 성취할 수 없다.[4]

물론 의례에 따른 시간 구성에서 생태적 · 천체적 · 구조적 · 수적 원리 외의 원리도 이따금 사용된다. 예를 들어 통과의례는 개인의 삶을 특징적인 시기로 나눈다. 연령에 따른 서열 구분이 발달한 사회에서는 개체발생에 따른 시간 구성의 원리와 에번스프리처드의 구조적 원리를 구분할 것이다. 그런 구분은 단순한 분류보다 중요한 문제에서 나름대로 의미가 있다. 에번스프리처드가 구분한 생태적 시간과 구조적 시간으로 돌아가자. 그는 둘을 구분하면서 생태적 시간은 "순환적이거나 순환적인 것으로 보이며", 구조적 시간은 "사회 체계를 통과하는 개인에게 전적으로 진행하는progressive 것으로 인식된다"고 썼다. 그는 "어떤 의미에서 이는 환상이다"라고 덧붙인다(1940). 그 이유는 다음과 같다.

> 구조는 거의 변함없는 것으로 남는다. 그리고 시간의 인식은 그 구조를 통과하는 인간과 집단의 이동movement일 뿐이다. 따라서 연령 − 등급은 순차적으로 영원히 이어지지만, 실제로 6개가 넘는 등급은 존재하지 않는다. 특정 순간에 이 연령 − 등급에 의해 개인이 점유하는 상대적인 위치는 고정된 구조적 위치다. 실제적인 인간 집단은 끊임없이 그 위치를 통과한다. 비슷하게 누에르족의 종족 체계는 고정된 체계로 간주될 수 있다. 사람들과 각 씨족의 창시자 사이에는 불변하는 여러 등급이 있고, 각 종족은 다른 종족과 비교해서 고정된 위치를 점유한다. 얼마나 많은 세대가 지나가든 종족의 구조적 깊이와 범위는 증가하지 않는다…. (1940)

요약하면 에번스프리처드는 두 연속의 경험을 구별한다. 하나는 '순환적'이며 다른 하나는 '진행적'이다. 그러나 에번스프리처드에 따르면 '진행적' 시간에 대한 인식은 '어떤 의미에서 허상'이다.

내가 보기에 그는 여기서 혼동한 것 같다. 구조적 과정이 반복적 혹은 순환적이라는 것과, 그 구조 사이를 통과하는 특정한 개인들이 그 시간의 '진행progress'을 경험한다는 것은 별개의 문제다. 그 시간 경험이 진행적인 것이고, 시간 경험을 시간 자체와 완벽하게 구분할 수 없다면, '진행'을 단순히 특정한 연속의 경험과 관련된 허상이라고 할 수는 없다. 동일한 시간적 연속의 양상이 추상적·형식적인 의미에서 반복적임을 인정하더라도 말이다. 예를 들어 연령 – 등급이나 그 등급의 개수, 그것들의 관계가 사회구조 내에서 쉽게 바뀌지 않는다 해도 개인이 특정한 연령 – 등급을 하나씩 통과해가는 일이 어떤 의미에서든 허상은 아니다. 같은 대학을 졸업했다 해도 1996년 졸업생은 1949년 졸업생이 아니다.

이런 혼동은 단순하지만 빠지기 쉽다. 이런 오류를 줄이려면 구조적 시간과 개체발생적 시간을 구별하는 것이 옳을 것이다. 전자와 후자의 관계는 연령 – 등급과 연령 – 집단의 관계, 영속하는 제도와 상대적으로 덧없는 개인들의 관계, 불변하는 의례와 그 의례의 연행자나 그들이 연행하는 사태들의 관계다. 사건의 반복적 양상과 비반복적 양상을 뚜렷이 분리할 수는 없지만, 그 둘을 구별할 수는 있다.

리치 역시 시간적 경험의 반복성과 비반복성의 문제를 논의했다.

시간의 모든 다른 양상, 예를 들면 기간이나 역사적 순차성 같은 것은 다음 두 가지 기본적 경험에서 파생된다.

a) 자연의 특정한 현상은 스스로 반복한다.

b) 생명의 변화는 돌이킬 수 없다. (1961)

리치는 순환성과 반복성을 연관시킨 에번스프리처드의 견해를 암시적으로 반박한다. 그런 연관의 적절성을 완전히 부정하지는 않지만, 그것들이 천문학자와 수학자들의 공식에서 도출된다고 주장한다.

원시적인 단순사회에서는 반복의 은유가 훨씬 친근할 것이다. 예를 들어 구토, 베틀 북의 진동, 농업 활동의 순서, 일련의 상호 – 혼인에서 의례적 교환 등을 보라. 사실 몇몇 원시사회에서 시간적 과정은 '획기적 기간의 연속'〔이 부분은 화이트헤드(1927)의 시간에 대한 정의를 리치가 인용한 것임〕으로 경험되지 않는다. 시간이 같은 방향으로 진행하거나 바퀴처럼 계속 돈다는 감각도 없다. 반대로 시간은 뭔가 불연속적인 것, 반복적인 리허설의 반복, 두 극단 사이의 진동의 연속으로 체험된다. 밤과 낮, 겨울과 여름, 가뭄과 홍수, 늙음과 젊음, 삶과 죽음처럼. 그들에게 과거의 깊이란 없다. 모든 과거는 동일한 과거이며, 현재의 반대말일 뿐이다. (1961)

시간에 대한 순환적 은유는 바퀴와 천문학자가 있는 사회에서 더 뚜렷하게 나타나는 듯하다(물론 양쪽 모두 결여된 사회에도 시간적 주기는 존재한다). 우리는 반복성이 때로는 순환성보다 교대alternation의 형식을 취한다는 입장에도 동의할 수 있다. 그런데도 순환적 은

유의 적절성을 부인할 수는 없다. 그렇다면 반복성이 단순한 교대의 형식을 취할 수도 있고, 세 개나 그보다 많은 국면이 규칙적인 질서 아래 복잡하고 정교한 형식을 취할 수도 있다고 보는 게 옳을 것이다. 여기서 '세 개나 그보다 많은 국면'을 다시 한 번 강조할 필요가 있다. 제한적이긴 하지만[5] 형식적 측면에서 두 상태가 교대로 나타나는 것도 순환성의 한 형식, 즉 두 국면이 한 주기를 구성하는 것으로 볼 수 있기 때문이다. 그러나 이는 형식적으로 옳을지 몰라도, 경험적으로 옳지 않다. 교대의 경험을 순환성에 포함하는 것은 오류인 듯한데, 순환성 자체의 경험적 현실을 부정하는 일이기 때문이다.

더 중요한 점을 지적해야 한다. 복잡한 반복적 과정은 어느 순간에 순환적이면서 교대적일 수 있다. 예를 들어 마링족의 예식 질서는 개별 의례가 구분하는 여러 시기가 주기적으로 꼬리에 꼬리를 물고 이어지는 식으로 구성된다. 이때 각 시기의 주요 활동은 다음과 같다─전쟁, 돼지 기르기, 밭농사, 유대류 사냥, 오락, 뱀장어 사냥, 의무의 완수, 다시 전쟁. 마링족의 예식 질서는 모든 주요 활동에 주기적인 반복성을 부과하면서, 전쟁과 평화를 분명하고 불연속적인 방식으로 교대시킨다.

더 근본적으로는 반복되는 시기의 연속은 순환 아니면 교대로 경험될 수 있는 반면에, 사이기interval와 시기의 잇따른 연속은 그 본성상 교대적인 것으로 경험된다. 리치는 고대 그리스의 시간의 역학이 '대조되는 양극'의 교대(예를 들어 활동/비활동, 선/악)로 구성되며, 각 시기 내의 지배적 상태와 사이기 내의 지배적 상태가 철저하게 다르다고 주장했다. 특정 시기에 통용되던 질서가 의례가 치러지는 사이기에 정반대로 역전되는 사례는 널리 알려졌다. 이런 교대는 불멸성과 영원성 개념의 기저에 깔린 듯한데, 이 문제는 나중에 다시 논의할 것이다. 리치는 더 나아가 고대 "그리스인은 시간의 진동을 영혼의 진동이라는 유추를 통해 이해했다"면서 다음과 같이 쓴다.

> 그리스인은 구체적인 은유를 사용했다. 기본적으로 그것은 성적 결합의 은유였다. 즉 하늘과 대지(비와 정액)의, 이 세계와 지하 세계(완두콩이나 채소의 씨앗과 정액)의, 남성과 여성의 성적 생명력의 교환의 은유였다. 다시 말해 시간의 주요 심상을 제공한 것은 성행위 자체다. 성교 과정에서 남성은 자기의 생명 – 영혼의 일부를 여성에게 준다. 한편 여성은 생명을 출산함으로써 그것을 다시 내놓는다. 여기서 성교는 남성에게 일종의 죽음이며, 출산 역시 여성에게 일종의 죽음으로 간주된다. (1961)

다소 기이하긴 하나, 리치에 따르면 시간의 토대에 관한 이런 견해는 우라노스, 크로노스, 제우스의 관계에 대한 신화적 설명을 이해하는 데 도움을 준다. 성적 은유를 시간의 역학 일반에 적용하는 것은 조금 무리라고 생각되지만, 그런 은유가 암시하는 다산성 혹은 출산의 개념은 시기와 사이기의 관계를 이해하는 데 도움을 줄 수 있다. 우리는 이 관계에 대한 견해를 나중에 살펴볼 것이다.

리치는 비가역성의 경험과 생명의 변화를 연계시키지만, 비가역적인 것으로 경험되는 것이 오직 생명의 변화는 아니다. 에번스프리처드가 말한 구조적 과정이 얼마나 반복적이든, 그것들은 그 구조를 통과하는 살아 있는 사람들에게 유일무이하게 보이며 실제로도 유일무이한unique 것이다. 번창하는 것은 바로 이 씨족이며, 자신들의 영토에서 쫓겨나는 것은 그 씨족이다. 내 아들이 태어날 때 숨을 거두는 사람은 내 할아버지이고, 내가 나의 형제와 공유하는 것은 아버지의 영지이며, 분열되는 것은 내 확대가족이기 때문이다. 반복적 과정에 따라 형성되는 사건이나 사태도 유일무이한 것으로 경험된다. 그리고 유일무이한 것은 반복되지 않으며, 유일무이한 것의 연속은 비가역적이거나 거의 그렇다.

역사는 드물고 새로운 사건—철제 도끼와 돈, 홍역을 가지고 토착 사회에 들어오는 상인과 선교사, 새로운 신의 탄생, 말등자의 도입, 바퀴의 발명—과 반복적 과정에서 지속적으로 생성되는 유일무이한 양상에서 출현하는 것이다. 그러나 외적 사건에서 상대적으로 잘 보호되었거나 새로운 사건이 극히 드문 사회에서도, 역사의 유일무이성이 단순히 특권층의 개인사—한 주장이 다른 주장을 대체하는—에서 나타나는 것은 아니다. 동시에 일반적인 사회적 과정의 개별 사항—한 씨족이 쇠퇴하고 다른 씨족이 부상하는—에서 나타나는 것도 아니다.

많은 반복적 과정에는 세속적 경향이 반영된다. (현대사회에서는) 해마다 반복되는 경작 행위를 통해 삼림은 황폐해지고, 관개 시스템은 확장되며, 사막의 면적도 늘어난다. 마링족은 그들 특유의 구조적 과정인 되풀이되는 전쟁의 경험을 통해 소집단이 더 큰 정치체로 융합된다. 반복성과 비가역성은 개념적으로 모순되지만, 현실에서는 분리된 것이 아니다.

역사도 인간의 삶처럼 어느 정도 특수한 것들의 연속을 통해 구성된다. 역사는 그 본성상 비가역적이고, 그렇기 때문에 특정한 방향에 따라 전개될 확률이 높다. 레비스트로스는 자신이 '통계적 시간'과 '기계적 시간'이라 부른 것을 비교하면서,[6] "현대 이탈리아 사회가 과거 로마 공화제로 돌아갈 수 있다는 것은 열역학 제2법칙이 역전될 수 있다는 생각만큼 이해하기 어렵다"고 썼다.

이 진술에는 남쪽과 북쪽만큼 뚜렷이 대조되는, 시간의 화살이 향할 수 있는 두 가지 방향이 암시되었다. 한편에는 진보가 있고 다른 한편에는 엔트로피가 있다. 에번스프리처드가 비가역성을 진보와 연계시킨 것은 적절하지 않았다. 쇠퇴나 죽음, 부패 역시 진보나 성장, 전진만큼 비가역성과 긴밀히 연계될 수 있다. 역사적 과거란 감동적인 성취와 성공적으로 극복한 시련의 기억뿐만 아니라, 영원히 소실된 땅과 대의명분, 죽어서 돌아오지 못하는 남성과 여성의 기억으로도 구성된다. 사실 인간이 뭔가 되돌릴 수 없음을 강렬하게 경험하는 것은 성취보다 상실을 통해서인지 모른다. 인간은 최소한 특정한 연령을 넘어서면 자신이 하루하루 삶을 상실한다는 것을 (하루가 점점 짧아지는 것을 통해) 더 강하게 느낀다.

앞서 우리는 일상적 시간의 반복적 구조가 어떻든, 예식 질서에 따라 구성되는 **총체적인**overall 시간적 구조는 '시기적' 혹은 '일상적' 시간과 그 사이에 존재하는 '시간을 벗어난 시간'의 교대로 이루어

짐을 살펴보았다. 이런 시간적 조건의 교대와 관련해 다시 강조할 점이 있다. 시간을 벗어난 시간을 포함하고 그 시간을 일상적 시기와 구별하는 의례는 형식적인 행위와 발화들의 불변하는 차례들로 구성되며, 그 법식을 대단히 강조하는 행사로서 모든 사회적 사건 중에서 가장 반복적인 사건이다. 의례에 참여하는 것은 그 본질상 불변하는 요소들을 다시 상연하는 행위다.

물론 반복성이 의례에서만 나타나는 것은 아니다. 일상의 여러 사건도 반복적이다. 예를 들어 봄은 해마다 온다. 그러나 일상적 시간은 대부분 연속적이고, 방향이 있으며, 비반복적인 자연 과정이 지배하는 시간이다. 성장과 진보의 돌이킬 수 없는 변화뿐만 아니라, 쇠퇴와 죽음 역시 존재하는 시간이다. 삶과 역사의 불가피하고 끊임없는 변화는 모두 일상적 시간에 속한다.

이와 반대로 시간을 벗어난 의례적 시간에서 재현되는 것, 즉 불변의 의례적 규범과 그 규범이 상연하는 신화는 엄격한 반복이 특징이다. 그렇기 때문에 그것들은 불변하는 것으로 재현된다. 그렇다면 의례적 사이기에 일어나는 사건과 일상적 시기에 일어나는 사건의 관계는 절대 변하지 않는 것과 끊임없이 변하는 것의 관계가 된다. 우리는 나중에 이 문제를 다시 논의할 것이다. 먼저 일상적 시간의 조직에 관해 몇 가지 논의할 것이 있다.

6.
반복성의 토대

의례에 따른 시간의 구축이란 어떤 의미에서 예식 질서의 상이한 '형상'과 '형식'에 부합하도록 시간을 변형하는 것이다. 앞 절에서 우리는 그런 변주들을 살펴보았다. 먼저 방주네프(1960)가 '직선적' 질서라고 부른 것이 있다. 그 전형적인 예는 인간이 출생에서 죽음까지 치르는 순차적 의례를 들 수 있다. 그런 차례를 구성하는 의례는 대부분 개인에게 비非반복적인 것이다. 그러나 사회 차원에서 그런 의례는 자주 반복되며, 많은 사회 구성원은 그 모든 의례를 통과한다.

그다음으로 '닫힌' 혹은 반복적인 질서가 있다. 말하자면 출발한 자리로 돌아오는 질서. '주기cycle'가 친숙한 예로 많은 예식 질서, 특히 달력에 근거한 시간적 질서는 '주기적' 형식이 있다. 그러나 앞서 보았듯이 반복성은 또 다른 형식, 즉 교대나 진동의 형식을 취할 수도 있다.

한편 예식 질서는 '형상shape' 외의 면에서도 차이를 보일 수 있다. 일단 길이의 차이다. 몇몇 직선적 질서, 특히 출생에서 죽음까지 인간을 인도하는 질서는 인간의 수명만큼 길이가 다양하다. 주기적 형식을 갖춘 질서에서도 한 주기는 태양력 1년이나 태음력 1년, 5일이나 7일로 된 한 주, 단순히 하루까지 길이가 다양하다. 마링족 의례 주기와 같은 다른 주기들의 '시간적 둘레'는 '필요한 돼지를 전부 모으는 데 걸리는 시간'처럼 유동적일 수도 있다.

우리는 이 간략한 사례로 각각의 예식 질서를 구성하는 의례의 반복성이 상이한 토대에 근거함을 알 수 있다. 어떤 의례는 매달 초승달이 떠오를 때 치르며, 어떤 의례는 7일마다 치르고, 어떤 의례는 '돼지가 충분히' 모이거나, 타로가 익거나, 사람이 죽거나, 초경을 했을 때 치른다. 이 의례들의 차이는 진부하리만치 뚜렷하다. 그러나 그 진부함의 표면 아래를 들여다보면 문제는 그리 간단하지 않다.

몇몇 예식 질서가 부각하는 반복성은 사실 의례 외적인 것이다. 그것들은 의례와 무관하게 사회나 자연에서 전개되는 과정의 속성이다. 의례가 그런 변화를 규정하든 말든 밤낮은 바뀌고, 달은 찼다가 이지러진다. 계절은 변하고 해는 바뀌며 아이들은 자란다. 반복되는 의례는 특정한 순간에―예를 들어 낮이 밤으로 바뀌거나, 봄이 여름이 되거나, 소년이 남자가 되었을 때―그런 변화를 확실하게 표현한다. 그러나 예식 질서 자체가 (의례적 구분의 기반이 되는) 빛이나 온도, 강우량, 식물의 성장, 동물의 성별, 천체 움직임의 차이를 만들어내는 것은 아니다. 물론 예식 질서의 주기성은 자연과 사회의 주기성을 단순히 반영하는 것 이상인데, 그것이 자연이나 사회의 주기 내에 존재하는 전이transition 과정을 더 날카롭게 부각하기 때문이다.

그러나 의례 자체가 그것이 강조하는 차이의 토대를 제공하지는 않는다. 의례는 때로 공동체의 활동을 자연의 반복성에 합치하는 방식으로 개최하지만, 그런 개최 자체가 반복되는 자연 과정의 원인은 아니며, 보통 그런 원인으로 간주되지도 않는다. (물론 자연적 변화의 한 국면을 부각하는 의례를 그런 변화의 원인으로 간주하는 것은, 의례의 비술적 효험이라는 개념의 근거일 수 있다.)

예식 질서가 단순히 외적 변화 과정의 한 국면을 강조하는 것이 아니라 그 자체로 반복성의 토대를 제공하는 예도 있다. 지나간 달과 새로운 달을 구분하는 달맞이 의례와 달리, 7일로 구성된 한 주를 다음 주와 구분하는 안식일 의례는 사회생활에 단지 자연적 리듬을 반영하는 게 아니다. 그것들은 사회가 그에 따라 활동을 조직할 수 있도록 자의적인 주기성—이 경우에는 노동일 엿새와 휴식일 하루—을 만들어낸다.

더 흥미로운 것은 달력에 의지하지 않는 의례 주기다. 마링족 의례 주기를 구성하는 의례들은 특정한 환경적·인구학적 과정의 산물이다. 그러나 그 주기가 단순히 그런 과정들을 반영하는 것도, 인간이 그 과정들을 관리할 수 있도록 자의적인 주기성을 부여하는 것도 아니다. 그 의례 주기 자체가 그 과정들에 반복성을 부과한다. 마링족은 돼지가 '충분해지면', 다시 말해 돼지 개체 수가 지나치게 늘어 공동체에 부담이 될 정도가 되면 카이코 축제를 연다. 카이코 축제에서는 많은 돼지를 제물로 쓰는데, 이때 돼지의 개체 수가 급감한다. 그 후 다시 돼지 수가 늘어나면 희생 제물로 사용한다.

이 문제는 상당히 중요하다. 과정에 반복성을 부과한다는 것은 형식적 의미에서 그것들을 조절한다는 뜻이다. 조절한다는 것은 사이버네틱스적 의미에서 시스템의 가역성reversibility을 유지한다는 뜻이다. 이는 내버려두면 직선적인 움직임을 계속해 결국 열역학 제2법칙을 향해 달려가는 과정—환경 파괴, 사회적 혼란, 정치적 무질서, 유기체의 전멸—의 반복성을 유지시킨다는 뜻이다. 다시 말해 그렇지 않았다면 '통계적' 혹은 '역사적' 시간을 향해 달려가는 과정들을 '기계적' 혹은 '구조적' 시간의 영역으로 불러오는 것이다(Lévi-Strauss, 1953).

7.
스케줄과 사회

예식 질서에 내재한 주기성이 그 질서 바깥의 사회적 · 자연적 세계에 부과된다는 우리의 논의는 이제 시간 **자체**에 대한 질서 부여가 아니라 그것과 밀접히 연관된 스케줄의 문제, 즉 인간 활동의 시간적 조직이라는 문제로 이어진다.

먼저 우리는 공통의 예식 질서에 따라 활동을 조직하는 이들은 그럼으로써 일종의 사회적 공동체를 구성한다는 사실을 관찰할 수 있다. 사실 의례적 연행에서 협동을 통해 개별 사회집단이 정의될 수 있다. 마링족은 의례에서 협동을 통해 인접한 부계씨족 집단에서 독자적인 지역 집단이 구별된다(Rappaport, 1984(1968)). 예를 들어 쳄바가족이라고 불리는 지역 집단은 인접하지만 처음에는 별개 집단이던 쿵가가이 – 메르카이족과 카뭉가가이 – 쳄바가족의 의례적 협력을 통해 탄생했다. 이는 각각 적 부족에 대항해 며칠간 전쟁을 벌인 뒤의 일이다. 전쟁은 개별적으로 치렀지만, 두 집단은 양측의 전쟁에서 거의 동맹군으로 상대를 도왔다.[7]

쿵가가이 – 메르카이족과 카뭉가가이 – 쳄바가족은 모두 전쟁에서 승리했고, 승리한 직후 거의 동시에 **룸빔** 나무 심기 의례를 통해 휴전을 선언했다. 수년 뒤 그들은 개별적으로 심은 **룸빔** 나무를 뽑는 의례를 거의 동시에 치르고, 함께 **카이코** 축제를 개최했다. 정보 제공자들은 그 **카이코** 축제에 춤판이 세 개 있었다고 말한다. 카뭉가가이 씨족과 쳄바가 씨족이 하나씩, 동쪽 지역에 사는 쿵가가이 – 메르카이족이 춤판 하나를 준비했다. **카이코** 축제가 두 번 개최되고, 서쪽 지역의 씨족과 동쪽 지역 씨족은 춤판을 합쳤다. 1962~1963년 당시 쳄바가족을 구성하던 다섯 씨족은 **툽 카이코**tup kaiko(카이코 춤판) 하나를 사용했다.[8]

반대로 구별되는 의례 일정을 따름으로써 중요한 사회적 차이를 확립하고 유지할 수도 있다. 친숙한 예로 유대교와 기독교, 이슬람교에서 따르는 종교적 축일은 서로 다르다. 먼저 안식일을 보자. 유대교도에게 안식일은 성서 시대 이래 단순한 휴식과 예배를 위한 날 이상이었다. 그것은 신이 창조를 멈추고 쉰 날의 반복이며, 그렇기 때문에 우주적 질서의 일부였다. 안식일을 지킨다는 것은 '이스라엘과 야훼 모두 그들의 약속에 충실하겠다는 표시'(I. Abrahams, 1918)였다. 따라서 안식일은 유대교도, 특히 디아스포라의 정체성에 매우 중요한 요소다. 안식일의 준수는 '약속'에 참여하는 사람들과 참여하지 않는 사람들을 구별한다.

기독교도가 주일을 일요일로 정한 점도 중요하다.* 이 차이는

---

* 유대교의 안식일은 토요일이다.

기독교를 유대교와 구별하기 위한 의도적인 노력의 일부였던 듯하다. "단정할 수는 없지만, 몇몇 증거에 따르면 일요일을 주일로 섬기기 시작한 것은 성 바울의 교회였던 듯하다. 그 이후 일요일이 주일로 널리 확립되었다." 바울은 신도에게 '강제적으로 그들에게 부과된 (유대교의) 안식일 전통에 저항할 것을' 촉구했다(Glazebrook, 1921). 유대교 출신 신자가 많은 교회는 안식일을 버리고 일요일을 주일로 받아들이는 과정이 더뎠다. 기독교도는 일요일을 안식일이 아니라 주일Lord's day로 간주했고, 4세기경 간행된《The Apostolic Constitutitons 교황 헌장》역시 안식일과 주일을 별개로 간주한다. 기독교 전통에서 안식일의 준수는 더 일찍 중단되었지만, 주일(일요일)과 구별되는 안식일(토요일)이라는 개념은 9세기경까지 존속했다(Glazebrook, 1921; John Miller, 1959도 참조할 것).

안식일과 주일의 개념을 구분한 것은 흥미로운 사건이다. 기독교도는 이를 통해 〈창세기〉 1장에 제시된 천지창조설을 부인하지 않으면서―그와 더불어 구약성경 전체를 부인하지 않으면서―의례적으로 자신을 유대교적 실천과 구별할 수 있었기 때문이다. 여기서는 전통적인 안식일에 관한 명시적 거부가 존재하지 않았고, 〈창세기〉의 천지창조설에 따라 일요일도 주일로 합리화될 수 있었다.

유대교도는 일요일을 한 주의 첫날이라고 여겼다. 〈창세기〉에 따르면 이날에 신이 창조 작업을 시작했기 때문이다. 기독교도는 이 점에 착안, 한 발 더 나아가 일요일을 두 번째 창조의 첫날로 여겼다. 따라서 알렉산드리아의 에우세비오스_{Eusebios}[*]는 다음과 같이 썼다. "신이 세계를 창조하고 뭇 생물들의 '첫 열매'를 만든 것은 일요일이다. 신은 같은 날에 부활의 '첫 열매'도 창조했다."(John Miller, 1959)

따라서 초대교회는 신성화의 근원인 〈창세기〉 말씀을 위반하지 않으면서도, 더 이른 시기부터 〈창세기〉에 근거하던 유대교의 예식 질서에서 자신들을 분리할 수 있었다. 우리는 이와 관련된 문제를 9장에서 다시 논의할 것이다.

기독교의 주일이나 유대교의 안식일과 대비해 이슬람교가 금요일을 '회합일'로 정한 것도 비슷한 맥락에서 설명할 수 있다. 마골리우스_{G. Margoliouth}는 다음과 같이 썼다.

> 다음과 같은 상상도 가능하며 충분히 타당하게 여겨질 수 있다. 무함마드가 수많은 유대교도를 자기 신도로 만들 수 있었다면, 그는 안식일을 한 주의 성일_{聖日}로 정했을 것이다. 그러나 이는 불가능한 일이었고, 기독교도가 선택한 일요일 역시 선택지가 될 수 없었다. 따라서 그는 자연스럽게 금요일을 회합일로 선택했다. (1918)

금요일은 '무함마드의 시대 한참 전에도 회합일'이었지만, 무함마드가 금요일을 선택한 이유 역시 〈창세기〉의 천지창조설과 공명한다는 점이 중요하다. 금요일은 아담이 탄생한 날이며, 그가 에

---

[*] 초기 그리스도교 교부. 10권에 달하는 《Ekklesiastike histria 교회사》를 남겼다.

덴으로 들어온 날이자 에덴에서 추방된 날이다. 게다가 금요일은 예수가 부활한 날이다. 이 때문에 금요일은 '태양 이래 최고의 날'이 되었다. 코란에는 '안식일을 지키는 자들'은 안식일 율법을 엄격히 따라야 하지만, "알라의 선지자의 신도에게는 진정으로 긍휼한 날인 금요일이 한 주의 성일로 정해졌다"고 나온다(Margoliouth, 1918).

특정한 의례적 일정을 지키느냐 마느냐에 따라 의미 있는 사회적 정체성과 차별성이 확립될 수 있다는 점은 초기 기독교의 이단 중 하나였던 14일주의교Quartodeciman* 사례에서도 잘 드러난다. 14일주의자는 원래 유월절을 치르는 유대력 정월(3~4월) 14일에 부활절을 치른 사람들이다. '유대교도와 함께 부활절을 치르는 자들'은 결국 니케아공의회(서기 325년)**에서 파문되지만, 서기 2세기 말에서 3세기 초 빅토르 회의나 로마 주교 회의 등에서는 14일주의자를 거부했다. 빅토르 회의에서 그들을 파문했고, 다른 교회들도 그런 노력에 동참해줄 것을 요청했다(Carleton, 1910; Charles W. James, 1943). 니케아공의회 이후에는 유월절과 부활절을 동시에 치르는 것이 불가능해졌다.

태양력 도입과 더불어 부활절 시기와 관련된 새로운 문제가 불거졌는데, 그 정확한 시기를 두고 몇 세기 동안 격렬한 논쟁이 벌

---

* 〈요한복음〉의 내용에 따라 예수가 십자가형을 당한 14일에 부활절을 치른 초기 기독교 집단.
** 현 터키 북서부의 이즈니크에서 동서 교회가 모여 개최한 세계 종교회의. 1차 니케아공의회는 325년에 열렸으며, 그 동기는 예수그리스도의 신성(神性)을 부정하는 아리우스파를 이단으로 단죄하여 분열된 교회를 통일하고 로마제국의 안정을 얻기 위함이었다.

어졌다. 부활절 시기 계산으로 아일랜드 교회와 로마교회는 크게 대립했고, 이 문제는 747년에야 해결되었다. 그러나 같은 문제에서 로마교회와 그리스정교회는 끝내 합의를 보지 못했다.[9]

이것들과 정반대처럼 보이지만 동일한 맥락에서 유래한 문제가 있다. 서기 6세기 말에서 7세기 초, 기독교 선교사들이 그레고리우스 1세의 명을 받들어 앵글로·색슨족을 교화하기 위해 그레이트브리튼으로 파견되었다. 그들은 그레이트브리튼에 존재하던 이교도 축제와 희생 제의 주기가 기독교의 성 축일 주기와 일치한다는 점을 강조하면서, 기독교적 의례 주기를 현지에 도입했다. 메로빙거왕조의 성 마틴 축일(11월 11일)이 게르만 신들에게 희생 제물을 바치는 겨울제Winter's day와 일치한다는 사실은 기독교가 고대 영국에 퍼지는 데 매우 중요했다. 그 외 기독교 축일 역시 그레이트브리튼에 존재하던 이교도 축제와 시간적으로 긴밀히 연계되었다. 기독교적 의례 시간 도입이 앵글로·색슨족의 개종에 절대적 역할은 하지 않았다 해도 이를 상당히 촉진한 것은 분명하다.

8.
인간 활동의 시간적 조직

이제 공동의 활동에서 생겨나는 정체성의 문제 대신 활동 자체에 주목해보자. 신도들을 1년 주기로 이끄는 의례적 시간 질서는 한 계절을 다른 계절과 구별하고 1년이라는 더 큰 주기로 통합할 뿐만 아니라, 개별 신도의 일상적 활동도 조직한다. 물론 개인의 몇몇 활동은 계절적 특성에 따른 것이지만, 다른 활동—특히 환경적 요건에 따라 즉각적·직접적으로 영향을 받지 않는 활동—은 예식 질서 자체에 의해 조직된다. 이런 활동들은 단순한 식량 생산 같은 행위보다 사회와 우주의 유지, 재생산, 분배의 문제와 밀접하게 연관되었을 확률이 높다.

산후안 푸에블로인디언 테와족의 경우, 의례는 생계 활동 때문에 바쁜 따뜻한 계절보다 춘분과 추분 사이에 집중되었다(Ortiz, 1969). 테와족의 '작업들'—다시 말해 '구조의 중심' '태양의 날들' '중용의 날들' '새들의 탄생' '잎들의 탄생'이라 불리는 의례들—은 대부분 우주적 질서에 관한 것이지만, 동시에 커뮤니티를 구성하는 동맹체와 집단—반족半族, 의례 집단, '세 지위 집단'—의 상호 의존성을 재확립하는 사건이다. 이 겨울 의례들은 상당히 많은 식량 분배를 의무로 규정한다. 이는 개별 가구의 작물 생산량이 천차만별인 사회에서 매우 중요한 의미가 있다(Ford, 1972).

시간뿐만 아니라 인간 활동에 질서를 부여하는 행위는 계절성과 무관한 주기성이 있는 의례에서 두드러지며, 더 중요한 의미가 있을 것이다. 마링족의 경우를 다시 한 번 살펴보자. 마링족의 의례 주기는 길이가 다른 여러 시기를 구분하는데, 각 시기의 주요 활동은 이전이나 이후 시기의 주요 활동과 구별된다. **룸빔** 나무를 심는 의례는 전쟁을 끝내고 휴전을 선포하는 것으로, 휴전기에 사람들은 밭농사와 돼지 기르기에 몰두한다.

3장에 설명했듯이(이는 나의 1984년 저작에 더 자세히 설명했다), **룸**

빔 나무를 심고 보통 10~15년이 지나 '돼지가 충분히 모이면' 지역 집단의 영토 주위에 의례적인 방식으로 말뚝을 박는다. 그러고 나면 사람들은 몇 달 동안 카이코 축제 준비에 몰두한다. 이때는 이차림二次林을 개간해서 만든 커다란 밭에 작물을 심거나, 춤판과 손님용 가옥을 짓고, 오븐을 만들고, 장작을 모은다. 이 시기에 행하는 가장 중요한 행위는 마ma―유대류와 대형 설치류를 포함하는 현지의 동물―를 잡아 훈제하는 것이다. 이 동물은 '붉은 정령들Red Spirits의 돼지들'이라 불린다.

말뚝을 박고 나서 약 5개월 뒤 '펭굽pengup'이라 불리는 마리타 판다누스과 식물의 열매가 익으면 룸빔 나무를 뽑고 카이코 축제를 시작한다. 오락, 의례, 희생 제의, 조상과 동맹자에 대한 의무 이행을 위한 카이코 축제는 대략 1년이 조금 넘는 기간 동안 행한다. 카이코 축제는 두 단계로 나뉘는데, 둘을 가르는 의례를 '카이코 은데kaiko nde'라 부른다. 이 의례에서 사람들은 노래를 부르고, 카이코 축제 방문객에게 타로를 곁들인 요리를 대접한다. 그다음에 남자들은 코이파 망기앙Koipa Mangiang 신령의 돼지들이라고 여겨지는 뱀장어를 잡으러 떠난다. 돼지 공희 준비, 터부 폐기, 빚 청산, 오락, 음식 분배가 뒤따르고 카이코 축제가 끝난다.

파베(3장 참조)라 불리는 의식용 울타리 위에서 핵심 동맹 집단을 의례적으로 인가하는 작업과 함께 카이코 축제가 끝나면, 다시 전쟁을 치를 수 있다. 보통 전쟁은 축제 이후 얼마 안 가 치러진다. 이 전쟁이 빠른 시일 내에 시작되지 않으면(거의 그런 적은 없지만 양측의 적대감이 아무 일 없이 오래 지속될 경우) '전쟁 돌fighting stone 걸기'

의례를 수행한다. 그러면 양측의 호전성이 더 고조된다. 전쟁 이후 자기 영토를 수호한 부족은 **룸빔** 나무를 심으면서 전쟁을 끝낸다.

요약하면 8~20년 걸리는 마링족의 의례 주기는 여러 주요 시기를 구분하는 일련의 의례들로 구성된다. 이때 각 시기의 주요 활동은 이전이나 이후 시기의 주요 활동과 뚜렷이 구분된다.

1. **룸빔** 나무 심기는 전쟁을 끝내고 6~20년 동안 휴전기가 시작됨을 알린다. 이 시기의 주요 활동은 밭 경작과 돼지 기르기다.
2. 말뚝 박기와 함께 몇 달에 걸친 새로운 시기가 시작된다. 이때는 유대류 동물을 잡아 훈제하고, 커다란 **카이코** 축제용 밭에 식물을 심는다.
3. **룸빔** 나무 뽑기와 함께 **카이코** 축제가 시작된다. 1년이 조금 넘는 기간 동안 돼지를 조상에게 공양하고, 우호적 집단끼리 오락을 즐기며, 인척과 동맹군에게 진 빚을 청산한다. **카이코** 축제 역시 두 시기로 나뉘는데, **카이코 워바**kaiko wobar와 **카이코** 은데가 그것이다. 두 시기에 부르는 노래, 음식, 봉헌물, 활동이 다르다(Rappaport, 1984 참조).
4. **파베** 의례는 **카이코** 축제를 종결짓는다. 그러면 지역 집단은 다시 전쟁을 치를 수 있다. 전쟁은 보통 폭력성의 수위가 다른 두 단계나 국면으로 진행되는데, 의례를 통해 각 단계를 구별한다(Rappaport, 1984 참조).

마링족의 의례 주기는 주요 활동이 상이한 두 시기를 분할할 뿐만 아니라, 사람들이 그 활동을 조직할 수 있도록 중요한 구조를 부여한다.[10] 화전 경작과 돼지 기르기라는 생업 요건을 감안하면, 마링 지역 집단 전체의 노력을 결집할 수 있는 순간은 그리 흔하지 않다. 그들의 의례 주기는 거의 자립적인 가구별 생산 단위의 자급자족, 교환, 인척 중심의 활동을 조정하여, 더 큰 일반 공동체 차원의 노력으로 결집한다. 이때 마링족의 모든 구성원이 자기 인척과 동맹자, 조상에게 채무를 청산하고, 모든 사람들이 자신을 지역 집단의 다른 구성원들과 갈라놓던 터부를 깨뜨린다. 이런 사회적 관계의 변화에는 의례 연행이 수반되기 때문에, 특정 부족 집단은 그들 역사의 특정한 순간에 내부적으로 통합되는 셈이다. 그 집단은 통합된 전체로서 조상과 동맹자, 인척, 영토를 공유하는 다른 생물종과 동등한 관계에 선다.

인간 활동의 시간적 조직화를 논하면서 우리는 자연스럽게 '의례의 공동 참여가 자립적 사회집단의 규정과 유지에 어떤 역할을 하는가'라는 문제로 돌아온다. 마링족 의례 주기는 마링 사회를 구성하는 여러 자립적 지역 집단의 관계도 조직하기 때문이다. 개별 집단이 독자적으로 수행하는 의례 주기는 각 집단의 인척 관계와 더불어 마링 사회의 지역적 통합을 위한 거의 모든 기반infrastructure이 된다(Rappaport, 1984; 4장 참조).

이런 조직화 외에 마링족의 의례 주기는 일상적 활동에도 중요한 의미가 있다. 그 의례들은 모든 일상적 활동—생산, 재생산, 교환, 전쟁—이나 그 모든 것들에 즉각적인 물질적 효과를 넘어서는 철학적 근거를 제공한다. 그런 식으로 조상과 동맹자에 대한 채무는 해소되며, 세계의 자연적 질서를 구성하는 호혜성의 원리에 따라 살해된 동족 집단 구성원을 위한 복수가 행해진다. 그리고 피할 수 없는 인간들의 분쟁에 따라 반복적으로 상처 받는 이 세계를, 헤라클레이토스적 의미의 로고스 개념과 유사한 마링족의 우주론적 개념인 노마네Nomane라는 질서에 맞게 회복한다(11장 참조).

9.
정기성, 길이, 빈도

의례적 차례는 그 형태와 길이, 조절 양식, 의례 개최의 근거에서 상이할 뿐만 아니라, 그 차례를 구성하는 의례의 빈도와 의례 개최의 규칙성, 개별 의례의 길이에서도 차이가 난다. 인류학자들은 지금까지 이 차이에 거의 관심을 두지 않았다. 나 역시 이 논지와 연계되거나 여기에 수반된 몇 가지 가정을 제안해보려고 한다.

규칙성과 조절
먼저 상이한 예식 질서에서 뚜렷이 관찰되는 주기성의 일반적 성격에 주목하자. 한 의례와 다음 의례의 기간이 일정한 예식 질서—예를 들어 기독교와 유대교에서 치르는 주일과 안식일—는 의례들의 기간이 일정하지 않은 예식 질서와 구분된다.

그러나 두 원리 중 하나에 의해서 조직되는 의례는 거의 없다. 오늘날 기독교 의례는 달력에 근거하며, 상당한 주기적 규칙성이 있다. 몇몇 기독교 의례의 연행은 장례식처럼 날이나 달의 주기적 변화에 대한 규칙적 반응이라기보다 세계 내 사건에 대한 응답이다. 반면 마링족은 전통적으로 달력이 없었으며, 1년에 대한 개념도 명확하지 않았다. 따라서 그들은 의례 주기뿐만 아니라 각 의례가 구획하는 시기의 길이 역시 다양했다. 그런데도 카이코 축제 내 몇몇 의례는 그 자체로 해마다 반복되는 판다누스 열매의 성숙 같은 자연적 지표에 대한 반응으로 치러졌다.

나는 규칙적 주기성과 비규칙적 주기성은 사회생활뿐만 아니라 모든 사회현상에서 발견되는 뚜렷이 구분되는 두 조절 양식과 연관되었다고 조심스럽게 제안하려 한다. 이 조절 양식은 유기체적 과정은 물론 신호등, 온도조절기, 사격조준기 같은 기계적 · 전자적 장비에서도 관찰된다. 여기서 그 자체로 달력에 따른 주기성을 보여주는 테와족의 의례 주기 요소(Ortiz, 1969)와 그런 주기성이 없는 마링족의 의례 주기를 비교해보는 것이 좋을 듯하다.

테와족의 의례 주기는 조절 작용 측면에서 주로 시간-의존적time-dependent이다. 다시 말해 테와족 의례에서는 조절 작용이 조절되는 현상의 상태와 관계없이 고정된 순간에 일어난다. 예를 들어 앞서 살펴보았듯이 가구별로 수확 · 저장한 옥수수의 양이 달라도, 이 차이는 축제에서 음식 분배로 완화된다. 가구별 식량 보유량의 격차는 테와족 의례 주기의 일반적인 조절 작용으로 상쇄되는 것이다. 이 축제들은 달력에 의거해 고정된 타이밍에, 가구별 식량 보유량의 격차와 무관하게 치러진다. 교회 예배가 신도들의 영적 상태나 그 예배에 영향을 미치는 다른 변수의 상태와 상관없이 일요일 오전의 특정 시간―예를 들어 10시―에 치러지는 것처럼 말이다. 위 사례는 차들이 기다리는 것과 상관없이 불빛을 초록에서 빨강으로 바꾸는 신호등의 작용과도 형식적으로 유사하다.

반대로 마링족 의례 주기는 주로 변수－의존적variable-dependent 혹은 사이버네틱스적cybernetic이다. 카이코 축제와 돼지 희생 제의는 고정된 순간이 아니라 특정한 변수, 즉 돼지와 인간 개체 수의 비ratio가 허용 범위를 초과했을 때 치러진다. 그렇기 때문에 마링족 의례 주기의 조절 작용은 온도조절기의 그것과 형식적으로 유사하며, 각 의례들의 기간 역시 필연적으로 길이가 다양하다.

그렇다면 규칙적 주기성과 비규칙적 주기성은 대조적인 조절 양식과 관계가 있다고 말할 수 있다. 마링족의 사례처럼 시간의 확립 자체가 변수－의존적 조절 작용에 의해 일어난다면, 시간 내 사건들의 개최와 분리된 (추상체로서) 시간 개념이, 개별 변수들과 무관한 주기성 속에 시간－의존적 조절 작용이 내재한 체계보다 덜 명료하게 발달했을 것이다. 자율적 시간이라는 개념은 시간－의존적 조절 작용에 내재한 것이지 변수－의존적 조절 작용에 내재한 것이 아니다.

물론 규칙적인 의례적 주기성은 달력의 존재나 시간의 수량화와 밀접한 관련이 있다. 이것들은 다시 사회적 복잡성의 정도(몇몇 단순사회에도 달력이 있지만)와 관련이 있다. 나는 주기성이 우세한 사회들의 토대를 탐구할 때도 그 사회의 조절 양식과 변수 조절의 성격을 조사해야 한다고 생각한다.

한 사회의 환경이 계절성과 같이 규칙적이고 예측 가능한 변화의 영향을 강하게 받을 경우, 다른 중요한 변수의 상태가 거의 규칙적인 부침을 겪는 경우, 시간-의존적인 조절 양식과 달력에 근거한 의례가 우세할 것이라고 추측할 수 있다. 반대로 달력에 근거하지 않은 의례와 변수-의존적인 조절 양식은, 계절성이 뚜렷하지 않거나 다른 중요한 변수의 상태 변화가 많은 요인의 영향을 받아 쉽게 예측할 수 없을 때 우세하다고 추측할 수 있다.

다른 요인들이 비슷할 경우에는 시간-의존적 조절 양식과 달력에 근거한 의례 주기가 변수-의존적 조절 양식보다 선호될 수 있다. 그것은 단순하기 때문이다. 예를 들어 11월 11일이라는 정해진 날짜에 희생 제의를 하거나 연간 의례에서 음식을 분배하는 것이, **룸빔** 나무를 뽑을 만큼 충분한 돼지가 모였다는 만장일치에 근거해서 의례를 치르는 것보다 단순하다. 변수-의존적 조절 작용을 위해서는 돼지 숫자 같은 변수의 상태를 모니터링하는 일이 필요하며, 최소한 이상적이거나 허용 가능한 범위를 벗어나는 변수를 탐지할 수단이 필요하다. 어떤 경우에는 사람들에게서 만장일치를 끌어내고, 이를 행동으로 옮길 수단도 필요하다.

대조적으로 달력에 근거한 의례를 수행할 때는 적절한 타이밍에 대한 판단이나 결정을 내릴 필요가 없다. 유대력 정월 14일이나 11월 11일, 하지 등 분명한 시점이 존재하기 때문이다. 물론 여기에도 애매모호함은 존재한다. 예를 들어 태양년의 애매한 길이 탓에 부활절의 정확한 날짜를 결정하기는 대단히 어려웠다. 그래서 중세 초기 유럽 학자들은 반복되는 부활절 날짜를 계산하기 위해 정교한 방법을 찾아내는 데 골몰했다. 이 문제는 깔끔하게 해결되지 않았고, 결국 기독교 내부 분열의 주요 근거가 되었다.

빈도와 길이

의례의 빈도와 길이는 경우마다 다르다. 정통 유대교도는 날마다 공공 예배에 세 번 참석하며, 사적으로나 가족과 함께 짧은 예식을 수행한다. 안식일과 휴일에 수반되는 다른 계율도 준수한다. 한편 가톨릭 수도자와 사제, 기타 성직자들은 매일 성무 일과를 외워야 하는데, 이는 미사에 수반되는 일곱 가지 의례 행위 중 하나다. 성무 일과를 혼자 외우면 한 시간 반 정도 걸리고, 이를 정해진 기도 시간에 성가로 부르면 훨씬 더 걸린다. 반대로 마링족의 큰 지역 의례는 몇 달이나 몇 년에 한 번씩 개최된다. 그보다 규모가 작은 의례 역시 기독교 성직자나 정통 유대교도는 말할 것도 없고, 일반 유대교도나 기독교도보다 훨씬 덜 규칙적이고 빈도가 적다. 그러나 마링족의 의례는 서구 사회의 의례보다 훨씬 긴 시간 동안 진행된다.

예식 질서가 실제로 두 가지 시간적 조건—일상적 시간과 '시간을 벗어난 시간'—을 구별한다면 의례의 빈도와 길이는 개인이 두 가지 시간에 할애하는 시간의 비율에도 영향을 미칠 것이다. 몇몇 수도원은 의례를 빈번하고 장기적으로 치를 수 있다. 그래서 일상적 시간은 거의 계속 이어지는 의례 사이에 띄엄띄엄 존재하는 것처럼 느껴질 수 있다. 이 경우 의례에 할애하는 시간 비율이 대단히 높아서, 그 사이에 존재하는 일상적 시간은 (의례적 시간의) '그림자'나 '후광'에서 완전히 자유로울 수 없다. 이런 의례적 경험의 성격은 나중에 살펴볼 것이다. 지금은 의례적 시간의 경험은 일상적 시간의 경험과 매우 다르다는 점을 언급한다. 의례적 시간이 일상적 시간과 얼마나 다른지는 의례에 할애하는 시간과 그렇지 않은 시간의 비율과 연관될 것이다.

먼저 사회적 조건에 따라 상당한 시간을 의례에 할애하는 사람들이 있는 듯하다. 복잡 사회에서는 대개 종교적 전문가, 특히 고립된 커뮤니티를 이루어 수도하는 사람들이 그렇다. 반대로 오스트레일리아 원주민(Meggitt, n.d.; Stanner, n.d.)이나 남아프리카의 부시먼(Katz, 1982)은 그런 기회가 잦지 않아도 많은 사람이 한데 모인 의례에서 상당한 시간을 할애한다.

내가 보기에 사막의 수렵·채집민이 의례에 할애하는 상당한 시간 비율은 환경이 사회생활에 부과하는 곤란을 극복하기 위한 것이다. 한편 고립된 기독교 공동체의 경우, 의례는 사회생활에서 완전히 분리될 수 있는 기회를 제공한다. 그렇다면 뒤르켐(1961)의 논지에 따라 오스트레일리아 원주민과 부시먼이 드물게, 제한된 기간 동안 개최하는 길고 열광적인 의례에서 생겨나는 놀랄 만큼 강렬한 사교성sociability이, 개별 가구들이 경제적으로 독립된 단위로 몇 달씩 고립되어 생활하는 오스트레일리아 사막의 원심적 삶의 양식을 상쇄할 만큼 강력한 사회적 유대를 확립한다고 주장할 수 있다. 고립된 가톨릭 수도 공동체는 다음 사항이 중요하다.

원래 (가톨릭) 종교 공동체는 교단이나 동료에게 봉사하기 위해서가 아니라 개별 구성원의 영적 안녕을 위해 존재했다. 복음주의 교단(즉 교단 입회 시 청빈, 정숙, 순종을 자발적으로 맹세한 이들)의 삶은 세속적 삶의 양식보다 예수의 삶을 모방하게 되어 있었다. (McKenzie, 1969)

이들의 삶은 수도자적인 질서에 따라 "성무 일과를 외우며 매일 신을 찬미하는 것으로 구성되었고, 이들의 모든 관심사는 신에 대한 봉사"였다(Bullough, 1963). 이런 봉사에는 신체적·정신적 행위뿐만 아니라 기도도 포함된다. 이런 교단에 자발적으로 가입하며, 계속 교단에 남는 이들은 '소명' 때문일 것이다. 서구 수도회의 아버지 성 베네딕트는 서구 기독교 전통에서 이런 삶의 양식을 이끌어가는 데 도움을 주는 규율을 직접 제정했다. 사람들에게 '신이 가르친 십계명에 따라 살라고' 가르치기 위해서, 비범한 영적 소명을 받은 소수 사람들에게 '이 세계에 살면서 이 세계에 속하지 않는 삶'을 영위하는 방법을 알려주기 위해서다(《요한복음》 17장 11~14절; Bullough, 1963).

성 베네딕트의 규율에 따르는 남녀들은 기대, 이유, 기억, 관심사의 변화로 가득한 일상적 세계에서 상당한 수준까지 벗어나 살아간다. 그들은 공간적으로 일상 세계와 떨어져서, 깨어 있는 시간을 대부분 속세 바깥에서 명상하며 '새로 생겨나지도, 사라지지도 않는 신의 기쁨'인 성무 일과를 외우며 보낸다. 다시 말해 그들은 이 세계의 말썽에서 거리를 두고 천국을 향한 채 살아가는 것이다.

그러나 성무 일과를 외워야 하는 가톨릭교도가 단지 고립된 수도자는 아니다. 긴 성가로 외우는 것보다 훨씬 짧고 사적인 형식이겠지만, 속세에 깊이 관여한 가톨릭 사제도 성무 일과를 외워야 한다. 고립된 생활을 하지 않으며 공동체에서 분리된 성직자 집단이 아닌 유대교도 역시 매일 여러 의례에 참여해야 한다.

정통 유대교도는 고립된 수도자나 사제들과 논의의 초점이 달라진다. 가톨릭 사제와 유대교도는 의례에 자주 참여하지만, 그들의 예배는 고립된 수도자의 그것보다 훨씬 짧다. 따라서 그들이 의례에 할애하는 시간 비중도 그리 높지 않다. 수학적으로 의례의 빈도와 길이를 '곱하면' 일상적 시간을 벗어나 의례에 할애한 시간의 양을 구할 수 있다. 이 수치 역시 일상적 시간과 비일상적 시간의 비比를 측정하는 척도가 될 수 있지만, 빈도와 길이의 문제는 개별적으로 논의하는 것이 유용할 것이다.

4장에서 의례의 연행에는 그 의례에 내재한 질서를 공적으로 수락하는 행위가 수반된다고 말했다. 동시에 그런 수락 행위는 예식 질서에 복종을 요청하지만, 복종을 보장할 수는 없다는 것도 살펴보았다. 수락이 없으면 의무도 없고, 의무가 없으면 의무의 위반도 없다. 그러나 의무는 확립된 뒤에야 위반될 수 있다. 의례적 수락은 일상적 관행의 위반과 변화무쌍함에서 보호된 관습적 규칙과 이해 체계를 확립하며, 그것을 표준으로 삼아 일상적 행동의 적절성과 도덕성이 평가될 수 있게 한다. 이때 수락된 질서에 대한 실질적 복종은 수락 행위 자체와 별개의 문제다.

나는 의례의 빈도와 시간은 이런 복종과 그 복종의 기저에 깔린 동기, 인지, 감정적 요소와 관계가 있다고 제안하려 한다. 앞서 언급했듯이 의례의 빈도가 높고 길이가 길수록 강력하고 충만한 의례적 효과가 나타날 것이다. 그러나 길이가 길고 빈도가 낮거나,

길이가 짧고 빈도가 높을 경우 그런 효과가 중단되거나 서로 반대되는 효과를 가져올 수도 있다.

길이

의례의 길이에 관해서는 짧게 논의하고, 이 장 후반부와 11장에서 그 함의에 대해 자세히 논의할 것이다. 일단 의례의 길이가 길수록 '시간을 벗어난 시간'의 독특한 성격(이 장 초반부에서 언급했으나 충분히 논의하지 못한)이 충분히 발현될 것이며, 참여자들에게 심오한 의식 전환을 일으켜 더 깊고 지속적인 효과를 야기한다고 볼 수 있다(d'Aquili, Laughlin, McManus, 1979; Lex, 1979). 의례의 길이는 참여자들에게서 촉발되는 사회적·인지적·감정적 전환의 강도와 연관될 수 있다. 다른 요인들이 같다면, 예를 들어 개인의 지위 변화가 현저한 사회일수록 그 의례가 길다고 추정할 수 있다. 마링족이 망자의 시신에서 살이 썩어 뼈가 드러났을 때 치르는 응김바이Ngimbai 의례는 죽은 자의 혼령을 신령들의 세계로 전송하는 행사다. 이 의례는 해 질 녘에 시작해서 해 뜰 무렵에 끝난다. 마링족 사회에는 밤새 진행되는 의례가 많다.

1963년, 마링족 노인들이 이제 수행하지 않지만 한때 존재한 의례—보통 3일 이상 치렀다—에 관해 알려준 적이 있다. 그것은 콤-웍 암브라Kom-Wok Ambra(콤나무 껍질 여자) 신령이 자신의 신참을 선택하는 의식이다. 집단 내 나이 든 남자들이 노래를 부르는 동안 자격을 갖춘 젊은 남자들은 어둑한 가옥 내 높은 단 위에 머무르며, 마실 것과 음식(몇 가지 거미는 제외)을 박탈당한 채 며칠 동안 잘 수도 없었다. 마링족의 표현대로 콤-웍 암브라 신령이 '내려치는' 자들은 횡설수설하고 경련을 일으키며 트랜스 상태에 빠졌다. 그들은 깨어났을 때 자신이 지미 계곡Jimi Valley의 오이포르Oipor 산 꼭대기에 있는 암브라 신령의 집으로 날아가 그의 신랑과 비슷한 존재가 되었다고 말했다.

내가 1962년 현지 조사를 시작하기 오래전부터 콤-웍 암브라 신령의 역할은 쿤 카세 암브라Kun Kase Ambra(담배 피우는 여자) 신령이 대신했다. 젊은 시절, 콤-웍 암브라 신령에 의해 '내려침'을 당한 노인은 한 명만 살아 있었다. 그는 그 사건 후 몇 년 동안 독신으로 순결을 지켰다고 했다. 그 신령이 다른 여성들을 질투할 뿐만 아니라, 다른 여성과 관계하면 그를 죽일 수도 있었다는 것이다.

물론 의례가 추구하는 심리적 강렬함에 도달하는 다른 방법이 있을 수 있다. 의례적 상태의 강렬함은 단순히 의례 길이의 문제가 아니라, 템포나 의례적 제창, 상징적·도상적·지표적 재현의 밀도, 감각적 경험, 기묘함, 약물 복용, 고통 같은 요소들이 복합적으로 작용하는 것일 수 있다. 이 모든 경험은 그 자체로 강렬한 감정을 수반하며, 인지적 방향감각을 상실하게 하거나 다시 배열할 수 있다. 각 요소들이 복합적으로 작용한다면 효과는 더욱 클 것이다. 성인식을 치른 자와 그렇지 않은 자를 엄격하게 구분하는 오스트레일리아 원주민의 경우, 남자가 일생에 한 번 경험하는 통과의례는 길고 강렬하다.

빈도

의례의 길이가 참여자들에게 깊은 정신적 변화를 야기하거나 그런 변화를 유지시키려는 목적과 관련이 있다면, 의례의 빈도는 예식 질서가 사람들의 일상적 행동을 인도·통제하기 위해 얼마나 활용되는가, 즉 그런 행동들의 '적절한' 인지적·정감적 토대를 얼마나 형성하고 유지하는가와 관련이 있다. 인간의 개별 행위뿐만 아니라 그 행위들의 토대를 형성·규제할 필요성은 다음 요소들과 연관될 수 있다.

(1) 예식 질서에 코드화된 이해 체계들이 일상적인 경험이나 대안적 이해 체계들의 파괴적 힘에 노출되는 정도. (2) 예식 질서가 재현하는 규범들과 윤리적 금언들이 일상적 삶에서 압력, 유혹, 관행과 그것들이 발생시키는 무질서한 감정 앞에서 훼손될 수 있는 정도. (3) 그런 위협들을 방어할 다른 수단의 결핍이나 그런 수단의 연약함. 예를 들어 유대교 안식일에 빈번하게 외우는 유대 계율은 신의 명칭과 본성을 규정하고 자선이라는 황금률을 강조하는데, 신도에게 이웃은 물론 적까지 사랑할 것을 촉구한다. 이는 복잡한 유대-기독교 사회들의 비인격적인 일상생활의 성격과 관련 있을 수 있다. 그 사회들에서 사람들은 공동체에 대한 책임을 회피하기 쉽고, 익명적인 방식으로 이방인을 착취하거나 그런 유혹에 굴복할 수 있기 때문이다. 그와 비슷한 문제들에 대해 윤리적 처방을 강제할 다른 메커니즘이 없다는 것과도 연관이 있을 수 있다.

한편 로마 가톨릭 사제들에게 요구되는 의례 연행의 빈도는 최소한 그들의 성생활에 부과되는 엄격한 제약과 관계가 있을 수 있다. 이런 나의 논지에서 더 구체적이고 친숙한 논지들이 따라 나온다. 빈번한 의례들은 대개 지속적인 심리적·생리학적 과정의 승화나 부정적·적대적인 사회적 조건에 대응하는 데 중요한 역할을 할 수 있다. (의례가 그것이 금지하거나 부정하는 욕망의 충족에 어느 정도 기여한다는 프로이트〔1907〕의 지적을 떠올려보라.)

정통 유대교도의 예식을 구성하는 의례의 빈번함은 먼저 유대교의 율법인 할라카Halakha를 보면 이해할 수 있다. 할라카는 뚜렷하게 경건한 행위뿐만 아니라 더 포괄적인 행위 영역을 규제하는 규칙이다. 할라카의 일반적 목표는 신도들이 영원한 신의 뜻에 맞게 삶을 이끌어갈 수 있도록 인도하는 것이다(Adler, 1963). 반면 할라카의 궁극적인 목표는 신적인 질서를 이 세계에 가져오는 것이다(Soloveitchik, 1983). 그 질서의 거대함과 목표의 난해함을 감안할 때, 목표의 실현에는 단순히 규칙의 형식적 수락이 아니라 신도들의 적극적이고 열광적인 동의가 필요하다고 볼 수 있다. 따라서 할라카는 "(인간의) 행위action뿐만 아니라 동기에도 관여하며, 행동behavior뿐만 아니라 태도에도 관여한다"(Adler, 1963). "(정의로운) 행동이란 단순히 정의로운 감정을 품는 것이 아니라 그것을 표현하는 것이다."(Adler, 1963)

솔로베이칙Rabbi Joseph B. Soloveitchik(1983)은 할라카를 준수하는 것은 어떤 의미에서 신비주의적 실천의 반대 항이라고 말한다. 신비주의자는 일상 세계에서 도피하여 신적인 세계로 들어가기를 원한다. 그러나 '할라카를 지키는 자들'은 일상 세계에 신적 질서를 가져와, 일상 세계의 우여곡절 앞에서도 그 질서를 유지하려 한다. 그런 영적 · 윤리적인 노력은 빈번한 의례를 통한 정신적 무장을 요구한다. 더 근본적으로, 빈번한 의례 연행은 바로 그 빈번함 때문에 일상 세계에 더 자주 신적인 질서를 구현해서 확산되게 한다. 그렇게 신적인 것은 일상 세계에서 지속적으로 구현된다. 신비주의적 상태의 고양이나 창조에는 매우 긴(빈도는 그리 중요치 않은) 의례가 필요하겠지만, 신적인 질서를 일상 세계로 가져오려는 예식 질서는 짧고 빈번한 의례를 선호할 수 있다.

하나 더 중요한 점이 있다. 할라카의 실천은 일반적으로 랍비들의 전통에서 유래한 듯하다(Adler, 1963). 따라서 유대인을 세계 어디서나 소수자(그리고 종종 박해받는 집단)로 만든 디아스포라 전통과도 관련이 있다. 정통 유대교도의 빈번한 의례적 연행은 그들의 문화적 고유성을 자주 표현할 기회를 제공할 뿐만 아니라, 참여자들이 그런 고유성을 내면화할 수 있도록 한다. 이런 내면화는 로마 황제 티투스Titus가 예루살렘을 점령한 뒤 80세대 이상 유대인이 이방 세계에서 자기 정체성을 보존하는 데 핵심적 역할을 했다.

빈도, 윤리, 사회적 복잡성

지금까지 제시한 예들은 다음을 암시한다. 복잡 사회의 예식 질서에 코드화된 윤리적 명령들은 의례의 빈번한 반복을 요구한다. 사람들이 그런 명령을 따르게 할 마땅한 수단이 없기 때문이고, 우세한 사회적 힘이 그런 명령을 훼손 · 해체하는 경향이 있기 때문이다. 반대로 단순사회의 사회적 힘은 그렇지 않다. 이런 주장에는 몇 가지 근거가 있다. 부족사회에서 윤리란 대부분 서로 잘 알고,

명확히 규정된 사람들의 관계에서 드러나는 즉각적이고 인지 가능한 측면이다. 그 자체로 꼭 대칭적이지 않더라도 호혜적 의무는 사람들을 결속하며, 그 관계들의 토대와 거기 수반되는 의무는 보통 명료하게 규정되었다. 따라서 의무의 위반은 어쩔 수 없이 쉽게 알려지며, 의무 위반에는 제재가 따른다. 이것이 호혜성의 본질적인 특성이다.

특수한 위반에 대한 대응이 구체적이고 비례적일 수도 있지만(눈에는 눈, 돼지에는 돼지, 죽음에는 죽음, 아내에는 아내라는 식으로), 단순사회에서는 종종 **특수한** 위반이 사람들의 **일반적** 관계에 종식이나 중지를 불러온다. 게다가 **특수한** 의무의 이행이나 불이행이 **일반화된** 개인적 관계를 강화하거나 약화한다는 호혜성의 논리는, 적절할 뿐 아니라 모범이 될 만한 행동을 장려한다. 호혜성이 지배하는 사회에서 가장 큰 삶의 보상은 종종 부富보다 위세인데, 그 점도 호혜적 의무의 관대하고 용감하며 열정적인 이행을 요구한다.

그렇다고 호혜성의 제재력이 서로 잘 모르는 사람들의 특수화된 거래가 일반화된 사회에서 부재한다고 볼 수는 없다. 불만스런 고객은 언제든 다른 곳에서 거래할 수 있다. 그러나 그 제재는 단순사회의 제재만큼 강력하거나 구속적이지 못하다. 복잡 사회에서도 법적 제재는 정교하게 발달했지만, 법적 수단은 몇몇 특별한 사건에 대한 처방이 될 수 있을 뿐이다. 게다가 법적 처방은 윤리적 행위를 촉진하기보다 금지된 행위의 위반을 처벌하는 데 효과적이다. 사실 몇몇 미덕은 논리적으로 강제할 법률을 제정하는 것이 불가능하다. 예를 들어 관대함은 그 정의상 언제나 정해진 것 이상을 베푼다는 뜻이다. 그렇다면 법적 제재는 최대 행위가 아니라 최소 행위의 논리를 지탱하거나 재현한다. 다시 말해 개인이 감당할 수 있는 최대한의 무엇을 규정하기보다 법적 처벌을 모면할 수 있는 최소한의 규칙을 제시한다.

요약하면 단순사회에서 윤리는 면 대 면의 사회적 관계에 굳게 뿌리박혔지만, 복잡 사회에서는 그렇지 않다. 단순사회에 호혜적 의무가 있다면, 복잡 사회에는 자선과 황금률, 이웃은 물론 적까지 사랑하라는 도덕률, 증여의 고결함 등의 개념이 있다. 이 개념들은 비인간적이고 상품화된 개인 관계를 기반으로 하지 않기 때문에 (의례 등을 통한) 지지가 없다면 존속하기 어려울 것이다.

이 논지는 4장의 내용에 근거한다. 4장에서 의례가 규범, 이해 체계, 가치, 절차를 포함하는 관습을 확립할 수단(즉 관습을 명시하고 수락하는)을 제공하며, 그 관습들을 일상적 관행에서 유래하는 훼손이나 변덕에서 보호한다고 말했다. 따라서 관습에서 벗어난 행위는 그 자체로 관습의 위반이 되지, 관습의 해체가 되지 않는다. 사람들이 늘 일관되고 신실하게 관습을 준수하지는 않는 복잡 사회의 경우, 의례에서 확립되는 윤리적 개념은 위반되기 때문에 오히려 빛난다고 볼 수도 있다. 하지만 그 개념들이 개인의 행동에 지침이 되려면, 안식일이나 매일 진행되는 의례를 통해 반복적으로 제시되어야 한다. 그와 반대로 '자선' 같은 개념은 단순한 면 대 면 사회에서는 형성되기도 어려울 것이다.

빈도와 규제

단순사회에는 빈번한 의례의 연행으로 개선될 수 있는 또 다른 문제들이 있다. 그 문제들의 근원은 호혜성의 원칙이다. 예를 들어 호혜성에 따르면 적에게 받은 상처는 보복되어야 한다. 폭력에 대한 의례적 제약은 정교한 노동 분화가 일어나 공공질서를 유지하기 위한 특별 기관이 존재하는 복잡 사회보다, 작고 단순한 사회에서 자주 강조되고 활용된다. 이 점에서 마링족의 공동 식사와 음식 분배에 대한 터부와, 서로 원한을 품은 사람들이 의례적으로 수행하는 사교성의 특정한 양상은 흥미롭다.

원한이 생기는 가장 큰 원인은 살인이다. 마링족은 살인이 일어나면 적이나 적의 친족이 기른 것과 적이 조리한 음식을 먹지 않고, 적이 들어간 집에 들어가지 않는다. 살인의 주원인은 전쟁이다. 이 터부들은 (그 외 많은 긍정적 터부도) 전쟁을 치른 집단들 사이에 적용되지만, 그런 관계에 국한된 것은 아니다. 이 장 주석 8과 3장에서 언급했듯이, 주요 적대 집단은 동맹군을 고용한다. 그러나 한 집단과 우호적 관계를 맺은 타 집단 전체가 동맹자가 되는 것은 아니다. 그보다 한 집단의 인척이나 동족이 타 집단 사람들에게 "전쟁을 도와달라"고 요청한다. 이때 타당한 이유 없이 전쟁 지원을 거절하는 것은 수치스런 의무의 위반이다.

마링족의 혼인 패턴 때문에 적대하는 두 집단이 동일한 타 집단에서 동맹자를 모집하는 경우도 흔하다. 따라서 자기들끼리 아무런 반감이 없는 같은 집단이나 씨족에 속한 남자들이, 적대하는 두 집단의 동맹자로 참여해 서로 무기를 겨누기도 한다. 보통 적대 집단의 전사들이 동맹자보다 많이 사망하지만, 동맹자도 종종 죽음을 당한다.

1955년 모남반족–카우와시족의 전쟁Monamban-Kauwassi war에서 쳄바가족 남자들은 두 부족의 동맹자로 싸웠고, 그중 두 명(모남반족 동맹자)이 모남반족이 대패한 전투에서 목숨을 잃었다. 당시 쳄바가족은 산산이 쪼개져 자기 영토에서 추방되었는데, 몇 달 전 쿤다가이족Kundagai에게 패했을 때처럼 여러 지역 집단으로 피신했다. 이듬해 쳄바가족이 오스트레일리아 정부의 평화 정책에 따라 자기 영토로 돌아왔을 때, 피의 부채가 남은 쳄바가족 사람들—지난 전쟁에서 살해당한 두 남자의 친족과, 그 남자들을 살해한 카우와시족을 편들어 싸운 사람들과 그들의 친족(두 범주 사람들이 완전히 구분되지는 않는다)—은 다시 단일 영토에서 거주하며 간헐적으로 협력하는 공동체 구성원이 되었다.

죽음은 죽음으로 되갚을 수도 있지만, 마링족의 관행에 따르면 전쟁을 치른 집단은 동맹자가 그들을 돕다가 받은 상처나 사망을 보상해야 한다. 그 보상은 전쟁이 끝나고 최소 6~8년 뒤, 즉 주요 적대 집단이 **카이코** 축제를 개최할 때까지 연기될 수 있다. (한 집단이 자기 영토에서 추방되어 **룸빔** 나무를 심을 수 없다면 **카이코** 축제도 열 수 없다.) 주요 적대 집단은 **카이코** 축제가 끝날 때까지 상대편을 공격할 수도, 상대편의 영토에 들어갈 수도 없다. 이런 터부는 불화 당사자들이 동맹자를 모집한 집단까지 확대되지는 않는다. 그러나 동맹자 가운데 사망자가 발생한 경우, 보상이 행해질 때까지 동맹자와 제공 집단에 미묘한 긴장 상태가 지속된다. 모남반족의 카이코 축제는 내가 쳄바가족과 머무른 1962~1963년에는 개최되지 않았다. 쳄바가족 내부의 피의 부채 역시 공식적으로 해소되지 않은 상태였고, 그들의 정신과 가슴속에(그들의 표현에 따르면 '뱃속에') 여전히 살아 있었다.

내가 보기에 빈번한 공동 식사와 대인 관계에 대한 터부는 이 원한이 폭력으로 분출되는 것을 막는 데 중요한 역할을 한다. 그 터부들은 죽음과 부상으로 생겨난 분노를 표현할 수 있는 특별한 행위 형식을 마련해주는 동시에, 가장 중요한 일에서는 협력을 가능하게 한다. 프로이트적 의미에서(1907) 그 터부들은 위험한 감정을 표현하는 동시에 억압해야 한다는 요구의 타협이다. 그것들은 고도로 특수화된 방법을 통해 빈번하고도 공식적으로 내재한 불만을 표출할 수 있게 하기 때문이다. 예를 들어 당사자들은 개별 모닥불에서 요리해야 하고, 한 집단 남자는 다른 집단의 가옥에 들어가지 못하며, 다른 집단이 기른 음식을 먹지 못하는 식이다.

내가 보기에 터부가 규정한 제한된 행위 영역에서 상대적으로 무해하게 빈번한 적대감을 표현하는 것은, 그런 적대감이 더 일반적이고 덜 예측 가능한 방식으로 더 위험하게 표현되는 것을 막아준다. 게다가 절제된 적대감의 표현은 사람들이 필연적으로 그들을 둘러싼 더 넓은 우호성의 맥락에 주목하게 한다. 적대 집단에 속한 두 남자는 개별 모닥불에서 각자 기른 음식을 요리하지만, 울타리 짓기와 같이 힘든 일을 마치고 개별 모닥불에 둘러앉았을 때는 사이좋게 담소를 나눈다.

신성화되고 범주화된 터부들은 문제의 초점을 개인적 원한에서 비개인적이고 영적인 의무로 옮겨놓아, 양측의 긴장 해소에 기여하는지도 모른다. 그렇기 때문에 빈번한 터부의 준수는 해로운 감정이 적대하는 당사자들의 모든 관계 양상을 오염하는 것을 막아주며, 그것으로 지속적인 협력과 우애를 촉진한다. 상대편이 기른 음식 먹기, 상대편 모닥불에서 식사하기를 경멸하듯이 거부하는 남자들도 숲을 개간하거나 울타리를 만들 때는 서로 돕는다. 그리고 토지를 양도하고, 인척 간 채무에 따라 서로 돕기도 한다.

여기서 적대감의 표현과 억압에 능동적인 의례가 아니라 터부 —물리적으로 실현 가능한 행위에 대한 신성한 금지—를 이용한다는 점은 중요하다. 이때는 의례보다 터부가 목표 수행에 적절하다. 터부를 준수하는 행위가 당사자들을 상대에게서 떼어놓으며, 위험한 충돌을 피하는 방향으로 각자 불만을 표현할 수 있게 하기 때문이다.

정기성, 길이, 빈도 : 요약

예식 질서를 관통하는 주기성은 그 질서에 깊이 관여하는 조절 양식과 관련 있다. 시간의 구축에 관한 한, 변수-의존적 조절 작용은 한 의례와 다음 의례 사이의 시기들이 길이를 다양하게 만드는 측면이 있다. 따라서 마링 사회에서 카이코 축제 후 전쟁을 치르고 돼지들을 기른 다음 다시 카이코 축제를 치르기까지 의례 주기는 전부 완수하는 데 6~20년 이상 걸린다. 시간-의존적 조절 작용은 고정된 시기를 만들거나, 그런 시기에 의해 만들어진다. 변수-의존적인 조절 작용은 핵심 변수 값 몇 개가 예측 불가능하게 요동치는 사회에서 발견될 확률이 높다. 계절이 예측 불가능한(예를 들어 그 시작과 강도를 예측할 수 없는 우기와 건기라든지) 곳에서는 변수-의존적 조절 작용이 선호되며, 최소한 단순사회에서는 시간-의존적 조절 작용의 발전을 억제할 수 있다.

변수-의존적 조절 양식이나 가변적인 주기성에 따라 사회를 운영하기 위해서는 노동 분화가 지나치게 정교해서는 안 된다. 시간-의존적인 조절 작용은 변수들의 부침을 쉽게 예측할 수 있거나 계절 변화가 뚜렷한 단순사회에서 발견될 확률이 높다. 복잡한 노동 분화와 규칙적인 주기성—한 주, 한 달, 1년—이 있는 사회에도 의례가 존재하지만, 그 의례 자체는 조절적 기능을 수행하지 않을지 모른다. 다시 말해 의례 연행이 그 자체로 이상적인 값에서 일탈한 조건들을 교정하는 데 쓰이지 않는다. 그 의례들은 통상적인 시간 체제 안에서 인간 활동을 실현하고 규제하는 비-의례적 요소에 부합하는 방식으로 주기성을 표시하거나 확립할 뿐이다. 시간 체제가 변수-의존적 조절 작용에 달렸다면, 시간과 시간 속에서 일어나는 과정을 뚜렷하게 구분할 수 없다. 반면 시간-의존적 조절 작용에서는 그런 구분이 뚜렷하다.

의례의 길이는 그 의례들이 불러일으키는 참여자들의 정신적 변화의 깊이와 관련이 있다. 의례 길이가 길수록 참여자들의 의식과 정감적 조건뿐만 아니라 그들의 사회적 조건의 성격이 더 깊이 변할 것이다.

의례 연행의 빈도는 예식 질서가 개인의 일상 행동에 어느 정도로 지침이 되는가와 관련이 있으며, 그런 행동의 토대까지 영향을 미치려는 시도와도 관련이 있다. 이것은 다시 일상생활의 압력과 유혹으로 그런 질서의 구현이 쉽게 훼손되거나 해체될 수 있다는 점과도 관련이 있다. 정통 유대교도가 날마다 기도하고 일상생활의 세세한 부분까지 율법mitzvot에 따라 살듯이, 짧은 의례의 빈번한 연행은 예식 질서의 토대이기도 한 인간 행동의 인지적·정감적 토대까지 영향을 미친다.

의례의 길이와 빈도는 비슷한 인지적·정감적·사회적 결과를 만들어내지만, 결과론적으로 도치 관계에 있기도 하다. 길지만 드물게 개최되는 의례는 참여자들의 의식을 심오하게 바꾸면서, 사람들을 일상 세계와 일상 시간에서 떼어내 일정 시간 동안 재현되는 불변하는 신적 질서에 동화시킨 다음, 의례가 끝날 무렵에 변환된 상태로 일상 세계에 돌려보낸다. 반대로 짧지만 빈번한 의례는 참여자들을 신적인 세계로 데려가는 대신, 일상적 시간 속에 신적인 질서를 구현하려 한다. 이는 정통 유대교도의 할라카 개념에서 명시적으로 드러난다.

마지막으로 예식 질서가 길고 빈번한 의례로 구성되었다면, 참여자들은 거의 지속적으로 일상적 경험 바깥에 머문다. 고립된 공동체에서 보내는 종교적 수도자들은 평생 그런 상태에 머물 수 있다. 수렵·채집민인 오스트레일리아 원주민도 때로 몇 계절 동안 성인식 같은 의례를 치르기 위해 모인다.

10.
차례와 공간

예식 질서의 순차적 차원에 대한 고찰이 시간과 시간 배열의 문제로 이어지고, 시간에 대한 고찰이 스케줄과 행위를 조직하는 문제로 이어졌듯이, 차례의 문제는 공간의 조직과 공간 내 조직의 문제로 이어진다. 예식 질서는 시간뿐만 아니라 공간 속에서 전개되거나 진행되며, 그 의례들이 조절하는 인간 행동 역시 마찬가지다.

엘리아데는 신성성이 가장 근본적으로 공간적 차원의 경험이라고 주장했다. 의례나 계시는 중심center─지구의 배꼽이나 세계의 축과 같은─을 상정하는데, 이 중심을 통해서 신적인 것이 물질세계로 유입되며, 이 세계 역시 그 중심을 지향한다.

> 세계가 살 만한 곳이 되려면 그 세계는 토대가 있어야 한다─어떤 세계도 동질적인 혼돈과 세속 공간의 상대성에서 태어날 수 없다. 고정점─중심─의 발견은 세계의 창조와 맞먹는다. (1957b, 강조는 엘리아데)

> 그렇다면 신성한 공간과 그런 이유로 매우 의미 있는 공간이 존재한다는 말이 된다. 신성하지 않으며 그렇기 때문에 구조나 일관성이 없는 무정형적인 다른 공간도 존재한다. (1957b)

내가 보기에 엘리아데는 '종교적 경험'에서 공간이 우선되는 경우를 과장했고, 중심의 의미를 지나치게 강조한 듯하다(J. Smith,

1987; 1장 참조). 물론 의례는 단순한 공간을 질서 잡힌 우주로 바꾼다. 의례적 차례들이 일상적 시기와 그 사이의 비일상적 사이기를 구별하듯이, 방위에 따라 배열된 장소 내부의 비일상적 공간—성역, 사원, 산꼭대기, 동굴 등. 그것들이 '중심'이든 아니든 상관없이—과 그런 성소를 둘러싸거나 거기서 확장되어 나온 일상적이고 속된 공간을 구별한다. 그러나 이 사실을 인정한다고 해서 "공간의 비-동질성에 대한 종교적 경험은 세계의 창조와 맞먹는 원형적 경험"(pp. 20~21)이라는 엘리아데의 논지를 받아들일 필요는 없을 듯하다.

시간과 공간은 개념적으로 완전히 구별되지 않는다. 시간과 공간에 모두 쓰이는 '차례sequence'라는 용어 자체가 이를 증명한다. 시간과 공간 관계에 공통으로 사용되는 용어들은 여러 언어에서 발견된다. 영어에서 before는 시간적으로 '앞선'이면서 공간적으로 '앞에'라는 의미도 있으며, present는 '여기' 혹은 '지금'이라는 뜻이다. 서수序數 역시 일반적으로 공간적 · 시간적 의미가 있다. 방주네프가 시간적 성격이 있는 전이transition에 대해 공간적 은유—문지방 넘기—를 사용한 것을 상기하라.

시간과 공간이 개념적으로 밀접하게 연계된 사례는 미국 북서부와 멕시코 인디언의 몇몇 의례에서 찾아볼 수 있다. 호피족Hopi의 의례 개최 시기는 하지와 동지 사이에 태양이 지평선 위 어떤 지점에서 떠오르는가에 달렸다. 이때 두 추장이 태양 파수꾼Sunwatcher으로 임명된다. 뿔피리 추장Horn Chief은 버펄로 성지에 있는 자기 관측소에서 하지부터 동지까지 태양의 궤적을 추적한다. 반면 회

384

색 피리 추장Gray Flute Chief은 태양 씨족Sun Clan의 가옥 지붕에 올라가 동지 이후 북쪽으로 움직이는 태양의 궤적을 관찰한다. 이렇게 호피족은 개별적 이름이 붙은 지평선 위의 특정 지점으로 해가 떠오를 때 주요 의례를 개최한다. 특히 하지와 동지 때 의례가 중요하며, 일출과 하지/동지 지점에는 성소를 만든다(Titiev, 1944).

한편 멕시코 남부의 치아파스 고산지대에 거주하는 차물라족Chamula에게 태양은—스페인의 정복 이후 기독교의 예수와 융합되었다—주요 신격으로 "죽음 이후 다시 하늘로 솟구쳐 올라 주된 시간적·공간적 주기들을 설정하고, 혼돈과 추위, 악의 힘을 무찌르는"(Gossen, 1972) 존재다. 시간과 방향은 태양의 움직임에 따라 확립되는데, 두 기본 방위에는 시간적이면서 공간적인 명칭이 붙는다. 고센Gary Gossen에 따르면 차물라족에게 동쪽을 의미하는 단어는 '생겨나는 열熱(혹은 하루)'로, 서쪽은 '사라지는 열'로 번역될 수 있다. 북쪽과 남쪽은 각각 '오른쪽에 있는 하늘의 끝' '왼쪽에 있는 하늘의 끝'으로 표현하는데, 이는 일출 시부터 태양이 움직이는 하루의 궤도에 따른 방위 표현이다. 이 태양의 궤적이 '하루'를 구분하는 주요 기준이 되는 것이다.

한편 한 해의 시간 구분은 "대부분 축제 주기를 통해 표현"(p. 138)한다. 그런 축제 일정은 1년 단위로 "태양이 하지와 동지 사이를 오가는 움직임"(pp. 140, 142, 147 등), 즉 방향과 시간적 측면이 모두 있는 움직임에 근거한다. 여기서 차물라 의례가 실제 혹은 개념적인 동쪽이나 남동쪽(동지에 태양이 떠오르는 방위) 마을에서 시작되어 시계 반대 방향으로 진행된다는 점은 중요하다. 비슷한 의례적 진행 방향이 미국 남서부 푸에블로인디언에게서도 발견된다(Leslie White, 1962; Ortiz, 1969).

　최소한 차물라족에게 "이 방향은 매일 동쪽에서 떠올라 서쪽으로 지는 태양의 수직적 경로의 수평적 등가물이다"(p. 138). 수직적인 것의 수평적 재현에서 북쪽은 천정zenith*의 등가물이다. 북쪽은 온기나 성장과도 관련이 있는데, 태양이 해마다 북쪽의 종착점에 도착하는 하지 때 이 세계가 덥기 때문이다. 반대로 남쪽과, 태양이 하늘을 가로질러 갈 때 태양 왼쪽에 있는 모든 것은 태양운동의 수직적 방위에 대응해 그 반대 방향으로 회전하는 대지의 영향을 받는다. 그것들은 밤, 어둠, 지하 세계와 연계되는데 태양이 먼 남쪽의 동지 근처에 있을 때는 밤이 길고 낮이 추우며, 생물의 성장도 멈추기 때문이다.

　요약하면 태양의 하루, 1년 단위의 움직임은 차물라 사회의 시간적·공간적 질서는 물론 예식 질서의 토대가 된다. 그러나 시간과 방위가 단순히 태양의 움직임에 의해 확립되는 것은 아니다. 그것은 차물라족, 테와족, 호피족과 다른 인디언들이 태양의 움직임을 통해서 (사회적으로) 구성한 것들이다. 북쪽 하늘과 남쪽 하늘 사이에서 태양의 움직임은 1년을 두 자연적 시기로 나눌 수 있게 한다. 그러나 구분의 근거를 제공하는 것이 그 자체로 구분은 아니다. 태양이 북쪽을 향하는 시기와 남쪽을 향하는 시기라는 중요한 구분도 의례를 통해 행해진다. 그보다 짧은 시기는 태양의 연례적

---

* 관측자를 지나는 연직선이 위쪽에서 가상적 천구와 만나는 점.

이동이라는 지속적이고 반복적인 과정에 일련의 의례들을 부과함으로써 구획한다.

시간과 공간에 질서를 부여하기 위해 태양의 움직임을 활용하면서, 의례는 시공간적 질서를 온기와 성장, 삶의 근원이자 선善이기도 한 태양과 결부한다. 예식 질서는 태양의 움직임이 만드는 시공간적 틀과 포개짐으로써 자연이나 우주와 동화되며, 자연의 가장 가차 없고 규칙적인 변화와 반복에 참여한다.

마링족에게 시간과 공간은 밀접하게 연계되지 않는다. 그들은 전통적으로 차물라족이나 호피족과 달리 달력을 사용하지 않았다. 마링족의 일상적 공간은 의례 주기에 따라 조직되었는데, 그 의례들은 지역 집단이 보유한 영토의 흥망성쇠를 마링족의 삶의 주기성과 결합시켰다. 특히 집단별 영토 경계에서 치러지는 말뚝 박기 의례에 주목해보자.

앞서 지적했듯이, 이 의례는 카이코 축제가 시작되기 몇 달 전에 실시되며, 룸빔 나무를 심고 나서는 보통 10년 이상 계속된다. 룸빔 나무 심기는 그 자체로 중요한 공간적 의미가 있다. 특정한 개인들(룸빔 나무를 심을 때 그 나무를 손으로 쥐는 자들)로 구성된 집단이 특정한 영토와 결부됨을 나타내기 때문이다. 따라서 룸빔 나무 심기는 공간의 사회적 조직에 핵심적이며,[11] 의례적으로 심긴 몇몇 룸빔 나무는 영토의 개념적 중심이다. 룸빔 나무 심기는 그런 영토에 대한 권리나 통치권을 주장하는 것이 된다. 이 설명은 유 민 룸빔(남성들 영혼의 룸빔)과 그 나무가 심기는 씨족 혹은 씨족 연합 영토의 관계뿐만 아니라, 주요 밭의 '중심'에 은둑 믐다이Induk mndai(밭의 심장)로 심긴 나무에도 적용된다.

몇몇 말뚝 박기 규칙은 오랫동안 효력을 발휘한다. 전쟁을 치르고 두 집단 모두 자기 영토를 지켰을 때는, 전쟁이 있기 전 양측 영토의 공동 경계에 말뚝을 박는다. 그러나 전쟁이 끝나고 한 집단이 자기 영토에서 쫓겨났을 때 패배 집단은 우호 집단의 영토로 피란하는데, 그들은 전쟁이 끝나도 룸빔 나무를 심을 수 없다. 따라서 패배 집단은 의례적으로 자기의 소속성을 재구성할 수도, 과거에 수 세대 이상 소유한 영토와 연결성을 의례적으로 재확립할 수도 없다. 어떤 지역 집단이 룸빔 나무를 심지 않으면 적절한 때가 와도 말뚝으로 자기 영토를 경계 지을 수 없다. 말뚝을 박는 시기는 의례 주기를 통해 결정되는데, 패배 집단은 그런 의례 주기 자체가 시작될 수 없기 때문이다.

승리자 역시 적의 영토를 바로 점령할 수 없다. 적들이 영토를 버리고 도망갔다 해도, 그 조상 신령들이 여전히 거기 남아 영토를 수호해서 위험하다고 생각하기 때문이다. 그러나 승리 집단이 충분한 돼지를 모아 카이코 축제를 개최할 만큼 시간이 지나도 패배자들이 룸빔 나무를 심기 위해 돌아오지 않으면, 패배 집단의 조상도 패배자들을 따라간 것으로 간주된다. 패배자들은 피란한 집단에 동화되어 새로운 영토에서 자기 조상에게 희생 제의용 돼지고기를 바친다고 여기는 것이다. 그런 상황에서 승리 집단은 적절한 때가 오면, 최소한 적들이 버리고 떠난 영토 일부분을 포함하는 새로운 영토의 경계에 말뚝을 박는다.

그렇다면 마링 사회에서 공간의 사회적 역학은 의례 주기의 상호작용에 따라 결정된다. 그런데 왈비리족과 같은 오스트레일리아 중부 원주민 집단에서는 이와 상이한 의례-공간의 관계가 발견된다(Meggitt, 1965a). 우리는 앞서 이 세계의 특정한 장소와 생물들의 창조와 관련된 그들의 가자리 의례 주기가 신화시대 마만다바리 남자들의 여정을 재연하는 것을 살펴보았다. 그들은 물룽구 언덕에서 태어나 자기 이름을 노래함으로써 자신을 완전하고 개별적인 존재로 창조했다. 그들은 이전에는 특징 없던 공간을 가로지르며 그 장소를 노래함으로써 그것들을 창조하고, 전에는 미분화된 세계를 생물이 사는 질서 잡힌 풍경으로 바꿨다. 그들의 여정은 꿈의 시대 영웅들의 여정과 교차하는데, 그 과정에서 이 세계의 구조가 직조된다.

여기서 그 영웅들과 그들이 창조한 세계와 가자리 의례에 참여하는 사람들이 완벽하게 구별되지는 않는다는 점에 주목하자. 마만다바리 남자들은 여행 초기에 황소울음 피리를 만들고, 그 피리의 몸통에 그들이 다음에 횡단할 여로를 나타내는 문양을 새긴다. 이 문양은 영웅들이 특정한 야영지에서 만든 의식용 마당과 물건, 영웅들의 몸, 의례에 참여하는 신참들을 재현한다(Meggitt, 1965a). 영웅들이 이 세계를 노래 부르면서 전진할 때 그들은 황소울음 피리를 힘차게 흔든다. 그러면 그들의 창조적 노래에 문양이 새겨진 황소울음 피리의 '울음'이 곁들여진다. 그때 그들의 여로, 참여자들, 영웅들, 황소울음 피리는 서로 도상icon이 된다.

그들의 여로는 엄청나게 길며—1600킬로미터 이상—그 신화는 매우 정교하다. 어떤 왈비리족 사람도 그 모든 신화나 그 신화에 포함된 200여 개 노래를 전부 알지 못한다. 그러나 영웅들은 주요 왈비리 '고장country' 네 곳을 가로지르며, 각 지역의 남자들은 자기 땅을 지나가는 영웅들의 노래와 그 여정에 관한 신화의 수호자로 행동한다. 많은 남자들은 마만다바리 신화를 구연하고 가자리 의례를 치를 때 복합적이고 순차적으로 행사에 참여한다. 이 점을 염두에 두고 '마만다바리Mamandabari'라는 말의 어원을 생각해보면 재미있다. 메깃에 따르면 이 단어는 '상호 의존하는(Mamanda) 성인식을 치른 남자들(-bari)'을 의미한다.

우리는 의례가 일상적 시간에 어떻게 질서를 부여하는지 논의하며 개인의 행위에 대한 의례적 질서 부여의 문제를 다뤘다. 비슷하게 의례가 일상 공간에 어떻게 질서를 부여하는가 하는 문제는 그런 공간의 사회적 역학에 대한 의례적 질서 부여의 문제로 이어진다. 밭을 경작하는 마링족의 의례 주기는 울창한 삼림지대에 모여 살아가는 마링 집단의 형성과 해체는 물론, 그들이 호전적으로 수호하는 영토의 흥망성쇠를 결정하고 규제한다. 반면 가자리 의례는 광대한 사막에 드문드문 흩어져 살아가는 소규모 불안정한 수렵·채집 집단의 지속성을 보장해준다.

가자리 의례 주기는 왈비리족의 다른 의례나 사회조직의 다른 양상들과 더불어, 자연환경이나 생업 양식에서 자연스럽게 도출되지 않는 상호 의존성을 창조하는 것처럼 보인다. 사실 그들의 사회적 유대는 광대한 사막의 거리에서 분해되거나, 수렵·채집을 통해 생계를 이어갈 정도의 소규모 무리로 파편화되어 사라질 위험에 처했다(Yengoyan, 1972, 1976). 그러나 왈비리 사회에서 물리적 공간의 의례적 구성에 참여하는 것은 개념적 공간의 의례적 구성에 참여하는 것이다. 이때 그 개념적 공간은 어떤 개인의 정신보다 광대하다. 황소울음 피리가 우리에게 말해주는 바에 따르면, 신화와 그 영웅들의 몸body에 해당하는 것은 신화적 여로와 가자리 의례의 참여자들이다. 그렇다면 신화의 위대한 정신mind은 가자리 의례에 참여한 사람들의 상호 의존적인 사고가 결집되어 생겨난다.

사막에서 가자리 의례 수행은 단순히 지형적이고 생물적인 특징의 무더기를 주요 지형지물landmark과 마만다바리 남자들이 여로의 다양한 장소에서 만든 관습으로 구성된 의미 있는 풍경으로 바꾸는 행위다. 가자리 신화에서 자연 세계는 문화의 필수 요소인 (영웅들이 내뱉은) 창조적 말에 의해 창조되고 질서 잡힌다. 반대로 창조적 말에 의해 규정된 관습은 그 풍경에 동화되며, 새와 돌의 동일한 자연스러움을 다시 얻는다. 가자리 의례는 할라카와 같이 일상적인 것과 비일상적인 것의 거리를 좁히는 것이다.

가자리 의례는 일상적 공간과 일상 세계의 사물에 부과되지만, 사람들이 가자리 의례를 연행하면서 참여하는 신화는 일상적 시간에서 일어나는 것이 아니다. 그 신화는 꿈의 시대, 즉 의례에서 되풀이되거나 복구되는 저 시원의 시간에서 일어난다. 여기서 피찬자라족Pitjandjara이 신화를 이야기할 때 과거완료가 아니라 현재형을 사용하며(Yengoyan, 1979), 사람들이 의례를 연행할 때 꿈의 시대로 다시 들어간다는 점을 기억할 필요가 있다. 의례가 그것의 사이기interval에 격리하는 시간은 일상적 시간이 비일상적 시간으로, 시간을 벗어난 시간으로 변모하는 시간이다.

7

사이기,
영원성,
커뮤니타스

사이기,
영원성,
커뮤니타스

이제 일상적 시간을 벗어나 의례의 사이기가 창조하는 비일상적 시간을 논의할 차례다. 나는 의례가 연행되는 기간 자체를 '시간을 벗어난 시간' '신성한 시간' '비일상적 시간'이라 지칭했고, 다른 학자들 역시 이와 비슷한 용어를 사용했다. 이제 '시간을 벗어난 시간'이 어떻게 일상적 시간을 벗어나는지 고찰해보자. 그리고 영원성에 대해 논의한 다음, 빅터 터너(1969)가 '커뮤니타스communitas'* 라고 지칭한 마음이나 사회의 상태와 시간적 템포의 관계를 고찰해보자. 끝으로 터너의 무디mudyi 나무(1967)와 같은 의례적 재현물의 다양한 의미를 살펴보고, 그것들이 어떻게 더 포괄적인 의미로 종합되는지 탐구해보자.

---

* 영국의 인류학자 빅터 터너가 아프리카 은뎀부족의 통과의례를 분석하면서 도입한 개념이다. 통과의례 입문자들은 사회구조에서 차지하는 확고한 역할과 지위, 직책 등을 모두 박탈당하고, '아무것도 아닌 자들' '이름도, 지위도 없는 자들'로 떨어진다. 이 철저한 익명성과 평등의 상태, 거기서 생겨나는 입문자들의 유대를 커뮤니타스라고 한다.

1.
시간을 벗어난 시간

'시간을 벗어난 시간'처럼 모호한 구절을 이해하려면 3장에서 언급했으나 자세히 발전시키지 않은 논점에 주목해야 한다. 일상적이고 주기적인 시간과 비일상적이고 사이기적인 시간이라는 조건을 구별하면서, 예식 질서는 디지털컴퓨터와 형식적으로 유사한 방식으로 작동한다. 다음은 회로 설계에 관한 오래된 교과서의 서론 중 일부다.

> 기계의 성공적인 작동은 변수들이 이전 값에서 원하는 값으로 도달할 수 있도록 시간 간격을 분할할 수 있는가에 달렸다. 따라서 물리적으로 연속적인 시간의 흐름이 논리적으로 이산적인 것이 된다. (Reeves, 1972)

변수 값이 변하는 순간 이전과 이후에 변수는 '원하는 값', 다시 말해 기계 연산에 입력되는 값을 지닌다. 그런데 변수 값이 실제로 변하는 사이 시간interval은 컴퓨터의 작동 논리가 적용되는 시간 바깥의 시간으로, 실제 연산에서는 무시된다. 기계 연산에서 (변수 값의) 변화 과정 자체는 무시된다 해도, 연산에 실제로 입력되는 변수 값은 그런 변화에 따른 것이다.

요약하면 기계의 논리는 디지털적이다. 연산의 구성 값은 0 아니면 1이다. 연산에서는 무시되는 사이기에 일어나는 0에서 1의 변화는 디지털적인 것이 아니라 **아날로그적** 과정이다. 사이기에 일어나는 과정은 말 그대로 연산 과정에서 그것과 다른 논리의 지배를 받는다.

이 과정은 의례와 유사하다. 디지털컴퓨터 작동에서 생겨나는 사이기처럼, 예식 질서에 의해 생겨나는 사이기 역시 '일상적'이고 '주기적'인 시간을 벗어난다. 즉 일상적 활동, 담화적 논리, 디지털적 연산, 역사의 재료를 구성하는 독특한 사건들이 연쇄적으로 일어나는 시간을 벗어난다. 게다가 컴퓨터의 변수 값이 그에 앞선 사이기에 일어나는 값의 변화에 의존하듯이, 일상적 시기의 사회적 상태 역시 어느 정도는 그 이전 의례들에서 일어난 변화의 결과다. 의례적 변환 이전과 이후의 사태들은 이것이냐 저것이냐(예를 들어 미혼/기혼, 청소년/성년, 전쟁/평화) 같은 디지털적 논리에 따라 구분되지만, 의례적 변환이 실제로 일어나는 사이기의 논리는 이도 저도 아닌neither/nor 논리, 많고 적음more-less의 논리, 연속성의 논리다 (Turner, 1969).

물론 컴퓨터와 예식 질서에는 뚜렷한 차이가 있다. 가장 뚜렷한 차이는 기간이다. 컴퓨터의 사이기는 먼저 1000분의 1초 단위로 계산되며, 그다음 100만 분의 1초, 10억 분의 1초 단위로 계산된다. 따라서 컴퓨터의 아날로그적 과정은 10억 분의 수천 초 단위에서 일어난다. 반대로 예식 질서의 사이기는 몇 시간, 며칠, 때로는 몇 주나 몇 달이 걸린다. 의례적 사이기는 언제나 참여자들이 그 의례 속에 있음을 경험할 수 있을 만큼 충분히 길다.

그 속에 있음being in을 경험할 만큼 충분히 길다는 것. 여기서 나는

'속에'와 '있음'을 모두 강조한다. 의례적 사이기가 그 속에 있음을 경험할 만큼 충분히 길다는 말은, 그 속에 있음을 경험할 만큼 충분히 길다는 뜻이기도 하다. 의례에서 개인의 의식과 사회적 질서의 상태는 일상적 시간에서 그것과 매우 다를 수 있다.

사회는 일상적이거나 주기적인 시간 속에서 일반적으로 빅터 터너(1969)가 영국 사회인류학의 전통에 따라 '구조'라고 칭한 것과 부합하게 작동한다. 그 시기에는 대개 고도로 분화된 지위 조직과 역할을 통해 인간의 생물학적 · 경제적 · 사회적 욕구가 충족되며, 심지어 어느 정도 규정된다. 앞서 살펴보았듯이 일상적 시간의 활동은 합리적인 담화적 사고에 따라 인도되고, 행위자도 그렇게 인식한다. 사람들이 농업, 무역, 요리, 혼인, 사냥, 전쟁, 고소, 말다툼할 때, 그들은 '합리적으로 행위'를 해야 '정상'이다. 혹은 최소한 그들 스스로 합리적으로 행위를 한다고 믿어야 한다. 그들의 의사결정 동기와 가치는 항상 그렇지는 않더라도 자주 언어로 표현되며, 행위자들은 숫자나 차이, 신성성이라는 개념에 내재된 담화적 논리를 행동의 지배적 기준으로 여길 확률이 높다. 어떤 사람의 일상적 행위가 담화적 이성 외 무엇의 인도를 받는다면 무모하고, 자기중심적이며, 심지어 미쳤다는 평가를 받을 것이다.

많은 의례에서 구현되는 경험의 성질과 사회적 상태는 일상적 시간의 그것과 심오한 차이를 보인다. 터너(1964, 1969)는 방주네프의 논의에 근거하여 (A. F. C. 월러스[1966]도 조금 다른 용어로 표현했듯이) 의례적 사이기에서 사회적 상태와 경험은 일단 '탈구조화destructured'되며 '전구조화prestructured'된다고 주장했다. 그 시기에 관계들은 예전 같지 않지만, 아직 되어야 할 형태에는 도달하지 못했다. 그 순간에는 때로 종전 관계의 역전과 무질서가 발생한다. 예를 들어 기독교의 몇몇 의례에는 사육제가 포함되는데, 거기서 종전의 구조적 특성들은 풍자되거나 훼손된다. 신성모독이 장려되고, '바보 왕King of Misrule'이 왕관을 쓰는 일이 벌어진다. 그러나 질서는 거의 언제나 복구되고, '사이구조적interstructural' 시간이라 해도 그 자체의 구조를 결여하지는 않는다. 결과적으로 참여자들의 관계는 일반적으로 승인된 규범이나 기대에 맞게 규칙적인 방식으로 이루어진다.

질서의 고양은 의례의 한 특징이지만, 그 안에서 특정한 질서가 고양된 조직들은 일상적 조직들과 다르다. 일반적으로 전자의 조직들은 더 단순하다. 터너에 따르면 일상적 시간을 지배하던 차별이 대부분 무화되고, 의례에서 강조하는 구별들이 부각된다. 예를 들어 은뎀부족의 경우(Turner, 1967) (의례에서는) 독립된 계급으로서 성인 남성이 젊은 남성에게 느슨하게 행사하던 권위가 신참의 교육자로서 절대적 권위로 바뀐다. 동시에 신참 사이의 평등성도 강조된다. 말하자면 추장의 아들이건, 평민의 아들이건 최소한 신참으로서는 동등해진다. 아일랜드 도니골Donegal*에 있는 순례지 '성 패트릭의 연옥'에서는, 모든 순례자들이 행해야 하는 참회 의식과 겸허의 태도―신발 벗고 맨발로 속죄―를 통해 순례자들의 차이를 무화시킨다(Victor Turner and Edith

---

* 아일랜드공화국 북부 얼스터(Ulster) 지방의 도(道).

Turner, 1978).

의례 내 지배적인 사회적 조건이 일상의 그것과 다르듯이, 경험의 성질 역시 달라진다. 의례에서 사회조직이 해체될 수 있듯이, 참여자들의 정체성도 해체될 수 있다. 이는 통과의례 신참들의 사례에서 뚜렷이 드러난다. 컴퓨터 내의 변수처럼, 변화를 겪는 신참 역시 (터너가 지적한 대로) 일상적 구조를 구성하는 사회 범주들과 관련해 '예전대로는 아니지만 아직 아무것도 되지 않은no-longer and no-yet' 기묘한 상태에 놓인다. 그 상태는 일상적 구조에서 지위 구별이나, 그런 구조를 지배하는 '이것이냐 저것이냐' 같은 디지털식 논리를 통해서는 분류할 수 없다.

신참은 '이도 저도 아닌neither-nor' 존재다. 그의 상태는 모호하며, 메리 더글러스Mary Douglas가 지적했듯이(1966) 위험하고 오염을 일으킬 수 있는 존재다. '이도 저도 아닌' 상태에서 변화를 겪는 신참은 '상징적으로' 해체되어 미분화된 일반 물질의 상태로 떨어진다. 그는 죽은 자, 태어나지 않은 자, 벌거벗은 자, 더러운 자와 동일시되며, 이름을 박탈당하거나 말하는 것이 금지될 수도 있다. 그는 가능한 한 아무 형태도 없는 물질의 상태로 환원된다. 옛 형식을 박탈당한 그 물질은 시련에 처하는데, 아마 그것의 가변성*을 높여 그것이 되어야 할 존재로 전환을 촉진하기 위함일 것이다. 몇몇 통과의례에서는 옛 정체성이 철저하게 해체된다. 그런 해체가 신

---

* 원문은 malleability로 '가단성'이라고 번역된다. 쇠와 같은 고체가 외부의 압력이나 힘에 따라 변형되기 쉬운 정도를 말한다.

참에게 국한된 것은 아니며, 단지 통과의례에서 일어나는 것도 아니다.

일상적 구조에서 개인의 구별이 의례 내 사회적 조건에서는 감소된다. 빅터 터너(1969)는 그런 특수한 조건을 '커뮤니타스'라고 불렀다. 그 조건에서 담화적 논리에 따른 구별은 전복된다. 의례의 참여는 일상적 삶과 사건을 지배·인도하는 합리성에 근거한 의식이, 루돌프 오토Rudolph Otto(1923)의 표현을 빌리면 '누미노스'적인 상태로 전환되는 것을 촉진한다(11장 참조). 그런 상태에서도 담화적 이성은 완전히 사라지지 않지만, 은유적 재현이나 일차적 사고 과정, 강렬한 감정이 더욱 중요해지고, 이를 통해 통사론적이거나 삼단논법적인 논리, 단순한 일상적 합리성의 논리는 약해진다. 그때는 다른 맥락이라면 기괴하게 보였을 방식으로 행동하는 것이 정상이 된다. 의례에서는 종종 트랜스 상태나 그보다 덜 심오한 의식의 변화가 일어난다. 커뮤니타스는 정신의 상태뿐만 아니라 사회의 상태다. 사회적 조건의 변화와 의식의 변화의 관계는 단순하지 않다. 하지만 그 둘은 서로 촉진하는 동시에 자극한다고 보는 것이 옳을 것이다.

정신분석가들은 누미노스 상태를 해리된dissociated 것이라고 여길 테지만, 그 경험을 재통합된reassociated 상태로 보는 게 낫지 않을까 싶다. 일상에서 분리된 인간 심리의 여러 부분이 의례에 의해 통합—의례의 반복성을 고려한다면 재통합—될 수 있기 때문이다. 이런 재통합은 개인을 넘어 집단의 다른 구성원, 심지어 우주까지 확장될 수 있다. 개인과 환경, 개인과 의례에 참여하는 다른 사람들의 경계는 의례에서 해체될 수 있다. 이런 종교적 경험은 12장에서 자세히 논의할 것이다. 여기서는 이런 통합의 감각이 많은 의례 참여자들에게 요구되는 말과 행동의 협력을 통해 촉진된다는 점만 지적하자.

의례에서 다른 이들과 노래하고, 함께 움직이는 것이 단순히 통합을 상징하는 것은 아니다. 노래와 행동은 그 자체로 더 큰 질서의 재생산을 위한 재통합 행위다. 사람들의 화합은 단순히 그 질서를 상징하는 게 아니라, 그 질서와 질서의 수락을 나타낸다. 의례 참여자들은 단순히 그 질서에 관해 소통하는 것이 아니라, 그 질서 내에서 교감한다. 요약하면 의례에서 경험되는 커뮤니타스의 상태는 사회적인 동시에 경험적이다. 의례에서 사회적인 것과 경험적인 것의 구별은 자신과 다른 참여자들 혹은 우주와 합일이라는 일반적 감정에서 폐기되거나 소멸된다.

2.
템포와 의식

나는 의례에서 정신과 사회의 특별한 상태가 성취되는 것은 상당 부분 의례의 특수한 시간적 성격 때문이라고 본다. 이런 측면에서 '정신' '마음' '몸' '사회'의 재통합이, 래드클리프브라운Alfred Reginald Radcliffe-Brown이 오래전 《The Andaman Islanders안다만 섬 사람들》 (1964(1922))에서 제안한 대로 의례적 춤에서 가장 충실하게 구현된다는 점이 흥미롭다. 그는 춤이 공동체의 통일과 조화, 일치감이 극대화된 상태를 만들며, 춤추는 모든 이들이 그런 상태를 강렬하게 느낀다고 말했다. 그는 그런 조건의 생산을 '춤의 주요 사회적 기능'(p. 252)이라고 간주한다.

나는 좀 더 일반적인 차원에서 (래드클리프브라운의 목적 원인식 정식화가 아니라, 형상 원인식으로 표현하면) 통합unification은 화합unison에 내재한다고 본다. 누구든 다른 이들과 함께 노래하고 암송하고 춤출 수 있다. 그러나 5장에서 논의했고 12장에서 더 자세히 고찰할 이유 때문에, 춤은 단순한 언어적 표현보다 설득력이 강하다. 래드클리프브라운 역시 같은 입장에서 다음과 같이 썼다.

안다만 사람들의 춤은 춤출 수 있는 모든 성인이 참여하는 전 공동체의 완전한 활동이며, 춤꾼 자신에 관한 한 그의 전 인격이 관여하는 활동이다. 즉 그의 모든 근육이 관여하고, 주의 집중이 필요하며, 개인적 정감이 일깨워지는 활동이다. 개인은 춤을 추면서 공동체 전체의 행위에 복종한다. 그는 리듬의 즉각적 효과와 관습의 제약을 받으며, 자기 행위와 움직임을 공동 행위의 요구에 맞춘다. 자신을 이런 구속과 의무에 내맡기는 것은 고통스럽지 않고 매우 즐겁다. 춤꾼이 춤에서 자신을 잃어버리고 통합된 공동체의 일부로 흡수되면서, 그는 자신의 일상적 상태를 넘어 에너지로 충만한 환희 상태에 도달한다. 동시에 그는 공동체의 모든 동료와 완벽하고 황홀한 화합 속에 있는 자신을 발견한다. (1964〔1922〕)

인간의 신체는 춤을 추면서 의식에 관여하고, 타인과 분리되었다는 개인의 감각 역시 지속적이고 긴밀한 협동 속에서 무뎌지거나 사라진다. 즉 춤을 통해 생성된 커뮤니타스는 고양된 협력의 결과물이며, 사회적 상호작용에 부과된 특별한 템포의 결과물이다. 이 템포는 일상적 상황에서는 성취하기 어려운 템포나 극소수 일상적 활동을 제외하면 부적절한 템포다.

춤과 같은 활동에서 전형적으로 드러나며 아마도 필수적일 템포는 일상적 상호작용을 특징짓는 템포보다 빠르다. 그때 인간들의 협력 자체도 더욱 긴밀하다. 북의 리듬은 인간의 심장박동 속도와 비슷해진다. 그 리듬이 춤꾼의 사지의 움직임을 가지런히 조율하고, 그들의 목소리를 조화로운 성가나 노래로 바꿀 때, 사람들의 호흡과 박동 주기는 변하거나 최소한 변한 것으로 경험된다. 여기서 주목할 점은 몇몇 의례에서 참여자들이 보여주는 템포와 협력이, 일반적인 사회적 과정보다 유기체적 과정을 닮았다는 것이다.

물론 일상적 시간의 몇몇 활동도 빠르고 리드미컬하며 긴밀한 협력을 보여준다. 그런 행위들이 의례적 커뮤니타스와 비슷하게 참여자들 사이에 단결심을 불러일으키는 듯하다는 점도 흥미롭다. 그러나 예식 질서에서 리듬의 특징이 단지 긴밀한 협력과 빨라진 템포는 아니다. 의례적 리듬의 유기적 템포를 이야기할 때 우리는 그 템포가 상당히 느리다는 점을 놓쳐서는 안 된다. 의례는 가장 정확하게 되풀이되는 사회적 사건에 속한다. 의례 내의 리듬도 유기적 템포로 반복되지만, 의례 자체의 반복 역시 주마다, 달마다, 해마다, 죽음마다 일어난다. 현재 연행되는 의례는 한 주나 한 해 뒤, 어떤 사람이 지금과 비슷한 증상으로 고통 받을 때, 조상에게 공양할 돼지가 충분히 모였을 때 되풀이될 것이다.

모든 의례의 지속적이고 급박한 템포에서는 종종 매우 정확한 방식으로 의례적 규범 전체가 되풀이된다. 동시에 개별 의례의 템포는 호흡, 심장박동, 뇌파의 주파수 범위에 따르지만, 의례 자체의 반복에 의해 생겨나는 예식 질서의 템포는 그 규모가 전자와 완전히 다르다. 개별 의례를 지배하는 리듬은 심장박동의 질서에 따를 수도 있지만, 그 의례는 한 주나 한 해에 한 번, 혹은 그보다 낮은 빈도로 반복될 수 있다. 여기서 엄격한 법식에 따른 연행이 의례의 특징임을 다시 강조할 필요가 있다. 즉 빠른 템포와 긴밀한 협력 속에서 연행되며 그런 템포와 협력이 참여자들을 일상적 상황보다 긴밀하게 통합시키는 의례들은, 엄격한 법식에 따라 반복적으로 수행되면서 불변하는 것으로 경험된다. 우리가 예식 질서에서 관찰하는 것이 바로 이 빠르면서도 불변하는 템포다.

3.
템포, 시간적 영역, 시간을 벗어난 시간

이런 고찰을 통해 의례를 규정하는 '시간을 벗어난 시간'과 같은 신비스런 구절이 무엇을 의미하는지 분명히 하고, 이를 통해 영원성의 개념으로 접근해보자. 여기서 복잡한 물리적 조직체의 시간적 측면에 관한 허버트 사이먼Herbert Simon의 논의(1969, 1973)가 큰 도움이 될 것이다. 그는 복잡한 물리적 현실 내 '조직의 층위levels in organization'를 구분할 때, 시간적 측면에서 접근할 수 있다고 주장한다.

> 우리가 총 시간 범위total time span가 T인 시스템의 행위를 관찰할 때, 하지만 우리의 관찰 테크닉이 T보다 짧은 사이기time interval에서 일어나는 리드미컬한 변화를 포착하기에 충분하지 않을 경우, 특정 주파수가 있는 시퀀스를 세 부분으로 나눌 수 있다. (1) 1/T보다 작은 저주파 (2) 중간 범위 주파수(T⟨-⟩t) (3) 1/t보다 큰 고주파. 저주파 모드에 따라 결정되는 움직임은 지나치게 느려서 우리가 관찰할 수 없다. 그것들은 상수처럼 보일 것이다.
>
> 고주파 모드에 따라 결정되는 시스템의 움직임은 더 낮은 하위 시스템 구성 요소들의 내부 상호작용을 제어하지만, 하위 시스템 자체의 상호작용에 관여하지는 않는다. 게다가 그런 움직임(상호작용)은 언제나 평형 상태에 있는 것처럼 보일 것이다. 말하자면 여러 하위 시스템은 서로 강체rigid body처럼 행동할 것이다. (1973)

사이먼은 여기서 고분자, 분자, 원자, 아원자 차원을 포괄하는 물리적 시스템 일반에 관해 다룬다. 이 위계적 모델을 우리의 문제에 적용하기 위해 다음 단계를 따라가 보자.

1. 첫째, 'T'(우리가 '시스템을 관찰하는' 총 시간 범위)에 사회의 역사적 기억에 해당하는 값을 부여하자. 예를 들어 에번스프리

처드(1940)가 연구한 누에르족은 살아 있는 사람들과 최초의 인간 사이에 6세대가 존재한다. 한편 자신들의 연대기를 신중하게 보관·조작한 폴리네시아인의 T는 훨씬 길며, 읽고 쓰는 능력 역시 T의 규모를 확장한다. 서구 문명의 T는 5000년에 달한다.

2. 둘째, 't'에는 박동, 호흡, 뇌파 같은 기본적인 유기체적 과정의 리듬이나 변동보다 좀 더 느린 값을 부여하자(대개 1초나 그보다 적은 값일 것이다). 이 경우 더 빠른 변동은, 특히 그것들이 리드미컬하다면, 감지 불가능해질 확률이 높다(Ornstein, 1969).

3. T와 t에 그런 값을 부여하면 세 가지 '시간적 영역temporal regions'을 구별할 수 있다.

a. 첫째, 변동률이 1/T보다 작은 저주파 영역이 있다. 여기서는 변화가 지나치게 느려 사회의 역사적 기억 속에서 관찰되었을 가망이 거의 없다. 관찰되었다면 그 변화는 획기적인 사건으로 기억된다. 이것은 우주적 시간 영역이다.

b. 둘째, 주파수가 t보다 빠른(t가 1초나 그보다 짧을 때) 고주파 영역이 있다. 이것은 사회를 구성하는 유기체 내부에서 일어나는 '리드미컬하거나 오르내리는 변화'를 특징으로 하는 시간 영역이다. 다시 말해 호흡, 혈액순환, 호르몬 분비, 신경 반응 같은 생리학적 과정, 그것들과 연계된 감정이나 기분, 태도와 변화 같은 심리학적 과정을 특징으로 하는 시간 영역이다. 이 고주파 영역을 '유기적 시간

의 영역'이라 부르자.

c. 셋째, T와 t 사이에 놓인 시간 영역이 있다. 이는 1분, 1일, 1개월, 1년, 평생을 단위로 일상적인 사회생활이 진행되는 영역이다. 일상적인 사회적 상호작용이 대부분 전개되는 이 영역은 '사회적 시간의 영역'으로 부를 수 있다.

요약하면 우리는 세 가지—우주적, 유기적, 사회적—시간 영역을 구분했다. 나는 의례의 연행이 세 가지 시간에 모두 다음 방식으로 관여한다고 생각한다.

첫째, 고주파나 특이한 주파수를 특징으로 하고 내적 상태가 모호한 개인은 의례에 참여하면서 기분이나 태도, 감정의 오르내림에도 불구하고, 사이먼의 용어를 빌리면 자신을 '강체'로 경험할 수 있다. 즉 자신을 개인보다 포괄적인 시스템(이 경우 사회시스템)의 안정적인 구성 요소로 경험할 수 있다. 4장에서 언급한 대로 의례의 참여는 의례가 부과하는 공적이고 구속적인 질서의 수락—개인이 내적으로 느끼는 의혹이나 양가성과 무관하게—을 가리킨다. 3장의 논지를 되새기면, 사적 시스템(개인) 내적 차원의 변수의 변동은 공적 시스템에서 관찰되지 않거나 무시된다. 다만 그런 내적 상태가 의례에 **참여하느냐 마느냐** 같은 이항적 결단으로 드러날 때는 문제가 달라진다.

그러나 의례가 진행되고 개인행동이 더 긴밀하게 조율되면 모든 의례 참여자는 **통합된 전체**로서 시간적 경계를 가로지른다. 다시 말해 사회적 시간 영역에서 유기적 시간 영역으로 들어간다. (의례에서) 특정한 사회 단위 구성원들의 상호작용은, 단일한 유기체의 내적 시간 리듬과 비슷한 시간 주파수를 띠게 된다.

그러나 의례적 규범이 명시하는 행동 패턴은 고정되었으며, 결코 변하지 않는 것으로 간주된다. 엄격하게 되풀이되며 예식 질서의 불변하는 척추를 구성하는 의례적 규범은 1/T보다 주파수가 낮은 시간 영역, 다시 말해 우주적 시간 영역에 속한다. 따라서 의례 참여자들이 고주파 상태에서 준수하는 예식 질서는 저주파 시간 영역, 즉 외관상 불변하는 시간 영역에 속한다. 의례 참여자들은 사회적 시간 영역에서 벗어나 유기적이고 우주적인 시간, 즉 빠르면서도 불변하는 시간 영역으로 이행하는 것이다.

이때 일상적 사회관계를 특징짓는 템포는 폐기된다. 의례 참여자의 행위는 호흡, 심장박동, 다른 유기체적 과정의 특징인 더 빠르고 리드미컬한 맥박의 지배를 받는다. 동시에 불변성의 구현은 의례 자체의 엄격한 반복적 성격에 내재한다. 요약하면 의례적 사이기에서 일상적인 사회적 삶의 템포는 빠르고 불변하는 템포의 비일상적인 결합으로 대체된다. 그렇게 결합된 템포는 영원성, 더 나아가 불멸성을 함축한다. 영원성에 대해서는 곧 다시 논의할 것이다. 지금은 '의례적 시간' '신성한 시간' '비일상적 시간'이란 말 그대로 일상적인 사회적 시간을 벗어난 시간이라고 결론지을 수 있다. 그 시간에서는 일상적 사회 작용을 규정하는 시간 영역이 무효화되기 때문이다.

4.
빈도와 결합 강도

상호작용의 빈도와 결합 강도bonding strength에 관한 사이먼의 추가
적인 견해 역시 '시간을 벗어난 시간'을 지배하는 사회적·경험적
조건과 관계가 있다. 그는 무생물인 물질의 세계에서는 고에너지,
고주파 진동, 고주파 상호작용이 덜 포괄적인 하위 시스템과 관계
가 있고, 저주파 진동이나 상호작용은 그런 하위 시스템이 모여 만
들어진 더 큰 시스템과 관련이 있다고 지적했다.

> 원자핵의 양성자와 중성자는 파이온 장pion field을 통해 강하게 상호
> 작용 하며, 그때마다 대략 1억 4000만 전자볼트에 육박하는 에너지를
> 방출한다. 반면 분자들을 결합시키는 공유결합은 5전자볼트 정도의
> 에너지를 수반한다. 생물학적 활동을 위한 고분자 구조 간의 결합은
> 앞선 경우보다 훨씬 적은 에너지—대략 0.5전자볼트—를 수반한다.
> 플랑크Max Karl Ernst Ludwig Planck의 에너지 법칙에 따르면, 결합에너지
> 와 연동 주파수 사이에는 엄격한 비례 관계가 존재한다. (1973)

나는 정보 전달적 과정이라는 일반 범주에 속하는 사회적 과정
이 물리적 체계에서 에너지를 다루는 플랑크의 법칙을 따른다고
주장할 생각은 없다. 그러나 사회집단이 어우러진 통합체로서 유
기적 시간 영역으로 이행할 때, 집단 구성원들은 자신이 단일한 동
물의 개별 기관처럼 긴밀하게 결속되었다고 느낄 수 있다. 이런 조

건에서는 참여자들이 일부를 구성하는 더 큰 실체의 존재가 참여자에게 뚜렷이 감지될 수 있다. 이 순간은 참여자들이 개별 정체성을 포기하기 때문이다. 어떤 집단이 북소리와 같은 유기적 진동수의 리듬 템포에 따라 움직일 때, 그 집단은 단일한 유기체처럼 보일 수 있고, 구성원들도 자신을 그 유기체의 세포처럼 여길 수 있다. 신경학 연구는 이런 견해를 상당 부분 지지한다(d'Aquili, Laughlin, McManus, 1979 참조).

나는 무엇이 사회 체계와 물리적 체계의 이런 유사성을 만들어 내는지 확실히 알지 못한다(내가 디지털컴퓨터의 작동과 의례적 질서 작용의 유사성이 어떤 의미인지 다 알지 못하는 것처럼). 그러나 사회 체계와 플랑크의 에너지 법칙을 따르는 기본적인 물질 – 에너지 체계에서 발견되는 진동수와 결합 강도의 관계는 정보 현상과 물리 – 에너지 현상에 모두 적용되는 일반 공식으로 설명할 수 있다. 여기서 우리는 모든 위계적 구조가 있는 복잡 체계는 그 구성 요소와 상관없이 조직화되어야 한다는 원리를 만난다. 사이먼(1969)이 제안한 대로 모든 복잡 체계는 그 조직상 위계적일 뿐만 아니라 위계적이어야 한다. 이것은 근본적인 질서화의 원리다. 설사 그렇지 않다 해도 최소한 우리는 (사회 체계와 물리적 체계의) 놀라운 유사성을 파악한 셈이다.

5.
협응, 커뮤니타스, 신경생리학

나는 불변하는 예식 질서의 준수를 통해 참여자들은 그런 질서의
수락을 나타낼 뿐만 아니라, 개별 수락 행위의 협응coordination으로
통합된다고 주장했다. 이런 통합은 종종 인지적·감정적·사회적
효과를 불러일으키는데, 래드클리프브라운이 안다만 섬 주민의 의
례적 춤에 대해 논의하면서 언급한 특별한 정신적·사회적 상태를
창조한다.

> 춤꾼이 춤에서 자기 자신을 잃을 때 그는 통합된 공동체 안으로 몰입
> 하며, 일상적 상태를 넘어선 에너지로 가득 차 환희의 상태에 도달한
> 다. 동시에 그는 자신이 공동체의 다른 모든 동료들과 함께 완벽하고
> 도 황홀한 조화에 도달했다고 느낀다. (1922)

이것은 뒤르켐이 언급한 '들썩임effervescence' 이상이며, 우리가 빅
터 터너(1969)를 따라 '커뮤니타스'라고 명명한 마음과 사회의 상태
다. 의례적으로 창조된 이 마음과 사회의 상태는 개인과 집단이 일
상적 시간에 일상적 용무를 처리할 때의 합리성이 지배하는 사고
양식과 아주 다르다. 다킬리와 로플린, 맥마누스John McManus는 다
음과 같이 썼다.

> 의례 행위와 의례화된 감각 입력sensory input이 개인에게 미치는 주요

한 신경생리학적 효과는, 지배적 대뇌반구의 활동을 차단하고 자아의 정상적인 적응 반응을 비선형적이고 이미지적이며 정감적인 사고 과정으로 대체하는 것이다. 지배적 대뇌 기능의 감소는 비–지배적 대뇌반구의 무시간적이고 이미지 중심인 사고 작용을 활성화한다.

의례적 테크닉은 그 본질상 분석적·개념적 양식의 기능을 중성화해 인간–발달적으로 전 단계의 기능을 전면으로 불러온다. 이 새로운 양식은 경험의 양상을 변환적으로 연계시킨다. 다시 말해 유사성에 근거한 수평적 연상을 통해 공통의 계급적 소속감이나 감정적 유대를 창조한다.

이 양식은 개념적 사고보다 참여적이며 덜 분산적이고, 논리적 관계의 장field에 내재된 개념보다 정서적 장에 내재된 이미지로 구성되었다. (1979)

나는 의례에서 **커뮤니타스**의 생성이 상당 부분 의례적으로 부과된 템포와 반복성에 근거하며, 더 근본적으로 그것의 리듬성 rithmicity[1]에 근거한다고 주장했다. 그 논의를 다시 참조하면 의례적 노래나 성가, 춤을 조직하는 템포는 일상적 사회 작용을 지배하는 템포보다 빠르고, 일상적인 사회 활동보다 긴밀한 동조를 낳는다. 사실 몇몇 의례 요소의 템포는 사회적 과정보다 유기적 과정의 템포를 닮았다. 북의 템포는 인간의 심장박동과 유사하며, 북소리는 춤꾼들의 움직임을 일치시키고, 그들의 목소리를 통일시켜 조화로운 찬가로 이끈다. 그 소리는 사람들의 호흡과 심장의 리듬을 정렬해, 개별 참여자들을 더 크고 단일한 살아 있는 실체로 통합한다.

이 설명은 의례 참여의 신경생리학적 결과에 대한 논의와 맞닿는다. 합리적 사고라고 간주하는 것에 예외적일 만큼 높은 가치를 부여하며, 다른 마음 상태나 그런 상태에서 생성되는 통찰을 대단히 미심쩍게 여기는 사회의 구성원들에게는, 의례적인 의식 변화가 여러 문화에서 보편적이지 않아도 광범위하게 발견된다는 점이 기이하게 보일 것이다. 부르기뇽E. Bourguignon(1972)은 몇 해 전 민족지적 자료가 충분한 488개 사회 중 약 89퍼센트에서 제도화된 해리dissociation의 형식이 존재함을 발견했다.

　지금까지 의례 참여자의 의식의 특수한 신경생리학적 특성, 의례 연행의 어떤 특징에서 그런 효과가 유도되는지 방대한 연구—대부분 실험적인—가 진행되었다. 유진 다킬리, 찰스 로플린, 존 맥마누스(1979)와 바버라 렉스(1979)는 이 분야의 많은 연구 결과를 요약한다. 이 중요한 연구는 문화인류학자들에게 대부분 무시되어 왔다.

　의례 참여의 생물학적 효과가 뇌 기능에 국한되지 않는다는 점이 중요하다. 의례 참여에서는 신경 체계 전체와 내장은 물론, 가로무늬근 같은 근육도 영향을 받는다. 렉스가 지적했듯이 신경 체계는 하나의 단위로 작동하며, 신체 내 기관들은 이 신경 체계와 항상성 원리에 따라 연결된다. 그 효과들은 심지어 신경 체계에서 유래하는 것이 아닐 수도 있다. 춤출 때와 같은 지속적 움직임은 근육, 힘줄, 관절의 감각 수용기를 자극한다. 따라서 유기체의 가장 비-의식적인 차원부터 의식적 인식의 차원으로 흥분이 전달되는 것일 수 있다.

많은 의례들의 반복적이고 리드미컬한 성격은 근본적으로 중요해 보인다. 그 의례적 리듬은 연행자의 생물학적 리듬을 동조시키기 때문이다. 다시 말해 "외부 리듬은 인간의 내부 시계를 그 빠른 리듬들에 맞추도록 하는 동조 장치synchronizer가 된다"(Chapple, 1970; Lex, 1979 인용). 동시에 다킬리와 로플린(1979)에 따르면, "리드미컬하거나 반복적인 행위는 집단의 대뇌변연계적 방출(즉 정서적 상태)을 조절한다는 증거들이 속속 발견된다. 그런 조절은 개인에게 즐겁고 동질적인 흥분 상태를 만들어낸다". 따라서 예식 질서의 리듬은 동시에 두 방향을 향한다―한편으로 개별 참여자 몸의 생리를 향하고, 다른 한편으로 개별 행위자를 넘어선 포괄적 전체를 향한다. 앞서 보았듯이 이런 일체감을 통해 생기는 '존재'의 감각은 시간적 차원에서 볼 때 사회보다 유기체의 그것을 닮았다.

춤의 리드미컬하고 지속적인 움직임이 근육의 수용기를 자극하는 동안, 청각적 자극이나 춤의 리듬에서 유래하는 모든 자극은 뇌파의 리듬까지 일정하게 바꿀 수 있다. 그리고 심호흡은 몸의 화학 반응 변화에 '부가적 도움'을 준다(Lex, 1979). "의례의 맥락과 복잡하게 결합된 이 모든 생리학적 변화는 인간의 신경 체계에 숱한 자극을 쏟아붓는다."(Lex, 1979)

의례적 조건에서는 비―지배적 대뇌반구(보통 우뇌)가 활성화되는 듯하다. 사실 의례의 메커니즘―리듬성, 반복, 약물 흡입, 심호흡, 고통 등―은 자연스럽게 우뇌를 끌어들이는 듯하며, 정신 상태를 우뇌 쪽으로 '이끌거나' '몰고 가는' 것으로 보인다. 이 때문에 펠리시타스 굿맨Felicitas Goodman(1972)은 의례적 메커니즘을 '추동 행위들driving behaviors'이라고 불렀다(Lex, 1979에서 인용). 주로 언어, 선형적 · 논리적 사고, 시간적 지속의 감각이 위치한 좌뇌와 달리, 우뇌는 공간과 음조 인식, '인간 내면의 감정과 다른 정신 상태를 구성하는 (패턴까지 포함한)' 패턴 인식, 전체적이고 종합적 이해에 특화되었다. 우뇌의 언어적 능력은 제한적이며, 시간 감각도 없다. 이 책의 논지에서 보면 좌뇌는 담화적 사고, 일상적 시간, 신성성과 연관되고, 우뇌는 비 - 담화적 경험, '시간을 벗어난 시간' 혹은 영원성, 누미노스와 연관된다.

우뇌가 총체적 이해의 장소라는 점은 모든 것을 포괄하는 성스러움에 대한 이해 역시 우뇌에 근거함을 시사한다. 그러나 성스러움의 통합성은 양쪽 뇌 기능의 결합에서 생겨나는 것처럼 보인다. 다킬리와 로플린(1979)은 의례적으로 전환된 의식의 절정에서는 양쪽 뇌가 동시에 작동한다고 지적한다. 이것은 자율신경계의 두 하위 시스템—양쪽 뇌는 자율신경계의 '대뇌 표상물cerebral representation'이라고 볼 수 있다—의 상황과도 인과적으로 연결된다(d'Aquili and Laughlin, 1979).

렉스(1979)에 따르면, 흥분의 1단계에서 교감신경계나 부교감신경계의 반응성은 한쪽이 증가하면 다른 쪽은 감소한다. 자극이 계속되면 비 - 감작 체계non-sensitized system가 완전히 억제되면서 흥분의 2단계가 시작된다. 그렇게 되면 보통 억제된 시스템에서 반응을 불러내던 자극들이 감작화된 체계에서 반응을 불러일으킨다. 이것을 '역전 현상reversal phenomena'이라 한다. 흥분의 마지막 단계에서 두 하위 시스템의 상호작용은 실패하거나 초월된다. 두 신경계의 방출

이 동시에 일어나는 것이다. 이 단계에는 오르가슴, 렘수면, 선禪이나 요가 수행, 황홀경을 통해 도달할 수 있지만, 긴 스트레스나 특정한 정신 병리적 상태에서도 도달할 수 있다.

자율신경계의 두 하위 시스템은 더 깊은 차원에서 비-신경적인 신체 구조와 연결된다. 렉스(1979)는 헤스Walter Rudolf Hess의 논의에 따라 자율신경계와 신체의 통합을 향 에너지 소비성ergotropic과 향 에너지 비축성trophotropic 체계로 설명한다. 전자는 "교감신경 물질의 방출 증가, 근육 긴장과 대뇌피질 흥분 증가(이것들은 '비-동조화된' 대뇌피질의 리듬을 통해 표현된다)로 구성된다. 반면 향 에너지 비축성 패턴은 부교감신경 물질의 방출 증가, 골격근의 이완, 동조화된 대뇌피질 리듬으로 구성된다". 황홀경에서는 향 에너지 비축성 반응의 대뇌피질 이완과 향 에너지 소비성 반응의 대뇌피질 긴장이 동시에 일어난다.

다킬리와 로플린(1979)에 따르면, 향 에너지 소비성 반응과 향 에너지 비축성 반응, 교감신경과 부교감신경, 좌뇌와 우뇌의 동시 작동은 두 대극의 통합, 우주와 조화, 집단의 다른 동료들과 일체감, 심지어 자아와 신의 합일감까지 불러온다. 그렇다면 누미노스와 신성성은 인간 존재의 유기체적 깊이에 뿌리내린 것이다.

6.
영원성

사회적 시간을 벗어나려는 움직임이 반대되는 두 방향을 동시에 향한다는 역설로 돌아오자. 4장에서 의례의 연행자들이 그들이 연행하는 질서와 융합된다고 주장했다. 나는 명료함을 위해 사회 활동의 시간 영역에서 벗어나려는 두 방향의 움직임이라고 표현했다. 사실은 그렇지 않은데, 빠른 템포와 영원성은 연행자들 내부에서 하나가 되기 때문이다. 영원성은 살아 있는 인간—빠른 템포의 존재—이 불변하는 질서에 참여하며, 그 질서의 일부가 됨으로써 생명을 얻는다. 그리고 영원성에 생명이 부여되면서 살아 있는 인간은 영원성을 획득하는 것처럼 보인다. 의례의 다원적-시간 리듬을 따르는 연행에는 불멸성의 감각이 함축된다. 그러면 여기서 우리는 불멸성 혹은 불멸성이라는 관념의 가능한 경험적 토대 하나를 파헤치는 셈이다.

나는 구체적 정의 없이 '영원성'이라는 단어를 논의에 끌어들였다. 물론 영원성은 하나 이상의 개념으로 정의될 수 있지만, 의례 형식에는 영원성 개념이 최소한 두 개 내재한 듯하다.

첫 번째는 끝없는 반복이라는 개념이다. 물론 이 개념은 의례 자체의 반복에 함축되었다. 이 장 앞부분에서 의례의 주기적 반복이 그렇지 않았다면 열역학 제2법칙의 직선적 경로를 따라 환경 파괴, 사회 혼란, 무정부주의나 죽음(Eliade, 1959 참조)을 향하는 일상적 과정을 주기적으로 회춘시킨다는 것을 살펴보았다. 사실 예식 질서는 불가능하거나 기적적인 무엇을 행하는 듯한데, 역사의 흐름과 인간의 죽음에서 영원히 상실될 무엇을 계속 전승하기 때문이다. 그것은 의례에 의해 비가역성의 영역에서 반복의 영역으로 들어온다.

에드먼드 리치가 지적했듯이, 의례에서는 명시적이든 암묵적이든 다음과 같은 명제가 주장된다. "죽음과 탄생은 동일한 것이다 —죽음이 탄생 뒤에 오듯이 탄생 역시 죽음을 뒤따른다. 이 때문에 의례는 시간의 두 번째 양상인 비가역성을 시간의 첫 번째 양상인 반복성과 동일시함으로써 거부한다."(Leach, 1961) 탄생의 재현물은 모든 통과의례에서 공통적으로 사용되는데, 이는 필연적으로 죽음의 재현물 다음에 온다. 탄생의 도상과 상징 이전에 죽음의 도상과 상징이 존재하지 않는다면, 그 탄생은 재탄생을 의미할 수 없다.

따라서 통과의례에서는 생물학적 죽음과 그것과 관계된 의식儀式이 시작이자 끝을 의미한다. 통과의례는 그런 연쇄적 사건에 모델을 제공한다. 탄생 뒤에 죽음이 오는 일상적 시간의 필연적 순서를 대놓고 역전하지 않더라도, 가장 완벽한 반복성을 갖춘 사회적 사건 중 하나인 의례는 시간 속에서 모든 것이 상실되지는 않으며, 그렇게 상실되지 않은 것 중 하나가 생명임을 암시한다. 정확하게 되풀이되는 예식 질서는 의례의 연행 속에서 생명을 얻으며, 동시에 의례 연행 자체의 필수 요건들이 그런 생명 부여 행위를 반복적인 것으로 만든다. 그리고 여기에는 불멸성의 암시가 있다.

생명의 돌이킬 수 없는 '직선적' 여정은 의례의 마술적 메커니즘에 따라 반복적인 것―끝없는 주기적 반복 혹은 삶과 죽음의 계속되는 교대―으로 보이며, 자연적이고 심지어 우주적인 것으로 보인다. 방주네프는 다음과 같이 끝맺는다.

> 마지막으로 세계의 특정 부족에서는 인간 변환의 과정이 천체의 여정, 행성의 회전, 달의 운동과 연계되었다. 인간 존재의 여러 단계를 식물과 동물의 삶의 단계와 연계시키고, 일종의 전前-과학적 점술을 통해 우주의 위대한 리듬과 결합시키는 것은 실로 우주적인 사고다. (1960)

하지만 삶의 반복은 일상적 시간 영역에서 전개되는 개념이다. 다시 태어나는 자들은 '여기'에 태어나며, 현재가 아니라도 본질적으로 현재와 유사한 시기에 태어난다. 그래서 끝없는 반복은 우리를 일상적 시간으로 되돌린다. 따라서 의례적 시간은 완벽하게 비가역적인 시간의 흐름에 대안이 될 수 있지만, 역사나 그것의 카르마적 비참에서 완전히 달아날 수는 없다.

끝없는 반복이 영원성의 유일한 특징일 수는 없다. 그것은 충분한 특징일 수도 없는데, 불변성에 대한 가정 없이는 반복이라는 개념을 이해할 수 없기 때문이다. 즉 무엇이 반복되려면 불변하는 것으로 여겨져야 한다. 불변하지 않으면 다음 사건이 예전 사건의 반복일 수 없다. 그렇다면 영원성의 심오한 의미는 끝없는 반복이 아니라, 반복되는 것의 절대적 불변성이 완전히 고립된 시간 동안 존속하는 것 속에 있다. 즉 그것에 앞서는 것도 뒤따르는 것도 없는 고립된 지속과, '오는 것도 사라지는 것도 없으며' 언제나 그랬고 언제나 그럴 것이라는 감각 속에 있다.

의례에서 인간은 결코 변하지 않는 것, 즉 의례를 치를 때마다 엄격하게 반복되는 것을 향해 계속 돌아온다. 엘리아데(1959)가 니체를 따라 '영원회귀'라고 부른 것의 회춘 효과는 의례의 정확한 반복과 예식 질서에 수반된다. 그래서 불변성은 정확하게 반복되는 것의 필연적 속성이다. 의례의 엄격한 반복에서 최소한 불변하는 것은 가시적으로 드러나며, 연행자들이 (파악하지는 못하더라도) 느낄 수 있는 것이 된다.

그렇다면 불변성의 개념은 물리적 세계나 시간 속에서 해체되거나 변환될 수 있는 것 너머를 가리킨다고 말할 수 있다. 인간의 감각 경험에서는 필연적으로 사물의 변화 가능한 속성과 맞닥뜨리기 때문이다. 이는 절대적 불변성의 개념에 절대적 진실absolute truth의 개념이 수반됨을 암시한다. 물리적인 모든 실체가 변한다면 영원히 불변하는 모든 것은 영원한 진실이다. 성 아우구스티누스는 수학적 명제를 '영원한 진실'이라고 간주했는데, 정확하게 연행되는 의례적 규범 내의 불변하는 개념 역시 그럴지 모른다. 11장에서 의례적 재현과 진실의 관계를 다시 논의할 것이다. 여기서는 일단 의례의 끊임없는 반복은 시간의 일방적 흐름을 저지하며, 의례적 반복 속의 불변성은 그런 시간의 흐름을 초월한다는 것을 언급하고 넘어간다.

부버(1952)가 말했듯이 "진실, 신적인 진실은 영원에서 유래하며 영원 속에 있다. 그리고 그 진실에 대한 헌신─우리가 인간적 진실이라고 부르는—역시 영원성을 띤다". 이 지적은 영원성에 대한 우리의 두 번째 논의로 이어진다. 의례가 일상적 시간 바깥에 구현하는 사이기적 시간에서는 빠른 템포와 영원한 것의 융합이 일어난다. 그 융합에는 끊임없는 의례적 반복에 내포된 재탄생과 회춘보다 심오한 불멸성에 대한 암시가 있다. 불교도와 힌두교도가 '열반'이라 칭하는 신비한 상태에는 영원성 자체와 합일이 존재한다. 의례에서도 진실, 불멸성, 영원성은 융합될 수 있다.

요약하면 우리는 두 가지 상이한 영원성 개념을 살펴보았다. 끝없는 반복과 절대적인 불변성. 둘 모두 의례의 엄격한 반복에 내재한다. 영원회귀는 반복 자체에 내재하며, 불변성은 반복되는 규범에 내재한다. 두 가지 영원성은 의례적 규범에 코드화된 모든 질서에서 발견되는 속성이다.

지금까지 논의를 되새겨 보면 의례적 사이기에서 재현되는 것이 단지 영원성의 개념은 아님을 눈치 챘을 것이다. 일상적 시간을 특징짓는 상태의 변화 역시 의례에서 촉발될 수 있다. 찰나 차원에서 작동하는 컴퓨터 연산에서 중요한 변수 값들은 그에 앞선 사이기에 완료된 변환의 결과인 것처럼 말이다.

의례적 규범의 불변성을 강조하는 것은 그런 규범이 허용하거나 심지어 요구하는 연행의 다양한 변주, 즉 앞선 장에서 논의한 것처럼 자기-지시적 메시지를 전달하는 변주를 부인하는 것이 아니다. 규범적인 메시지와 자기-지시적인 메시지의 결합에서 유래하는 연행적 효과를 무시하는 것도 아니다. 의례에서 불변성이 재현되는 동시에 변환이 야기된다는 점이 역설은 아니다. 우리에게 친숙한 인쇄기의 드럼을 떠올려보자. 인쇄기가 드럼 사이를 통과하는 종이에 고정된 메시지를 인쇄하듯이, 예식 질서도 그 자체가 시간의 지속적 흐름에 만들어낸 사이기interval에 개인의 삶과 사회 전체에 불변하는 메시지를 각인한다.

7.
신화와 역사

우리는 지금까지 일상적 시간과 의례적 사이기를 다뤘다. 이제 그 둘의 상호작용을 고찰할 차례다. 일상적 시간 속의 사건을 이야기하는 전형적인 내러티브 형식은 그 말의 넓은 의미에서 연대기와 전기다. 반면 영원한 사건의 발생이나 영원성과 시간의 관계는 신화에서 재현된다. 신화는 인류의 삶과 역사의 모티프가 된 독특한 사건에 대한 이야기로, 세계가 어떻게, 왜 지금 같은 모습이 되었는지 설명한다.

모든 신화적 사건의 독특성은 개인의 삶과 역사를 구성하는 사건의 특수성과 근본적으로 다르다. 신화적 사건은 개별 문화에서 상상한 '자연적 법칙'에 구속되지 않는다. 신화적 사건은 단 한 번 일어난 사건으로, 우주의 기원을 탐구하는 현대 우주론자들이 '특이점singularity'*이라 부르는 사건과 정보 전달적 측면에서 등가다

---

* 일반상대성이론에서 부피가 0이고 밀도가 무한대가 되어 블랙홀이 된 질량체가 붕괴하는 지점.

(Hawking, 1988 참조). 대조적으로 어떤 전기도 다른 전기를 복제하지 않지만, 모든 전기는 존재론적으로 비슷한 사건과 경험으로 구성된다. 게다가 역사의 비가역성은 그 본질상 '통계적'인데(역사적 순서를 되돌려, 예를 들어 로마 시대로 돌아갈 가망은 거의 불가능할 정도로 낮다), 신화적 사건의 비가역성은 '기계적' 혹은 '구조적'이다. 그렇기 때문에 신화적 사건들은 절대적이다. 천지창조 신화는 인간이 특정한 의식을 거행하지 않으면 이 세계가 붕괴한다고 규정하는데, 천지창조 신화 그 자체를 없던 것으로 만드는 것은 있을 법하지 않을뿐더러 불가능하다.

일상적 행위를 다스리는 구조는 특정 장소를 특정 기간 동안 지배하는 질서에 따른다. 반대로 빅터 터너(1967)가 제안했듯이 일상적 시기 사이의 탈구조화된 사이기는 "사실상 종종 무한하고, 영원하며, 한계가 없는 것으로 간주된다". 의례의 '시간을 벗어난 시간'에서 재현물은 특정한 시공간의 제약에서 벗어난 것으로 간주되며, 최소한 그것들에 구속되거나 제한되지 않는다. 역사의 본질이 특수한 것들의 흐름이라고 한다면, 예식 질서의 본질은 불변성의 반복이다.

일상적 행위는 본래 애매모호하며, 그 행위들이 형성하거나 대응하는 사건은 되돌릴 수 없는 과거를 향해 계속 상실된다. 대조적으로 의례적 행위는 반복적으로 영원한 것을 회복시킨다. 불변하지 않는다면 의미가 없는 영원한 것은 그 자체로 진실하고, 도덕적이며, 적절하다. '시간을 벗어난 시간'의 연행은 역사적 사건과 과정의 기원과 상태를 설명하며, 그것들을 이해하기 위한 토대를 제공한다. 그러나 그 연행 자체가 역사는 아니다. 연행의 시간은 역사와 대립되며, 오히려 역사적 사건이 거기에 비추어 평가될 수 있는 기준을 제공한다. 이 설명은 역사뿐만 아니라 개인의 삶에도 적용된다.

의례적 사이기에 개최되는 것은 역사적인 게 아니라, 단 한 번 일어나며 영원한 것이다. 의례적 규범에 참여하는 것은 시간의 흐름에서 벗어나 '사실상 종종 무한하고, 영원하며, 한계가 없는 것', 항구적이며 분명하게 도덕적인 것, 절대적으로 진실인 것, 불멸하는 것으로 뛰어드는 것이다. 이어지는 장에서 우리는 이런 개념들이 신성神性에 대한 경험과 어떻게 융합되는지 살펴볼 것이다. 여기서는 지속적 시간에 의례적 차례를 부과하는 것은 두 가지 시간적 상태—각 시간 상태의 특성은 다른 시간 상태의 역이다—로 구성된 시간 질서를 확립하는 일이라는 점을 강조하고 넘어간다. 그러나 의례는 두 시간 '상태'를 창조하는 이상의 일을 한다. 의례는 그것들을 연계시킨다.

8.
셀 수 없는 것 vs. 영원한 것

역사적 기록, 특히 문자로 쓰인 역사적 기록은 영원성의 적이라고 말할 수 있다. 문자로 쓰인 역사는 사회의 역사적 기억(T)의 규모를 몇 세대 수준에서 때로 수천 년 수준까지 확대한다. 이를 통해 읽고 쓸 줄 아는 자들은 문맹자들이 불변하는 것으로 간주하는 기억이 사실은 변하는 것임을 분명히 알게 된다. 다시 말해 그것들이 한 사람의 일생이나 몇 세대 수준에서는 감지할 수 없는 속도로 변한다는 사실을 알게 된다.

읽고 쓰는 능력에 더해 셈하는 능력은 불변성을 해체하도록 부추긴다. 아마 그 때문에 우리 미국 사회에서 지배적인 영원성의 개념(그렇게 불릴 수 있다면)은 끊임없는 반복도, 절대적으로 비분화된 시간적 지속도 아닐 것이다. 우리 사회의 영원성은 끝이 없고 수그러들지 않는 비가역성이다. 지속적인 시간에 순차적인 숫자를 부과한 것이 그런 영원성 개념을 야기했는지도 모른다. 해year가 무한히 계속되는 수의 순열로 바뀐다면, 지구가 태양 주위를 돈 최초의 순간 역시 시간의 범위에 들어오며, 더 나아가 몇몇 과학자들이 우주가 탄생한 시점이라고 주장하는 더 까마득한 사건(빅뱅)까지 시간에 포섭된다. 그와 같은 시간은 미래를 향해 세계의 종말에도 가닿을 수 있다.[2]

그러나 숫자가 구분하는 그 모든 해에서는 숫자를 제외하면 아무것도 불변하지 않는다. 해는 하나씩 흘러간다. 해에 숫자가 부여되면 비가역적 시간은 멈추지 않고 심판의 날까지, 혹은 '열 죽음heat-death'*이 우주의 마지막 움직임을 동결할 때까지 이어진다. 숫자가 시간에 도입된 뒤로는 예식 질서의 연행에 수반되는 어떤 주

---

* 열역학 제2법칙에서 엔트로피의 양이 최대가 되어 우주 모든 부분의 온도가 같아지는 상태. 학자들은 이 시점을 우주의 종말로 본다.

기성이나 교대성도 시간의 가차 없는 직선적 흐름에 종속되는 듯하다. 그런 상황에서는 가장 엄격하게 반복되는 의례조차 과거 언젠가 개최된 특정 의례와 유사한 사건일 뿐이다. 그렇게 되면 의례의 규범 확립 능력은 감소한다. 의례는 단순히 재–상연으로 변하기 때문이다.

끝없는 비가역성이란 기껏해야 영원성이란 개념의 앙상한 잔재일 뿐이며, 인간에게 아무런 위로를 주지 못한다. 그 영원성이 일상적 시간에 놓인 한, 그것을 영원성의 한 형식이라 칭하는 것도 부적절할지 모른다. 더 정확히 말하면, 셈법이 시간에 부과되면 영원성이 '셀 수 없는 것the innumerable'으로 교체된다고 말해야 한다. 그와 다른 영원성의 개념은 잠시나마 의례적 사이기를 통해 시간의 냉혹한 일방향성을 중단해 불멸성의 감각을 고양함으로써, 인간의 삶을 위무하고 확장한다. 그러나 시간에 숫자 매기기는 과거와 현재를 향해 가차 없이 뻗어가, 덧없는 인간 일생의 유한성과 무의미함을 강조한다.

의례가 생성하는 영원성의 개념은 완벽하게 계량화된 시간적 지속에 대항하여 싸운다. 일상적 시간의 사건은 덧없이 흘러갈 뿐만 아니라, 일상적 시간 자체가 무한해질 수 있기 때문이다. 그러나 '셀 수 없는 것'과 경쟁하는 영원한 것은 현재 점점 불리한 처지에 놓인다. 오늘날에는 숫자의 권력이 유례없이 막강해졌기 때문이다.

그렇다면 결국 해뿐 아니라 날, 시, 분, 초에 대한 숫자 부여도 영원성의 해체에 기여하는 셈이다. 길든 짧든 시간에 숫자가 부여되면 우리는 시간의 파괴성에서 벗어나 잠시나마 의례적 영원성으로 들어갈 수가 없다. 일상적 시간으로 돌아와도 우리의 의례적 여정이 이어진다는 느낌을 받을 수 없기 때문이다. 예를 들어 특정한 해의 특정한 달, 특정한 날 3시부터 5시까지 의례에 참여한다고 생각해보자. 끝없는 시간은 그 자체로 영원성이 아닐뿐더러 영원성을 질식시키는데, 영원성에 대한 관념을 무의미하거나 미신적인 것으로 축소하기 때문이다.

영원성의 순간이 열역학 제2법칙을 따라 가차 없이 전개되는 시간에 포섭된다면, 그 안에서 체험되는 불멸성 역시 환상에 불과해진다. 영원성의 관념이 머무를 수 있는 유일한 장소(의례) 역시 점점 미심쩍은 것이 되고 만다. 숫자는 한때 사람들을 인도하고 사람들을 통해 생명을 부여받은 영원성에 사형선고를 내렸다. 영원한 것이 '셀 수 없는 것'에 의해 인간의 삶에서 추방되고 나서, 우리는 엘리아데(1957a)가 '역사의 공포'라고 부른 상태, 즉 불가피하고 무의미한 허무의 절망과 비참에 내맡겨졌다.

8

동시성과
위계

동시성과

위계

6장 앞부분에서 나는 의례를 방에 비유하며 의례가 세 차원에서 구현된다고 말했다. 6장은 뚜렷하게 시간적 차원인 순차적 차원sequential dimension을 다뤘다. 그 차원은 방의 길이에, 더 역동적으로는 그 방의 길이를 가로지르는 것에 비유할 수 있다. 그런 전진의 과정에서 의례는 시간, 더 정확히 표현하면 시간성을 조직한다. 7장에서는 미분화된 시간의 분화가 일상적 시간을 구성하는 시기period를 만들어낸다고 보았다. 더 나아가 일상적 시기를 분할하는 사이기와 이 사이기를 지배하는 시간적 조건, 그 안에서 정신과 사회의 상태에 대해 논의했고, 영원성의 생성에 대해서도 살펴보았다.

이제 내가 공시적인 예식 질서의 동시적 차원simultaneous dimension이라 부르는 것들을 살펴볼 차례다. 나는 '공시적synchronic'이라는 용어를 의도적으로 사용하지 않고 있다. 일반적 분석 양식에 사용되어야 한다고 보기 때문이다. 여기서 내가 주목하는 것은 시간성이 제거된 분석analysis의 양식이 아니라 지각perception이다.

나는 모든 예식 질서의 의미가, 어느 정도 한 의례가 다른 의례를 고정된 방식으로 뒤따르면서 전개된다고 주장했다. 사건이 차례대로 전개되는 특정한 순간에―모든 순간은 아니라도―참여자들은 동시에 지각되는 하나 이상의 재현물에 깃든 다양한 의미를 만난다. 이제 의례에서 재현되는 동시에 (참여자들에 의해) 파악되어야 하는 의미의 범위를 고찰해보자.

그런 의례적 재현물은 '다성적multivocalic'이라 불린다. 지금까지 인류학 문헌에서 가장 유명한 사례는 은뎀부족의 무디 나무Mudyi tree다. 빅터 터너는 여러 지면에서 이 나무에 대해 탁월한 분석을 펼쳤다. 터너에 따르면 무디 나무는 동시에 서로 다른 19가지 의미를 재현할 수 있다(1967).

1.
유 민 룸빔 나무

마링족 사회의 유 민 룸빔 나무는 무디 나무처럼 작지만, 그에 못지않게 복잡한 의미가 있다. 앞서 언급한 의례의 세 가지 차원과 모두 연관되는 이 '의례적 재현물'을 이해하기 위해, 먼저 마링족의 '신들'과 마링족 의례 주기의 몇몇 양상을 살펴보자.

우리는 3장에서 룸빔 나무를 심는 행위의 지표적 성격을, 6장에서는 시간의 구축과 인간 행위의 계획에서 룸빔 나무가 수행하는 역할을 살펴보았다. 이제 룸빔 나무가 보통 '상징적'이라고 불리는 방식으로 뭔가 재현한다는 점에 주목해보자. 이 논의의 일부는 다른 문헌(Buchbinder and Rappaport, 1976; Rappaport, 1979)에서도 비교적 자세히 다뤘지만, 논의의 편의와 연속성을 위해 그 내용을 여기서 종합하려고 한다.

룸빔 나무 심기는 전쟁을 끝내고 신성한 휴전을 개시한다. 그러나 **룸빔** 나무의 의미가 정치적 함의나 지표적 내용에 국한되는 것은 아니다. 그 나무는 마링족 우주론의 근본적 조건, 즉 이 세계를 이해하고 그 안의 관계를 다스리는 데 필요한 영적이고 구조적 조건을 재현하거나 구성한다.

마링족 의례 주기와 의례 자체를 논의하기 전에 마링족이 모시는 신령들과 각 신령의 특성, 그들의 관계를 잠깐 설명할 필요가 있다.

마링 사회의 신령은 두 부류로 나뉘는데 한 부류는 고지대에, 다른 부류는 저지대에 거주한다. 고지대에 거주하는 신령은 붉은 신령들Red Spirits(Raua Mugi)과 연기 여자Smoke Woman(Kun Kase Ambra)가 있다. 각 부계씨족의 붉은 신령들은 씨족 영토의 높은 숲 속에 거주한다. 사람들은 연기 여자가 씨족 영토 가장 높은 곳에 거주한다고 말한다. 그러나 그녀의 고향은 심바이-지미 강 유역의 가장 높은 봉우리인 오이포르 산꼭대기로 알려졌다.

연기 여자는 인간이 아니다. 그녀는 산 자들과 다른 범주 신령들의 중개자 역할을 한다. 샤먼들(kun kase yu)은 어둑하게 꾸민 남성들의 집에서 교령회交靈會가 열릴 때 그녀와 교통한다. 샤먼들은 강한 자연산 시가의 연기를 흡입한 다음, 그들의 **노마네**(어떤 맥락에서는 '생각', 다른 맥락에서는 '전통'이나 '문화'를 의미하는 말이다. 여기서는 죽음 뒤에도 살아남는 자아의 의식적 측면을 뜻한다)를 코를 통해 연기 여자가 사는 고지대로 올려 보낸다. 그리고 그녀를 교령회로 데려온다. 연기 여자는 샤먼의 콧구멍을 통해 샤먼의 머리로 들어가고, 샤먼의 입을 통해 죽은 자들의 소원을 산 자에게 전달한다. 모든 중요한 의례가 있기 전이나 많은 행사에서 샤먼은 연기 여자와 교통한다.

연기 여자는 여성 신령이지만 여성과 아무런 연관성이 없다. 마링 사회에 여성 샤먼은 거의 없다. 내가 아는 여성 샤먼이 한 명 있었는데, 남자들은 대부분 그녀를 같잖게 여겼다. 연기 여자는 여성의 다산성과도 관련이 없으며, 여성에게 적대적이지 않지만 여성의 섹슈얼리티에는 적대적인 듯하다. 연기 여자가 남성 샤먼을 처음으로 '내려치면' 그는 평생 성생활을 포기해야 한다. 연기 여자의 남편이 되었다고 간주되기 때문이다. 그가 다른 여자와 교제하면 연기 여자는 질투심으로 그 여자에게 해를 끼칠지 모른다.

붉은 신령들은 전쟁에서 살해했거나 살해당한 사람들의 혼령이다. 마ma라는 범주에 속하는 생물—고산지대에 서식하는 대다수 나무 유대류와 몇몇 설치류 포함—은 붉은 신령들의 돼지들pigs of the Red Spirits이라고 불린다. 그러나 붉은 신령들은 가끔 그 동물의 사냥에 관여할 뿐, 연기 여자만큼 인간의 생업에 관심을 보이지 않는다. 붉은 신령들은 영토의 고지대와 연관되기 때문에 인간 신체의 상부와 연관된다. 그 신령들은 머리와 가슴에 병을 일으킬 수 있으며, 다른 원인으로 머리나 가슴이 아플 때도 그들의 도움을 간청한다. 그러나 붉은 신령들의 가장 큰 관심사는 자기 집단과 다른 지역 집단의 관계, 특히 전쟁에서 관계다. 전쟁 의례는 대부분 붉은 신령들에게 바쳐지며, 그들은 전쟁과 관련된 터부를 사람들에게 부과한다.

붉은 신령들의 일반적 성질은 의례에서 그들을 부르는 명칭에 반영된다. 그 신령들은 종종 노룸-콤브리Norum-Kombri, 룬게-인예Runge-Yinye라 불린다. 여기서 콤브리는 화식조를 말한다. 높은 숲 속에 사는 위험한 대형 조류로, 이 새의 기름기 많은 살은 돼지고기보다 귀하게 여겨진다. 화식조 깃털은 전쟁에 가는 남자들의 머리 장식으로 사용된다. 노룸은 기생 난초과 식물로, 튼튼한 줄기로 고지대 나무를 타고 오른다. 룬게는 태양이며, 인예는 불을 의미한다. 붉은 신령들은 롬반다rombanda라고도 불린다. 이 말은 다른 맥락에서는 단순히 '뜨겁다'는 의미지만, 신령들과 연관되면 건조함이나 딱딱함, 힘, 호전성, 흉포성 등을 뜻한다.

한편 영토의 저지대에 거주하는 두 가지 신령을 통틀어 라우아 마이Raua Mai라고 부른다. 마이는 생물학적 의미에서 먼저 태어난 존재를 의미하는 듯하다. 뿌리줄기가 뻗어 나온 타로(ndong)의 본래 줄기는 은동 마이ndong mai, 아이를 낳은 여자는 암브라 마이ambra mai, 노인은 유 마이yu mai라 부른다.

라우아 마이에 속하는 존재는 첫째, 코이파 망기앙Koipa Mangiang이 있다. 이 신령 역시 연기 여자처럼 인간이 죽어서 된 신령은 아니다. 그는 산등성이를 타고 흐르는 하천의 웅덩이에 산다고 여겨진다. 유대류 동물이 붉은 신령들의 돼지인 것처럼, 그의 돼지들은 뱀장어다.

저지대 숲에서 가장 큰 나무의 둥치에는 라우아 투쿰프Raua Tukump가 산다. 이것은 병이나 사고로 죽은 자들의 신령이다. 여기서 투쿰프란 장소를 더럽히고 사람을 해칠 수 있는 초자연적 오염, 부패하는 사물이나 물질에 생겨나며 희미하게 빛을 낸다고 알려진 곰팡이를 동시에 의미한다.

붉은 신령들이 인간 신체의 상부와 연관되듯이, '부패의 신령들 Spirits of Rot'은 신체의 하부—배, 생식기관, 다리—와 연관된다. 부패의 신령들은 신체의 하부에 고통을 줄 수 있고, 그 고통을 치유할 수도 있다. 그들과 **코이파 망기앙** 신령도 전쟁 의례에서 작은 역할을 수행하지만, 그들이 주로 관여하는 분야는 여성, 돼지, 밭의 다산성이다. 다산성과 연관된 의례는 보통 그들에게 바쳐진다. **코이파 망기앙** 신령이 이 분야를 관장하며, 부패의 신령들은 중개자 역할을 한다. 그러나 **코이파 망기앙**이 오직 다산성을 관장하는 것은 아니다. 그는 주요 신령들 중에서 유일하게 사람을 죽일 수 있다 (물론 다른 신령들이 살해를 요청할 수도 있다). 따라서 **코이파 망기앙**은 두려우면서도 자애로운 신령이다.

고지대 신령들이 '뜨겁다'고 말해지듯이, 저지대 신령들은 키님kinim 하다고 여겨진다. 키님은 단순히 '차갑다'는 의미일 때도 있다. 그러나 여기서 키님은 '습하다'는 의미도 내포한다. 사탕수수의 즙은 키님 하며, 물과 물속에 사는 모든 생물도 키님 하다. 여자들 역시 질에서 나오는 분비물 때문에 키님 하다고 여겨진다.

마링족이 관찰한 바에 따르면 춥고 습한 것은 부패를 부르고, 유기물을 분해해서 그것이 처음 난 땅으로 돌아가게 한다. 마링족에게 초목의 부패는 밭의 다산성을 향상한다. 새로운 생명은 살아 있던 것들이 부패한 데서 생겨나며, 살아 있는 것은 언젠가 다시 분해되어 앞으로 올 생명을 지탱한다. 그러나 생명 성장에 도움이 되든 아니든, 부패 중인 것은 결국 죽었거나 죽어가는 것이다. 마링족의 우주론에서 생식력은 죽음과 밀접히 연계된다. 이런 연관성은 코이파 망기앙 신령 속에서 통합되어 나타난다.

마링족이 보기에 뜨거움과 차가움, 힘과 생식력은 모두 생존에 필요한 성질이다. 다시 말해 영토의 성공적인 방어와 그렇게 방어된 영토의 성공적인 경작에 필요하다. 그러나 두 성질은 상반된 것으로 상대에게 위험하다. 어떤 활동은 시공간적으로 다른 활동과 분리되어야 하며, 어떤 사물과 사람은 특정 기간이나 영구적으로 다른 사물 혹은 사람과 분리되어야 한다. 따라서 붉은 신령들의 열기를 품고 전쟁하는 남자들은 여자와 접촉을 피해야 한다. 여자의 차갑고 습한 성질이 그들 안에서 타는 영적인 불을 꺼뜨려 그들의 힘을 약화할 수 있기 때문이다. 많은 뉴기니 고산 부족처럼 마링족 역시 여러 터부에서 표현되는 여자의 오염성과 관련된 명료한 관념이 있다. 그리고 여자와 지나치게 접촉하면 심신이 약해진다고 간주된다(Buchbinder and Rappaport, 1976 참조).

요약하면 두 가지 신령들의 미덕은 정확히 상반된다. 논리적으로 인간의 죽은 친족인 부패의 신령들과 붉은 신령들은, 연기 여자와 코이파 망기앙 사이에서 두 신령의 대립을 중재한다. 그러나 논리적 중재보다 중요한 것은 마링족의 의례 주기에 따른 역동적 중재다. 이 점은 마링족 전쟁의 우주론적 결과와, 룸빔 나무 의례나 후속 의례의 치유적 효과에서 잘 드러난다.

우리는 주로 전쟁과 연관된 붉은 신령들의 특성이 저지대 신령들의 특성과 상반된다고 말했다. 저지대 신령들의 영험은 붉은 신령들의 영험에 해를 끼친다고 여겨지며, 붉은 신령들의 전투력 향상 능력을 무효화할 수도 있다. 따라서 전쟁이 '선포'되면 두 신령들이나 그들과 연계된 모든 것을 최대한 분리할 필요가 있다. 그리고 공동체, 특히 남자들을 붉은 신령들과 밀접하게 연계시켜야 한다. 이런 분리는 전쟁 돌(bamp ku)이라는 사물을 특정한 의례 가옥(ringi ying)의 중앙 기둥에 거는 정교한 의례에서 진행된다. 이 의례는 불화하는 집단들의 관계가 충분히 악화되지 않았을 때, 그 관계를 우애(ngui‒ngui : '형제‒형제')에서 공식적이고 신성화된 증오(cenang yu : '도끼 남자들')의 관계로 바꿔놓는다. 그 의례가 치러지면 정복이 목적이 아닌 경우 적의 영토로 들어갈 수 없고, 오직 분노 속에서 적을 만지거나 이름을 부를 수 있다.

남자들만 참여하는 이 의례 도중에 붉은 신령들은 전사들의 머릿속으로 들어간다. 신령들은 거기서 불처럼 타오른다고 여겨진다. 그 후 성적 접촉은 금지되는데, 차갑고 습하고 부드러운 여자들과 접촉하면 뜨겁고 딱딱하고 마른 남자들의 머릿속에서 타는 불을 꺼뜨릴 수 있기 때문이다. 반대로 몇몇 마링족 남자는 여자들도 남자들과 접촉해서 타버릴 수 있다고 말한다. 비슷한 이유로 여자들이 요리한 음식, 습한 음식, 부드러운 음식, 저지대에서 난 음식은 전사들에게 금지된다. 전사들은 전장에서 어떤 액체도 마셔서는 안 된다는 터부로 고통 받는다.

고지대와 연관된 것들과 저지대와 연관된 것들은 전쟁이 시작될 무렵 가장 엄격하게 분리된다. 이는 많은 터부를 통해 드러난다.

438

이 금지는 '붉은 신령들의 돼지'인 유대류와, 부패의 신령들과 연관된 판다누스 열매(사후에 부패의 신령들이 된 죽은 자의 잔해 일부가 판다누스 숲에 묻혔다)를 함께 먹을 수 없다는 터부에서 가장 명료하게 드러나는 듯하다. 유대류와 판다누스 열매는 따로 조리해서 먹을 수 있지만, 섞어서 조리하거나 같은 끼니에 섭취할 수 없다.

분리되는 것은 두 가지 초자연적 존재뿐만 아니다. 산 자들 역시 엄격한 의무에 따라 분리된다. 이 의무는 저지대 신령들에게도 바쳐야 한다. 마링족은 전쟁 돌을 걸 때 전사들의 다리를 강하게 해달라고 부패의 신령들에게 간청한다. 이런 채무 때문에 덫을 놓아 유대류를 잡아서는 안 된다는 터부가 가동된다. 드물게 총으로 잡은 유대류는 먹기도 한다. 한편 뱀장어는 잡아서도, 먹어서도 안 된다. 남자는 뱀장어를 먹으면 안 되는데, 춥고 습한 뱀장어가 전사의 열기에 해롭기 때문이다. 뱀장어는 여자들이 덫을 놓아 잡아먹어서도 안 된다. 뱀장어는 **코이파 망기앙** 신령의 돼지들이라서 그 신령들에 대한 채무가 남았을 때는 잡을 수 없기 때문이다.

요약하면 마링 사회에서 전쟁은 우주를 날카롭게 찢어놓아 뜨거운 것과 차가운 것, 높은 것과 낮은 것, 강한 것과 생식력 있는 것, 남자와 여자의 명확한 분리를 요구한다. '전쟁 돌'이라 불리는 물건을 작은 의례 가옥의 중앙 기둥에 걸어 전쟁이 '선포되면', 접촉해선 안 되는 물체나 물질, 음식, 사람, 행위에 관한 광범위한 터부[1]가 활성화된다. 전쟁이 시작되면 죽은 자들에 대한 무거운 채무가 생겨나는데, 산 자들은 죽은 자들이 전쟁에서 도와준 것을 반드시 갚아야 한다.

한편 전쟁이 종결되면 우주의 재통합이 시작된다. 6장에 논의했듯이, 마링족의 사고에서 불변하는 질서에 따라 한 의례 주기를 구성하는 순차적 의례들은 전쟁이 분열시킨 이 세계를 복구하는 길고 정교한 절차다. 전쟁 후 단계별 의례는 전쟁에 참여한 사람을 특정 터부에서 해방하고, 원한이 갈라놓은 사물과 사람, 행위를 다시 통합한다. 룸빔 나무 심기는 남자와 여자가 다시 사랑을 나눌수 있음을 의미하며, 특정 음식에 대한 터부도 그때 해제된다. 그리고 룸빔 나무 심기는 개별 부계 집단의 자율성과 영토의 연결성을 회복시킨다.

적대 집단 간에[2] 전쟁 중단이 합의되면 지역 집단의 모든 사람 — 여자, 아이, 전사, 그들의 동맹군 — 은 룸빔 나무 심기를 준비하기 위해 모인다. 이때 유대류, 뱀, 도마뱀, 개구리, 쥐, 곤충, 곤충의 애벌레, 새 등 먹을 수 있는 모든 야생동물을 잡는다. 야생식물도 수집한다. 이 야생 동식물은 암퇘지 복부 지방을 조금 넣고 특수한 오븐(pubit)에서 조리한다. 이 오븐의 면적은 0.3제곱미터 정도로 땅에 나무껍질을 얹어 만든다. 오븐에서 음식이 익어 김이 나면, 전사들은 '전쟁 돌'이 걸려 적에 대한 증오를 공식 선포할 때 몸에 바른 링기ringi라는 '뜨거운' 숯 문양을 의례적으로 제거한다. 오븐이 열리면 남자들과 그들의 여자, 아이들이 그 음식을 먹는다. 그 음식은 다른 때라면 '차갑다'거나 다른 이유로 남자에게 금지되던 여러 고기가 뒤섞인 것이다.

오븐과 그 안에 담긴 음식 먹기는 자연의 비옥함과 인간의 전–문화적 단계, 즉 인간이 동물처럼 터부를 모르고 자연에서 취한 모든 것을 먹던 상태를 동시에 재현하는 듯하다. 오븐의 위치에도 의미가 있다. 마링족 관념에서 발견되는 자연 상태와 분리가 존재하지 않기 때문이다. 그 오븐은 땅에 바로 놓인다. 반면 붉은 신령들에게 바칠 돼지(때로 '머리 돼지head pigs'라 불리는)를 요리하는 오븐은 땅보다 약간 높은 곳에 놓는다. 저지대 신령들에게 바치는 돼지('다리 돼지leg pigs')와 식사를 위해 요리하는 돼지는 땅을 파서 만든 '흙 오븐'에 조리한다. 여기서 야생 동식물로 벌이는 잔치와 오븐 자체가 재현하는 자연의 비옥함은 생식력과도 관계가 있다. 이 문제는 잠시 뒤에 논의하자.

잔치가 끝나면 여자들은 물러가고 텅 빈 흙 오븐 가운데 어린 톤도코tondoko 나무(Cordyline fruticosa), 즉 잎이 붉은 룸빔 나무 종류가 심긴다. 이것이 유 민 룸빔(yu : 사람 / min : 그림자, 생명)이다. 나무가 심길 때 모든 남자들이 그 나무를 손으로 쥐는데, 몇몇 남자는 자기 생명(min)이 흘러들어 나무를 안전하게 지킨다고 말한다. 그렇다면 룸빔 나무는 주로 그것을 심는 자들(여자는 그 나무를 만질 수도 없다)의 안녕을 위해 심기는 것 같은데, 그 행위의 수혜자가 그들만은 아니다. 마링족에 따르면 룸빔 의례 참여자가 낳은 자식들은 빠르게 '단단해진다(anc)'. 즉 그들은 빨리 자라고 강해지며, 계속 건강하게 산다.

남자들이 룸빔 나무를 심는 사이, 음밤프 쿤다 유mbamp kunda yu라 불리는 전쟁 의례 전문가는 신령들과 교통하여 이제 막 끝난 전쟁에서 자신들을 도와주어 고맙다는 뜻을 전한다. 특히 자기 영토를 수호할 수 있게 도와준 점에 감사한다. 마링족의 세계관에서 모든 지원과 도움은 호혜성을 요구한다. 가는 게 있어야 오는 게 있다. 마링족은 조상에게 그들이 지원한 것에 대한 보답으로 돼지고기 공양을 바치겠다고 말한다. 얼마나 많은 돼지를 잡았든 조상에게는 그 돼지가 몇 마리 안 되며, 산 자들은 조상과 동맹군에 대한 채무를 청산할 수 있을 만큼 돼지가 모일 때까지 돼지 기르기에 헌신하겠다고 말한다. 이 기간은 몇 년, 때로는 10년 이상 걸리기도 한다 (Rappaport, 1984; 이 책 4~5장 참조).

그런 채무가 청산될 때까지 지역 집단은 전쟁을 시작할 수 없다. 앞선 채무를 갚지 않은 후손들은 조상이 도와주지 않기 때문이다. 그러면 휴전이 계속된다. 몇 년 뒤 조상에 대한 채무를 갚을 만큼 돼지가 모이면, 적절히 자란 돼지를 모두 잡아 공양한다. 이때는 어린 돼지만 살려둔다. 조상은 돼지의 그림자(min)를 받고, 지역 집단의 동맹자는 살코기를 받는다.

3장에서 **룸빔** 나무 심기 의례에 참여함으로써 이방인이던 남자가 지역 집단과 그 영토에 동화된다고 말했다. 따라서 **룸빔** 나무는 개별적인 남자, 단단함이나 힘 같은 특성뿐만 아니라 영토성 자체와도 연관된다. 부계적으로 엮인 남성 집단이 토지권을 주장하는 것이 이상적이지만, 이방인이던 사람도 **룸빔** 나무를 쥠으로써 자기 그림자(min)를 다른 이들의 그림자와 섞는다. 그러면 그 자손들도 그가 거주하는 영토의 부계 집단에 동화될 수 있다. 지역공동체를 구성하는 여러 부계씨족이 **룸빔** 나무 심기에 함께 참여하기도 하지만(6장에서 살펴보았듯이 그런 협력은 참여자들을 같은 공동체로 규정한다), 보통은 각 씨족이 자기 영토에 개별적으로 **룸빔** 나무를 심는다. 따라서 **룸빔** 나무는 영토성이나 남자들의 힘, 안녕은 물론 부계성과도 결부된다.

이방인은 **룸빔** 나무를 쥠으로써 자기 그림자를 다른 씨족 구성원의 그림자와 합쳐 그 씨족에 동화되며, 그의 조상 신령들을 새로운 고향에 정착시킨다. 그가 **룸빔** 의례에 참여해 돼지를 바칠 때, 그의 죽은 친족에게 새로운 장소로 와서 돼지고기를 흠향하라고 요청하기 때문이다. 구조적 압력, 짧은 연대기적 기억, 2세대가 지나면 부계친족과 다른 동족 구성원 사이의 구별이 없어지는 친족 용어의 특성을 감안하면, 한 남자가 자기 조상을 이주시킨다는 것은 조상을 *그가* 동화된 집단의 일반적인 조상 신령의 범주(anakoka)에 동화시킨다는 의미다.

남자들은 자신이 심는 **룸빔** 나무에 자기 민min(그림자 혹은 생명)을 주입한다. 이때 민과 부계 집단의 연계는 공통으로 **룸빔** 나무에 불어넣은 민에 불멸성은 아니라도 개별 인간의 삶을 넘어선 지속성을 부여한다. 남자는 **룸빔** 나무를 쥠으로써 자기 일생보다 주기가 긴 공동체에 참여하는 것이다. 씨족의 민에 대한 이런 시각은 용감한 남자들이 죽음을 대하는 마링족 영웅들의 정형화된 웅변에서도 드러난다. "내가 죽는 것은 문제가 아니다. 이 땅을 소유하고 아이들의 아버지가 되어야 할 더 많은 메르카이족(혹은 카뭉가이족이나 크위비가이족)이 있다." 씨족은 불멸하지 않지만, 죽음이 아니라 멸족을 통해서 와해된다. 따라서 씨족의 존속 주기는 개인이나 집단의 생애 주기를 넘어선다. **룸빔** 나무의 영적 특성은 남자들의 안녕을 보장하고, 그들이 낳은 자식을 건강하게 만든다. **룸빔** 나무 심기에서는 영성, 힘, 건강, 부계성, 영토성, 지속성, 불멸성과 비슷한 특질이 재현된다.

남자들이 **룸빔** 나무를 쥐고 있던 손을 떼면 오븐 주위에 **아마메**amame라는 꿀풀과 관엽식물을 심는다. 야생 동식물과 함께 조리한 돼지의 복부 지방은 남겼다가 아마메와 함께 심는데, 이 식물은 **콘크 쿰프 아마메**konc kump amame(돼지 복부 아마메)라고 불린다. 아마메를 심을 때 사람들은 저지대 신령들에게 잘 보살펴달라고 간청한다. 동시에 돼지들이 튼튼하게 자라 새끼를 많이 낳고, 밭농사가 잘되며, 여자들도 건강하게 아이를 갖도록 해달라고 간청한다. 나무로 만든 오븐이 썩으면 오븐이 있던 공간 위로 아마메가 무성하게 자라난다. 그러면 아마메 줄기 일부를 베어 인간과 돼지를 위해 여자들의 집 주위에 심는다.

길고 가늘고 작은 나무를 오븐 중앙에 심는 **룸빔** 의례의 성적 상징성은 뚜렷하다. 그러나 단순한 의미에서 생식 행위를 재현하는 것은 아니다. 그것은 성교 중인 남녀의 생식기와 비슷한 사물들의 관계를 통해, 은유적으로 더 추상적인 결합을 재현한다. **룸빔** 나무와 아마메의 공간적 관계를 감안하면, 오븐은 어떤 의미에서 여성의 질을 재현한다. 이런 연관성은 오븐의 관대함에서 분명히 확인된다. 아이가 여성의 음문에서 나오듯이, 땅의 열매도 오븐을 통해 나온다. 부츠빈더Georgeda Buchbinder와 나는 마링족 정보 제공자에게서 그런 설명을 듣지 못했지만, 이런 해석이 완전히 자의적인 상징주의 이론에 근거한 것은 아니다. 마링족의 설화에서도 임신한 여자가 엄청나게 많은 야생 동식물을 낳았다는 테마가 발견된다. 나는 현지 조사 중에 그런 기적 같은 일이 멀리 떨어진 마링족 공동체인 암브라크위족 여자에게서 일어났다는 말을 들었다.

오븐이 땅의 열매들이 쏟아져 나오는 여자의 음문을 재현한다면, 땅은 음문이 있는 다른 존재 범주인 여자와 동일시된다. 우리는 앞서 땅과 여자가 특정한 성질이나 속성을 공유하는 것을 살펴보았다. 둘 모두 생산적이며 그런 생산성은 그들의 '차가움', 즉 위험하면서 생식력으로 충만한 차가움과 관련이 있다. 이 점에 비춰 보면, 오븐이 있던 자리에서 자라는 **아마메**와 **룸빔** 나무의 공간적 관계는 매장지에서 두 식물의 공간적 관계를 상기시킨다. **룸빔**과 **아마메**는 공간적으로 오븐과 연관되듯이 무덤과도 연관된다.

오븐이 여자의 질을 재현한다면, 이는 여자의 질과 무덤이 하나임을 암시한다. 땅이 오븐에 자기 질이 있듯이, 여자도 질에 무덤이 있다. 그렇다면 의례의 상징에서 다산성과 죽음이 하나라는 사고가 터부적 회피 행동에서는 암시적으로, 마링족의 우주론에서는 거의 명시적으로 표현되었음을 알 수 있다. 남자들이 여성적 오염을 두려워하는 이유도 새롭게 이해할 수 있다. 땅에서 나온 것은 결국 땅으로 흡수된다. 마찬가지로 남자가 태어난 곳으로 들어간다는 것은 생식에 필요하고 쾌감으로 가득한 행위인 동시에 위험한 행동이다. 땅이 거기서 태어난 것들을 분해하듯이, 질에서 태어난 것들도 질로 돌아가 분해될 수 있다. 여성에 의한 오염이 시신의 분해와 비슷한 부패 작용을 일으킨다고 여겨지는 점도 흥미롭다. (마링족은 시신의 부패에 익숙했는데, 1970년대에도 죽은 자의 시신을 높은 단에 올려 백골이 될 때까지 두었다. 미망인이나 부계

측 여성 친족들은 종종 썩어가는 시신을 보러 갔다.) 그렇다면 여성의 섹슈얼리티에 의한 오염의 공포와, 여성과 시신의 연계는 동전의 양면이라 할 수 있다.

여기서 인간의 몸, 특히 그 성적 특징의 상징적 재현물이 갖는 함축적 의미를 생각해보자. 보편적이고 즉각적으로 경험되는 남자와 여자의 구분은 자연스럽게 내재적 의미를 띠며, 대립되는 범주를 표시하는 뚜렷한 인지적 도구가 된다. 마링족에게 그 구분은 그들이 세계에 부여하는 모든 추상적·관습적 구별의 살아 있는 모범이자 표상이다. 그것은 오트너가 '기저 은유root metaphor'라고 부른 것이다.

> 남자(높다/뜨겁다/단단하다/건조하다/강하다/영적이다/불멸이다)
> 여자(낮다/차갑다/부드럽다/습하다/다산적이다/일상적이다/필멸이다)
> (1973)

그러나 남자 – 여자 관계가 단순히 편리한 은유적 공식은 아니다. 그것은 또 물질적이어서, 추상적인 것에 실체를 부여하고 그 본보기가 될 수 있다.

무수히 많은 사물과 물질도 물질적 은유로 기능할 수 있지만, 남자/여자 구분은 그런 것들과 구별되어야 한다. 여기에는 중요한 이유가 있다. 남자/여자 구분은 사물을 구분하고 구분된 것들의 차이를 이해하기 위해 그 구분을 사용하는 사람들과 분리되지 않는다. 사고하는 인간 자체와 분리할 수 없는 양상으로서 남자/여자 구분은 인간에게 이 세계에 대한 직관적인 이해 체계, 즉 대단히 강력하고 일반적이며 구체적인 이해 체계를 제공하는 듯하다. 그러나 그에 따른 대가도 크다. (남자/여자) 은유의 구체적이고 친숙하며 몸과 관련된 조건들이 추상적이고 낯설고 몸과 멀리 떨어진 조건들을 설명할 수 있다면, 몸에서 멀리 떨어진 것들이 인간의 몸 자체를 서술할 수 있다(Fernandez, 1974).

마링족은 남자와 여자의 신체적 차이가 그들이 세계에 부과한 모든 개념적 대립 항을 상징하게 함으로써, 그들의 신체를 모든 개념적 대립 항을 향해 열어 젖혔다. 부츠빈더와 내가 주장했듯이(1976) 그렇게 되면 관습적인 세계의 공포와 위험이 은유의 다리를 건너 인간에게 밀어닥친다. 즉 남자와 여자의 몸을 사로잡는다. 그들의 살아 있는 몸은 조상들이 불러일으킨 추상적 분노에 사로잡힌다. 그런 재귀성은 신체 은유의 사용에 내재한 것이며, 분명 마링 사회에서 통용되는 여성에 의한 오염이라는 개념의 기저를 이룬다. 여자는 자신의 자연적 성질을 통해 오염하는 존재가 아니다. 오히려 여자는 자신이 보유한 성질에 의해 오염되는 존재인데, 그 성질이 남자와 연관된 성질에 위험하기 때문이다. 마링족 여자가 성적 특징에 부여된 의미 때문에 억압받는다는 것은 말할 필요도 없다. 그러나 남자 역시 남자/여자 구분의 은유적 사용 때문에 피해를 본다. 즉 그들은 섹스를 두려워한다.

자연 세계의 과정은 생식, 성장, 죽음의 주기로 진행된다. 그리고 **룸빔**과 **아마메** 심기는 인간을 부양하면서 위협하는 자연의 풍요와 위험 위에, 문화적 질서를 부과하고자 하는 인간의 시도를 재현하는 듯하다. 오븐이 음문의 재현이라면, 그것은 자연의 풍요로움이 자연의 생식력의 한 측면임과 동시에, 생식력 자체가 자연의 일면임을 의미한다. 재배종* 식물인 아마메를 오븐 주위에 심어 오븐을 뒤덮게 만드는 것은 경작을 위해 야생의 생식력을 포획하려는 시도다. 아마메 심기는 여자와 집돼지, 밭을 이롭게 하기 위함이다. 이는 사회 문화적 목적을 자연 과정과 결합시키거나, 자연 과정을 사회과정에 동화시키는 것이다.

마링족의 사고에는 야생의 것과 경작된 것의 대립이 내재한다. 트피 웜비ʈ'p wombi와 트피 은데미ʈ'p ndemi의 구분, 대략 길들여진 것과 야생의 것의 구분은 그들에게 중요하다. 여기서 은데미는 '위험하다' '야생적'이라는 뜻이 있다. 따라서 길들여진 것도, 길들여지지 않은 것도 아닌 생물이나 실체, 예를 들어 장례식을 치러주지 못한 적이나 혼령을 은데미라고 부른다.

아마메 심기는 생산적이지만 위험하고, 목적 없는 자연 과정에 문화적 목적을 부여하는 행위로 해석할 수 있다. 그런데 남자들이 손으로 쥐고 혼을 불어넣지만 여자들은 건드릴 수조차 없는 **룸빔** 나무 심기는 문화적 질서가 인간의 손에 있는 한, 말 그대로 남자들의 손에 있음을 보여준다. 게다가 붉은 신령들이 **룸빔** 나무뿐 아니라 그 나무를 심는 남자들과 연관되고, 아마메는 저지대의 신령들과 연관되며, 연기 여자와 교령회는 언제나 **룸빔** 나무를 심기 전에 교통하기 때문에, 남자들이 지배하는 문화적 질서는 동시에 영

---

* 야생종에 대하여 인위적으로 재배되는 식물 종을 말한다.

적 질서다.

그렇다면 오븐 속에 **룸빔** 나무 심기는 단순한 의미에서 생식 행위의 재현이 아니다. 그것은 차라리 죽음이나 다산성과 결부된 자연, 마링족의 문화적 질서와 결부된 정신성spirituality과 통합을 재현한다. 이 점에서 '생각'이나 '영혼'을 의미하는 **노마네**라는 단어가 어떤 맥락에서는 '관습'이나 '문화'(11장)를 의미한다는 점이 흥미롭다. **룸빔** 나무 심기에서는 산 자와 죽은 자의 암묵적 질서가 드러난다. 말, 사고, 호흡과 결부되며, 인간이 그녀와 교통할 때 사용하는 뜨거운 증기처럼 실체가 없고, 에테르적인 연기 여자는 세계 위 높은 곳을 날아다닌다. 그리고 다산성, 부패, 죽음과 결부되는 **코이파 망기앙** 신령은 깊은 하부를 헤엄쳐 다닌다.

세계 위에 있고 세계에 질서를 부여하는 언어의 제공자인 연기 여자가 초자연적supernatural이라면, 세계 아래를 헤엄쳐 다니는 **코이파 망기앙**은 하下자연적infranatural이다. 이 세계는 **코이파 망기앙**이 주재하는 과정에 근거한다. 그 신령들과 인간 사이에는 한때 인간이던 부패의 신령들과 붉은 신령들이 존재한다. 그들은 저지대의 나무나 고지대 어느 곳에 거주한다. 산 자들의 집은 대부분 중간 고도에 지어지는데, 밭도 대부분 거기서 경작된다.

메리 더글러스(1966)는 "원시사회는 그것의 우주의 중심에서 활력을 얻는 구조다"라고 썼다. 마링족 우주의 중심에서 이항적 범주는 남자와 여자의 은유로 통합된다. 사회는 오직 이항적인 것의 통합에서 가능하다. 마링 사회에서 그 통합은 오븐 주위에 **룸빔**과 **아마메**를 심는 데서 재현된다. 회피와 터부는 그것들의 통합을 촉진하는데, 이항적인 것들이 서로 의존할 뿐만 아니라 어떤 의미에서 상대에게 해롭기 때문이다. 남자들이 체현하는 영적이고 문화적인 질서는, 그 질서의 영속에 필요한 자연 과정에 의해 에워싸일 위험이 있다. 이렇게 보면 여성적 오염에 관한 마링족의 신념이 단순히 자연과 문화의 대립, 마링족이 **트피 윔비**와 **트피 은데미**라는 이분법으로 표현하는 대립의 결과가 아니다. 그 신념은 그것들이 통합하는 한 양상이기도 하다.

전쟁 돌을 걸 때 활성화된 터부의 해제와, 전쟁이 갈가리 찢어놓은 세계의 복구를 위해서는 산 자가 죽은 자에게 진 빚을 청산할 필요가 있다. 이 채무는 돼지 공희로 청산한다. **룸빔** 나무를 심을 때 각 집단의 구성원들이 소유한 다 자란 돼지를 조상 신령에게 모두 바치는 것이다. 새끼들은 이 공희에서 면제된다. 죽은 자들은 이 돼지의 혼을 섭취한다고 알려졌으며, 살코기는 산 자들이 먹는다. 전쟁에서는 붉은 신령들이 더 중요하지만, 희생된 돼지들은 저지대 신령들에게 바쳐진다. 그 신령들에게 바친 돼지고기는 동맹자들에게 선물로 줄 수 있는데, 전쟁에서 받은 도움에 대해 신령뿐만 아니라 동맹자들에게도 보답해야 하기 때문이다. 붉은 신령들에게 바쳐진 돼지고기는 오직 부계친족이 먹을 수 있다.

룸빔 나무 심기와 더불어 조상과 동맹자들에게 바치는 돼지고기는 그들에 대한 첫 채무 상환일 뿐이다. 여전히 갚아야 할 빚이 많아 터부도 지속된다. 그 터부에는 유대류나 뱀장어에 대한 터부, 적을 대하는 방법, 적의 영토 침범 금지 등이 포함된다. 마링족의 신념에 따르면 신령의 도움을 받아야 전쟁에서 성공할 수 있고, 갚지 못한 빚이 있는 이상 신령들의 도움을 기대할 수 없다. 그래서 어떤 집단이라도 지난 전쟁에서 신령들과 동맹 집단에 진 빚을 전부 청산하기 전에는 새로운 전쟁을 시작할 수 없다. 마링족이 **룸빔** 나무 심기와 더불어 신성화된 휴전을 선포하는 것도 이 때문이다. 이 휴전은 신령들에게 바칠 돼지가 충분히 모일 때까지 이어진다.

충분한 돼지의 규모와 그 돼지를 모으는 데 걸리는 시간에 대해서는 다른 곳에서 다루었다(Rappaport, 1969). 간략하게 언급하면 조상들에게 빚을 갚기에 충분한 돼지의 규모는, 돼지 개체 수가 돼지 소유주의 부양 능력과 말썽 부리는 돼지들에 대한 인내력이 한계에 달했을 때 규모다. 보통 거기에 이르기까지 10~20년이 걸린다. 그러고 나면 **카이코** 축제를 개최한다. 그때는 1년 내내 돼지 공희를 수반하는 의례와 축제를 통해 재통합이 일어나며, 우호 집단을 환대한다.

카이코 축제를 준비할 때는 의례적으로 집단 영토의 경계를 표시하는 말뚝을 박는다. 적대 집단이 여전히 그들의 옛 영토에 있으면 말뚝은 옛 경계에 박는다. 그때 돼지 몇 마리가 희생된다. 지난 전쟁에서 적들이 그들의 영토에서 추방되었으면 적의 영토를 침범하지 말라는 터부는 해제된다. 그러면 경계용 말뚝은 적의 영토 전부나 일부를 포함하는 새로운 위치에 박는다. 그 무렵에는 적의 조상 신령들조차 종전의 영토에서 쫓겨나 다른 곳의 친족들에게 몸을 맡긴 살아 있는 후손들을 따라 떠났다고 여겨진다. 그러면 적의 영토는 비었다고 간주되어 점령할 수 있다.

이 시기에는 유대류를 잡지 말라는 터부가 해제되며, (특정한 판다누스 열매가 익을 때까지) 1~2개월 의례적인 유대류 사냥 기간이 시작된다. 이 사냥 기간은 조상에 대한 빚을 청산하고, 우주와 재통합이 일어나는 중요한 의례로 끝난다. **룸빔** 나무를 뽑을 때 잡는 돼지의 주요 수혜자는 붉은 신령들이다. 그들에게 바치는 돼지는 부분적으로 과거의 도움에 대한 답례이며, 부분적으로 최근에 덫으로 잡아 훈제해서 먹은 유대류(붉은 신령들의 돼지인)에 대한 답례다. 그러면 과거의 채무가 사라져 인간과 붉은 신령들 사이에 동등한 관계가 다시 확립된다. 이와 함께 몇 년 전 남자들이 전쟁 돌을 걸면서 붉은 신령들을 자기 머릿속으로 받아들여 교감한 것도 종결된다. 사람들은 붉은 신령들이 돼지 공희를 받고 떠나줄 것을 간청한다.

앞서 언급한 화식조는 고지대 신령들과 관계있다. 재통합 측면에서 이 정교한 의례의 가장 흥미로운 장면은, 맨발로 뜨거운 오븐의 돌 위에서 춤추는 남자가 화식조 뼈로 만든 단검으로 판다누스 열매를 꿰뚫는 것이다. 그 후 판다누스 열매는 유대류와 함께 요리해 사람들이 의례적으로 나눠 먹는다. 그렇게 오랫동안 분리된 고지대와 저지대의 신령들이 한자리에 모이고, 점진적으로 채무를 청산한 집단 구성원들 역시 더 가까워진다.

룸빔 나무를 뽑으면 북 치기에 대한 터부도 해제되며, **카이코** 축제가 시작된다. 축제 기간 동안 때로 다른 지역 집단의 구성원들이 초대되어 정교한 춤 공연을 관람한다. **룸빔** 나무를 뽑고 6개월 정도 지나 밭에서 타로가 익기 시작하면, 전쟁 돌을 건 자리에서 돼지 몇 마리를 제물로 바친다. 그 무렵에 뱀장어 사냥도 허용되며,

1~3개월 뒤 여러 하천의 특별한 장소에 덫을 설치한다.

그 사이 동맹 집단 구성원들은 지속적으로 카이코 축제에 참여해서 여흥을 즐기는데, 타로가 방문객에게 중요한 증여물이다. 마링족 사회에서는 타로가 가장 중요한 음식이다. 심지어 제물로 쓰이는 돼지도 신령들 앞에서는 '타로'라고 칭한다. 손님들에게 의례적으로 주는 타로 선물은 한편으로 주최 집단의 밭 경작 능력을, 다른 한편으로 주최 집단의 사회적 관계를 상징한다. 마링족 사회에서 음식의 공유는 우정과 동의어다. 사람들은 적이 기른 음식은 먹지 않는다. 다른 사람의 타로를 먹는다는 것은 그가 당신의 친구라는 의미다.

카이코 축제는 여러 날 동안 이어지는 의례들과 더불어 끝난다. 먼저 집단의 원로들이 다른 집단과 치른 전쟁 때문에 생겨난 몇몇 터부를 해제하는 의례에서 돼지 몇 마리를 붉은 신령들에게 바친다. 이때는 분노의 시기에 지역 집단 구성원들 사이에 존재하던 공동 - 식사 금지 터부도 해제된다. 이런 터부의 해제와 더불어 사람들은 공동체 차원의 의례를 개최한다. 이것이 마링족 의례 주기의 클라이맥스다. 그 의례들은 중간 고도의 숲 속에 위치한 신성한 장소에서 치러진다. 그때 많은 돼지가 희생되며, 남녀 간 성행위도 벌어진다.

잡은 뱀장어들은 산 채로 통발에 담아 인근 하천에 둔다. 그러면 젊은 남자들이 깊이 갈라진 나뭇잎으로 아치 모양 장식을 한 새로 만든 오솔길을 따라 그것들을 공희 장소(raku)로 운반한다. 여자와 소녀들도 그 자리에 모인다. 젊은 남자들과 여자, 소녀들은 함께 공희 장소 중앙으로 나가 뱀장어를 통발에서 풀어준다. 그리고 뱀장어의 꼬리를 잡고 땅에 내려쳐 죽인 다음, 갓 잡은 암퇘지 옆에 놓는다. 이 뱀장어와 돼지는 **틈비 잉**tmbi ying이라 불리는 지붕 위로 긴 막대가 돌출한 작은 원형 가옥에서 함께 요리한다. 사람들은 전날 밤에 **코이파 망기앙**과 연기 여자를 **틈비 잉**에 초대했다. 그렇게 우주는 재통합된다.

다음 날에는 엄청나게 많은 돼지고기를 분배한다. 모든 지역 집단 구성원이 충분히 자란 돼지를 잡아 조상에게 바친다. 그렇게 지난 전쟁에서 발생한 조상에 대한 채무가 청산되고, 사람들은 '지난 전쟁에서 도와준' 다른 집단의 친족들에게 고기를 나눠준다. 돼지고기를 통한 채무 청산은 개인과 개인 차원에서 진행되지만, 그런 채무 청산을 공동으로 행한다는 점이 공동체적 성격을 부여한다.

같은 날 카이코 춤판에 세워놓은 의례용 울타리의 창문을 통해서 주요 동맹자들에게 소금에 절인 돼지고기를 전달한다. 돼지고기가 분배되면 울타리 뒤에 있던 주최 집단 측 남자들도 춤을 추는 사람들 속으로 달려간다. 그들은 전날 중요한 생식 행위를 연상시키는 의식에서 고지대 신령과 저지대 신령들, 그들 자신을 통합했다. 그리고 지금 재탄생을 상기시키는 행위에서 그들을 이웃과 분리한 속박을 깨뜨린다. 그들이 산 자들과 죽은 자들에게 진 채무는 이제 청산되었다. 식민 정부가 그 지역에 강요된 평화를 도입하지 않았다면 그들은 다시 한 번 자유롭게 전쟁을 개시했을 것이다. 신성한 휴전은 끝났기 때문이다.

2.
언어와 예식

찰스 프레이크Charles Frake(1964)와 에드먼드 리치(1954, 1966)를 포함한 몇몇 학자는 의례를 언어에 빗댔다. 둘 모두 커뮤니케이션의 양식이고, 둘 모두 말을 사용한다. 언어가 통사적 구조가 있듯이, 의례 역시 최소한 문법에 비유할 수 있는 규칙적 구조가 있다. 그러나 우리가 앞에서 다룬 룸빔 나무 심기 의례는, '의례를 그보다 일반적인 범주인 언어와 동일시하는 것이 과연 적절한가'라는 의문을 남긴다.

이질적인 현상들의 유사성을 포착하는 것은 그 현상들의 이해에 도움을 주지만, 양자의 차이를 간과하면서 오직 유사성에 주목해서는 안 된다. 의례와 언어의 유사성을 인식한 학자들도 그런 경고를 남겼다. 그러나 그들은 커뮤니케이션 양식으로서 의례와 언어가 심오한 차이를 보인다고 생각하지 않았다.

첫째, 우리는 4장에서 언어를 부호code로, 의례를 질서orders로 보았다. 부호는 어휘와 그것을 의미 있는 메시지로 결합·해석하는 규칙으로 구성된다. 언어적 부호―자연언어―들은 규칙에 따른 어휘의 조합에서 생겨나는 메시지의 범위를 제한하지 않는다. 그러나 의례에서 적절히 전달될 수 있는 메시지의 범위는 매우 제한적이다. 사실 의례적 규범에서 전달될 수 있는 메시지는 종종 단일화되는데, 의례에서는 적절한 말과 행위들이 거의 불변하는 질서에 따라 배치되기 때문이다. 모리스 블로흐(1973)가 썼듯이 '상호 연접적 특성features of juncture'은 언어에서 열려 있지만 의례에서는 고정된다.

일상적인 언어적 담화에서는 뉘앙스, 의미 변화, 내용 수정, 논쟁이 가능하지만, 의례적 수사는 그럴 수 없다. 이는 블로흐가 주장했듯이(내가 보기에는 실수인 듯한데), 의례적 규범이 비합리적이라는 의미가 아니다. 이는 단순히 의례는 논쟁argue하지 않는다는 의미다. 의례들은 주장하며assert 의례 특유의 연행적 특성을 통해 종종 의례가 주장하는 것을 창조하거나 확립한다.

일상적 담화는 대단히 유연해서 시시각각 변하며, 우리는 발화자의 발화 역시 지속적으로 수정되거나 변할 것으로 기대한다. 발화자가 자신이 들은 내용을 전혀 고려하지 않고 발화한다면, 결함이나 심지어 병리적인 신호로 해석된다. 말하자면 둔하고 지루하며, 무례하고 속물적이며, 광적이고 미쳤으며, 때로는 귀머거리라고 여긴다. 반대로 의례적 담화에서는 비-유연성이 적절하게 여겨진다. 누군가 의례적 수사에 변화를 준다면 우리는 그가 실수하고 있거나, 전문가가 아니거나, 비정통적이거나, 신성모독적이거나 심지어 이단적이며, 그의 말 역시 효력이 없고 신성하지 않다고 여긴다.

둘째, 의례에서 언어는 중요한 역할을 하지만, 언어에 전적으로 의존하는 의례는 거의 없다. 의례는 사물과 물질, 연행자의 몸을 활용해 언어로 전달할 수 없는 메시지와 메타-메시지를 전달한다. 메타-메시지 중에는 의례적 언어를 통해 상징적으로 지시되는 것들의 물질성을 보여주는 메시지가 중요하다. 5장에서 나는 의례에서 몸의 사용은 (예식 질서를) 수락하는 행위자의 살아 있는 물질성materiality을 보여준다고 말했다.

셋째, 순수하게 언어적인 메시지 전달은 단일 채널 전송single channel transmission이다. 그것은 말해지면 들리고, 쓰이면 읽힌다. 반면 의례는 시각, 청각, 촉각, 후각, 운동 감각 등 모든 감각 양식을 한꺼번에 동원한다. 더 포괄적이고 더 큰 몰입을 가능하게 하는 커뮤니케이션은 단일한 양식에 의해 전달되는 것보다 많은 의미를 메시지에 부여한다. 게다가 이런 복합적인 전달 양식은 동시에 여러 의미를 가리키기도 한다. 의례의 동시적 · 화음적인 양상은 앞서 우리가 살펴본 마링족의 의례에서 잘 드러난다.

3.
분석 vs. 연행

마링족의 의례 주기에 관한 나의 전체 설명은 마링족이 상상하는 세계 질서를 재현한 것이다. 그러나 마링족 의례 주기에 대한 분석은 그것들을 여러 구성 사건과 의미로 쪼갠다. 분해disassembly는 분석(랜덤하우스 대학사전Random House Collegiate Dictionary에서는 분석을 '물질이나 추상적 실체를 그것의 구성 요소로 분할하는 것'이라고 정의한다)에 필수적이며, 그 자체로 오류는 아니다. 부분 역시 그 자체로 중요한 의미를 나타낼 수 있기 때문이다. 그러나 분석 작용에 내재한 위험도 있으며, 의례에 대한 해석이 모두 그런 위험에서 자유롭지는 않다.

첫째, 분석이 고립시키는 개별 요소의 의미에 몰두하다 보면 그런 요소들의 관계의 의미를 망각할 수 있다. 예식 질서에 직관적으로 깃든 전체로서 의미도 놓칠 수 있다. 마링족 의례 주기를 처음부터 끝까지 관통하는 세계의 분열과 재통합이 그런 의미의 예다.

둘째 위험은 더 미묘한 것이다. 규범적 기호나 '상징'에 대한 모든 분석은 그것들의 지시물을 찾아내기 위해 통합체unity로서 제시된 것을 분해한다. 그렇게 되면 이 개별 지시물들이 특정한 재현이나 기호의 의미처럼 보인다. 그러나 의례의 연행은 의례의 분석이 아니다. 사실 연행의 의미는 분석 작용과 정확히 반대다. 분석이 규범적 기호나 재현의 다양한 지시물을 구별한다면, 연행에서는 그런 지시물들이 온갖 경험에서 그 기호로 동시에 모여들며, 그 기호에 따라 단순히 합산되는 것이 아니라 통합된다.

룸빔 나무 심기의 예로 돌아가자. 우리는 룸빔 나무가 평화, 붉은 신령들, 신령성, 신령계의 질서, 부계성, 특정 부계씨족, 특정 부계씨족에 대한 소속성, 부계 거주성, 영토성, 영토 경계, 불멸성, 남성성, 불, 뜨거움, 피, 남자의 성기를 동시에 의미할 수 있음을 살펴보았다. 빅터 터너도 비슷하게 무디 나무가 여성성, 모성, 어머니와 자식의 유대, 여성이 되기 위한 성인식을 겪는 소녀, 특정 모계 동족, 모계제의 원리, 여성의 지혜를 배우는 과정, 은뎀부 사회의 통합과 존속, 젖, 어머니의 가슴, 소녀 몸의 날씬함과 정신적 유순함을 모두 재현한다고 말한다.

사실 룸빔 나무 심기와 관련된 다른 사물, 즉 푸빗pubit이나 아마메를 거론하지 않더라도 **룸빔** 나무 자체에서 더 많은 의미를 찾아 낼 수 있다. 푸빗은 생식력의 한 양상으로 자연의 풍요를 의미하는 데, 생식력 자체가 자연의 특성이다. 푸빗은 여자의 질을 재현하기 도 한다. 재배종 식물인 아마메는 자연의 생식력과 인간의 계획이 나 목표의 중재를 재현한다. 아마메는 코이파 망기앙 신령의 식물로, 특히 여자와 아이, 밭을 이롭게 하기 위해 심는다.

룸빔과 아마메, 푸빗의 공간적 관계는 식물과 무덤의 관계를 닮았 다. 이는 마링족의 사고에서 여자의 질과 무덤, 생식력과 죽음이 융합되었음을 시사한다. 더 명시적으로 푸빗에 **룸빔** 나무를 심고 그 주위에 아마메를 심는 행위는 생식력-죽음을 신령성에 복종시 키는 것, 따라서 자연이 문화에 복종하는 것, 여자가 남자에게 복 종하는 것을 재현한다.

터너(1967)의 용어를 빌리면 무디 나무와 **룸빔-푸빗**-아마메 복합 체는 '다성적multivocalic'이다. 이 의미소 중 일부가 특정 의례에서 강조될 수는 있어도, 사실 모든 의미소는 규범적 기호가 재현될 때 면 언제든 동시에 의미를 띤다.

빅터 터너(1973)가 지적했듯이 '지배적 상징들'(Schneider, 1968)— 십자가, 오스트레일리아 원주민의 요도 절개, 조로아스터교의 불, 연꽃과 같이 특정 예식 질서에 중추적인 재현들—은 매우 단순한 경우가 많다. 푸빗에 심은 **룸빔** 나무와 그 주위를 두른 아마메는 조 금 복잡한 상징일 것이다. 그러나 기호가 단순할수록 더 큰 일반성 을 획득하며, 더 많은 것을 포괄할 수 있다. 반대로 재현물이 복잡 할수록 더 구체적이며, 더 많은 의미가 배제된다. 단순한 재현물은 복잡한 재현물보다 많은 것을 포괄하고 열려 있어서, 새로운 의미소를 포용하거나 상황이 달라졌을 때 오래된 의미소를 폐기할 수도 있다(5장 참조).

조금 다르게 표현하면 '지배적' 혹은 '핵심적' 상징이라 불리는 것은 고차 분류군에 속한다. 예를 들어 십자가와 다양한 성물聖物의 구체적인 기호의 관계는, 영장류목이라는 분류 범주와 일본원숭이라는 개별 영장류종의 관계와 같다. 이는 룸빔, 아마메, 푸빗이라는 상징과, 사람들이 룸빔 나무를 뽑으면서 유대류나 판다누스 열매를 나눠 먹는 행위의 관계와도 비슷하다.

'핵심적' 혹은 '지배적' 상징의 많은 의미소가 문화 영역 전체에 아무렇게나 흩어져 있지는 않다. 조지프 캠벨(1959, 특히 마지막 장)과 빅터 터너(1967)는 그런 의미소가 양극적으로 분포한다고 언급했다. 터너가 '규범적' 혹은 '이데올로기적'이라 부른 의미소의 극에는 우주론적·사회적·도덕적 질서의 구성 요소들이 모여 있다. 룸빔 나무의 경우 이런 의미소의 극은 붉은 신령들, 신령성, 영적 질서, 부계성, 특정 부계씨족, 부계씨족에 대한 소속성, 부계 거주성, 영토성, 영토 경계와 불멸성이 될 것이다. 한편 터너가 '감각적' 혹은 '욕망적orectic'이라고 부른 다른 극에는 생리, 감각, 감정과 관련된 의미소가 결집한다. 룸빔 나무에서는 남성성, 불, 뜨거움, 피, 남자의 생식기 등이 이런 의미소다. 그것들은 강한 감정과 깊이 결부되며, 그런 감정을 자극하기도 한다.

오트너는 중요한 규범적 기호의 복합적 의미를 적절히 재현하기에는 두 극이라는 이미지가 지나치게 단순하다고 지적했다(개인적 대화). 이는 옳은 지적이다. 차라리 두 극 사이에는 여러 영역—간단히 구별해도 우주론적·윤리적·사회적·심리적·생리학적 영역 등—이 있다고 보는 게 낫다. 한편 터너와 캠벨은 이 연속체에서 이데올로기적 극 쪽에 놓인 추상체들은 의례의 규범적 기호 속에서 심리적·생리학적 의미소와 융합되어 즉각성과 활력을 얻는다고 주장했다.

이 점을 강조한 캠벨(1959)은 규범적 기호에서 의미들이 뻗어 나가는 두 방향—원주민의 용어로 마르가marga와 데시desi—을 언급한다. 그는 '경로' 혹은 '길'을 뜻하는 마르가가 인간 삶의 보편적인 양상을 가리키며, '지역의' 혹은 '지역성'을 의미하는 데시는 문화적으로 특수한 양상을 지칭한다고 말한다. 물론 보편적인 인간의 의미소는 터너의 감각적 극 쪽에 놓였다. 마르가는 의례 연행자들과 그들의 전 인류적인 정신적·생리학적 구성을 가리킨다. 반면 데시는 이데올로기와 문화적으로 특수한 의미를 가리킨다. 의례의 규범적 기호에서 보편-인류적인 것은 문화적으로 특수한 것들과 결합되며, 문화-특수적인 것이 보편적인 것을 인도하는 순간에도 문화-특수적인 것에 즉각적인 경험에서 우러나오는 힘을 부여한다. 데시는 마르가를 승화시키며—즉 마르가를 숭고한 것으로 만들며—마르가에 의해 힘과 활력을 얻는다. 의례적 재현에서 마르가와 데시의 결합을 통해, 문화적 형식은 인간 경험의 보편적 양상들에 의해 실체화된다.

이 장 앞부분에서 의례의 규범적 기호와 일상 언어의 차이점을 살펴보았다. 이제 이 차이점을 더 자세히 논의해보자. 일상적 담화는 순차적이다. 한 의미 다음에 다른 의미가 뒤따른다. 6장에서 논의했듯이 예식 질서도 순차적 차원이 있으며, 이는 마링족의 의례 주기에서 잘 드러난다. 그러나 고정된 순서를 따르는 의례적 재현은 화음적 구조도 있다. 다시 말해 복합적인 의미소가 동시에 재현된다. 단어도 종종 하나 이상 의미가 있지만, 일상적인 서술문에서는 보통 한 의미를 제외한 다른 의미는 제거된다. 그런 제거가 일어나지 않으면 우리는 그 언어 표현이 모호하다고 말하며, 보통 그런 모호성을 결점으로 간주한다. 반대로 의례의 규범적 기호가 보여주는 복합적 의미의 동시적 재현은, 의례적 기호의 고유한 본질이다. 의례적 기호는 그 의미들을 분리된 의미소 각각에서 끌어낸다기보다 의미소의 총체에서 끌어낸다. 이는 일상 언어에서 소음일 뿐인 것도 의례에서는 의미가 있을 수 있다는 뜻이다.

규범적 기호의 의미가 그 의미소의 단순한 합산이 아니라 총체에서 유래한다는 점은 룸빔과 아마메 심기, 푸빗에 대한 논의에서도 드러난다. 그러나 나의 해석이 유일한 해석은 아니며, 규범적 기호의 명료성과 뚜렷성 정도에 관한 일반화를 제시하려는 것도 아니다. 의례의 의미소의 연쇄에서 최종적으로 도출되는 의미는 매우 추상적이고 복잡하며, '형언할 수 없는' 감정으로 충만하다. 5장의 요도 절개에 대한 논의에서 살펴보았듯이, 규범적 기호의 의미들이 언어를 넘어설 수 있다는 사실 자체가 그것들을 물질적으로 재현하는 이유가 된다.

여기서 예식 질서의 동시적 차원에, 고정된 순서에 따라 이어지는 개별 기호의 다성적 의미만 있는 것은 아님을 언급해야겠다. 예식 질서는 말, 비언어적 목소리, 악기로 만든 음악, 시각적이고 조형적인 예술, 화려한 행사, 극적인 과시, 신체의 움직임, 심지어 후각과 미각, 고통을 포함한 다양한 촉각 등 많은 경로를 통해 동시에 소통될 수 있다. 의례는 이 모든 감각을 사로잡으며, 어떤 감각도 다른 사건을 곱씹거나 즉각적 경험을 반추할 수 없다. 경험에서 반추 능력을 박탈하면 그 경험의 즉각성 자체가 심오하게 의미 있어진다. 우리는 이 문제를 다음 장에서 논의할 것이다.

그렇다면 의례의 규범적 기호에서는 여러 의미소가 동시에 재현될 뿐 아니라, 그런 재현에 모든 감각적 경로가 동원된다. 여러 규범적 기호가 동시에 표현되고 파악되면 커뮤니케이션은 더욱 풍부해진다. 그 기호들은 때로 공존하는 다른 기호들과 거의 상이한 의미소가 있지만(그럼으로써 다른 기호들보다 훨씬 추상적인 통합된 의미를 생산할 수 있지만), 배브콕(1973)은 종종 그 기호들이 동일하거나 비슷한 무엇을 의미한다고 주장했다. 예를 들어 고딕 성당에서 장엄미사를 드릴 때는 스테인드글라스로 비치는 햇빛, 성가대와 오르간의 음악, 사제의 제의와 억양, 예배당의 십자가, 성당 자체의 십자가형 공간, 높이 솟은 궁륭, 초의 향기, 와인과 물의 맛, 사람의 움직임 등이 모여 신의 영광을 드러내는 직접적 기호가 된다. 대조적으로 사육제의 특징인 동시적 재현의 과도함은 카오스에 이르는 무질서를 나타낸다(Babcock, 1973). 폭넓은 양식이 동원되고 다양한 연상 작용을 불러일으키는 '기표의 과잉'은, 공유된 의미를 확장해 그것을 포괄적인 일반성이자 압도적인 의미로 바꾼다.[3]

4.
의례적 재현과 과도 현실

우리는 7장에서 의례적 재현을 특징짓는 템포는 연행자의 의식에 영향을 주고, 그들을 터너가 말한 커뮤니타스의 사회적·인지적 조건으로 이끈다고 했다. 더 나아가 이 장에서 우리는 **룸빔**과 같은 의례적 재현물의 의미적 복합성은 실로 난해하고 형언할 수 없는 감정으로 충만해, 인간 의식을 일상성의 영역 밖으로 이끈다고 언급했다. 이제 의례적 재현물—사물, 행위 혹은 둘의 조합—자체의 물리적 특성이 종종 그것이 의미하는 바와 별개로 심오한 의식의 변화를 촉진한다는 점을 살펴보자. 약물의 사용, 감각의 과잉이나 박탈, 과잉과 박탈의 교대 같은 의례적 구성 요소의 주요 목적은 현실의 일상적 규범을 중단하는 것인 듯하다. 이 특징 가운데 일부는 이 책 앞부분에서 다뤘기 때문에 다시 고찰하지 않겠지만, 다른 특징은 더 논의할 가치가 있다.

우리는 5장에서 의례적 장소의 특징을 고찰하면서, 장소가 그 안에 머무르는 자들의 의식에 깊은 영향을 미친다는 점을 살펴보았다. 의례적 장소는 종종 비일상적이고 여러 측면에서 놀라운 데가 있다. 그 특징 가운데 하나는 접근이 어렵다는 것이다. 예를 들어 고지대나 동굴 깊숙한 곳을 떠올려보라. 그런 장소는 일상 세계에서 분리되었다. 일상 세계에서 분리되지 않았다 해도 두 공간 사이에는 경계가 있을 확률이 높다. 그래서 경계를 가로지르는 것은 분명한 의미가 있는 행위, 모든 이들에게 허용되지는 않으며 종종 특정한 형식적 몸짓이나 자세가 필요한 행위일 수 있다.

몇몇 의례적 장소는 그 자체로 압도적이다. 그 장소들은 크고 아름답고 화려하며 기이한 사물로 가득 찼다. 십자가형 배치, 벽과 천장에 있는 초자연적 존재의 형상, 사방 벽에 있는 스테인드글라스와 거기 그려진 성경의 에피소드, 그레고리오성가의 시간 간격(von Simpson, 1964), 더 심오하게는 수와 그것들의 관계에 관한 피타고라스의 논의(성 아우구스티누스)를 기반으로 공간적 비례를 보여주는 고딕 성당처럼 건축물 자체가 **로고스**의 재현일 수도 있다. 그때 개인은 물리적으로 기독교적 우주의 경이로울 만큼 압도적인 재현물에 둘러싸인다.

그런 장소들은 곧 고대적인 것이 된다. 앞서 보았듯이 무문자 사회에서는 5세대 정도—100년보다 조금 긴—면 산 자들 기억의 한계를 넘어서기에 충분하다. 따라서 라스코동굴이나 알타미라동굴을 찾아가던 선사시대 사람들이 동굴 벽과 천장에 그려진 그림을 영원한 것으로 간주하는 데 그리 많은 세대가 필요하지 않았을 것이다. 문자 사회에서는 특정한 장소가 고대적인 것이 되려면 더 긴 시간이 필요하고, 영원성의 지위를 획득하는 것은 더 어렵거나 불가능하다. 하지만 문자 사회의 구성원들도 1000년 된 사원이 실제로 1000년 세월을 견뎠다는 데 깊은 인상을 받는다. 그 사원의 지속성은 그것이 재현하는 질서의 지속성의 지표이며, 말의 모든 의미에서 존경할 만한 것이 된다. 그렇게 사원에 들어간 자들의 일상적 의식은 존경이나 경외라 불리는 마음 상태가 된다.

우리는 의례적 재현의 다성적 성격이 인지적 효과가 있다는 점도 언급했다. 터너의 무디 나무, 마링족의 **룸빔** 나무는 모두 복합적인 의미소를 나타낸다. 그 의미소들은 터너가 말한 양극 주변에 뭉쳐 있지 않다 해도 생리적·성적인 것부터 조직적·이데올로기적·우주적인 것까지 범위가 넓다. 이데올로기적 의미소가 생리적인 것과 연관을 통해 감정으로 충만해지는 재현물을 고찰하는 일은, 통합되거나 단일한 재현물 속의 의미소들 사이에서 무엇이 비슷하거나 공통된 점인지 파악하려는 시도이기도 하다. 의미소의 이질적 특성을 감안할 때 그런 유사성 혹은 공통성은 지나치게 추상적이라 일상 담화에서는 표현할 수 없다. 그것들을 이해하기 위해서는 의식을 은유와 게슈탈트적 사고의 방향으로 밀어붙여, 선형적 담화에 내재한 합리성에서 떨어뜨려야 한다. 그런 움직임은 인간을 윌리엄 제임스William James가 '사고'라 부른 것에서 '경험'이라 부른 방향으로 데려간다.

의식 전환의 한 양상은 감정의 강화intensification인데, 의례적 재현의 의미소—의례의 일반적 요점—는 보통 강렬한 감정을 유발해 의식을 전환한다. 또 하나 뚜렷하지만 충분히 논의되지 못한 점은, 의미소와 구별되는 몇몇 기호의 물리적 성질 자체가 인간 의식을 합리적 사고에서 논리보다 감정에 지배되는 의식 상태로 데려간다는 것이다. 그런 예로 먼저 의례 행위 자체를 생각해볼 수 있다. 마링족의 돼지 공희를 보자. 돼지를 잡는 사람은 흐느끼면서 그것을 바칠 조상들에게 여러 가지 말을 건넨다. 그리고 묶인 돼지 앞에서 앞뒤로 폴짝거리다 소리 지르며, 흠칫 긴장한 돼지를 향해 힘차게 뛰어들어 무거운 방망이로 한 방에 도살한다. 그러면 돼지의 눈이 얼굴 밖으로 튀어나오고, 코와 귀에서 피가 흐른다. 모든 사람이 돼지의 죽음을 본다. 비록 가축이라도 죽음은 강렬한 경험이다.

게다가 마링족에게 돼지는 단순한 가축이 아니다. 돼지는 이름이 있으며, 여주인 가옥의 앞쪽 방과 분리된 우리에서 살아간다. 우리와 방 사이에는 울타리가 있어서 돼지는 그 사이로 코를 내밀고, 사람들은 돼지를 어루만지거나 긁어주거나 가벼운 음식을 손으로 건네준다. 여자들은 줄에 묶인 새끼 돼지들을 밭으로 데려가 음식을 찾게 한다. 밭이 먼 곳에 있으면 끈 달린 가방에 새끼 돼지들을 담아 데려간다. 다시 말해 마링 사회의 돼지는 이름이 있고, 키워준 사람들에게 죽음을 당할 때까지 가축이라기보다 애완동물처럼 살아간다. 그 돼지의 죽음과 도살 행위는 도살자뿐만 아니라 청중에게도 깊은 감정을 불러일으킨다. 자기 돼지가 희생될 때 여자들이 죽은 친족에게 하듯 울부짖는 것도 놀라운 일은 아니다.

마링 의례에서는 돼지의 경우처럼 극적이지 않지만 다른 음식도 먹는다. 마링족은 **룸빔** 나무를 뽑을 때 오랜만에 유대류와 **마리타 판다누스**marita pandanus 열매(이것으로 풍부한 소스를 만든다)를 섞어 요리한다. 오랜만인 것은 **룸빔** 나무를 심은 것이 10년 전이나 그보다 오래되었기 때문이다. 돼지를 붉은 신령들에게 바치고 나면 오븐의 돌을 데우는 불 주변을 돌며 노래 부르는 남자들이 연기 여자에게 판다누스 열매를 바친다. 노래가 끝나면 한 남자가 열매를 쥐고—열매는 길이가 약 90센티미터다—맨발로 데워진 돌에 뛰어올라 아래위로 뛰며, 화식조 뼈로 만든 단검으로 판다누스 열매를 찌른다. 화식조 뼈 단검은 요리가 끝나고 **마리타** 열매와 유대류 고기를 사람들에게 나눠주는 숟가락 역할도 한다(이 의례에 대한 자세한 설명은 Rappaport, 1984 참조).

이 의례는 1962년 쳄바가족 사람들에게 대단한 감동을 준 듯한데, 많은 남자가 **마리타** 열매를 연기 여자에게 바치면서 울음을 터뜨렸기 때문이다. 유대류와 판다누스 열매의 의미소와 그것들의 결합, 그 음식을 한데 섞어 요리할 수 있는 사회적 · 생태학적 조건의 완성이 그런 효과를 가져왔을 것이다. 여기서 유대류는 연기 여자처럼 고지대에 거주하는 '붉은 신령들의 돼지'로 간주된다. 반면 판다누스 열매는 대부분 저지대에서 자라며, 저지대 신령들과 연관된다. 그것들을 함께 요리해 먹는 것은 지난 전쟁에서 분열된 세계를 복구하는 중요한 절차다.

그러나 이 모든 의미소에 감정적 역할을 부여한다 해도 우리는 세계의 재통합이 어째서 음식의 요리와 소비를 통해 재현되는지 물어볼 수 있다. 단순히 의미소를 고려하면 고지대와 저지대에서 나는 다른 사물의 혼합을 통해서도 비슷한 효과를 재현할 수 있을 것이다. 그러나 오븐에서 음식을 찌는 행위는 마링족이 활용하는 어떤 기호학적 수단으로도 쉽게 모방할 수 없을 정도로 (대립 항을) 통합하고, 섞고, 혼합하고, 구별을 해체한다. 그런 구별의 해체가 그 의례의 요지 중 하나다.

나는 음식은 그 자체로 환기력이 강하다고 생각한다. 특히 화폐 경제가 도입되지 않아 자급자족과 사회적 의무를 완수하기 위해 필요한 것을 스스로 생산해야 하는 사람들에게는 더욱 그렇다고 생각한다. 그런 사람들에게 음식은 가장 중요한 물건이다. 그들은 서구 사회가 돈을 대하듯 음식을 대한다. 음식의 의미소가 판다누스 열매와 유대류에 일정한 감정적 효능을 부여한다면, 열매와 유대류 자체는 의미소에 그것들의 물질성을 부여한다. 그리고 음식의 섭취는 의례 참여자들과 재현물 사이에 유례없이 내밀한 관계를 확립한다.

마링 사회에서 죽음, 도살, 음식의 소비는 의례적이고 비-의례적인 많은 담화의 주제다. 그러나 여기서 나는 죽음과 도살을 의미소 대신 기호로 여긴다. 기호로서 그것들이 무엇을 재현하고, 그런 강력한 기호들이 의례에 무엇을 가져다주는지 질문한다. 우리는 오스트레일리아(피에 대해서는 Meggitt, 1965a; Stanner, n.d. 참조)와 파푸아뉴기니(피와 정액에 대해서는 Van Baal, 1966; Kelly, 1974; Herdt, 1984; Herdt(ed.), 1982 참조) 원주민의 의례에서 공통적으로 중요하게 사용되는 피와 정액에 대해서도 같은 질문을 던질 수 있다.

고통, 쾌락, 생식, 생명 자체와 심오하게 연관된 피와 정액은 압도적으로 심오한 의미 작용 역량signifying capacities이 있음에 틀림없다. 포도주는 피를 나타낸다고 말하는 것과 피를 기호 자체로 사용하는 것은 분명 다르다. 남근의 재현물에 대해서도 같은 말을 할 수 있다. 남자의 성기를 길쭉한 물체로 재현하고 그것이 시바를 가리킨다고 여긴다거나, 남근을 다산성과 생식력, 성, 비옥함, 그와 비슷한 무엇으로 간주하는 일과, 성적인 물질 자체를 하나의 기호로 사용하는 것은 다른 문제다.

포도주는 피를 재현하는 데 쓰일 수 있지만, 피 자체는 무엇을 재현할 수 있는가? 정액은? 피와 정액은 종종 문화적으로 구성되는 젠더성의 구축에도 쓰이지만(Herdt, 1982, 1984; G. Lewis, 1980 참조), 그 자체 외에 아무것도 의미하지 않기도 한다. 그러나 피와 정액은 포도주라든지 '다른 무엇'을 의미하는 길쭉한 물체보다 훨씬 강력한 '힘force'으로 자신을 의미한다. 포도주가 단순히 피를 상징한다면, 피는 피를 지시한다. 기호로서 그런 물질의 사용은 일단 상징적이 아니고 지표적이라는 점에서 포도주의 사용과 다르다. 더 나아가 피와 정액은 지나치게 심오해서 언어로 표현할 수 없고, 일상적인 의미 작용의 역량으로 파헤칠 수 없으며, 오직 생명 물질 자체로 재현될 수 있는 더 깊은 의미를 가리킨다는 점에서도 포도주와 다르다.

기호로서 피와 정액 같은 물질의 사용은 인간 의미 작용의 한계를 가리킨다. 그것은 모든 과거의 재현을 벌거벗은 즉각적 경험, 物物 자체Ding an Sich, 좀 더 명료하게 C. S. 퍼스가 '일원성Firstness' '완전한 즉자성Thisness 혹은 사물의 존재'(Hoopes, 1991)라고 부른 수준까지 밀어붙인다. '순간에 포함될 수 있는 의식, 인식이나 분석 없는 질적quality 의식'(Peirce, 1885; Hoopes, 1991); '존재 자체가 그 안에 존재하며, 다른 무엇을 나타내거나, 다른 무엇 너머에 있지 않은 존재'(Peirce; Hoopes, 1991에서 인용; Carrington, 1993 참조).[4]

이 설명에 따르면 기호로서 '진짜 사물The Real Thing'의 사용은 전체 의례와 그것의 형언할 수 없이 심오한 의미에 '과도 현실hyperreality'이라 불릴 만한 상태를 창조한다. 그때 일상적 현실은 빛이 바래며, 최소한 의례가 진행되는 동안 폐기된다.

과도 현실의 감각은 인간의 의식을 일상적 합리성에서 이탈시킨다. 이 움직임은 의례 연행자들과 그런 기호들의 내밀한 관계에 따라 강화된다. 우리는 4장에서 연행자들이 자신이 상연하는 재현에 참여한다는 점을 강조했다. 여기서는 연행과 재현의 내밀한 관계를 더 자세히 다루려고 한다. 의례에서 피와 정액을 사용하려면 일단 그것들을 입수해야 한다. 따라서 그 물질은 단순한 피와 정액이 아니고 나의 피나 우리의 정액이다. 이 경우 기호들의 의미 작용 능력은 엄청나게 커지며, 일상적 사고에 따라 지배되는 의식의 변환에 도움이 될 수밖에 없다.

자신의 생명 물질을 몸에서 추출해 세계로 내보내는 의례적 투사 행위에서 발견되는 의례 참여자, 기호, 의미 작용 사이의 내밀한 관계는, 5장에서 다룬 인간의 육체를 문화적으로 규정된 패턴에 맞게 개조하려는 광범위한 인간 사회의 실천들을 상기시킨다. 그런 육화나 체화의 친숙한 예로는 할례, 요도 절개, 상처 내기, 코 뚫기 등이 있다.[5] 그것들은 인간의 육체에 각인된 관념의 항구성을 은밀하게 선포함으로써 인간의 육체를 영구적으로 변환할 뿐만 아니라, 상당한—때로는 끔찍한—고통을 가함으로써 그런 변환을 성취한다. 밸런타인 대니얼E. Valentine Daniel(1984)은 의례적으로 가해진 고통이 의식을 퍼스가 말한 일원성으로 이끈다고 지적한다. 이 순수한 일원성의 상태는 일상생활에 만연한 합리적 의식과 거리가 멀다.

5.
세계의 복구

지금까지 의례적 재현과 평범한 일상적 담화 의미성의 심오한 차이를 살펴보았다. 다시 요약하면 언어의 구별 작용은 이 세계를 조각―범주, 부류, 대립 항, 대조―으로 자른다. 구별은 언어의 속성인데, 의미뿐 아니라 경계와 장벽의 토대가 된다. 반대로 지표적·도상적·상징적 특성이 있는 의례적 재현의 조화로운 동시성은, 언어가 구별하고 삶의 조건들이 분열시킨 심리적·사회적·자연적·우주적 과정을 통합하고 재통합한다.

　의례적 재현의 복잡성에서 또 다른 논지가 도출된다. 많은 사회에서 예식 질서는 사회적·정치적·생태학적 관계 조절에 중요한 역할을 하지만, 그 질서들이 단순한 방식으로 그 관계들을 '반영'하거나 '재현'하는 것은 아니다. 예식 질서는 단순히 공적 차원에서 연행되거나 신비화되는 사회적·심리적 질서가 아니다. 몇몇 의례는 종전의 사회적 질서를 참조하지 않으며, 설사 참조한다 해도 종전의 사회질서와 가치를 초월한 실체를 의미화한다. 이때 종전의 사회질서나 개인의 내적 과정은 그 의미를 잃는다.

　총체로서 예식 질서는 종전의 사회적·경제적·정치적·심리적 질서를 단순히 혹은 궁극적으로 재현하지 않는다. 예식 질서는 그것을 스스로 재현―말 그대로 다시‐제시한다re-present는 의미에서―한다(Babcock, 1973 참조). 예식 질서는 이질적 실체와 과정, 현상을 결합시키며, 의례의 고유성은 결합된 실체가 아니라 결합 행위 자체에 있다. 예식 질서는 질서의 질서, 즉 메타-질서다. 의례와 의례 외 모든 것의 관계를 한 문장으로 요약하려면 이렇게 말해야 한다. 의례는 일상적 관행의 파괴력과 가차 없는 언어적 구별 아래 항구적으로 분열되는 이 세계를 끊임없이 복구한다.

지금까지 한 사건에 다른 사건이 뒤따르는 데서 의미가 도출되는 의례의 순차적 차원과, 의미소의 동시 발생에서 의미가 직조되는 동시적 차원을 살펴보았다. 이제 의례의 세 번째 차원인 위계적 차원을 논의하자.

6.
예식 질서의 위계적 차원

마링족의 예식 질서를 구성하는 복합적인 다성적 재현물의 거의 불변하는 차례에서 표현되는 이해 체계를 통합된 전체로 간주한다면, 그 이해 체계들은 위계적으로 조직된다고 말할 수 있다. 그 위계는 몇 가지 형식적 특성이 있다.[6]

마링족 관념 구조의 정점에는 신령들에 대한 관념이 존재하는데, 이는 주로 의례에서 공식적으로 표현된다. 나는 이런 관념을 '궁극적이고 신성한 공준Ultimate Sacred Postulate'이라 부르려고 한다. 이 공준은 의례의 형식과 연행에 근거하며, 몇 가지 흥미로운 특징이 있다. 이는 다음 장에서 논의할 것이다. '궁극적이고 신성한 공준'의 범주에는 셰마Shema라 불리는 유대인의 신앙고백(이스라엘아

들어라. 주는 우리의 신이시며, 신은 하나이니)과 기독교 신조 같은 친숙한 사례도 포함된다. 마링 사회는 그런 신조나 선언을 명시적으로 표현하지 않지만, 신령의 존재와 힘에 관한 공준은 모든 주요 의례에 등장하는 고도로 양식화된 신령을 향한 말에 함축되었다.

'우주론적 공리'라고 부를 수 있는 두 번째 차원 혹은 부류의 관념은 궁극적이고 신성한 공준과 긴밀히 연관된다. 이 범주에는 세계가 일련의 대립 항으로 구성된다는 마링족의 관념 체계, 즉 한편으로 두 부류의 신령과 다른 한편으로 사회적 세계와 자연 세계 사이에 존재하는 대립적 특성에 주목하는 마링족의 관념이 포함된다. 따라서 뜨겁고, 단단하고, 건조하고, 강하고, 문화적이고, 영적이고, 불멸하는 것은 붉은 신령들과 연관되며, 남성이나 부계, 영토성, 전쟁, 고지대, 신체의 상부를 통해 물질화된다. 반대로 낮고, 부드럽고, 차갑고, 습하고, 다산적이고, 자연적이고, 죽을 수밖에 없는 것은 저지대 신령들과 연관되며, 여성이나 밭일, 돼지 기르기, 신체의 하부를 통해 물질화된다. 나는 마링족의 우주론적 공리에 의례를 통한 이런 대립 항들의 중재와 관련된 개념도 포함하려고 한다. 그 대립 항들은 그 자체로 해소될 수 없지만, 의례 주기를 통해 해로운 것에서 상호 보완적인 것으로 탈바꿈한다.

일부 우주론적 공리들은 의례 주기와 의례 요소에 관한 마링족의 설명에서 뚜렷이 드러나지만, 다른 공리들은 의례 주기 내의 형식적 행위, 그런 행위에 따른 변환과 그 행위들의 차례와 진행에 함축되었다. 그렇게 함축된 원리 중 으뜸은 호혜성의 원리다. 모든 도움은 갚아야 하며, 모든 침해에는 보상이나 복수가 뒤따라야 한다. 두 번째 원리는 인간과 신령의 관계에 대한 것이다. 인간의 모든 중요한 일은 최소한 신령들의 묵인이 필요하며 다른 많은 행위, 특히 전쟁에서는 신령들의 적극적인 지원이 필수적이다. 이 원리 역시 호혜성의 원리처럼 명시적으로 표현되지는 않지만, 거의 모든 신령들에 대한 탄원에 내재한다. 두 우주론적 공리의 필연적 귀결은, 뒷날 전쟁에서 신령들의 도움을 받으려면 과거 전쟁에서 신령들에게 진 빚을 반드시 갚아야 한다는 것이다.

내가 말하는 '우주론적 공리'란 우주의 근본적 구조와 관련된 가정, 달리 표현하면 우주를 구성하는 토대가 되는 패러다임 관계를 말한다. 이 공리는 일반적으로 '가치value'라 불리는 것과 동일하지 않지만, 가치는 그 공리에 내재하며 그것에 수반되고 공리를 위한 정리定理가 될 수도 있다. 예를 들어 마링족이 통일성이나 통합성에 부여하는 높은 가치는 최소한 우주의 구성 부분을 최대로 분할했다가 그런 분리를 급진적으로 역전하는 마링족 의례 주기의 진행 과정에 함축되었다. 호혜적 의무의 이행 실패에 부여되는 부정적 가치는 호혜성이 우주적 구조에 근본적이라는 가정에서 도출된다. 이 가정을 감안하면 호혜성의 위반은 이 세계를 구성하는 질서의 위반이다.

나는 여러 근거에서 한 범주로서 '우주론적 공리'를 역시 한 범주로서 '궁극적이고 신성한 공준'과 구별했다. 첫째, 가장 뚜렷하게 '궁극적이고 신성한 공준'은 대개 물질적 의미소를 결여한다. 반대로 '우주론적 공리'는 그 자체로 지각 가능하고(예를 들어 뜨겁거나 차갑거나), 물리적·사회적 현상을 통해 드러날 수 있는 특질

(예를 들어 남자와 여자의 관계와 같은)의 관계를 다룬다. 둘째, '우주론적 공리'가 사회적·물리적 현상을 통해 드러난다면, 그 공리의 표현 방식이나 그것을 표현하기 위한 기회는 '궁극적이고 신성한 공준'의 표현에 적합한 방식이나 기회보다 일반적이고 다양하다. 후자의 적절한 표현은 대개 의례에서 가능하지만, 전자의 표현은 일상생활의 많은 부분에서 찾아볼 수 있다. 셋째, '궁극적이고 신성한 공준'은 그 자체로 뚜렷한 사회적 메시지를 결여하거나 빈약하게 갖췄다. 반면 '우주론적 공리'는 더 구체적이며 종종 직접적이고 뚜렷하고 물질적인 정치적·사회적·생태학적 함의가 있다. 넷째, '우주론적 공리'는 인간의 구체적 행동 규범과 사회생활의 예절이 도출되는 논리적 토대가 된다. 반면 '궁극적이고 신성한 공준'은 사회생활과 거리가 멀다. 그것들은 그 자체로 사회생활이나 우주론적 구조(내가 보기에 공리의 성격을 띠는)에 논리적 토대를 제공하지 않는다.

그렇다고 그 공준이 쓸데없는 것은 아니다. 그 공준은 인간이 삶을 영위할 때 준거점으로 삼는 관념 체계 전체를 신성화하고 승인한다. 신성화 없이는 우주론적 공리도 자의적으로 우주를 설명하려는 시도에 그칠 것이다. 그러나 신성화된 우주론은 단순히 개념적이거나 설명적인 추측이 아니다. 그것은 이 세계가 실제로 존재하는 방식에 관한 주장, 진술, 기술, 보고에 가깝다. 우주론적 공리는 연행적이며 차라리 메타-연행적이다.

위계적 은유를 다르게 활용하자면, 궁극적이고 신성한 공준은 사회생활의 규범이나 관행을 확립하기 위한 논리적 토대를 제공하지 않지만, 논리보다 심오하며 논리로 가 닿을 수 없는 토대, 우주론적 구조 자체가 그 위에 근거를 두는 토대를 제공한다. 그렇다면 우주론적 구조는 궁극적이고 신성한 공준의 변화 없이 혹은 그 공준을 거스르지 않고도 환경적·역사적 조건의 변화에 대응해 변화—확장, 수축 혹은 구조적으로 큰 변화—할 수 있다. 궁극적이고 신성한 공준은 물질적 조건을 결여하기 때문에 전적으로 이 세계에 속하는 것이 아니며, 영원한 진실로 간주될 수 있다. 그 공준은 뚜렷한 사회적 메시지도 결여하기 때문에 모든 관습은 물론 그 관습의 변화도 신성화할 수 있는데, 그 공준이 철저하게 구체적이지 않은 것에 관여하기 때문이다.

관념 체계의 '더 낮은' 셋째 층위는 앞서 암시했듯이 사람, 특성, 조건, 사태의 관계(예를 들어 남자와 여자, 남자와 '차가운' 음식 등)를 관장하는 더 구체적인 원칙으로 구성된다. 그런 요소의 대립성은 우주론적 공리가 규정한다. 그런 원칙은 의례에서 표현되며, 인간의 일상적 행동을 다스린다. 마링족 사회는 모든 터부가 그런 원칙에 포함된다.

우주론적 차원에서 대립—물질적으로 표현된 조건 포함—은 그 대립을 신성화하는 궁극적이고 신성한 공준보다 구체적이고 직접적인 사회적 함의가 있다. 그렇다면 (그 아래 층위) 행동 원칙은 그것이 물질화하는 우주론적 대립보다 구체적이다. 그 원칙은 그런 대립을 '구현'할 뿐만 아니라, 그 대립 자체에는 분명하고 명확하게 깃들지 않은 구체적인 사회적 의미를 부여한다. 대립 쌍으로서 남자와 여자를 우주론적으로 구분하는 것과, 그런 기준에 근거해 여자를 특정 의례에서 배제하는 것은 다른 문제다.

그렇다면 셋째 층위의 원칙은 우주론을 행위로 전환한다. 여기서 중요한 점은 둘째 층위의 우주론적 구조가 궁극적이고 신성한 공준을 거스르지 않고 변할 수 있듯이, 이런 원칙 역시 그것이 물질화하는 대립 항에 영향을 주지 않고 변할 수 있다는 점이다. 이 문제는 잠시 후에 다시 논의할 것이다.

나는 우주론적 공리와 그것을 구체화하는 원칙이 역사적·환경적 변화에 따라 변할 수 있다고 보았지만, 지금까지 고찰한 바에 따르면 예식 질서는 어떤 의미에서 외부 세계에 부과되는 나름의 이해 체계를 스스로 직조한다. 이는 사실이지만 언제나 그렇지는 않다. 의례는 지배적인 사회적 조건의 형식적 지표라는 형태로 외부 세계의 관념 체계를 도입하기도 한다. 이렇게 도입된 것은 이해 체계의 위계에서 넷째 층위를 구성한다.

예식 질서는 그 질서의 연행에서 드러나는 외부 세계의 지배적 조건들과 분명히 다르다. 그러나 모든 의례에는 당대의 환경과 연행자들의 사회적·심리적·물리적 상태의 특정 양상이 간접적으로 드러난다. 앞선 장들에서 나는 마링족 의례들이 드러내는 사태를 자세히 논의했다. 여기서는 마링족 의례 주기의 관념 체계에는 환경적 관계의 상태에 관한 암시가 현저하게 드러난다는 점을 언급하고 넘어가려 한다. 룸빔 나무 뽑기는 의례 외적인 관계, 예를 들어 돼지 개체 수의 규모나 돼지의 성장 속도, 경작 중인 밭의 면적, 여자들의 노동 강도, 여자들의 인내심과 건강, 돼지가 밭을 침범하는 횟수, 그 외 다른 원인들이 복합적인 사태, 즉 우리가 물질

478

적 의미에서 '인간 집단이 유지하거나 인내할 수 있는 돼지의 숫자'에 도달했음을 알려준다. 그러나 이런 물질적 조건이 예식 질서로 편입되면 거기에 우주론적 의미가 부과되어 저 숫자는 '조상에게 채무를 갚기에 충분한 돼지의 숫자'가 된다.

여기서 원칙과 환경조건 지표의 관계가 대단히 유연하다는 점을 강조할 필요가 있다. 예를 들어 언제, 무엇을 신령들에게 갚아야 하는가에 관한 원칙에는 정확한 돼지의 숫자나 날짜가 규정되지 않는다. 조상에게 바칠 충분한 돼지 수는 그 상태가 지속적으로 변하는 다양한 변수의 관계에서 결정되는 것으로, 경우마다 달라진다. 그 돼지를 모으는 데 걸리는 시간 역시 유동적이다. 그러나 원칙은 유연하고 쉽게 변한다. 서양인과 접촉하기 전에 마링족의 역사를 보자.

1955년 마링 사회에서 가장 큰 집단인 카우와시족의 사절들이 툭멩가족Tukmenga을 방문해 두 집단 영토 사이에 거주하는 모남반족을 함께 공격하자고 제의했다. 처음에 툭멩가족은 그들의 **룸빔** 나무가 아직 땅에 있다며 거절했다. 지난 전쟁에서 그들이 신령들에게 받은 도움을 충분히 갚지 못했다는 것이다. 카우와시족은 긴 토론 끝에 더 적은 돼지라도 지체 없이 바치면 신령들을 만족시킬 수 있다고 툭멩가족을 설득했다. 툭멩가족은 돼지 몇 마리를 잡아 의례 가옥(ringi ying)의 지붕에 두었다. 이는 붉은 신령들에게 바치는 것이었다. 그렇게 툭멩가족은 카우와시족을 도와 모남반족을 영토에서 몰아냈다. 마링족 정보 제공자들은 베이다Andrew P. Vayda에게 이런 방법은 언제나 가능하다고 했지만, 비슷한 선례를 알려달라고 했을 때는 말하지 못했다(Rappaport, 1968). 우리는 여기서 호혜성, 재통합, 중요한 사건이 있을 때마다 신령들의 도움을 요청해야 할 필요성과 관련된 공리는 변하지 않지만, 인간 세상에서 그런 공리를 구현하기 위한 원칙은 변했음을 알 수 있다.

한편 예식 질서의 위계적 · 순차적 차원에 대한 우리의 설명에서 그 질서의 적응적인 성격도 스치듯이 언급했다. 마링 의례 주기의 순차적 차원은 물질적 조건의 변동에 따라 확장되거나 수축될 수 있다. 그런 **적응적 유연성**adaptive elasticity은 특히 달력에 근거하지 않은 의례 주기의 전형적인 특징이다. 유연성은 마링 의례 주기가 위계적으로 조직한 관념 체계들의 관계, 원칙을 준수하기 위한 세부 조건들의 미규정, 역사적 · 환경적 압력이 충분히 커지면 변할 수 있는 원칙―심지어 우주론적 공리―의 개방성에도 내재한다. 카우와시족이 툭멩가족에게 신령들에 대한 채무 변제와 관련된 원칙을 바꾸라고 설득했을 때, 카우와시족의 인구가 마링 지역 집단 중에 가장 많았다는 사실도 흥미롭다. 카우와시족은 피란민으로 넘쳐났으며, 그들의 영토는 마링 지역에서 지력 고갈이 가장 심했다.

예식 질서가 생성한 관념 체계와 그 질서에 도입된 관념 체계의 관계의 적응적 측면에 대한 이 논의에서 나는 의례의 순차적 차원을 다시 언급했다. 나는 예식 질서의 세 차원을 다뤘지만, 의례의 구성 요소는 의례의 모든 차원과 동시적으로 연관될 수 있다는 점을 명심해야 한다. 마링 의례 주기는 신성화되고 원칙에 따라 통제되는 형식적 행위와 발화의 연속으로, 그동안 다성적 재현물 속에서 물질화된 우주론적 대립은 적대와 파편화 상태에서 상호 보완과 전체성의 상태로 변모한다. 이런 변화에는 개인과 사회집단, 생태계의 관계 변화도 수반된다. 마링족의 예식 질서를 이렇게 규정하는 것은 순차적 차원과 동시성 차원의 동시 발생뿐만 아니라, 그것의 위계적으로 조직화된 관념 체계를 고려한 결과다.

이런 위계의 정점에는 신령들과 관련된 몇몇 공준이 있다. 궁극적이고 신성한 공준의 지시물은 어떤 통상적 의미에서도 물질적이지 않고, 그 공준이 상정하는 모든 것은 불변하는 것으로 간주된다. 한편 마링족의 우주론적 구조는 일련의 공리로 구성된 둘째 층위에서 설명된다. 신령들은 이 공리를 통해 물질적 세계와 사회적 세계의 요소나 관계와 연관되는데, 추상적이고 구조적인 대립 항이 두 세계에 모두 적용된다. 붉은 신령들이 뜨겁고, 단단하고, 건조하고, 강하다면 남자들도 그렇다. 저지대 신령들이 차갑고, 부드럽고, 습하고, 비옥하다면 여자들도 그렇다.

우주론적 구조의 관념 체계에 종속되며, 적절하거나 부적절한 인간 행동과 관련된 원칙과 터부들을 구성하는 셋째 층위의 관념 체계로 내려가면 위의 관계들은 더 구체적이고 특수하게 변한다. 일상 세계에 만연한 물질적·사회적 조건들이 의례에 도입되면, 거기서 넷째 층위의 관념 체계들이 구성된다. 그때 그것들은 우주론적 의미를 부여받는다.

여기서 마링 의례 주기에 내재한 관념 체계의 위계적 조직과 예식 질서가 여러 양상을 띠는 것을 알 수 있다. 다시 말해 그것들은 여러 연속체continuum를 따라 표현된다. 궁극적이고 신성한 공준의 지시물은 개념적이며, 환경적 조건을 나타내는 정보 전달적 명제의 지시물은 사회적이고 물리적이다. 조건과 행동의 범주들classes과 관련된 원칙, 구조를 규정하는 원리는 환경적 지시자indicator의 지시물의 구체성과 신성한 공준이 재현하는 비물질성 사이에 위치한다. 앞선 설명에서 뚜렷하게 드러난 대로, 물질성과 관련된 것은 사회적 구체성의 연속체다. 환경적 조건의 표지는 매우 구체적인데(그것들이 정확한가는 다른 문제다), 궁극적이고 신성한 공준은 물질성이나 사회적 구체성이 희박하며 아예 결여되기도 한다. ("주는 우리의 신이며 주는 하나라" 같은 문장은 물질과 에너지의 세계에서는 아무것도 말하는 게 없다.)

예식 질서의 시간적 함의는 의례의 순차적 차원에 국한되지 않고 위계적 차원에도 내재한다. 예식 질서의 여러 차원에 할당된 관념 체계의 항구성longevity의 차이를 고찰해보자. 궁극적이고 신성한 공준은 항구적인 것으로 여겨지며, 실제로 오랫동안 존속한다. 유대인의 셰마는 3000년 동안 지속되었고, 니케아신조는 서기 325년부터 변하지 않았다. 우주론적 공리도 그 수용자들에 의해 궁극적이고 신성한 공준만큼 오래된 것으로 간주되지만, 사실은 그보다 덜 오래된 것일 확률이 높다. 그 공리를 구현하면서 사회적 행동을 통제하는 특수한 원칙은 존속 기간이 훨씬 짧을 것이다. 그 원칙의 지시물이 상대적으로 덧없기 때문에, 당대 사회 조건의 표지 역시 덧없을 것이다. 관념 체계의 수용자들이 그 항구성의 차이를 인식할 수도 아닐 수도 있지만, 그런 인식과 관계없이 당대 조건들의 관념 체계에서 궁극적이고 신성한 공준으로 올라갈수록 항구성의 수준도 덧없는 것에서 영원한 것으로 변한다.

덧없는 것과 영원한 것의 관계는 쉼 없이 변하는 것과 결코 변하지 않는 것의 관계이기도 하다. 예식 질서에서 재현되는 가치(그 말의 넓은 의미에서) 중에 가장 불안정한 것은 가장 특수하면서 구체적인 것이다. 신령들에게 빚을 갚는 데 충분한 돼지의 숫자는 인구학적·사회적·정치적·환경적 상황의 변화에 따라, 개별 카이코 축제마다 달라진다. 충분하다고 간주되는 돼지의 숫자 차이는 대단히 유동적인 원칙의 결과인데, 그 원칙은 그것이 설정한 준거 값의 변화를 통해 불변한 채로 남을 수 있다.

그러나 앞서 보았듯이, 차원 높은 우주론적 공리나 원리가 변하지 않을 때도 그런 원칙은 변할 수 있다. 비슷한 방식으로 우주론적 공리 역시 궁극적이고 신성한 공준에는 아무 영향을 주지 않으면서 정교해지고, 수정되고, 변할 수 있다. 불변하는 것으로 간주되는 그 공준은 '하부 층위'의 모든 관념 체계가 변할 때도 유지될 수 있다. 그런 공준은 근본적인 사회적·정치적 변화가 있을 때 변할 가망이 있는데, 그런 심오한 격변에도 살아남을 수 있다. 니케아신조가 처음 공표된 후 가톨릭 국가에서 일어난 모든 역사적 변화를 생각해보라. 그 사례에도 가변성, 항구성, 특수성, 구체성의 위계가 그대로 적용된다.

마링 의례 주기에서 관찰되는 위계성의 다른 측면은 다른 사회의 예식 질서에서 더 분명하게 드러난다. 물론 각 의례의 엄숙성이나 중요성은 서로 다르다. 어떤 의례는 연행을 통해 특수한 사회적 효과를 성취하려 하지만, 어떤 의례의 효과는 더 광범위하고 다양하다. **룸빔** 나무 심기는 전쟁을 평화로, 전사를 농부로, 이방인을 동족 형제로 전환한다. 모든 연행적 행위는 그에 따라 우주적 구조를 구현하는 궁극적이고 신성한 공준, 우주적 구조의 요소와 사회적 관습을 제도적 사실이나 사회적 사실로 확립한다.

대조적으로 가톨릭 미사는 종전의 사회질서를 거의 언급하지 않는다. 미사는 단순히 삼위일체인 신의 존재와 정체성을 확립하고, 신과 신자의 관계를 확립하며, 성찬식을 통해 의례적으로 순수한 자들(은총 받은 상태에 있는 자들)이 그런 관계에 참여함을 드러낸다. 따라서 미사의 의례적 규모는 **룸빔** 의례보다 제한적이다. 이는 가톨릭이 그것이 속한 사회의 정세를 무시한다는 뜻이 아니다. 가톨릭의 예식 질서는 특수한 사회적 질서의 확립이나 연행을 통한 사회적 효과의 성취를 다른 의례에게 맡길 뿐이다.

이제 예식 질서를 구성하는 의례들의 상황 의존성contingency 문제를 고찰해보자. 예를 들어 새로운 왕이 대관식에서 신의 이름으로 왕위를 물려받을 때나 어떤 사람이 궁정 의례에서 신의 이름으로 맹세할 때, 먼저 신이라는 존재가 확립되어야 한다. 가톨릭 국가들에서 그런 확립은 독립된(언제나 개별적으로 치러지는 것은 아니지만) 의례인 미사를 통해 이루어진다. 이것은 대관식 의례와 궁정의 맹세가 미사에 의존한다contingent는 의미다.

의존성 관계는 다층적일 수 있다. 예를 들어 가톨릭 국가의 왕이 '왕의 악惡'이라 불린 연주창* 환자를 치유하기 위해 그에게 손을

---

* 목 주위에 멍울과 부스럼이 생기고 진물과 고름이 흐르는 병. 경부 림프샘 결핵이라고도 한다.

없는 의례의 효험은 그가 적법하게 기름(성유) 부음을 받은 왕인가에 달렸다. 따라서 연주창 치유 의례는 왕의 대관식에 의존하며, 그 대관식은 다시 가톨릭 미사에 의존한다.

개별 의례에서 근본적인 관념 체계와 의존적인 관념 체계를 구분하는 데는 분명한 이점이 있다. 궁극적인 관념 체계를 분리하면 최소한 그것을 사회생활의 우여곡절과 위급 상황에서 보호할 수 있다. 궁극적이고 신성한 공준이 그것을 떠받치는 도구적 행위에서 분리될 수 있다면, 더 쉽게 흠 없이 보존될 수 있을 것이다.

근본적인 관념 체계와 의존적인 관념 체계를 분리하는 정도는 예식 질서마다 다르다. 보편 종교를 열망하는 종교는 그런 분리를 원할 텐데, 그런 종교의 궁극적이고 신성한 공준은 제도가 상이한 사회 구성원들의 수락을 얻어야 하기 때문이다. 이때 초-문화적 수락은 보편적인 공준과 개별 사회의 특수한 요소를 분리할수록 촉진된다. 비슷한 이유에서 고도의 노동 분화가 나타나고 하위문화 간 차이가 뚜렷한 사회 내부에서도 이런 분리가 발견될 수 있다. 여기서 하위문화 간 구별은 인종·지역·직업·계급적 차이를 기반으로 한다. 그렇다면 궁극적인 무엇을 주장하는 의례에 참여하는 것은 통합을 지향하고, 의존적 의례나 관념 체계는 차이를 확립한다고 할 수 있다. 복잡한 사회의 과제는 사회의 통합을 유지하는 것인데, 통합을 지향하는 궁극성과 차이를 확립하는 의존성의 분리가 그런 통합을 요청하는지 모른다.

그러나 노동 분화가 덜하고 지역 간 차이가 미미하며, '계층화' 역시 연령과 성별을 기반으로 한 '단순'사회의 의례에서도 근본적 요소와 의존적 요소의 분리가 발견된다. 마링 사회에서 **콘크 쿰프 아마메**를 여성 가옥 주변에 심는 의례는 **룸빔** 의례 이후 행하며, **룸 빔** 의례에 의존한다. 사냥하거나 덫으로 잡은 유대류를 그것의 제 공자인 붉은 신령들에게 헌납하는 것도 **룸빔** 의례와 다른 의례에서 붉은 신령들의 존재를 사회적 사실로 확립했기 때문이다.

근본적인 것과 의존적인 것의 분리는 앞서 말한 이유 때문에 '복 잡' 사회에서 가장 발전했을 것이다. '단순'사회에도 약간의 분리 가 있다는 사실은 그런 분리에 더 일반적인 토대가 있음을 말해준 다. 나는 적응성adaptiveness에 대한 우리의 짧은 논의를 기반으로 근 본적인 것과 의존적인 것의 분리는 유연성과 지속성을 높여준다고 생각한다. 의존적인 것이 근본적인 것과 느슨하게 결합될수록 의 존적인 요소의 수정, 변형, 교체, 처분이 쉬울 수 있다.

그러나 근본적인 것과 의존적인 것의 구별이 필연적으로 시공 간의 분리를 동반하지는 않는다. 늘 그렇지는 않더라도 근본적 요 소와 의존적 요소는 자주 동일한 의례에서 구분된다. 현대 유대교 의 안식일 예배에서 **셰마**는 근본적이지만, 설교는 부차적이다. **룸 빔** 의례와 관련된 돼지 공희는 부차적이지만, **룸빔** 나무 심기 자체 는 근본적인 요소로 간주된다. 근본적/의존적인 것의 구별이 널리 발견된다는 점은 그것을 최소한 적응적 논리나 그보다 일반적인 차원에서 설명해야 함을 시사한다. 이런 고찰에는 인간의 관념 체 계, 제도, 물리적 현상을 포괄하는 복잡계complex system의 구조적 필 요조건, 인간 이해력의 구조에 대한 조사도 포함되어야 한다. 그렇 다면 의례에 의해 조직되는 관념 체계의 위계는 무엇보다 의존성의 위계이기도 하다.

근본적인 것과 의존적인 것의 구별은 근본적인 것과 도구적인 것의 구별과도 밀접하게 연관된다. 예를 들어 대관식은 미사에 의존한다. 그것은 왕자를 왕으로 바꾸기 때문에 사회적으로 도구적 성격도 있다. 그러나 그것의 도구성은 단순히 사회적인 것에 국한되지 않는다. 대관식은 그것이 의존하는 미사에서 확립되는 신성神性에 봉사하는데, 지상에서 신의 질서를 추가적으로 확립하기 때문이다.

그렇다면 궁극적이고 신성한 공준은 종종 도구적인 것이 따를 궁극적 목표를 설정한다. 대신 그 자체로는 어떤 도구성이나 목적성도 없다. 그 공준은 사회적·물질적 구체성도 거의 없다. 이런 궁극적 목표—인간이 봉사하거나 최소한 순응해야 하는 신의 의지—는 거기서 도출되는 우주론적 공리와 가치 차원으로 내려가면 더 구체적으로 변한다. 우주론적 공리가 상정하고, 궁극적이고 신성한 공준이 신성화하는 세계의 질서를 유지한다는 것은 그런 공리들이 확립한 신성성에 봉사한다는 뜻이다.

마링족의 경우 세계의 질서는 의례 주기를 이행하기 위한 원칙을 준수함으로써 유지된다. 여기서 이 원칙은 우주론적 구조를 유지하면서 그 구조에 맞게 사회적·환경적 관계를 변환한다는 점에서 도구적이다. 사회의 현 조건에 대한 암시—의례가 규정하는 넷째 층위의 명제들—는 명시적이거나 뚜렷한 방식으로 도구적이지 않다. 그러나 그 명제들이 재현하는 조건은 최소한 달력에 근거하지 않은 의례에 관한 한, 우주론적 구조를 유지함으로써 신성에 봉사하는 의례의 개최를 촉발한다. 마링족의 경우 부양 가능한 돼지가 최대한 모인 때가 조상들에게 빚을 갚기 위한 돼지가 충분히 모인 때다. 그러면 터부들을 해제하고 신령들에 대한 빚을 갚아 분열된 세계를 재통합하며, 그런 재통합으로 신성화된 우주적 구조를 유지하는 카이코 축제가 개최된다.

궁극적 목표들이 궁극적이고 신성한 공준에 함축되었고, 그런 목표들의 구체적인 항목이 우주론적 공리에서 발견된다면, 환경적 조건의 암시는 의례 주기 완수를 위한 원칙이 규정한 도구적 행위의 실질적 원인(동력인efficient cause)에서 발견된다. 다시 말해 위계성은 궁극적 목표에서 아래로 내려간다. 특수한 목표를 거쳐 도구적이고 목적적인 형식적 행위로, 자극에서 행위로 이어진다.

이 목적성과 도구성의 위계적 차원은 다른 방법으로도 고찰할 수 있다. 즉 의례에 수반되는 네 가지 명제sentence가 서로 다른 층위의 명령임을 상기하자. 우주론적 공리는 우주의 일반 구조와 가치(예를 들어 호혜성과 전일성全一性)의 항구적인 특징을 규정하는 원리로 간주할 수 있다. 이 원리에는 복종이 따라야 하며, 그것들은 인간 행동을 통해 유지될 필요가 있다. 그 원리 자체가 복종의 방식을 규정하지는 않는다. 그런 복종 절차의 규정은 규칙rule의 관할인데, 그 규칙은 특정한 상황 범주에서 특정한 행위를 금지·요구·허용한다. 한편 규칙과 대조적으로 사회의 지배적 정세를 알려주는 명제는 범주 – 특수적category-specific이라기보다 상황 – 특수적situation-specific이다. 그렇다면 그 명제는 말로 표현할 때 명령적인 성격을 띠지는 않지만 사실상 명령이다. 마링족 사회에서는 '조상에게 빚을 갚기 위한 돼지가 충분하다'는 명제 자체가 **카이코 축제** 실시를 지시하는 명령인 것처럼.

궁극적이고 신성한 공준 역시 다른 명제처럼 명령으로 기능하는지 분명치 않다. 이 공준은 우주론적 공리보다 행위적·사회적 구체성이 떨어진다. 그렇다고 그 역할이나 중요성이 떨어지는 것은 아니다. 공준은 특정한 상황이나 상황 범주에서 해야 할 행위를 규정하지 않으며, 그런 행위가 규준으로 삼는 일반 원리를 규정하지도 않는다. 그러나 그 공준은 그 원리에 토대를 제공한다. 우주론적 공리나 원리가 신의 의지와 그 효과를 드러낸다면, 궁극적이고 신성한 공준은 그런 의지가 있기 때문에 그에 걸맞은 복종이 필요한 신성 자체를 확립한다. 게다가 그런 공준은 개별 원리나 원리 체계가 결여한 (그런 원리에 대한) 궁극적인 평가 기준을 제공한다. 이때 그 기준은 암묵적인 명령이다.

우리는 정통 종교나 종교 기관이 이단적 혹은 '무신론적'이라 규정하는 믿음 외의 원리, 우주론적 공리를 선포함으로써 그들의 이익을 수호하는 모습을 자주 보았다. 그러나 정통 우주론적·사회적 원리도 궁극적이고 신성한 공준에 의거해 위협받거나 강화될 수 있음을 명심할 필요가 있다. 1381년 영국에서 일어난 소작농 반란*의 모토는 '아담과 하와가 에덴에 있을 때, 거기에도 귀족이 있었나?'였다. 이는 중세 서구 사회를 지배하던 원리에 대한 도전이

---

* 1381년 영국 왕 에드워드 3세 치하의 가혹한 과세와 농노제에 반대해 일어난 농민반란. '와트 타일러(Wat Tyler)의 난'이라고도 불린다.

었다. 와트 타일러와 존 볼John Ball, 그 추종자들의 선언에 궁극적이고 신성한 공준이 명시적으로 표현되지는 않았지만, 그 공준은 분명 성경의 초반부 언급과 역사의 기원에 대한 그들의 설명에 함축되었다. 그들의 선언에는 일상 세계의 그것과 근본적으로 다른 사회관계의 원리를 규정하는, 신성한 공준에 대한 암묵적인 호소가 있었다. 그때 궁극적 공준에 호소하며 그들이 불러내려 한 대안적 원리는 사회적 평등이었다. 그러나 우주론적·사회적·윤리적인 그 원리와, 그 원리를 보증하는 공준―이 경우 가톨릭의 신조―은 구별할 필요가 있다.

몇 단락 앞에서 언급했듯이, 의례 개최의 실질적 원인이 예식 질서 바깥에 존재한다는 말은 의례적 연행의 효험도 예식 질서 바깥에 있는 일상 세계에 뿌리를 둔다는 뜻이 아니다. 우리 논의에 따르면 예식 질서의 위계적 차원에는 효험적 측면이 있다. 왕이 연주창 환자에게 손을 얹는 행위의 치유적 효과는 그가 모든 효험의 궁극적 근원인 신의 은총에 따라 왕위에 오르고 기름 부음을 받았다는 사실에서 기인한다. 다시 말해 효험이란 근본적이고 궁극적인 것에서 도구적이고 의존적인 것으로 내려가며, 그때 그런 효험을 불러일으키는 사회적·물리적 과정이 강조된다.

물론 권위도 효험과 밀접하게 연관된다. 근본적이고 궁극적인 것이 의존적인 것보다 훨씬 권위 있다는 점은 굳이 언급할 필요가 없을 것이다. 신성성의 공식적 정의는 다음 장에서 제시하겠지만, 위계도 신성성의 하나임은 뚜렷해 보인다. 신성성에 대한 상식적 관념만 있으면 예식 질서에서 코드화된 명제의 층위는 궁극적이고 신성한 공준, 그 자체로 신성하지는 않지만 대단히 경외할 만한 우주론적 공리, 그 공리보다는 덜 경외할 만한 규칙, 마지막으로 사회적 조건이 성화聖化된 명제 순이라는 점을 알 수 있다.

요약하면 예식 질서에서 재현된 관념 체계는 특수성, 구체성, 항구성, 가변성, 의존성, 도구성, 효험, 권위, 신성성이 공존하는 위계 속에 있다. 이 위계적 관념 체계의 꼭대기에 있는 궁극적이고 신성한 공준은 구체성이나 사회적 특수성을 결여한다. 대신 영원하고, 불변하며, 궁극적으로 효험 있고, 절대적으로 권위 있고, 의존적이거나 도구적이라기보다 근본적이며, 그 자체로 신성하다고 여겨진다. 반대로 현재 사태의 지시물은 대단히 특수하고, 구체적이고, 덧없고, 불안정하고, 의존적이고, 권위적이라기보다 권위에 종속되며, 도구적이거나 효험적이라기보다 다른 요소의 작용을 많이 받으며, 본질적으로 신성하다기보다 단순히 성화될 뿐이다.

의례의 위계적 원리가 단지 의례에서 재현되는 관념 체계에 적용되는 것은 아니다. 그것은 의례적 재현 자체의 수사학적 · 논리적 · 형식적 양상에서도 표현된다. 상이한 층위의 관념 체계는 상이한 층위의 명령을 구성한다. 그것이 상이한 '논리 계형'*에 속한다는 사실은 용어상으로도 드러난다―공리, 정리, 절차적 규칙,

---

* 논리 계형은 철학자 버트런드 러셀(Bertrand Russell)이 제안하고 인류학자 그레고리 베이트슨이 천착한 개념으로, 특정한 현상이나 명제에 있는 논리의 층위(level)다. 러셀이 말한 유명한 사례를 들면 "집합은 집합의 원소가 아니다". 즉 집합이라는 범주는 그 집합에 속한 구성 원소와 논리의 차원(논리 계형)이 다르며, 그 둘을 동일한 차원 혹은 계형에 놓고 분석해서는 안 된다는 것이다. 달리 표현하면 '포유류'라는 범주는 개, 고양이, 돼지, 하마 같은 개별 포유류 개체와 논리 계형이 다르다.

사실의 진술. 궁극적이고 신성한 공준은 또 다른 계형type에 속하는데, 사실이나 논리의 차원 바깥에 있을 뿐만 아니라 그것을 위한 토대가 된다.

마지막으로 앞선 논의에서 암시된 예식 질서의 위계적 차원의 부가적 측면을 살펴보자. 의례에서 위계적으로 배열되는 개념의 형식적 특성과 그 의미성의 차이를 고찰하면, 의례적 재현의 불변성이라는 문제는 뚜렷해서 사소해 보인다. 그러나 우리는 다음 장에서 의례적 불변성이 신성성의 토대임을 보일 것이다.

예식 질서 중 가장 항구적이고 가장 엄격하게 연행되는 요소는 사회적이거나 물질적인 지시물이 있는 요소가 아니고, 영적이거나 주로 영적인 지시물이 있는 것이다. 궁극적이고 신성한 공준은 모든 의례 요소 중에서 변하지 않을 확률이 가장 높다. 우리가 고찰한 위계는 관념 체계와 의미, 권위와 효험, 논리 계형과 명령문의 위계뿐만 아니라 표현의 불변성의 위계이기도 하다. 불변성이 신성성과 연계된다는 점은 지난 장의 영원성에 대한 논의에서 암시되었다. 이 문제는 9장에서 자세히 논의할 것이다.

의례의 차원에 관한 장들을 마치면서, 단일한 예식 질서라도 궁극적이고 신성한 공준, 신령, 특질, 개인, 사물, 과정의 관계의 구조에 관한 우주론적 공리, 그런 관계를 변환하기 위한 규칙, 사회와 자연의 지배적 상태에 대한 명제를 모두 포함할 수 있음을 지적하고 싶다. 이것은 의례 참여자에게 대단히 의미 있는 것으로 간주되는 이해 체계의 통일성, 통합성을 확립하는 것이다. 이런 통일성의 확립은 의례가 빈약한 사회에서는 미약하거나 결여되었다. 5장의 논의를 감안할 때, 예식 질서에 내재한 관념 체계가 특별히 의미 있어 보이는 것은 그것들이 상대적으로 높은 응집성, 일관성, 통합성을 나타내기 때문이 아니라, 의례가 말과 개념, 행위로 구성되기 때문이라고 할 수 있다. 행위자가 자신이 참여하는 예식 질서를 직접 연행할 때 그는 연행의 일부가 되며, 그 연행에 일상의 영역을 넘어서는 심오한 의미를 부여한다. 우리는 이 의미의 문제를 11장에서 다시 다룰 것이다.

9

신성성의
관념

신성성의

관념

나는 지금까지 '신성한sacred' '신성성sanctity'이란 용어를 정의하지 않고 독자의 이해에 맡겨두었다. 이제 이 개념의 정의를 분명히 하고, 이것들과 의례의 관계를 살펴보자.

1.
신성성의 정의

신성성의 개념은 지난 장에서 궁극적이고 신성한 공준이라고 부른 명제 범주를 고찰하면서 접근해보자. 그런 공준의 예로 유대인의 셰마에 나오는 "오, 이스라엘이여 들어라, 주는 우리의 신이며 신은 하나이시니", 이슬람교의 신앙고백Kalimat al Shahada에 나오는 "나는 말하노니 알라 이외 신은 없고, 무함마드는 알라의 예언자다"(Lane-Poole, 1911)를 들 수 있다. 이와 동등한 공준은 가톨릭 교리에서도 발견되며, 좀 더 긴 버전은 성찬식 규범, 특히 서문과 폐회 찬가, 성체 제정 말씀에서 발견된다(John Miller, 1959 참조).

마링족 의례나 대다수 무문자 집단을 포함한 많은 사회의 의례에는 이런 공식 교리가 없다. 그러나 죽은 조상이 여전히 지각 있는 존재로 실재한다는 가정은 그 사회의 모든 공희에 앞서 발화되는 형식적이고 코드화된 의례적 말에 함축되었다. 신성한 담뱃대 흡연이 수반되는 수족의 찬가 역시 공식 교리에는 미치지 못해도, 마링족의 조상 신령을 향한 기도보다 훨씬 명시적으로 궁극적이고 신성한 공준을 표현한다. 그 찬가는 와칸-탕카Wakan-Tanka, 즉 '위대한 신령' 혹은 '위대한 성스러움'(J. Brown, 1954)이나 육방과 연계된 신령들의 존재를 확립한다. 흡연 행위 자체도 흡연자와 그 연기를 받는 신령들의 관계를 확립하는데, 이는 가톨릭의 성찬식에 비견할 만하다(J. Brown, 1971).

위더스푼에 따르면, 나바호족의 경우 "정교한 의식儀式 체계 내 거의 모든 노래와 기도에 사아 나아가이 빅케 호조sa'ah naaghaii bik'eh hozho라는 축복의 문구가 포함된다. 사실 그들의 의식 체계는 대부분 그 문구가 상징화하는 조건의 산출이나 회복을 위한 것이다"(1977). 이 문구는 번역하기 쉽지 않다. 인류학자 클럭혼Clyde Kluckhohn이 '나바호족의 종교적 사고에서 핵심적인 관념'(1949)으로 간주한 호조라는 단어는 '긍정적 혹은 이상적인 환경을 지칭하는 말로 아름다움, 조화, 선善, 행복, 긍정적인 모든 것'을 의미한다(Witherspoon, 1977). 사아는 '성숙한 것, 익은 것, 경험이 있고 나이가 든 무엇'을 뜻한다(Witherspoon, 1977). 동사 나아가이는 '반복하다' '되풀이하다', 빅케는 '~에 따르면'이라는 의미다(Witherspoon, 1977). 그렇다면 호조의 원리에 따른 삶, 성숙, 성장 과정의 이상적인 반복을 나타내는 이 문구는 나바호족의 궁극적이고 신성한 공준이라고 할 수 있다.

이와 동등한 명제는 모든 종교의 의례에 함축되었다. 초자연적 존재나 교리를 상정하지 않는 종교라도 말이다. 명시적이든 함축적이든, 우리가 특정한 예식 질서를 종교적이라고 간주하는 것은 이런 신성한 공준이 존재하기 때문이다.

공준은 고유한 특징이 있다. 첫째, '공준'이라는 말 자체에 내재한다. 상정한다to postulate는 말은 입증 없이 주장한다는 것이며, 공준a postulate이란 그런 식으로 주장된 명제다. 원론적으로 말하면 자명함 혹은 뚜렷함이 그런 공준의 토대다.

모든 공준은 엄격한 의미에서 수행적 행위performative act의 결과물이다(Austin, 1962). 상정한다는 것은 그 자체로 일종의 행동이기 때문이다. 그러나 궁극적이고 신성한 공준은 더 깊은 의미에서 발화수반력의 산물이다. 그 공준의 내용은 단순히 주장되거나, 상정되거나, 제시되는 것이 아니라 예식 질서 자체에 내재한 연행성에 의해 구성된다.

우리는 4장에서 관습―관습적 이해 체계 포함―의 수행적 확립을 자세히 다뤘다. 수행문을 관습적 효과를 성취하는 관습적 행위로 이해한다면, 의례는 단순히 수행적일 뿐 아니라 메타 - 수행적이다. 의례는 관습적 사태를 창조하고, 관습적 효과를 구현하기 위한 관습 자체를 확립하기 때문이다. 이런 관습은 특정한 사태를 성취하기 위한 절차와 관습적 이해 체계를 포함한다. 그 이해 체계는 관습적 사태를 정의하는 동시에 그런 사태, 절차, 관념 체계로 구성된 우주의 성격을 정의한다. 예를 들어 미사는 신의 존재를 사회적 사실로 확립한다. 그리고 신의 이름 속에서 어떤 사람은 대관식, 기름 부음, 서약식 등 관습적 절차를 통해 왕위[1] 같은 관습적 직함에 오른다.

궁극적이고 신성한 공준은 의례의 메타-수행성에 의해 확립된다. 그러나 수행문과 오스틴이 '진위 진술적'이라 부른 진술문, 보고문, 묘사문이 언제나 명쾌하게 구별되지는 않는다는 점을 기억해야 한다. 우리는 5장 끝부분에서 관습의 자연화를 논하며 이런 애매함을 지적했는데, 이는 현재의 논의와 밀접하게 연관된다. 수행적으로 확립된 것이 개념이나 관념이라면 그 수행문은 즉시 진위 진술적인 것으로 변한다. 다시 말해 의례적 발화에서 특정한 우주적 실체, 특질, 힘을 사회적 사실이나 문화적 사실로 확립하는 수행문은, 결과적으로 진술문과 동일해진다. 셰마의 의례적 암송을 통해 신의 존재를 사회적 사실로 확립하면 '주는 우리의 신이요, 신은 하나'라는 명제를 그 명제(혹은 최소한 그것의 발화)와 독립적으로 존재하는 사태에 대한 보고나 설명으로 해석할 수 있다. 물론 그런 확립은 궁극적이고 신성한 공준의 항구적이고 공적인 성격에 따라 정당화된다.

지난 3000여 년간 셰마를 암송해온 이들 중 아무도 그것을 처음으로de novo 발화하지 않았다. 그들은 자기가 태어나기 오래전 '하나의 신'을 확립한 문구를 반복해서 암송할 뿐이다. 따라서 궁극적이고 신성한 공준은 그것을 암송하는 자에게 진술처럼 보인다. 그런 의례적 암송의 중단이 어떤 효과를 일으킬지 생각해보면, 그런 공준의 토대가 궁극적으로 수행성이라는 점이 분명해진다. 아무도 셰마를 암송하지 않는다면 '주는 우리의 신이요, 신은 하나'라는 문장은 사회적 사실이 아니다. 다른 초자연적 존재도 상황은 마찬가지다. 현대사회에서 제우스, 오딘, 엔릴, 마르두크 같은 신은 고대의 상상력이 빚어낸 허구일 뿐이다. 지금은 아무도 의례에서 그들의 이름을 불러 그들의 존재를 확립하거나 재확립하지 않기 때문이다. 몇몇 종교에서는 우주적 질서의 근원으로서 특정한 의례 장소를 중시한다. 이 문제는 잠시 후에 다시 논의하자.

궁극적이고 신성한 공준의 수사적 모호함도, 그런 애매모호함이 불러일으킬지 모르는 변형도 궁극적이고 신성한 공준의 발화 행위를 다른 수행적 행위와 구별하지 않는다. '평화가 있어라'라는 문장을 의례적으로 암송하기만 해도 전쟁 중인 두 집단 사이에 평화가 확립된다면, 똑같은 문장을 다시 말하는 것은 보고나 설명으로 간주될 것이다. 그러나 궁극적이고 신성한 공준과 평범한 수행적 행위에서 유래하는 관습적 사태에는 중요한 차이점이 있다. 첫째, 궁극적이고 신성한 공준은 그것의 수행적 토대에서 완전히 벗어날 수 없다. 사회적 사실로서 그 공준의 항구성은 지속적 수행을 기반으로 하기 때문이다. 반대로 '평화가 있어라'라는 문장은 전적으로 진위 진술문이다. 평화라는 상태를 유지하는 것은 '평화가 있어라'라는 말의 의례적 반복이 아니라 그런 의례적 선언과 별개인 사회적 행위에 달렸기 때문이다.

여기서 또 다른 차이가 생겨난다. **진술로서** '평화가 있어라'와 같은 명제의 정확성과 진실성은 사건에 준거해 검증할 수 있다. 입증 없이 주장된 많은 공준도 마찬가지다. 그러나 궁극적이고 신성한 공준은 그렇지 않은데, 그 공준의 둘째 특징 때문이다. 그 공준은 일반적으로 물질적 지시물을 결여하거나 거의 결여한다. 그러므로 그것들은 이 세계에서 자연스럽게 입수 가능한 증거로 허위화할 수 없다. 그 공준의 몇몇 핵심 조건이 물질적인 경우에도 다른 조건은 그렇지 않으며, 그 공준은 입증 가능성의 영역 바깥에 머문다. 비록 파라오가 생존해서 추종자들이 파라오의 존재를 눈과 귀로 확인할 수 있어도 그가 호루스의 화신이라는 공준을 반박할 방법은 없다. 로마 황제의 신성함 역시 허위화할 수 없었다.

나는 다음 장에서 살아 있는 인간의 신격화에 내재한 문제를 고찰하며, 그런 재현물(신격화된 존재)이 어째서 궁극적이고 신성한 공준의 주체로 부적절한지(불가능하지는 않다 해도) 물질적·사회적·논리적 이유를 들어 설명할 것이다. 궁극적이고 신성한 공준의 핵심적 조건이나 그것의 일부가 비물질적인 한, 물질적 증거가 그 공준을 허위화할 수 없다는 점이 중요하다. 여기서 궁극적이고 신성한 공준과 진위 진술문의 일반적 차이를 간단히 살펴보자. 궁극적이고 신성한 공준은 무시되거나 거절될 경우 무효화될 수는 있어도 허위화되지 않는다. 반면 진위 진술적 명제는 허위화될 수 있지만, 무시되거나 거절된다고 해서 무효화되지 않는다.

궁극적이고 신성한 공준이 경험적 증명을 벗어나는지는 확실치 않다. 물론 그 공준이 과학적 절차를 통해 증명될 수는 없다. 심지어 겉보기에 기적적인 현상도 언제나 (최소한 원칙적으로는) 다른 방식으로 설명될 수 있다. 과학자들은 기적적인 것을 평범한 것으로 환원하는 데 탁월한 능력을 발휘해왔다. 그러나 문화마다 증명을 위한 규범이 다양하며, 과학자에게 부적합한 증거도 다른 이들에게는 설득력 있어 보일 수 있다.

공준의 과학적 입증이 불가능하다고 해서, 직접적 물리적 증거를 제시하는 절차에 의해 입증될 수 없는 것은 아니다. 우리가 상대주의적 인식론의 입장을 채택한다면, 과학적 검증 요건에 부합하지 않는 수단을 통해서도 지식은 확보된다고 말할 수 있다. 다음 장에서 우리는 주관적 경험과 그것의 물질적 성격을 조사할 것이다. 현재의 요점은 궁극적이고 신성한 공준의 '허위화 불가능성'이 그것의 '증명 불가능성'보다 중요한 문제라는 점이다. 공준은 절대적으로 허위화 불가능하지만, 단지 '과학적'이나 '객관적'으로 증명 불가능하다.

경험적 허위화나 객관적 증명을 초월한 궁극적이고 신성한 공준은 논리를 통한 그 공준의 허위화나 증명도 초월한다. '주는 우리의 신이요, 신은 하나라' '신은 알라뿐이니' '사아 나아가이 빅케 호조' 같은 명제는 2 + 2 = 4 같은 명제처럼 논리적으로 필연적이지 않다. 삼위일체의 통일이라는 관념처럼 뚜렷한 논리적 필연성의 결핍이 신자들에게 그런 공준의 정당성을 훼손하지도 않는다. 반대로 공준의 수락은 논리적 결함이라는 **바로 그 사실 때문에** 중대한 것이 되며, 그 공준의 '비합리적', 반-직관적, 심지어 자기-모순적 특질이 거기에 신비를 부여한다.[2]

요약하면 내가 '궁극적이고 신성한 공준'이라 부른 명제, 즉 종교적 담화에서 가장 중요한 명제는 몇몇 고유한 특징이 있다. 한편으로 그 공준은 논리적·경험적으로 허위화될 수 없고, 다른 한편으로 객관적·논리적인 방식으로 증명될 수 없다. 대신 그 공준은 의문 제기 불가능한 것unquestionable으로 간주된다. 나는 이 특성이 신성성

정의의 본질이라고 생각한다. 즉 신성성이란 그 본성상 객관적으로 검증 불가능하며 절대적으로 허위화 불가능한 공준에 대해 신자들이 부여하는 의문 제기 불가능성unquestionableness이다.[3]

2.
담화의 속성으로서 신성성

이런 설명에 따르면 신성성은 종교적 담화의 속성property이지 그 담화에서 지시되는 대상object이 아니다. 그렇다면 신성한 존재는 예수라는 남자가 아니다. 그의 신성성을 선포하는 의례와 그 행위가 신성한 것이다. 의례적 선포나 수락과 구별되는 '예수의 신성'은 다른 문제다. 내 용법에서 신성성sanctity은 담화 자체의 성질이며, 신성divinity이란 그 담화에서 주장되는 주체의 추정상 속성이다.

담화의 속성으로서 신성성은 담화 내 대상에게 부여되는 신성과 구별되며, 그 대상에게 있다고 추정되는 모든 속성—위험하고, 강력하고, 인간과 떨어져 있고, 금지되고, 무시무시하고, '완전히 다르고', 절대적 하나이고 등등—과도 구별되어야 한다. 그 대상이 신이든, 신령이든, 우주적 과정이든 그것은 종종 위험하고, 자비롭고, 창조적이고, 절대적으로 선한 존재로 여겨진다. 신적 대상의 특성은 어디서든 다양하지만 결코 뚜렷하지 않다. 그런 추정상 속성 중 일부는 광범위하게 발견되지만, 그중 아무것도 (모호한 비-물질성을 제외하면) 보편적인 것 같지는 않다. 신적 대상이 담화에서 언제나 그런 식으로 표현된다는 점은 의심할 여지가 없고, 신적 대상에게 그들에게 있다고 간주되는 특정한 속성을 부여하기 위해서는 담화가 필수적이다. 신적 대상이 절대적으로 선하거나, 위험하거나, 돋보이거나, 전지전능하거나, 처녀의 몸에서 태어난 영원한 존재라는 점은 의례적 담화에서 의문 제기 불가능한 진실로 규정된다.

나는 신성성을 구성하는 것이 의례적 담화의 의문 제기 불가능성이라는 성질quality이지, 그런 담화 속 대상이나 그것에게 있다고 여겨지는 성질이 아니라고 생각한다. 다시 말해 담화의 특성은 그 담화 속 대상의 특성보다 높은 논리 계형에 속한다. 신성성이 메타-언어의 특성이라면, 신성은 대상언어object language 내의 개념이다. 신성한 담화는 무엇보다 신성에 대한 것이다.

여기서 나는 신성성과 신성을 구분했지만, 이 둘의 구분은 때로 모호해진다. 우리는 나중에 의문 제기 불가능성 자체를 향한 움직임이 신적인 대상으로 신격화됨을 살펴볼 것이다. 여기서는 신성한 담화가 다루는 대상object이 담화의 요소element로 이해될 수도 있다는 점만 상기하자. 베다교에서는 언어 자체가 여신으로 신격화되며(Deshpande, 1990), 신적 존재가 말씀Word으로 간주되는 친숙한 예도 있다. 그리고 신령이나 신이 그들의 이름과 융합되기도 한다. 이런 견해는 토라를 '신의 이름들로 이루어졌을 뿐 아니라 그 전체가 하나의 위대한 신의 이름'(Scholem, 1969) 혹은 신 자체로 간주하는 유대교 신비주의에서 잘 드러난다.

지카틸라Gikatila가 썼듯이 "신의 토라는 신에게 있다. 이것이 카발라 신비주의자들의 주장이다. 다시 말해 신성하고 거룩한 신은 그의 이름 속에 있고, 그의 이름은 그 안에 있으며, 신의 이름은 신의 토라다"(Scholem, 1969). 비슷하게 뒤르켐(1961)이 금제에 의해 속(俗)의 영역에서 분리·보호된 '신성한 사물'을 이야기할 때 그는 '담화의 사물'을 말하고 있었다. 그러나 신성한 담화와 그것의 물질적 재현물은 종종 금제에 의해 보호된다. 즉 규정, 금지, 표현의 법식을 통해 일상적인 영역에서 분리된다. 그런 격리는 우리가 다시 논의할 (신성성의) 의문 제기 불가능성에 기여한다.

3.
신성성의 토대

신성성을 신도들이 특정한 공준이나 그와 관련된 명제에 부과한 의문 제기 불가능성의 성질이라고 정의하면 몇 가지 의문이 제기된다. 첫째, 궁극적이고 신성한 공준의 의문 제기 불가능성이 논리나 일상 경험을 기반으로 하지 않는다면 그것의 토대는 무엇인가? 나는 그 토대가 세 가지이며, 모두 의례 안에 있다고 본다. 그중 하나는 다음 장에서 논의하겠지만, 긴밀히 연관된 나머지 두 토대는 여기서 살펴보자.

신성성의 첫 번째 토대는 앞에서 어느 정도 다뤘다. 나는 4장에서 연행자는 예식 질서에 참여하면서 그 질서의 규범에 코드화된 모든 것을 수락한다는 사실을 자신은 물론 다른 이들에게 드러낸다고 주장했다. 규범을 수락한다는 것은 규범에 의문을 제기하지 않겠다는 데 동의하는 것이며, 이는 그 규범을 의문 제기 불가능한 것으로 선언하는 것과 마찬가지다. 그렇다면 궁극적이고 신성한 공준의 의문 제기 불가능성의 토대 중 하나는 그 공준을 재현하는 규범의 연행에 내재한 수락 자체다.

4장에서 부가적으로 논의했듯이, 수락은 그 자체로 참여자의 신념이나 의심의 결여를 나타내지 않는다. 그러나 개인의 신념을 초월한 예식 질서의 참여를 통해 드러나는 수락은 신념보다 심오하고 중대한 의미일 수 있다. 연행자는 수락 행위를 통해 자신의 의심, 경험, 이성을 초월할 수 있기 때문이다. 나는 몇몇 저명한 신학자들이 신념에는 필연적으로 의심이라는 요소가 포함된다는 점을 지적했다고도 말했다. 가장 강렬한 신념은 신자들이 강한 의심에서 유래하는 의문을 억누를 때 생겨나는 것일 수 있다.

한편 신념과 신성성은 별개의 문제이며, 여기서 내가 수락하고자 하는 주체의 자발적 태도와 그렇게 수락된 대상인 신성성을 혼동하는 게 아니냐는 반박이 나올 수 있다. 그러나 신도들이 특정한 공준에 신성성을 부여한다면, 그런 신성화 과정의 일부로 주체의 태도와 객체의 특성에 융합이 일어날 수밖에 없다. 틸리히는 신성의 개념을 '궁극의 관여ultimate concern'라고 정의하면서 이와 비슷한 주체와 객체의 융합을 암시했다. "신은 인간에게 궁극적으로 관여하는 존재다. 인간에게 궁극적으로 관여하면 그것이 바로 (그 인간에게) 신이며, 달리 표현하면 인간은 단지 자기에게 신인 존재와 궁극적으로 관여될 수 있다."(Tillich, 1951)

앞서 틸리히는 "신앙이란 궁극적으로 관여된 상태"이며 "궁극의 관여란 예수의 위대한 계명, 즉 '주 우리 하나님은 유일한 주이니, 네 마음을 다하고 목숨을 다하고 뜻을 다하고 힘을 다하여 주 너의 하나님을 사랑하라'를 추상적으로 번역한 것이다"라고 썼다. 이 구절은 태도로서 궁극의 관여와, 그런 태도가 향하는 대상의 구별을 없애려는 노력을 암시한다. 주체와 객체의 구분이 무화되면 인간이 신적인 것에 참여할 수 있다. 이 문제는 다시 논의하자.

궁극적이고 신성한 공준의 의문 제기 불가능성의 한 토대가 개인과 신도의 수락만은 아니다. 특정한 명제, 즉 궁극적이고 신성한 공준에 의문 제기 불가능성의 지위를 부여하는 주체의 태도는 그 공준의 표면적 특성에 의해 강화된다. 흥미롭게도 참여자의 수락을 요청하는 의례적 연행의 특징이 그런 특성을 수반한다. 그렇다면 의례에서 일어나는 수락 행위를 간략하게 보자.

나는 4장에서 수락이 의례에 본질적으로 내재한다고 말했다. 예식 질서(그 정의상 연행자 이외 사람들에 의해 코드화된 형식적 행위와 발화의 불변하는 차례)를 연행한다는 것은 부득이하게 그 질서에 복종한다는 뜻이 되기 때문이다. 그렇다면 권위 역시 의례에 내재한다. 그러나 예식 질서의 참여는 단순히 '권위'나 '복종' 같은 말이 함축하는 것보다 내밀하고 구속적인 관계를 연행자와 그가 연행하는 질서 사이에 창조한다. 우리는 의례에서 연행자 자신이 언제든 그가 전달하는 메시지의 가장 중요한 수신자가 된다고도 말했다. 여기서는 더 깊은 융합이 일어나는데, 메시지 전달자/수신자와 그가 전달/수신한 메시지의 융합이다.

자기 연행을 통해 생명을 부여하는 예식 질서에 복종하면서, 연행자는 한동안 그가 구현하는 질서와 구별이 불가능해진다. 연행자는 그 질서를 구현하고, 실제인 것으로 만들고, 그 질서를 실체로 만든다. 연행자가 그 질서에 자기 숨결과 생명으로 된 물질을 부여하면, 그 질서는 연행자에게 의례적 형식을 부과한다. 참여자(주체)와 그가 참여하는 대상의 구분이 여기서 무너진다. 연행자와 연행의 합일에서는 연행되는 것에 대한 거절 자체가 불가능해진다. 연행자는 예식 질서를 행하면서 그 질서가 규범화한 내용의 수락 외에 다른 것을 할 수 없다. 나는 그런 합일을 위해 자기 외 다른 사람이 코드화한 질서에 복종하는 것이 필요하다고 주장했다. 그렇다면 예식 질서의 불변성은 수락에 필수 불가결한 것이다.

　연행자와 공준의 관계보다 궁극적이고 신성한 공준 자체에 내재한 의문 제기 불가능성의 두 번째 토대도 이런 불변성에 근거한다. 여기서는 앤서니 F. C. 월러스의 중요한 통찰에 주목하자. 그는 형식 정보 이론의 측면에서 볼 때 의례(그의 용법에서 의례는 이 책에서 내가 '규범canon'이라 부른 것이다)는 특이한 커뮤니케이션 양식인데, 그것은 정보가 결여되었기 때문이라고 말한다.

　　의례는 한번 발화되면 어떤 불확실함이나 선택권[4]도 허용하지 않는 특정한 신호의 차례다. 따라서 정보 이론의 통계적 의미에서 의례는 어떤 정보도 발신자에게서 수신자로 전달하지 않는다. 이상적으로 의례는 완벽한 질서의 체계이며, 그 질서에서 이탈하면 실수가 된다. (1966)

월러스(1966)는 "의례는 가장 간결하게, 정보 없는 커뮤니케이션 양식으로 분류할 수도 있다"고 본다. 그는 더 나아가 의미와 정보는 동일하지 않다고 주장한다.

> 모든 의미 있는 메시지가 정보를 담은 것은 아니다. 정보를 담은 모든 메시지가 의미 있는 것도 아니다. 다시 말해 그 차례가 고정된 의미 있는 신호의 시퀀스, 그래서 수신자가 언제든 앞선 신호 다음에 어떤 신호가 올지 알 수 있는 신호의 시퀀스는 정보 가치가 없다. 각각의 연속적 사건의 결과에 따라 감소될 불확실성 자체가 없기 때문이다. 반대로 메시지는 그것의 정보 가치가 지나치게 높거나, 구성 신호들이 자의적일 때 의미가 없을 수도 있다. (1966, 강조는 Rappaport)

월러스의 주장에 따르면 의미성은 메시지에 정보가 있느냐 없느냐에 달린 게 아니라, "메시지에 반응할 수 있는 수신자의 능력, 다시 말해 작은 자극에 상대적으로 크게 반응할 수 있는 능력"에 달렸다(1966). 이 의미 개념은 내가 3장에서 변환에 관해 논의할 때 강조한 의미성meaningfulness의 양상과 유사하다. 우리는 다음 장에서 의미의 층위를 다룰 때 메시지와 수신자 관계의 다른 양상을 고찰할 것이다. 일단 월러스의 논의에서 명시적으로 표현된 핵심 요지는 의례의 정보 – 결여란 확실성certainty을 의미한다[5]는 것이다. 월러스는 특수한 의식(儀式)의 특정한 의미는 의식 자체만큼 다양하고 많을 수 있다면서 다음과 같이 쓴다.

510

(의례에는) 언제나 명시적이라기보다 암시적인 또 다른 메시지가 있다. 이는 조직의 메시지message of organization다. 의례의 가장 뻔한 특징 하나는 극단적인 질서 정연함이다. 즉 의례는 예측 가능하며, 일련의 의례적 사건은 거의 균일한 개연성에 따라 일어난다. 의례의 토대가 되는 신화는 질서에 의해 대체되거나 대체될 카오스의 세계를 그린다. (1966)

이 책의 용어로 번역하면, 불변하는 규범에서 재현되는 것은 그럼으로써 변함없고 대안 없는, 따라서 확실한 그 무엇으로 제시된다. 확실성과 의문 제기 불가능성의 관계는 밀접해서, 느슨하게 말하면 둘은 거의 동의어다.

그렇다면 궁극적이고 신성한 공준의 의문 제기 불가능성은 두 가지 토대가 있다. 한편으로 주체에 의한 수락이 있고, 다른 한편으로 그들의 표현의 확실성이 있다. 두 토대는 모두 의례의 동일한 일반적 특성인 규범적 불변성에서 유래한다. 신성성의 본질이 의문 제기 불가능성이라는 특성인 이상, 신성성 자체는 의례라는 형식의 산물이다. 더 정확히는, 1장에서 다뤘듯이 동물들 사이에서 널리 발견되는 의례 형식(예를 들어 뿔논병아리나 농게의 구애 의례, 큰가시고기나 갈매기의 경쟁 의례, 아마도 침팬지의 '레인 댄스rain dance'*)에 언어가 결합되어 생겨난 것이다.

입증할 방법은 없지만 이런 논의는 신성성의 개념이 인간 진화

---

* 밀림에 우기가 시작되면서 천둥이 치고 폭우가 쏟아질 때, 침팬지 수컷들이 춤을 추는 현상. 침팬지들이 왜 이런 춤을 추는지는 아직 학자들 사이에서 합의된 바 없다.

과정에서 유래했음을 암시한다. 다시 말해 언어가 발전하면서 생겨난 언어 표현이 우리의 유인원 조상이 참여한—충분히 그랬으리라고 추정할 수 있는데—비언어적 의례의 질서에 동화되거나 복속되면서 불가피하게 신성성의 개념이 출현했는지 모른다. 따라서 신성성의 개념은 언어만큼 오래되었을 수 있고, 더 나아가 인류 자체만큼 오래되었을 수 있다.

우리는 7장에서 영원성의 개념이 예식 질서의 불변하는 반복성에 수반된다고 말했다. 그렇다면 의문 제기 불가능성과 영원성이라는 특성은 동일한 예식 질서와, 그 질서의 동일한 특징에서 기원한 것이다. 신성성과 영원성이 동일하지 않다면, 그것들은 적어도 개념적 자매다. 신성성, 의문 제기 불가능성, 영원성 개념의 얽히고설킨 유기적 관계는 예식 질서에서 분명히 드러난다.

4장의 수락에 대한 논의에서 건드린 의례의 교묘한 술수 혹은 도치 관계를 떠올려보자. 궁극적이고 신성한 공준은 항구적인 의문 제기 불가능성의 지위를 획득하면서 반복되는 사회적 행위—예식 질서의 연행에서 일어나는 그 진실의 반복되는 재현—를 통해 '영원한 진실'이 된다. 그러나 영원한 진실로서 공준은 예식 질서를 포함하며, 사람들이 거기에 의지해 삶을 영위해가는 우주적 질서의 토대로 간주된다. 보통 인간 존재의 기반으로 간주되는 궁극적인 신성성은 이를 따르는 사람들이 지속적이고 반복적으로 재현할 필요가 있다.

의례 연행의 중단 없는 지속성이 영원한 우주적 질서 유지에 얼마나 중요한가는 종종 잘 드러나지 않지만, 몇몇 부족의 종교적 사고에 나타난다. 예를 들어 오스트레일리아 원주민은 의례를 '꿈의 시대'에 세계에 질서를 가져다준 사건의 단순한 재연이 아니라, 이 세계에 질서를 부여한 단 한 번의 신화적 행위에 참여하기 위해 '꿈의 시대'로 다시 들어가는 일로 이해한다. 그 질서는 신화적 사건의 영원한 연행 속에 인간이 반복해서 참여할 때 유지될 수 있다(Stanner, 1956; Meggitt, n.d.).

궁극적인 신성성이 그 지지자들의 행위에 근거한다는 사실은 종교의 진화나 종교와 사회의 관계의 핵심부에 사이버네틱스적 과정이 존재함을 시사한다. 나는 다른 논문에서 그 과정을 논했는데(1971b, 1971c, 1979b), 이 책 마지막 장들에서 나의 초기 논의를 더 정교하게 발전시킬 것이다. 그때 우리는 사회의 적응적 구조에서 신성성의 위치, 그와 관련된 신성화의 병리학적 측면도 살펴볼 예정이다. 의문 제기 불가능성의 문제로 돌아가자.

4.
공리와 궁극적이고 신성한 공준

여기서 내가 주장한 신성성 개념에 따르면, 궁극적이고 신성한 공준을 수학이나 논리학의 공리와 적절히 구별할 수 없다는 반박이 나올 수 있다. 궁극적이고 신성한 공준과 공리는 모두 증거 없이도 참으로 간주되며, 독자적으로 존재하지 않는다(다른 명제들과 연관되었다). 둘 다 그것들 이상의 무엇을 포함하는 담화적 구조의 토대로도 기능한다. 그러나 둘은 여러 측면에서 다르다.

첫째, 담화적 구조에서 공리와 궁극적이고 신성한 공준은 다른 위치를 점한다. 오래전에 화이트헤드와 러셀(1913)이 보여주었듯이, 공리에 의거하지 않고는 논리 체계를 구축할 수 없다. 공리는 최소한 이론상으로 그 공리를 기반으로 하는 논리 체계에서는 증명이 불가능하지만, 그보다 논리 계형이 높은 이론에서는 정리theorem의 형식으로 도출될 수 있다. 논리 계형이 더 높은 논리학 역시 공리를 기반으로 한다. 그 공리 역시 더 높은 논리 계형에서는 정리가 될 것이다. 이런 무한한 소급은 논리 구조에 내재한다.

궁극적이고 신성한 공준은 이런 소급에 영향을 받지 않는다. 공준은 공리와 달리 더 높은 논리 계형 체계에서 도출되지 않는다. 공준 자체가 그것이 속한 담화 구조의 정점에 있다고 주장하기 때문이다. 사실 공준이 종종 상정하는 것은 아직 창조되지 않은 창조자나 만물의 기원 혹은 토대다. 그렇다면 궁극적이고 신성한 공준은 논리 그 자체로 멈춰 세울 수 없는 논리적 무한 소급을 중단한다. 그 공준은 때로 인간 지성에 자기 모순적으로 보이는 의문 제기 불가능한 명제―유일신의 다중적 본성 같은―를 확립한다. 이는 일반 논리로는 그런 공준을 파악할 수 없으며, 넘어설 수도 없다는 사실을 공표하는 것이다. 그 공준은 그것들이 인식되기 위해서는 일상적 관념 체계가 물러나야 한다고 은밀히 주장한다. 즉 우리는 믿기 때문에 이해한다(Credo ut intelligam).[*]

---

[*] 11세기 영국 캔터베리의 주교이자 신학자 안셀무스(Anselmus)의 격언.

궁극적이고 신성한 공준은 더 높은 논리 계형 체계에서 정리로 도출될 수 없으며, 그것들이 속한 담화 구조에서 공리로 기능할 수도 없다. 이 점은 지난 장에서도 언급했다. 궁극적이고 신성한 공준은 대개[6] 공리나 자연법칙이 그렇듯이, 현상에서 불변하는 것으로 드러나는 개별적 관계를 규정하지 않는다. 신의 본성이 하나, 둘, 셋 혹은 여럿이라는 공준은 이 세계의 사회적·도덕적·물리적 세부 사항을 규정하지 않는다. 몇몇 신학자는 이를 주장하기 위해 힘들게 노력했지만 말이다.

사람들은 신성神性의 복수성과 통일성을 동일한 자연에서 읽어왔다. 대립하기도 한 다양한 종교 기관은 동일한 예식 질서에서 재현되는 궁극적이고 신성한 공준을 기반으로 한, 동일한 신들에 근거해 자신을 신성화했다. 조금 다르게 말하면 기독교 교리나 셰마, 샤하다Shahada 같은 명제는 자연법칙이나 논리적 공리가 그렇듯이 그 명제 자체에 특수한 물리적·사회적·논리적 관계를 수반하지 않는다.

공리와 궁극적이고 신성한 공준은 일반성의 측면에서도 차이가 난다. 공리는 특정한 논리 체계나 특정한 범주의 물리적 체계에서 유효할 뿐이다(예를 들어 두 점의 최단 거리가 직선이라는 공리는 오직 평면이라는 조건에서 참이다). 하지만 궁극적이고 신성한 공준의 적용 범위는 그렇게 좁지 않다. 그것의 적용 범위는 무한할 수 있고, 언제 어디서나 선善으로 간주될 수 있다. 이슬람 신도에게 '알라는 유일신이며 무함마드는 그의 예언자니라'라는 명제는 구에서든 평면에서든 참으로 간주된다. 즉 궁극적이고 신성한 공준의 적용 범

위는 보통 공리나 법칙과 달리 특정한 물리적 · 정치적 · 논리적 · 주제별 영역에 국한되지 않는다.[7]

이 장 1절에서 짧게 언급한 또 다른 차이를 논의해보자. 의문 제기 불가능성이라는 지위를 공리에 부여하는 것과 궁극적이고 신성한 공준에 부여하는 것은 동등한 결과를 낳지 않는다. 우선 몇몇 공리는 즉각적이고 직관적으로 자명하게 보인다. 평면 위 두 점의 최단 거리는 직선이라든지, 2+2=4와 같은 공리에서 끌어낼 수 있는 단순한 명제를 부인하는 것은 일상적으로 뚜렷하고 합리적이라고 간주되는 것을 부인하는 것이다. 따라서 이는 많은 사람들에게 일단 정신적 결함의 증거로 간주될 수 있다. 이런 설명은 '지구에서 사물은 상승하지 않고 하강한다'와 같은 경험적 일반 명제에도 적용될 수 있다. 역으로 최소한의 지적 능력을 갖춘 사람이라면 위의 명제를 참으로 여긴다. 그렇다면 저 명제의 수락은 (당연하다고 여겨지므로) 거의 하찮은 일이다.

대조적으로 궁극적이고 신성한 공준의 의미소는 뚜렷하지 않고, 꼭 물질적 관계를 통해 드러날 필요는 없으며, 논리적 필연성을 갖출 필요도 없다. 사실 그 공준은 즉각적으로 뚜렷하지 않고 종종, 심지어 언제나 직관에 반한다. 앞서 보았듯이 그 공준은 일반적 합리성이나 일상 경험과 모순되기도 하므로 그것들을 증거로 채택하지도 않는다. 유일신의 삼위일체적 본성을 인정하는 것은 일상적 논리나 세속적 경험을 부정하는 것이 아니다. 다만 그것을 무시하거나 거부한다는 뜻이다. 따라서 니케아신조 같은 명제에 의문 제기 불가능성의 지위를 부여하는 것은 존재론적 · 인식론적 · 사회적으로 대단히 중대한 일이다.[8] '알라신은 유일신이며 무함마드는 그의 예언자니라'라는 명제의 수락은 어떤 사람이 바로 그 공동체에 소속됨을 선언하는 일이며, 그 공동체의 구성원이 되겠다는 의무를 수락하는 일이다. 우리는 그런 의무의 수락을 4장에서 논의했다.

여기서 많은 공리, 예를 들어 비유클리드기하학의 공리는 전혀 자명하지 않으며 그것의 수락은 하찮지 않다는 반박이 제기될 수 있다. 나는 그런 공리의 수락은 어떤 측면에서 궁극적이고 신성한 공준의 수락보다 덜 중요하며, 최소한 다른 의미로 중요하다고 주장하고 싶다. 그 공리의 수락에는 사회적 의무가 수반되지 않기 때문이다.

여기서 내가 전개한 신성성의 논의에 근본적인 반론이 제기될 수도 있다. 나는 궁극적이고 신성한 공준을 공리와 구별하려고 했지만, 논의가 지나치게 합리적인 것으로 보일 수 있다. 말로 형언할 수 없는 주관적인 종교적 경험을 다루지 않았기 때문이다. 그러나 내가 그런 경험의 중요성이나 힘을 부정한다는 의미는 아니다. 1장에서 짧게 소개했듯이, 신성성은 내가 '성스러움The Holy'이라고 부른 포괄적인 범주의 두 가지 근본 요소 중 하나다. 이런 제한적이고 특수한 의미에서 신성성은 성스러움Holy의 담화적 구성 요소, 다시 말해 언어로 표현될 수 있는 부분을 말한다. 11장에서 우리는 성스러움의 다른 측면, 즉 루돌프 오토를 따라 내가 '누미노스'라고 부른 비–담화적이고 경험적인 측면을 논의할 것이다. 이 문제는 7장에서 간략하게 언급했다. 우리는 11장 이후에서 신성성과 누미노스의 통합이 성스러움을 구성하며, 그런 통합에서 신성神性의 개념이 태어난다는 점을 논의할 것이다.

5.
신성성, 발견적 규칙, 기본적 신조

신성성과 의문 제기 불가능성의 연관성, 궁극적인 신성성과 상황에 따라 신성화되는 것의 구별은 (비록 그의 분석은 의례를 전혀 다루지 않지만) 도미니크회 신부이자 철학자, 신학자인 보헨스키 Joseph M. Bochenski가 《The logic of Religion 종교의 논리》(1965)에서 발전시킨 종교적 담화religious discourse의 개념에도 깃들었다. 그는 불교, 기독교, 힌두교, 이슬람교, 유대교의 전통 담론을 분석하면서 이 종교들이 유사한 명제 범주에서 도출된 공통의 논리를 기반으로 한다는 점을 밝혀냈다. 그는 네 가지 명제 범주를 제시한다.

첫째, '로 명제Rho sentence'다. 이 범주는 그의 표현에 따르면 '믿는 자들이 믿는 것what the believers believe'을 표현하는 명제다. 보헨스키는 이런 명제가 교리나 교리문답서에서 발견된다고 했다. '예수는 신의 아들이다' '무함마드는 알라신의 예언자다' 등. 나는 이 책에서 이런 명제를 '궁극적이고 신성한 공준'이라 명명했다.

둘째, 그가 '발견적 규칙heuristic rule'이라 부른 명제다. 이는 어떤 명제에 로 명제나 '궁극적이고 신성한 공준'의 지위를 부여해야 하는지 말해주는 규칙이다. 보헨스키에 따르면 발견적 규칙이 로 명제군에 포함되어야 할 명제를 결정할 때는 명제의 내용이 아니라 형식이나 맥락에 준거한다(예를 들어 '〈창세기〉에 포함된 모든 진술은 로 명제로 간주되어야 한다'). 보헨스키가 다루는 종교 전통의 경우, 궁극적이고 신성한 공준을 도출하기 위해 발견적 규칙을 적용할 수 있는 텍스트는 경전이다.

그런 문헌의 전통에서 신학자의 역할은 발견적 규칙을 세련되게 하거나 때로는 고안하고, 그 규칙이 도출하는 모든 공준을 해석하는 일이다. 그 공준은 종종 모호하고 아리송하기 때문이다. 더 중요한 것은 의례 자체가 발견적 규칙을 포함한다는 사실, 정확히는 예식 질서가 발견적 규칙이라는 점이다. 다시 말해 나는 의례에서 행해지는 특정 명제나 명제군의 반복적이고 지속적이며 엄격한 재현은, 그 명제를 무수히 많은 담론 가운데 선별하여 궁극적이고 신성한 공준으로 확립한다고 주장한다. 이는 의례의 규범적 불변성에 수반되는 근본적이고 핵심적인 측면 중 하나다.

셋째, 보헨스키가 '기본적 신조the Basic Dogma'라고 부른 명제다. 기본적 신조의 규정에 따르면 다음과 같다.

> (발견적 규칙에 따라 로 명제라고 지정된 모든 명제는) 참인 것으로 수락되어야 한다. 따라서 이슬람교도는 무함마드에게 계시된 모든 것이 참임을 인정한다. 그리고 가톨릭 교리문답서는 신이 계시했거나 교회가 제안하는 모든 것이 참된 것으로 간주되어야 한다고 말한다.
>
> (1965, 강조는 Rappaport)

보헨스키는 오직 담화 자체의 분석에 관심이 있으며, 무엇이 그런 수락을 구성하는지는 언급하지 않는다. 영성체를 받는 신도들이 로 명제에게 품는 태도, 보헨스키가 신앙과 뚜렷하게 구분하지 않는 태도가 한 가지 답이 될 수 있다. 보헨스키는 수락이 어떻게 수락한 사람이나 다른 이들에게 전달되는지도 말하지 않는다. 의례 전통은 대개 궁극적으로 신성한 공준을 공식적인 교리문답서에 요약해놓지 않는다. 성직자들이 '교회가 믿어야 한다고 간주하는 것'을 직접 설파하는 교회에서도 그 공준은 명확히 표현되지 않는다. 사회 전체와 절연된 제도화된 교회가 있는 사회에서도 '신의 계시'는 보통 교리문답서나 경전 같은 문헌이 아니라 엄격하게 반복되는 의례와 연관된다.

나는 4장과 이 장에서 궁극적이고 신성한 공준(혹은 로 명제)이 표현되는 의례의 연행 자체가 그런 공준의 수락이 된다고 말했다. 보헨스키의 설명과 내 논의의 분명한 차이점은 다음과 같다. 그에게 수락은 사람들의 태도나 신념, 신앙과 명확하게 구별되지 않는 주관적 상태인 듯하다. 반대로 나는 수락이 연행자나 다른 사람들에게 가시적으로 드러나는 공적 행위라고 주장했다. 그렇다면 의례의 연행은 그 의례가 신성한 것으로 재현하는 것의 수락일 뿐 아니라 그런 수락을 보여주는 것이다. 나는 더 나아가 공적인 수행적 행위로서 수락은 수락되는 것에 대한 '믿음belief in'을 필연적으로 수반하지는 않는다고―그런 수락을 장려할 수는 있겠지만―주장했다.

그러나 수락은 로 명제나 궁극적이고 신성한 공준의 의문 제기 불가능성의 토대 중 하나일 뿐이다. 내가 주장한 또 다른 토대는 의례적 명제 자체의 표면적 확실성apparent certainty이다. 보헨스키 역시 비슷한 맥락에서 다음과 같이 썼다.

> 동시에 기본적 신조는, 거의 명시적으로 드러나지 않지만 모든 신자들이 이해하는 것으로 생각되는 무엇을 진술한다. 다시 말해 발견적 규칙에 따라 지정된 모든 명제는 1의 확률이 있다[*]고 간주되어야 한다. (1965)

나는 불변하는 질서에 근거한 의례적 연행은 그 질서가 재현하는 모든 것의 수락을 나타내며, 예식 질서 자체의 불변성은 그 의례의 내용에 확실성을 부여한다고 주장했다. 요약하면 보헨스키가 기본적 신조뿐만 아니라 발견적 규칙이라 부르는 것은 의례적 형식 자체에 내재한다.

넷째, 보헨스키가 '타우 로tau' rho 명제'라고 부른 명제다. 이는 로 명제와 세속적 담화가 결합된 것인데, 내가 '신성화된 명제sanctified sentence'라 부른 것과 비슷하다. 그는 일부 타우 로 명제(특히 윤리적 명령)는 하나 이상의 방식으로 도출될 수 있고, 그런 몇몇 방식 중 일부는 철저하게 '세속적'이라고 본다. 예를 들어 아버지와 어머니의 이름을 빛내라는 명제는 신의 명령, 순수하게 윤리적인 의무, 사회적 통념의 결과, 친족 선택과 관련된 생물학적 가정에서 도출

---

[*] 완벽한 확실성이 있다는 의미.

될 수도 있다. 그러나 보헨스키는 특정 명제가 세속적으로 도출될 수 있다고 한 사회의 일반적인 종교적 담화에서 배제되어선 안 된다고 주장한다. 이는 지질학에서 천문학적 증거를 활용할 수 있기 때문에 판구조론에 따른 지구의 연대 측정과 관련된 명제를 배제하는 것과는 다른 문제다.

여기서 논의한 신성성과 신성화된 것의 개념은 종교적 담화에 관한 보헨스키의 분석과 대체로 일치한다. 나의 논의는 그가 '발견적 규칙'과 '기본적 신조'라고 부른 것의 구성에 의례가 어떤 역할을 하는지 설명함으로써 그의 논지를 강화한다. 우리의 논의는 보헨스키가 건드린 다른 문제도 설명한다. 그는 기본적 신조는 로 명제가 1의 확률이 있다고 규정한 뒤에 다음과 같이 썼다.

> 대다수 신학에서 로 명제는 다른 명제의 확실성보다 훨씬 크며, 사실상 매우 다른 질서에 속한다고 여겨진다. 그러나 이것은 심리학적 문제로서, 논리적으로 1보다 큰 확률은 존재하지 않는다. (1965)

어떤 사건도 수학적 확률이 1 이상일 수 없다. 그러나 우리 논지에 따르면, 궁극적이고 신성한 공준의 확실성은 다른 명제에 부여된 확실성과 개념적으로 구별된다. 그 공준은 논리적·경험적으로 허위화될 수 없고, 나중에 다시 논의하겠지만 주관적으로 부정될 수 없는 정당성이 있다. 고도로 신성화된 명제의 의문 제기 불가능성조차, 법칙이나 논리에 근거한 진위문과는 다른—어떤 의미에서 좀 더 확실한—질서에 종속된 듯하다. 그 명제는 시간 법칙을 따르지 않는 사태에 의해 무효화되지 않기 때문이다. 그 경우 무효화되는 것은 사태다. 여기서 의문 제기 불가능성의 본성에 관한 추가적인 의문이 제기된다.

6.
신성성, 의문 제기 불가능성, 사물의 진실

의문 제기 불가능성의 개념도 상대적 불변성의 개념처럼 처음에 생각한 것보다 훨씬 고찰하기 어려운 개념이다. 이제 담화, 특히 의례적 담화의 요소와 그 담화에 근본적인 일련의 공준에 주목하려고 한다. '의문 제기 불가능한' 명제와 그 표현이 적용될 수 있는 다른 명제에서, 이 용어는 '진실한truthful'과 동의어는 아니라도 밀접히 연계된다. 혹은 '진실한'이라는 의미를 포괄하거나 거기에 포괄된다.[9] 일상 어법에서 '진실'이란 보고나 묘사, 진술, 가정, 명제, 공준, 이론에 있을 수 있는 속성이다.

　'진실의 상응성 이론correspondence theory of truth'이라 불리는 이론에 충실한 듯한 옥스퍼드 영어사전과 아메리칸 헤리티지 사전의 공통된 정의에 따르면, 어떤 발화는 '현실과 부합'하거나 '지식, 사실, 실제성 혹은 논리'에 부합할 경우 진실하다고 간주된다. 진실의 상응성 이론은 현재 논의되는 이론 중 가장 소박하고 단순한 듯한데,[10] 명제의 진실에 관해 논할 때 철학자를 제외한 일반인의 생각과 가장 비슷할 것이다. 그 이론은 폭넓게 받아들여지는 대중 이론

folk theory이라 할 수 있다.

아리스토텔레스는《형이상학Metaphysica》(4권, 1011b, 7장)에서 상응성 이론을 위한 형식적 근거를 제공했다. 그는 단순하고 직접적으로 "어떤 사물의 상태를 있는 그대로 말하는 것, 그렇지 않으면 그렇지 않다고 말하는 것이 '참된 것'이다"라고 쓴다. 뒤이어 다음과 같이 언급한다.

> 그렇다면 언제 진실 혹은 허위라고 부르는 것이 모습을 드러내며, 언제 드러내지 않는가? 우리는 이 용어가 의미하는 바를 숙고해야 한다. 우리가 진실로 당신이 창백하다고 생각한다고 해서 당신이 창백한 것은 아니다. 반대로 당신이 창백하기 때문에 어떤 사람이 당신이 창백하다고 말할 때, 그는 진실한 것이다. (10권, 1051b, 7장)

현대의 한 신학자 겸 논리학자는 이 구절에 대해 다음과 같이 평했다.

> 진실은 두 가지 상황에 있다. 첫째, 진실은 어떤 사람이 그 사태를 알건 모르건 사태의 상황에 있다. 예를 들어 진실은 당신의 창백함에 있다. 둘째, 진실은 특정 사태를 우리가 앎에 있다. 이 경우 진실은 당신이 창백하다는 것을 아는 우리의 앎에 있다. (G. Smith, 1956)

다른 철학자들(예를 들어 Alan R. White, 1971)은 진실의 문제를 어떤 표현과 '상황' '사태' '대상'의 상응으로 이해하는 데 반대한다.

이는 부분적으로 부정적 진술negative statement과 관련된 곤란함, 상황이나 사태 같은 용어의 제약성 때문이다. 앨런 화이트는 더 모호하지만 포괄적인 '사실fact'이라는 단어를 선호한다.

> 어떤 발화가 진실하다는 것은 그 발화가 사실과 상응한다는 것이다. 어떤 발화가 진실인지 아닌지 판단하는 것은, 그 발화에 상응하는 사실이 존재하는지 존재하지 않는지 판단하는 것이다. (1971)

> 진실한 모든 발화에는 그에 상응하는 사실이 존재한다. 반대로 어떤 사실에 대해서도, 실제적으로 동일할 필요는 없지만, 그 사실과 상응하는 무엇을 말한다면 그 발화는 진실하다. (1971)

상응성을 판단하기 위해서는 다양한 형식과 엄격성, 특성을 갖춘 시험을 동원할 수 있다. 어떤 것은 경험적이거나 논리적일 수 있고, 어떤 것은 통계적이거나 무조건적일 수 있다. 감각적 증거에 직접 의존할 수도, 간접적으로 관계될 수도 있고, 경험을 기반으로 한 다른 명제와 일관성을 조사할 수도 있다.[11] 어떤 방법을 사용하든, 특정 표현은 그 표현과 별개인 사실에 준거해 참되거나 거짓된 것으로 판단된다. 다른 시간이나 장소라면 거짓이 될 수도 있었지만 어쩌다 진실이 된 표현의 진실성을 가리킬 때 '상황 의존적 진실contingent truth'이라는 단어를 사용한다.

우리의 논의에 따르면 궁극적이고 신성한 공준도 명제지만 단순히 상황 의존적인 의미에서 진실한 것은 아니다. 그 공준이 진실로 간주되는 것은 상응성 판정 시험을 통과했기 때문이 아니다. 실제 사실과 상응성을 조사해보면 그 공준이 거짓으로 판명될지도 모른다. 그 공준에는 그런 시험이 적용될 수 없다. 궁극적이고 신성한 공준은 담화의 요소지만, 그것에 속한 진실은 스미스Gerard Smith가 아리스토텔레스를 따라 '사물의 진실Truth of Thing'이라 부른 진실, 즉 '생각의 진실'이나 표현의 진실이 아니라 단지 있는 그대로 절대적 진실을 닮았다.

옥스퍼드 영어사전은 '표현의 진실'보다 '사물의 진실'에 가까운 '진실'의 여러 정의를 소개한다. '7. 진실됨genuineness, 실재reality, 실제 존재… 10. 참되고, 진짜이며real, 실제적인actual 것(일반적 의미에서 실재…) 11. 사실이나 사실들, 사건의 실제 상태, 실제 사물, (무엇의) 실제적인 속성이나 성격.' 이런 진실은 단순한 진실성veracity, 즉 표현 내의 가능한 속성이 아니라 진리성verity,[12] 다시 말해 실제 그런 것is의 필연적 속성이다.

앞 절에서 우리는 처음에는 '사실'에만 부여되던 진실성의 지위가, 외관상으로 '사실'과 동일하지 않으며 기껏해야 그 사실과 상응하는 명제에 어떻게 부여되는지 논의했다. 그 논의를 여기서 반복할 필요는 없다. 그런 명제는 확실한 것으로 재현되며, 모든 의문을 초월해 수락되기 때문에 의문 제기 불가능하거나 참된 것으로 간주된다는 것만 기억하자. 그런 수락과 확실성은 모두 의례적 형식의 수반물이다. 다시 말해 의례적 명제의 진실은 사실과 부합에 근거해 발견되거나 증명되거나 입증되는 것이 아니라, 그 명제의 표현 양식 혹은 방식에서 확립된다.

이 점이 진실의 상응성 이론을 무효화하는 것은 아니다. 어떤 재현물의 진실을 확립한다는 것은, 의례처럼 그 진실이 단순히 그런 재현의 수반물에 불과하다 해도, 그런 재현물이 재현하는 것의 사실성, 실제성 혹은 진실을 확립하는 것이다. 진실에 관한 이론 중내가 가장 상식적이고 대중적이며 직관적이라고 평한 상응성 이론의 핵심인 사실과 발화의 관계는 의례적 형식에서 역전된다. 의례에서는 '사실'이 그 사실에서 독립해 있기 때문에 의문 제기 불가능성의 지위를 획득한 '표현'과 상응해야 한다. 이런 의례의 작용은 간단히, 손쉽게, 자연스럽고도 불가피하게 신비화된다. "진실한 모든 발화에는 그에 상응하는 사실이 존재한다"는 화이트의 문장을 숙고해보면, 이런 신비화 속의 역전은 우리를 놀라게 한다. 의례에서는 '참되게 말해진' 것의 수반물로서 추론된 사실이, 이제 즉각적이고도 뚜렷하게, 하나의 진술로 간주되는 표현에 상응해야 하는 것이다.

여기서 나는 4장에서 '사실 발화factives'라고 명명한 수행문에 강하게 내재한 발화 수반력의 차원을 다룬다. 진실의 상응성 이론을 뒤집은 일반적인 수행문*도 나름의 제약을 받는데, 그것은 단지 적절한 대상과 연관성에서 효력이 있거나 '적절해'진다. 의례의 적절한 대상에는 J. R. 설이나 다른 학자들이 '날것의 사실brute fact'이라고 부른 것, 모든 물리적 실체나 논리학의 사실도 포함되지 않는다. 의례는 그런 대상을 재현하기 위해 하늘에 두 번째 태양을 띄

---

* 수행문에서는 발화가 사태의 묘사나 진술이 아니라 사태를 창조하거나 있게 하므로, 진실의 상응성 관계가 역전되었다는 뜻이다.

우지 않으며, 그런 시도가 2＋2＝3이라는 명제를 참으로 만들 수도 없다. 의례의 적절한 대상은 물리적이거나 논리적이지 않으며, 사회적인 것도 포함하지 않는다. 그것은 형이상학적이다. 의례의 진실한 발화가 확립한 가장 뚜렷한 형이상학적 대상은 신이다. 하지만 그 대상에는 우리가 11장에서 다룰 신적인 질서도 포함된다.

여기서 잠바티스타 비코를 떠올려보자. 신성성은 만들어진 진실인 **베룸**verum의 원시적 토대다. 궁극적이고 신성한 공준의 주요 소재는 대개 신이다. 비코는 신은 비유대인, 특히 초기의 신학적 시인(1988(1744))이 처음 발명한 위대한 작품이며(1988), **베룸**은 시적인 진실에서 유래했다고 주장했다. 진실은 신들의 발명에서 유래했지만, 진실이 그런 원시적 기능만 있는 것은 아니다. 비코는 더 나아가 모든 인간의 제도, 관습, 상징, 예술은 이 신들이 구축한 기반에 있다고 주장한다. 따라서 **베룸**은 경험적 진실, 즉 데카르트적 의미의 진실인 **세르툼**certum과 판이하며 역사적 신화에 근거한다.

> 이 우화는 이상적 진실이다. 우화는 사실을 배반하며, 대상의 사실성에 충실하지 않다. 우리가 이 문제를 잘 생각해보면 시적인 진실은 형이상학적 진실이고, 거기에 부합하지 않는 물리적 진실은 허위로 간주되어야 한다. 여기서 시론의 중요한 문제가 제기된다. 진정한 전쟁 영웅은 타소Torquato Tasso가 상상한 고드프루와Godefroy de Bouillon[*]이

---

[*] 16세기 이탈리아 시인 타소는 〈Gerusalemme Liberata 해방된 예루살렘〉이라는 서사시로 잘 알려졌다. 이 시에 나오는 십자군 원정 부대의 대장이 고드프루와다.

며, 고드프루와에 부합하지 못하는 모든 전쟁 영웅은 진정한 영웅이
아니다. (1988)

우리는 여기서 자연의 진실과 인간에게 고유한 만들어진 진실의
핵심적 차이를 발견한다. 자연의 규칙성과 관련된 진실은 알려지
려면 발견되어야 한다. 그리고 알려지든 알려지지 않든 그것의 진
실성은 영향을 받지 않는다. 그런 진실을 파악하는 것은 데카르트
가 말한 **세르툼**을 파악하는 것이기에, 그 이해는 불완전하거나 틀
릴 수 있다.

반대로 인간에게 존재하는 만들어진 진실인 **베룸**은 그것들이 알
려졌을 때 진실하다. 수락되려면 알려져야 하고, 그것들은 오직 수
락되는 동안 진실이다. 우리는 베룸이 신성성의 진실이며, 본질적
으로 윤리적이라고 간주한다. 베룸은 인간 행위와 실제 사태의 평
가 기준이 되는 '그래야 함should'의 진실을 선언한다. 종종 인간 행
위와 사태는 그런 진실을 결여하거나, 부도덕하거나, 그릇되었다
고 평가된다. 베룸은 윤리의 기반이 되는 궁극적이고 형이상학적
인 명제도 포함한다. 예를 들어 야훼는 신이지만 마르두크는 신이
아니며, 혹은 그 반대라는 식의 명제. 베룸은 사회 체계가 언제나
그것을 기반으로 구축되는 진실, 다른 적절한 대안이 없는 한 언제
까지 사회 체계의 토대가 되는 진실이다.

비코에 따르면 세르툼은 규명 가능한 진실일 뿐이며, 철저하게
그릇될 수 있다. 비코는 세르툼이 베룸보다 열등하다고 보는데, 베
룸은 그 본성상 절대적으로 진실하기 때문이다. 여기서 비코는 결

정적인 착오를 한 듯하다. 베룸의 영역은 인간의 상징, 관습, 예술과 제도이며, 세르툼의 영역은 물리적 세계다. 이 세계의 인간적 요소를 세르툼의 인식론으로 평가하고, 물리적 세계를 베룸의 이해 체계로 판단하는 것은 인류와 인류가 점차 지배력을 넓혀온 이 세계를 위협하는 가장 심오하고 파괴적인 오류다. 이 문제는 마지막 장에서 다시 논의할 것이다.

보헨스키는 '대다수 신학 체계'는 우리가 여기서 다루는 명제—로 명제 혹은 궁극적이고 신성한 공준—에 1이 넘는 확률을 부여한다고 언급했다. 그가 1의 확률을 초과하는 명제는 논리적으로 모순된다는 점을 짚은 것은 옳지만, 그 공준을 수락하는 자는 그것을 확실성 자체의 토대로 간주한다. 앞서 우리는 그 공준이 논리나 사실에 의해 허위화될 수 없으며, 그것들이 신성화하는 명제조차 그 명제와 상충되는 사태에 의해 무효화되지 않는다는 것을 보았다.

여기서 베다교 시대의 인도와 조로아스터교 시대의 페르시아에서는 의례적으로 명시된 (따라서 신성화된) 세계의 질서를 교란하는 봉기와 같은 사태가 '거짓말lie'을 뜻하는 용어—페르시아어는 드루즈druj, 인도어는 안르타anrta(Duchesne-Guillemin, 1966; N. Brown, 1972)—로 정의되었다는 점이 흥미롭다. 내가 다른 곳에서 '조로아스터적 거짓말' 혹은 '베다적 거짓말'이라 부른 것(Rappaport, 1979b)은 '통상적 거짓말common lie'의 정반대다. 통상적 거짓말은 부정확한 진술로 구성된 집합의 하위 집합으로, 그것이 묘사하거나 보고하려는 사태와 상응하지 않는 진술이다. 반면 베다적 거짓말은 부정확한 사태, 즉 의례에서 '참되게 말해진' 명제에 상응하지 않는 사태를 말한다. 요약하면 신성성의 진실은 진실의 상응성 이론에 위배되지 않는다. 상응성 이론의 관계 구조를 도치시킬 뿐이다.

7.
신성, 진실, 질서

이 장 초반부에서 나는 신성성과 신성을 구분하며 신성성은 담화의 속성이고, 신성은 그 담화의 대상의 속성이라고 말했다. 많은 의례 전통에서 이 구분이 체계적으로 흐릿해진다는 점도 언급했다. 의례가 진실의 상응성 이론을 도치시키고 그 표현에 '사물의 진실성'을 부여하는 '진실한 표현'의 한 양식이라는 논의 자체가 그런 구분 – 흐리기가 어떻게 일어나는지 시사한다. 진실한 표현과 상응하는 형이상학적 대상이 의례의 연행에서 확립된다면, 신성하거나 신성화된 담화의 속성과 그 담화 내 대상들의 구별은 붕괴된다. 내가 주장한 대로 신성하거나 신성화된 담화의 속성인 의문 제기 불가능성의 한 양상으로서 진실은, 그런 담화와 관계된 신적인 대상의 명시적 속성이 되는 것이다.

신성에 진실의 속성을 부여하는 것은 흔한 일이다. 기독교인에게 가장 친숙한 사례는 〈요한복음〉 초반부의 다음 구절이다. "말씀이 육신이 되어 우리 가운데 거하시매 우리가 그의 영광을 보니 아버지의 독생자의 영광이요 은혜와 진리가 충만하더라."*

진실과 신성의 연관성은 유대교에서도 분명히 드러난다. 키
텔Gerhard Kittel에 따르면 초기 랍비 사상에서는 "신의 본질은 진실
이어서, 반대로 진실은 오직 신 안에서 진실이라고 말할 수 있었"
으며,《탈무드》에 따르면 "진실의 신은 '진실의 판관'"이었다. 나는
이 구절들이 '사물의 진실'로서 신은 말의 진실이 평가되는 준거점
이 된다는 것으로 이해한다. "당신이 진실하시므로 당신의 말씀도
진실합니다" 그리고 "신적인 말씀과 정수의 표현으로서 토라는 진
실이다"(Kittel, 1965).

진실을 의미하는 히브리어 에멧emet은 "전적으로 '확고한' '굳
건한' '타당한' 혹은 구속력 있는 것으로 간주되는 현실을 지칭
하는 데 쓰인다. 따라서 그 말은 '진실한 것'"(Kittel, 1965. 강조는
Rappaport), 다시 말해 '사물들의 진실'을 의미한다. 랍비들의 주해
속 말놀이에서 '에멧'은 신의 인장이 된다. 알파벳의 첫 글자(알레
프aleph)와 마지막 글자(멤mem), 중간 글자(토브tov)로 구성된 '에멧'은
만물을 포괄하며, '엘로힘Elohim' '말락malak' 혹은 '멜렉melek' '타미드tamid'
의 첫 글자를 따서 만들어졌다고 생각되었다(Kittel, 1965). 한 문장
으로서 저 단어들은 '신은 영원한 왕이라' 혹은 '신은 영원히 지배
하신다'라고 읽을 수 있다(David N. Freeman, 개인적 대화).

전설에 따르면 '에멧'은 바빌론의 마지막 유대교학자 사아디아
Saadia가 처음 썼는데, 그가 혼자 발명한 것은 아닌 듯하다. 전설에

---

* 〈요한복음〉 1장 14절. 개역개정판 성경에서 인용.

서 '에멧'은 삶의 전제 조건으로 재현된다. 신은 인간이 될 흙에 생명과 목소리를 불어넣기 전에, 그 피조물의 이마에 세 글자를 새겼다. 아담이 베다적 거짓말을 했을 때, 즉 에덴동산의 계율을 어기면서 신의 말씀과 상충되는 사태를 일으켰을 때 신은 자신과 가장 밀접하게 연관된 알파벳의 첫 글자(알레프)를 지웠다. 그 결과 아담의 이마에는 '죽음'을 의미하는 멧met만 남았다(Scholem, 1969).

 나중에 우리는 다른 고대 문명에서 발전된 유사한 신적 진실의 개념을 논의할 것이다. 그러나 진실과 신적 대상의 연계가 반드시 경전을 보유한 문자 사회의 신학적 사고에서 발견되는 것은 아니다. 앞서 보았듯이 다코타족과 다른 수족 원주민 사회에서 만물을 포괄하는 와칸-탕카(위대한 성스러움)의 지배력에 관한 궁극적이고 신성한 공준은 긴 담뱃대와 의례적인 흡연을 통해 재현되었다(J. Brown, 1971). 신성한 담뱃대는 다른 북아메리카 인디언처럼 수족의 사고에서도 '지배적' 혹은 '핵심적인' 상징(Ortner, 1973)으로, 서구 기독교의 십자가만큼 중요한 것이었다. 물론 중요한 차이점도 있다. 담뱃대의 형태적 복잡성은 십자가의 단순성과 대조되며, 두 대상이 의례적으로 사용되는 방식도 상이하다. 담뱃대, 흡연자, 담배의 내밀성은 기독교도와 십자가 사이에서 찾아볼 수 없다. 기독교도와 성찬식의 관계와는 흡사할 것이다.

 수족의 사제 블랙 엘크Black Elk에 따르면 그 담뱃대는 우주의 재현이다(J. Brown, 1971). 담배통은 땅을 나타내고, 통에 새겨진 들소는 모든 '네발 달린 사람들', 즉 육상동물을 의미한다. 나무로 된 담뱃대는 '서 있는 사람들', 즉 세계의 식물을 나타내고, 담뱃대를 장식하는 독수리 깃털은 '날개 달린 사람들', 즉 새를 의미한다. 담뱃대는 우주 자체를 재현하는 동시에 인간의 신체라는 소우주도 재현한다. 수족이 직접 그 둘을 동일시하지는 않았지만, 라플레시LaFleshe가 수집한 텍스트에서 한 오세이지족Osage은 담뱃대의 각 부분을 신체의 각 부분에 견준다(J. Brown, 1971). 브라운에 따르면 오세이지족은 담뱃대에 담배를 채울 때 다음과 같이 한다.

> 모든 공간(육방 신령들에 대한 공희를 통해 관여된)과 모든 사물(담배통에 채워진 담배, 약초, 나무껍질의 혼합물에 의해 재현되는)은 "담배통이나 담뱃대의 중앙에 꾹꾹 눌러 담는다. 그래서 담뱃대는 우주를 포함하며, 실질적으로 우주 자체다. 그러나 담뱃대는 인간이기도 하며, 담뱃대를 채우는 자는 담뱃대와 자신을 동일시한다. 그러면 그는 확장되어 공간의 육방이 실제로 그 속으로 들어온다. 인간이 부분이나 파편이기를 멈추고 전체 혹은 성스러운 존재가 되는 것은 이런 '확장'을 통해서다. 그는 분리성이라는 환상을 깨뜨린다". (1971)

이 설명에 따르면 흡연자는 우주의 모든 '사람들'을 이롭게 하려고 흡연한다. 흡연이란 우주에 숨을 주는 일 혹은 우주와 숨을 나누는 것이어야 한다. 신성한 담뱃대로 담배를 피운다는 것은 고도로 엄숙한 행위의 연행으로, 그 자체가 대단히 복잡한 의례다. 그 의례에는 와칸-탕카에게 바치는 정교한 형식적 헌사가 포함된다. 블랙 엘크가 말하고 브라운이 번역한 그 헌사의 일부를 보자. 와칸-탕카는 우주와 진실, 둘 다 동일시된다.

우리의 할아버지인 와칸-탕카여, 당신은 모든 것입니다. 아니 모든 것 이상입니다! 당신이 최초입니다. 당신은 언제나 계셨습니다.

오 와칸-탕카여, 당신은 진실입니다. 그 입을 이 담뱃대에 대는 두 발 달린 자들도 진실 자체가 될 것입니다. 그때 그들에게는 어떤 불순함도 존재하지 않을 것입니다. (1971)

신성한 담뱃대로 담배를 피우는 행위는 흡연자가 하는 말의 진실성을 보증한다. 블랙 엘크는 비전을 구하러 떠났다가 돌아와 막 담뱃대를 입에 물려는 자를 다음과 같이 꾸짖는다.

호! 너는 지금 담뱃대를 통해 너의 목소리를 와칸-탕카에게 보냈다. 그 담뱃대는 이제 대단히 신성하다. 모든 우주가 그 담뱃대를 보았기 때문이다. 너는 이 담뱃대를 모든 신성한 신들에게 바쳤고, 그들은 그 담뱃대를 보았다! 이제 이 담뱃대를 너의 입에 대려 하기 때문에, 너는 진실을 말해야 한다. 그 담뱃대는 와칸Wakan이며 모든 것을 안다. 너는 속일 수 없다. 거짓말하면 그 담뱃대를 수호하는 와킨야우-탕카Wakinyau-Tanka가 너를 벌할 것이다! 헤체투 웰로Hechetu welo. (J. Brown, 1971)

신성한 담뱃대의 규범은 인디언이 휴전과 협정 체결에 사용하던 의례의 일부로 가장 잘 알려진 듯하다. 초기 유럽인이 북아메리카 인디언과 평화 관계를 확립하면서 실제로 그 담뱃대가 의례적으로 사용되는 것을 보았기 때문이다. 캐틀린George Catlin(1844)는 우리에게 수족의 추장 하완제타Ha-wan-je-tah가 원주민 담당관 샌퍼드 소령에게 베푼 축제에 대해 말한다. 그 축제는 반원형 공간에서 치렀는데 그 중간에는 "깃대가 세워졌고, 깃대에는 하얀 깃발과 담뱃대가 묶였다. 그 둘은 모두 우리를 향한 우호적 감정을 표시한 것이다". 그 축제의 중요성을 나타내기 위해 개를 잡아 만찬을 열고, 우애의 표현으로 선물과 찬사를 교환했다.

> 불을 붙인 근사한 담뱃대가 하완제타에게 건네졌다. 그는 그것을 받더니 동서남북으로 한 발씩 움직인 다음 머리 위의 태양을 우러르고, "하우 – 하우 – 하우How-how-how!"라고 했다. 그리고 담뱃대를 한두 모금 빨고, 담배통을 한 손으로 들고 몸체를 다른 손으로 잡아 우리에게 건네주었다. 우리는 한 사람씩 그 담뱃대를 들고 피웠다. 거기 있던 모든 사람들에게 담뱃대가 건네졌다. 이 담배 피우기는 한 치도 어긋나지 않게 정확하고 우아한 형식에 따라 진행되었다. 축제가 절대적인 침묵 속에서 치러졌다. 담뱃대를 내오고 불을 붙인 다음, 추장이 한 모금 빨기 전에 누구든 말하는 것은 불길한 징조로 여겨졌다.
> (Catlin, 1844)

그리고 나서 캐틀린은 "(평화조약을 위한) 이렇듯 엄숙한 의식은 평화를 수호하기 위해 그들이 보여줄 수 있는 가장 경건한 맹세였다"고 말한다. 이 설명은 17세기 후반, 미시시피 계곡의 원주민에 대한 마르케트Marquette의 기록과도 일치한다.

이제 신성한 담뱃대에 대한 이야기만 남았다. 그들 사이에서 담뱃대 만큼 신비롭고 존경받는 물건도 없다. 왕관이나 왕 홀笏도 이 야만인들이 담뱃대에 바치는 존경은 불러일으키지 못할 것이다. 이 담뱃대는 평화와 전쟁의 신, 삶과 죽음의 결정권자처럼 보인다. 적지 한가운데를 무사히 지나가려는 사람은 이 담뱃대를 몸에 지녀야 한다. 격렬한 전쟁 중이라도 이 담뱃대를 내보이면 적들은 무기를 내려놓는다. 그래서 일리노이 원주민은 내가 여행 중에 지나가야 할 모든 부족의 영토에서 나를 지켜줄 호신 용품으로 이 담뱃대 하나를 주었다.

(R. Hall, 1977에서 재인용한 Marquette)

휴전과 협정의 체결에서 담뱃대가 차지하는 역할은 워낙 잘 알려져서 나중에는 '평화의 담뱃대'라고 불렸다. 이 말은 신성한 담뱃대의 의미에 비춰보면 그리 적절하지 않은데, 담뱃대로 담배 피우기는 수족의 예식 질서를 구성하는 일곱 가지 주요 의례의 필수 요소 이상이기 때문이다. 담뱃대는 그 모든 의례에 근본적인 요소다. 수족의 신화에서 흰 버펄로 여자White Buffalo Woman는 모든 의례 전에 신성한 담뱃대를 선물로 준다. 그 모든 의례는 신성한 담뱃대와 관련된 규범에 의해 신성화된다.

오트너의 용어를 빌리면 담뱃대는 핵심 상징key symbol으로, 신성성의 측면에서 최소한 기독교의 십자가에 필적한다. 여기서 나는 '최소한'이라고 말했다. 우주 전체를 위한 호흡으로서 담뱃대로 담배 피우기는 오스트레일리아 원주민 의례가 연행자를 '꿈의 시대' 창조적인 영웅들과 동화시키는 것처럼 흡연자를 와칸-탕카와 동화시키는 듯하기 때문이다. 기독교 예배도 신자를 깊이 감동시키지만 예배자를 성인이나 예수에 동화시키지는 않는다.

나우아틀족Nahuatl*의 사고에서 핵심적인 것으로 보이는 넬리Nelli라는 개념을 살펴보자. 레온‑포틸라Miguel León-Portilla(1963)는 그 개념을 일상적 의미에서 '진실한' 외에 '굳건한' '토대가 훌륭한'으로 번역한다. 몰리나Alonso de Molina(1571)에 따르면 그 단어는 '확실한' '확실히' '진실'이라는 뜻인데, 어간 넬nel은 '부지런하거나 주의 깊다'는 뜻이다. 이 어간은 몰리나가 '뿌리가 있는 사물' '기반, 토대, 시초, 근원' '뿌리를 박은'이라고 번역한 다른 단어에서도 등장한다. 레온‑포틸라에 따르면 나우아틀족의 사고에서 '진실'이란 언제든 뿌리박은 것이자 항구적인 것이다. 이는 넬리가 말의 덧없고 가변적인 진실이 아니라, 사물의 절대적이고 영원한 진실을 의미한다는 것을 시사한다.

넬리가 신성의 한 양상이나 특성이라는 점은 분명하다. 사하군Sahagun이 채록한 시詩에서 '진실한 신', 즉 넬리 테오틀Nelli Teotl은 천상에 거주하는데 거기서 "그는 왕이요, 군주다"(León-Portilla, 1963). 그의 여러 이름 중 하나는 모요코야니Moyocoyani, '자신을 발명한 자 혹은 자신의 존재를 창조한 자'다. 따라서 넬리 테오틀, 즉 '진실하고 토대가 굳건한 신'은 자존하는 창조자로서 '신들의 어머니이자 아버지 혹은 추상적 의미에서 우주적 힘의 근원'이다. 진실한 신의 또 다른 이름은 오메테오틀Ometeotl, 즉 '이중성의 신'이다. 그는 남성

---

* 멕시코 남부와 중미 일부 지방의 원주민.

이자 여성이고, 그렇기 때문에 "애매모호한 존재, 다시 말해 능동적인 생성적 원리이자 수태할 수 있는 수동적 수용체receptor다. 이 세계의 생명 탄생에 필수적인 생성과 수태의 원리는 그렇게 우주를 창조한 단일한 존재에 통합되었다". 진실한 신은 **수이테쿠틀리**Xuitecuhtli, 즉 '불과 시간의 지배자'라고도 불린다. 그는 태양과 동일시되는데, 이는 종종 그 신을 지칭하는 '삶을 주는 자'에 암시된다. 나우아틀족의 사제와 철학자들의 사고에서 최소한 나우아틀족의 여러 신은 모습과 이름이 많은 통합된 신격에 압축된 듯하다. 그 이름 중 하나는 **틀로케 나와게**Tloque Nahuage, 즉 '모든 곳의 신' '모든 것을 포괄하는' 우주의 근원이다.

> 오메요칸Omeyocan, 즉 '아무것도 알려진 게 없는 시초의, 열세 번째 하늘'에 진정한 신이 거주한다. 그는 자신을 기반으로 한다. 그는 자신의 생성력과 수태력을 통해 태어났다. 이중적 존재로서 그가 처음 한 행위는 네 아들을 낳은 것이다. 그때부터 그는 '신들의 어머니와 아버지'였다. 오메테오틀의 힘은 그의 네 아들을 통해 추가적으로 발현되었다. 그는 우주의 배꼽이 될 장소에 자신을 '펼쳤다'. 그곳에 '진실을 부여하고', 그곳을 지탱함으로써 네 아들이 세계의 다양한 시대를 열 수 있도록. 그의 자식들이 성취한 것에 진실과 토대를 제공한 것은 오메테오틀이다.

현 시대인 움직이는 태양의 시대age of the Sun of Motion에 오메테오틀은 네 원소의 조화를 확립했다. 그는 세계에 진실을 부여했는데, 그 세계에서 시간은 우주의 사방을 따라 흐르고 공간화된다 (p. 97).

넬리 테오틀이 최고의 신격을 위한 비의적 명칭이었는지 분명하지 않다. 앞선 설명에 따르면 넬리는 어떤 경우에도 신적인 존재에서 유래했지만 신격에 국한되지 않는 미덕이었다. 넬리는 진정한 신 혹은 진실의 신이 우주에 불어넣은 원리이자, 넬리 테오틀보다 구체적인 창조적 임무를 부여받은 하위 신격까지 포함해 우주의 모든 존재가 따라야 하는 원리다.

더 일반적으로 말하면 넬리라는 개념은 한 가지 사물의 진실이 우주를 포용할 때, 있는 그대로 진실 이상이 됨을 말해준다. 그 진실은 우주의 창조와 존속에 필요한 영원하고 통합적인 질서가 된다. 이런 관념 체계에서는 때로 우주에 부여된 진실과 신들도 따라야 하는 영원한 통합적 질서가 훼손되는 일도 가능하다. 그런 위반은 악이나 부도덕의 근원으로 간주될 것이다. 그런 질서는 인간의 행위나 행위 거부로 훼손될 수 있고, 그런 훼손으로 혼란이나 원시적 혼돈의 질서를 장악할 수도 있다. 이 영원한 질서에 대해서는 11장에서 다시 논의할 것이다.

그 질서를 따라야 하는 인간의 책임감과 관련해서 넬리 테오틀의 여러 이름 중 하나가 테즈카틀라넥시아Tezcatlanextia, 즉 '사물을 비추는 거울'이라는 점도 흥미롭다. 이 별칭에 대한 짤막한 논의에서 레온-포틸라는 무엇을 비추는 것만 빛을 내는 것 같다고 말한다. 그러나 거울의 본질은 빛나는 것이 아니라 그것을 들여다보는 이의 얼굴을 비춰준다는 점이다. 거울은 반사성의 아이콘이며 그 자체가 반사적인 사물로서, 주체와 객체의 구분을 흐려놓는다.

여기서 오메테오틀, 즉 이중성의 신 안에서 통합되는 두 극이 주체와 객체라고 말할 수도 있다. 어떤 경우든 나우아틀족은 주체와 객체의 융합이 오메테오틀의 한 양상이라고 간주한다. 진정한 신이 우주에 부여한 진실한 질서에 복종하는 일은 그 진실한 질서를 복종자에게 반사하는 동시에, 그들을 위해 빛나게 한다. 달리 표현하면 우주는 사람들이 그 우주에 부여되었다고 가정된 진실에 복종할 때 '진실을 부여받는다'. 사물의 진실인 넬리는 의례의 진실한 표현에서 거기에 복종하는 사람들에 의해 (실제로 구성되지 않는다 해도) 완성된다.

지난 절과 이번 절의 일반 논지는 신성과 신성성의 개념 자체가 불변하는 의례의 '진실한 표현'에서 유래함을 암시한다. 모리스 블로흐(1973)도 비슷한 주장을 펼치면서 의례에 참여하는 사람의 언어는 그들 자신의 언어가 아니라 종종 비범한 언어이며, 어떤 의미에서 권위로 충만하고 종종 태곳적부터 유래한 언어라고 지적했다. 그 언어는 까마득한 고대나 시원始原의 언젠가 그 말을 처음 표현한 비범한 발화자를 암시한다. 신성神性의 개념이 비범하고 태곳적인 신성한 말에서 최초의 비범한 발화자를 추론하는 과정에서 유래한 것은 아닐지 몰라도, 그랬을 가능성을 배제할 수 없다. 여기에 함축된 바는 최초의 발화자가 그 자체로 신적인 존재는 아니었다 해도, 신성에 대한 직접적 지식이나 경험이 있었으며 그것들과 매우 가까웠다는 점이다.

우리의 논지도 이와 비슷하다. 예식 질서에 참여하는 자들이 의례의 규범적 말을 신의 언어로 간주한다면, 그 말을 외우는 것은 신의 존재를 사회적이고 형이상학적 사실로 확립하는 일이다. 그렇다면 신들이 창조적인 말씀Word과 종종 명시적으로 연계되는 것도 놀랍지 않다. 이런 연계는 말 그대로 참이다. 신화에서는 종종 신적인 말이 세계를 창조하고, 아마 최초의 의례도 확립한 것으로 나온다(5장 참조).

그러나 사회적 사실의 경우 상황은 반대다. 신의 말씀의 진실성을 확립하는 의례를 통해 말씀의 신God of Word이 사회적 사실로 확립된다. 영어 단어 'God'에도 이런 반사성reflexivity의 의미가 함축된 듯하다. 학자들이 선호하는 'God'의 어원은 인도–유럽어 어형인 게우gheu(e)다. 옥스퍼드 사전에 따르면 "이 어형에는 아리아어 어근 두 개가 존재한다. 하나는 '상기시키다', 다른 하나는 '붓다, 희생물을 바치다'라는 뜻이다. 따라서 게우에서 파생된 전–튜턴어 어형인 **그후톰**g,huto-m에서 다시 튜턴어 **구드**gudᵐ가 유래했다. 영어 단어 'god'의 선조인 '구드'는 '불러일으킨 것' '희생물을 통해 찬미되는 것'이라는 의미로 다양하게 해석되었다". 진실하게 표현된 규범적 말이 공희나 다른 성물을 통해 물질적 실체를 얻어, 무에서 신들을 창조할 수 있다면 그 말은 진정으로 창조적이다. 말씀의 신God of Word은 신의 말씀Word of God의 진실을 처음으로 확립한 의례에서 창조되었을지 모른다. 이는 신성의 개념이 신성성이라는 관념과 마찬가지로 언어만큼 오래되었음을 암시하는 것이다.

8.
신성성의 진실과 이차적 진실

신성성의 진실이 논리학의 필연적 진실이나 실험, 발견을 통한 경험적 진실과 같은 범주에 속하지 않는다는 것은 분명하다. 신성성의 진실은 제3의 일반 유general class에 속한다. 논리학의 진실이 그 내적 일관성을 기반으로 하고, 경험적 진실이 그 진실이나 그것과는 별개로 존재하는 사태의 상응을 기반으로 한다면, 제3의 유에 속하는 진실의 타당성은 그 진실의 수락에 근거한다. 관습적 진실은 인간의 삶에서 논리적·경험적 진실만큼 중요하지만, 문제의 소지가 훨씬 더 많다. 여기서 유class 개념을 잠깐 논의하는 것이 유용할 것이다.

그레고리 베이트슨(1951)은 오래전, 타당성이 그것의 수락에 달린 진실의 범주에 (신성성의 진실과 함께) 최소한 두 범주의 진실이 포함된다고 말했다.[13] 첫째, 코드 체계codification의 진실이 있다. 여기서는 어떤 단어도 좋은 예가 된다. 예를 들어 '고양이'라는 단어가 집고양이속Felis domesticus의 생물종을 의미하는 것은 영어 사용자들이 암묵적 합의 아래 그것을 진실로 여기기 때문이다. 사람들이 진실로 여기는 한, 그 코드 체계는 진실일 것이다. 우리의 논의에서 더 중요한 둘째 진실은, 베이트슨(1951)이 초기 저작에서 논한 '이차-학습deutero-learning'[14]과 관계가 있다.

이차-학습은 할로H. E. Harlow(1949)가 '세트-학습set-learning'이라 부른 것과 동일하지 않아도 대단히 유사하며, 나중에 부르디외

Pierre Bourdieu가 '아비투스habitus'라 칭한 것과도 닮았다. 이차 – 학습이란 '이차 층위second-order' 학습인데, 이것은 개별적인 사실이나 작업에 대한 학습인 '일차 층위' 학습에서 추출한 일반화된 추정이다. 예를 들어 뜻이 통하지 않는 일련의 음절들을 배우면서, 학습자는 말이 안 되는 음절들의 집합뿐만 아니라 말이 안 되는 음절들의 집합을 어떻게 배워야 하는지도 배운다. 이런 학습이 인간종에 국한된 것은 아니다. 이런 학습은 실험을 통해 개, 고양이, 영장류 (G. Bateson, 1951, 1972a), 돌고래(G. Bateson, 개인적 대화)에게서도 발견되었다. 이차 – 학습은 일반적으로 고등동물에게서 광범위하게 발견되며, 인간 이해 체계의 조직에 핵심적이어서 이를 결여한 사고 행위는 상상할 수도 없다.

이차 – 학습은 특정한 학습 상황에서 일반화를 끌어내는 일이자, 특정한 범주의 상황에서 무엇이 기대되고 그것들에 어떻게 대처하는지에 관한 비공식 이론을 발전시키는 일이다. 그 이론 중 일부는 실험적으로 증명할 수 있고, 실험적 · 경험적 진실의 지위를 획득할 수 있다. 그런 일반화, 특히 인간의 동기나 복잡계의 행위에 관한 일반 명제는 엄격한 증명이 불가능하다. 그러나 우리는 그것을 진실로 간주하며, 거기에 맞춰 행동하려는 경향이 있다. 그때 우리의 행위는 자기 입증적self-validating이다. 우리의 가정假定이 우리의 행위를 이끄는 것처럼, 행위의 결과도 가정을 강화하는 경향이 있다. 우리가 그 가정을 단념하기 극도로 어려운 것도 그 때문이다. 그런 가정은 타당성이 수락에 달린 진실의 두 번째 범주에 속한다. 일상 경험을 통해 이차적으로 학습되기 때문에 우리는 그 가정을

544

'이차적 – 진실deutero-truth'이라 부를 수 있다.

베이트슨(1951)에 따르면 인간의 인성과 성격 구조는 상당 부분 아주 이른 아동기부터 시작되는 이차 – 학습을 기반으로 한다(예를 들어 Levy, 1973 참조). 특정 사회 구성원들의 경험이 비슷할수록 그들은 비슷한 이차적 – 진실을 습득할 것이다. 따라서 이차 – 학습은 '기본 인성'이나 '국민성' 같은 개념에도 함축되었다. 베이트슨의 논의는 인류학자들이 때로 한 사회의 '에토스ethos'라 칭한 것이 한 사회에서 일반적으로 받아들여지는 이차적 – 진실의 모음과 거의 비슷함을 말해준다.

에토스 개념은 특정한 우주론의 문화적 세부 사항보다, 삶에서 습득된 세계의 본성 혹은 인간 운명에 관한 추상적인 가정과 관련이 있다. 그 개념은 예를 들어 '숙명론' '도구주의' '경쟁성' '협력성' '수동성' '개인주의' 같은 단어에 함축되었다. 이런 단어에 함축된 세계에 관한 가정, 예를 들어 세계가 조작 가능하거나 불가능하고, 예측 가능하거나 불가능하고, 세계 내 모든 것이 서로 갈등하거나 지지한다는 식의 가정은 논리적 · 경험적 진실이 아니다. 그 가정의 타당성은 한 공동체 구성원들이 그 가정을 수락하는 정도에 달렸으며, 구성원들이 그 가정에 따라 행동할수록 그것들이 상정하는 (사회적) 조건이 우세할 확률이 높다. 사회 구성원들이 세계의 본성에 관한 가정을 공유한다면, 공동체의 사회생활은 더욱 정연해질 것이다.

요컨대 문화와 인성 학파는 어떤 문화의 일반적 양상과 태도가 대부분 이른 유년기부터 시작되어 평생 지속되는 이차 – 학습을 통해 동질화되고 강화된다고 주장했다. 이차 – 학습은 자기 증명적인 과정으로 대부분 비 – 자의식적unself-conscious이거나 거의 자의식적이지 않으며, 그것의 진실성은 쉽게 비판되지 않는다. 이차적 – 진실은 사물의 본성nature에 관한 가정이기 때문에 참나무 잎사귀가 초록색이라든지, 돌이 단단하다든지, 그 외 의심할 여지없이 자연적인 현상으로 간주되는 양상처럼 자명한 것으로 여겨진다. 최근 실천 이론가들의 논지(예를 들어 Bourdieu, 1977)도 이와 비슷한 결론에 도달했다.

우리가 논의하는 방향에 따르면, 모든 문화의 확립과 유지에 이차 – 학습이 중요하다 해도 공적인 관념 체계, 합의, 관습을 유지하고 정연한 사회생활의 토대를 제공하는 이차 – 학습의 역량은 제한적이다. 여기서 베이트슨이 다루지 않은 이차적 – 진실의 몇 가지 특징을 살펴보자.

첫째, 고차원의 일반 명제인 이차적 – 진실은 구체성이 현저히 떨어져 모호할 때가 있다. 그 결과 그것들은 상대적으로 검토 · 비판되기 힘들다. 베이트슨이 관심을 기울인 몇몇 이차적 – 진실은 그 진실을 소유하거나 그것에 의해 사로잡힌 자들의 의식 너머에 있어서 거의 접근이 불가능하다. 그러나 그 진실의 모호성과 일반성의 더 중요한 측면이 있다. '범죄는 대가를 치르지 않는다(혹은 치른다)' '당신은 시청과 싸울 수 없다(혹은 싸울 수 있다)' '호혜성이 세상을 굴러가게 한다' 같은 명제를 이차적 – 진실로 가슴에 품는 것과, 무엇이 범죄적이며, 정부와 시민의 정당한 특권은 무엇인지, 호혜성을 구성하는 구체적인 등가물이 무엇인지 규정하는 것은 다른 문제다. 이런 세부 사항은 최소한 직접적·명시적, 심지어 변증법적으로 학습되어야 한다. 그 사항의 적절성이나 도덕성 혹은 **자연스러움**은 이차적–진실의 영역에 속하지만 말이다. 이 설명에 따르면 이차–학습과 그것의 부산물인 이차적–진실은 관습의 토대로 기능하며, 그럼으로써 신성화의 '기능적 등가물'처럼 보인다. 그러나 항상 그런 것 같지는 않다.

문화를 기반으로 한 이차적–진실의 역량을 제한하는 둘째 특징은 어떤 사회에서도 모든 이들이 동일한 삶을 경험하지 않는다는 점이다. 모든 이들은 자기 경험에서 독특한 일반 명제를 추정해낼 확률이 높다. 그런데 각자의 이차적–진실은 어느 정도 타인의 그것과 달라야 한다고 여겨진다. 같은 사회는 물론 심지어 같은 가정에서도 말이다. 그러므로 어떤 사회에서든 단순히 이차–학습에 근거해서는 관습을 확립하거나 질서 잡힌 사회생활을 유지시키기 극도로 어렵다. 실제로 어떤 사회도 그렇지 못하다.

로버트 레비는 사회생활의 토대가 되는 공적 관념 체계를 확립하는 데, 사회마다 이차–학습에 의존하는 정도가 다를 것이라고 보았다. (근처에 문화적으로 상이한 이웃 사회가 없는 태평양 섬나라와 같은) 고립 사회의 암묵적 가정은 이질적인 실천 양식이나 관념에 지속적으로 노출되는 데서 오는 시험을 겪지 않는다. 그 사회에서 이차–학습은 덜 고립된 사회보다 큰 역할을 수행할 수 있다. 레비는 각 사회의 내적 분화도 이차–학습이 공적 관념 체계와 태도를 확립·유지하는 데 수행하는 역할과 관련이 있다고 본다. 그렇다면 노동 분화의 고도화는 개인의 경험상 다양성을 증가시켜,

상이한 개인이 습득하는 이차적 – 진실의 상이함도 증가시킨다고 말할 수 있다.

이는 상이한 개인이나 집단의 이차적 – 진실이 상호 이해를 어렵게 하거나 상호작용을 어색하게 할 만큼 다르다는 의미가 아니다. 우리가 잘 알듯이 때로 복잡한 다중 사회의 상이한 개인이나 집단에게 있는 이차적 – 진실은, 다른 이들과 직접적인 갈등을 불러오는 가정을 포함한다. 잘 알려진 불편한 사례로 인종적 · 민족적 선입관이 있다. 1960년대 후반과 1970년대 초 미국에서 대학을 다닌 우리 같은 사람들은 학생과 경찰이 상대에게 품은 이차적 – 진실을 잊기 어려울 것이다. 대면한 양측은 각자 가정에 따라 행동하며, 상대에게서 그런 가정을 강화하는 경향이 있는 반응을 끌어낸 다음, 그레고리 베이트슨(1958〔1936〕)이 초기 저작에서 '스키즈모제네시스 체계schismogenic system'라 부른 점증하는 폭력성을 쌓아 올렸다. 그 시대의 용어로 말하면 '상황이 양극화되었다'.

인간의 이차적 – 진실을 변경 · 수정하는 데는 무서울 만큼 저항이 동반되는 것 같다. 그 진실은 논리학에서 말하는 필연적으로 참인 명제에 근거한 것도, 실험이나 발견에 의해 입증된 것도 아니다. 그런데도 그 진실은 종종 자명하다고 간주되는데, 경험의 객관적 산물처럼 생각되기 때문이다. 그 진실은 경험의 산물이지만, 대단히 주관적이고 대개 강렬한 감정을 수반한다. 분화된 사회에서 그 진실은 종종 다른 이들의 이차적 – 진실과 대립하며, 특정한 정치적 · 사회적 입장이나 경제적 이익과 연계될 수 있다. 쉬운 예로 진보 세력과 보수 세력의 상충되는 가정, 최근까지 미국에 존속한 남부의 흑인과 북부 백인의 가정을 떠올려보라.

이차적 – 진실이 단독으로 존재하는 법은 거의 없다. 그것은 (비록 애매하고 모호하더라도) 어느 정도 일관성 있는 시스템의 일부를 구성한다. 이차적 – 진실을 포기하는 것은 세계에 관한 일반적이고 체계적인 이해 방식을 버린다는 뜻이며, 그 때문에 심각한 저항에 부딪힐 확률이 높다. 결국 이차적 – 진실의 수락이 광범위하게 진행되면, 어떤 사람이 그 진실과 반대로 행동할 경우 위험에 처할 수 있다. 이해를 돕기 위해 바보 같은 예를 하나 들어보자. 많은 사람들이 레오 듀로서Leo Durocher*의 격언 '착하면 바보 된다 Nice guys finish last'를 이차적 – 진실로 수락한다면, 착한 마음으로 행동하는 것은 위험할 것이다. 이차적 – 진실은 특정 세계관뿐만 아니라 그것에 복종할 것을 강요한다.

그런 저항에도 몇몇 사람들은 '경험에서 배운다'. 다시 말해 그들은 사건에 대응해서 이차적 – 진실을 수정하거나 교체한다. 예를 들어 1960년대 후반에 대다수 미국 학생과 경찰이 상대에게 품은 가정은, 여러 해가 지나면서 달라진 상황과 경험 덕분에 변했다. 그렇다면 의식적으로 더 쉽게 접근 가능하며, 더 구체적이고, 더 편파적일 이차적 – 진실은 유지되기 위해 간헐적 강화가 필요할지 모른다. 사회 구성원이 품은 일부 이차적 – 진실이 시간에 따라 변한다 해도, 그 사회의 이차적 – 진실의 만장일치 정도가 항상 증가

---

* 미국 야구 선수이자 감독. 메이저리그 내야수로 활약하다가 휴스턴 애스트로스, 시카고 컵스, 뉴욕 자이언츠 등의 감독을 역임했다.

하는 것은 아니다. 사실 복잡 사회 구성원들 간 차이의 증가는 (발전된 모든 사회가 그렇지는 않다 해도) 단순히 성인의 경험이 유아의 경험보다 훨씬 분화되었기 때문인지 모른다. 긴 역사적 흐름─그런 흐름에 따라 사회적·경제적 분화가 증가할 경우─에서도 다양성의 증가를 향한 움직임을 찾아볼 수 있다.

진화는 다양성을 증가시키지만, 그 자체로 불가피하고 동시에 바람직한 개체의 다양화는 일련의 사회문제를 야기할 수도 있다. 모든 사회는 그 사회의 유연성에 필수적인 다양성에 어느 정도 질서를 부과할 필요가 있다. 어떤 사회도 오직 강압을 통해서 작동할 수 없고 강압은 다양성을 파괴하는 경향이 있으므로, 다양성이 어디까지 용인되거나 장려될 수 있는가에 관한 일종의 불문율이 광범위하게 수락될 필요가 있다. 곧 논의할 이유들 때문에 이차–학습된 진실은 그 자체로 불문율의 토대를 제공할 수 없고, 그럴 수 있다 해도 부적절할 것이다. 4장부터 암시된 내용에 따르면 신성성의 진실이 그런 토대가 될 수 있다. 여기서 이차적–진실과 신성성의 진실의 차이점을 분명히 할 필요가 있다.

그 근본적인 차이는 궁극적이고 신성한 공준은 일상적 경험에서 유래할 수 없다는 점이다. 예를 들어 신의 삼위일체성이나 단일성에 대한 개념은 인간의 일상적 경험에서 직접 유래하거나 추정할 수 없다. 신성한 공준이 물질적 지시물이 없고 일상적 논리와 모순된다면 일상적 경험과도 대립된다. 반대로 이차적–진실은 일상적 경험에서 일반화된 것이며, 일상적 경험에 따른 강화가 필요하다. 따라서 이차적–진실은 고통이나 곤란을 수반하는 근본적으로 새로운 경험 앞에서 수정·교체될 수 있다. 궁극적이고 신성한 공준은 논리나 과학의 엄격한 절차에 따라 허위화될 수 없는 영역에 존재할 뿐만 아니라, 그보다 덜 형식적이지만 더 강력한 삶의 부침에 의해서도 반박되지 않는다. 게다가 그 공준은 일상적 경험에서 독립해 있기 때문에, 상이한 삶의 경험이 있는 사람도 수락할 수 있다. 이 점은 모든 사회에서 중요하지만, 특히 고도로 분화된 사회에서 그렇다.

그 공준이 일상적 경험의 맥락에서 학습될 수 없다면 일상을 벗어난 경험의 맥락에서 학습되어야 한다. 그런 공준의 학습에 필수적인 비일상적 맥락이 바로 의례다.[15] 6~7장에서 의례가 진행되는 시간은 '시간을 벗어난 시간'으로 불리며 영원성과 동일시되었다. 그 시간에서는 고정된 행위와 발화를 정해진 차례로 엄격하게 연행함으로써 재현한다. 영원성 개념의 모태인 의례의 불변성은 최소한 의례에서 재현되는 모든 것이 참여자들에게 동일한 조건으로 재현되도록 한다. 궁극적이고 신성한 공준 같은 의례적 재현물은 종종 신비적인데, 개별 수락자에 따라 다르게 이해될 수 있다. 그러나 의례는 참여자들이 개인적으로 해석할지도 모를 재현물이 사실은 모든 참여자에게 동일한 의미가 있음을 분명히 한다. 예를 들어 하느님의 단일성에 대한 이해는 개인마다 다를 수 있지만, 그들이 이해하려는 사실이 하느님의 단일성이라는 데는 동의한다.

의문 제기 불가능하고 영원한 것으로 간주되는 신성한 진실은 이차적–진실보다 높은 층위에 존재한다. 사람들은 경험적으로 이해할 수 없는데도 놀라운 집요함으로 신성한 진실에 매달린다. 때

로는 성경에 나오는 욥처럼 평범한 삶을 포기하거나, 〈시편〉의 작
가들처럼 자신의 시련은 아랑곳없이 신을 섬기지 않는 자들의 확
고한 번영 앞에서도 자신의 미덕을 방어한다(〈시편〉 73편. 다른 〈시
편〉에 대한 논의는 Buber, 1952 참조).

　신성성의 진실이 경험의 진실보다 숭앙받는 일이 궁극적이고 신
성한 공준에서만 일어나지는 않는다. 인간 행위와 인간관계에 대
한 다른 명제에서도 발견된다. 일상적 경험에 의해 습득된 이차
적 – 진실이 신성성의 진실과 상충될 경우, 일단 잘못된 쪽은 일상
적 경험이다. 가변적이고 의문 제기 가능한 경험은 불변하고 의문
제기 불가능한 신성성과, 그 신성성이 옳고 정당하고 도덕적이고
진실하다고 천명한 것에 자리를 내줘야 한다.

　신성성의 진실이 개인의 경험적 진실을 직접적으로 반박하지는
않지만, 최소한 두 가지 방식으로 그런 진실에 대응한다. 첫째, 신
성성의 진실은 허용 가능하거나 수락 가능한 행위를 설정함으로
써 이차적 – 진실에 한계를 부여한다. 비록 경험에 의해 범죄도 쓸
모 있다는 이차적 – 진실이 만들어졌다 해도, 신성화된 진실은 그
런 행위를 금지한다. 둘째, 신성성의 진실은 비록 언제나 성공하지
는 않지만 학습된 이차적 – 진실 자체에 한계를 설정한다. 개인이
태어나기 전부터 존재해온 신성성의 진실은 개인의 사회화 과정과
경험 일반, 그 경험에 대한 해석에 나침반 역할을 하는데, 그 과정
에서 반사회적인 이차적 – 진실의 발현을 억제한다.

　우리는 여기서 모든 사회가 직면하는 또 다른 심오한 문제와 만
난다. 이 문제는 인간종의 본성, 심지어 동물종의 본성에 내재한

것이다. 이차 – 학습, 일상적 경험에 따른 학습 일반은 개별 유기체의 의식에서 일어나는 한, 그 유기체의 자기 이익self-interest과 어느 정도 관계되어야 한다. 자기 이익을 관대하게 해석하면 '이타성'까지 포괄하겠지만 늘 그럴 필요는 없다. 자기 이익은 종종 좁게 정의되거나, 심지어 반사회적인 것으로 이해된다. 사회의 정교화나 분화와 더불어 사용 가치보다 이윤을 위한 생산양식이 증대될수록 개인의 자기 이익은 더 노골적이고 한정된 개념으로 변한다. 게다가 자기 이익의 추구는 현대사회를 지배하는 사회적 패러다임을 장악하는 형식 경제학에 의해 정당화되었다.

철학자 베르그송Henri Louis Bergson은 지성이―그에 따르면 일상적 의식과 일상적 합리성인―그 자체로 사회생활을 위협한다고 주장했다. "지성은 개인이 삶의 곤란에 대처하기 위해 자연스럽게 사용하는 능력이다." 지성을 단독으로 두면 인간종이나 인간 집단의 이익을 추구하는 방향으로 나아가지 않는다. 대신 "그것은 정확히 이기적 판단을 향해 나아갈 것이다"(Bergson, 1935). 그러나 지금까지 지성의 방종이 용인되지는 않았다. 베르그송이 '정적靜的 종교'라 부른 것은 '지성의 파괴력'에 맞선 사회의 방어책이다(Bergson, 1935). 그 종교들의 '신성성의 진실'은 일상적 경험에서 발전한 지성이 알 수 있고, 행할 수 있는 것의 영역에 한계를 설정한다. (일상적 경험과 대립되는) 관습적 진실의 영역에서는 수락이 그 진실의 타당성을 보장하는 신성성의 진실이 **일상적으로** 군림한다.

여기서 '일상적으로ordinarily'라는 단어를 강조할 필요가 있다. 이차적 – 진실은 보통 신성성의 진실에 종속되지만, 후자의 지배력이 절대적인 것은 아니다. 신성성의 진실과 이차적‑진실의 관계는 궁극적으로 상호 제약의 관계다. 이 문제는 책의 마지막 두 장에서 자세히 논의할 것이다. 여기서는 신성성의 진실이 경험의 진실에 우선한다는 것만 상기하자. 다시 말해 두 진실이 충돌할 경우 신성하고 신성화된 진실이 우선 인정된다는 의미다. 신성성의 진실이 일상적 경험의 범위를 넘어섰다 해도, 장기화된 탄압과 같은 비일상적 경험에 완전히 눈감지는 않는다.

다음 장에서 우리는 신성한 공준, 그것과 연계된 다른 명제에 신성성을 부여하는 것은 의례의 참여라는 점을 살펴볼 것이다. 그렇다면 의례에서 그런 명제를 천명하지 않거나 그런 명제들이 재현되어온 의례에 참여하지 않는다면, 신성성 자체의 명맥이 끊길 수 있다. 인류사에서 종종 일어났듯이 신성화된 권위가 억압적으로 변하면, 그 권위를 따르던 자들이 거기서 신성성을 박탈할 수도 있다. 그런 위협은 개혁을 불러오지만, 개혁이 실패할 경우 예언자들이 나타나 종전 제도의 전통적 신성성에 도전하는—비록 궁극적이고 신성한 공준 자체에는 도전하지 않더라도—새로운 정치적 운동을 신성화할 수도 있다. 그런 도전은 비범한 사건으로 오랫동안 미뤄질 확률이 크고, 그런 도전의 발발 자체가 위기를 암시한다. 그런데도 신성성의 진실이 일상적 경험의 진실의 타당성에 한계를 설정하듯이, 일상생활의 심리적·유기체적·사회적 과정을 기반으로 한 경험 역시 신성하다고 여겨지는 것에 한계를 부여한다. 우리는 책의 마지막 장들에서 이 문제로 돌아올 것이다.

10

신성화

신성화

지금까지 나는 '신성성의 진실'이라는 구절을 느슨하고 일반적인 의미로 사용했다. 신성성의 표면적인 근원은 궁극적이고 신성한 공준(신이나 신적 존재에 관한 명제로 보통 물질적인 지시물이 결여된)이지만, 신성성의 근원이 그것만은 아니다. 우리는 8장에서 예식 질서의 위계적 차원을 논할 때, 신성성은 신성한 공준에서 흘러나와 '지금, 여기', 물질성에 근거한 또 다른 명제로 전달되는 듯하다고 말했다.

문자 사회에서는 신학적 담론도 때로 신성성이 궁극적이고 신성한 공준에서 흘러나와 다른 명제로 전달되는 통로 역할을 한다. 그러나 이 책에서 강조한 이유 때문에 문자 사회에서 신성성의 의례적 전달이 더 강력한 효과를 내기도 한다. 주석자가 신성한 텍스트의 해석을 통해 행위 규범을 도출하는 것과, 사람들이 그런 규범의 구속력을 인정하는 것은 또 다른 문제다. 새로운 신학 담론에서도 합의나 묵인, 심지어 신념이 개입될 수 있지만, 공식적 의례의 연행처럼 수락acceptance이 불가피하게 수반되지는 않는다.

의례적 신성화의 범위는 더 포괄적이다. 예를 들어 4장의 논지에 비춰보면, 언약이나 계율은 의례적으로 천명되지 않고는 신성화되기 힘들다. 의례적으로 강조되지 않는다면 어떤 발화가 (단순히 모호한 예측이나 의견 표명이 아니라) 항상 언약이나 계약으로 간주될 수는 없다.

이 설명에 함축된 것은 신성성이 두 하위 집합이나 범주를 포함한다는 점이다. 첫째, 전적으로 궁극적이고 신성한 공준으로 구성된 신성한sacred 명제 범주가 있다. 둘째, 궁극적이고 신성한 명제와 연계되지만 그 자체가 궁극적으로 신성하지는 않은 신성화된the sanctified 명제 범주가 있다. 신성화된 명제는 그 자체로 의문 제기 불가능한 것은 아니지만, 궁극적이고 신성한 공준에 기대어 일정한 수준의 신성성을 끌어낸다. 궁극적이고 신성한 공준과 달리 신성화된 명제의 집합set은 내적으로 분화되었다.

어떤 명제는 다른 명제보다 훨씬 신성화된다. 이 점은 8장의 위계에 대한 논의에서도 언급했다. 우리는 의례에서 재현되는 명제는 그 자체로 의문 제기 불가능한 궁극적이고 신성한 공준부터 시작해, 대단히 신성화된 우주론적 공리를 거쳐, 그 공리보다 덜 신성화된 원칙을 지나, 그보다 신성화 수준이 낮은 다른 명제 순으로 조직되었다고 보았다. 나는 각각의 의례적 명제에 부여된 신성성의 정도는 그 명제가 재현하는 것의 지속성, 일반성, 효험성, 권위, 불변성과 직접적으로 상관관계가 있으며, 그것들의 사회적·물질적 특수성, 구체성, 도구성과는 반비례적 상관관계가 있다고 말했다.

그런 담론 구조의 정점에 위치한 궁극적이고 신성한 공준은 보통 사회적·물질적 특수성이 낮으며, 구체성이 결여되었고 오랫동안 존속한다. 그 공준은 영원하고, 근본적이며, 불변하고, 내재적 효험이 있으며, 의존적이거나 도구적이라기보다 자족적인 명제로 간주된다. 그 공준은 (다른 것에 기대어) 파생적으로 신성화된다기보다 본질적으로 신성한 것이다. 한편 우주론적 공리는 그 공리에서 표현된 원리가 어떻게 행동으로 구현되어야 하는지 규정하는 원칙rule보다 일반적이고, 고도로 신성화되었으며, 덜 구체적이다. 이와 반대로 사태에 관한 암시나 보고를 담은 명제(자기 – 지시적 메시지)는 대단히 구체적이고, 특수하며, 덧없고, 부침을 겪고, 상황 의존적이며, 효험이 있다기보다 다른 명제의 영향을 받고, 세속적일 수 있으며, 기껏해야 신성화될 수 있을 뿐 그 자체로 신성하지 않다.

신성하거나 신성화된 담론의 위계적 조직에 대한 다소 추상적이고 복잡한 이런 논의는 사례를 통해 더 잘 이해할 수 있다. 8장에서 짧게 소개한 사례를 살펴보자.

11~18세기(아마 그보다 앞선 시기에도) 영국과 프랑스에서는 왕과 접촉하면 연주창이 치료된다고 여겼다. 그 질병은 '왕의 악'으로 알려졌고, 왕이 수많은 연주창 환자들에게 손을 얹는 의례를 자주 행했다. 치료가 성공하려면 환자에게 손을 얹는 사람은 왕이어야 했다. 다시 말해 그 치료의 효험은 신의 이름으로 왕에게 성유를 부어 정식 왕임을 인정하는 대관식에 근거했다. 신의 신성神性은 초기 기독교부터 미사를 통해 지속적으로 확립되었다.[1] 우리는 이 사례를 통해 신성성이 미사에서 표현되는 신과 관련된 궁극적이고 신성한 공준에서 흘러나와, 대관식 의례와 그 의례에서 성유 부음을 통해 왕에게 전달된 다음, 왕과 접촉 의례에서 일어나는 연주창의 치료로 이어지는 것을 볼 수 있다(Axon, 1914).

미사에서 표현되는 궁극적이고 신성한 공준의 지시물은 물질적이지 않으며, 대신 영원하고 불변하는 것으로 간주된다. 그 공준에는 사회적 특수성이 거의 없다. 그 공준이 천명하는 것은 특정한 제도도, 옳거나 도덕적이거나 정당한 것으로 간주되는 특정한 사회적 행위의 형식도 아니다. 그럼에도 공준은 궁극적이고 보편적으로 권위가 있다. 모든 세계 창조가 공준에 기대고, 특정한 사회적 관습이나 제도의 정당성, 도덕성, 적절성, 권위도 공준에서 유래하기 때문이다. 우주의 토대로서 공준은 어떤 것에도 의존하지 않으며, 반대로 만물의 기저를 구성한다. 그것은 모든 권위와 정당성의 근원이지만, 다른 어떤 것에 봉사하기 위한 도구로 간주되지는 않는다.

궁극적이고 신성한 공준은 신성성이 흘러나오는 성수반으로, 그것이 신성화하는 요소들의 질서 유지에도 관여한다. 이 신성성의 근원은 (그보다 하위의) 신성화된 명제에서 암시되거나 표현된 구체적인 명령이 따라야 하는 원리로 재현된다. 호조Hozho, 와칸-탕카 혹은 친숙한 예로 삼위일체의 신처럼. 그렇다면 궁극적이고 신성한 공준은 궁극의 관심사, 목표, 목적 같은 개념에 함축된 일종의 명령문이라 할 수 있다. 그 자체로는 명령적 어조로 표현되지 않고 사회적·행동적 구체성이 상당히 결여되어도 말이다. 게다가 궁극의 관심사, 목표, 목적은 그보다 구체적인 '하위의' 목표나 목적을 평가할 수 있는 기준을 함축한다. 우리는 13~14장에 인간 사회의 적응적 구조에서 그런 고차원적 명령이 어떤 역할을 하는지 논할 것이다. 여기서는 그런 고차원적 명령과 세계의 사회적 요소의 관계가, 에너지보존법칙과 세계의 물리적 과정의 관계에 비견될 수 있다는 점만 언급해두자.

궁극적이고 신성한 공준과 다르게 대관식을 통해 어떤 사람을 기독교 국가의 왕으로 변모시키는 명제와 행위, 추후 왕의 통치를 위해 필요한 명제에는 다음과 같은 암시가 포함된다. 즉 명제와 그 지시물은 근본적인 것이 아니고, 그것이 나타내는 바가 무엇이든 궁극적이고 신성한 공준에 의존한다는 사실이 함축되었다. 헨리 왕이 '신의 은총'에 의한 왕이고, 찰스 왕이 '가장 경건한 아우구스투스, 위대한 평화의 수호 황제'인 것은 그들이 '신의 이름으로 왕위에 올랐기' 때문이다. 기독교 국가의 왕위는 그 자체로 신성한 것이 아니라 신성화된 그 무엇이다. (그 신성화 정도가 높긴 하지만) 신성화는 개인을 왕으로 변모시키는 명제뿐만 아니라 왕의 통치 근거도 성화聖化한다.

우리는 도구성의 신성화라는 문제에 접근하고 있다. 연주창을 치료하는 의례는 대단히 도구적이며, 한 개인이나 왕자를 왕으로 변모시키는 의례 역시 마찬가지다. 그보다 덜 뚜렷하지만, 한때 기독교 국가의 왕권제 역시 신에게 봉사하는 도구처럼 인식되었다. 7세기경 기독교식 왕권 이론이 도입된 서고트족 치하의 스페인에서는 왕이 가톨릭교회의 장로(ministerium)였으며, (왕에 대한) 대역죄(laesa maiestas)는 기독교적 배교 행위(infidelitas)였다(Wallace-Hadrill, 1971).[2]

즉 신과 인간 사이에 선 왕이라는 개념은 중세 기독교 사회에서 자명한 것으로 받아들여졌다. 왕권이 그렇게 해석되었다는 점은 왕의 권위가 대단히 강했음을 뜻한다. 그러나 왕이 아닌 황제의 권위조차 그가 봉사하는 신의 권위만큼 포괄적인 것으로 간주되지는 않았다. 모든 기독교 왕이 그렇듯이, 자연과 사회 역시 신에게 종속되었다. 게다가 신민이 기독교 국가의 왕에게 바쳐야 할 의무도 무한하지 않았다. 신민은 오직 왕이 요구할 권리가 있는 의무를 왕에게 바치면 되었다. 기독교 세계에서는 왕권제의 신성성과 개별 왕의 신성성이 오랫동안 구분된 듯하다.

게르만 사람들은 서고트 왕국의 성聖 이시도루스Isidorus Hispaleusis* 가 설파한 원리(Wallace-Hadrill, 1971), 즉 신민은 무능력하고 억압적이고 실패한 왕의 통치에서 비롯된 고통을 자기 죄에 대한 벌로 인식하고 감내해야 한다는 생각에 동의하지 않았다. 그런 입장은 기독교 이전의 일반적인 게르만적 원리나 실천과 상충되는 것이었다. 기독교 이전의 게르만족 왕들은 보통 '신의 은총'이 아니라 신적 혈통에 근거해서 통치권을 부여받는다고 여겼다. 왕이 전투에서 패배, 흉작, 전염병, 사회적 무질서 등에 의해 '운을 잃으면', 그런 왕을 폐위하고 신적 혈통이 있는 또 다른 인물을 왕으로 추대하는 것이 신민의 권리이자 의무였다.

왕권제는 분명 개별 왕보다 신성화되었다. 그러나 개별 왕이 왕권제에 아무런 지장도 주지 않고 폐위될 수 있었듯이, 당대 서유럽의 정치적 조건은 앞선 시기에 '자명한' 것으로 간주되던 (게르만적) 왕권제를 기독교의 궁극적이고 신성한 공준에 아무런 위협도 가하지 않고 폐지할 수 있었다.

---

* 세비야의 대주교, 학자, 역사가(560~636).

요컨대 신성화의 관계는 특정한 논리적 구조가 있다. 신성성의 정도가 상이한 명제들은 그 자체의 특성과 직접적인 상관관계, 다른 특성과는 반비례적 상관관계가 있어야 한다should be. 이 주장은 다소 애매하게 들릴지도 모른다. 내가 사용한 동사 'should'가 단순한 기대나 가능성의 의미로 받아들여질 수 있기 때문이다. 분명 그런 의미도 함축되지만, 여기서 내가 사용한 should는 규범적 의미다. 나는 앞서 제안한 신성성의 위계가 '정돈되었다'고 주장하지만, 신성성의 담론 구조를 구성하는 관념 체계들이 '질서에서 벗어나거나' 무질서할 수도 있다. 예를 들어 어떤 명제는 그 명제의 특수성에 적합하거나, 공동체가 감당할 수 있는 수준 이상으로 신성화될 수 있다. 그런 무질서는 해당 사회에 심각한 문제를 불러일으킨다. 이 문제는 나중에 다시 논의할 계획이다.

1.
신성화된 표현들

신성성이 통과해 흘러가는 담론에는 그 내용이나 수사적 형식이 매우 다양한 표현이 포함되었다. 신화—인간이 말씀에 따라 흙에서 빚어졌다거나, 영웅의 노래로 세계가 형태를 갖췄다거나, 부족 영토에서 첫 조상이 출현했다는 식의 이야기—는 종종 규범canon과 밀접하게 연관된다. 신화는 그 자체가 궁극적으로 신성하거나, 궁극적이고 신성한 공준의 저장소가 아닐 수 있다. 그러나 신화는 이 세계에 존재하는 다양한 이해 체계와 말 중에서 세계에 관한 특정한 이해 체계를 선택하여 진실이라 간주하는 다른 신성화된 표현처럼 고도로 신성화되었다. 신성화 과정이 인간 사고의 지침이 되거나 반드시 가치를 재현하는 담론에서 일어나지는 않는다.

신성성은 행하거나 피해야 하는 행동과 행동 범주를 규정하는 명제에도 깃들었다. 예를 들어 그런 명제의 주요 범주 중 하나는 의례적 연행을 위한 규정이다. 4장의 논의에 비춰보면 그 명제는 사람들이 언제, 어디서, 어떻게, 궁극적이고 신성한 공준과 다른 신성화된 명령을 분명하게 수락해야 하는지 명시한다. '터부'라고 불리는 규정도 중요한 범주인데, 일상생활에 영향을 미칠 경우 더욱 그렇다. 예를 들어 음식과 식사에 관한 터부는 의례적으로 확립되는 (마링족처럼) 신성화된 질서를 인간의 근본적인 생물학적 행위에 부과하기도 한다. 반대로 말하면, 터부는 의례를 위해 일상생활의 중요한 측면을 전유appropriate한다. 정통 유대교도나 마링족의 사례[3]에서 볼 수 있듯이, 그런 터부가 포괄적인 것이 되면 일상생활과 의례의 구분이 흐릿해진다.

사실 신성화된 표현은 사회생활의 모든 양상에 함축되었다. 그런 표현의 중요한 범주 가운데 하나는 언약이나 공약의 진실성을 보증하는 행위와 발화다. 예를 들어 한 손은 들고 다른 손은 성경에 올려놓은 채 "나는 진실만 말할 것을 맹세합니다. 모든 진실을, 오직 진실을. 그러니 신이여, 저를 도와주소서"라고 하는 것이나, 한 손을 가슴에 올린 채 "충성을 맹세합니다"라고 말하는 행위, 혹은 마링족의 카이코 의례처럼 춤으로 '당신들이 미래에 치를 전쟁에서 당신들을 도와줄 것을 맹세합니다'라는 의미를 전달할 수 있다. '살인하지 마라' 같은 명령, '받는 것보다 주는 것이 복되다' 같은 교훈도 거기에 포함된다.

두 사람을 부부로, 전쟁을 평화로, 왕자를 왕으로 바꾸는 수행적 표현은 정기적으로 신성화된다. '신이 임명하신 가장 경건한 찰스 황제, 평화의 수호자' 같은 표현은 신성화된 수행문에 의해 확립된 권위를 정당화한다. 찰스 황제가 신에 의해 황제가 되었음이 의례적으로 명시되면, 황제와 황제라는 직위, 찰스라는 인물의 황제 직함이 최소한 함축적으로 신성화된다. 신성화된 표현은 찰스 황제 본인의 법률이나 명령과 차원이 다르며, 그의 각료들이 만든 법률이나 명령과는 더욱 차원이 다르다. 비슷하게 왕이 손을 얹어 신민의 연주창을 치료하는 의례의 신성성은, 그들이 신의 이름으로 왕권을 수여받은 대관식 의례에서 그들의 손에 부어진 성유에서 유래한다.

신성성은 분명 의례에서 기원하며, 의례적 형식의 산물이다. 그러나 많은 사회에서 신성성은 의례의 테두리를 벗어나 일상적 삶으로 유입되어 널리 퍼진다. 신성성의 흐름에 관한 앞선 논의에 따라 권위의 신성화는 인간 사회에 보편적이라고 말하는 것은 일종의 동어반복이다. 표현의 신성화 자체가 그 표현에 권위를 부여하는 방법이기 때문이다.

민족지와 역사적 자료는 오스트레일리아 원주민 같은 소규모 수렵·채집 사회, 마링족 같은 부족 중심의 원시 경작 사회처럼 신성화된 명령이 예식 질서에서 직접 유래하는 사회부터 신성화된 추장, 왕, 황제에게 권위가 부여되는 사회, 20세기 거대 국가처럼 세속성과 신성성을 동시에 주장하는 사회—예를 들어 미국은 스스로 '신 아래 하나의 민족'이라 묘사하며, 미국의 모토는 '신 안에서 신뢰를!'이다. 미국 공무원은 임용될 때 성경에 손을 대고 맹세해야 한다—에 이르는 파노라마를 보여준다. 미국의 독립선언문은 정부의 존립 근거가 되는 인간의 권리와 안전의 토대가 자연과 이성일 뿐 아니라 신이라고 말한다. 더 나아가 무신론을 주장하는 사회에서도 몇몇 문헌—예를 들어 마르크스나 레닌, 마오쩌둥의 저작—은 신을 두려워하는 미국인이 성경에 부여한 것과 비슷한 신성성을 부여받는다. 그리고 권력의 정당성 논쟁이나 노동절 퍼레이드처럼 의례화된 행사에서 이런 문헌에 기대는 것은 통치자의 행위를 신성화한다.

신성성이 궁극적이고 신성한 공준에서 다른 표현으로 흘러갈 때, 내가 신성성의 정수라고 말한 의문 제기 불가능성이라는 특질이 상이한 여러 범위의 맥락에 적합할수록 구체적인 특질로 변해 간다는 점도 기억할 필요가 있다. (의문 제기 불가능성은) 맹세에서는 신뢰 가능성, 보고나 증언에서는 진실성, 명령에서는 정당성, 관습에서는 적절성과 도덕성, 수행문에서는 유효성으로 바뀐다.

의문 제기 불가능성의 변이형에는 비술적 효험도 포함될 수 있다. 최소한 그 효험은 수행문의 신성화에서 기인하며, 그런 신성화는 수행문의 언표 외적 효력과 발화 수반력을 강화한다. 우리는 4장에서 의례의 발화 수반력을 논의할 때, 신성성 수여 의식과 수행적 행위와 발화의 신비화 과정을 다뤘다. 물론 대관식을 단순히 신성성에 의해 그 발화 수반력이 정당화되는 수행적 행위 정도로 여길 수도 있다. 그러나 충성스런 가신들은 대관식을 무엇보다 접촉으로 '악'을 치유할 수 있는 마술적 능력을 왕에게 부여하는 신의 은총에 따른 신비적 전환으로 간주할 것이다. 이 경우 대관식에 대한 신하들의 이해 체계는 객관적 분석보다 풍요로울 뿐만 아니라 어떤 의미에서 '더 참되다'. 의례적 치유력에 대한 믿음은 그 믿음의 언표 외적 효력이 성취할 수 있는 것과 더불어, 발화 수반력이 유발할 수 있는 모든 효과를 증가시킨다. 그런 확신이 때로 강력한 생리학적 효과를 유발할 수 있다는 것도 잘 알려졌다.

2.
허위, 소외, 신성성과 적응

나는 2장에서 의례가 상징적 커뮤니케이션에 내재한 두 가지 악을 개선한다고 주장했다. 그 첫 번째 악은 허위falsehood의 조장이다. 나는 의례가 두 방향의 움직임을 통해 허위 문제에 대처한다고 주장했다. 먼저 2~3장에 살펴본 대로 의례는 (퍼스 기호학의 의미에서) 상징의 사용을 피하고 최소한 그것의 자기-지시적 메시지 중 일부 혹은 연행자와 그들 사회의 현 상태, 그것과 환경의 관계의 재현에서 지표의 사용을 선호한다. 한편 우리는 이 장에서 의례가 '지금, 여기'에 국한되지 않는 것의 재현물도 신성화한다는 것을 살펴보았다. 이제 우리가 2장에서 제기했지만 아직 대답하지 않은 문제로 돌아가자. 마링족의 카이코 축제에서 주최 집단이 동맹 집단의 춤을 보고 향후의 지원을 확신하는 이유는, 그런 맹세가 마링족의 예식 질서—춤 역시 그 질서의 일부다—에서 표현된 궁극적이고 신성한 공준과 연계되기 때문이다. 다시 말해 그 맹세는 신성화된다.

언약—서약, 맹세 혹은 그와 비슷한 약속—의 신성화가 보고나 증언의 신성화와 밀접히 연계된다는 점은 최소한 언약 혹은 맹세를 의미하는 고대 영어 바에르waer와 고대 노르웨이어 바르var가 각각 인도-유럽어 어간 베로wero(진실한)와 라틴어 베루스verus(진실한)에서 파생되었고, 더 후대의 단어도 그랬다는 점에서 분명히 드러난다(아메리칸 헤리티지 사전, 1992). 물론 맹세와 진실의 결합은 우리에게도 친숙한 법정 문구 '나는 진실을, 모든 진실을, 오직 진실을 말할 것을 맹세합니다. 그러니 신이여, 나를 도와주소서'에서도 발견된다. 다코타족(이 책 p. 533)이 최소한 특정 상황에서는 신성한 담뱃대로 담배 피우는 것을 진실을 말하겠다는 맹세로 여겼다는 점도 뚜렷하다. 그런 맹세는 보고나 설명을 언약으로, 보통의 거짓말common lies을 위증으로 바꾼다.

허위의 조장이 언어의 근본적 악이지만 유일한 악은 아니며, 가장 중대한 악도 아니다. 신성성이 의문 제기 가능한 정보의 진실성과 허울이 될 수도 있는 맹세의 신뢰성을 보증하는 것만은 아니다. 앞서 우리는 (항상 그렇지는 않다 해도) 신성화되는 다양한 표현을 간략히 살펴보았다. 그 목록은 다음과 같다.

(1) (궁극적으로 신성하지는 않더라도 매우 신성화될 수 있는) 신화 (2) (신화나 의례에 함축된) 우주론적 공리 (3) 의례적 연행을 규정하고 터부를 구성하는 규칙 (4) 사회적 변화를 불러일으키는 사실 동사적 행위와 발화(예를 들어 통과의례) (5) 특권화된 해석들(대개 공인된 사제직과 함께 문자 사회에 존재하는 것으로, 교황의 공식 교리나 《탈무드》가 그 예다) (6) 예언, 전조, 점, 신탁 (7) 물리적 효과를 얻기 위해 비술적 효험을 활용하는 행위와 발화 (8) (명령, 규칙, 설교, 격언과 기타 형식을 포함한) 사회적 명령 (9) 명령조로 표현되지 않더라도 서열을 정의하거나 사고를 조직해 인간 행동을 지시할 수 있는 분류 체계나 다른 분류 형태 (10) 권위를 확립하는 표현 (11) 신성화된 권위체의 명령 (12) 증언 (13) 언약 (14) (지표적으로 표시될 수 있는) 의례적으로 전달되는 자기−지시적 정보

이 포괄적 목록은 완전한 것이 아니다. 모든 신화가 신성하거나 신성화된다거나, 모든 분류 체계와 예언, 비술적 효험을 동원하는 노력이 신성화된다고 주장하는 것도 아니다. 하지만 의례가 신성성의 거처이자 신성성이 흘러나오는 성수반이 될 수 있으며, 신성성은 의례에서 흘러나와 사회 전체를 규제하는 모든 명제로 흘러간다는 점은 분명하다.

이는 언어의 출현과 관계된 것이 틀림없는 또 다른 진화적 경향을 감안할 때 대단히 중요한 문제다. 5장에서 언급했듯이, 인간 행위가 점차 유전적 패턴화에 의해 덜 영향 받게 되었다는 점을 자세히 논의해보자. 인간 행위 패턴의 유전적 결정이 줄어들고, 관습적

이거나 문화적 행위 패턴이 정교해지면서 인간에게는 유례없는 적응성이 부여되었다. 인류는 이를 통해 이 세계 다양한 환경의 지배자가 되었다. 그런데 인간종의 적응성이 증가하면서 여럿으로 분화된 개별 사회가 맞닥뜨린 문제가 있다. 사회 구성원을 더는 유전적으로 관습에 복종하게 할 수 없고, 사람들은 쉽게(그리고 아마도 불가피하게) 사회의 지배적인 규범 이외 대안적 가치를 상상할 수 있었다는 점이다. 신성성은 인간 행위의 유전적 규제가 불가능한 상황에서, 특정한 사회의 명령과 그런 명령을 발화하는 권위자를 승인함으로써 관습을 확립한다. 그리고 현재를 시초와 연계시키는 모든 신화적 담론을 확립하고, 유전적으로 제어되지 않는 인류의 무한한 상상력이 허용하는 다양한 의미 중에서 특정한 의미만 옳은 것으로 확립한다.

조금 달리 표현하면, 5장 끝부분에서 언급했듯이 언어에 내재한 두 번째 문제는 대안성alternative의 문제다. 인간종 특유의 수많은 문화적 질서와 더불어 인간의 적응력은 강화되었고, 환경에 적응하는 과정도 가속화했다. 그러나 무질서의 가능성도 크게 늘었다. 인류를 구성하는 사회의 문화적 질서가 언어를 기반으로 한다면 ―실제로 그렇다―거짓 언어의 가능성뿐 아니라 지나치게 많은 언어의 가능성도 생겨난다. 즉 거짓말과 바벨의 가능성, 다시 말해 대안적인 것에 압도될 수 있는 가능성이 생겨난다. 거짓말과 대안성은 두 가지 근본적인 곤란, 언어의 사용에 내재한 가장 곤혹스러운 근본 문제다. 우리는 앞서 마르틴 부버(1952)가 그 둘을 인류의 독창적이고 독특한 악으로 여겼다는 점을 살펴보았다.

나는 5장에서 사회의 지배적 질서가 아닌 대안적 질서라는 개념이 기호와 지시물의 상징적 연결과 더불어, 언어의 필수 불가결한 요소인 술어적 서술 과정process of predication의 불가피한 부산물이라고 주장했다. "예수는 신이며 제우스는 신이 아니다"라고 말할 수 있다면 그 반대 문장을 상상하거나 말하는 것도 가능하다. 대안성의 개념이 꼭 대안적인 무엇의 실현으로 나가지 않더라도, 종전 질서의 교란을 향한 첫걸음은 될 수 있다. 모든 사회질서는 언어적으로 고삐 풀린 상상력의 무질서 야기 능력에 맞서 자신을 보호하고 또 보호해야 한다. 가장 진보적인 사회에서도 대안적인 것에 대한 허용은 제한된다. 따라서 어떤 언어라도 존재할 수 있다면, 진정한 언어The Word를 확립할 필요가 있다. 말이 의례로 도입되면 그 의례적 규범의 불변성 아래 진정한 언어―신성한 언어―로 탈바꿈한다.

이 논지를 적응의 측면에서 고찰해보자. 인류에게 세계의 모든 생태 적소niche와 서식지에 적응할 능력을 준 다재다능성, 즉 유전 과정과 제한된 비-상징적 학습에 의해서가 아니라 언어를 통한 행위 패턴의 규정에 근거한 다재다능성은 그 자체로 무질서의 가능성이 있다. 종전의 관습을 빠르고 기발한 방식으로 수정·대체할 수 있는 능력은 인간 적응성의 핵심이지만, 어떤 사회에서든 그들이 준거점으로 삼는 관습과 다른 대안을 상상할 수 있다면(이는 필연적으로 그럴 텐데), 그런 대안이 사람들에게 더 매력적으로 보일 경우 어떻게 그들을 종전의 지배 질서에 복종하게 할까?

여기서 신성성은 언어가 출현한 뒤 점점 감소하던 인간 행위 패턴의 유전적 결정에 대한 '기능적 대체물'이었다고 볼 수도 있을 것이다. 인류가 언어를 통해 습득한 대안성의 능력이 그 또한 언어의 부산물인 신성성에 의해 규제되는 것이다. 융통성은 다재다능함이 아니며, 다재다능함의 단순한 변형이나 기능도 아니다. 융통성은 다재다능함과 정연함의 산물이다. 언어와 그것의 조합에 내재한 수많은 가능성은 의례의 불변하는 규범이 표현하는 의문 제기 불가능한 진정한 말씀에 의해 제약되고, 감소되며, 질서 잡힌다. 혼돈을 낳을 수도 있는 다재다능함은 신성화 과정을 통해 질서가 부여되어 적응적 융통성으로 탈바꿈한다. 거짓말과 대안성처럼 신성성 역시 언어의 부산물이지만, 의례에서 언어는 규범의 불변성 아래 복종하며 대안성과 거짓말에 따른 악을 개선한다. 그럼으로써 인류가 대안성이 가져다준 의심할 여지없는 축복—그것이 적응적이든 아니든—을 즐길 수 있게 하는 것이다.

신성성이 의례의 부산물이라는 이 장의 논지와 더불어, 앞서 언급한 관습의 확립이라는 문제로 돌아가자. 나는 4장에서 어떤 관습은 단순히 관행의 산물이라고 말했다. 무문자 사회는 (특정 행위의) 통계적 출현 빈도가 관습을 구성하는 사례를 보여준다. 그러나 다른 관습, 특히 권리와 의무를 규정하는 관습의 경우 그 관행은 변덕과 술수로 가득 찼다. 그렇다면 오직 관행으로 모든 관습을 확립할 수 없음이 분명해진다. 사회는 최소한 관습 중 일부를 일상적 관행—일상적 실천—의 지속적인 위협에 따른 침식에서 보호되도록 확립해야 한다. 의례가 그런 역할을 수행하며, 이는 오직 의례가 할 수 있는 일이다. 나는 5장에서 의례가 관습을 '자연화'시키는 방법을 설명하고, 그런 자연화가 관습을 보호한다고 했다. 여기에 더해 의례가 그것이 규범화하는 모든 것을 신성화한다고 말할 수 있다.

법령에 의해 공표된 규칙도 관행에서 보호되지만, 그런 공표에는 개인의 수락이 수반되지 않는다. 수락이 없기 때문에 도덕적인 의무도 수반되지 않는다. 법령은 신성화되거나 그렇지 않을 수도 있지만, 몇몇 구성원이 법령을 선포하고 나머지 구성원들이 이를 의무적으로 따라야 하는 사회적 조건은 인류 역사에서 상대적으로 최근에 발전했다. 일반적으로 인정되듯이 사회 계층화의 필수 요건이 농경과 가축 사육이라고 할 때, 그런 조건은 1만~1만 2000년이 되었을 뿐이다. 대조적으로 수락과 신성화가 그 본질인 의례는 구체적인 권력체가 없이도 관습을 확립할 수 있다. 의례적 형식―연행자가 아닌 이들에 의해 코드화된 형식적 행위와 발화의 거의 불변하는 차례로 구성된 연행―은 인류보다 오래되었으며, 인간 사이에서 관습을 확립하는 원형적인 수단이었을지도 모른다.

　요약하면 언어가 없었다면 신성성의 개념을 상상할 수 없었을 것처럼, 언어 역시 신성성의 개념이 없었다면 거짓말과 대안성을 통해 언어를 기반으로 한 사회 체계를 전복할 수 있는 점증하는 언어 자체의 역량에 대항할 수 없었을 것이다. 이 논지의 함의는 신성성의 개념이 정확히 언어만큼 오래되었으며, 언어와 신성성은 인간의 지성과 기술이 상호 의존적으로 진화한 것과 유사하게 서로 의존하며 상호적 인과관계 속에서―어쩌면 동시 발생적으로―출현했다는 것이다. 인간 지성이 부분적으로 언어의 산물이라면, 지성이나 기술, 언어, 신성성의 개념은 시스템 이론가들이 '상호 인과적인 편차 증폭 과정mutually causal deviation amplifying process' (Maruyama, 1955)이라고 불렀을 과정에서 함께 출현한 것이다.

이런 계통 발생적 추정은 단순히 상징에 근거한 사회적 커뮤니케이션에서 신성성이 차지하는 필수적 위치에 관한 목적론적 논의에 근거한 것은 아니다. 앞 장에서 나는 신성성 개념이 불가피하면서 필수적으로 출현했다고 보았다. 즉 그 개념은 상징과 의례의 결합에서 태어난 것으로, 문자가 없던 초기 인류의 비언어적 의례가 급증하는 언어에서 약간의 말을 선택해, 그 말을 의례적 규범의 불변하는 질서 아래 종속시키고 진정한 말The Word로 변형했을 때 태어났다고 보았다. 그렇게 확립된 진정한 말은 점점 복잡해지는 문법 규칙에 따라 결합 가능해진 더 많은 단어가 무수한 대안적 가능성―그 모든 것이 사회생활을 조직하거나 거기에 질서를 부여하지는 않는다―으로 변하면서 생겨난 불확실성과 기만에 대항하는 자리에 서게 되었다.

3.
다양한 신성화의 형식들

각 사회의 신성화된 담론에서 강조되는 표현의 유형에는 중요한 차이가 있다. 이 문제는 광범위하고 복잡해서 몇몇 주요한 차이의 방향만 짚고 넘어가려 한다.

앞서 짧게 언급한 논점을 확장하면, 이른바 '평등주의적' 혹은 '지도자 없는' 사회의 특수한 규칙과 명령, 기타 관습은 주로 의례에서 직접적으로 신성화된다. 별개의 인간 권력체가 충분히 발달하지 못했기 때문이다. 한편 그런 권력체가 있는 사회에서는 권력자의 신성화를 점점 강조한다. 따라서 그들이 선포하는 어떤 특수한 명령이라도 자연스럽게 신성화된다. 다양한 법률, 법령, 명령을 선포할 수 있는 권력자—샤먼, 사제, 추장, 왕, 대통령, 의회—의 신성화는 의례를 통한 법률, 법령, 명령의 직접적 신성화보다 적응적 융통성이 크다. 이런 장점에는 대가도 따른다. 권력자를 부양하는 데 드는 물질적 비용이라든지, 그 권력자들이 어리석고, 억압적이고, 무능할 수 있다는 것이 그 예다. 이 문제는 마지막 장들에서 다시 논의할 것이다.

신성화된 표현의 유형 차이처럼 신성화된 표현의 내용 차이도 있다. 그런 차이 중 일부는 진화적 관점에서 설명이 가능하다. 지금까지 주로 선교사와 그들의 옹호자가 널리 기록한 바에 따르면, 현대 국가 사회의 종교가 개인의 윤리적 행위에 관심이 많은 반면 부족사회의 종교는 그렇지 않다. 친족을 기반으로 한 소규모 사회에서 적절한 사회적 품행은 인간이 제한된 친족과 이웃에 깊이 의존하며 살아간다는 데서 어느 정도 도출된다. 호혜성의 관습이 그런 상호 의존적 관계를 조직하며, 호혜성은 적절하거나 부적절한 행위에 관한 그 자체의 보상과 징벌이 있다. 그리고 (그런 사회에서) 누구나 상대의 품행을 잘 안다. 그런 사회에서 윤리적 행위를 위한 강력한 신성화는 필요하지 않다. 적절한 품행은 사회관계 자체의 논리와 실천을 통해 충분히 보장될 수 있기 때문이다.

반대로 노동 분화와 사회 계층화가 고도로 진전된 대규모 사회에서는 모든 개인의 관계가 매우 사적이면서 상당한 타인들에게 이어졌다. 그런 관계는 대부분 비개인적이거나 익명적이다. 그런 상황에서 적절한 품행은 호혜성의 논리에 의해 보장될 수 없고, 부당한 행실을 한 이들도 종종 발각되지 않는다. 게다가 직접적 사용이 아니라 이윤을 위한 생산이 진행되는 계층 사회에는 오히려 비윤리적 행위에서 오는 이득이 더 크다. 이런 사회에서는 윤리적 명령이 신성성의 직접적 비호를 받는다. 그런 비호가 필요하기 때문이다. 요약하면 부족사회에서 윤리는 사회적 관계의 한 양상이며, 국가 사회에서 윤리는 종교의 한 양상이다. 부족사회에서 의무가 국가 사회에서는 자선이 된다.

두 사회에서 찬양되는 미덕도 차이가 난다. 부족사회에서는 관대함과 용기가 찬양될 확률이 높다. 용기와 후한 인심은 명성, 위세, 명예, 그것들에서 유래하는 영향력으로 보상받는다. 국가 사회에서는 유순함, 충성심, 착실함(N. Brown, 1972)이 가장 찬양되는 미덕에 포함되며, 그 보상은 내세론적이다. 진화론적으로 표현하면 국가 사회에서 사회적 관계가 점점 분산되고, 특수화되며, 비개인화되고, 계층화되면서, 종교는 윤리에 더 관심을 보이는 동시에 그 보상과 징벌을 내세로 연기하는 경향이 있다. 그와 반대로 개별 권력체가 부재하거나 거의 발달하지 못했고, 있다 해도 강제력이 거의 없는 부족사회에서는 신성성이 선교사들의 생각처럼 개인적 도덕성이 아니라 공적 행위의 확립과 긴밀히 연계된다. 예를 들어 마링족의 의례 주기나 오스트레일리아 원주민의 가자리 의례 주기는 다른 수단으로 강제할 수 없는 수많은 개인의 행위를 조직한다.

4.
신성성, 커뮤니티, 커뮤니케이션

세속적 영역에서 신성성의 의미가 권력, 명령, 증언, 맹세의 신성화에 국한되는 것은 아니다. 사실 신성화에 대한 강조는 분석적 차원에서 신성성을 권력에 의한 정당화나 신성화에 이용되는 도구, 지배적 권력에 봉사하는 메커니즘에 불과한 것처럼 보이게 해서 (신성성 자체를 다른 모든 것이 봉사하는 궁극의 관심사로서 간주한다 해도) 폄하하는 것인지도 모른다. 나는 마지막 장에서 권력이 신성성을 훼손하는 것을 역사적 과정으로 논의할 예정인데, 여기서 우리의 논의는 훨씬 더 근본적이다.

신성성과 신성화된 것에 관한 이야기는 특정한 담론의 적절성에 대한 이야기이기도 하다. 나는 인간 커뮤니케이션에서 신성화된 것의 의미뿐만 아니라, 궁극적으로 신성한 것의 의미도 강조하고 싶다. 여기서 '의사소통하다communicate'와 '커뮤니티community'의 어원이 같다는 점이 흥미롭다. '의사소통하다'는 '공동의 것으로 만들다'라는 뜻이 있는 라틴어 코뮤니케어communicare에서 파생했다(아메리칸 헤리티지 사전, 1992). 인간 커뮤니티는 공통의 기반에 선 자들의 연합이다. 공통의 궁극적이고 신성한 공준을 지지하는 자들은 자연계의 공통 조상에서 유래한 생물종 군집만큼 근본적인 커뮤니티를 구성한다. 그들이 증언, 맹세, 제도, 세계에 대한 일반적 이해 체계를 위한 공통의 기반을 수락했기 때문이다.

한때는 궁극적이고 신성한 공준이 커뮤니티를 정의하는 기준으로 받아들여졌다. 에드워드 피터스Edward Peters(1980)는 기독교 이단에 관한 문헌 자료 서문에서 "중세와 근대 초기, 그들의 사회가 가장 근본적인 층위에서 종교에 의해 결속되었다고 믿은 사회에서는 신학적 동질성이 사회적 결속의 동의어였다"고 썼다. 기독교도뿐만 아니라 그런 가정 자체가 교리화된 이슬람교도나 유대교도 역시 비슷한 신념이 있을 것이고(Ullman, 1975), 그 흔적은 지금도 있다. 예를 들어 영국의 왕은 지금도 자신들이 통치한 국가의 토대가 된 기독교 신앙을 수호하기 위해 맹세한다.

여기서는 커뮤니케이션이 최소한 공통의 궁극적이고 신성한 공준의 수락에 의해 촉진된다고 보는 것이 안전할 것이다. 그 공준의 수락과 더불어 신뢰와 이해의 공통 기반이 확립되기 때문이다. 이런 논의는 노동 분화와 기술 수준이 높은 현대 세속 사회에서 일어나는 대다수 커뮤니케이션과 무관해 보인다. 어떤 경우든 일반적으로 '다중적pluralistic'인 현대사회는 궁극적이고 신성한 공준의 공동 수락에 의해 통합되지 않는다. 그 사회의 제도가 사람들이 참여하는 몇몇 종교적 커뮤니티의 궁극적이고 신성한 공준에 의해 신성화될 수는 있지만 말이다. 그러나 우리는 그런 사회에 여전히 편견과 종교적 갈등이 만연하며, 신성한 기반과 신성화의 기반을 공유하지 않고 종종 역사적·신학적 이유 때문에 적의를 품은 사람들의 커뮤니케이션은 불신과 두려움, 뚜렷한 적대감으로 물들었다는 것을 안다.

궁극적이고 신성한 공준의 공동 수락이 상호 신뢰성을 보장해주는 것은 아니다. 수락이 그런 신뢰성을 강화한다고 말할 수 없을지도 모른다. 공통의 궁극적이고 신성한 공준에 의해 결속된 커뮤니티 내의 구성원도 모르는 사람들에게 그런 것만큼 신뢰를 자주 저버리는데, 서로 더 많이 상대한다는 단순한 이유 때문이다. 게다가 모르는 사람을 대할 때 사람들은 신뢰에 덜 의존한다. '거래는 현찰로Cash on the barrelhead'라는 표현이 항상 적합하지는 않겠지만, 이는 낯선 사람을 상대할 때 신뢰보다 선호되는 원칙처럼 보인다. 그런 원칙에도 대가가 있는데, 사람들이 소외된다는―거리를 두고 깊이 관여하지 않는다는―점에서 그렇다. 그들의 커뮤니케이션은 특수화되고 비개인적이며, 대부분 모르는 사람으로 남을 확률이 높다.

나는 궁극적이고 신성한 공준의 수락이 공통의 도덕적 기준에 합당한 인간 행위를 보장한다고 주장하는 것이 아니다. 4장에서 논의한 의례적 수락의 수반물에 대해 떠올려보자. 도덕성의 공통의 토대와 신성화된 도덕적 의무 사항의 수락이 일어나며, 그렇게 수락된 것은 인간 행위를 도덕적이거나 부도덕적이라고 평가하는 공통의 기준이 된다. 4장에서 말했듯이 그런 공통의 수락이 윤리적 행동을 보장하는 것은 아니다. 다만 그런 행동의 가능성을 증가시킨다고 보는 게 옳다.

한때 동일한 궁극적이고 신성한 공준을 수락했지만 이제 그렇지 않은 공동체나, 서로 덜 근본적인 기준(예를 들어 의례 개최나 경전 해석의 문제)에 따라 구분하는 공동체 사이의 적개심은 특별히 강해질 수 있다. 기독교 역사를 보면 단순히 신앙심이 부족한 자들보다 변절자와 이단자들이 심하게 매도되고 가혹한 대접을 받았다. 그런

자들의 오류는 의도적인 것이고, 신성모독이면서 배신이라고 여겨
졌기 때문일 것이다.[4]

앞서 나는 궁극적이고 신성한 공준은 보통 한 사회가 준거해야
하는 특정한 제도를 명시하지는 않는다는 의미에서 사회적 특수성
이 낮다고 말했다. 그러나 그 공준의 수락은 제도와 상호작용, 담
론을 위한 공통의 토대가 있는 개별 커뮤니티를 규정하거나 구획
한다.

5.
신성한 것, 신성화된 것, 차등적 불변성

신성성이 의례의 불변성에서 유래했다는 점은 신성성과 표현의 불
변성의 연관 관계를 추정하게 한다. 이런 연관 관계는 8장에서 궁
극적이고 신성한 공준은 거의 불변하는 예식 질서 중에도 가장 불
변하는 요소인 듯하다고 말했을 때 암시된 것이다. 이런 일반화가
유효하다면 그것은 물질적인 동시에 방법론적인 함의가 있다. 특정
한 표현이 신성화되거나 신성해지는 과정과 함께, 종교적 담론의
더미에서 궁극적이고 신성한 공준을 식별하는 방법을 알 수 있기
때문이다. 여기서 중요하게 다뤄야 할 문제는, 신성성이 의례적 내
용이 아니라 형식에서 유래했다는 나의 근본적인 가정과 배치되거
나 거기에 의문을 제기하는 사례다. 따라서 종교적 담론의 다양한
구성 요소의 상대적 불변성이라는 문제에 주목할 필요가 있다.

상대적comparative 혹은 차등적differential 불변성의 개념[5]은 언뜻 명쾌해 보인다. 이 책 초반부에서 내가 의례를 '대략more or less' 불변적이라고 한 점을 상기해보자. 이 애매한 표현은 의례의 몇 가지 양상을 염두에 둔 것이다.

나는 3장 전체에 의례의 두 가지 메시지인 자기 – 지시적 메시지와 규범적 메시지의 전달에서 가변성과 불변성의 관계를 다뤘다. 보통 지표적으로 수행되는 자기 – 지시적 메시지의 전달에서 일어나는 변이는 허용될 뿐 아니라 모든 의례에서 필요하다. 그래서 모든 의례가 그런 변이를 명시한다. 의례에서 그런 변이와, 의례적 규범을 구성하는 불변하는 행위와 발화의 차례의 관계는 체계적인 것이다. 의례의 독특한 의미는 한편으로 의례 참여자의 현 상태를 나타내는 재현의 다양성과, 다른 한편으로 사람들이 참여함으로써 구현하는 질서의 불변성의 관계에서 유래한다. 의례를 '대략적으로' 불변적이라고 정의한 것은 첫째, 의례의 본성상 일상적 조건과 그것의 변화를 재현하는 자기 – 지시적 요소는 **필연적으로** 가변적이어야 하는 데 반해, 규범적 요소는 상대적으로 불변해야 하기 때문이다. 이 장 초반부에서 나는 상대적으로 가변적인 자기 – 지시적 메시지는 상당히 불변적인 규범적 메시지 흐름과 연계를 통해 신성화(다시 말해 보증)된다고 주장했다.

둘째, '거의 불변하는more or less invariant'과 별다르지 않은 '대단히 불변하는highly invariant'이라는 표현은 약간의 단서를 포함한 것으로, 실천상 불완전성을 감안한 표현이다. 각 사회는 의례에서 용인할 수 있는 불완전성, 오류, 소음의 한도가 서로 다르다. 어떤 규범의 연행도 지난 연행의 모든 세부 사항을 완벽히 반복할 수 없다. 그런데도 특정 연행이 무효가 되거나, 효험을 잃거나, 아예 의례로 인정받지 못하는 일을 피하기 위한 무질서의 한도가 존재한다. 예를 들어 나바호족은 실수에 대한 인내심이 낮은 편이다. 레이처드G. Reichard(1944)의 보고에 따르면 "단순한 실수 하나가 기도를 망칠 뿐 아니라, 복을 달라고 간청한 존재들에게 은총은커녕 분노를 불러올 수 있다".

반대로 마링 사회는 실수에 대한 인내심이 그보다 높은 듯하다. 카이코 축제의 시작을 알리는 **룸빔** 나무 뽑기 의례의 중요한 구성 요소 중 하나로 남자가 불에 달궈진 조리용 돌에 맨발로 올라가 방방 뛰면서 붉은 판다누스 열매를 찌르는 의식이 있다. 나는 1962년 쳄바가 지역에 도착한 지 며칠 안 되어 이 의식을 보았다. 씨족 사람들은 판다누스 열매를 찌르는 데 도끼를 사용했다. 몇 달 뒤에 나는 별생각 없이 당시 그 자리에 없던 의례 전문가 두 명에게 그날의 일을 말했다. 그들은 도끼를 사용했다는 사실에 놀라움을 표시하고 약간 경멸하는 표정을 지으며 흥미로워했다. 조상들이 한 올바른 방법은 달궈진 돌에서 춤추는 남자가 화식조의 다리뼈로 만든 단검으로 판다누스 열매를 찌르는 것이라고 했다.

그들의 설명은 화식조, 붉은색, 고지대, 고지대 신령, 전쟁의 상징적 상관관계, 판다누스 열매, 저지대, 저지대 신령, 평화의 상관관계와 부합한다. 그것은 지난 전쟁에 의해 찢긴 세계의 봉합 과정을 중단하는 첫걸음으로서 **룸빔** 나무 뽑기의 의미와도 부합한다. 그렇다면 그들의 설명을 '정통적' 혹은 '정형적'인 것으로 여길 수 있다. 그럼에도 두 전문가는 내가 다시 물었을 때 자기는 그렇게 하지 않겠지만, 도끼를 사용한 점이 의례 자체를 무효화하지는 않는다고 분명히 말했다.

'거의'라는 표현에는 불완전함이나 변이의 허용보다 중요하게, 규범의 몇몇 요소의 연행은 다른 요소보다 철저한 엄격함(주의, 법식 혹은 경외)을 요구한다는 의미도 포함된다. 몇몇 표현은 다른 표현보다 정확하게 선언되어야 하고, 의례 내 몇몇 부분의 연행에는 더 많은 엄숙성이 필요하며, 그것들이 언제, 어디서, 누구에 의해 연행될까와 관련해 더 엄격한 제한이 따른다. 일부 연행 행위 자체가 특별한 양식상의 제약―특정한 자세나 동작을 취해야 하고, 특정한 사물을 써야 하며, 성가와 같은 특정한 표현 양식을 도입해야 한다는 식으로―을 받기도 한다. 결과적으로 몇몇 의례 요소는 다른 요소와 다르게 필수 불가결한 것이며, 언제나 의례에 포함된다. 그런 사례는 많다.

마링족의 공희에서 돼지 도살에 앞서 신령들에게 바치는 기도에는 라우와rauwa(이 말은 '신령들'을 의미하기도 한다)라 불리는 양식화된 고함이 포함된다. 그런 기도가 기독교 교리만큼 정교하게 명시되진 않았지만, 대단히 정형화되었다.[6] 반면 그런 기도 후 신령들에게 바치는 말은 고도로 양식화되었지만, 본질적으로 상황에 따라 변한다. 수족에게 모든 주요 의례의 필수 요소이며 궁극적이고 신성한 공준의 재현이기도 한 신성한 담뱃대 채우기와 그것의 흡연에 관한 규범은 극도로 정교하고 엄숙하다. 그리고 의식을 구성하는 말과 행위는 엄격하게 정형화·형식화되었다(아래 내용과

Walker, 1980 참조). 가톨릭 의례에서도 "성찬식 기도에 수반되는 엄숙한 대화를 통해서, 교회는 분명 그런 기도를 다른 모든 것 위에 두고, 그것의 중요성과 위엄을 선포하고자 한다". 이런 실천은 "로마가톨릭교회 의식에 국한된 것은 아니다. 그것은 교회의 모든 의식에 공통된다"(John Miller, 1959). 특히 성별식聖別式에 뒤따르는 행위는 고도로 양식화되었다(Fortescue and O'Connell, 1962 참조).

유대인도 토라를 암송할 때 상당한 주의가 필요하다. 단어 하나라도 변경·추가·삭제되어서는 안 되며, 모든 토라 책에는 동일한 내용이 있어야 한다. 토라는 여러 부분으로 나뉘는데, 각 파트 전반부에는 셰마의 축약 버전을 포함한 정교한 축복의 기도가 있다. 그 뒤에는 예언서에서 발췌한 구절과 그에 수반되는 축복기도가 나온다. 예언서 암송에는 토라 암송만큼 엄격한 제약이 수반되지 않는다. 토라는 양피지를 통해 암송해야 하는 반면, 예언서는 인쇄된 책을 통해 암송해도 무방하다. 그러나 예언서 암송과 비교해, 오늘날 행해지는 설교문의 암송은 더 가변적이며 격식에서 훨씬 자유롭다.[7] 게다가 예언서를 암송하는 남자아이들은 불러내도 되지만, 토라를 암송할 때는 그래서는 안 된다(Idelsohn, 1932).

궁극적이고 신성한 공준이나 고도로 신성화된 명제의 표현에 수반되는 법식은 그 내용에만 적용되지 않는다. 누가 그 말을 발화하며 누가 그 말을 듣는가 하는 문제도 있다. 거의 모든 의례에서 연행자의 일부 혹은 전부는 그들의 역할(사실 어떤 역할을 위해서든)을 맡기 위한 명시적인 자격을 갖춰야 한다. 그런 자격은 연령, 성별, 신체적 조건, 혈통, 성인식(세례, 서품, 대관식 등), 정결함, 지식 혹은 이런 요소들의 조합에 근거한다.

궁극적으로 신성하거나, 고도로 신성화된 명제에 접근할 수 있는 사람들과 그런 접근이 벌어지는 장소(일상적인 장소나 행위에서 종종 분리되거나 보호되고, 자연적이든 인공적으로 구축된 것이든 특별한 성격이 있는 장소)에 가해지는 제약에 대한 고찰은, 신성성을 '분리되고 금지된' 것과 연계한 뒤르켐(1915)의 논의를 상기시킨다. 그렇다면 인간의 삶에서 궁극적으로 신성하며 고도로 신성화된 것의 중요성을 감안할 때, 이런 차별적 접근이 낳는 사회적 결과는 대단히 크다.

나는 다른 지면(1971a)에서 의례의 차별적 참여는 그 자체로 신성하고 신성화된 것뿐만 아니라, 의미와 가치 전반의 구축, 유지, 수정에 대한 차별적 접근을 수반한다고 주장했다. 그렇다면 의례 참여를 위한 배타적 자격의 확립은 인간 사회 내 사회적 불평등의 근본적 토대일 뿐만 아니라, 그런 불평등의 원형적인 발전, 정당화, 유지에 핵심적인 것이었는지도 모른다. 그런 자격의 성격—그것이 어떻게 성취되거나 부여되든 상관없이—과 그에 따른 포함과 배제의 효과는 사회 내 크고 근본적인 차이를 구성하는 동시에 반영한다. 이 자격의 문제는 대단히 중요하고 복잡해서, 이 책에서 다룰 수 없다. 다만 궁극적인 신성성과 긴밀히 연계된 개인의 자격 취득이 더 까다로우며, 자격의 문제 역시 이 책에서 내가 논한 의례적 법식의 한 양상이라는 점을 언급하고자 한다.

의례적 표현의 내용, 주체, 시간과 장소에 대한 논의가 그런 표현의 불변성의 양상 혹은 차원을 전부 설명하는 것은 아니다. 어떻게 표현할까 하는 문제가 남았다. 모리스 블로흐(1973)가 지적했듯이, 성가나 노래는 궁극적으로 신성하거나 고도로 신성화된 말에 리듬과 음의 높이라는 새로운 제약을 덧붙이며, 그런 표현의 불변성에 새로운 차원을 추가한다. 게다가 표현의 형식화는 연행의 언어적 측면에 국한되지 않는다. 성찬식의 성별식처럼 의례의 언어적 표현에 수반되는 자세, 동작, 움직임 역시 고도로 양식화될 수 있다. 행위의 양식화는 의례 참여자가 단순히 의례의 연행자가 아니라, 신성의 담지자로서 예식 질서의 담화에서 궁극적으로 신성한 기호가 될 때 최고조에 달한다.

예를 들어 동남아시아의 왕들은 "신앙의 수호자, 신의 대리인 혹은 천국의 위임 통치자가 아니다. 왕들은 그 자체로 하나의 성물聖物, 즉 성스러움의 화신이다. 라자, 마하라자, 라자디라자, 데바라자* 등이 그 예로 그들은 탑이나 만다라처럼 신성을 직접 드러내는 신성한 사물이다"(Geertz, 1980). 기어츠에 따르면, 발리의 왕들은 "단순한 성물의 보관자가 아니라, 이 세계의 신령스러운 중심"이고, 그들의 의례적 처신과 행위는 극도로 형식화되었다.

> 발리 왕의 역할을 정의하려고 할 때 내 머릿속에 즉시 떠오르는 것은 T. S. 엘리엇의 시구 '회전하는 세계의 멈춰 있는 한 점still point in a turning world'이다. 왕이 궁중 의식의 연행자인 한, 그의 역할은 완벽하게 부동하는 존재가 되어 거대한 활동 한가운데서 거대한 고요를 창

---

* 인도를 포함한 힌두교 왕조의 왕이나 황제 명칭.

조하는 것이다. 엄격하게 형식화된 자세(가부좌)로 오랜 시간 앉아 있으면서 그의 얼굴은 텅 비고, 눈동자는 무심해지며, 가끔 발레리나와 같이 우아함이 깃든 느린 방식으로 몸이 흔들렸다. 그는 필요할 때면 짤막한 구절을 읊조렸다. 왕은 '위대한 부동' 자체였고, 만물 가운데 깃든 신적인 침묵이었다. 활동하지 않는, 형식 없는 빈 – 자아Void-self인 것이다(Geertz, 1980).

기어츠는 워슬리P. J. Worsley(1957)의 표현을 인용해, 발리 왕은 "그가 취한 이미지의 논리에서 완벽하게 예측 가능한 방식으로 행동하는 추상적이고 익명적인 존재"로 제시된다고 말한다. 왕은 "순수한 이념의 경계, 무형적인 위계가 시작되는 지점에 앉아" 신성한 물과 찬송가, 가부좌, 단검과 더불어 의례적 사물이 되는 것이다(Geertz, 1980).

발리적 관념과 완전히 다르지 않은 관념에 근거한 이런 제약이 하와이 고위 추장의 행위에도 부가되었다. 아마 다른 폴리네시아 지역에서도 그랬을 것이다. 발레리Valerio Valeri(1985)는 여러 전거를 인용하면서 다음과 같이 지적한다.

> 추장들(ali'is)은 신처럼 욕망을 초월한 존재로 여겨졌다. 그래서 추장들은 신화적 차원은 물론 현실에서도 부동하는 비활동적 존재라고 간주되었다. "하와이 고위층 사이에서 최고의 에티켓은 움직이지 않는 것이었다." 고위 추장에게 게으름은 악덕이 아니라 의무였다. 그것은 절대적인 풍요, 결핍 없음, 더 나아가 완벽한 자기 절제의 표시였다.

부동성에 대한 관습은 신적인 추장들이 왜 걷지 않고 (부하들에 의해) 운반되었는지 설명해준다. 게다가 그 관습은 추장이 땅으로 대변되는 '아래 왕국'과 대조되는 '위쪽 왕국'(천상)에 속한 존재였음을 보여준다.

앞서 우리는 불변성의 또 다른 지표를 언급했다. 수족의 신성한 담뱃대처럼 한 요소가 주요 의례의 모든 예식 질서(심지어 그중 일부라도)에 필수 불가결한 요소라면, 그 요소는 단일한 의례에 사용되는 요소보다 훨씬 가변적일 것이다. 이와 함께 위더스푼(1977)이 사아 나아가이 빅케 호조라는 표현은 '정교한 나바호족 의례 체계의 거의 모든 노래와 기도'에 포함된다고 한 것을 떠올려보자. 그 외에 셰마는 유대교 의례에서, 칼리맛 알 샤하다Kalimat al Shahada('나는 오직 알라신이 유일하며, 무함마드는 그의 예언자임을 선언합니다')는 이슬람교 의례에서 거의 어디서나 사용된다. 스피로Melford Spiro(1970)는 불교도의 귀의송인 부담 사라남 다크하미Buddham saranam dacchami('나는 붓다에 귀의합니다. 불법에 귀의합니다. 승가에 귀의합니다. 두 번째로 나는 ○○에 귀의합니다. 세 번째로 나는 ○○에 귀의합니다')가 "열반을 추구하는 소승불교에 빠져서는 안 될 의례"라고 지적한다.

예식 질서 전반에 걸쳐 나타나는 표현의 편재성遍在性과 관련된 또 다른 문제는 상대적 빈도다. 독실한 신자는 셰마나 칼리맛 알 샤하다를 하루에도 여러 번씩 발화하며, 그런 발화 자체가 독실한 신자들을 일반인과 구별한다. 칼리맛은 "새로 태어난 아이의 귀에서도, 죽어가는 자의 입술에서도 반복"되며(Calverly, 1958), "유대교

아이가 처음으로 배우는 히브리어 단어는 셰마에 포함된 신앙고백이다. 그리고 모든 유대교 신자는 자기 목표에 다가가면서, 이 신앙고백을 반복할 만큼 충분히 깨어 있기를 원한다"(Finkelstein, 1971). 이런 불변하는 표현의 반복이 신자의 삶으로 스며들고, 에워싸고, 거기에 질서를 부여하는 것이다.

의례 요소의 상이한 편재성이 예식 질서라는 개념에 함축되었으니 사례를 더 제시할 필요는 없을 것 같다. 그런 (편재하는) 요소 없이는 개별 의례 행위가 하나의 예식 질서를 구성하지 못하고, 연관 없는 의식儀式의 무질서한 혼합체로 남고 말 것이다. 예식 질서의 몇몇 요소가 편재한다는 주장은 그 요소에 의해 개별 의례가 통합된다는 말과 거의 같은 의미다. 더 나아가 위 사례에서 우리는 어디서나 발견되는 의례 요소가 (편재성 이외 기준에 근거해서) 궁극적이고 신성한 공준으로 간주됨을 알 수 있다. 여기서 그런 공준을 표현하는 것은 그런 공준을 수락하는 것임을 떠올려보자.

우리는 또 다른 의미에서 차등적 불변성을 이야기할 수 있다. 이는 지난 장에서 짧게 언급한 차등적 항구성differential perdurance의 문제다. 예식 질서의 몇몇 요소는 분명 다른 요소보다 훨씬 고대적이고, 오래 지속되며, 변하지 않는다. 우리는 예식 질서 중에서 가장 존엄한 요소가 궁극적이고 신성한 공준일 것이라고 추측한다. 무문자 사회의 궁극적이고 신성한 공준이 얼마나 오래되었는지 알기는 대단히 어렵다. 그러나 문자 사회의 증거에 따르면 다른 요소는 예식 질서에 편입되어 잠시 머물렀다가 사라지는 반면, 궁극적이고 신성한 공준은 오랫동안 변함없이 지속되었다. 예를 들어 불교도의 귀의송은 기원전 3세기경까지 거슬러 올라가 고대 인도어 경전인 쿳다카 파타Khuddaka-Patha에 근거한다(MacDonnell, 1915). 이 귀의송은 최소한 불교 경전만큼 오래되었거나(Spiro, 1970) 그보다 오래되었을 수 있다.

고대 유대교 전통에 따르면 유대교도의 궁극적이고 신성한 공준을 압축한 셰마와 초기의 축복기도, 기타 기도, 십계명은 기원전 10세기경 솔로몬 왕의 통치기에 성화聖化된 최초의 유대교 사원에서 거행된 의례의 핵심이었다(Idelsohn, 1932). 이 설명이 정확하다면 셰마는 최소한 3000년이나 그 이상 된 것이다. 셰마가 제1성전기 유대교 예식의 일부였기 때문에, 어쩌면 그 이전에 유대 부족이나 그보다 작은 하위 집단이 건축한 성소의 종교적 예배에 포함되었을 수도 있다. 제2성전이 파괴되고 디아스포라가 진행되면서 유대교회당 예배가 점점 중요해졌는데, 상이한 지역에서 행해진 유대교의 의례적 실천은 다양화되어 오늘날까지 이어진다.[8] 그럼에도 셰마는 예루살렘에서 떨어져 나와 1000년 이상 흩어져 산 북유럽, 지중해, 크림반도 유대인(Idelsohn, 1932)과 그보다 오래 실향 생활을 한 인도 내 유대인의 의례에서 지금도 핵심적 위치를 차지한다(Stritzower, 1971). 심지어 그 기원이 모호한 에티오피아 팔라샤Falasha*의 의례에서도 축약된 셰마의 버전—비록 현재 입수 가능한 문헌에서 그것의 중요성을 정확히 알 수 없지만—이 발견된다(Leslau, 1951).

---

* 에티오피아에 살며 유대교를 신봉하는 함족(Ham) 구성원들

유대교 의례에는 셰마만큼 오래된 다른 요소도 있다. 아미다 Amidah라 불리는 일련의 축복기도는 제2성전이 파괴되고 나서 정형화되어 일상적 예식의 일부가 되었다(Idelsohn, 1932). 경전 암송의 전통은 기원전 3세기쯤 확립된 듯하나, 그보다 이른 시기에 존재했다는 기록도 있다(Idelsohn, 1932).

로마 가톨릭의 미사 역시 매우 고대적이다. 미사는 6세기 말 그레고리우스 1세 시대에 '확실하고 뚜렷한 형태'를 갖췄고, 그 형식은 대부분 지금까지 존속한다(John Miller, 1959). 물론 미사의 몇몇 요소는 그레고리우스 1세 이전 시대까지 거슬러 올라간다. 가장 오래된 요소는 성찬식 규범과 관련된 것이다. 기독교 교리에 따르면 첫 성찬식은 유월절 최후의 만찬에서 예수가 거행한 것이고, 3세기경 《사도전승 Tradito Apostolica》*에 묘사된 성찬식 규범은 현대 미사 의례에서도 핵심적이다(John Miller, 1959). 앞서 보았듯이 성찬식 규범은 가톨릭교회의 궁극적이고 신성한 공준을 담고 있다.

성찬식 규범이 확립되고 수 세기 동안, 오늘날 가톨릭 신자들도 잘 아는 의례와 의례 요소—예를 들어 존경의 표시, 충성 서약, 기사 작위 수여를 위한 성례聖禮, 연주창을 치료하기 위해 왕이 병자의 몸에 손을 얹는 관습 같은—가 나타났다가 잠시 존속하고 폐기되었다(Marc Bloch, 1961 참조).

유대교와 기독교의 역사는 궁극적이고 신성한 공준이 의례의 많

---

* 로마의 히폴리투스가 썼다고 알려진 책. 초기 교회 의례, 기도문 등을 담은 가장 오래된 문헌이다.

은 기타 요소보다 오래 존속하는 경향이 있음을 분명히 보여준다. 그러나 그런 경향성이 얼마나 일반적인지는 분명치 않다.

첫째, 유대교와 기독교의 궁극적이고 신성한 공준의 항구성은 최소한 어느 정도 글쓰기 자체의 산물이다. 문자 사회에서 그런 공준의 고대성은 무문자 사회의 상황을 이해하는 데 별 도움이 되지 않는다.

둘째, 예언자와 관계된 문제가 있다. 예언자들은 보통 새로운 공준을 선포하기보다 이전의 궁극적이고 신성한 공준을 되살리려고 노력한다. 그게 아니라면 추종자들의 힘을 빌려 새로운 공준과 연관된다(예를 들어 세네카족 예언자 핸섬 레이크Handsome Lake에 대한 앤서니 월러스의 고전적 논의〔1972〕를 참조할 것). 그런데도 어떤 경우에는 예언자들이 새로운 궁극적이고 신성한 공준을 선포한다. 후자의 사례는 붓다, 무함마드, 멜라네시아 지역 천년왕국 운동의 몇몇 지도자를 들 수 있다.

셋째, 기독교와 유대교의 궁극적이고 신성한 공준은 기독교와 유대교 예식의 대다수 요소보다 훨씬 오래되었지만, 두 종교의 규범에는 더 오래된 요소도 포함된다. 예를 들어 북유럽 기독교 관행에는 기독교 전파 이전의 북유럽적인 종교 요소가 많다. 오늘날까지 영어권 국가들의 기독교 전례력에서 가장 신성한 날인 부활절 Easter은 북유럽 여신 에오스트레Êostre*의 이름을 딴 것이다.

비슷하게 로마가톨릭교는 유대교 의례에서 많은 요소를 차용한

---

* 북유럽 튜턴족이 숭배하던 봄과 새벽의 여신.

다. 이델손A. Z. Idelsohn(1932)이 지적했듯이 "기독교 전파 이전의 유대 의례 기도문과 초기 교회의 기도문을 읽어보면 둘의 유사성을 부정할 수 없다. 후자의 형식이 좀 더 다양하지만, 둘이 매우 유사하다는 점은 뚜렷하다". 경전 암송의 관습도 유대교에서 유래했고, 기도가 끝날 때마다 '아멘' '할렐루야' 외치기, 찬송가 부르기, 십계명의 암송과 고백 역시 유대교 의례에서 차용한 것이다. 13세기경에는 유럽 전역의 교회에 이런 관습이 있었는데, 이는 유대교 전통을 단순히 이어받은 것이다(Idelsohn, 1932). 현재 미사에 남은 상투스Sanctus*의 핵심 구절 역시 오늘날까지 존속하는 유대 의례의 한 요소인 케두샤Kedushah를 직역한 것이다. 성찬식 규범 전체는 거의 유월절 의례에서 파생한 것으로, 기독교 교리에 따르면 성찬식은 유월절 의례의 직접적 연장선상에 있다.

한편 지금도 남은 유대 의례의 많은 요소는 유대교 자체보다 오래된 것으로 알려졌다. 그중에는 그을린 번제와 같은 일반적 특징뿐만 아니라, 신의 이름이나 별칭 같은 특수한 요소도 포함된다. 엘El[9]이 그런 예로, 사바옷Sabaoth이라는 형용사 역시 흥미로운 사례다. "반복되는 증언들에 따르면 저 이름은 노아의 방주 전설의 일부였고"(〈사무엘상〉 4장 4절, 〈사무엘하〉 6장 2절; Freedman, 1976), 신의 이름인 야훼Yahweh와도 연관되었다. 아도나이 사바옷Adonay Sabaoth,[10] 즉 '주인들의 신'이라는 표현 역시 무엇보다 유대 의례에서 상당히 중요한 신성 기도인 케두샤 안에서 살아남았다. 우리는

---

* '거룩하시도다, 거룩하시도다, 거룩하시도다'로 시작하는 미사 중의 찬미가.

앞서 로마 가톨릭 성찬식 규범의 주요소인 상투스가 케두샤를 라틴어로 번역한 것이라고 했다. 물론 '사바옷'이라는 히브리어는 그대로 남았지만 말이다. 드 보Roland de Vaux(1961)는 '사바옷'이라는 이름이 고대 히브리 이전 시대에서 유래했다고 본다. 그가 옳다면 우리는 세 가지 주요 종교, 즉 가나안 사람들의 종교, 유대교, 기독교 전통에서 모두 살아남은 신의 명칭과 의례 요소의 예를 만나는 셈이다.

앞서 우리는 '부활절Easter'이라는 명칭이 북유럽 여신의 이름에서 직접 유래했음을 보았다. 이 축제는 다른 지역에서 유월절—가톨릭 미사의 전신으로 알려진 유대교의 축제—을 뜻하는 히브리어 페사츠Pesach에서 파생된 이름으로 불렀다. 게다가 에오스트레는 원래 영어나 게르만어에 없는 단어인데, 그 여신의 이름은 "라틴어, 산스크리트어, 리투아니아어에서 새벽의 여신을 지칭하는 단어와 어원이 같기 때문이다"(Welsford, 1921).

에오스트레와 관련해 우리가 더 일반적인 유사성에 주목한다면 그 이름의 역사는 훨씬 오래되었다. 에오스트레는 기독교 이전의 영국에서 대략 현재의 4월을 지칭하던 단어(에오스투르모나스Eosturmonath)로 전해졌는데, 비드Bede에 따르면 당시 영국에서는 에오스트레에게 공희를 바쳤다고 한다(Chadwick, 1910). 당시 새해는 동지라고 여겨진 12월 25일에 시작했기 때문에 '에오스투르모나스'는 오늘날의 4월보다 조금 이른 3월 25일 전후에 시작되었을 것이다. 이는 춘분 무렵으로 초대교회는 춘분점에 종종 축제를 개최했다(Charles W. James, 1943).[11] 고대 히브리의 니산달month of Nissan 14일

(유월절) 역시 춘분 무렵이다. 봄의 축제는 광범위한 지역에 퍼졌을 뿐만 아니라 분명 매우 고대적인 것이다. 오늘날에도 행하는 봄의 축제는 여러 차례 변형을 겪었음에도 중단되지 않고 수천 년, 어쩌면 수만 년간 이어진 고대 축제의 후손일 것이다.

이런 역사적 증거를 감안하면, 궁극적이고 신성한 공준이 모든 예식 질서의 요소 중에서 가장 오래된 것이라고 볼 수는 없다. 대신 궁극적이고 신성한 공준은 다른 의례 요소보다 항구적이고, 덜 일시적이며, 수정이나 변형이 더 어렵다고 할 수 있다. 항구성은 결과적으로 불변성의 한 양상일 뿐이며, 고대성의 결핍은 연행 차원의 엄격한 법식을 통해 보상할 수 있다. 사람이나 사물을 경외할 만한 것으로 만드는 것은 시간뿐만 아니라 인간이기도 하기 때문이다. 영원한 것은 변하지 않으며, 시간의 흐름을 벗어난 것으로 간주된다는 점도 상기해보자. 그래서 예언자들은 자신에게 최초로 계시된 신성한 공준에 영원성의 진실을 부여할 수 있다. 그들이 그 공준을 망각된 역사적 과거에서 다시 불러낸다고 주장하면서, '시간을 벗어난 시간'의 몰아적 경험에서 그 공준을 불러내면서 말이다.

문제의 복잡성과 신중함을 감안할 때, 예언자들의 그런 주장은 충분히 수락할 만하다. 그러나 위에서 제시한 반대 사례들이 표현의 차등적 불변성이 그것들의 차별적 신성성의 토대가 된다는 명제를 무효화하지는 않는다. 이 문제는 자세히 다룰 필요가 있다. 신성화의 중요한 양상과 그 문제는 시대나 선행성에 관한 논의를 통해 이해할 수 있다. 부활절과 에오스트레, 유월절의 연속성을 고찰하면서 이 문제에 접근해보자.

먼저 우리가 2장에서 논의한 대로 최초의 발명과 신성성의 (우리에게 그 연속성을 기대하게 만드는) 거의 모순에 가까운 관계를 떠올려보자. 예식 질서가 완전히 새로 만들어지는 일은 드물다. 옛 의례에서 잔존한 요소가 없는 예식 질서는 거의 없다. 어떤 경우에는 잔존 요소가 이전 예식 질서의 궁극적이고 신성한 공준이 된다. 그 자체로 새 예식 질서의 궁극적이고 신성한 공준이 되지는 않더라도, 그 공준에 기여하거나 거기에 흡수되거나 그 일부가 될 수 있는 것이다. 이델손(1932)에 따르면 '거룩하시다, 거룩하시다, 거룩하시다 주인들의 주여, 모든 땅이 그의 영광으로 가득하여라'로 시작하는 케두샤는 '유대교 제2성전기에 신성화의 형식'으로 활용되었고, 유대교의 궁극적이고 신성한 공준의 일부로 간주되었다. 앞서 우리는 케두샤가 가톨릭교회에서도 상투스의 핵심으로 살아남았다고 말했다. 상투스는 예수의 신성, 처녀 잉태, 부활, 신의 삼위일체적 본성에 관한 교리를 포함한 기독교의 궁극적이고 신성한 공준의 일부로 간주된다.

옛 의례의 궁극적이고 신성한 공준이나 그 일부를 최종적으로 새로운 예식 질서로 동화시키는 것은, 그렇지 않으면 이교적·이단적이고, 신적 기원이 있거나 궁극적으로 신성하지도 않은 인간의 계획에 신성한 정통성을 부여한다. 새 질서는 옛것의 신성성을 주장하는 동시에 옛것과 차별화를 꾀한다.

케두샤가 상투스로 번역된 데서 드러나듯이, 찬가나 교리 차원의 연속성이 단순히 신학적인 문제는 아니다. 이전의 궁극적이고 신성한 공준이나 그 일부가 새로운 예식 질서로 편입되면 신자들의 종교적 변환이 그리 큰 게 아니라는 인상을 심어줄 수 있다. 친숙하고 오래된 궁극적이고 신성한 공준은 신자들에게 새로운 예식 질서의 신성한 공준이 옛것을 대체하거나 무효화한 것이 아니며, 단순히 거기에 무엇을 덧붙였거나 정교하게 만들었다는 인상을 준다. 옛것을 거부하기보다 강화하는 것이 훨씬 수월하고 바람직하며, 신자들은 자신이 겪는 종교적 변환이 새것을 선호하기 때문에 이전에 수락된 질서를 부인하거나 포기하는 행위가 아니라 **한층 강화된 수락**이라고 생각할 수 있다.

　여기서 그레고리우스 1세가 편 가톨릭교회의 정책[12]이 고대 영국인의 개종을 돕기 위해 기독교 – 이전의 특정 관습을 허용하고 심지어 장려하는 것이었음을 기억해보자. 가톨릭교회는 기독교 축일을 이교도의 의례 일정과 일치하도록 하고, 이교도 사원을 기독교 예배당으로 성화聖化하며, 사람들이 옛 이교도 신들에게 공희를 바치던 시기에 기독교 축제를 개최하라고 선포했다. 선교사들은 동부 잉글랜드의 레드왈드Redwald 왕이 타협책으로 7세기 초에 '한 사원에 두 제단─하나는 기독교 신에게, 다른 하나는 악마에게─을 건설한' 것도 용인해야 했다(Bede, 1955; Chaney, 1970). 고대 동부 영국인은 처음에 예수를 그들이 모시던 이교도 신들의 새로운 일원으로 받아들인 듯하다. 예수의 신성 역시 율Yule*이나 에오스트레 축제처럼 이교도 사원에서, 이교도의 축일에 모시던 이교적 신들과 연관성 아래 신성화된 것으로 보인다.

* 고대 북유럽에서 동지 무렵에 치르던 축제.

새 질서는 그 자체로 충분한 경외의 대상이 되면 그것이 유래한 옛 질서에서 떨어져 나올 수 있다. 그러므로 가톨릭 의례는 지금까지 유대교의 요소를 간직하지만, 서기 200년경에는 부활절을 유월절과 같은 날에 치러도 된다고 생각하던 기독교도는 '부활절을 유대교도와 함께 축하하는 자들'이라며 파문당했다. 그 후 기독교도는 유대교도의 안식일 관습도 점차 일요일에 행하는 주일 예배로 대체했다. 유대교도에게 안식일이 의무적인 계율이며 유월절과 부활절도 중요한 축일임을 감안할 때, 이런 의례적 단절은 결정적인 것이다(6장 참조). 켄트 지방의 에오센베르트Eorcenbert 왕은 조부인 에델베르트Aethelbert가 기독교로 개종하고 거의 반세기가 지난 서기 640년에야 영국 왕 가운데 처음으로 당시까지 자기 왕국에 있던 우상을 파괴하라는 칙령을 내렸다(Bede, 1955).

고대 영국의 종교적·사회적·정치적 영역에서 개종 이전의 관습에 따라 신성화된 모든 행위나 관념을 척결하려는 시도가 있었던 것은 아니다. 반대로 그런 이교도적 요소의 일부를 보존하려고 노력했다. 당시 영국에 있던 8개 앵글로·색슨 왕가 중 7개 계보는 북유럽 신인 오든Woden과 이어졌다. 그런 계보는 기독교로 개종한 뒤에도 오랫동안 이어졌다(Chaney, 1970; Lappenberg, 1894). 왕들의 신적 혈통이라는 관념은 초기 게르만 사회의 토대였으며(Chaney, 1970; Wallace-Hadrill, 1971), 쉽게 바꿀 수 있는 것이 아니었다. 고대 영국이 기독교 의례를 통한 왕들의 신성화 관행을 받아들인 뒤에도 왕들의 신적 혈통이라는 관념을 포기하기를 꺼린 것은, 북유럽 신들의 혈통으로 왕위에 오를 수 있는 자들이 소수였기 때문일 수 있다. 기독교 의례는 그와 비슷한 자격 제한을 두지 않았다.

개종 이전의 고대 영국 사회에서는 왕족 출신만 왕이 될 수 있었다. 그러나 '오든 신'의 계보를 물려받은 왕들은 불운이나 무능함을 통해 '그의 운을 잃으면', 폐위되어 다른 왕족 구성원으로 교체될 수 있었다(Chaney, 1970; Wallace-Hadrill, 1971 참조). 기독교 의례는 이 점에서 게르만 왕들에게 어필했다. 633년경 서고트족이 통치하던 스페인에서 왕은 신의 종minister Dei이었고, 비록 왕이 정의롭고 신실하고 아버지 같은 존재여야 했어도 그렇지 못할 경우 백성은 왕의 잔인함과 무능을 자기 죄로 여기며 감내해야 했다(Wallace-Hadrill, 1971). 하지만 그때까지 고대 영국 사회는 왕들의 신적 혈통이라는 개념을 버리지 않았다.[13]

우상들이 폐기되고 부활절에 대한 인식이 변하기 전, 켄트왕국의 의례적·신학적·사회적·정치적 상황은 모호하고 불확실하며, 종종 불안정했다. 예를 들어 비드는 7세기 초 30여 년간 켄트, 이스트 앵글리아, 에섹스, 노섬브리아의 왕들은 기독교 의례를 중단하고 다양한 기간에 걸쳐 옛 북유럽 신들에 대한 숭배를 재개했다고 지적한다(Bede, 1955). 우리는 이 책 앞 장들에서 디지털적 재현은 모호함을 줄이고, 이항적 신호(예스/노, 이것이냐/저것이냐)에는 그 자체로 어떤 모호함도 없음을 살펴보았다. 나는 의례 개최가 본질상 이항적이며, 그렇기 때문에 의례 이전과 이후의 사태를 명확하게 구분하는 데 유용하다고 주장했다.

의례는 자연, 사회, 사고의 과정에 그 과정 자체에 내재한 것보다 훨씬 날카로운 단절을 부과한다. 나는 이런 설명이 의례의 개최

뿐만 아니라 그것의 대체를 설명하는 데도 유용하다고 본다. 한 예식 질서를 다른 질서로 대체하는 데서 오는 변화는 단순한 의례 개최에서 일어나는 변화보다 훨씬 심오하다. (예식 질서) 이전과 이후를 구분하는 일은 단순히 반복적 주기 내의 국면(예를 들어 하지나 춘분)을 분할하거나, 인간의 삶과 같은 비가역적 과정의 특정한 시기(통과의례 같은)를 구획하는 일이 아니다. 그것은 인간 역사의 한 시대를 다른 시대와 구별하는 일이다(앞선 시간이 전부 망각되지 않는다면).

한 예식 질서와 그것이 갈라져 나온 옛 질서, 그 질서와 동일한 옛 질서에서 파생된 또 다른 질서의 관계에서 드러나는 불연속성과 연속성의 관계는 형식적으로 유전적 과정의 그것과 유사하다. 미미한 의례적 변화는 빈번하게 일어날 수 있고, 실제로 동시대의 변이는 자주 출현·확립된다. 궁극적이고 신성한 공준이 변하지 않은 채 유지된다면, 그런 자잘한 변이는 근본적으로 항구적인 교리 체계를 지역이나 인종적 특수성에 맞게 적응한 것이다. 로마가톨릭교회의 다양한 의식이 그 좋은 예다.[14]

의례 실천과 궁극적이고 신성한 공준의 해석에서 드러나는 중대한 차이는 개신교 내의 종파와 교파를 구분하며, 그보다 심오한 차이는 개신교 전체를 로마가톨릭교와 구별한다. 또 궁극적이고 신성한 공준 자체의 차이는 일반적으로 기독교를 유대교와 구별한다.

생물종은 유전적 불연속성, 다시 말해 유전적 커뮤니케이션의 단절에 따라 구별된다. 예식 질서와 그 질서가 통용되는 공동체는 커뮤니케이션의 약화나 심지어 단절을 불러오는 의례적 차이에 따라 구별된다. 보통 개신교 종파는 로마 교황청과 '커뮤니케이션 상태에' 있지 않다고 여겨진다. 궁극적이고 신성한 공준이 공동체 커뮤니케이션의 토대라고 한다면, 기독교와 유대교는 더 심오하게 구별된다.

그러나 지금까지 세계에 등장한 모든 생물의 종, 속, 과, 목을 낳은 무수한 유전적 변이에도 모든 살아 있는 유기체는 시생대 따뜻한 바다의 유기화합물에서 유래한 첫 단세포동물의 후손이다. 비슷하게 신들의 탄생과 소멸에도 인간의 조상이 최초의 의례를 거행한 순간부터 의례적 연속성은 단절되지 않고 이어졌다. 연속성과 비연속성에 대한 고찰은 상대적·차별적 불변성의 한 양상인 의례적 요소의 상대적 항구성의 문제와 이어진다.

궁극적이고 신성한 공준이 언제나 모든 예식 질서의 독창적 요소인 것은, 예식 질서가 그것의 궁극적이고 신성한 공준의 고유성을 통해 앞선 질서와 차별성을 확립하기 때문이다. 이는 동어반복처럼 들리지만 중요한 의미가 있다. 그 공준이 포기·교체되거나 대폭 수정·확대·정교화될 때, 다른 의례 요소가 존속해도 그 예식 질서는 새로운 것이 된다. 유대교에서 기독교가 분리되는 과정처럼, 그런 차별성의 출현이나 인식은 오랜 시간이 걸릴 수 있다. 옛 질서에 대한 기억이 아직 남았다면, 사람들은 새로운 공준의 차별성을 과거에 소급적으로 적용한다.

앞선 질서들이 사람들에 의해 기억된다고 해보자. 6장에서 논의했듯이 문자 사회의 역사적 기록에 따르면, 의례적 규범의 몇몇 요소는 무척 드물고 느리게 변해서 그 규범의 연행자들에게는 영원히 변하지 않는 것처럼 보인다. 그런 외관상의 불변성은 문자 사회보다 무문자 사회에서 유지하기 쉽다. 그들의 사회적 기억은 몇 세대가 넘는 과거까지 도달하기 어렵기 때문이다. 그런 사회에서는 앞 시대에 살아남은 모든 것이 영원히 그런 것으로 간주될 확률이 높다. 그 사회의 짧은 사회적 기억을 감안하면 궁극적이고 신성한 공준과 다른 규범의 요소는 '영원한 진실'이 되거나, 심지어 세계 창조 그 자체와 연관될 수도 있다. 요컨대 궁극적이고 신성한 공준은 외관상으로 불변하는 것이 되는데, 그 변화가 지나치게 느려서 알아챌 수 없거나 그 변화가 드물어 기억할 수 없기 때문이다.

그 공준은 **외관상으로** 불변하는 것이 된다. 의례의 다양한 요소의 상대적 불변성에 대한 논의에서 불변성과 신성성의 연관 관계를 제안한 것을 떠올려보자. 나는 신성성이 담화의 한 특질이라고 주장했다. 우리가 신성성에 대해 이야기할 때, 기호와 그 의미에 대해 말하는 것이다. 우리가 불변성의 의미에 대해 논한다면, 궁극적으로 문제가 되는 것은 외관상 불변성이다. 의례 요소의 실제적 불변성이나 고대성은 그 요소의 고대성, 불변성, 영원성에 관한 사람들의 인지 체계에 영향을 주는 한에서 기호학적으로 중요하다. 여기서는 외관이 사실보다 '진실하다'.

우리가 6장 끝에서 언급한 문제를 상기해보자. 읽고 쓸 줄 아는 능력은 외관상 불변성과 관련된 문제를 야기하거나, 최소한 그것을 악화한다. 사회적 기억이 고대까지 가 닿거나, 현재의 기억이 먼 미래까지 보존되는 것은 분명 '쓰기'에 수반되는 능력이다. 몇몇 역사의 형식은 거의 불가피하게 읽고 쓸 줄 아는 능력에서 유래했다. 글이 없다면 절대 변하지 않는다고 간주되는 것에 존재하는 변화를 거의 드러낼 수 없을 것이다. 글은 신화를 역사의 판단 아래 굴복시킨다. 따라서 외관적인 것은 실제적인 것에 의해 오염되며, 이념적 구조는 알려진 역사적 사건에 의해 부식될 수 있다. 물론 이것은 추정이다. 글쓰기는 읽고 쓸 줄 아는 능력과 다른 문제이며, 역사나 연대기를 읽는 것과 또 다른 문제다(Jack Goody, 1977). 역사가에게는 뚜렷한 사실이 일반인에게는 알려지지 않았을 수도 있다.

요약하면 내가 보기에 신성성과 **외관적 불변성**의 상관성은 그와 대조되는 사실에 의해 반박되지 않는다. 신성성의 본질인 의문 제기 불가능성이라는 특질은 의례의 외관적 불변성의 산물이고, 연행자 외 어떤 사람이 코드화한 불변하는 질서의 연행에 내재한 수락의 산물이면서, 대안을 허용하지 않는 의례적 재현에 내재한 확실성의 산물이다. 다음 장들에서 우리는 신성성의 세 번째 토대를 논의할 것이다. 여기서는 신성성이 머무르는 궁극적이고 신성한 공준은 에너지보존법칙이 물리적 세계에 대해 그렇듯이, 사회적 세계의 토대를 구성한다는 점만 언급하자. 11장에서 우리는 사회적 세계에 질서를 부여하는 로고이Logoi의 신성화를 다룬다.

11

진실과
질서

진실과

질서

9장에서 나는 신성성의 본질은 의문 제기 불가능성이며, 그 특성은 의례의 규범적 불변성과 연행에서 유래한다고 주장했다. 그보다 앞서 규범적 불변성이 영원성의 개념뿐만 아니라 불멸성 개념의 토대라고 주장했다. 궁극적으로 신성한 것의 의문 제기 불가능한 진실은 외관상으로 영원하다. 그 진실은 말에서 표현되지만 비일상적 진실로, 다른 명제에 포함될 수 있는 상황 의존적 진실이 아니다. 그것은 절대적인 '사물의 진실'을 주장하고, 단순한 일시적 진실이 아니라 영원한 진실을 주장한다. 여기 우리가 보통 생각하는 표현과 그것의 지시물 관계의 역전이 있다. 진술, 보고, 설명은 그것과 독립적으로 존재하는 사태나 사실에 상응하는 정도만큼 진실하거나 적절하다고 평가된다.

그러나 의례적 형식이 어떤 재현물을 의문 제기 불가능한 것으로 확립하면, 의례에서 '진실로 말해진' 궁극적이고 신성한 공준은 그것과 상응하는 형이상학적 사실이나 사태를 창조한다. 말을 통한 창조 행위, 그 성격상 근본적으로 수행 발화적인 이런 창조는 서술적constative 표현에 의해 즉각 신비화된다. 그 결과 진실의 상응성 이론은 고스란히 보존되지만, '정반대로' 적용된다.

신성성의 진실에 비일상적 성격을 부여하는 것은 이런 관계의 도치다. 의례에서 진실하게 발화된 표현은 상황 의존적 '진실'이 거기에 준거해 평가될 수 있는 기준—적절성, 도덕성, 정당성 혹은 정확성과 관련된—이 된다. 실천과 사실, 사태는 이런 특성을 갖출 수 있지만 필연적인 것은 아니다. 의례의 진실한 표현과 상충되는 사태나 사실, 실천, 조건 혹은 이해 체계는 그것이 얼마나 뚜렷하고 중대하든 간에 상충된다는 바로 그 사실 때문에 그르거나 잘못된 것이 된다. 우리는 몇몇 종교 전통에서 '거짓말'을 의미하는 단어가 그런 불일치를 가리키는 것을 살펴보았다.

지난 장 초반부에서 우리는 신성성이 종교적 담화의 특성이지, 그 담화 대상의 특성은 아니라고 정의했다. 표현과 사태의 상응 관계가 도치되면 표현 자체가 뚜렷한 사태를 비춰 평가할 수 있는 기준이 되고, 그 과정을 통해 사태나 사실, 실천이 틀렸다고 판명된다. 여기에 최소한 진실이 그런 표현이 속한 종교적 담화의 특성일 뿐만 아니라, 그런 표현이 가리키는 신적이거나 형이상학적인 대상의 특성이라는 점이 함축되었다. 앞서 말했듯이 상응 관계의 도치에서 종교적 담화와 그 담화 내 대상의 구분은 흐려지거나 신비화되며, 많은 종교적 전통에서 진실은 신적 대상의 특질이다.

그렇다면 신적인 대상의 본성은 무엇이며, 그 범위는 어디까지인가? 지난 장에서 논의한 신성성, 신성성의 진실과 이차적 – 진실의 관계, 특히 나우아틀족의 넬리 개념에 깃든 진실과 신성의 논의를 통해 의례에서 '사물의 진실'이 있는 것으로 재현되는 존재가 신적 존재뿐만 아니라는 점이 분명해진다. 넬리는 '아무것도 존재하지 않던 시원의 세계인 13번째 천상'에 거주하는 최초이자 최고 신격의 특성이며, 그 신이 우주의 질서를 창조할 때 우주에 부여한 특질이기도 하다.

의례에서는 신적 질서와 신적 존재의 진실이 모두 확립된다. 신적 존재는 단독으로 확립될 수 없다. 예식 질서의 불변성과 연행적 행위들이 '진실한 표현'이 될 만큼 충분히 발전하기 위해서는 예식 질서에 신성의 재현물 이상 무엇이 포함될 필요가 있기 때문이다. 이것이 사실이든 아니든 우리는 궁극적이고 신성한 공준이 더 일반적인 규범의 일부가 되며, 그런 규범적이거나 의례적인 질서는 공준과 동시에 확립된다는 것을 살펴보았다.

8장에서 예식 질서는 '정치적 질서'나 '사회적 질서' 혹은 '경제적 질서'를 재현하지 않는다고 한 점을 떠올려보자. 예식 질서는 그 자체를 재현한다(혹은 다시 – 드러낸다re-present). 이 말은 예식 질서가 부질없다거나 공허하다는 의미가 아니다. 예식 질서의 '진실한 표현'은 재현된 질서의 실제성을 확립하며, '사물의 진실'이 있기 때문에 그것을 수락하는 이들에게 최고의 지배력을 행사한다. 예식 질서가 규범화하는 모든 것은 지시, 명령 혹은 '질서'가 된다. 그렇다면 예식 질서의 재현인 의례적 연행을 통해 이 세계에 '진실한 질서'가 부과된다. 우주적 질서는 예식 질서 전체의 복합적 재현물에 상응하도록 조정된다.

예식 질서의 차원에 관해서는 6~8장은 물론 10장의 신성화에 대한 논의에서 자세히 다뤘다. 그런 질서의 내용이 전적으로 형이상학적이지 않다는 점을 떠올려보자. 예식 질서는 궁극적이고 신성한 공준과 우주론적 공리 외에도 사회적 행위와 개인행동에 관한 규칙, 그런 규칙에 맞게 수행된 행동을 포함한다. 예식 질서는 환경적·생리적인 자연현상의 재현물도 포함한다. 상이한 수사적·기호적·논리적 유형을 갖춘 표현과 일시적인 것부터 영원한 것까지 시간 가치가 다양한 표현도 의례적 발화에서 발견된다. 그러나 의례적 발화의 효과가 전적으로 담화적인 것은 아니다. 예식 질서를 구현하는 연행자에게는 강렬한 감정이 수반되는데, 이 점은 앞에서 다뤘지만 뒤쪽 장들에서 자세히 논할 것이다.

요약하면 예식 질서는 메타-질서, 다시 말해 자연적·문화적·사회적인 것을 결합시키고, 개인과 집단, 담화적인 것과 비담화적인 것을 통합된 전체로 결속하는 '질서의 질서'다. 그 정점에 있는 궁극적이고 신성한 공준에 의해 신성화되는 예식 질서는, 그 공준에서 흘러나온 의문 제기 불가능성의 변형인 구체적인 미덕―적절함, 정확성, 정당성, 도덕성, 신뢰성, 진실성―으로 가득하다. 의례적 연행의 진실한 표현에서 구현되는 것은 우주의 참된 질서다. 영속하고, 적절하며, 도덕적이고, 정당하고, 자연스런 질서. 앞서 말했듯이 신적 실체가 창조한 우주적 질서는 행위, 사건, 말, 개념, 심지어 관습이 거기에 비추어 판단된 다음 적절하거나, 좋거나, 참되거나, '질서 잡혔거나', 잘못되었거나, 악하거나, 거짓이거나, '무질서'하다는 평가를 받는 준거점이 된다. 나는 그렇게 온 세계를 포괄하는 질서를 '로고스'라고 부를 것이다.

1.

로고스

영어에서 로고스와 가장 빈번히 결부되는 단어가 '말word'이고, 신약성경에서 로고스는 부활한 신을 지칭하는 단어이기 때문에 나는 로고스를 이런 좁은 의미의 현대적 용법으로 사용하지 않을 것이다. 나는 로고스를 의례에 의해 확립된 우주적 질서로 이해한다. 나는 고대에 강조된 로고스의 의미, 특히 헤라클레이토스와 그의 기록자들, 해석자들의 의미를 불러오려 한다.

로고스라는 단어의 역사는 문헌상으로 잘 알려졌다. 데브루너 Albert Debrunner(1967)에 따르면 호메로스Homeros의 작품에서 로고스의 동사형 레고lego의 의미는 '모으다' '세다' '열거하다' '목록에 기입하다' '호적에 올리다' '이야기하다' 혹은 '말하다'에 가깝다. 데브루너는 호메로스의 어법에서 '셈하기는 보통 합산을 목표로 하기 때문에' (레고에는) '숨기는 것이 없는, 혹은 아무것도 잊지 않는'이라는 의미, 따라서 전체성이나 포괄성의 의미도 있다고 말한다. 그는 로고스에 지속적인 질서 부여의 개념도 함축된다고 제안한다. "모은다는 것은 무엇을 골라내는 것이나 그와 비슷한 것을 의미한다. 로고스는 한편으로 '연속' '반복', 다른 한편으로 '판단, 논리적 분리'라는 의미를 함축한다."(p. 72)

명사형 로고스의 의미는 동사형 의미와 맞물린다. 먼저 로고스는 '모으기'라는 의미가 있고, '결집' '모임' '목록'이라는 의미도 있다. 호메로스의 용법에서 로고스는 '계산' '회계' 그리고 (숫자 등의) '계산'도 의미하며, 그보다 앞선 시대에 로고스는 일반적으로 '이야기' '말'을 뜻했다. 그러나 호메로스 시대 이후에 로고스는 '거의 완벽하게 운문적 감각'을 의미하는 에포스epos, (인간이 만들었거나 제대로 확립되지 못한) '역사'를 지칭하는 뮈토스mythos와 대조되는 의미로, '합리적으로 정돈되고 구축된 말'을 뜻했다(p. 74).

다른 초기의 의미들도 이 기본적 의미에서 파생된 듯하다. "'고려하다'와 같은 표현에서 '숙고' '검토' '평가' '가치'라는 로고스의 의미가 파생되었고, 그런 의미에서 자연스럽게 '성찰', 논리적 '토대'라는 의미가 도출되었다."(p. 74) 그보다 훨씬 뒤에 로고스는 "유클리드적 의미에서 명제, 관계, 원소를 뜻하는 수학의 전문용어가 되었다"(Kleinknecht, 1967). 헤라클레이토스의 시대인 기원전 6세기 말에 "수학과 철학의 연계와 더불어 사물의 합리적 관계를 의미하던 로고스는 '질서' 혹은 '척도'라는 더 일반적인 의미를 얻었다"(Kleinknecht, 1967).

질서에는 일종의 통일성이 함축되었다. 헤라클레이토스의 단편에서 드러나는 로고스 이해의 핵심은 결속이라는 개념, 모든 '존재하는 사물'[1]의 '함께함togetherness'이라는 의미다(Heidegger, 1959). 사실 '함께함'은 로고스에서 구현되는 통합을 지칭하기에 부적절한 말이다. 하이데거Martin Heidegger는 헤라클레이토스의 단편 114(G. Kirk, 1954)를 독해하면서, 로고스를 '분리되려는 것들을 통합하는 근원적 통일체'[2]로 이해한다. 커크G. Kirk 역시 동의한다. 커크(1954)는 단편 1, 114, 2, 50에 대한 요약에서 '로고스의 핵심은 모든 것이 하나라는 점'이라고 쓴다. 하이데거에 따르면 '만물은 흐른다'라는 격언으로 가장 잘 알려진 철학자의 또 다른 근본 개념은 아이로니컬하게도 영속성과 지속성이다. 클라인크네흐트H. Kleinknecht(1967) 역시 "변화는 초월적·지속적 질서 아래 나타난다"면서 동의한다.

하이데거에 따르면 헤라클레이토스에게 로고스는 "의미도 단어도 교리도 아니며, '교리의 의미'도 분명 아니다. 그에게 로고스는 그 자체로 영원히 지배적인 태초의 통합성이다"(1959). 그것은 존재하는 모든 것을 복속시키고 결속해 일관되며 항구적인 전체로 만드는 질서의 원리다. 로고스의 안티테제인 **사르마**sarma는 '함께함에 맞서 아무렇게나 내던져진 것, 헝클어진 것'(Heidegger, 1959), 다시 말해 무작위성이나 카오스를 의미한다.

헤라클레이토스의 시대에 로고스는 인간이 접근 가능한 것으로 간주되었다. 클라인크네흐트는 다음과 같이 썼다.

> 고대 그리스에서는 사물들, 세계, 사물과 세계의 운행에 일차적 로고스가 깃들었다고 간주되었다. 즉 인간 로고스 내에서 지식과 이해를 가능하게 하는 인식, 식별 가능한 법칙이 깃들었다고 여겨졌다. (헤라클레이토스에 따르면) 동일한 로고스가 우주와 인간 존재를 구성하기 때문에, 로고스는 인간과 세계, 인간과 인간을 이어주고 상호 이해를 가능하게 하는 결합의 원리였다. (1967)

G. 커크 역시 단편 41, 32, 108의 요지를 언급하면서 다음과 같이 썼다.

진정으로 현명하다고 말할 수 있는 행위는 하나뿐이다. 세계의 만물이 어떻게 질서 잡힌 전체의 일부로 존재하는가에 관한 이해 : 만물은 복잡하고 본질적으로 통합된 결과를 낳는 확정된 경로를 따라 움직인다. …오직 하나의 실체가 이런 지혜를 전적으로 갖추고 '현명하다'고 불릴 수 있다. : 그것은 신적인 실체(현대적 의미로 '힘'과 '물질'을 동시에 의미한다)로서 그 스스로 만물의 질서를 성취하는 것이다. 단편 64에 따르면 이것은 불이며,[3] 1장의 단편들이 보여주는 더 분석적인 접근법에 따르면 로고스다. 신적인 지혜와 그 종류가 같은 인간의 지혜는 다른 영리함과 확실히 구별된다. 그중 지혜가 훨씬 중요한데, 인간은 오직 지혜를 소유함으로써 자신이 부분을 구성하는 질서 잡힌 전체에 적절히 동화시킬 수 있기 때문이다. 이 지혜에는 누구나 접근할 수 있다. (1954)

이 설명에 따르면 "로고스는 이론적으로 파악될 수 있는 것으로 여겨지지 않는다. 로고스는 인간을 요구하고, 인간의 진실한 삶과 품행을 결정한다. 따라서 로고스는 규범이다"(Kleinknecht, 1967)라는 것이 분명해진다. 후기 헬레니즘 시대에는 이런 테마가 정교해져서, "인간의 특수한 로고스는 인간 안에서 자각되는 일반적 로고스의 일부다. 그런 자각을 통해 신과 인간, 현자와 철학자는 올바른 로고스(orthos logos)에 따라 살아가는 진실한 인간으로서 더 큰 우주와 결합된다"(Kleinknecht, 1967).

로고스에는 뚜렷한 사회적 요소가 있다. 로고스는 로고스와 신을 따르는 자들을 '위대한 우주'로 통합해서 인간과 세계의 가교

역할을 할 뿐만 아니라, 로고스를 따르는 자들을 결속한다. 1장의 단편들에 관한 개요에서 커크(1954)는 다음과 같이 썼다. "모든 만물을 그것에 준거해 존재하게 만드는 로고스는 두 가지 의미에서 '공통적'이다. 그것은 보편적이며, 모든 이들에게 이해 가능하다." 클라인크네흐트에 따르면 로고스가 규범인 한 사회적일 수밖에 없는데, 규범 자체가 환원 불가능한 사회적 함의가 있기 때문이다. 그는 "모든 사회적 삶의 기본적 사실로서 로고스는 소크라테스와 플라톤 정치학의 핵심을 구성한다"고 썼다(Kleinknecht, 1967).

이런 포괄성 때문에 로고스에는 여러 특질이 부여된다. 그중 하나가 조화다. 이 조화는 단순한 타협의 결과가 아니며, 필연적인 긴장의 감소를 수반하지도 않는다(Heidegger, 1959). 그것은 갈등하는 사물, 반대 방향으로 잡아당기는 힘의 조화다. 헤라클레이토스는 단편 51(G. Kirk, 1954)에서 활과 리라를 통해 그 조화의 본성을 설명한다. 활과 리라가 제대로 기능하려면 반대 방향으로 작용하는 두 힘이 있어야 한다. 손쉬운 합의뿐만 아니라 변화와 갈등, 긴장을 내포하는 이런 조화는 숨겨진다. 하지만 그 조화는 본성상 주의를 기울이고, 경청하고, 그 질서를 따르려는 자에게는 접근 가능한 것이다.

쉽게 접근할 수는 없지만, 로고스는 알레티아alethia가 있다. 이는 어원학적으로 '은폐하지 않음'을 의미한다(Bultmann, 1967). 알레티아는 일반적으로 '진리'를 의미한다고 여겨지지만, 구체적으로 '말의 진실'이 아니라 '사물의 진실'을 가리킨다. 알레티아는 '있는 그대로 실체, 상반되는 진술로 뒤흔들 수 없는 온전하거나 진정

한 사태'를 의미한다. 알레티아의 반대말은 프세우도스pseudos('기만')
와 독사doxa인데, 불트만Rudolf Kart Bultmann에 따르면 이 단어들은 '외
관' '단순한 의견'을 의미한다. '사물의 진실'로서 알레티아는 피시
스physis와 긴밀히 연계되거나 동의어 관계에 있다. 커크(1954)는 상
당한 논의 후 피시스가 '사물 혹은 여러 사물의 진정한 본질'을 의
미한다고 말한다. 하이데거(1959)는 피시스에 '존재'의 감각이라는
의미를 부여하고, 피시스를 때로 '자연' '자연의 활력과 생성력'으
로 번역한다.

로고스는 우주에 질서를 부여하고 그 자체가 우주의 질서지만,
인간에 의해 무시·훼손될 수 있다. 사람들이 로고스를 쉽게 인지
할 수 없기 때문이다. 하이데거는 다음과 같이 썼다.

> 탈脫은폐는 오직 작업에 의해 성취된다. 시는 단어를 통한 작업, 사원
> 과 동상은 돌을 통한 작업, 사상은 언어를 통한 작업, 이 모든 것이 보
> 존되는 토대인 역사적 장소로서 폴리스의 작업. (여기서 작업work이
> 란 그리스어 에르곤ergon의 의미다. 에르곤은 현존하는 무엇의 진실을
> 드러내는 '창조'를 가리킨다.) (1959)

여기서 의례liturgy의 어원이 라오스 에르곤laos ergon, 즉 '사람들의 작
업'이었음을 상기하자(아메리칸 헤리티지 사전, 옥스퍼드 영어사전 참
조). 우리는 로고스를 밝혀주는 작업 중 하나로 의례를 꼽을 수 있
다. 일단 의례의 연행은 그런 기회가 없다면 추상적 비물질성 속에
서 모호한 것으로 남거나, 일상적 변화나 훼손에 의해 부정확해지

거나, 무한한 대안적 해석에 의해 혼란스러워지기 쉬운 요소를 (하이데거의 영어 번역자가 사용한 단어를 그대로 사용하자면) '탈은폐unconceal'하고, (의미상 변형을 감수하고 좀 더 낮게 표현하자면) '드러낸다reveal'. 예식 질서의 규범은 진실하고, 적절하고, 정당한 것—단순한 해석이나 의견(doxa)이 아닌 로고스—을 명료하게 드러나게 한다. 그러나 로고스와 관련된 의례의 중요성은 (4장에서 논의했듯이) 그 로고스를 분명하고 확고하게 명시할 수 있는 의례의 역량에 국한되지 않는다. 우리는 이 문제로 돌아올 것이다. 일단 로고스의 그리스적 개념을 좀 더 살펴보자.

헤라클레이토스 이후 수 세기 동안 로고스 개념은 정교해져 전반적인 사회생활에서 훨씬 중요한 것이 되었다. 헬레니즘 시대에 로고스는 더욱 분명히 "정연하고 목적론적으로 방향 잡힌 세계의 성격을 의미하게 되었다. 더 나아가 세계를 창조한 원리, 즉 세계에 질서를 부여하고 세계를 구성하는 원리로 여겨졌다. 세계는 로고스의 위대한 전개라고 인식되었다"(Kleinknecht, 1967). 로고스는 신비 속에서 드러나는 것이 되었고, 로고스의 파악은 초심자에게 경외심을 불러일으켰다. 신플라톤학파에서 로고스는 에이도스eidos나 모르페morphe와 밀접히 연계되었는데, 둘 모두 '형태' '형상'이라는 의미다. 우리는 일반적인 세계 창조 신화에서 이 개념의 의미를 5장에서 논했다.

헤라클레이토스는 로고스를 '신적인 실체'로 파악했다. 물론 그가 '신적인' '실체'와 같은 단어로 정확히 무엇을 말하려고 했는지 불분명하다. 그러나 고대 그리스 사상에서 로고스는 신적 존재와 동일시되었다. "대중 종교로 동화되면서 로고스는 제우스와 동일시되었다."(Kleinknecht, 1967) 반면 신비주의에서는 "로고스 개념의 거의 모든 측면이 헤르메스와 다른 신들의 형상에서 이해되었다"(Kleinknecht, 1967).

고대 그리스인이 이해한 로고스의 포괄성과 편재성은 대단히 중요하고 심오한 문제다. 클라인크네흐트(1967)가 썼듯이 "사상, 단어, 물질, 자연, 존재, 규범(따라서 도덕과 사회)은 로고스 안에서 복합적인 상관관계를 맺으며 통합된다". 그러나 이런 설명도 불충분하다. 로고스는 시간적인 것과 영원한 것, 신적인 것과 필멸하는 것, 신성한 것과 신성화된 것, 담화적 이성과 비–담화적 감정을 통합해서 그 모든 것을 로고스의 전체성과 통일성에 융합한다.

이제 로고스와 의례에서 재현되는 질서의 상응성이 뚜렷해진다. 둘 모두 세계를 구성하는 사회적·도덕적·개념적·물질적 요소는 통합되어 정연한 전체를 이룬다. 비록 표면상 대립과 갈등, 불협화음 뒤에 숨겨졌지만, 로고스와 의례의 통합에는 심오한 조화가 내재한다. 로고스와 의례는 '사물의 진실'을 주장하며, 항구적인 것으로 이해된다.

로고스와 의례는 고대 그리스와 헬레니즘 시대에는 밀접하게 연관되었다. 그러나 헤라클레이토스 시대에 둘의 연관성이 명시적으로 인정되었음을 보여주는 뚜렷한 증거는 없다. 어쩌면 그 시기에 양자는 거의 연관되지 않았을지도 모른다. 고대 그리스의 로고스 개념은 의례적 연행이 아니라 철학적 사변의 산물이었다. 로고스를 의례와 따로 떼어 사유할 수 없는 것도 아니었다. 그러나 개념과 그 개념의 확립은 별개의 문제다. 질서를 확립하는 것은 질서를 사유하는 것 이상이며, 이론적으로 그 질서에 동의하는 것 이상이다. 그것은 질서의 구속력을 수락하는 것이다. 헤라클레이토스는 단편 1과 2에서 로고스의 개념이 아니라 로고스를 확립하는 어려움을 한탄했다.

> 내가 설명하는 로고스를 사람들은 언제나 이해하지 못한다. 그들이 듣기 전에도, 들은 후에도 그렇다. 만물이 로고스에 따라 일어나지만, 사람들은 내가 설명한 말과 행위를 실제 경험하면서도 알지 못하는 것 같다. 내가 각 사물의 구성에 따라 사물의 상태를 설명해주어도, 사람들은 잠들었을 때 무엇을 하는지 기억하지 못하는 것처럼 눈을 뜨고 나서도 무엇을 하는지 알지 못한다. (G. Kirk, 1954)

> 따라서 공통의 것(보편적이고, 모두 이해 가능하며, 공유되는 것)을 따를 필요가 있다. 로고스는 공통의 것이지만, 많은 사람들은 자기 관점이 있다는 듯이 살아간다. (Kirk, 1954)

헤라클레이토스가 고통스럽게 인식했듯이, 로고스는 이성으로 도달할 수 있는 인식의 범위 바깥에 있다. 로고스와 인간에 의한 로고스의 인식 사이에는 독사doxa 혹은 이디아 프로네시스idia phronesis 가 있다. 이 용어는 일반적으로 '사적인 이해나 의견' 혹은 '자기 의견만 고집하는 특성'을 의미한다(앞서 인용한 하이데거와 클라인크네흐트의 지적을 참조할 것). 독사는 (다양한 의견을 불러일으킬 수 있는) 단순한 외관을 의미하기도 하며, 이디아 프로네시스는 실용적 계산, 즉 사적인 이익을 위한 합리성이라는 의미도 있다. 앞 장의 용어를 빌리면, 독사와 이디아 프로네시스는 개인의 이차적 - 진실에 해당한다.

사적인 견해의 무수한 다양성, 사적 이익의 무수한 목표는 그 본성상 로고스에 내재한 통합성과 대조된다.

> 만물과 더불어 '위대한 우주'에 통합되려면, 인간은 의견과 이익의 지시를 무시하거나 피하고, 모든 의견 너머에 하나의 보편자로서 존재하며, 그 자체로 통합[4]을 암시하는 로고스의 지시를 따라야 한다. 헤라클레이토스가 단편 1에서 사람들의 로고스에 대한 인식 실패를 지칭하는 단어로 악시네토이axynetoi, 즉 '시니에미syniemi(합치다)의 거부'를 뜻하는 낱말을 쓰는 점은 흥미롭다. (Heidegger, 1959)

로고스는 의례 없이도 인식될 수 있지만, 로고스의 확립에는 의례가 수반된다. 로고스가 어쩔 수 없이 사회적 요소를 띤다면, 의례는 로고스의 확립에 필수 불가결한 것이라고 할 수 있다. 예식 질서는 단편 2에 나온 의미로 '공통'의 것이며, 그 질서의 연행은 바로 그 사실 때문에 '공통의 것을 따르는' 행위가 된다. 예식 질서의 연행은 필연적으로 그 질서에 복종하는 것이기 때문이다. 그것은 개인적 의견 너머에 있는 질서를 따르는 것이며, 사적 이익의 연합을 넘어서는 것이다. 게다가 의례의 질서는 단순히 '이론적으로 파악되는' 것은 아니다. 이론만으로 결코 파악될 수 없다. 클라인크네흐트의 표현을 빌리면, 의례는 그것의 추종자를 '요구한다'. 이 책의 표현으로 바꾸면 의례는 수락을 수반하고, 수락은 다시 의무를 수반한다.

4장에서 보았듯이, 이런 설명으로 의례 연행자와 예식 질서의 내밀함을 충분히 설명할 수 없다. 연행자는 예식 질서를 연행하면서 그 질서에 참여한다. 그들의 숨결이 그 질서에 목소리를, 그들의 몸이 그 질서에 실체를 부여한다. 연행자들은 그렇지 않으면 단순히 사변이자 개념, 무형적이고 추상적인 형식으로 남았을 것에 실체를 부여한다. 연행자들은 잠시나마 의례의 일부가 되어 서로서로, 자신의 재현물과 결합되어 하나의 '위대한 우주'를 구성한다. 우리는 다음 장에서 의례적 참여의 깊은 경험적 측면을 논의할 것이다.

요약하면 한 사회의 예식 질서는 그 사회의 로고스를 확립한다. 나는 고대 그리스인의 용법에 따라 '로고스Logos'를 자연, 사회, 개별 인간과 신성을 그 자체로 영원하고, 진실하며, 도덕적이고, (클라인크네흐트의 용어를 빌리면) 어떤 의미에서 조화로운 '위대한 우주'로 통합하는 총체적인 합리적 질서로 이해한다. 로고이Logoi[5]는 자연적이고 신적으로 구성된다고 간주되지만 인간이 참여하지 않으면 불완전해지고, 로고스의 유지에 인간 행위는 필수라고 여겨지기 때문에 그것들 역시 인간의 창조물로 이해될 수 있다. 인간은 로고스를 따라야 하지만, 로고스를 무시하고 심지어 훼손할 힘도 있다.

2.
로고이

'로고스'라는 용어를 총체로서 예식 질서에 따라 재현된 우주적 질서로 이해한다면, 그 질서 사이에서 가족 유사성family resemblance*을 발견할 수 있다. 여기서 가족 유사성은 동일성이 아님을 강조해야 한다. 그 질서는 개별 요소를 통합하고, 개인적 의견을 초월하며, 최소한 암시적으로 도덕적·자연적임을 강조하고, 사물의 진실을 소유했다고 주장한다. 그러나 통합된 요소들과 통합의 구체적 원리는 언제나 어느 정도 다르다. 질서마다 궁극적인 공준이 어느 정도까지 알려질 수 있으며, 어떻게 알려질 수 있는가와 관련해 중대한 차이가 존재한다. 게다가 예식 질서의 순차적·동시적·위계적 차원의 차이는 로고이 구조 자체의 차이를 낳는다.

여기서 각 사회가 고대 그리스인의 로고스 개념과 유사한 질서의 개념을 명시적으로 정의할 필요는 없지만, 그런 개념이 드물지는 않다. 그 개념은 시대와 장소, 사회 유형이 다른 다양한 사회에서 발견된다. 넬리의 사례에서 보았듯이, 그런 개념을 지칭하는 용어가 '진실'과 '질서'라는 의미를 함축한다는 점이 흥미롭다. 이제 고대 이집트인의 사고의 중심부에 있던 마앗Ma'at부터 그런 개념을 간략히 살펴보자.

---

* 범주의 한 요소가 그 범주의 다른 요소와 보이는 유사성 혹은 그런 유사성을 나타내는 척도.

윌슨John A. Wilson(1951)에 따르면 마앗은 "'진실' '정의' '의로움' '질서' 등으로 다양하게 번역되었는데", 사실 "어떤 영어 단어로도 정확히 옮겨지지 않는다". 그는 이 점에서 버지E. A. Wallis Budge(1895)와 의견을 같이한다. "물리적·도덕적 관점에서 봐도 마앗이라는 고대 이집트 개념을 정확히 묘사할 수 있는 (영어) 단어는 존재하지 않는다. 그러나 마앗에 깃든 근본 관념 중 하나는 '똑바르다'이며, 이집트 상형문자에서 마앗은 '옳은, 진실한, 진실, 강직한, 의로운, 공정한, 변함없는, 변화 불가능한' 등의 의미로 쓰였다."

> (마앗은) 최초의 창조에서 유래한 우주적 조화, 질서, 안정, 안전의 힘으로, 세계의 현상을 조직하는 특질이자, 신성왕 파라오의 즉위를 인가하는 원리였다. 따라서 마앗에는 뭔가 불변하고, 영원하고, 우주적인 것이 있다. 우리가 마앗을 '질서'로 이해한다면 (물질적이고 영적인) 창조된 것의 질서, 태초에 확립되어 언제나 통용된 질서다. 한편 마앗을 '정의'로 이해한다면 단순히 법적 문제에서 정의는 아니다. 그 정의는 통치자와 백성의 관계를 포함해 모든 우주적 현상의 정의롭고 적절한 관계를 의미했다. 또 마앗을 '진실'로 이해한다면 우리는 고대 이집트인에게 사물이 진실한 것은 입증 가능하기 때문이 아니라, 신들에 의해 창조되고 유지된 질서 가운데서 진실하고 적절한 위치에 있기 때문임을 기억해야 한다. (Wilson, 1951)

파라오에게 바친 말에는 "당신의 입에서 나오는 권위 있는 말씀(Hu)이여, 당신의 가슴에는 이해(Sia)가 있습니다. 당신의 말은 진실

(Ma'at)의 성역입니다"(Frankfort, 1948)라는 구절이 포함되었다. 그리고 파라오는 "그의 왕국 전역에 걸쳐 마앗을 유지할 의무가 있었다. 파라오는 막중함 책임감으로 통치해야 했다. 예를 들어 아멘호테프 3세는 '마앗에 근거한 계획과 수단으로 이집트를 태고 시대와 같이 융성하게 만들었다'고 한다"(Frankfort, 1948).

파라오는 왕이자 신이었다. 따라서 인간은 물론 신도 마앗에 복종해야 했고, 마앗이 인간과 신의 접점, 특히 파라오와 다른 신의 접점을 제공했음이 분명해진다.

> 하트셉수트 여왕은 다음 글에서 마앗이라는 개념을 통해 신과 파라오의 본질적 친연성을 표현한다. "나는 레 신이 사랑하는 마앗을 밝게 만들었다. 나는 그가 마앗에 의해 살아간다는 것을 안다. 그것은 나의 빵; 나는 그것의 밝음을 먹는다; 나는 그의 사지에서 유래한 자, 그와 함께 있는 자다."(Frankfort, 1948)

왕은 의례적 연행뿐만 아니라 세속적 통치로 마앗을 유지했다. 위 구절은 그런 연행도 암시한다.

마앗은 상형문자과 의례적 재현물에서 여성으로 의인화되었다. 많은 파라오는 마앗을 여신으로 여겼다(Baikie, 1914; Budge, 1895; Wiedemann, 1914; Wilson, 1951). 마앗의 신격화는 그리스인이 로고스를 제우스나 헤르메스와 동일시한 것을 상기시킨다. 이집트와 그리스의 사례는 특히 민중 종교에서 우주적 원리를 신격화하는 일반적 경향이 있음을 보여준다. 한편 진실과 질서, 정확성의 여신으로 재현된 마앗은 "정확한 순환을 통해 우주적 질서의 가장 놀라운 현현을 보여주는 태양신 레의 딸"이라고 여겨졌다(Frankfort, 1948). 그렇다면 벤싱크(1923)가 제안한 대로 마앗 개념은 그녀의 아버지라고 여겨진 태양의 정확하고 규칙적인 움직임을 관찰하면서 발전했다. 마앗이 천문학에서 착상되었다면 그 여신은 의례를 통해 확립되었을 것이다.

"매일 연행된 의례에서 왕(혹은 그의 대리자인 고위 사제)은 레 신에게 바구니나 바구니 모양 용기에 앉은 작은 마앗 여신의 형상을 바쳤다. 그녀의 머리에는 깃털이 달리고, 양손에는 생명의 표지가 있었다."(Gardiner, 1912) 이런 설명은 마앗이 신들의 특질이 아니고, 그들에게 바쳐져야 하는 무엇임을 암시한다. 프랭크포트Henri Frankfort가 인용한 하트셉수트 여왕의 글에 따르면, 마앗은 신들이 '그것에 따라 살아가는' 혹은 복종해야 하는 무엇이며, 동시에 '거기에 의지해 살아가는', 다시 말해 그것에 의해 양육되는 무엇이다.

마앗의 기원에 대한 다른 설명도 있다. 프타Ptah[*] 신은 때로 '진실의 주인'으로 불리는데, '마앗을 창조한 자'로도 여겨진다(Frankfort, 1948). 그는 일차적으로 태양신이 아니라 지하 신 가운데 하나다. 멤피스의 신학[**]에 따르면 '태고의 진흙 속에 거주하는 기괴한 생물 여덟 마리'와 동일시되며, '원시 대양에서 태양을 탄생시킨, 태

[*] 우주의 창조자로 간주되는 고대 이집트의 신.
[**] 이집트 멤피스에서 발굴된 기원전 8세기경 석판에 적힌 신화적 이야기.

고의 혼돈을 개념화'한 존재다(Frankfort, 1948). 형체 없는 물질에서 태어난 질서 잡힌 우주의 주재자인 프타 신은 직접적이든 간접적이든 세계의 모든 사물과 존재의 창조자이므로, 마앗 여신의 창조자로 간주될 수도 있다. 그렇다면 마앗이 태양신 레의 딸이며, 프타 신에 의해 창조되었다는 것이 필연적으로 모순은 아니다.[6]

그럼에도 여신으로서 마앗은 다소 특이한 데가 있다.[7] 보통 우리는 돌봄과 지도를 구하기 위해 매일 한 신이 다른 신에게 건네는 무엇을 '여신'이라고 부르지 않는다. 다른 설명은 마앗이 프타 신의 창조에 의한 신적 자손으로 간주되지는 않았고, 그런 창조 작업을 인도한 초–신적super-divine인 원리로 이해되었음을 암시한다.

플린더스 피트리Flinders Petrie(1911)는 "프타, 위대한 조물주, 세계의 형성자는 녹로에서 태양–달–알들sun-and-moon-eggs을 만든다. 그는 마앗, 즉 진실 혹은 정확성에 따라 만물을 창조하는 법과 질서의 신이다"라고 썼다. 형체 없는 물질이 질서 잡힌 우주로 전환될 때 프타 신이 마앗에 의해서 혹은 마앗에 부합하도록 세계를 창조했다면, 마앗은 훨씬 근본적인 개념이다. 5장의 논의에 따르면 마앗은 '형식'으로 이해할 수 있다. 형식은 세계 창조 시 물질과 더불어 우주─물질화된 형식, 형식이 부여된 물질─를 구성하는 두 가지 원시적이고, 환원 불가능하고, 최초로 생겨난 요소(혹은 특징) 중 하나다. 이 장의 논의에 따르면 마앗은 로고스, 즉 그 원리에 의해 모든 피조물이 우주에 통합되는 진정한 질서다.

진실, 질서, 정확성, 조화로서 마앗이 근본적 개념이라 해도, 사건이나 사물은 마앗과 상충될 수 있다. "확립된 질서와 일치하지 않는 것은 거짓이라 여겨져 부정될 수 있었다."(Wilson, 1951) 윌슨은 마앗의 정반대 의미가 있는 단어들이 "보통 우리가 '거짓말' '허위' '기만'으로 번역하는 단어"라고 지적한다. 리흐테임Miriam Lichtheim(1971)은 마앗의 반대어로 이스펫isfet을 제안했는데, 이 단어는 일반적으로 '틀린wrong'을 뜻하지만 "때로는 더 포괄적인 의미에서 '혼돈'을 뜻하기도 한다".

틀리고, 거짓되고, 혼돈스럽고, 기만적인 것이 가능하기 때문에, 마앗은 헤라클레이토스의 로고스처럼 신들과 인간에 의해 완성되고 유지되어야 한다. 우리는 앞서 파라오는 매일 태양신 레에게 바치는 의례에서 마앗을 유지해야 할 책임이 있고, '마앗의 계획과 수단에 따라' 국가를 통치하여 번영해야 한다는 것을 살펴보았다. 그러나 파라오도 실패할 수 있다. 정권 교체기에 예언자 이푸웨르Ipu-wer는 시대적 혼란의 책임을 파라오에게 돌리며 다음과 같이 말한다.

후Hu, 시아Sia, 마앗이 당신과 함께 있습니다. 그런데도 이 땅에 혼란과 소동을 불러온 것은 당신입니다. 사람들이 폭력을 사용하는 것을 보십시오. 사람들은 당신의 명령에는 복종합니다(Frankfort, 1948). 세 남자가 길을 가면 곧 두 명이 됩니다. 강한 두 사람이 약한 한 사람을 죽이기 때문입니다. 그렇다면 목동(자기 백성에게 '목동'이 되어야 하는 파라오)은 죽음을 사랑하는 자입니까? 이것은 정말로 당신이 이런 상황을 불러일으키기 위해 행동했고(?) 당신이 거짓말을 했다는 뜻입니까? (Wilson, 1951)

평범한 백성이 마앗을 위반하는 것과, 그 자체가 신이면서 그의 '말이 마앗의 성역'이고 그의 입에서 후(권위의 말씀)가 흘러나오는 파라오가 마앗을 위반하는 것은 다른 문제다. 우리는 이 특별한 형식의 허위를 마지막 장에서 논의할 것이다.

고대 이집트 사상에서 마앗이 핵심 개념이었듯이, 아스하Asha라는 개념은 기원전 6세기[8] 아케메네스 왕이 통치하던 시기부터 1200년 뒤 이슬람교가 세력을 잡을 때까지 이란 전역에 융성한 조로아스터교에서 중요한 역할을 했다. 현재 이란에서 소수의 흩어진 공동체를 구성하는 조로아스터교 신자들은 여전히 아스하를 신봉한다. 그러나 가장 많은 조로아스터교 신자들이 사는 곳은 인도 뭄바이로 1960년대 중반에 11만 5000명 이상으로 집계됐다(Duchesne–Guillemin, 1966).

아스하도 마앗처럼 번역이 쉽지 않다. 아스하는 보통 '진실truth'로 번역되지만, 그보다 훨씬 포괄적인 의미다. 아스하의 다른 번역어를 보면 '사물의 질서' '진정한 질서' '우주적 힘으로서 정의(진실의 개념 포함)' '적절한 행위를 위한 규범' '모든 행위의 지침'(Duchesne-Guillemin, 1966), '질서' '대칭' '규율' '조화'(Masani, 1968), '정의로움' '질서' '수단' '진정한 길'(Orlin, 1976) 등이 있다. 빈트푸르 Gernot L. Windfuhr(1976) 역시 다른 이들처럼 (아스하에) 진실과 질서가 융합되었다고 보는 듯하다. 그에 따르면 아스하는 '그것에 준거하여 우주가 창조되고 통치되는 영적 법칙'이다(Masani, 1968). 빈트푸르(1976)는 아스하가 "세계 창조 이전부터 제1원리로 존재했다"

고 말한다.

아스하는 '거룩한 신' 여섯 혹은 일곱[9] 중 하나이며, 때로는 '아스하 바히스타Asha Bahishta'라고 불린다. 마사니Rustom Masani는 이 구절을 '최고의 질서' 혹은 '가장 높은 정의로움'으로 번역하며, 뒤센-기유맹Jacques Duchesne-Guillemin(1966)은 '탁월한 진실'로 옮겼다. 아스하는 다른 신들[10]과 더불어 때로 조로아스터교의 주신 아후라 마즈다Ahura Mazda의 수행원 중 한 명으로 인격화되었다(Duchesne-Guillemin, 1966). 아스하는 다른 신들과 마찬가지로 '신적 존재의 속성'(Masani, 1968)으로 간주되기도 했다. 자라투스트라*가 지었다고 알려진 찬미가집인 가타스Gathas는 이 신적 존재들의 속성에 서열을 매기지만, 현대의 학자들은 이 서열에 명료한 합의를 내놓지 못하고 있다.

현재 조로아스터교 신자들은 아후라마즈다가 최초로 만든 보후마나Vohu Manah를 가장 중시하지만(Masani, 1968), 윤리적 측면에서는 아스하를 최고로 친다. "언제, 어떤 상황에서든 아스하를 유지하는 것은 조로아스터교 신자에게 부과된 의무다. 사실 (조로아스터교의) 모든 종교적 가르침은 바로 그 신조의 알파와 오메가인 아스하에서 시작된다. 아스하는 모든 창조의 핵심인 영원한 진실이자 유일한 현실이다."(Masani, 1968) 롬멜Herman Lommel(1930)도 아스하의 서열을 최고로 친다. 빈트푸르 역시 대체로 동의하면서 "아스하는 세계 창조 이전에도 제1원리로 존재했다. 그러나 창조란

---

* 조로아스터는 자라투스트라의 영어식 이름이다.

정신의 작용이며, 아스하는 창조를 통해 구현된다. 시간에 묶인 이 세계의 창조와 구원은 정신의 몫인데, 그와 더불어 보후 마나(훌륭한 정신)가 있어야 한다"고 썼다(1976).

여기서 아스하는 마앗이 프타 신과 연계되듯이, 보후 마나라는 창조적 힘과 연계된다. 그렇다면 5장에 논의한 대로, 아스하는 세계 창조에서 실체화한 원시적 형식이다. 이 장의 용어로는 로고스다. 카노이A. V. Carnoy(1921)는 이런 유사성을 고려하며 오래전에 다음과 같이 썼다. "'우주의 법칙' '불 속에서 현현하는 윤리적 법칙'인 아스하 개념과, 헤라클레이토스의 제1원칙(불, 질서의 법칙[로고스], 윤리적 법칙[인간의 완성은 우주의 법칙에 순응하는 데 있다], 어둠과 대립되는 최고신의 현현) 사이에는 묘한 유사성이 있다."

이외에도 아스하는 조로아스터교의 사상에서 중요하다. 첫째, 아스하는 자라투스트라가 가타스에 직접 썼다고 알려진 종교적 가르침의 핵심이다. 둘째, 아스하 개념은 조로아스터교 자체보다 앞서 있다. "주신 아후라마즈다를 둘러싸고, 그의 본성 일부를 공유하는 관대한 불멸의 존재(즉 '거룩한 불멸의 존재') 가운데 오직 아스하가 뚜렷하게 인도 – 이란어에서 유래"했다(Zaehner, 1961). 보이스Mary Boyce(1979) 역시 아스하 개념이 인도 – 이란어에서 유래했다고 본다.

아스하는 세계가 그에 따라 창조되고 유지되는 질서지만, 동시에 위반될 수도 있는 질서. 아스하를 따르지 않는 것은 드루즈Druj라고 한다. 이는 보통 '거짓말'로 번역되지만, 그보다 훨씬 다양한 의미가 있다. 드루즈는 '기만' '사악함' '악'(Masani, 1968)을 뜻하거나, '결점' '죄' '규칙의 불이행'(베다 – 밀교적 실천과 같은〔Duchesne-Guillemin, 1966〕)을 의미한다. 오를린Louis L. Orlin(1976)은 드루즈를 "'불의' '무질서' '기만' '길이 아닌 것' 같은 개념을 포괄하는 '거짓'" 으로 이해한다. 고대 이집트의 거짓 개념과 공통점이 많은 이 포괄적인 의미의 거짓은 조로아스터교에서 악의 근본 원리다. "(거짓은) 추상적 진실로서 아스하의 대립물이자 부정일 뿐만 아니라, 훌륭한 통치와 평화로운 질서에 대한 침해이자 전복이다."(Zaehner, 1961) "다리우스 비문에서 거짓은 '반란', 좋은 통치를 전복하려는 반란자들로 묘사된다."(Orlin, 1976)

아스하는 인간에 의해 유지되어야 한다. 모든 인간은 아셰반 ashevan(진실의 추종자)이 되어야지 드레그반트dregvant(거짓의 추종자)가 되어서는 안 된다. 이란에서도 이집트처럼 아스하를 유지할 궁극의 책임은 "진실과 질서의 근원이자 수호자인 아후라마즈다의 신뢰를 통해 그의 왕국을 지배하는 왕에게 있다. 이 책임은 모든 왕의 공통된 과제다. 변덕과 분열이 만연한 세계에서 영원히 타당하다고 간주되는 '권위'의 원리에 따라 통치하는 것"이다(Orlin, 1976). 조로아스터교의 윤리적 기반이 되는 세 요소—좋은 사상, 좋은 말, 좋은 행위—가 아스하에 기여하지만, 예배도 아스하의 일부이며 아스하를 유지하는 데 중요한 것으로 여겨진다. 현대 조로아스터교 신자들은 매일 다섯 번 짧은 기도를 올려야 한다. 그 기도에는 아베스타Avestā[11] 읽기가 포함되는데, 날짜별로 읽어야 할 아베스타의 분량을 정해서 암송해야 한다(Carnoy, 1921).

그보다 길고 빈번하고 주기적인 의례도 있다. 자흐너R. C. Zaehner

의 표현을 빌리면 '핵심적인 의례 텍스트'는 야스나Yasna로, 이는 가타스 72장을 암송하는 정교한 의례다(Masani, 1968; Zaehner, 1961). 이 의례는 조로아스터교의 궁극적이고 신성한 공준을 자세히 표현한 것이다. 모든 의례는 '신성한 불' 앞에서 치르는데, 이 불은 아후라마즈다와 그 신의 속성인 아스하의 재현이다. 신성한 불은 세 등급으로 나뉘며, 불의 관계는 정치적 관계의 '진정한 질서'를 재현하는 것으로 보인다. 가장 신성한 바람Bahram 혹은 바라람Varahram의 불은, 불의 왕인 동시에 왕의 불이다. 사산조페르시아 시대에 이 불은 왕좌를 닮은 받침대 위에 올려져, 왕관이 달린 동전 위에서 타올랐다(Boyce, 1979; Duchesne-Guillemin, 1966; Masani, 1968; Zaehner, 1961).

일반적으로 이란의 아스하와 베다교의 르타Rta는 거의 동일한 개념으로 알려졌다. 르타의 역어는 아스하와 마앗의 역어를 생각나게 한다. '우주의 법칙' '자연의 통일성' '우주적 법칙이나 질서' '보편적이고 영원한 법칙' '질서' '옳은' '진실'(Radhakrishnan and Moore, 1957). 르타는 실재하는 우주의 한 부분이며, 신들과 인간의 거주지인 사트Sat를 지배한다. 한편 '실재하지 않는' 우주의 한 부분인 아사트Asat가 있는데, 이곳은 '악마들이 거주하는 공포의 지역'이며(N. Brown, 1972) 안르타Anrta, 즉 르타의 반대 항인 거짓과 혼돈이 지배하는 곳이다. 사트는 아사트에 의해, 르타는 안르타에 의해 지속적으로 위협받는다.

르타를 보존하는 것은 신들의 몫이며, 의례와 희생 제의를 통해 신들의 작업을 돕는 것은 인간이다(Brown, 1972). 인간과 신 모두 르타에 따라 의무를 완수해야 한다. 구조적으로 분화된 사회에서 사람들은 서로 다른 의무가 있다. 진실하다는 것, 다시 말해 르타를 따른다는 것은 한 사람이 사회에서 자기 의무를 완수하는 것이며, 개별적인 직업에 충실한 것이다(Brown, 1972). 고대 이란에서 아스하가 사회의 질서 속에 드러났듯이, 베다 시대 인도에서도 르타는 사회적 질서 속에 표현되었다.

베다는 대단히 오래되었다. 지금까지 전해 내려오는 리그베다는 기원전 15세기 무렵에 출현한 듯한데, 이를 '어느 정도 확실하게' 말해주는 증거가 있다(Radhakrishnan and Moore, 1957). 리그베다를 구성하는 일부 찬미가는 그보다 오래되었다. 고대 이란의 아스하 개념에 부여된 고대성은 대개 르타 개념에서 유래한 것이다. 둘의 동일성은 단순히 개념적일 뿐만 아니라 어원적이기도 하다. 즉 둘의 어원은 같다. 보이스와 자흐너는 개념적·철학적으로 밀접한 두 개념의 연관성에 근거해 아스하/르타 개념이 인도 – 이란 시대에서 유래했다고 본다. 보이스(1979)는 '기원전 3000년 초에' 고대 인도 – 이란인이 독자적인 인도인과 이란인으로 분기했을 때 인도 – 이란 시대가 끝난 것으로 본다.

우리는 특정한 고대의 개념, 즉 전前고전 시대 그리스의 로고스, 이집트 왕조의 마앗, 이슬람 이전 시대 이란의 아스하, 베다 인도 시대와 그 이전의 르타, 고대 멕시코의 넬리 사이에 강한 유사성이 있다고 말했다. 이 모든 것은 우주적 질서를 표현하는 단어다. 이 중 넷은 진실이면서 질서라는 의미가 있다. 로고스는 그 자체의 분리할 수 없는 속성으로서 진실성을 요구한다. 조화, 통일성, 영원성 역시 이 모든 것의 특징이다. 고대 그리스, 이란, 이집트, 아마도 멕시코에서 이 개념들은 어느 순간 신격화된 듯하다. 그러나 이 개념들은 신들조차 따라야 하는 원리, 혼돈이나 거짓과 대립하는 원리였다.

이중 세 개념에서는 혼돈, 무질서, 거짓, 허위, 잘못이 동일한 단어로 표현된다. 로고스, 마앗, 아스하, 르타, 넬리는 그것의 완성과 보존을 위해 **드루즈, 안르타, 이스펫, 독사, 이디아 프로네시스**를 따르지 않는 자들의 참여나 '추종'이 필요하다. 최소한 세 개념에서는 우리가 로고이라 부르는 개념의 표현과 유지에 의례적 연행이 중요한 역할을 한다. 고대 그리스 헤라클레이토스의 시대에 로고스와 의례의 관계는 알려지지 않았고, 그의 로고스 개념 역시 의례에서 완전히 독립해 있다. 헬레니즘 시대에 오면 의례와 로고스의 연관 관계는 뚜렷해지는데, 넬리와 톨텍족Toltec* 의례의 관계는 그리 분명하지 않다.

아스하/르타 개념이 인도 – 이란 시대에서 유래했다면, 이란이나 인도라는 국가의 출현이나 이란어, 인도어의 발달보다 앞선 것이다. 내가 소개한 개념은 모두 문자와 국가가 있던 고대 문명의 것이다. 게다가 넬리를 제외한 다른 개념은 모두 인접한 지역에서, 동일한 시대나 근접한 시대에 발전했다. 그러나 비슷한 개념이 문자나 국가가 없던 지중해 동부나 고대 근동 사람들의 전통에서

---

* 10세기경 멕시코에서 번영한 인디언.

도 발견될 수 있다.

이제 수족의 와칸 – 탕카 개념으로 돌아가자.

와칸 – 탕카는 전통적으로 "'위대한 정신' 혹은 '위대한 신비'로 번역된다(여기서 와칸wakan은 '신비한', 탕카tanka는 '위대한' '넓은' '큰'을 뜻한다)"(Powers, 1975). '신성한'은 그 자체로 정보를 전달하기 위한 단어가 아니지만, 파워스William K. Powers는 와칸 개념을 더 분석하여 상대적으로 최근에 그 단어가 말(馬)(순다와칸sundawakan, 문자 그대로 의미는 '신성한 개'), 총('신성한 쇠'), 위스키('신성한 물')에도 쓰인다고 밝혔다. 이런 사례는 그 단어가 근본적으로 이국적인 것 혹은 잘 알려진 세계 바깥에서 유래한 것이라는 의미를 함축하고 있음을 보여준다. 총, 위스키, 말은 토착 사물이 아니기 때문이다. 이런 맥락은 와칸이라는 개념에 비일상적이고 경이로우며, 심지어 (최소한 총과 위스키의 사례에서는) 비술적이고 이해할 수 없는 것의 효험이 함축되었음을 보여준다. 와칸 – 탕카를 '위대한 신비'로 번역하는 것도 이런 해석에 부합한다.

서구 철학을 공부한 수족 원주민 프랑세스 리드Frances Reed는 와칸의 특징 중 하나로 분석이나 분해에 저항한다는 의미에서 '불가지不可知'를 들었다(개인적 대화). 어원학은 다른 의미도 알려준다. 파워스(1975)에 따르면 어간 칸kan은 '고대적이고, 오래되고, 항구적이라는 의미'가 있으며, 리드(개인적 대화) 역시 '불변하는' '주어진' '있는 그대로'처럼 비슷한 의미를 지목한다. 그렇다면 앞 장에서 인용한 블랙 엘크의 문장을 떠올려보자. "우리의 할아버지인 와칸 – 탕카여, 당신이 처음입니다. 당신은 언제나 계셨습니다. 오, 와칸 –

탕카여, 당신은 진실입니다." 한편으로 태곳적이고 항구적이며 불변하는 것과, 다른 한편으로 '있는 그대로', 주어진, 진실한 것과 결합에서 영원한 진실이 태어난다.

와칸-탕카는 진실하고 영원할 뿐 아니라 모든 것을 아우른다. "비록 단수형이지만 와칸-탕카의 의미는 집단적이다. 와칸-탕카는 인격화되지 않으며, 대신 와칸-탕카의 여러 양상이 인격화된다."(Powers, 1975) 그런 양상은 16가지가 있는데, 네 요소로 구성된 네 층위로 나뉜다. 와칸 아칸타Wakan akanta, 즉 '우월한 와칸'에는 태양, 하늘, 땅, 바위가 속한다. 인간과 들소는 세 번째 층위에 속하는데, 거기에는 네 바람Four Winds도 속한다(Powers, 1975). 블랙 엘크가 선언했듯이, "우리의 할아버지인 와칸-탕카여, 당신은 만물입니다".

와칸-탕카는 모든 것을 아우르며, 통일성의 원리이기도 하다. 20세기 초, 수족의 원주민 정보 제공자 소드Sword는 워커J. R. Walker(1917)에게 "와칸-탕카는 서로 다른 사람 16명과 같지만, 각 사람은 칸kan이다. 따라서 그들은 모두 하나다"라고 말했다. 이런 단일성Oneness에 대한 인간의 참여를 두고, 블랙 엘크는 '땀의 집sweat lodge'*을 짓다가 다음과 같이 기도한다.

우리는 당신에게서 왔습니다. 우리는 당신의 일부이며, 우리 몸이 당신에게 돌아간다는 것을 압니다. 이 중심을 대지에 고정함으로써, 나

---

* 한증막처럼 뜨거운 돌에 물을 부어 안에 있는 사람이 땀을 흘릴 수 있게 한 북아메리카 원주민의 집. 의료적·종교적 목적으로 사용했다.

는 내 몸이 돌아가야 할 당신을 기억합니다. 그러나 무엇보다 나는 우리의 모든 정신이 하나가 되는 와칸-탕카를 생각합니다. (J. Brown, 1971)

궁극적으로 와칸-탕카 이외의 현실은 없다. (1971)

와칸-탕카의 포괄성과 통일성, 본질적 진실과 항구성은 세계 전체를 아우르는 질서 개념을 수반한다. 수족에게 신성한 우주적 질서는 원으로 표현된다. 수족 원주민 타이온Tyon은 워커에게 다음과 같이 말했다.

오그랄라족Oglala은 원이 신성하다고 믿는다. (와칸 탕카가) 돌을 제외한 자연의 모든 것을 원형으로 만들었기 때문이다. 돌은 파괴의 도구다. 태양, 하늘, 땅, 달은 둥글다. 숨 쉬는 모든 것은 인간의 몸처럼 둥글다. 땅에서 자라는 모든 것은 식물의 줄기처럼 둥글다. 낮, 밤, 달은 하늘에서 둥글게 회전한다. 따라서 원은 시간을 초월한 상징이다. (Walker, 1917)

수족이 만든 원의 재현물 중 가장 크고 포괄적인 것은 은유적으로 '신성한 고리'라고 불리는 야영지다. 이 야영지의 평면도는 신적 존재인 흰 버펄로 여자가 신성한 담뱃대를 고향으로 가져오면서 수족에게 가르쳐준 것이다(Powers, 1975). 기원이 같은 둥근 야영지와 신성한 담뱃대는 비슷한 신성성이 있다. 와칸-탕카와 긴밀히 연관되는 또 다른 원형 재현물은 신성한 담뱃대의 담배통과 그 위에 새겨진 원 7개(주요 일곱 의례를 재현하는)가 있다(J. Brown, 1971). 역시 둥근 형태인 '땀의 집'과 거기서 좁은 길로 연결된 '신성한 언덕'은 신성한 담뱃대의 정확한 도상icon이며, 태양 춤 가옥과 16개 좁은 길로 연결된 (16개 담배 공물을 의미하는) 원뿔형 천막 역시 마찬가지다. 신성한 공놀이장, 신성한 원뿔형 천막, '비전 탐색'을 위한 장소 역시 원형이다(Powers, 1975).

이런 원형적 재현물에는 중심이 내재한다. 신성한 담뱃대와 땀의 집 중앙에서는 불이 타오르고, 태양 춤 가옥에서는 신성한 장대를 세운다. '비전 탐색'을 위한 장소에서는 탐색자가 설 수 있는 구멍을 파고, 신성한 공놀이장에서는 중심으로 공을 던진다. 야영지에는 회의하거나 춤출 수 있도록 '길게 만든 원뿔형 천막'이 있다. 태양 춤 가옥 중심의 장대는 와칸 – 탕카의 16가지 양상 중 가장 와칸다운 태양과 연관되며, 불과도 연관된다. 태양과 불은 다른 무엇보다 지식과 연관되는데, 이때 지식은 깨달음을 말한다. 어둠에서 빛으로 움직임은 무지에서 앎으로 움직임이다.

땀의 집에서 신성한 담뱃대와 불을 피우는 것은 지식을 제공하는 것이면서, 증기와 연기를 통해 기도하는 사람을 와칸 – 탕카에게 데려다주고, 무생물에 숨결을 불어넣는 행위다(Powers, 1975). 무지한 상태에서 처음 '비전 탐색'의 구멍 속으로 들어가는 초심자는 점화되지 않은 담배통에 담긴 담배를 닮았다. 비슷하게 신성한 공놀이에서 던지는 공은 "와칸 – 탕카를 재현하며 지식을 상징한다. 그 공을 잡으려는 사람들의 시도는 자신을 자유롭게 하기 위해 무지 속으로 침잠한 사람들의 분투를 재현한다"(Powers, 1975).

수족에게 중심이 있는 원은 어디에나 있는 신성한 상징이다. 파워스(1975)는 수족의 둥근 야영지에 대해 "야영지의 원은 통일성과 사회적 연대를 나타낸다. 원 안의 모든 것은 의심할 여지없이 오그랄라족이다. 원 바깥은 적, 일상적 삶의 모순, 악령, 나중에는 백인을 의미했다"고 썼다. 원 내부는 안전과 질서, 외부는 위험과 무질서다. 와칸-탕카를 재현하는 포괄적·통합적·자연적인 원은 균형이라는 의미에서 질서를 나타내며, 동시에 '적절한 행동을 통해 중심을 찾고 간직하는 것'을 의미한다(리드와 개인적 대화). 그러나 세계는 종종 조화를 상실한다. 중심의 지배는 느슨해지고, 적절한 형식은 무질서 속으로 가라앉으며, 와칸 역시 약해진다.

J. 브라운(1971)에 따르면, 한 존재나 사물의 와칸의 정도는 "그것의 (적절한) 원형原形에 얼마나 다가가는가에 비례한다. 더 정확히 표현하면, 한 사물이나 행위가 '진정한 하나One'인 와칸-탕카의 원리를 가장 직접적으로 반영할 수 있는 능력에 비례한다". 세계가 무질서에 빠질 때 "조화를 이루고 우주에 필요한 균형을 회복하는 방법은 신성한 의례뿐이다"(Powers, 1975). 이런 조화는 종종 '원圓을 창조하기'라고 불리며(리드와 대화), 이때 사람들은 거의 언제나 원 안에 모인다. "신성한 의식이 적절히 치러지면, 백인의 기술에 의해 통제된다고 여겨지는 범속한 우주가 와칸-탕카의 힘이 군림하는 신성한 우주로 변한다."(Powers, 1975)

요약하면 와칸-탕카라는 개념은 마앗, 르타, 아스하, 로고스와 대단히 유사하다. 이 개념들처럼 와칸-탕카 역시 진실하고, 윤

리적이며, 영원하고, 조화롭고, 총체적이며, 통합적인 질서다. 와
칸 - 탕카는 자연적이지만, 부적절한 행동에 의해 훼손될 수 있다.
그것은 적절한 행위, 특히 의례의 연행을 통해 유지되어야 한다.
사람들은 의례에 참여하면서 와칸 - 탕카의 일부가 되고, '그것의
로고스를 따르면서' 그것을 완성한다. 그들이 신성한 담뱃대로 담
배를 피우면서 와칸 - 탕카에 에너지와 숨결을 불어넣듯이, 의례에
참여하면서 와칸 - 탕카 자체인 질서에 관한 지식을 얻는다.

　마앗, 아스하, 로고스의 경우처럼 와칸 - 탕카를 신격화하려는
경향도 존재했다. 보통 와칸 - 탕카는 지각 있는 존재가 아니라 존
재의 포괄적 질서로 간주되지만, 와칸 - 탕카는 사람인 것처럼 불
린다. 최근에 한 백인과 대화했는데 와칸 - 탕카는 신, 심지어 기독
교적 신을 지칭하는 말처럼 간주되었다. 다음은 1866년에 한 선교
사가 수족의 종교적 상황에 대해 보고한 것이다. "기독교도는 이
교도, 즉 '위대한 신령'인 와칸 - 탕카의 숭배자들과 절대적으로 구
분된다." 이교도가 숭배한 것은 타쿠 - 와칸Taku-Wakan('와칸다운 것'),
다시 말해 수많은 와칸다운 사물이다(Pond, 1989〔1866〕).

　신세계의 부족사회에서 출현한 와칸 - 탕카의 개념은 구세계의
고대 문명이나 그것들의 개념에 빚진 게 없다. 그 개념은 자생적
으로 자라났지만, 다른 신세계 원주민의 관념과는 연계되었을 것
이다. 마앗, 아스하, 르타, 로고스, 와칸 - 탕카 같은 단어들이 지
칭하는 일반적 관념은 북아메리카 원주민 사이에서도 널리 퍼졌으
며, 다양한 형식과 문화적 용어로 불렸다. 파워스(1975)가 언급했
듯이 와칸이라는 용어는 "이로쿼이족의 오렌다orenda, 쇼쇼니족의 포

쿤트pokunt, 알곤킨족의 마니토우manitou, 콰키우틀족의 나우알라nauala
와 유사하다고 여겨졌다". 여기서 얼핏 보기에는 위 개념들과 다
른 듯한 나바호족의 호조hozho 개념을 떠올려보자.

호조라는 단어는 번역하기 어려운데, 클럭혼(1949)이 지적했듯
이 영어에는 '윤리적이면서 미학적 의미가 있는 어휘'가 드물기
때문이다. 호조에서 어간 조zho는 무수한 긍정적 의미가 있는 듯
하다. 이 말은 좋은, 호의적인, 아름다움, 완벽성, 조화, 선, 정
상적인 것, 성공, 안녕, 은총 받음, 질서, 이상 등의 의미가 있다
(Witherspoon, 1977). 위더스푼(1977)에 따르면 접두사 호ho와 "가장
가까운 영어 단어는 총체적 의미에서 '환경'이다". 호는 동사형 접
두사로 "(1) 특수한 것과 대조되는 일반적인 것 (2) 부분과 대조되
는 전체 (3) 구체적인 것과 대조되는 추상적인 것 (4) 확정적인 것
과 대조되는 규정되지 않은 것 (5) 유한한 것과 대조되는 무한한
것을 뜻한다". 따라서 호조는 무한한 지배력이 있는, 만물에 관철
된 질서의 원리를 의미하는 듯하다.

호조는 분리된 개별적 사물이나 존재에서는 드러나지 않지만,
세계를 구성하는 사물과 존재의 적절한 관계에서 유래하는 전체
성이나 통합성 속에서 드러난다. 그런 적절한 관계에서 '질서에 대
한 지적 개념, 행복한 감정적 상태, 선善이라는 도덕 개념, 건강과
안녕이라는 생물학적 조건, 균형, 조화, 아름다움의 미학적 차원'
(Witherspoon, 1977)을 포괄하는 호조가 구현되거나 실체화된다.

레이처드(1950)에게 호조(그녀는 xojon이라고 표기한다)는 "'인간에
의해 성취될 수 있는 완벽성', 다시 말해 인간뿐만 아니라 초자연

적 존재와 시간, 움직임, 제도, 행위가 모두 추구하는 목표다. 호조는 최고조로 성취된 질서를 뜻한다".

호츠조hochzo는 호조의 반대로 '악, 무질서한 것, 추한 것'이다(Witherspoon, 1977). 레이처드(1950)는 "나바호족에게서 죄의 관념에 가장 가까운 것은 '질서를 벗어난 것, 통제를 결여한 것'이며, 선善은 질서나 강제와 긴밀히 결합된 것이다"라고 썼다. 그녀는 초기 저작에서 (나바호족의 관념에서) 선과 악의 주요한 차이점은 "규제의 유무다. 규제란 의례적인 것이고 오래전에 확립된 것이지만, 가르치고 학습되어야 하기 때문"(1944)이라고 지적한다. 여기서 흥미로운 점은 (나바호어에서) '알다' '지식을 얻다' '요약하다' '분석할 수 있다' '숙지하다' 같은 단어의 어간이 '성스러운' '축복받은' '신성화된' 같은 단어와 음성학적 · 문법적 · 통사론적으로 연계되었다는 것이다(Witherspoon, Reichard를 인용, 1977).

호츠조라는 단어의 존재 자체가 호조 역시 교란되거나 훼손될 수 있으며, 질서가 무질서에 의해 파괴될 수 있음을 나타낸다. "나바호 의례의 주요 목적은 호조를 유지하거나 회복하는 것이다."(Witherspoon, 1977) 이 점과 관련해 나바호 의례의 연행에서 유별나게 엄격한 법식이 강조된다는 점이 중요하다. 나바호 의례는 준비 과정의 세부 사항은 물론, 의례적 대상의 수집과 정리, 의례 후 남은 물질과 대상의 처리에서도 엄청난 주의를 기울여야 한다(Reichard, 1950). 의례를 연행하는 동안 "기억력에 부담이 가더라도" 기도와 노래를 정확히 암송해야 하는데, 기도의 토대는 "'시원의 말', 상상할 수 있는 시초의 순간에 유래한 말"이기 때문이다

(Reichard, 1950).

위더스푼의 분석에서 암시된 바에 따르면 호조는 의례를 통해 회복·유지될 수 있고, 동시에 그 자체가 의례에서 확립될 수 있다. 앞 장에서 우리는 '사아 나아가이 빅케 호조'라는 표현이 나바호족의 궁극적이고 신성한 공준이라고 말했다. 나아가이는 동사 '가다'의 3인칭 단수, 연속–불완전 동사형으로 반복, 회복, 지속적 되풀이를 의미한다. 사아는 나이 듦, 삶의 주기의 성공적 완수를 뜻한다. 따라서 사아 나아가이라는 구절은 살아 있는 완전성의 지속적인 반복, 회복, 되풀이를 뜻한다. 빅케는 '~에 따라' '~에 맞춰'라는 뜻으로, "빅케의 대상은 사아 나아가이의 산물 혹은 그것과 함께 존재하는 그 무엇이다. 사아 나아가이의 부산물이 호조다"(Witherspoon, 1977). 엄격한 반복은 의례를 모든 사건 중에서 가장 질서 잡힌 것으로 만들며, 의례의 연행은 인간의 삶에 질서를 부여한다. 의례는 다른 어떤 행위도 할 수 없는 방식으로 호조를 실체화한다. 동시에 호조는 연행자들과 그들의 연행을 자신의 질서에 맞춘다.

와칸–탕카와 마찬가지로 호조 역시 아스하, 르타, 마앗, 로고스와 가족 유사성이 있는 개념이다. 호조도 이 개념들처럼 포괄적이고, 조화로우며, 통합적인 세계의 질서로, 자연적이면서 윤리적이고, 인간이 훼손할 수도 있지만 동시에 유지하고 회복해야 할 책임도 있는 것이다. 사람들은 의례의 연행을 통해 그 책임을 이행하는데, 그때 의례는 호조를 되살릴 뿐만 아니라 호조의 조건도 규정한다. 한편 앞서 논의한 로고스의 다른 형식처럼 호조에도 고유한 특질이 있다. 호조는 다른 로고이보다 미학적 요소가 두드러지며,

행복과 건강도 강조된다. 반면 호조는 다른 로고스와 달리, 진실과 뚜렷이 연관되지 않는다(위더스푼과 개인적 대화). 또 호조를 신격화하려는 경향도 없었던 듯하다. 사람들은 와칸 탕카에게 하듯 호조에게 말을 걸지 않는다.

그러나 사아 나아가이 빅케 호조라는 표현은 생성적 힘이 있는 것으로 간주된다. 이 표현을 구성하는 영원한 태고의 구절—정적인 남성인 사아 나아가이와 능동적인 여성인 빅케 호조—에서 '나바호족의 위대한 어머니'이자 '모든 성스러운 자들Holy People 중에 가장 경배되고 자애로운 존재'이며 '재생, 회춘, 갱신, 역동적 아름다움의 인격화'인 변화의 여자Changing Woman가 태어났다고 알려졌다(Witherspoon, 1977).

로고스, 마앗, 아스하, 르타, 와칸–탕카, 호조와 가족 유사성이 있는 다른 개념도 소개할 수 있다. 그러나 부족사회나 국가, 신세계나 구세계에서도 그런 개념이 편재한다는 점은 충분히 밝혀졌으리라 믿는다. 이제 스태너William E. H. Stanner(1956)가 오스트레일리아의 거의 모든 수렵·채집 부족의 형이상학의 핵심 개념인 '꿈꾸기The Dreaming'가 '오스트레일리아 원주민에게 일종의 로고스'라고 지적한 부분을 살펴보자. 오스트레일리아 원주민의 로고스는 모든 존재가 처음 출현한 '꿈의 시대'의 생물, 풍경, 관습을 설명하는 신화에 표현되었다(Stanner, 1956; Meggitt, n.d.). 헤라클레이토스의 로고스처럼 통일성은 꿈의 시대의 한 양상이다. 그러나 로고스와 마찬가지로 그 통일성은 대립과 안티테제로 구성된 통일성이다(Stanner, 1956; n.d.). 꿈의 시대의 우주적 질서는 본질적으로 자연적 질서다.

스태너(1956)는 오랫동안 연구한 오스트레일리아의 무린바타족 Murinbata의 종교에 관해 다음과 같이 썼다. "그 종교의 원리는 육체적이고 확정되었고 사회적인 삶을 영적 주기와 연관시키는 것이다. 그러나 인간과 세속 사회의 삶은 언제나 그 영적 주기의 표현에 불과하며 거기에 종속된다." 인간의 삶은 말하자면 '그 로고스를 따라야' 하고, 그 목표는 의례에서 가장 완전히 구현된다. "무린바타족의 의식儀式은 가장 근본적인 층위에서 사회적 삶을 우주의 기획, 리듬과 연결시키려 한다. 의식을 언제 치러야 하는가는 '사회적으로 결정'되지만, 그 결정은 사회 체계와 연계되어야 하는 가차 없는 우주적 주기를 따른다."(1956)

사람들이 꿈의 시대 영웅들의 배역을 맡아 꿈의 시대에 참여할 때, 사회 체계는 잠시 우주적 체계와 하나가 된다(Gould, 1969). 의례 참여는 단순히 종교적인 행위가 아니라 '꿈꾸기' 자체의 존속을 위해 필요하며, 더 나아가 세계와 그 안의 존재(동식물 등)를 유지하는(Stanner, 1956) 데 필요하다. 많은 오스트레일리아 원주민 의례는 그런 동식물 종의 창조를 다룬다. 마지막으로 의례에서 구현되는 우주적 질서는 절대적으로 진실한 것으로 여겨진다는 점만 언급하자.

> 무린바타족은 아직 인간을 출현시킨 위대한 꿈의 시대의 진실이나 거짓을 인간이 반박할 수 있다는 것을 몰랐다. 그 진실에는 권위, 신성, 평범한 인간보다 위대한 존재에게 일어났거나 그들이 행한 일의 결

과가 담겼다. 꿈의 시대에서 출현한 것은 무린 다잇피르murin daitpir, 즉 '진정한 말'이다. 한번 표현된 진실은 (인간 행위의) 기준이 되었다. (Stanner, 1956)

메깃은 왈비리족에 대해 다음과 같이 썼다.

(왈비리 사회에는) 대체로 모두 따라야 하는 명시적인 사회적 규칙이 있다. 사람들은 그 규칙에 순응하느냐, 일탈하느냐에 따라 상대의 행위를 자유롭게 규정한다. 전체 규칙은 법칙, 즉 디주가루루djugaruru를 드러내는데 이 단어는 '선善' 혹은 '곧고 진실한 길'로 번역된다. 이 말에 함축된 기본 의미는 거기서 벗어나지 말아야 할, 도덕적으로 옳은 행위(그것이 천체의 행위든 사람의 행위든)의 질서다. 법칙은 그 자체로 근본적 가치다. 이 사상은 왈비리족을 그들보다 열등하다고 간주되는 다른 모든 부족과 구별한다. 이 법칙은 꿈의 시대에서 유래했기 때문에 그에 대한 비판적인 의문 제기나 자의적 변경은 불가능하다. 토템 철학에 따르면 인간과 사회, 자연은 한 체계의 일부이며, 그 체계의 근원은 꿈의 시대다. 그러므로 만물은 그 체계와 함께 생겨난 법칙의 지배를 받는다. (1965a)

진실, 통일성, 항구성, 질서는 북아메리카 원주민과 구세계 고대 문명의 로고스 개념에 내재한 것처럼 오스트레일리아 원주민의 꿈이라는 개념에도 내재한 듯하다.

마지막으로 마링족의 노마네nomane라는 단어를 살펴보자. 노마네는 인격적 측면이 있는데, 더 정확히 말하면 개인의 인격의 한 요소다. 몰아 상태에 빠진 샤먼은 교령회에서 자신의 **노마네**를 연기 여자Smoke Woman의 가옥으로 올려 보낸다. 사람이 죽어도 그의 노마네는 죽지 않는다. 이 단어는 개인의 사고, 관념, 의견, 지성을 뜻하는데 정확함, 적절함, 지혜의 의미도 함축한다. 멍청하고, 이기적이고, 교활한 생각은 노마네가 아니다. 노마네에는 더 일반적 의미도 있다. 사람들이 '우리의 노마네', 즉 마링족의 노마네라고 말할 때 이는 마링족의 전통과 문화를 의미한다. 거기에는 혼인 풍습, 정원 일, 특히 전쟁과 관련된 주술, 호혜성의 규칙, 더 일반적으로 합당하게 일을 처리하는 방식 등이 포함된다. 노마네는 전쟁을 조절하는 카이코 의례 주기에서 재현되고 실천된다. 확신할 수 없으나, 나는 개인의 생각도 포괄적인 의미의 노마네를 따르거나 거기에 순응하면 노마네로 간주될 수 있다고 생각한다. 따라서 노마네를 멜라네시아 버전의 로고스로 이해하는 게 타당할 것이다.

다양한 사회의 의례에서 확립되는 질서는 헤라클레이토스가 '로고스'라 부른 질서와 닮았다. 그런 유사성에도 내가 제안한 연관성이 헤라클레이토스의 로고스 개념을 잘못 해석하거나 곡해한 것처럼 보일지 모른다. 그와 그의 추종자들에게 로고스는 관습적인 것이 아니었다. 최소한 로고스의 타당성이 그것의 수락에 달렸는지는 확실치 않으며, 로고스는 이해되든 아니든 세계에 퍼진 것으로 간주된 모양이다. 로고스는 관습적 질서나 자연적으로 구성된 질서가 아니고, 그 자체가 자연과 관습을 모두 구성하는 질서였다. 그렇다면 현명한 이들은 로고스를 따르기 위해, 다시 말해 로고스에 일치하는 삶을 영위하기 위해 그것을 이해하려고 노력할 것이다. 즉 세계의 긴장과 그것의 무질서 아래 숨겨진 살아 있는 조화에 주목하고, 세계의 표면적인 부침 아래 존재하는 불변성을 발견하려고 할 것이다.

이와 반대로 의례에서 재현되는 질서는 자연적으로 구성된 것이 아니고 관습적으로 구축된 것이다. 그 질서는 본성상 경험적으로 발견될 수 없고, 사회에서 수행적으로 확립되어야 한다. 따라서 예식 질서에 의해 구성되는 것은 로고스가 아니라 가짜-로고스 pseudo-Logos처럼 보일 수 있다.

그러나 자연적으로 구성된 것과 수행적으로 구성된 것의 대립은 의례의 권능을 통해 기묘하게 역전된다. 수행문performative의 결과가 즉시 사실문constative의 의미가 되는 것이다. 이런 역전은 예식 질서와 형이상학적인 대상의 관계처럼 예식 질서와 로고스 사이에서도 발견된다. 예식 질서는 사회적 구성물이지만, 그것이 재현하는 질서는 철학적으로 사색된 로고스만큼 자연적인 것으로 간주된다. 이 사실로도 의례가 확립하는 로고스가 '가짜-로고스'라는 주장을 무효화할 수 있지만, 그 주장이 인간종의 조건에 근본적인 것으로 보이는 대립, 즉 발견된 것the discovered과 구성된 것the constructed의 대립에 근거하기 때문에 자세한 논의가 필요하다.

로고스를 '만물이 하나라는 데 동의하는 게 지혜다'라는 진술처럼 모든 것을 포괄하고 통합하는 그 무엇으로 이해한다면 로고스는 단순한 사물이 아니며, 사람들이 파악해야 하거나 거기에 순종해야 하는 인간과 구별된 신적인 대상이 아니다. 그것은 차라리 인간이 일부를 구성하는 질서다. 그러나 독사doxa나 이디아 프로네시스idia phronesis가 있는 인간은 선택, 오류, 무지로 인해 로고스에 반하는 행동을 하며 사르마sarma를 만들어낸다. 그러면 로고스는 불완전하거나 부서지는데, 단순히 이해되지 못한 게 아니고 구현되지 못하거나 훼손된 것이다. 인간은 로고스를 따르는 외에 다른 행동을 할 수 있다. 그래서 로고스를 완성하고 그 통일성을 보존하기 위해서는 사람들을 로고스와 결합시키고 거기에 참여하도록 해야 한다.

헤라클레이토스의 표현에 따르면, 현명한 자들은 로고스에 동의한다. 이 동의가 현명한 이유는 동의하지 않음이 자연법칙의 관찰 가능한 효과(예를 들면 중력의 법칙)를 부인하는 것처럼 무모하기 때문이 아니다. 지혜란 세계의 연약함을 깨닫는 것인 동시에, 그 연약한 세계 자체에 인간이 의존함을 깨닫는 것이기 때문이다. 물론 동의란 그 의미상 수락에 가깝다. 수락이 모든 것을 포괄하는 로고스의 완성에 필수 요건이라면, 로고스는 자연법칙을 따르는 힘뿐만 아니라 윤리적 힘도 있는 셈이다. 로고스가 자연을 구성하는 법칙으로 이해된다면 그것은 도덕성, 따라서 인간 사회를 구성하는 법칙일 수도 있다.

고전적 의미에서도 로고스는 자연의 발견을 통해 전부 파악할 수 없다. 도덕은 자주 자연적인 것으로 신비화되지만, 인간에 의해 구성되어야 하는 것, 상상되고 확립되어야 하는 것이다. 나는 그런 도덕의 확립이 의례에서 (오직 의례에서 가능하지는 않다 해도) 일어나며, 도덕은 확립되었을 때만 사람들에게 알려진다고 주장했다. 의례는 그것이 재현하면서 드러내는 질서의 도덕적 양상을 인식하고, 구성하는 수단이다.

로고스는 구성되어야 한다. 몇몇 원시사회는 의례에서 로고스를 되풀이해 구축해야 하는 인류의 책임을 분명하게 표현한다. 그러나 고전적 의미의 로고스도, 지금까지 세계에 존재한 무수한 예식 질서에 따라 확립된 로고스도, 규율 없는 단순한 소망이나 어떤 제약도 받지 않는 공상의 '단순한 구성물'일 수 없다. 포괄적 로고스의 한 양상이 조화라면, 로고스는 자의적인 것일 수 없다. 조화란 관습이나 인간의 행위가 변경할 수 없는 자연현상―법칙, 과정, 사물―에 대한 관습의 도입을 상정하기 때문이다. 그렇다면 자연현상은 관습과 그것의 확립에 제약을 줄 수 있는데, 관습을 확립하는 과정 자체가 그런 제약을 정당화한다.

앞서 보았듯이 예식 질서는 그것의 관념 체계에 자연현상, 특히 성장과 부패, 계절성, 생물종의 유기적 성격에 대한 관념을 포함할 수 있다. 그러나 자연 요소의 중요성은 세계종교의 의례에서 약화되었다. 그 종교들의 보편적 주장이, 종종 어느 정도 대가를 치르고 자연환경의 특수한 요소와 어느 정도 결별할 필요가 있었기 때문이다. 세계종교는 자연을 초월하지 않으며, 그 종교의 지역적 변이는 때로 개별 지역의 지리적 특수성을 인정한다. 그러나 그것의 의례는 최소한 연행자와 그가 연행하는 질서 사이에 부분‒전체 관계를 구현한다. 이 관계는 생태적·우주론적 사고의 경험적 토대뿐만 아니라 생태적·사회적 의무의 토대를 구성한다.

로고스와 예식 질서는 자연법칙과 관습적 관념 체계의 교차로에 위치하는데, 이 교차로에서 인간종의 가장 근본적인 어려움이 뚜렷하게 드러난다. 인간 역시 다른 모든 생물처럼 스스로 변경할 수도, 전부 이해할 수도 없는 법칙의 통제를 받는 우주에서 살아간다. 인간도 지각 있는 모든 생물처럼 세계에 대한 자기만의 이해 체계를 가지고 살아간다. 인간은 언어가 없어 그 이해가 제한적인 다른 생물과 달리, 자신을 위해 그런 이해 체계를 구축할 수 있다. 물론 인간 본성만으로 자기 파괴적이고 더 나아가 세계를 파괴하는 어리석은 생각을 막을 수는 없지만 말이다. 그런 이해 체계는 발견상의 불완전이나 불충분이 아니라, 의도적이고 사익만 챙기는 이디아 프로네시스에 의해 훼손될 수 있다. 더 나아가 인간중심주의, 즉 집단이나 사회, 인간종 전체가 그들이 의존하는 세계에 대항하여 지닌 이디아 프로네시스에 의해서도 파괴될 수 있다. 우리는 마지막 장에서 이런 로고스의 훼손을 다시 논의할 것이다.

12

누미노스,
성스러움,
신성

누미노스,
성스러움,
신성

1장에서 우리는 성스러움the holy이 두 가지 근본적 요소[1]로 구성되었다고 보았다. 그중 하나는 성스러움의 담화적 · 논리적 요소인 신성성the sacred으로, 그 양상은 언어를 통해 표현된다. 한편 언어로 형용할 수 없는 비담화적 · 비논리적 · 정감적 요소가 누미노스numinous다. 그 양상은 언어로 표현될 수 없고, 언어 바깥에서 경험된다.

이 장은 주로 누미노스를 다루고, 후반부에서 신성the divine을 논의할 것이다. 누미노스는 지금까지 우리가 주로 다룬 신성성과 다른 주제다. 물론 앞서 누미노스, 특히 그것의 가장 일반적인 형식인 커뮤니타스는 간략하게 언급했다. 더 나아가기 전에 앞선 논의들과 현 논의의 연관성을 검토해보자.

9장에서 우리는 신성성이 의례나 다른 종교 형식에서 표현되는 '궁극적이고 신성한 공준'이라 불리는 일련의 명제에 담겼다고 주장했다. 이 명제의 특이함은 보통[2] 그것들이 절대적으로 허위화 불가능하고 객관적 검증이 불가능한데도 의문 제기 불가능하다고 간주된다는 점에 있다. 더 나아가 우리는 의문 제기 불가능성이 신성성의 본질이라고 주장했다. 신성성을 신자들이 객관적 검증이 불가능하고 절대적으로 허위화 불가능한 공준에 부여하는 의문 제기 불가능성의 특성으로 정의하기도 했다. 따라서 신성성은 담화의 속성이지, 그런 담화의 지시물을 구성하는 대상이나 존재의 속성이 아니다. 예를 들어 신성한 것은 예수라는 인물이 아니다. 그는 신적 존재일 수 있지만, 신성은 신성성과 다르다. 그의 신성divinity이 신성하다고 주장하는 것은 의례와 경전의 담화다.

궁극적이고 신성한 공준은 일반적으로 물질적 지시물이 거의 없거나 결여하고 있다. 그와 비슷하게 뚜렷한 사회적 의미도 거의 없거나 결여하고 있다.[3] 예를 들어 유대교의 궁극적이고 신성한 공준인 '주는 우리의 신이요, 주는 하나라' 같은 명제에는 어떤 물질적 조건이나 뚜렷한 사회적인 지침도 없다. 그러나 물질적 측면이 결여되어도 셰마나 다른 궁극적이고 신성한 공준은 성수반처럼 다른 종교적 명제—의례와 터부를 위한 지침, 윤리적 명령, 계약과 서약, 계율에 대한 맹세, 권위를 확립하는 선언(이때 권위자의 명령도 신성화된다)—를 위한 신성성의 근원이 된다. 이런 상황 의존적 명제는 물질적·사회적 요건을 포함하며, 사회적·물질적 사태의 조절에 직접 관여한다.

궁극적이고 신성한 공준에서 흘러나오는 과정에서 의문 제기 불가능성은 그와 밀접하게 연관되지만, 더 구체적인 진실성이나 적절성, 정확성, 윤리성, 정당성 같은 특질로 변한다. 신성성은 엄격한 의미에서 종교의 울타리를 벗어나 사회의 일반 담론 전반으로 확산되며, 우리가 로고이라고 부른 질서를 결합시킨다. 그리고 더 근본적인 차원에서 언어의 미덕에 내재한 악인 거짓말과 대안성을 개선한다. 신성성은 언어만큼 오래된 것으로 보이는데, 이는 인간의 생활양식만큼 오래되었으며 그런 생활양식에서 핵심적이었다는 뜻이다. 사실 궁극적이고 신성한 공준과 인간의 사회 세계의 관계는, 에너지보존법칙과 물리적 세계의 관계와 유사하다. 둘 모두각 체계에 근본적인 것이다.

우리는 9장에서 궁극적이고 신성한 공준의 의문 제기 불가능성은 의례적 표현을 통해 확립된다는 것, 더 구체적으로 의례적 불변성의 산물이라고 주장했다. 4장에서는 연행자 이외 사람이 코드화한 불변하는 질서의 연행은 그 질서에 대한 연행자의 수락을 의미한다고 보았다. 그런 수락이 필연적으로 그 질서에 대한 신념을 뜻하거나 복종을 보장하지 않는다. 그러나 수락은 그런 질서를 따르겠다는 의무를 확립하고, 그 질서를 인간 행위의 평가 기준으로 인정한다. 우리는 9장에서 그런 수락이 의례의 질서나 그 질서가 표현하는 궁극적이고 신성한 공준에 의문을 제기하지 않겠다는 동의라고 보았다. 그런 동의는 의문 제기 불가능성의 한 토대가 된다.

역시 의례의 불변성의 산물인 의문 제기 불가능성의 두 번째 토대는 정보 이론을 통해 밝혀냈다. 전문적 의미에서 정보란 불확실성을 줄이는 무엇이다. 정보는 이론적으로 측정 가능하며, '비트$_{bit}$'라는 최소 단위가 있다. 비트란 대략 두 가지 대안적 선택이 동등한 가능성이 있을 때 '예스/노' 혹은 '이것이냐/저것이냐'라는 질문에 대한 답이다. 예식 질서가 불변할수록 그 질서의 연행은 대안의 불확실성을 줄일 수 없는데, 어떤 대안도 재현되지 않기 때문이다. 규범이 변하지 않을수록 그것은 정보를 결여한다. 그러나 규범에 정보가 결여되었다고 해서 그것이 의미 없지는 않다. 거기에는 정보 없음의 의미meaning of informationlessness가 확실히 존재한다. 의례, 더 구체적으로 의례적 규범의 불변성은 진실의 상응성 이론을 역전함으로써 궁극적이고 신성한 공준의 지시물을 '진실로 표현하여' 형이상학적 대상으로 만드는 한 가지 방식이다. 의례가 궁극적이고 신성한 공준에 부여하는 확실성은 신성성의 의문 제기 불가능성의 두 번째 토대다.

여기서 의례 규범의 불변성에 주목하자. 아이로니컬하게도 편협한 실용주의, 과도한 합리주의, 실증주의에 빠진 이들이 '의례적일 뿐'이라고 일축하는 의례의 측면이 일반 대중의 공적 수락을 가능하게 하고, 신성성을 구축하는 수단을 제공한다. 그렇기 때문에 그런 측면은 로고스의 확립에 필수 불가결하다. 검증할 방법은 없지만 1장에서 제안한 대로 신성성의 개념이 언어만큼 오래되었다면, 신성성의 토대인 의례 규범의 불변성은 더 오래되었을 수 있다. 불변성은 인간 의례뿐만 아니라 동물 의례의 특성이기 때문이다. 그렇다면 최소한 급격하게 증가한 언어적 표현이 언어가 없는 인간 조상들에게 널리 퍼진 의례 형식으로 도입되어, 그 아래 종속되면서 신성성의 개념이 출현했다고 보는 것이 타당하다.

그러나 의례의 규범적 불변성만큼 중요한 언어와 인류의 생활양식은 정보 이론과 발화 행위 이론에 근거할 때, (의례보다) 많은 속임수에 근거한 듯하다. 우리는 경험을 통해 의례의 의미가 단지 그것의 담화적·합리적 내용으로 구성되지 않으며, 가장 고유한 의미는 거의 담화적이지 않거나 아예 담화적이지 않음을 안다. 11장에서 헤라클레이토스의 로고스 개념에 관한 현대 학자들의 논평을 인용하며, 질서 자체는 합리적이지만 질서에 대한 이해는 단순히 '이론적'이거나 합리적인 행위는 아니라는 것도 살펴보았다. 클라인크네흐트(1967)에 따르면 '그것은 인간을 요구'한다. 이는 질서를 파악하는 것이 어느 정도는 합리적이지 않음을 암시한다. 이런 비합리적 누미노스가 의문 제기 불가능성의 세 번째 토대다.

누미노스가 단지 의례에 있는 것은 아니지만, 7장에서 살펴보았듯이 의례의 커뮤니타스는 누미노스의 가장 일상적인 근거지다. 우리는 뒤르켐과 커뮤니타스에 근거한 윌리엄 제임스와 루돌프 오토의 설명을 암시적으로 소개한 다음, 누미노스의 토대가 되는 의식의 몇몇 특징을 살펴볼 것이다. 그리고 제임스와 다른 학자들이 '은총'이라고 부른 합일의 상태를 논의할 것이다.

1.
윌리엄 제임스, 루돌프 오토, 에밀 뒤르켐에서 종교적 경험과 누미노스

'종교적 경험'이라는 용어는 1901~1902년 에든버러대학교에서 열린 기퍼드 강연*을 기반으로 한 윌리엄 제임스의 1961년 저작에 의해 유명해졌다. 제임스가 논하는 종교적 경험의 '다양성'은 그리 다양하지 않다. 그가 주로 기독교를 논하고, 기독교에서도 개종과

---

* 스코틀랜드의 법률가 기퍼드(Adam Lord Gifford)가 에든버러대학교에 기증한 유산을 기초로 설립된 강연. 1888년 시작된 이래 한나 아렌트, 노엄 촘스키, 윌리엄 제임스 등 각 분야의 탁월한 사상가들이 강연을 했다. www.giffordlectures.org

계시의 경험에 초점을 맞추기 때문이다. 그는 동방 신비주의도 참조하지만, 교회에서 홀로 성모마리아의 비전을 본 유대교도의 사례를 제외하면 그의 관심사는 대부분 기독교도, 그중에서도 대부분 개별 신교도에 국한되었다. 그러나 제임스의 논의는 활용된 전거보다 훨씬 일반적인 함의가 있다.

제임스는 우리가 구별한 성스러움의 두 측면과 거의 상응하는 종교의 두 측면을 구분한다. 한편으로 그가 '제도화된 종교'라 부른 것이 있고, 다른 한편으로 '개인적 종교'가 있다. 전자는 그가 정의한 의미보다 포괄적인 듯한데, 거기에 신학뿐만 아니라 기독교 단체까지 포함하기 때문이다. 그 종교는 언어에 근거한 담화와 단체로 구성되며, 이 책에서 '신성성'이라 명명한 성스러움의 구성 요소와 일치한다. 제임스는 제도화된 종교에 큰 관심이 없다. 그의 주요 관심사는 개인적 종교인데, 그가 보기에 종교란 언제나 개인의 경험에서 유래하며, 본질적으로 그런 경험 영역에 머무르기 때문이다(J. Moore, 1938). 그가 종교를 사적이고 심리적인 과정으로 보는 것은 그의 종교 정의에서도 분명히 드러난다. "종교란 그들이 신적인 것으로 간주하는 모든 것과 관계하는 고독 속에 있는 개별 인간의 감정, 행위, 경험을 의미한다."(James, 1961. 강조는 Rappaport)[4]

개인에 대한 이런 강조는 자신의 학문 영역을 선호하는 심리학자의 선택만은 아니다. 그는 개인적 종교가 논리적 · 역사적으로 제도화된 종교에 선행했다고 여긴다. 그 까닭은 교회가 그 창립자들의 개인적 종교를 기반으로 하기 때문이며(Moore, 1938), "개인적 종교는 여전히 본원적인 무엇으로 여겨진다. 그것을 불완전한 종교라고 간주하는 이들에게도 그렇다"(James, 1961). 약 반세기 후 앤서니 F. C. 윌러스(1956)는 제임스의 입장을 지지했다. 윌러스에 따르면 모든 종교는 사적 계시를 경험한 선지자들이 주창하고, 그 추종자들이 받아들인 재생 운동revitalization movement에서 유래했다. 재생 운동은 역사적·논리적으로 종교에 선행한다.[5]

개인적 종교는 논리적·현상학적으로 제도화된 종교에 선행하는데, 그것이 제임스에게 특별한 의미가 있는 용어인 경험experience을 기반으로 하기 때문이다. 경험은 의식의 두 측면 중의 하나로, 다른 하나는 '사고thought'다. '경험'이란 사물의 즉각적인 파악을 뜻한다. 거기에는 감각, 감정, 막연한 '관계에 대한 느낌'이 포함된다. 경험은 프로이트 학파가 '일차 과정'이라 명명한 일반적 영역을 포괄하며(Fenichel, 1945), 제임스가 '조우를 통한 지식acquaintance-knowledge'이라 부른 지속적인 이해의 형식을 만들어낸다(1890). 반면 '사고'는 경험과 행동 사이에서 도구적 기능을 한다(J. Moore, 1938). 그것은 경험 바깥에 있지만 제임스가 '무엇에 대한 지식knowledge about'이라 명명한 이해의 형식을 만들어낸다(1890).

'조우를 통한 지식'은 근원적이지만 언어로 표현하기 힘들다. 제임스에게 경험은 비담화적인 것으로, 단어에 의해 소통될 수 없는 지속적인 '의식의 흐름'이다. '무엇에 대한 지식'은 사고의 산물이다. 사고는 논리적이고 언어적이며, 제임스의 시대에는 통용되지 않은 용어를 써서 표현하면 그 특성상 디지털적이다. 그런 사고는 논리적·언어적이지 않고, 그 특성상 아날로그적이고 연속적인 경험 위에 작용한다. "우리는 감정(경험)을 통해 사물과 조우하지만, 단지 사고를 통해서 그것들에 대해 안다."(1890)

그렇다면 개인적 종교는 제도화된 종교에 선행하는데, 후자는 담화에 의해 구축되지만 전자는 경험에 근거하기 때문이다. 종교적 경험은 경험의 한 형태로, 모든 경험은 사고에 선행한다. 종교적 경험이 없다면 어떤 종교적 담화도 있을 수 없다. 그러나 제임스에 따르면 종교적 경험이 그 자체로 종교적 담화는 아니다. 그 자체로 대단히 불분명한 경험은 스스로 보고할 수 없다. 우리는 담화적 사고를 통해서 우리의 감정을 해석한다. 이런 해석적 기능이 종교적 담화의 역할이다. "따라서 개념과 해석은 종교에 필요한 것이다."(W. James, 1961)

제임스는 종교적 경험이 종교적 사고에 선행한다고 보면서, 종교의 '개념과 해석'이 종교적 경험에서 유래했다고 주장한다. "종교적 경험은 필연적으로 신화, 미신, 신조, 교리, 형이상학적 신학을 낳으며, 그런 신념 체계의 추종자들에 의한 다른 신념 체계에 대한 비판을 낳는다."(W. James, 1961) 이 구절은 다소 미심쩍다. 이는 제임스가 '신화, 미신, 신조, 교리, 형이상학적 신학'의 형성에서 담화적 사고, 사회적 과정, 물질적 조건의 큰 역할을 부인하며, 종교적 경험의 감각, 감정, '관계에 대한 느낌'에 합당한 수준 이상의 영향력을 부여함을 암시하기 때문이다.

종교적 경험의 일차 과정과 종교적 담화의 '이차 과정'(Fenichel, 1945)의 관계는, 제임스가 생각하는 것 이상으로 상호 보완적이다. 이 문제는 나중에 다시 논의할 것이다. 여기서는 제임스의 '종교적 경험' 개념에 내재한 오류를 지적하고 넘어가자. 제임스의 정의에 따르면 종교적 경험은 그가 '경험'이라 부른 불분명한 의식의 형식을 넘어서는 무엇을 포함한다. 결국 '종교적'이라는 용어는 그가 '사고'라 부른 의식의 담화적 형식의 산물이다. 그렇다면 제임스의 '종교적 경험'은 경험 이상의 것을 포함하는데, 사고의 산물(즉 '종교적'이라는 조건)에 의해 경험의 다른 양상과 구분되기 때문이다. 그러나 이런 오류 때문에 종교적 경험 자체에 관한 제임스의 일반 설명을 전부 폐기할 필요는 없다.

제임스는 특수하게 종교적인 감정이란 존재하지 않는다고 분명히 말한다. '종교적 경험'이란 용어는 단순히 '종교적 대상religious object이 불러일으킬 수 있는 많은 정서를 지칭하는 포괄적 명칭'이다(1961). 종교적 경험이 다른 경험과 본질적으로 구별되는 것은 종교적 대상에 대한 관심 때문이다. 종교적 대상이란 개인이 그런 대상으로 간주하는 모든 것—예를 들면 신—을 말하며, 제임스는 그 대상에 '신적인'이라는 말을 덧붙인다.[6] 제임스는 이런 주장에도 종교적 경험과 신적인 대상에 다소 특수한 성격을 부여한다. "우리가 종교적이라 명명하는 모든 태도에는 뭔가 심각하고, 엄숙하고, 조심스러운 것이 있다." 그는 '신적인'이라는 용어를 '개인이 엄숙하고 중대하게 화답해야 한다고 느끼는 근원적 현실'에 사용해야 한다고 본다. 여기에는 그의 신교도적 취향이 드러난다.

'엄숙한' '진지한' '중대한' '조심스러운' 같은 용어는 다소 밋밋하지만, 종교적 경험에 대한 제임스의 설명은 전혀 온건하거나 밋밋하지 않다. 차라리 그것들은 '열광'으로 충만한데, 그는 '황홀' '경이'와 같은 용어를 사용한다. 종교적 경험에 감응한 이들은 단순히 신적인 무엇에 복종하는 것이 아니다. 그들은 '충만한 동의' 속에서 그것을 껴안는다. 그들은 단순히 신적 존재에 의해 신성화된 질서를 수락하는 것이 아니다. 그들은 거기에 열렬히, 열정적으로, 기쁨에 가득 차서 참여한다. 성자들은 "신적 섭리를 껴안기 위해 뛰어나간다"(p. 52). 그리고 제임스가 말하듯 '종교의 주요 직무'는 '개인의 행동을 단순한 의무에서 성인의 수준까지 고양'하는 것이다.

제임스에 따르면 종교적 열광은 그가 '은총'이라 부른 심오한 종교적 경험 요소를 기반으로 하거나 거기서 유래한다. 신자들은 은총의 상태에서 신적 존재를 위해 자신에 대한 책임을 포기한다. 이런 복종 뒤에는 예전에는 불가능했거나 엄청난 고통이나 포기가 수반되어야 가능했을 행동이 수월하고 즐겁게 행해진다. 의지에 따른 노력은 열광으로 대체되는데, 이 열광은 윤리적 노력을 통해서 길들일 수 있는 충동을 극복할 뿐만 아니라, 사실 그런 충동에서 에너지를 얻는다. 은총에 관해서는 나중에 다시 논의할 것이다. 여기서는 제임스가 말하는 '종교적 경험'에 상당한 의식의 변화가 수반된다는 점만 기억하자.

일상적 맥락에서는 사고가 경험을 지배하지만, 특정한 비일상적 상황―그런 상황 중에서 가장 공통적이고, 빈번하고, 사회적이고, 신뢰할 수 있는 사례는 의례가 있다―에서는 경험이 대단히 강렬해져, 사고를 지배하거나 극단적인 경우 사고를 대체한다. 이는 종교적 경험, 루돌프 오토의 표현에 따르면 누미노스가 절제된 서양의 교회 예배에서 많은 사람이 경험하는 고요, 엄숙, 경외의 감정부터 심오한 황홀경과 신비적 경험까지 다양한 강도로 현현함을 말해준다.

누미노스에 관한 루돌프 오토의 설명은 제임스의 종교적 경험에 대한 논의와 다르지만 서로 연계된다. 《Das Heilige 성스러움》에서 논의된 누미노스는 더욱 형식적이고, 정교하며, 기독교에 덜 매여 있다. 오토(1950)가 종교적 경험 속에서 경험된다고 말하는 '누미노스'는 '성스러움'의 비담화적이고 비합리적이며, 말로 형언할 수 없는 요소다. 총체로서 성스러움은 종교를 포괄할 뿐만 아니라 전이에 의해 다른 영역―윤리―까지 적용된다(1950).

오토에 따르면 성스러움은 윤리적·합리적 측면도 있다. 누미노스는 '성스러움에서 윤리적 요소나 순간, 그것의 합리적 측면을 제외한 모든 것'(1950)이다. 오토가 말하는 성스러움의 윤리적·합리적 측면은 일반적으로 제임스의 제도화된 종교에 상응하며, 내가 신성한 것 혹은 신성화된 것이라 부른 것과 상응한다. 이는 성스러움의 담화적 요소로서 프로이트 학파가 '이차 과정 사고'라 부르는 것, 대략적으로 제임스가 '경험'에 대비하여 '사고'라 부르는 것에 상응한다.

오토에 따르면 누미노스는 주관적·객관적 측면이 모두 있다. 여기서 주관적 측면은 개념적인 것이 아니고, 그가 '피조물 감정creature-feeling'이라 부른 것 안에서 원초적으로 발현된다. "그것은 모든 피조물을 초월한 숭고함과 대조되는, 그 스스로 무無에 의해 압도된 피조물의 감정이다."(1950) 오토는 슐라이어마허Friedrich Ernst Daniel Schleiermacher를 따라 절대적 의존성의 감정이 피조물 감정의 일부라고 본다. 압도적인 누미노스적 힘이나 실체에 완벽하게 의존한다는 감정은 누미노스로서 경험되는 무엇이 자아 외적인 존재임을 암시한다(1950).

그렇다면 누미노스의 객관적 측면은 그것의 주관적 측면에서 유래한 것이다. '객관적인' 것은 피조물을 압도하고, 피조물이 절대적으로 의존한다고 느끼는 존재의 특성으로 구성된다. 제임스가 제도화된 종교가 개인적 종교와 연관된다고 한 것처럼, 오토가 말하는 누미노스의 객관적 측면은 그것의 주관적 측면과 연계된다. 다시 말해 누미노스에서는 주관적인 것이 객관적인 것을 생성한다. 이 구절이 동어반복에 가깝다는 사실은 오토에게 문제가 되지 않는 듯한데, 이는 그가 주관적인 것을 강력하게 경험했기 때문이다.

제임스와 마찬가지로 심리학자, 철학자이면서 신학자인 오토는 경험이 일어나는 장소인 개인에 초점을 맞춘다. 그의 누미노스 논의는 제임스의 그것만큼 누미노스가 발생되는 사회적 맥락을 무시하는데도 에밀 뒤르켐(1912)이 《종교 생활의 원초적 형태》에서 개진한 종교적 개념의 토대에 관한 설명과 매우 닮았다. 뒤르켐은 오토와 마찬가지로 신적인 것은 신자에게 그들을 지배하면서 부양하는 무엇, 그들보다 높고 강력하며 그들이 의지하는 무엇으로 경험된다고 주장한다(1961). 뒤르켐 역시 오토처럼 신적인 것은 도덕적 힘과 합리적 양상이 있지만, 합리적으로 이해되지 않는다는 점(때로는 이해 불가능하다는 점)을 인정한다. 그것은 차라리 즉각적 경험 속에서 포착된다.

뒤르켐은 오토와 달리, 그 속에서 신적인 것이 이해되는 사건을

'열광적' 의례라고 보았다. 뒤르켐은 오스트레일리아 원주민에 관한 민족지 자료에 근거해서 **누미노스적 경험의 근본적 맥락은 개인적**이라기보다 사회적인 것이며, 더 나아가 의례 자체의 사회적 특성이 신적 대상의 특성을 띤다고 주장한다. 뒤르켐에게 신이란 신성화되고 신격화된 사회다. 이런 입장은 말할 필요도 없이 오토나 제임스와 상반된다. 뒤르켐에 대해서는 곧 다시 논의할 것이다.

오토(1950)의 유명한 정의에 따르면, 누미노스적 대상은 **전율하게 하는 신비**(mysterium tremendum)다. 그것이 신비인 것은 피조물의 이해를 넘어서기 때문이다. 그것은 인간과 비교될 수 없으며, 오토(1950)의 표현에 따르면 '완전한 타자'다. 그것이 전율인 첫째 원인은 그 말의 이중적 의미에서 두려운 것이기 때문이다. 누미노스적 대상은 한편으로 외경을, 한편으로 공포를 불러일으킨다. 그것이 전율인 둘째 원인은 위엄(majestas)이 있어 압도적이고, 모든 것을 포괄하기 때문이다(1950). 셋째 원인은 그것의 '에너지', 오토의 번역자의 표현에 따르면 그것의 '호소력urgency' 때문이다. "누미노스적 대상은 어디서나 활력, 열정, 감정적 기질, 의지, 힘, 움직임, 흥분, 활동, 충동으로 경험된다."(1950) 누미노스는 어떤 의미에서 살아 있는 것으로 경험된다. 그것은 단순한 추상체가 아니라 존재a being이고, 존재가 아니라면 존재를 소유한 무엇이며, 능동적으로 '존재 – 하는be-ing' 무엇이다.

누미노스의 신비는 **전율**일 뿐 아니라 **매혹**(fascinans)이다(1950). 그것은 경외와 공포를 불러일으키는 동시에 "독특하게 매혹적이며, 강력한 매력으로 사람을 홀린다".

'신비'는 단지 경탄의 대상이 아니라 사람을 매료하는 것이다. 그것은 이상한 황홀감으로 어리둥절하게 하고, 사로잡고, 넋을 잃게 하는데, 이는 종종 어지러운 도취의 수준에 이른다. 이것이 누멘Numen 속의 디오니소스적 요소다. (1950)

그러나 누미노스의 경험이 언제나 디오니소스적인 것은 아니다. 오토(1950)에 따르면 사랑, 자비, 연민, 위로 같은 특성은 누미노스의 신비한 매혹의 일부지만, 누미노스가 단순히 그런 '자연적' 특성으로 구성된 것은 아니다. 오토(1950)에게 지복, 팔복, 더없는 행복의 경험은 '뭔가 또 다른 것something more'이며, 뭔가 비합리적이고 형용할 수 없으며, 때로는 '표현할 수 없이 평온한' 것이다. 이런 종교적 경험의 양상은 제임스가 묘사한 동방의 신비 수행, 특히 고독 속에서 비전을 구하는 북아메리카 원주민의 사례에서 잘 드러난다.

뒤르켐 역시 오스트레일리아 원주민의 공동 의례의 효과를 설명하면서 황홀경 혹은 디오니소스적 측면을 강조한다.

함께 모였다는 바로 그 사실이 예외적으로 강력한 자극제가 된다. 그들이 한자리에 모일 때, 일종의 전류가 형성되어 순식간에 사람들을 비상한 환희로 몰아넣는다. 어떤 정서라도 모든 이들의 마음속에 저항 없이 받아들여지며, 개인은 외부의 인상에 대단히 개방적으로 변한다. 서로 재 – 반향하며 재 – 반향된다. 집단적 정서는 협력과 화합의 움직임을 불러오는 특정 질서의 준수 없이는 공동으로 표현될 수 없다. 그래서 사람들의 몸짓과 외침은 리드미컬하고 규칙적인 형식, 즉 노래와 춤이 된다. 더 규칙적인 형식을 취한다고 해서 그 행위 본연의 격렬함이 사라지는 건 아니다. 절제된 소란도 소란이다. 이런 열광은 종종 유례가 없는 행위를 낳는다. 사람들은 일상적 삶의 조건에서 대단히 멀리 벗어나 자신들을 일상적인 윤리 너머에 위치시킨다. 이런 모든 요건에 그들의 의례가 대개 여기저기 불 밝힌 캄캄한 밤에 치러진다는 점을 생각하면, 그런 장면이 참여자의 마음속에 어떤 효과를 야기하는지 쉽게 상상할 수 있을 것이다. (1961)

뒤르켐은 여기서 반세기 후 빅터 터너(1969)가 **커뮤니타스**라고 명명한 상태에서 유래하는 강렬한 누미노스적 경험을 설명한다. 우리는 7장에서 이런 상태가 공동체 의례에서 생겨날 수 있음을 살펴보았다. 공동체 의례는 의심할 여지없이 누미노스적 경험을 만들어내는 가장 일반적인 문화적 사건이다. 윌리엄 제임스를 비롯해 영적인 감수성이 예민한 개인은 고독 속에서 신성을 누미노스적으로 경험했을 것이다. 북아메리카의 몇몇 원주민도 홀로 수행하는 '비전 탐색 의식'*에서 누미노스를 발견했음에 틀림없다. 몇몇 훈련된 개인은 명상을 통해 누미노스적 상태에 도달할 수 있다.

그러나 대다수 사회에서 사람들은 보통 공동체 의례에 참여하며 누미노스적 경험을 얻을 수 있다. 공동체 의례에서는 비상한 영적

---

* 북아메리카 원주민의 성인식 과정 가운데 하나. 입문자는 일정 기간 고립과 단식을 겪으며 꿈이나 환상을 통해 자기의 비전을 찾아야 한다.

감수성, 성공적인 비전 탐색이나 명상에 필수적인 특별한 준비나 노력을, 의례 자체의 강제적인 특성이나 템포, 반복성, 화합, 특이함이 제공하기 때문이다. 그런 요소는 대다수 의례 참여자를 일상적 의식에서 누미노스적 경험으로 이끈다. 서구인은 잘 알겠지만, 모든 의례가 의식의 변화나 우리가 커뮤니타스라고 부르는 공동체를 생성하는 것은 아니다. 그러나 종종 흥분과 황홀경에 빠지며, 때로 '무아지경'이라 불리는 극단적 의식 상태에 도달하는 커뮤니타스가 가장 빈번하게 경험되는 곳은 공동체 의례다.

7장과 이 장에서 소개한 뒤르켐의 논의에서 암시되듯이, 커뮤니타스의 근본적 특징 중 하나는 자아와 타자의 경계 흐리기다. 그 때문에 제임스가 열광하는 누미노스적 경험의 자아 합일성은 자아를 넘어서 신도, 심지어 세계 전체로 확대하는 듯하다. 세계와 그런 비담화적 합일감은 공동체 의례의 커뮤니타스에 내재하지만, 명상이나 사색, 비전 탐색에 의한 고독한 누미노스 추구에서 자연스럽게 생겨나지는 않는다. 커뮤니타스는 헤라클레이토스의 단편 50(G. Kirk, 1954)에 나오는 담화적 · 합리적 단언의 비담화적 증거라고 할 수 있다. "현명한 자들은 내 말이 아니라 로고스에 귀 기울이면서, 만물이 하나라는 점에 동의한다."

만물의 숨겨진 단일성과, 그런 위대한 단일성에 대한 인간의 참여를 드러낸다는 점이 커뮤니타스의 핵심 의미일 것이다. 그것은 우리가 '가장 높은 질서'라고 부른 질서에서 유래하는 의미이며, 구별이나 유사성이 아니라 참여를 통한 합일에서 생겨나는 의미다.

2.
질서, 무질서, 초월

예식 질서에서 드러나는 질서는 일상적으로 만연한 질서 위로 드높인 질서다. 이 점은 7장에서 자세히 다뤘으며, 책의 초반부에 제시한 의례의 정의에도 언급했다. 이는 의례의 토대 중 하나이기도 하다. 공동의 연행에서 구현된 드높인 질서를 이해한다는 것은 최소한 변화된 현실을 인식한다는 것인데, 이는 다른 현실에 대한 인식 변화도 촉진한다. 우리는 의례의 고양된 질서에 참여함으로써 사람들이 경험하는 심오한 인지적 · 정서적 변화를 논의할 것이다.

여기서는 일단 의례에서 화합만 발견되는 것은 아니며, 질서는 의례에서 고양될 수도 있지만 위반될 수도 있다는 점을 기억하자. 예를 들어 우리는 **룸빔** 심기 의례에서 마링족의 사고와 사회 행위의 근본을 구성하는 음식 터부가 위반됨을 살펴보았다. 앞서 인용한 글에서 뒤르켐은 오스트레일리아 원주민 의례에서 근친상간 금기가 위반됨을 암시한다. 유럽의 의례 주기에는 사육제가 포함되는데, 그 시기에는 일상적 질서가 폐기되고 고양된 무질서 속에서 '바보 왕'이 군림한다. 아프리카와 다른 지역에서도 통치자가 매도되는 '반란 의례'(Gluckman, 1954; Norbeck, 1963)가 정교하게 발전했다. 몇몇 의례의 중심에는 질서 대신 흥겨움, 혼란, 공격, 무질서, 광대 짓, 복장 도착, 입문자 공격, 자기 모욕, 성적 허용, 신성모독과 그 외 점잖지 못한 행동이 존재하는 듯하다. 그런 행위는 암묵적 혹은 명시적으로 종전의 규범에 도전한다.

로저 에이브러햄스(1973)에 따르면 의례의 '활력'은 의례에서 일어나는 질서와 무질서의 조우에서 유래한다. 이 말은 예식 질서에 엄격한 규범뿐만 아니라 그 반대 항도 포함될 수 있다는 뜻이다. 에이브러햄스(1973)는 "의례에서는 어떤 집단이 인식하는 세계의 질서와 그것의 (거의) 절대적인 부인이 동시에 선포된다"고 썼다.

질서에 대한 위협은 위험에서 오는 흥분을 동반한다. 어떤 사람이 특정한 질서를 추종하면서 공격한다면 거기에는 수치심, 죄책감, 두려움, 포기, 자유와 환희 등 복합적인 위반의 흥분이 있다. 그러나 더욱 심오하게 조롱되고, 전복되고, 위반되고, 포기된 질서가 새로운 현실로 간주된다면, 현실성 그 자체가 변화된 것이다. 현실의 일상적 규범이 더는 유효하지 않으므로 사람들의 의식도 어떤 의미에서는 변화되었다.

예식 질서는 일반적으로 의례에서 생겨나는 감정을 억제하거나 심지어 승화시킨다. 그런 감정은 반-질서anti-order와 조우하면서 힘을 얻는다. 그러나 이런 조우는 단순히 활력을 북돋우는 것을 넘어선 의미가 있다. 그것은 제한하고 교정한다. 의례에서 질서의 포기가 절대적인 경우는 거의 없다. 현 세계의 질서는 포기된다 해도 예식 질서는 보통 '지금 여기' 질서 너머의 질서와 관계한다. 의례는 시간을 초월한 질서, 다시 말해 시간적 질서가 그 일부일 뿐인 궁극적이고 절대적인 질서를 선포한다. 의례에서 반-질서의 재현을 통해 가장 쉽게 부정되는 것은 (궁극적 질서가 아니라) 예식 질서의 시간적 측면이다.

조롱과 위반에 내맡기는 것은 관습의 시간적·상황 의존적 측면이다. 관습적 질서는 그런 조롱에 노출되기 때문에 궁극적 질서가 될 수 없다. 신의 이름으로 임명된 왕도 모든 사람들 앞에서, 신 앞에서는 한 인간일 뿐이라는 말을 들으며 조롱받는다. 의례의 시간적 질서에 대한 부인은 궁극적 신성성을 위한 것이다. 의례는 시공간과 관련된 관습이 궁극적으로 신성하지는 않으며, 오직 궁극적이고 신성한 공준에 의해서 신성화된다고 선포한다. 의례는 그렇게 함으로써 인류의 진화에도 기여한다. 시대와 장소가 변할 때 옛 관습을 포기하기 쉽게 하기 때문이다. 지금 우리는 진화나 적응이 아니라 종교적 경험을 논하고 있으므로, 이 문제는 마지막 장들에서 고찰하자. 여기서는 일단 의례에서 행해지는 시간적 질서의 위반과 그 세속적 질서 너머에 존재하는 궁극적 질서에 대한 암시가 시공간의 초월과 초월의 감각(누미노스)을 불러오며, 종전 질서에 대한 의례적 위반의 경험을 제공한다는 것을 언급하려고 한다.

3.
은총

질서, 무질서 그리고 일종의 메타-질서 속에서 두 질서의 초월은, 형식적으로 7장에서 언급한 대립된 요소의 신경학적 통일과 유사하다. 그런 통합은 담화적인 것과 비담화적인 것, 신성한 것과 누미노스적인 것의 화합을 포함하는 더 일반적인 차원의 것일지 모른다.

대립된 요소의 통합, 우주와 조화, 타인이나 신과 합일감은 성스러움, 윌리엄 제임스나 다른 이들이 '은총grace'이라 부른 상태와 관계가 있다.

　'누미노스'라는 단어가 감정과 느낌을 가리키고 '조우에 의한 지식'과 '직접적 경험'이 종교적 실천과 연계된다 해도, 누미노스가 모든 종교적 경험일 수는 없다. 제임스의 논의에도 종교적 경험은 오직 비담화적 요소로 구성되지는 않기 때문이다. 하지만 은총에 대한 제임스의 설명은 더 일반적인 해석을 가능하게 한다.

　제임스에 따르면 은총의 상태에서 합리성을 기반으로 한 의지는 도덕적 목적의 성취를 위해 비합리적·동물적 충동과 투쟁하지 않는다. 의지는 열광으로 대체되는데, 그 열광은 충동을 억누르는 것이 아니라 충동의 에너지를 신에 대한 봉사에 쓰이게 한다. 인간은 은총의 상태에서 행위의 새로운 차원에 도달하는데, 그들의 내적 갈등이 봉합되었기 때문이다. 제임스에게 은총은 심리적 재통합으로서 자아의 각 부분의 투쟁이, 평화가 깃든 전인격적 자아의 조화롭고 열광적인 화합으로 대체되는 것이다. 제임스에 따르면 이런 통합은 그가 정의하는 '경험'의 이질적 감각이나 감정, 관계의 느낌 이상을 포괄한다.

　인간이 은총의 상태에서 열광적으로 포용하는 '신적인 섭리'는 '신의 섭리'를 포함한다. 후자의 섭리는 언어에서 드러나는 궁극적이고 신성한 공준이다. 이 공준은 그 자체로 신의 모든 영광을 재현하지는 않더라도 그 영광을 가리키며, 거기에 이름—신, 알라, 아후라마즈다, 프타, 와칸-탕카—을 부여하고, 인간이 누미노스로 체험할 수 있는 대상을 제공한다. 그러나 그 대상은 언어 이전의 경험에서는 개념화되지 않는다. 그것은 사고에서 개념화되며, 신자들이 그 대상을 경험하는 것은 사고에 의한 객관화 이후의 일이다. 신이 정했다고 간주되는 윤리적으로 합리적인 계율, 즉 '진정으로 신적인 섭리'의 열광적 수락도 마찬가지다.

그레고리 베이트슨도 담화적 · 비담화적 요소의 결합을 '은총'이라고 부른다.

> 나는 은총의 문제가 본질적으로 통합의 문제이며, 그때 통합되는 것은 정신의 다양한 부분—특히 한 극단에는 의식이, 다른 한 극단에는 무의식이 존재하는 정신의 여러 층위—이라고 본다. 은총을 성취하기 위해서는 마음의 이성reasons of heart이 이성의 이성reasons of reason과 통합되어야 한다. (1972e)

베이트슨은 이런 은총의 상태를 설명하기 위해 올더스 헉슬리 Aldous Huxley와 대화한 내용을 인용한다.

> 올더스 헉슬리는 인류의 본질적 문제는 은총을 추구하는 것이라고 말했다. 그는 자신이 말하는 은총이 신약성경에 사용된 의미의 은총이라고 생각했으나, 그 개념을 자기 방식으로 설명했다. 그는 월트 휘트먼Walt Whitman처럼 동물의 커뮤니케이션과 행동에는 인간이 잃어버린 순진함과 단순성이 있다고 주장했다. 인간의 행위는 목적과 자의식에 따른 기만—심지어 자기기만—으로 타락했다는 것이다. 올더

스가 보기에 인간은 동물에게 여전히 있는 '은총'을 잃어버린 것이다.

올더스는 이런 대조를 기반으로 신이 인간보다 동물을 닮았다고 주장했다. 신은 기만할 수 없고 내적 혼란이 있을 수 없는 존재다.

따라서 그 처한 조건을 감안할 때, 인간은 동물과 신에게 있는 은총을 결여하여 샛길로 추방된 듯한 존재다. (1972e)

우리가 헉슬리의 동물 예찬에 동의하든 말든, 기만성에 대한 그의 염려는 이 책의 핵심 문제를 건드린다. 헉슬리는 언어의 출현과 함께 생겨난 담화적 이성의 발전으로 정신의 각 부분이 분리된 인간의 고유한 문제를 정확히 짚는다. 동물에 대해 어떤 견해를 보이든 제임스와 헉슬리, 베이트슨에 따르면, 은총은 언어가 분리한 정신의 각 요소의 재통합으로 성취될 수 있다.

은총의 상태, 더 일반적으로 종교적 경험에서 비담화적 느낌, 감정, 예감은 담화적 사고에서 생겨난 대상을 장악하고, 봉합하고, 때로는 지배한다. 누미노스와 신성성이 통합되어야 모든 것을 포괄하는 성스러움Holy이 생겨난다. '성스러운holy'은 '전체whole'라는 낱말과 어원이 같으므로, 인간 경험의 담화적·비담화적 측면을 포괄하고 통합한다는 의미를 나타내기에 충분하다. 두 낱말 모두 고대 영어인 할레hale에서 유래했다.

종교적 경험의 전일성全一性에서 통합되는 것이 소외되고 불화하는 자아의 부분만은 아니다. 의례에서는 인간의 화합도 일상보다 긴밀해진다. 이런 화합은 때로 사회집단의 그것이 아니라 유기체의 내적 역동에 가까워진다. 예식 질서를 연행한다는 것은 다른 이들과 통합을 가져온다는 것이며, 마음의 이성과 이성의 이성을 통합하는 의례적 행위는 분리된 개인을 그들의 동료와 강력하게 결합시켜, 그들 사이에 단일한 유기체 내의 세포나 기관 사이에 존재하는 친밀성에 가까운 유대감을 형성한다.

4.
은총과 예술

베이트슨은 제임스와 비슷한 맥락에서 예술을 '인간이 추구하는 은총의 일환'으로 파악한다. 예술과 종교는 태곳적 동반자로, 의례에서 재현이 그것의 미적 탁월함을 통해 감정적·인지적 효과를 불러일으킨다는 점은 잘 알려졌다. 의례적 장소는 그 자체로 예술 작품일 수 있으며, 까마득한 과거부터 예술 작품으로 장식되었다. 나는 앞서 구석기 동굴벽화를 언급했고, 예술의 기원에 관한 가장 설득력 있는 설명은 예술의 기원을 종교로 간주한다. 5장에서 나는 의례 속의 예술은 의례를 위해 만들어지고 감상되고 이용되는 사물이나, 그런 사물을 만드는 행위를 가리킨다고 언급했다. 구석기 동굴벽화의 경우 최소한 그 벽화를 그리는 행위는 그 이후의 벽화 감상만큼 중요했고, 구석기인은 벽화를 그리며 지구의 자궁에서 창조 행위, 어쩌면 수태 행위에 참여했을 것이다.

예술의 뿌리가 종교에 있든, 예술과 종교의 뿌리가 모두 인간 조건의 깊은 기층에 있든, 많은 학자들은 예술과 종교 행위의 연관성과 양자가 환기하는 특성이나 효과의 유사성을 자주 지적해왔다. 오토 역시 예술과 종교의 연관성을 인정한다. 《Die Kant-Friesische Religions-Philosophie칸트, 프라이스 그리고 종교철학》(1909, 영역본은 1931)에서 오토는 종교적 경험은 미적 경험에서 유래한다고 말한다. "숭고하고 아름다운 것에 대한 경험에서 우리는 희미하게 영혼과 자유의 영원하고 진실한 세계를 본다."(1931) 그는 우리가 예술과 종교를 경험하는 방식이 비슷하다고도 주장한다. 그것은 프라이스Jakob Friedrich Fries가 아눙Ahnung*이라 부른 것을 통해 일어난다. "(아눙은) 일종의 지각적 느낌perceptual feeling으로, 가장 풍부한 경험이 그것의 풍부함을 전달하는 데 부적절한 어떤 관념 형식 아래 억제되었다고 하는 감정이다. 그것은 개념이 아니며, 경험 속에서 모호하게 계시되는 현실의 풍부함에 대한 '예감'이다."(J. Moore, 1938)

미적 경험에 대한 수잔 랭거Susanne K. Langer의 설명은 예술을 종교적 경험과 명시적으로 연관 짓지 않지만, 예술이 제임스와 헉슬리, 베이트슨이 '은총'이라 부른 정신의 통합에 기여하는 방식을 설명해준다. 랭거에게 예술은 '의미 있는 형식significant form'이며 그것의 의미는 "상징적 의미, 즉 감각에 호소하는 고도로 잘 표현된 대상의 의미로서, 그 대상은 구조를 통해 언어가 전달할 수 없는 생생한 경험의 형식을 표현한다"(1953). 랭거가 말하는 '생생한 경험vital experience'이란 '주관적 경험의 역동성'인데, 이는 느낌과 감정

* 독일어로 예감, 예상이라는 뜻.

678

을 일컫는다. 따라서 랭거의 '생생한 경험'은 제임스의 '경험'과 유사하다. 랭거의 '생생한 경험'도 제임스가 말하는 '경험'처럼 언어로 표현되기 힘들지만, 예술은 그 경험에 관해 '무엇에 대한 지식'과 비슷한 지식을 제공한다.

사실 랭거도 제임스의 표현을 그대로 인용한다. 랭거에 따르면 예술가는 예술을 통해 생생한 경험의 '조우에 의한 지식'이 아니라, 생생한 경험에 '대한 지식'을 전달한다. 그러나 이 '무엇에 대한 지식'은 제임스가 사용한 의미와 동일하지 않다. 제임스에게 이 지식은 담화적이다. 미적 이해—예술가의 이해와 예술을 감상하는 이의 이해—는 경험과 어느 정도 거리를 두지만, 여전히 비담화적인 것으로 남는다. 이사도라 덩컨Isadora Duncan은 "그게 무엇을 의미하는지 내가 당신에게 말할 수 있다면 그걸 춤출 필요가 없겠지요"라고 말했다.

제임스의 '무엇에 대한 지식'과 랭거의 차이점은 앞서 인용한 구절에 랭거가 사용한 '상징'이라는 단어에서 잘 드러난다. 우리는 퍼스(2장 참조)를 따라 상징을 그것이 의미하는 바와 오직 관습이나 규칙에 의해서 연관되는 기호로 이해했다. 그 정의에 따르면 단어는 근본적 상징이고, 그런 의미의 상징은 언어와 담화적 이성의 토대다.

그러나 랭거가 '상징'이라 부르는 것과 그 지시물의 관계는 단지 자의적이거나 관습적이지 않다. 그녀의 상징은 그 자체로 '감각에 호소하는 대상'으로, 그 형식에 의미가 있다. 그녀의 상징은 그것의 구조와 그것이 지시하는 바의 관계에 따라 무엇을 의미한다. 그 뚜렷하지만 유일하지 않은 사례로 기호의 구조가 의미 작용의 구조와 닮은 도상적 혹은 은유적 관계를 들 수 있다. 게다가 8장 주석 3에서 논의한 스코럽스키의 구분에 따르면, 랭거의 상징은 단순히 그것이 의미하는 바를 **나타내지**denote 않고 그 의미하는 바를 재현한다. 스코럽스키(1976)가 썼듯이, '그것은 그 의미하는 바를 감각 앞에 드러나게' 한다. 이는 기호의 지시물이 단순히 합리적으로 파악되는 것이 아니라 감각적으로 파악된다는 의미다.

'한 극단에는 의식이, 다른 한 극단에는 무의식이 존재하는 정신의 다양한 층위' 가운데 예술의 중간적 위치를 감안할 때, 모든 종교예술은 '은총의 성취'('마음의 이성'과 '이성의 이성'의 통합)에 (비록 필수 불가결하지는 않다 해도) 특별하고도 중요한 역할을 한다고 볼 수 있다. 우리의 논의에 따르면 예술과 미적 경험은 '사고'와 '경험'의 중간 지점에 위치한다.

예술 작품의 의미는 감각적으로 파악되는데, 예술 작품이 담화적 의미를 지니기 때문이다. 예술 작품은 회화나 조각처럼 종종 우리 일상적 감각으로 인지할 수 있는 대상을 재현하거나, 시詩처럼 이성이나 사고의 산물을 재현한다. 예술 작품은 음악처럼 물리적 대상이나 사고의 대상을 묘사·설명·재현하지 않을 경우에도 맥락이 있다. 교회의 스테인드글라스, 결혼식이나 장례식에서 연주되는 음악이나 춤에는 패턴이 존재한다. 예술은 담화적 함의와 감각적 의미가 있기 때문에, 물리적 세계나 담화의 영역에서 **특정한** 대상을 통해 감각적으로 인간의 감정을 자극할 수 있다.

이런 강력한 감정은 슬픔, 기쁨, 엄숙함, 확실함처럼 때로 구체적이다. 더 미묘하고 복잡하며, 이름 없고 심지어 명명할 수 없는 느낌도 일깨울 수 있다. 물론 특정한 감정의 경험은 예술적 대상의 미적 특질뿐만 아니라 의례적 맥락을 통해서도 자극된다. 장례식에 왔다는 사실은 참석자에게 장송곡을 들으면서 드는 감정이 슬픔임을 암시하지만, 참석자가 각각 느끼는 바는 다를 수 있고 그래도 무방하다. 예술 작품이 성공적이려면 그것을 경험하는 이들에게서 동일한 감정적 반응을 끌어내지 않을 필요가 있다.

감정이 그 성격상 완전히 묘사할 수 있는 게 아니라면, 우리는 어떻게 다른 이들의 느낌을 아는가? 모든 사람은 특정한 대상이나 사건에 감정적으로 다르게 반응할 수 있는데, 각자 그 대상이나 사건에 독특하게 조건화된 감정적·이성적 태도를 보이기 때문이다. 여기서 예술 작품이 여러 가지 반응을 끌어낸다는 점이 중요하다. 그러나 예술 작품 자체의 담화적 의미와 예식 질서에서 그 작품의 위치는, 암묵적이거나 명시적으로 그것을 경험하는 사람들의 다양한 반응에 진지성, 엄숙성, 경외감, 복종 같은 공통의 태도를 부과한다.

신자들의 복잡하고 가변적이며 다양한 감정적 상태와 달리, 공통의 태도 부과에는 뚜렷한 사회적 의미가 있다. 그 태도는 래드클리프브라운(1964)이 다소 부적절하게 (감정과는 다소 거리가 있는) '정서sentiment'라고 부른 것을 나타낸다. '정서'는 감정으로 충만한데도 물질적·사회적·형이상학적 대상과 관련된, 사회적으로 승인된 태도를 말한다. 예술과 의례, 의례 속 예술이 성공적이려면 한편으로 정리되지 않은 생생한 경험에서, 다른 한편으로 담화적 이성의 대상에서 '정서'를 구축해야 한다. 다시 말해 경험을 특정한 사고의 대상으로 인도해서 은총과 성스러움, 즉 '한 극단에는 의식이, 다른 극단에는 무의식이 존재하는 정신의 다양한 층위'의 통합을 추구해야 한다.

나는 지금 예술 자체와 의례 속 예술이 '마음의 이성'과 '이성의 이성'의 통합에서 수행하는 역할을 이야기한다. 두 예술은 동등하지 않다. 혼자 예술 작품을 감상할 때 개인은 순간적으로 간접적인 은총의 상태를 경험할 수 있다. 어떤 의미에서 그 경험은 언제나 독특하고, 극단적인 경우 기이할 것이다. 그러나 예술 작품이 공공 장소에 있다면 감상자의 감정은 동일한 대상으로 인도되며, 사람들의 감수성과 작품에 대한 감정적 반응은 제각각이어도 (그런 감상에서) 성취되는 정신적 통합에는 최소한 뭔가 공통점이 있을 것이다.

예술 작품이 항상 전시되는 대상이 아니고 주기적이거나 비정기적으로 상연되는 퍼포먼스일 경우, 사람들의 공통된 경험에 시간적 차원이 추가된다. 첫째, 거기에는 동시성이 있다. 공연자는 자신을 바라보는 관객의 주의력을 동시에 같은 대상에 집중시킨다. 거기에는 최소한 관람자와 공연자의 기초적 화합이 있다. 둘째, 회화와 조각과 건축은 비시간적이지만 모든 공연은 시간적이다. 우리는 6장에서 의례의 시간적 차원을 자세히 다뤘다. 이런 시간성은 (사람들 사이에서) 공유되는 무엇의 범위를 확장한다.

그 퍼포먼스가 신자들이 참여하는 의례라면 공통성은 더욱 확장된다. 공동의 참여라는 새로운 차원이 추가되기 때문이다. 신자들은 자신의 귀와 눈뿐만 아니라 몸에서 나오는 노래, 사지를 춤추게 하는 북소리의 박동을 통해서 궁극적이고 신성한 공준을 체험한다. 의례에서 자아 – 통합은 예술 작품을 감상할 때보다 훨씬 포괄적이다. 의례는 정신적 과정은 물론 신체적 과정도 포함하며, 몸의 행동과 감각을 정신 작용으로 전환할 수 있기 때문이다.

5.
의례적 학습

의례에서 일어나는 의식의 전환이 단순히 디오니소스적 열광을 목표로 하는 것은 아니다. 그것은 비담화적 요소뿐만 아니라 담화적 요소와 과정을 포함하는 관념 체계의 조직과 재조직에도 기여한다. 그럼으로써 한 극단에는 의식이, 다른 극단에는 무의식이 존재하는 정신의 다양한 층위의 통합에 기여한다. 이런 통합은 통과의례의 초심자나 학습자에게는 새로운 종합, 세계에 대한 새롭고 더 깊은 이해이기도 하다.

그렇다면 의례에서 일어나는 관념 체계의 재편성은 일상적 학습의 그것과 크게 다르다고 말할 수 있다. 수십 년 전에 앤서니 F. C. 월러스(1966)는 의례적 학습이 실천과 강화, '효과 법칙law of effect(조건적 · 도구적 학습)' '반복 법칙(각인)'에 의존하지 않으며, 대신 '해리의 법칙law of dissociation이라 부를 만한 것'에 의존한다고 말했다. 그런 학습에서는 "이전의 학습과 연계된 환경에서 유래한 인지적 단서가 의식에서 많이 배제될수록 인지적·정감적 요소가 더 빠르고 광범위하게 재편성되며, 재편성될 요소와 즉각적으로 관련된 더 많은 새로운 단서가 출현"한다(p. 239 이하). 월러스에 따르면 의례에서 일어나는 '인지적·정감적 재구조화'나 학습은 전형적으로 다섯 단계를 거친다.

첫 번째는 그가 '전-학습pre-learning'이라 부른 단계로, 의례(전형적으로 통과의례)에 앞선 학습이다. 초심자도 의례 자체에 관한 지식을 약간 얻을 수 있다. 일반적으로 이 단계에서 그는 의례를 통과하면 얻을 지위—성인다움이든, 결혼이든, 구원이든—의 가치를 알고, 거기에 수반되는 권리와 의무를 배운다. 두 번째 '분리' 단계에서는 일상적 현실의 규범이 해체되고, 앞서 우리가 충분히 논의한 방법을 통해 개인의 의식이 바뀐다. 세 번째는 월러스가 '제의suggestion'라고 한 단계인데, 방주네프라면 전이 단계liminal라 불렀을 것이다. 이 단계에서 바뀐 상태의, 분리된 초심자는 다른 이들의 제의나 자신의 제의의 영향력 아래 현실에 대한 일상적 개념이나 정신의 일상적 습관에 방해받지 않고, '재통합과 관계있는 인지적 자료를 재결합'한다(p. 241). 재통합은 다양한 강도와 기간에 걸쳐 행해진다. 그것은 사냥 같은 특정 행위를 치르기 전에 수행하는 의례에서 마음을 다잡는 것처럼 대단히 짧을 수도 있고, 중요한 통과의례나 (자발적인 세례식 같은) 개종 의례처럼 신념과 가치의 되돌릴 수 없는 변화를 수반할 수도 있다.

나머지 두 단계는 의례에서 일어난 학습의 결과다. 월러스는 네 번째 단계를 '실행execution'이라 부른다. 이 단계에서 의례의 주체는

'새로운 인지구조에 맞게 행동'하라는 요구를 받는다. 그런 의무는 단지 의례가 치러지는 동안 부과될 수도 있지만, (의례를 통해서 얻은) 새 지위가 영구적일 경우 의례 주체의 일생 동안 이어질 수도 있다(p. 241). 다섯 번째 단계는 '유지'다. 의례에서 학습된 교훈도 모든 학습처럼 빛바랠 수 있기에, 종종 강화될 필요가 있다. 추가적인 의례는 이런 강화를 위해 흔한 방식이다.

정신의학 이론이 생애 초기에 일어나는 학습에 부여하는 중요성을 감안할 때, 통과의례가 전형적으로 초심자를 유사－유년기pseudo-infancy 심지어 유사－배아의 상태로 환원한다는 점은 흥미롭다. 의례적 학습이 가장 강도 높게 진행되는 두 번째 · 세 번째 단계에는 초심자에게서 일상적 지식과 옛 정체성을 벗겨내기 위해 다양한 기법이 동원된다. 의례적 죽음과 의례적 재탄생 사이에서 초심자는 벌거벗고, 이름 없고, 말 못하는 존재처럼 취급된다. 초심자가 이렇게 환원되거나 퇴행된 상태에서 배우는 것이 무엇이든, 그들은 생애 초기에 가장 본질적인 것을 배우던 상태와 비슷한 깊이와 강도로 뭔가를 배운다고 할 수 있다. 이런 배움의 깊이와 강도는 앞서 논했듯이 초심자에게 의례적으로 부과되는 신경생리학적 과정에 의해 강화된다. 의례에서 학습된 것은 초심자의 관념 체계나 습관을 넘어서거나 대체하며, 급격하게 전환하고 심지어 유년기에 형성된 인성적 · 성격적 요소까지 바꿀 수 있다.[7]

이런 논의와 관련된 에릭 에릭슨의 흥미로운 제안을 살펴보자. 그는 어머니에게 말 못하는 유아의 경험이 루돌프 오토가 말한 신에 대한 신자의 경험을 닮았다고 보았다. 어머니는 신비하고, 전율을 일으키며, 압도적이고, 자애롭고, 무서운 존재다. 아이는 전적으로 의존하는 어머니를 신뢰하는 법을 배운 뒤에야 언어 학습과 지속적인 사회화가 가능하다. 이런 신뢰는 에릭슨(1966)이 '돌봄과 인사로 구성된 일상 의례'라고 부른 것, 즉 일정한 간격을 두고, 때로는 아이의 요구에 따라 일어나는 어머니와 아이의 신뢰할 만하고 정형화된 상호작용을 통해 성취된다. 아이가 자라면서 어머니에게 결부된 누미노스적 감정은 다른 대상으로 옮겨 간다.[8]

에릭슨의 논의와 몇몇 의례에서 도입되는 유사-유년기의 상태를 감안하면, 의례는 언어-이전의 유아와 어머니 관계에서 유래하는 정신의 상태를 회복시킨다고 말할 수 있다. 그렇다면 누미노스적인 것의 토대는 그 자체로 담화적인 신성성이나 신성화된 것에 대한 인식보다 선행한다고 할 수 있다. 인식은 오직 언어와 더불어 생겨나기 때문이다. 여기에는 인간의 계통발생과 관련된 함의도 있다. 개체 발생이 계통발생을 포괄하고, 인간의 어머니-유아 관계가 영장류나 포유류의 모자母子 관계의 한 변이형이라면, 누미노스의 기원은 진정으로 고대적이어서 인류 자체보다 앞선 것일 수 있다. 더 나아가 종교는 새롭게 나타난 담화적이고 관습적인 신성성의 개념이 태곳적이고, 비담화적이고, 포유류적인 감정의 과정―신성성에 의해 규제되는 그 후대의 형식을 우리가 '누미노스'라고 부르는―에 뿌리내렸을 때 출현했다고 추측할 수 있다.

6.
다시 의미와 의미성으로

종교적 체험을 한 이들은 그런 체험에 의해 생겨난 관념 체계가 다른 모든 것을 뛰어넘는 의미성의 질서order of meaningfulness라고 말한다. 이런 의미성의 성격은 신비한 것이지만, 최소한 우리는 그것을 논의해볼 수 있다.

종교적 경험의 비상한 의미성은 대개 궁극적이고 신성한 공준과 연관된다. 그 의미성은 공준에서 유래하거나 공준 깊숙이 숨어 있다. 나는 9장에서 그 공준이 물질적 조건을 결여하고 경험적·논리적으로 증명할 수 없지만, 의례적 표현의 불변성을 통해 절대적으로 진실한 것으로 재현된다고 주장했다. 한편 그 공준은 물질적 조건을 포함하며, 사회의 작동과 관련된 다른 명제를 신성화한다. 즉 계약의 진실성을 보증하고, 자의적일 수 있는 관습에 정확성, 적절성, 도덕성, 정당성을 부여한다. 따라서 궁극적이고 신성한 공준은 신성화 과정을 통해 언어에 내재한 두 가지 악인 거짓말과 대안적인 것의 해체적 힘에 저항하며, 언어로 명시된 관습에 근거해 사회 체계를 구축할 수 있게 한다. 그 자체도 언어로 표현된 궁극적이고 신성한 공준은 언어 사용의 토대를 제공하는 것이다.

궁극적이고 신성한 공준은 담화적인 동시에 모든 담화의 토대지만, 인간의 담화적·합리적 자아로 그것을 전부 이해하기는 어렵다. 우리는 물질적 지시물이 없는 표현과 마주치는데, 그것들의 관계도 모순적일 수 있다. '주는 우리의 신이며 신은 하나이니'라는 말의 의미는 무엇인가? 신은 삼위일체라거나, '만물은 하나'라거나, '와칸‐탕카는 모든 것을 포괄한다'는 말의 의미는 무엇인가?

어떤 대안도 불가능하므로 확실하다고 간주되는 궁극적이고 신성한 공준에서, 담화적 의미는 거의 담화적 무의미 수준까지 희미해질 수 있다. 그 공준은 담화적 의미와 합리성의 한계점에 있는 것이다. 그것은 최초의 말씀First Words 혹은 최초의 존재의 말씀Words of the First Being으로 간주되며, 어떤 경우에도 신비에 싸였다. 그 공준은 모순적이고 대단히 수수께끼 같기 때문에 오직 담화적 이성으로 그것을 이해할 수 없으며, 언어를 통해 그런 공준에 가닿는 방법은 노래나 의미 없는 음절을 외우는 것뿐이다. 여기서 유대교 신비주의자들이 궁극의 존재the ultimate를 '모든 의미를 포용하는 의미 없음'(Scholem, 1969)이라고 정의한 것을 떠올려보자.

궁극적이고 신성한 공준이 담화적 의미를 결여했거나 거의 결여했어도 의미를 전부 결여한 것은 아니다. 이 장에서 논한 것처럼 모든 의미가 담화적이지는 않기 때문이다. 바흐의 모음곡에 의미가 없다거나 그 의미가 담화적이라고 주장하는 사람은 없을 것이다. 그러나 의례에서 표현되거나 재현되는 궁극적이고 신성한 공준의 의미가 단순히 '비담화적'이라고 말할 수는 없다. 차라리 '한 극단에는 의식이, 다른 한 극단에는 무의식이 존재하는 정신의 다양한 층위'가 저마다 의미성이 있으며, 그 각각이 다른 층위보다 담화적이거나 덜 담화적이라고 말하는 편이 타당하다. 그런 층위의 숫자를 쉽게 확정할 순 없지만, 3장에서 우리는 세 가지 '유형' 혹은 '층위'의 의미를 구분했다. 나는 이 책의 전반적인 논의에서 암묵적·명시적으로 그 세 가지 유형을 구분했다. 이 점을 다시 한 번 살펴보자.

첫째, 일상적 의미론 차원의 의미 개념이 있다. '개'라는 단어의 의미는 개이며, 개는 '고양이'라는 단어가 지시하는 고양이와 구별된다. 이런 저차원의 의미는 정보 이론가들이 말하는 '정보'와 긴밀히 연관된다. 정보는 차이를 기반으로 하기 때문이다. 전문적 의미에서 정보는 불확실성을 줄이는 그 무엇으로, '비트'가 최소 단위다. 비트는 이항적 구별, 즉 이항적 선택지에서 불확실성을 제거하는 것이라고 말할 수 있다. 이런 저차원의 의미를 조직하는 전형적인 형식 중 하나가 분류학이다. 인간을 다른 모든 생물종과 구별하는 언어의 사용은 저차원적 의미를 폭발적으로 늘렸다. 의례적 연행의 변이가 전달하는 자기 – 지시적 메시지를 다룬 3장에서 우리는 이런 의미 형식을 논했다.

둘째, 더 차원 높은 의미가 있다. 우리가 단순히 담화적 메시지를 언급하는 대상이나 지시물이 아니라 많은 의미를 포함하는 그 메시지의 의미성meaningfulness에 주목한다면, 우리는 차이 이상의 무엇이나 차이와 다른 무엇에 주목하는 셈이다. 저차원적·일차원적 의미는 차이에 근거한다. 그러나 '이차원적 의미'라 부를 수 있는 의미는 그와 다른 종류다. 어떤 사람이 복잡한 정보를 맞닥뜨리고 "그게 무슨 뜻이지요?"라고 물을 때, 그런 질문이 겨냥하는 의미는 차이에 근거한 의미가 아니다. 우리는 그런 질문에 대답하면서 차이를 늘리는 대신, 이질적일 수 있는 현상들의 유사성을 찾아 그런 차이를 줄인다. 다시 말해 우리는 그 현상을 이해하려고 하며,

친숙성을 찾아내려고 한다. 뚜렷이 차이 나는 현상들의 유사성이 차이 자체보다 훨씬 중요해지는 것이다.

　이차적 의미의 전형적인 전달 수단은 도상icon인데, 그중에서 은유가 특히 그렇다. 은유는 이 세계의 의미성을 풍요롭게 하는데, 은유에 관여하는 모든 단어의 의미가 그 자체의 의미 이상으로 확대되기 때문이다. 즉 다른 사물의 도상이 되는 것이다. 은유란 꿈과 심리적 일차 과정의 재료로, 예술과 시는 다양한 은유와 그것의 함축적 울림에 크게 의존하고, 은유는 직설적인 설교적 언술보다 훨씬 강력한 감정적 효과가 있다. 게다가 은유는 오직 설교적 형식이 나타낼 수 있는 의미소를 재현할 수 있다.

　우리는 5장과 8장에서 정서적으로 강력한 은유가 예식 질서와 그 질서가 구축하는 로고스에 내재한다는 것을 살펴보았다. (은유로서) 룸빔rumbim과 푸빗pubit의 관계는 영적인 것과 일상적인 것, 불멸의 것과 필멸의 것, 문화와 자연, 남성과 여성, 뜨거운 것과 차가운 것, 힘과 다산성, 남자의 성기와 여자의 성기의 관계에 대응한다. 우리는 은유에 의해 드러나는 유사성은 발견될 뿐만 아니라 (능동적으로) 구성된다는 것도 살펴보았다. 인간과 가깝고 친숙한 어휘가 멀고 친숙하지 않은 어휘와 은유적으로 연계되면서, 먼 어휘가 가까운 어휘를 서술하는 것이다.

　셋째, 더 높은 의미 형식이 있다. 저차원 혹은 일차적 의미가 차이에 근거하고 이차적 의미가 유사성에 근거한다면, 최고 차원 혹은 삼차적 의미는 통일성, 자아와 타자의 급진적인 동일시에 근거한다. 그런 의미를 체험한 이들은 이를 '존재의 경험The Experience of

Being '존재 그 자체' '순수한 현전' 등 모호한 용어로 표현했다. 이런 차원에서 의미는 존재의 상태가 된다. 의미는 이제 지시적이지 않고, 주체와 그 주체에게 의미 있는 대상의 구별이 없어지는 상태가 되는 것이다. 최고차最高次 혹은 삼차적 의미는 오직 그 자신을 드러내지만, 그 자체로 모든 것을 포괄할 수 있다. 그때 모든 차이가 해소되는 듯한데, 의미 있는 대상과 그 의미를 인지하는 주체의 구별이 사라지는 것이 가장 중요하다. 그럼으로써 거기에는 즉각적이고 부인할 수 없는 타자와 합일감, 심지어 우주 전체와 합일감이 생겨난다.

명상을 통해 자아를 망각하고 그런 합일에 도달한 신비주의자들도 있다. 그런 고차원의 의미는 보통 의미 있는 무엇에 참여해 그 일부가 됨으로써, 다양한 강도와 시간적 기간 속에서 성취된다. 의례라는 맥락에서 연행자와 연행의 관계는 그런 합일을 촉진한다.

요약하면 저차원적 의미의 토대는 차이고, 그런 의미의 전형적 배열 형식은 분류학이다. 한편 그런 차이 아래 깔린 유사성이 이차적 의미의 본질이고, 은유가 그런 의미의 근본적 전달 수단이다. 최고차 의미의 핵심은 의미 있는 대상과 그 의미를 인식하는 주체의 합일로, 거기에 도달하는 가장 일반적인 방식은 의례에 참여하는 것이다. 우리는 여기서 의례적 불변성의 심오한 의미의 또 다른 측면을 만난다. 연행자들이 그 일부를 구성하는 예식 질서를 정의하는 것이 바로 불변성이기 때문이다.

이런 세 가지 의미성의 형식은, 지시물과 그 지시물을 의미 있는 것으로 인식하는 주체의 세 가지 상이한 관계를 규정한다. 일차적 의미를 구성하는 의미론적 차이는 메시지나 텍스트의 특성이며, 그렇기 때문에 그 메시지는 그것을 만든 사람이나 읽는 이들과 구별된다. 일차적 의미는 담화적·디지털적이며, 매우 '객관적'이라 할 수 있다. 이차적 의미는 A:B: :C:D처럼 이질적인 사물들의 관계의 구조적 유사성에 근거한다. 은유에 의해 결합되는 요소는 마링족의 사례에서 본 것처럼 그 은유를 사용하는 사람들의 일면일 수 있으며, 사람들은 의도적 혹은 무의식적으로 은유를 통해 자신에 대해 진술한다. 즉 인간과 지시물은 은유에 의해 '더 객관적인' 일차적 의미보다 다가간다. 더 고차원적 의미에서는 지시물과 그것이 의미를 띠는 사람들의 거리가 사라져 인간이 그 지시물의 일부가 된다. 이런 의미성의 위계는 차이에 근거한 일차적 의미의 명료한 객관성부터 삼차적 의미의 절대적 주관성에 이르는 연속체다.

이런 의미성의 위계는 우리가 8장에서 논의한 의례 속 관념 체계의 위계와 연관된다. 층위가 다른 관념 체계는 그 의미성의 성격도 상이하다. 현 사회의 조건에 대한 재현은 엄격히 말해 정보전달적인데, 그 재현의 의미가 가변성에 근거하기 때문이다. 의례적 재현이 도상적일 경우, 그 재현의 지시물을 구성하는 우주론적 공리의 의미성은 이차적이다. 그것은 은유의 의미성, 즉 겉으로는 이질적인 사물 깊이 숨겨진 유사성의 의미성이다. 그 의미성은 우주론적 공리를 구현하기 위한 규범화된 절차도 지배한다. 그다음으로 궁극적이고 신성한 공준은 최고 차원의 의미성을 불러일으킨다. 틸리히의 표현을 빌리면, 의례에서 연행자는 '그 공준이 가리키는 것에 참여'한다. 다시 말해 궁극적이고 신성한 공준이 재현하는 것에 참여한다. 최고차 의미는 보통 의례 전반에 침투했지만, 궁극적이고 신성한 공준은 의례를 정의하는 정체성의 핵심을 구성한다.

세 층위의 의미를 구별한다고 해서 그것이 관련되지 않는 것은 아니다. 저차 의미는 고차 의미와 연계나 포섭을 통해서 의미와 가치를 부여받는다. 그런 작용은 '단순한 정보'를 대단히 의미 있는 것으로 만든다. 반대로 일차 의미는 더 차원 높은 의미가 작동할 수 있는 토대로서 차이를 제공한다. 개별 현상들의 차이가 확연히 규정되지 않는다면 은유에 의해 그런 현상들의 유사성이 드러날 수 없다. 차이가 존재하지 않는다면 초월적 통일 속에서 모든 차이를 용해할 수도 없을 것이다.

7.
신념

일반적으로 쓰이는 표현은 아니지만, 연구자들은 종종 최고차 의미highest-order meaning의 강렬한 설득력에 대해 언급했다. 제임스는 "인류의 의식에는 현대의 심리학이 상정하는 실존적 현실에 관한 '감각'보다 심오하고 일반적인, '저기 어딘가의 그 무엇'에 관한 일종의 현실감각, 객관적 실존의 느낌, 인식이 존재하는 듯하다"라고 썼다(1961, 강조는 원저자). 오토 역시 그런 현존의 느낌이 주는 실제적 현실성을 강조한다. "진실의 최고 기반은 직접적 경험이다. 그

때 우리는 우리 정신의 내용물과 풍요로움, 행위 능력과 창조 능력, 그것의 모든 위대한 역량을 그 무엇보다 확실하게 체험한다." (1907; J. Moore, 1938에서 인용)

이런 주장은 논리적 결함이 뚜렷해서 따로 언급할 필요가 없다. 그러나 오토가 그것을 무시할 수 있었다는 자체가 종교적 경험의 강한―때로는 절대적인―설득력을 증명한다.

우리는 앞선 장들에서 의례적 연행을 통한 예식 질서의 공식적 수락을 신념belief과 구별했다. 수락은 외적인 행위이며, 수락자는 물론 다른 이들에게도 보이는 것이다. 의례적 수락은 수행적이다. 수락은 관습적 질서에 복종함으로써 그 질서를 구현하기 때문에 그런 질서가 재현하는 모든 관습―관념 체계, 규정, 금지―을 따라야 한다는 의무를 확립한다. 따라서 수락의 힘은 도덕적인 것이며, 그 의무의 위반은 근본적으로 비윤리적인 행동이다. 더 정확히 말하면 모든 비윤리적인 행동에 내재하는 하나의 요소, 도덕적 가치를 결여한 행위를 잘못된 것으로―살인을 살해로, 성적 결합을 근친상간으로, 물건의 취득을 도둑질로―바꾸는 요소다. 예식 질서는 공적인 것이며, 그 질서에 참여하는 것은 사적인 신념과 상관없는 공적 질서의 공적 수락을 의미한다. 따라서 수락은 근본적으로 사회적인 행위이며, 공적인 사회질서의 토대를 구성한다.

그러나 수락은 신념이 아니고, 신념을 암시하는 것도 아니다. 수락은 공적 행위지만 신념은 주관적으로 인식 가능한 내적 상태다. 확신의 상태는 그 성격상 확실한 지표적 재현[9]이 불가능한 것이며, 우리는 타인의 확신을 '의심하지 않고' 신뢰할 수밖에 없다.

694

그렇다고 그 확신의 현실성이나 힘을 부인하자는 것은 아니다. 앞서 우리는 신성성의 의문 제기 불가능성의 두 가지 토대를 논했다. 하나는 불변하는 예식 질서의 연행에 수반되는 공적 수락에 내재한 것으로, 의문을 제기하지 않겠다는 합의다. 다른 하나는 예식 질서 자체의 불변성에 내재한 확실성이다. 이제 우리는 의문 제기 불가능성의 세 번째 토대—신념 혹은 확신—를 만난다.

누미노스적 확신과 공식적 수락은 대안적이라기보다 상호 보완적이다. 우리는 4장에서 '신념'이 변덕스럽고 숨어 있기 때문에, 공식적·가시적인 '수락'처럼 공적인 사회질서의 토대로 기능할 수 없음을 살펴보았다. 이제 신념이 없는 공식적 수락으로는 예식 질서의 장기적 토대를 제공할 수 없음을 지적해야 한다. 공식적 수락은 의무를 확립하며, 그 자체로 의무를 통해 사람들을 묶어놓는 관습을 장기간 지탱하기에 충분하다. 하지만 최소한 일부 신자들의 확신에 의해 뒷받침되지 않는 예식 질서는 점진적으로 폐기되거나 조만간 죽은 문자, 요즘 말로 '단지 의례'인 것으로 전락할 위험에 처한다. 신념이란 변덕스럽고, 드러나지 않고, 예측 불가능하며, 그 자체로 관습의 토대가 될 만큼 믿음직스럽지 않더라도, 장기적으로 보면 관습을 지탱하는 예식 질서의 존속에 필수 불가결하다. 예식 질서가 살아 있기 위해서는 최소한 때때로 그 질서에 참여하는 일부 사람의 누미노스적 지지를 얻어야 한다.[10]

8.
신성의 개념

감정의 산물인 누미노스와 언어의 산물인 신성함의 의례 속 통합은 모리스 블로흐의 독창적이지만 지나치게 단순한 신성神性 개념을 넘어서는 논의를 가능하게 한다. 신성의 개념은 인류 보편적이므로 그 토대 역시 인류의 보편적 경험이나 조건에서 찾아야 한다.

나는 신성의 개념은 최소한 다섯 가지 전형적인 특징이 있다고 본다. 첫째, 신적인 대상은 인간의 모습으로 구현될 수 있지만, 신성 자체는 어떤 일상적 의미에서도 물질적이 아니다. 둘째, 신성은 존재하는 것, 차라리 '존재로 구현된' 것이다. 그것은 단순히 열역학법칙 같은 규칙이나 진실 같은 추상체가 아니고 제우스와 같은 존재being다. 셋째, 신성은 강력하거나 효험이 있다. 그것은 뭔가 효과를 일으키는 능력이 있다. 넷째, 신성은 뭔가 살아 있는 것이다something alive. 그것은 활력과 비슷한 무엇이 있다. 루돌프 오토의 표현을 빌리면 그것은 '호소력'이 있다. 다섯째, 신성은 합리적으로 인식이 불가능하다. 여기서 앞의 두 특성은 의례적 발화처럼 근본적으로 언어적 과정을 통해, 마지막 두 특성은 의례의 누미노스적 특성을 통해, 셋째 특성은 양자를 통해 제공된다.

먼저 비물질적 실체의 개념은 기호와 지시물의 상징적 관계에 의해 가능해진다. 이 점은 1장에서 분명히 다뤘고, 대다수 기호 이론에도 함축되었다. 개념은 상징적 관계에 내재한 것이지만, 물질적 지시물은 개념에 내재한 것이 아니다. 기호가 그 지시물에 묶여 있지 않다면, 그 지시물을 물질성에 묶어둘 것도 존재하지 않는다. 그렇다면 기호는 쉽게 추상적이고 상상적인 영역으로, 그렇지 않으면 순수하게 개념적인 영역으로 달아날 수 있다.

개념적인 것의 존재는 언어적 과정의 술어 작용에 따라 이해 가능한 것이 된다. "X는 Y의 특성이다"라고 말하는 것은 Y에 X의 속성을 부여하는 것이다. 이 문장에서 연결 동사 '~이다(is)'는 단순히 Y에 X라는 속성을 부여하는 논리적 기능이 있는데, 이 논리적 기능은 회피할 수 없는 실존적 의미를 지닌다. "X는 Y의 특성이다"라고 말하는 것은 X와 Y가 어떤 의미에서 실존하며, '실제적'이라고 말하는 것처럼 보인다. 이런 술어 작용에 수반되는 실존성은 개념적 실존, 즉 법칙과 추상체의 존재 양식 이상은 아닐지 모른다. 그러나 신들은 추상체나 법칙으로 인식되지 않으며, 법칙도 그 자체로 신성divinity으로 인식되지 않는다. 신적인 무엇으로 이해될 수는 있어도 말이다.

아스하, 마앗, 로고스, 넬리 같은 신적인 법칙과 원리는 오직 존재being로 변환됨으로써 신성이 될 수 있다. 아스하는 조로아스터교 주신의 수행단 중 하나로 인격화되며, 마앗은 여신으로, 넬리는 남신–여신이라는 이중적 존재로, 로고스는 제우스나 헤르메스 혹은 예수와 동일시된다. 신들은 개념이 아니라 존재다. 문제는 단순히 개념, 법칙 혹은 추상으로 존재한다고 여겨지는 개념적인 것the conceptual을 존재a Being라고 간주되는 무엇으로 변환하는 것이다.

비물질적인 것에 효험, 다시 말해 특정한 효과를 불러일으킬 능력이 있다는 사고방식이 그런 변환에 기여하는지도 모른다. 인간은 일반적으로 효과가 단순히 개념에 의해서 유발된다고 믿지 않기 때문이다(예를 들어 집이 단순히 설계도로 지어지지 않는 것처럼). 비물질적인 것의 효험은 비물질적 존재를 암시할 수 있다. 그렇다면 신적 존재의 효험이라는 개념은 의례에서 표현되는 언어의 수행성과 메타–수행성에 근거한 것일 수도 있다. 블로흐가 지적했듯이, 의례의 불변성은 의례적 언어에 내재한 수행성performativeness의 효험의 근원이 되는 인격적 존재를 상정한다. 그러나 신적 존재가 단순히 신비화된 수행성에서 유도되는 것은 아니다. 사람들은 종종 정확하게든 부정확하게든 신에 대한 믿음을 끌어낼 만한 효과가 없어도 신의 존재를 확신한다.

우리는 신자에게 제시되는 언어적 명제와 수행문의 역량뿐만 아니라 의례적 발화와 행위에 대한 신자의 체험, 그런 발화나 행위의 특성과 개별 신자의 경험의 관계를 고려해야 한다. 그것들을 중재하거나 연결하는 어휘에도 주목해야 한다. 최소한 '존재하다to be'라는 동사가 독립된 어휘로 존재하는 언어에서(어쩌면 모든 언어에서), 그 동사는 존재의 사례instance of being에서 독립된 존재라는 개념을 낳았을 수 있다. 이 점과 관련해 히브리어에서 신의 가장 신성한 명칭인 테트라그라마톤tetragrammaton이 동사 '존재하다to be'의 한 형태라는 사실이 흥미롭다(Brandon, 1967). 틸리히(1957)는 신을 '모든 존재의 토대' '존재 그 자체'로 부른다. 자바어에서 무아지경을 의미하는 단어는 '존재'다(Geertz, 1965).

궁극적이고 신성한 공준 속에서 재현되는 신적 존재에 관한 일반 진술은 연행자의 누미노스적 '존재'의 상태와 융합된다. 신비적 상태에서 경험되는 것보다 훨씬 덜 심오하더라도, 누미노스적 경험이 신적 존재의 현현을 경험하는 사건임은 널리 알려졌다. 거기서는 제임스의 구절을 다시 인용하면 "현실감각, 객관적 현존의 느낌, '거기 뭔가' 있다는 인식"이 존재한다. '거기 뭔가something there'란 오토의 표현을 빌리면, "절실하게 와 닿는—생생하고, 의지로 가득하고, 강력하고, 열정적이고, 흥분되고, 압도적인" 것이다. 의미를 인식하는 주체와 의미 있는 것의 구별이 사라짐에 따라 신자들은 신적 존재에 참여하거나 그것과 하나가 되며, 최소한 그 존재에 다가섰음을 인식한다. 이는 자신의 경험을 신성에 대한 반응 혹은 신성 자체의 체험이라고 간주하는 신자들의 누미노스적 체험을 통해 신적 대상—궁극적이고 신성한 공준에 의해 드러나거나 재현되는—이 의례에서 생생하고 호소력 있는 존재로 서술된다는 뜻이다.

앞선 장들에서 언급했듯이, 신성이 신자들에 의한 재귀적 창조물이라는 점은 영어 단어 '신God'의 어원에도 함축되었다. 아메리칸 헤리티지 사전과 옥스퍼드 영어사전에 따르면, 그 단어는 '불러내지는 것 혹은 희생 제물이 바쳐지는 것'을 의미하는 인도–유럽어 어간에서 유래했다. 그렇다면 신자들이 신의 현존을 인식할 때 신에게서 발산된다고 느끼는 '호소력'은, 그들이 신에게 투사하여 자신에게 반사된 것일 수 있다. 신의 존재는 피조물의 존재 상태의 총합, 차라리 그런 상태의 융합에서 유래한 것이다.

피조물이 누미노스적 상태를 통해 체험하는 신적인 '존재'는 형언할 수 없는 것인데, 합리적 인식의 대상이 아니기 때문이다. 첫째, 인간이 누미노스적 경험을 통해 살려내는 단일성the One은 신자의 그것과 다른 존재의 질서에 속한다. 신자는 그 질서의 부분일 뿐이다. 부분으로서 신자는 전체를 인식하고 때로는 그것을 설명하려고 시도하지만, 그런 생생함의 본성은 합리적으로 전부 파악되지 않는다. 둘째, 누미노스적 경험을 구성하는 신자들의 신에 대한 인식은 그 본성상 비담화적이다. 신성 자체가 담화적 · 개념적 요소를 포함하고, 그 자체로 대단한 인지적 · 합리적 매력 요인이 있음에도 그렇다. 이런 담화적 요소는 다른 방법으로 설명이 불가능한 신이라는 존재를 단순히 설명하는 게 아니라 신성화함으로써 세계의 질서를 확립한다. 담화적 요소를 포함하는 신성에 대한 비담화적 이해 속에서 비담화적인 것은 담화적인 것을 포괄하고, 언어로 형용할 수 없다는 의미에서 담화적인 것을 능가한다.

따라서 의례는 언어의 권능과 인간 감정의 강렬함 속에서 신이라는 이미지가 주조되는 용광로다. 이런 주장은 신성함의 개념처럼 신성의 개념 역시 인류만큼 오래되었음을 시사한다.

9.
허상과 진실

이 장에서 우리가 설명한 누미노스, 은총의 상태, 최고차 의미, 신성의 개념은 전체적 혹은 부분적으로 비합리적 측면이 있다. 다시말해 이런 개념은 형식 논리나 일상의 느슨한 합리성과 부합되지 않는 정신 작용에 근거한다. 이 개념과 9장에서 설명한 신성성 개념은 어떤 경험적 증거에도 구속되지 않는 듯하다. 사실 신성성 개념에서 그런 경험적 규칙은 위반된다. 어떤 명제의 조건에 경험적 지시물이 존재한다면 그 명제는 궁극적인 신성성의 자격이 없다. 이 점은 지금까지 자세히 설명했다.

종교를 비판하는 사람들은 종교가 인류의 초기 진화에 기여했을 수 있음을 인정하면서도 종교가 상상의 산물이므로 허상적인 것이며, 그렇기 때문에 거짓된 것이라고 말해왔다. 다시 말해 그들은 종교와 거기서 유래하는 비합리적 사고 양식을 인류가 떨쳐버려야 할 무엇으로 간주했다. 뒤르켐은 같은 이유로 모든 종교가 어떤 의미에서 진실하다고 보았고, 마르크스Karl Marx(1842, 1844)는 거짓이라고 보았다(Skorupski, 1976).

오스트레일리아 원주민의 민족지 자료에 주로 의지한 뒤르켐은 종교 개념을 사회의 상징적 재현물로 간주했다. 그는 종교를 인간이 외관상 자연적인 것에서 필연성을 찾는 경향이 있고, 인간이 다른 인간이나 자연과 어느 정도 화합하여 살아가기 위한 기반으로서 자연화된 초자연적 존재의 권위가 단순히 합리적인 관습보다 설득력 있기 때문에 필요로 하는 신비화의 베일이라고 보았다. 그와 반대로 국가 사회에 관심이 있는 마르크스는 종교 개념을 인간에게 유익한 신비화가 아니라, 소수가 다수의 삶을 조작하는 데 도움을 주는 기만이라고 보았다.

프로이트와 마르크스는 종교적 개념이 허상일 뿐 아니라 개탄할 만한 허상이라는 데 동의한다. 허상은 환한 이성이 인류에게 줄 수 있는 깨달음을 가로막고, 이성에 근거한 사회질서의 구축을 방해하기 때문이라는 것이다. 그러나 20세기의 교훈은 이성에 대한 19세기의 믿음이 지나치게 낙관적이었음을 가르쳐주었다. 나는 인간은 이제 의식적 이성이 언젠가 비합리성의 구속에서 풀려나면 인류를 구원해줄 결박된 천사가 아님을 안다고 생각한다. 우리와 아버지, 할아버지 시대에 이성은 유례없이 자유로워졌다. 이성은 진화와 상대성이론, 이중나선을 발견했지만 그 이성을 낳은 인간의 생존을 위협할 만한 괴물도 만들어냈다. 그러나 굳이 역사를 들춰보지 않더라도 고귀한 개념이 오직 의식적 이성에서 배태된 것은 아니다. 헤라클레이토스는 이디아 프로네시스를 경고했고(11장 참조), 베르그송은 지성이 개인 속에 있음을 인정하면서 그것의 '파괴력'(10장 참조)을 경고했다.

　제임스도 홀로 방치된 합리적 사고에 대한 불신을 표현했는데, 사고는 그 본성상 무엇보다 사고 주체의 목적에 봉사하기 때문이라는 것이다. "의미의 창조, 확립, 그 의미에 집착하는 모든 과정을, 그 의미의 창조자 역시 목적과 사적 의도가 있는 피조물이라는 사실과 떼어놓고 생각해서는 안 된다."(1890) 그는 다른 곳에서 "나의 사고는 무엇보다, 언제나 나의 행위를 위한 것이다"라고 썼다(1890). 제임스에게 합리적 사고는 대개 사적이고 자기 이해와 관련되며, 종종 이기적인 목적에 봉사하는 도구다. 베르그송이 종교를 인간 지성의 파괴력에 맞선 사회의 방어기제로 간주했듯이, 제임스 역시 은총의 상태가 합리적인 윤리적 사고보다 사회적 예절을 위해 나은 토대를 제공한다고 본다. 은총의 상태에서는 인간이 도덕적 사고를 포함한 모든 합리적 사고의 자기중심주의—자기 합리화에 빠지기 쉽고, 언제든 논박의 대상이 될 수 있는—를 넘어서, 직접적이고 열정적으로 적절한 사회적 처신을 수행하기 때문이다(J. Moore, 1938).

그렇다면 의식적 이성은 종종 협소한 자아의 이익에 봉사한다고 볼 수 있다. 사실 현대사회의 문제에 답을 주는 가장 강력한 지침일 경제학에서 '합리적'이라는 용어는 인간을 동료들과 경쟁하게 하는, 분명 어떤 의미에서 반사회적인 행위를 지칭하게 되었다. 즉 다른 인간과 비교해 행위자의 이익을 최대화하기 위해 희소한 수단을 차등화된 목적에 적용하는 것이다. 경제적 의미의 합리성이 의식적 이성이 도달한 곳이라면, 이성이 비합리성에서 풀려날 수 있더라도 이성만으로 확실하고 건전한 사회적 삶의 토대를 제공할 수 없음이 분명해진다. 다행히 이성은 비합리성에서 완벽히 풀려날 수 없다. 비합리성은 분노와 공포의 요람이기도 하지만, 예술과 시, 사람들이 '사랑'이라는 말로 지칭하는 모든 것의 거처이기 때문이다. 게다가 공간, 시간, 물질, 에너지와 관련된 공식 이론을 낳은 아이디어는 최초에 의식적 이성의 '오른손'만큼 비합리적인 '왼손'에 의해 떠올랐을 확률이 높다(Bruner, 1970).

그레고리 베이트슨에게 합리적 의식의 문제는 그것이 불완전하다는 데 있다.

의식은 필연적으로 선택적이며 부분적이다. 의식의 내용은 기껏해야 자아에 관한 진실의 작은 부분이다. 그러나 이 부분이 어떤 체계적 방식을 통해 선택된다면, 의식에서 유래한 부분적 진실은 그것을 모두 더해도 더 큰 전체의 진실을 왜곡할 것이다. 우리가 믿듯이 총체적 정신이 통합된 네트워크라면, 의식의 내용은 서로 다른 부분에서 추출한 견본이자 그 네트워크의 일부에 불과하다. 그렇다면 전체로서 네트워크를 단순히 의식적으로 바라보는 것은, 그런 전체의 **통합성**에 대한 경악할 만한 부정이다. 의식이 잘라낸 것에서 표면 위로 떠오르는 것은 완전한 회로나 더 크고 완전한 회로의 회로가 아니라, 그 회로의 호arc일 뿐이다.

　다른 무엇의 도움을 받지 못한 의식이 절대로 이해할 수 없는 것은, 정신의 시스템적 본성이다. (1972e)

베이트슨에 따르면, 정신의 전체성을 이해할 수 없는 의식의 무능력은 보통 세계 내에 존재하는 그런 전체성도 인식할 수 없다.

예술, 종교 혹은 그와 비슷한 현상의 도움을 받지 않는 목적적 합리성은 필연적으로 병리적이며, 인간의 삶에 파괴적이다. 그리고 의식의 파괴성은 특히 인간의 삶이 맞물린 의존적 회로들로 구성되었음에도, 의식이 인간의 목적이 지향하는 그런 회로의 부분적인 호만 인지할 때 발현된다. (1972e)

의식적 이성은 불완전하며, 다른 것의 도움을 받지 못한 그 이성의 관념도 마찬가지다. 개별 유기체에 뿌리를 둔 의식적 이성의 판단력은 분리의 판단력이다. 의식은 인간을 서로 떼어놓으며 인간을 그의 고독, 그의 육체 안에, 그의 출생과 죽음 사이의 시간에 가둔다. 분리의 판단력은 서구 자본주의사회의 강령으로 신비화된 개념인 자족과 독립성의 개념을 낳는다. 그러나 그런 개념은 허상이다. 인간은 신진대사상 다른 인간과 분할되고 의식은 개인적인 것이지만, 인간은 자족적이지 않고 인간의 독립성은 상대적이며 미약하다. 그들은 더 큰 체계의 일부로서 그 체계에 그들의 생존을 빚지고 있다. 그러나 그런 체계들의 존재나 전체성은 사람들의 일상적 의식의 이해 범위 밖에 있다. 의식적 이성은 불완전하지만, 의례에서 촉진되는 세계에 대한 이해 방식은 이성의 결점을 어느 정도 보완할 수 있다. 의례 참여는 사람들의 인식을 확장하며, 이성 그 자체로 인지가 불가능한 사회적·물리적 세계의 완벽하게 자연적인 양상에 대한 이해를 제공한다.

정신에 대한 베이트슨(1972d)의 논의는 의례에 의해 파악 가능한 이런 자연적 양상을 밝혀준다. 그는 생각idea의 최소 단위는 '차이를 만들어내는 차이', 즉 정보 이론에서 말하는 비트bit라고 보았다. 그런 정보의 단위가 흘러 다니는 기초적인 사이버네틱스적 회로는 정신의 가장 단순한 단위다. 다시 말해 정신은 사이버네틱스 시스템 안에 있다. 비록 그런 회로 중 일부는 개인적 의식에 포섭되었지만, 개인의 정신은 프로이트가 오래전에 보여준 것처럼 개인의 의식보다 훨씬 총체적인 것이다.

우리는 직접경험을 통해 우리의 정보 – 처리 회로가 단순히 뇌로 구성되지 않음을 안다. 몇몇 메시지에 대한 반응에서 우리의 신체 상태가 변하고, 그런 신체적 변화가 수신된 정보에 대한 우리의 총체적 반응에 영향을 미치기 때문이다. 더 나아가 우리에게 중요한 정보 회로는 우리의 뇌뿐만 아니라 신체에 깃든 자아 이상의 그 무엇을 포함한다. 우리는 일부 환경까지 포함하는 회로에 의존한다. 그런 몇몇 환경은 많은 인간을 포함하며, 종종 인간이 아닌 생물종도 포함한다.

원칙적으로 동물은 신진대사상으로 분리되지만 정보 – 처리에 관한 한 덜 자립적이다. 즉 그들의 물질 – 에너지 처리 시스템과 정보 – 처리 시스템은 외연이 동일하지 않다. 그러나 독립적인 개체와 사회의 적절한 작동(즉 그것의 생존)은 사회와 생태 시스템에 내재한 초 – 개인적 정보 – 처리 회로망에 의존한다. 그런 회로의 고장은 형식적으로 뇌 손상이나 신경증과 다르지 않은 효과를 야기한다. 신뢰할 만한 정보가 결여되었을 때, 전체 체계나 그것의 부분은 자기 – 교정적self-correcting일 수 없다. 마르틴 부버(1970)가 윤리적 금언으로 제시한 나 – 너Thou 원칙은 사실상 인류의 적응에 불가피한 것으로, 틸리히의 '존재의 토대' 혹은 '존재 자체'라는 개념과 상충되지 않는다(McKelway, 1964). 자연에 존재하는 정보 – 처리의 구조 역시 위의 원칙과 일치한다. 베이트슨은 이런 유사성을 분명히 인지했다.

> 인간 정신이 그 하위 체계일 뿐인 더 커다란 정신a larger Mind이 존재한다. 더 커다란 정신은 신에 비견할 수 있으며, 어떤 사람에게는 실질적으로 '신'을 의미할 것이다. 그러나 그것은 연결된 총체적인 사회 체계와 행성의 생태계에도 내재한다. (1972d)

물론 의식적 이성도 우리에게 생태적·사회적 체계의 구조와 기능에 대한 지식을 제공할 수 있고, 그것의 필연성에 순응할 수 있게 우리를 설득할 수 있다. 그런 지식이나 이성은 경제학자들이 '합리성'이라 부르는 것에 압도될 가능성이 크다. 도움 받지 않은 의식적 이성이 개별 인간에게 자신의 즉각적 이익을 넘어, 생태 시스템과 사회의 장기적 이익을 보살피도록 한다고 믿는 것은 지나치게 많은 것을 바라는 것이다. 더 큰 시스템의 필연성을 따르려면 일상적 이성을 넘어설 필요가 있다. 즉 그 본성상 분리와 구별에 집착하는 인간 의식을 넘어서, 압도적인 참여의 감각을 향해 열릴 필요가 있다. 그런 참여는 경쟁적인 합리성과 상식에 의해 단절된 개인을 자연스러운 전체로―그 본성상 직접적으로 인지될 수 없는 전체인 사회와 생태계로―융합한다.

예식 질서를 연행한다는 것은 거기에 참여하고 그 질서의 일부로 행위를 한다는 뜻이다. 의례가 공적인 곳에서 이는 다른 이들과 함께 의례에 참여한다는 의미다. 앞서 자세히 논했듯이 의례에서는 강렬한 감정이 수반되고, 의식의 전환이 일어나며, 종종 '자아상실'의 느낌―즉 단절감의 상실―과 다른 참여자들과 합일감, 더 나아가 더 큰 실체들과 합일감이 생겨난다. 이것이 은총의 감각, 로고스에 의해 '부름 받은' 상태의 감각이다.

공적 의례의 일반적 특징이 공동의 노래, 춤, 발화라는 사실은 매우 중요하다. 다른 이들과 함께 춤추거나 노래하고 움직이며 말한다는 것은, 말 그대로 더 큰 실체의 일부로서 행동하며 거기에 참여한다는 것이다. 그때 일상적 자아의 깊은 단절성은 참여의 커뮤니타스 속에서 녹아 사라지고, 때로 더 큰 실체가 뚜렷이 드러난다. 이런 비일상적이고 신비한 경험은 심오한 만족감을 주는 듯한데, 그런 경험이 오직 이성이 제공하는 것보다 물리적·사회적 세계의 완벽하게 자연스럽고 극도로 중요한 양상에 대한 깊고 압도적인 이해를 제공한다는 점이 중요하다. 요약하면 의례 일반, 특히 종교적 경험은 언제나 초자연적 허상의 베일을 통해 세계를 의식적 이성에서 가리는 것이 아니다. 차라리 그 경험은 허상의 베일을 꿰뚫어 도움 받지 못한 이성이 차단한 이 세계에 대한 종합적인 인간적 이해를 가능하게 한다.

나는 여기서 '종합적'이라는 표현을 강조하려고 한다. 비담화적 이해 양식이 의식적 이성보다 우월하다거나 그것의 대안이라고 주장하는 게 아니다. 다만 이성이 현대적 사고에서 누리는 높은 위상 때문에, 비담화적 이해의 부적절함보다 이성의 부적절함에 주목한 것이다. 단지 비담화적 경험에 의해서 제공되는 이해 체계도 불완전하다. 그 둘은 세속적·종교적 영역에서 상호 의존적이다. 누미노스가 결여되었다면 신성성은 인간의 감정을 자극하지 못할 것이며, 생기를 결여할 뿐만 아니라 인간의 욕구와도 멀어질 것이다. 반대로 신성성이 없다면 누미노스는 충분히 발달되지 못하고, 심지어 악마적인 것으로 변할 것이다. 경험과 감각, 환희의 찬미를 위해 궁극적이고 신성한 공준에 결부되지 못하거나, 그것의 인도를 받지 못하는 누미노스 혹은 누미노스성은 커뮤니타스를 지탱하지 못하고 과잉, 나르시시즘, 이탈, 향락주의를 부추긴다.

그러나 누미노스적 경험과 궁극적이고 신성한 공준의 결합도 은

708

총을 보장하지는 못한다. 우리는 뉘른베르크 궐기대회*의 누미노스성을 절대 잊어서는 안 된다. 우리는 마지막 장에서 어떤 방식으로 신성성이 훼손되고, 누미노스가 기만되며, 성스러움이 파괴되는지 살펴볼 것이다.

10.
인류의 토대

신성한 공준과 누미노스 경험의 핵심적 특징은 상반된다. 궁극적이고 신성한 공준은 담화적이지만, 그것의 지시물은 물질적이지 않다. 누미노스적 경험은 즉각적으로 물질적이지만(누미노스는 실제적인 물리적·심리적 상태다) 담화적이지 않다. 궁극적이고 신성한 공준은 허위화가 불가능하다. 누미노스적 경험은 (직접적으로 감각되기 때문에) 단순히 허위화가 불가능할 뿐 아니라 부인될 수도 없다. 따라서 의례의 통합에서 궁극적이고 신성한 공준은 누미노스적인 것의 부인 불가능하고 즉각적으로 감각 가능한 성격을 띤다. 이것이 논리적으로 부적절하다는 사실은 우리 논의에 문제가 되지 않는다. 논리학자라면 몰라도 신자들은 이를 문제 삼지 않기 때문이다. 성스러움—신성한 것과 누미노스적인 것의 합일—에서 가장 추상적인 개념은 가장 즉각적이고 물질적인 경험과 결합

---

* 1933년에 시작된 나치스의 연차 대회. 히틀러가 주요한 연설을 했다.

한다. 우리는 결국 놀라운 광경을 만나게 된다.

> 부인 불가능한 것이 지탱하는 허위화 불가능한 것은 의문 제기 불가능한 것
> 을 낳으며, 이는 의심쩍고 자의적이며 관습적인 것을 정확하고 필요하고 자
> 연스러운 것으로 바꾼다.

이 구조가 인류의 삶의 방식이 기초한 토대로, 그 구조는 의례에서 구현된다. 의례의 핵심―다시 말해 의례의 '원자$_{atom}$'―에는 연행자들과, 그들이 규정하지 않은 불변하는 행위와 발화의 차례로 구성된 연행의 관계가 있다. 내가 이 책의 첫 페이지부터 논한 거의 모든 것이 바로 그 형식에 함축되었다.

13

인류의
적응과
종교

인류의
적응과
종교

이 책 첫머리에 언급한 문제의식은 두 가지다. 종교의 본성을 고찰하고, 자연에서 종교의 위치를 조사하는 것. 나는 그다음으로 인류의 본성에 대해서도 고찰할 것이라고 말했다.

'인간human'이라는 단어는 우리 인간종의 이중적 본성을 가리킨다. 한편으로 그 단어는 '후무스humus(부식토)'와 어원이 같은데(히브리어로 '흙'을 뜻하는 아다마adamah와 '인간'을 의미하는 아담adam이 그런 것처럼), 이는 인간이 다른 모든 생물체와 공유하는 '자연적 본성'을 상기시킨다. 인간은 흙에서 태어나 흙으로 돌아갈 지렁이와 마찬가지로 흙에서 난 존재다. 인류의 많은 신화는 인간의 기원을 흙이라고 말한다. 한편으로 '인간'이란 단어는 라틴어 **후마니타스**humanitas, **후마누스**humanus와 뚜렷하고도 밀접하게 관련이 있다. 이는 친절, 연민, 인간애, 정중함, 세련, 문명(C. Lewis, 1891) 등 인간을 다른 생물과 구별하는 모든 특성을 지칭한다.

후무스와 후마니타스. 인간은 생물이며, 내재적 의미가 결여되었으나 자연법칙의 지배를 받는 세계에서 스스로 직조한 의미를 통해 살아갈 수 있는 존재다. 기어츠(1973)의 표현을 빌리면, 인간은 단순히 '의미의 그물에 매달린' 존재가 아니다. 인간은 자신이 결코 전부 이해할 수 없을 자연법칙과, 자기 – 파괴적이거나 세계 –

파괴적인 어리석음에 빠지지 않기 위해 스스로 직조해야 하는 의미 사이에 걸린 존재다.

지금까지 우리는 첫째 과제인 종교의 본성, 구체적으로 종교를 정의하는 개념―신성성, 누미노스, 신성, 성스러움―과 그런 개념이 직조되는 동시에 기반으로 하는 언어적·경험적·사회적 토대를 주로 다뤘다. 나는 그런 토대를 의례라고 보았고, 의례는 지금까지 우리가 논의한 초점이었다. 2~12장 내용은 의례적 참여의 논리적 수반물, 사회적 결과, 주관적 효과에 대한 논의라고 봐도 무방할 것이다. 우리가 종교적 개념과 의례를 중요하게 다룬 이유는 그것의 내적 논리의 탐구 자체가 목표이기도 했지만, 그런 고찰이 인간사회나 자연의 다른 모든 것과 의례의 관계 연구에 필수적이기 때문이다.

그러나 종교의 본성에 대한 질문과 자연에서 종교의 위치에 대한 질문을 완벽하게 분리할 수는 없다. 우리는 2~12장에 주로 보편적인 의례 형식과 보편적인 종교적 개념―신성성, 누미노스, 성스러움, 신성―을 논의했다. 그리고 명시적이진 않아도 종교와 의례의 적응적 의미, 다시 말해 그것과 사회생활과 인류의 조건의 관계, 인류가 지배권을 넓혀간 자연과 관계를 자주 언급했다. 요약하면 지금까지 우리는 관습의 의례적 확립과 신성화, 사회적 계약의 기저에 깔린 의례 참여를 통한 수락 행위, 도덕과 의무의 토대, 시간의 조직, 로고스의 확립, 사회생활을 조직하는 질서에 기여하는 누미노스적 감정의 생성을 다뤘고, 더 심오한 차원에서 언어의 악에 대한 의례의 개선을 다뤘다.

12장 끝부분에서 나는 성스러움에 내재하고 의례에서 구현되는 놀라운 구조를 언급했다. 부인 불가능한 것이 지탱하는 허위화 불가능한 것은 의문 제기 불가능한 것을 낳으며, 이는 의심쩍고 자의적이며 관습적인 것을 정확하고 필요하고 자연스러운 것으로 바꾼다. 이 주장에 따르면 종교는 인간이 처음 인간이 되었을 때부터, 다시 말해 단어와 문장을 처음 말했을 때부터 인간의 삶이 기초하는 토대였다. 더 나아가 궁극적이고 신성한 공준과 관습적 세계의 관계는, 열역학법칙과 물리적 세계의 관계에 상응한다. 그것은 두 세계의 토대다. 여기서 우리는 신들은 '비유대인의 최초의 위대한 발명'이라는 잠바티스타 비코(1744)의 선언을 인용할 수 있다. 인간의 나머지 사회적 삶은 이 최초의 위대한 발명이 깔아놓은 토대 위에 구축된 것이다. 따라서 자연에서 종교의 위치에 대한 우리의 탐구는 종교의 본성에 대한 우리의 설명에 내재하며, 그것과 연관된다.

'자연에서 종교의 역할'이라는 문구를 좀 더 정확하고 전문적인 것으로 바꿔보자. 우리는 먼저 인류의 적응 과정에서 종교적 개념과 실천이 차지하는 위치를 살펴볼 것이다. 그러나 '종교'라는 단어를 정의하기까지 적응에서 종교가 차지한 역할을 탐구할 수 없었던 것처럼, '적응adaptation'이라는 단어도 마찬가지다. 우리는 이 문제를 1장 2절에서 건드렸고, 아래 13장 1절에서 상세히 검토할 것이다. 그다음 종교 자체에서 잠깐 방향을 틀어 적응과 종교, 14장에서는 부적응과 종교를 논할 것이다.

여기서 우리 논의의 초점은 의례의 논리와 성스러움, 누미노스,

신성, 성스러움의 수반물부터 적응의 논리와 그것의 사회적·물질적 효과, 적응의 구조적 요건으로 이동한다. 달리 표현하면 우리는 2~12장에 의례의 내적 작동을 미시적으로 다뤘다. 반면 의례와 거기서 생성되는 개념, 그것과 일반적인 사회적·자연적 세계의 관계를 다루는 13~14장은 거시적이다. 몇몇 독자는 이런 초점 변화가 다소 갑작스럽고 지루하게 느껴질 수 있겠지만, 이는 후속 논의를 위한 전제다. 나 역시 그것을 최대한 간결하게 제시했다.

1.
적응을 다시 정의하기

나는 '적응'이라는 단어를 살아 있는 모든 시스템이 상태의 가역적 변화나 구조상 덜 가역적이거나 비가역적인 변환을 통해, 교란 원인을 제거하는 행위를 통해 그들의 환경[1] 혹은 그들 자체에서 유래하는 동요 앞에 스스로 유지·존속하기 위한 과정으로 정의한다. 그런 적응 과정의 형식과 목적은 대체로 유사한데, 그것들은 이 세계의 모든 생명체가 지속적·간헐적으로 맞닥뜨리는 삶의 우여곡절을 다루기 위해 취하는 무수한 행동의 기저를 이룬다. 적응은 호흡이나 번식 같은 생명 과정만큼 보편적인 것으로, 개미는 물론 인간의 왕국에서도 발견된다. 여기서 몇 가지 예비 언급이 필요할 듯하다.

첫째, 나는 '살아 있는 시스템'의 집합에 유기체뿐만 아니라 그 유기체들의 연합도 포함한다. 인간의 경우 그런 유기체들의 연합에는 가족, 씨족, 부족, 국가 같은 사회집단은 물론, 사회와 인간 중심적인 생태계까지 포함된다. 즉 외부적 교란에 대응하고 교정하기 위해 고유한 반응 과정을 보여줄 수 있는 개별 단위들의 모든 연합체가 포함되는 것이다. 따라서 적응 과정이 살아 있는 시스템 '안에 있다'고 말하는 것도 옳지만, 더 정확하고 훌륭한 진술은 그 역이다. 즉 적응 과정이 살아 있는 시스템을 정의하고 경계 짓는다. 적응 과정의 범위 자체가 살아 있는 시스템(다른 시스템^{2}을 포함할 수 있고, 다른 시스템에 포함될 수도 있는)과 그 주변 환경을 구별하는 것이다.

유기체와 유기체들의 연합—그중 일부는 문화적으로 조직되는—에 공통 개념을 적용하는 것은, 유기체적 유추*라는 비판을 받을 수도 있다. 내가 보기에 그런 비판은 부적절하다. 유기체와 유기체들의 연합에서 모두 적응 과정이 발견된다는 말은 그것들이 모두 더 큰 집합, 즉 살아 있거나 적응적인 시스템의 하위 집합임을 인식한다는 뜻이지, 사회시스템이 유기체의 정교한 도상(혹은 그 역)이라는 말이 아니다. 뚜렷하게 상이한 면이 있는 시스템들의 일반적 유사성을 인정하는 것은 그 차이나 그 차이의 중요성을 부인하는 것이 아니며, 그 차이를 맥락화하는 일이다. 우리는 이 차이를 곧 논의할 것이다. 여기서는 유기체 유추가 유기체에게도 잘

---

* 사회의 체계나 기능을 살아 있는 유기체의 그것에 비유하는 학설. 콩트(Auguste Comte), 뒤르켐 등이 주장했다.

적용되지 않는다는 점을 말하려고 한다. 유기체는 일반적으로 생각하는 것보다 훨씬 생태계를 닮았기 때문이다(L. Thomas, 1974).

적응은 생명체에 보편적인 과정 혹은 과정의 범주다. 그것은 단순한 동물이나 복잡한 사회에서도 발견되며, 인간사人間事에 적용하는 적응 개념은 개별 사회의 작동을 평가하는 초문화적 기준이 될 수도 있다.

상대적으로 자율적인 적응 시스템은 때로 '일반 목적적 시스템'이라 불린다. 그 명칭은 진부하지만 그런 시스템에 특수한 목적이 없다는 사실은 정확히 전달한다. 그런 시스템은 특수-목적적 시스템처럼 예를 들어 석유나 뇌하수체호르몬 같은 특별한 생산물의 생산에 의해 정의되지 않는다. 심장이나 폐, 소방서가 그렇듯이 특별한 행위에 의해 정의되지도 않는다. 그 시스템의 궁극적 목적은 대단히 비-구체적이어서 거의 목적이 없는 것처럼 보인다. 그 목적이란 존속하는 것이다.

게임이론을 진화에 적용하는 것이 어려움을 논하면서 슬로보드킨L. Slobodkin과 라파포트(1974)가 지적했듯이, 일반 목적적 시스템은 자율적인 '실존적 게임의 참가자'들이다. 그 게임의 특이함은 게임의 성공적 진행에 대한 보상이 그 게임을 계속할 수 있는 권리 부여뿐이라는 데 있다. 그 게임에서 '당신의 칩을 현금으로 바꿔라'라는 말은 당신이 졌다는 뜻이다. 물론 개별 인간이나 사회는 그런 목적(혹은 비-목적non-goal)을 비-구체적인 것으로 유지하면서(예를 들어 '신에게 봉사하는 것은 사회의 목적이다') 그것들을 신비화한다. 그런 항구적 목적을 하위 시스템에 적합하도록 구체적으로 설정하면, 개별 인간과 사회의 유연성flexibility을 줄여 실존적 게임에서 생존 기회도 적어질 확률이 높다. 적응의 핵심은 시스템의 유연성을 유지하는 것이다. 즉 우주의 복잡성을 감안할 때, 보통 그 규모와 성질을 예측할 수 없는 외부적 교란에 항상적으로 대응할 수 있는 능력을 유지하는 것이다.

나는 '항상적으로homeostatically'라는 부사를 쓴 것이 조금 주저된다. 항상성은 불변성을 함축하는 개념이라고 널리 오해되기 때문이다. 옥스퍼드 사전 1987년 증보판은 '항상성homeostasis'이라는 단어를 다음과 같이 정의한다.

> (1) 보통 외부적 힘이나 영향에 의한 안정성의 교란을 내적 조절 과정을 거쳐 상쇄함으로써 시스템 내의 동적 안정 상태를 유지하는 일.
> (2) 그렇게 유지되는 안정 상태. (3) 〔생리학〕정상 상태에서 이탈을 상쇄하는 생리학적 과정을 통해 신체 내의 조건(예를 들어 체온)을 상대적으로 일정하게 유지하는 일.[3]

그렇다면 '항상성' '동적으로 안정된 상태', 이와 연관된 '동적 평형' 같은 단어가 불변성을 함축하지는 않는다는 것이 분명하다. 사실 그 반대다. 끊임없이 변하는 세계에서 항상성을 유지하려면 지속적인 상태 변화가 필요하고, 그보다 덜 빈번하며 불연속적인 구조상의 변화도 필요하다. 항상성 유지가 적응 과정의 동의어가 아니라면, 차라리 적응 과정의 목표다.

2.
진실의 유지로서 적응

우리는 적응과 항상성의 유지를 물리적 측면(예를 들어 생존에 적절한 범위 내 체온 유지)에서 이해하는 경향이 있다. 1장에서 소개한 그레고리 베이트슨의 말을 떠올려보자. 그는 이 문제를 정보적 혹은 커뮤니케이션의 관점에서 고찰한 다음, 적응적 시스템은 그들을 허위화하려는 교란에 맞서 그들 자신에 관한 특정 명제의 진실가치를 유지한다고 썼다. 순수하게 유기적인 시스템의 경우, 그런 '명제'는 유기체의 건강한 구조나 기능(예를 들어 적절한 체온 범위, 혈당 수치 등)을 위해 유전적·생리학적으로 코드화된 '설명서'다. 따라서 그 명제의 진실 가치의 보존이란 그런 가치를 유지하는 유기체의 존속인 셈이다.

1장과 후반부의 논의에서 보았듯이, 인간 사회의 경우 그 문제가 간단하지 않다. 지배적 명제—시스템의 다른 부분의 변화를 대가로 유지되는 진실 가치—는 이른바 '진정한' 명제가 된다. 다시말해 '주는 우리의 신이요, 주는 하나라'처럼 상징적으로 규정된 진술과 그런 공준이 신성화하는 표현이다(9~10장 참조). 그런 명제와 생물학적 안녕, 명제 지지자들의 성공적 번식의 관계는 의심할여지가 있다. 이 문제는 다시 논의할 것이다. 여기서는 두 가지만 지적하자.

첫째, 인간의 사회시스템을 제외한 적응 단위, 즉 외부 교란에 항상적으로 반응하는 모든 적응 단위는 전적으로(혹은 거의 전적으로) 유전적 정보에 따라 구성된다(일부 동물은 학습된 정보가 약간 있을 수 있다). 오직 인간의 시스템이 좋든 나쁘든 상징적 요소를 보유할 수 있다. 이 요소는 언제나 지배적인 것이 되는데, 그럼으로써 적응 시스템의 성격 자체를 유기적인 것에서 상징 – 유기적인 것으로 급격히 바꾼다. 그래서 레슬리 화이트는 상징의 출현이 생명의 출현 이후 진화 자체의 진화에서 가장 급진적인 발전이라고 말했다.

둘째, 적응적 시스템에 관한 베이트슨의 정보 이론적 정의—적응 시스템은 그들을 허위화하려는 교란에 맞서 그들 자신에 관한 특정 명제의 진실 가치를 유지한다—는 사실 사이버네틱스적 시스템에 대한 그의 정의이기도 하다는 점을 분명히 해야 한다. 이 말은 적응적 시스템은 본질적으로 사이버네틱스적이라는 의미다. 적응 과정의 사이버네틱스적 성격은 옥스퍼드 사전의 정의에서도 드러난다. 거기 언급된 대로, 시스템에 **내재한** 조절 과정의 존재는 항상성에 필수 불가결한 것이다.

3.
자가 – 조절

가장 일반적인 용법에서 한 시스템이 자가 – 조절적이라는 말은 사이버네틱스적이라는 뜻이다(그 역도 성립한다).[4] 이때 자가 – 조절은 제한된 일련의 메커니즘에 의존한다.

첫째, 절연Insulation을 들 수 있다. 이는 시스템 내 일부 양상이나 요소가 외부 교란에서 절연되어 불변하는 듯한 상태에 있다는 의미다. 자연에서 예를 들면, 두꺼운 껍질로 무장한 연체동물의 행위는 여과 섭식을 위해 그 껍질을 간헐적으로 열고 닫는 것으로 제한된다. 인간 사회에서 가장 뚜렷한 사례는 몇몇 종교 전통에서 궁극적이고 신성한 공준의 표현을 금지하는 일이다(9장 참조). 가장 잘 알려진 예로 유대교도는 신의 이름을 부르는 일을 금한다.

유대교의 제2성전기에 "신의 이름을 합법적으로 말할 수 있는 사람은 사제뿐이었다. 기록에 따르면 현자들은 7년에 한 번씩 그 이름의 발음을 제자들에게 가르쳤다. 정의로운 시몬Simon the Just이 죽은 뒤, 사제들 역시 축복 속에서 신의 이름(테트라그라마톤)을 말하는 것을 그만두었다. 그러나 고위 사제들은 유대교 속죄일에 엎드린 사람들 가운데서 계속 신의 이름을 불렀다. 다른 상황에서 사제가 아닌 자들이 신의 이름을 말하는 것은 신성모독이자 사형 죄에 해당했다"(I. Abrahams, 1909). 이런 절연은 분명히 인간 사회의 자가-조절에 막대한 중요성이 있었다.

둘째, 피아제Jean Piaget(1971)가 조작Operation이라 부른 메커니즘이 있다. 이는 완벽하게 가역적인 과정으로, 수학적·논리적 식이 그 훌륭한 예다(1+1=2, 2-1=1). 그것은 인간의 사고에서 상당히 중요하다. 그런 조작은 부정확성과 엔트로피가 지배하는 물질과 에너지의 교환에 직접 적용되지 않지만, 그런 교환의 조절에는 중요한 역할을 할 수 있다. 나는 이 책과 다른 논문에서 마링족의 의례 개최가 부족 간 전쟁이 우주에 끼친 피해를 상쇄한다고 주장했다

(Rappaport, 1979a 참조). 물론 마링족의 의례가 물리적·사회적 조건을 정확히 전쟁 이전의 상태로 돌려놓지는 않지만, 논리적으로 이전의 상태가 회복된다.

셋째, 시간-의존적 조절Time-Dependent Regulation이 있다. 그 예는 유기체의 생물학적 리듬과, 수많은 자동차가 대기 중이어도 일정한 간격으로 빨간불에서 초록불로 변하는 신호등의 기계적 조절이 있다. 우리의 논의에 더 적절한 예를 들면, 고정된 간격을 두고 치러지는 몇몇 의례는 사회적 과정에 상당한 중요성이 있는 조절적 메커니즘 가운데 하나다. 여기서는 예를 들어 유대교의 안식일 준수가 사람들에게 필요하든 필요하지 않든 주기적 휴식을 보장하며, 반복되는 행위의 조직을 위해 편리한 틀을 제공한다는 점만 언급하려 한다.

마지막으로, 변수-의존적 조절Variable-Dependent Regulation이 있다. 이것은 엄격한 의미에서 사이버네틱스적 조절로, 변수 값이 이상 값이나 준거 값에서 이탈하면 그 변수를 준거 값으로 되돌리는 과정을 개시한다. 온도조절기가 친근한 예다. 실내 온도가 섭씨 21도라는 준거 값에서 벗어났음을 감지하면, 온도조절기는 자동적으로 열원을 가동하거나 차단하는 스위치를 작동해 실내 온도를 섭씨 21도로 되돌린다. 조건이 원래대로 돌아오면 온도조절기는 이를 감지하고 스위치를 꺼서 교정 작용을 중단한다. 나는 이 책과 다른 곳에서 마링족의 의례 주기를 논의하며 이런 사이버네틱스적 조절이 사회시스템 조절에 중요하다고 주장했다(Rappaport, 1984 참조).

사회시스템에는 다양한 조절 양식이 다양한 방식으로 내재하거나 제도화되었음이 틀림없다. 몇몇 사회 체계에서는 개별 조절자(예를 들어 추장, 빅맨, 왕)가 중요한 역할을 하지만, 다른 경우에는 조절이 '완전한 시장'과 같이 구성 요소 간의 중재되지 않은 상호작용, 개별 생물군집 사이의 역동적 상호작용의 산물일 수도 있다. 인간 사회와 인간이 지배적 역할을 수행하는 생태적 체계에서 조절은 전통, 의례 주기, 사회구조의 특성을 통해 진행되기도 한다.

자가–조절은 교정 반응을 수반하며, 앞서 언급했듯이 교정 반응은 여러 효과를 야기할 수 있다. 어떤 경우에는 스트레스를 주는 원인이 제거되며, 다른 경우에는 시스템의 종전 구조에서 보상적 조정이 일어난다. 그러나 어떤 경우에는 반응하는 시스템의 조직 자체―유전적, 구성적, 구조적―가 변할 수 있다. 따라서 살아 있는 시스템의 유지에 필수적인 자가–조절적 과정은 그 시스템의 변화에 필요한 자가–조직self-organizing 과정도 포함한다. 이 문제는 1절에서 잠깐 언급했지만, 여기서 자세히 논의할 필요가 있다.

자가–조절과 자가–조직이라는 두 과정의 범주는 일반적으로 사회과학에서 구별되어왔고, 상이한 분석 양식의 대상이 되었다. 그 하나는 '기능적' 분석이고, 다른 하나는 '진화적' 분석이다. 둘의 차이는 과장된 측면이 있는데, 변하는 세계에서 시스템의 유지('존속' '적절한 기능 수행' '생존')는 지속적 변화를 요구하기 때문이다. 이와 연관되는 명제로 호케트Charles F. Hockett와 아서Robert Asher(1964)가 '로머의 법칙'이라 부른 것이 있다.

동물학자 앨프리드 로머는 양서류의 출현을 논하면서 이 원리를 처음으로 주장했다. 우리는 1장에서 육기어류가 이용되지 않은 새로운 기회를 잡기 위해 육지로 올라온 게 아니라는 로머의 주장을 간단히 소개했다. 로머에 따르면 육기어류는 지느러미와 다른 하부 시스템의 상대적으로 미세한 변화 덕분에, 데본기의 간헐적 가뭄 속에 말라가는 하천이나 웅덩이를 떠나 마른 땅을 가로질러 물이 있는 곳으로 이주할 수 있었다. 그런 구조적 변화는 육기어류가 급격한 환경 변화의 시기에 일반적인 물속 생활을 유지할 수 있게 했다. 다르게 표현하면, 특정 시스템의 구성 요소의 진화적 변화란 그 시스템을 부분으로 갖춘 더 포괄적이고 오래 존속하는 시스템의 자가 – 조절적 과정의 일부다.

지느러미가 다리로 변한 것 같은 구조적·진화적 변화는 가역성이라는 기준에서 볼 때 '기능적' 변화나 '체계적 조정'과 구별되어야 한다. 그러나 적응 과정이라는 더 크고 포괄적인 계획 아래 그것들은 완벽히 분리되지 않는다. 그 변화는 모두 교란에 대한 일련의 순차적 반응이다. 우리는 이 장 후반부에 이 순차적 반응의 특징을 자세히 논의할 것이다. 이제 이 책 전반에서 언급한, 인간의 적응에서 종교적 개념이 차지하는 위치를 자세히 논의해보자.

4.
인류의 적응에서 종교적 개념

종교적 개념은 인간의 적응과 인류의 적응에 모두 관여한다. 거의 동어반복인 이런 대구법을 통해 내가 강조하려는 것은 신성성과 누미노스가 모두 인간종 특유의 중요한 적응적 속성propertyies이며, 인간이 구성한 사회 단위의 적응 과정에도 중요하다는 점이다.

'적응적' '적응하다' '적응' 같은 용어가 개인, 씨족, 국가 혹은 인간 집단에 사용될 때는 외부 교란에 대한 일련의 반응도 함축한다. 그러나 인간종 전체가 그런 교란에 균일한 방식으로 반응하는 법은 거의 없다. '적응적'이라는 용어가 종으로서 인간과 연계되어 쓰일 때, 그것은 일련의 순차적 반응이 아니라 인간종 전체에 보편적으로 나타나는 속성을 지칭한다. 이런 속성은 개별 인간이 자신이 처한 구체적인 교란에 다양한 방식으로 적응할 수 있게 한다. 인간을 포함해 모든 생물종의 많은 적응 장치는 그 종에만 속하지 않는다. 그러나 인간의 적응에서는 그런 장치가 인류 공통일 뿐 아니라 인간에게 고유한 것이다. 우리가 2~12장에서 논의한 내용은 대부분 인간에게 고유하게 발견되는 보편적인 적응적 속성이다. 더 나아가기 전에 앞선 논의를 검토 · 종합해서 발전시키자.

적응적 과정의 핵심은 유연성이다. 인간의 엄청난 유연성은 인간의 고유한 보편적 속성인 언어에 크게 빚지고 있다. 인간의 언어 능력은 유전적 토대를 기반으로 하지만, 개별 언어나 그것으로 표현할 수 있는 내용이 유전적으로 결정되지는 않는다. 개별 인간 집단은 그들이 의지해 살아가는 언어적 규칙과 관념 체계를 대부분 언어로 규정할 수 있고, 그래야 한다. 인간 집단의 규칙과 관념 체계는 유전자가 아니라 관습적으로 규정되기 때문에, 상대적으로 빠르게 심지어 하룻밤 사이에도 변형 · 수정될 수 있다. 따라서 언어는 인류에게 다양한 사회조직과 행동 양식을 고안하고, 엄청난 정보를 처리·보존·전달할 수 있는 능력을 부여했다. 이런 언어의 선물 덕분에 인간은 세계의 거의 모든 지역을 침략·지배할 수 있었다. 그러나 1장에서 우리는 이런 언어의 미덕 자체에 내재한 악惡, 언어의 유익함 자체를 허물어뜨릴 만큼 심각한 문제인 거짓말과 대안성의 악에 주목했다.

이 문제는 근본적인 것이다. 거짓말에서 관건은 특정한 메시지의 진실성이나 신뢰 가능성뿐만 아니다. 1장에서 언급했듯이 신빙성, 신용, 신뢰라는 덕목 자체, 따라서 커뮤니티와 커뮤니케이션 전반의 문제다. 모든 동물 군집의 생존은 최소한 어느 정도 정연함을 갖춘 사회적 상호작용에 근거하며, 그런 정연함은 신뢰 가능한 커뮤니케이션에 의존한다.

메시지 수신자가 그 메시지를 행동의 근거로 삼을 만큼 충분히 신뢰하지 않는다면, 그들의 반응은 무작위적인 것이 되어 더욱 예측 불가능하게 변할 것이다. 그렇다면 상대방도 더욱 무작위하고 무질서한 대응을 보일 것이다. 커뮤니케이션 시스템에 허위가 깃든다면, 메시지 수신자는 자기가 수신한 메시지가 행동의 근거가 될 만큼 충분히 믿을 만하다고 어떻게 확신할 수 있겠는가 (Waddington, 1961 참조).

종종 메시지 수신자는 그런 메시지의 진실성을 입증하지 못한다. 사실 그들은 그렇게 할 방법이 없다. 메시지 수신자는 그런 메시지를 어떻게 믿는가? 이 책에서 우리는 의례가 (거짓말과) 반대 방향으로 움직임으로써 언어라는 상징의 악을 개선한다고 주장했다. 2~3장에서 본 것처럼 의례는 중요한 자기-지시적 메시지의 재현에서 상징을 최소로 사용하는 경향이 있다. 상징의 사용을 피하고 지표를 택하거나, 지표를 사용함으로써 상징을 강화하는 것이다.[5]

그러나 지표는 오직 현존하는 지시 대상에 의미를 부여할 수 있다. 우리는 의례가 '지금 여기'에 국한되는 것을 재현함으로써 몇몇 허위의 문제를 개선한다는 것, '지금 여기'에 국한되지 않는 무엇의 지시물을 신성화한다는 것을 살펴보았다. 신성화란 진실성을 보증한다는 것이다. 신성화된 명제는 그것과 연계된 궁극적이고 신성한 공준의 의문 제기 불가능성의 특성을 띠거나, 그 공준의 지원을 받는다. 메시지의 신성화는 그 메시지를 보증한다는 것이다.

신성화는 허위를 제거하지 않는다. 사람들은 맹세를 하고도 거짓말한다. 맹세하지 않았을 때보다 조금 주저하면서 거짓말할지 모르고, 신성성이 거짓말의 횡행을 줄일 수는 있겠지만 말이다. 여기서 맹세한 뒤의 거짓말은 단순한 거짓말 이상이라는 점이 중요하다. 그것은 위증죄이며 '메타적 – 거짓말', 즉 '진실을 말하겠다'는 맹세에 관한 거짓말이다. 그러나 앞서 관찰했듯이 허위의 문제는 단순히 허위 자체의 문제도, 허위의 직접적 효과의 문제도 아니다. 여기서 중요한 것은 허위의 가능성이 만들어내는 파괴적 불신의 문제다.

메시지 수신자가 그 메시지를 신뢰 가능한 것으로 간주하는 만큼, 그들의 행위는 비 – 무작위적이고 통상적으로 예측 가능해질 것이다. 게다가 그들의 반응이 규칙성을 띠면 그들이 상정하던 사태를 불러올 수도 있다. 조금 달리 표현하면, 특정한 메시지의 타당성은 그것을 신성화한 결과다. 신성화된 진실은 그 타당성이 수락에 달린 관습적 진실의 주요 범주이기도 하다. 인간 행동에 대한 지침을 제공하는 측면에서 관습적 진실은 필연적인 논리적 진실, 경험적 진실에 이어 세 번째 진실의 범주를 구성한다.

거짓말처럼 신성성이 흘러나오는 궁극적이고 신성한 공준도 상징, 즉 지시물에서 자유로이 떨어져 나온 기호로 구성된다. 즉 허위의 문제를 잉태하는 언어 자체가 놀랄 만큼 단순하고 심오한—그러나 불가피한—운동을 통해 그 해결책을 제시한 셈이다. 물질적 지시물에서 기호를 분리함으로써 거짓말이 가능해진다면, 궁극적이고 신성한 공준은 지시물을 물질성과 완전히 분리하고 그것을 의례의 불변하는 질서에서 다시 통합함으로써 확립된다. 여기서 보통 거짓말을 정보 전달자가 거짓임을 인식하는 정보의 전달로 이해한다면, 궁극적이고 신성한 공준은 그 본성상 허위 불가능하기 때문에 저속하거나 통상적인 거짓말이 될 수 없다. 그러나 그 공준도 일반적 거짓말과 관련 있는 방식으로 훼손될 수 있다. 이는 14장에서 논의할 계획이다.

인간의 진화에서 신성성이 나타난 것은 로머의 법칙이 적용되는 사례라 할 수 있다. 이 원리에 비춰보면 진화는 본성상 보수적이다. 모든 진화적 변화와 관련된 근본 질문은 '(그런 진화적 변화가) 변하지 않은 상태로 유지시키는 것은 무엇인가?'이다. 로머의 법칙에 따르면 인간의 진화에서 신성성의 역할은 대단히 심오했다. 나는 신성성이 질서 잡힌 사회적 삶을 위협하는 점점 증가하는 인간의 거짓말 능력에 맞서 인간 집단의 존속을 가능하게 했다고 주장했다.

그러나 앞서 보았듯이 의문 제기 불가능한 공준과 연계를 통해 이의 제기 가능한 정보의 신뢰성과 진실성을 보증하는 것은 신성성의 한 역할일 뿐이며, 가장 근본적인 것도 아니다. 모든 명제는 신성화될 수 있고, 신성성은 사회질서를 유지시키는 모든 명제에 깃들 수 있다. 이것은 언어의 출현과 연계된 것이 틀림없는 또 다른 인간의 진화적 경향을 감안할 때 대단히 중요한 문제다. 그 경향이란 인간의 행동 패턴이 점점 덜 유전적으로 결정되었다는 것이다. 인간 행동 패턴의 유전적 결정이 문화적(언어적) 결정으로 대체되면서, 인간에게는 유례없는 적응 능력이 부여되었다. 그로 인해 인간은 세계의 다양한 환경으로 진입해, 결과적으로 그것을 지배할 수 있었다.

그러나 인간종 전체의 유연성 증가에 수반되는 문제가 있었으니, 인간종 전체가 개별 사회로 분할되기 시작했다는 것이다. 인간 구성원은 관습을 따를 때 유전적 구속을 받지 않게 되었다. 그리고 손쉽게(아마도 불가피하게) 다른 관습, 그중 일부는 현존하는 관습보다 나은 관습을 상상할 수 있게 되었다.

조금 다르게 표현하면, 앞서 우리는 언어에 내재한 두 번째 문제가 대안성의 문제라고 말했다. 인간이 다양한 문화적 질서를 활용하게 되면서 인간종의 적응적 역량은 강화되고, 그 적응 과정도 가속화했다. 그러나 무질서의 가능성 역시 크게 증가했다. 인류를 구성하는 많은 사회의 문화 질서가 언어에 기초한다면—실제로 그렇다—거기에는 허위의 언어는 물론, 지나치게 많은 언어의 가능성이 존재한다. 다시 말해 거짓말뿐만 아니라 바벨의 문제, 즉 대안에 의해 압도될 수 있는 가능성이 존재한다. 거짓말과 대안성은 부버(1952)가 제기했듯이 언어 사용을 곤란하게 만드는 두 가지 근본적 문제다.

허위가 언어에 내재한 문제라면 그것은 진실, '사물의 진실' '사실이 무엇인가?'라는 문제다. 선망되는 대안이라는 개념은 진실을 실현하기 위한 첫걸음일 수도, 종전 질서의 훼손을 향한 첫걸음일 수도 있다. 그런 개념은 언어 문법의 불가피한 수반물인데, 문법은 상징과 더불어 언어의 필수 불가결한 요소다. "예수는 신이고 제우스는 신이 아니다"라고 말할 수 있다면, 그 반대를 상상하고 말하고 행위 할 수도 있다. 모든 사회질서는 언어의 고삐 풀린 상상력의 무질서한 힘에 맞서 자신을 보호하는데, 어느 정도 그래야 한다. 대안적인 것은 대다수 자유주의 사회에서도 제한적으로 용인된다. 따라서 언어가 존재하는 곳에서는 규범의 불변성에 의해 **진정한 말씀**The Word을 확립하고, 그것을 신성화할(의문 제기 불가능한 것으로 만들) 필요가 있다.

이 논의를 적응의 측면에서 고찰해보자. 인간종을 세계의 모든 생태적 적소와 서식지로 퍼져 나갈 수 있게 한 다재다능함, 유전적 과정과 제한된 비 – 상징적 학습보다 언어를 통한 행동 패턴의 규정에 의지한 다재다능함은 무질서의 문제를 내포한다. 관습을 수정하고 대체할 수 있는 능력은 인간의 적응성에 핵심적이지만, 어떤 사회의 구성원이든 그들이 기반으로 살아가는 관습 너머의 대안을 상상할 수 있다면(이는 불가피하게 상상될 텐데), 특히 그런 대안 중 일부가 종전의 관습보다 매력적으로 보인다면 어떻게 사람들이 종전의 관습을 따르게 할까?

나는 신성성이 언어가 출현한 뒤 인간종에게는 덜 중요해진 행동 패턴의 유전적 결정을 기능적으로 대체했나고 보았다. 언어가 인간에게 선물한 대안성이나 변이의 능력은 그 자체가 언어의 산물인 신성성에 의해 질서를 부여받는다. 유연성은 다재다능함이 아니며 다재다능함이 단순히 변형된 것도, 그것의 산물도 아니다. 그것은 다재다능함과 정연함의 산물이다. 모든 인간 집단의 풍부하고 다양한 사고, 목적, 능력에서 유래하는 다재다능함에 질서가 부여되지 않는다면, 그것은 로고스의 토대가 되지 못하고 독사doxa와 이디아 프로네시스idia phronesis의 저장소로 남는다. 단어와 그 단어들의 조합에 내재한 무수한 가능성은 의례의 뚜렷하게 불변하는 규범에서 표현된 의문 제기 불가능한 '진정한 언어Word'에 의해 구속되고, 축소되며, 질서 잡힌다. 신성성은 그렇지 않을 경우 혼란을 야기할 수 있는 다재다능함에 질서를 부여한다.

따라서 거짓말과 대안성처럼 그 자체가 언어의 산물이지만 의례적 규범의 불변성에 종속된 언어에 근거한 신성성은 거짓말과 대안성의 악을 개선하고, 인류가 대안성에서 유래하는 의심할 여지없는 축복을 즐길 수 있게 한다. 연행자는 예식 질서에 참여하면서 로고스를 따른다. 신성성의 인도 아래 언어적 문법에서 흘러나오며 독사와 이디아 프로네시스를 양산하는 다재다능함은 로고스로 인도된다. 따라서 유연성은 무질서를 낳는 동일한 재료에서 태어난다.

언어가 없으면 신성성의 개념을 이해할 수 없듯이, 신성성의 개념 없이는 언어도 그것에 의존하는 사회시스템을 거짓말과 대안성으로 전복할 수 있는 증대되는 언어의 능력에 맞서지 못했을 것이다. 이 논지에 함축된 것은 신성성의 개념이 정확히 언어만큼 오래되었고, 그 둘은 서로 의존하며, 상호 인과적 과정에서 함께 출현했다는 것이다. 이 상호 인과성은 형식적으로 인간 지성과 인간 기술의 상호 의존적 진화와 유사하다. 사실 인간 지성이 부분적으로 언어의 산물이라면, 지성과 기술, 언어, 신성성의 개념은 시스템 이론가들이 '상호 – 인과적 편차 증폭 과정mutual-causal deviation amplifying process'(Maruyama, 1955 참조)이라 부른 과정에서 함께 출현한 것이다. 이런 계통발생적인 추정은 단지 상징에 근거한 사회적 담화에서 신성성이 차지하는 필수 불가결한 위치에 대한 논의에 근거한 것은 아니다.

신성성 개념이 출현한 것은 필수 불가결한 만큼 불가피했을 수도 있다. 언어가 없는 인간 선조들의 말없는 의례가 새로 출현한 언어에서 몇몇 단어를 흡수해 그 언어를 의례적 규범의 불변적 질서 아래 종속시키고, 동시에 **진정한 말씀**The Word으로 변환하면서, 즉 상징과 의례가 결합한 산물로서 신성성 개념이 출현했을지도 모른다. 그렇게 확립된 진정한 말씀은 더 많은 단어가 점점 복잡해지는 구문론적 규칙을 통해 결합되어 수많은 대안적 가능성을 낳으며―그러나 그 모든 대안이 사회적 삶의 조직에 유용하거나 진실한 것은 아니다―만들어낸 불확실성과 배반에 맞설 수 있게 된 것이다.

신성성이 인간의 적응 양식으로 편입된 성스러움의 유일한 구성 요소는 아니다. 누미노스가 있다. 일상에서 분리된 정신의 각 부분은 누미노스적 경험에서 통합되고, 뒤이은 '은총의 상태'에서 평소에는 명목적으로 수락될 뿐인 신성화된 관습이 열광적으로 포용된다. 그러나 종교적 경험의 통합력은 조각난 마음을 통합하고, 개인과 신적 교리를 결합하는 것 이상이다. 그것은 개인에서 유래하여 외부로 뻗어가며 타자를 포용하고, 심지어 전 세계를 포용할 수도 있다. 우리는 이 경험을 다시 다룰 것이다. 지금은 종교적 경험에서 로고스가 경험되며, 그런 경험에서 로고스의 이성理性이 이디아 프로네시스의 목적目的을 능가한다는 점을 언급하고 넘어간다.

나는 12장에서 종교적 경험이 궁극적이고 신성한 공준의 의문 제기 불가능성의 세 번째 토대를 제공한다고 말했다. 종교적 경험은 신념이나 확신과 더불어 (의례에서 일어나는) 수락과 확실성을 강화한다. 나는 신념이 변덕스럽고 은밀하고 예측 불가능하기 때문에 그 자체로 의문 제기 불가능성의 충분한 토대가 될 수 없지만, 장기적으로 그것에 필요한 토대라고 주장했다. 일정 시간이나마 최소한 의례 연행자 중 일부의 확신에 의해 뒷받침되지 않는 예식 질서는 '그저 의례적'인 것으로 전락해 곧 사라질 공산이 크다. 그러면 의례에서 봉헌을 받아도 신들은 영원성에서 추방되어 과거로 사라진다. 신성성이 인간의 적응 양식에 핵심적인 것처럼 누미노스도 그렇다.

5.
적응 과정의 구조

인류의 적응 양식에서 신성성과 누미노스의 위치 대신, 인류를 구성하는 사회들의 특수한 적응 과정에서 그것이 수행하는 역할을 살펴보자. 인간 역사에서 진화해 나온 다양한 사회형태와, 종교 개념이 그런 사회형태에 관여하는 다양한 방식을 제시하는 것만 해도 책 한 권이 필요할 것이다. 그래서 나는 일반 논의에 머무르려 한다. 하지만 적응 과정에서 의례와 의례적 산물의 위치를 논의하기 전에, 적응 과정의 일반적 성격과 구조적 함의를 살펴볼 필요가 있다. 종교는 잠시 제쳐두자. 아래 논의를 마치면 적응 과정에서 종교의 위치를 더 잘 고찰할 수 있을 것이다.

13장 1절에서 다룬 문제로 돌아가자. 이 책에서 우리가 선택한 적응 개념은 교란에 대한 기능적 반응과 진화적 반응의 차이를 중시하지 않는다. 적응 과정에서는 두 가지 변화—상태변화와 구조적 변화—가 모두 유기체의 존속, 즉 '실존적 게임'에 머무르는 것을 목표로 하며, 그 둘은 분리되지 않는다. 둘은 순차적인데, 그 순서에는 흥미로운 구조적 특성이 있다(G. Bateson, 1963; Frisancho, 1975; Rappaport, 1976a; Slobodkin and Rappaport, 1974; Vayda and McKay, 1975).

가장 빠르게 동원될 수 있는 반응은 에너지와 행동의 소모가 심하지만, 스트레스 원인이 중단되면 빠르게 원래대로 돌아올 수 있다. 교란이나 스트레스가 지속되면 초기 반응은 더 느리고, 더 적은 에너지를 소모하며, 더 어려운 가역적 변화로 교체된다. 예를 들어 인간이 저지대에서 고지대로 이동할 경우, 일련의 순환계적 변화나 다른 변화를 통해 헐떡임과 심장박동의 변화가 이어진다. 하지만 그가 1~2년 이상 거기에 머무르면 폐활량과 우심실의 크기가 비가역적으로 확장된다. 그런 일이 안데스나 히말라야산맥 주민에게 일어나지 않은 듯하지만, 순차적 변화의 종착지는 유전적 변화일 것이다(Bateson, 1963; Frisancho, 1975).

비슷하게 한 도시에서 러시아워에 교통 혼잡이 심각하다면, 일시적으로 경찰 인력을 재배치할 것이다. 그런 대응이 부적절하거나 그 자체로 새로운 스트레스를 야기한다면, 특정한 거리를 일방통행로로 만드는 것처럼 쉽게 되돌릴 수 없는 일련의 조치가 취해질 것이다. 그리고 궁극적으로 도시 주변에 우회 고속도로를 건설하는 것처럼 거의 비가역적인 조치가 취해질 것이다. 여기서 초기 단계의 반응은 중요한 행동적·생리적 상태변화일 확률이 높다. 그러나 후기의 반응은 구조적일 공산이 크다(사회 체계의 헌법, 되돌릴 수 없는 신체적 변화, 유기체나 유기체 집단의 유전적 변화와 형식적으로 비슷한 순차적 변화는 다양한 심리적 과정에서도 관찰된다).

초기의 반응이 이어진다면 시스템의 즉각적인 행동적 유연성이 사라질 위험이 있다. 저지대 주민이 해발고도 3600미터에 위치한 티베트 라싸를 처음 방문했다면, 숨을 크게 쉬는 것 외에 할 수 있는 일이 거의 없다. 러시아워에 경찰관도 처음에는 교통 혼잡에 대응하며 시달리는 수밖에 없다. 살아 있는 시스템은 그렇게 타협된 상태, 즉 추가적 교란에 점점 더 취약해지고 일상 업무도 수행하기 어려워지는 상태에 오래 머무를 수 없다. 살아 있는 시스템이 에너지 소모가 큰 그들 자신의 초기 반응의 스트레스에 파괴되지 않으려면, 특정한 교란이 지속되거나 빈번해질 경우 더 심층적인 반응을 동원해야 한다.

예를 들어 마을이 충분히 커지면 화재가 날 때마다 양동이를 든 주민을 동원하는 대신 소방서를 설립해야 한다. 앞서 우리는 특수한 기능을 갖춘 개별적인 단체나 기관의 존재가, 현대사회와 부족사회를 가르는 중요한 차이점 가운데 하나라고 말했다. 특수한 목적을 띤 하위 시스템이 급증하는 것은 그 정의상 주로 분절적 원리 segmentary principle에 따라 조직되는 부족사회에서 주로 부문별 원리 sectorial principle에 따라 조직되는 현대사회로 이행했다는 증거다. 그런 이행은 생산기술 같은 특정한 문화적 양상이나 구성 요소의 변화뿐만 아니라, 교란에 대한 관례화된 반응에서 오는 이점으로도 설명할 수 있다.

이는 초기 반응이 후기 반응보다 우월하다는 의미가 아니다. 초기 반응이 지배적인 시스템에서는 행동의 자유가 일부 결여되고, 열역학적 효율도 손상된다. 그러나 시스템의 구조는 이렇게 손쉬운 가역적 반응이 지속될 때 불변한 채로 유지된다. 후기 반응은 초기 반응보다 에너지 효율이 좋고, 시스템에 대해 약간 즉각적인 행동의 자유를 보장하지만, 가역성이 떨어지거나 완전히 비가역적이다. 이는 후기 반응이 구조적 변화를 수반할 수 있음을 의미한다. 그레고리 베이트슨(1963), 슬로보드킨과 라파포트(1974)는 특수한 문제에 대응하여 구조적 변화를 일으킬 때 **예상되는**[6] 효과는 장기적인 유연성의 감소라고 보았다. 그렇다면 적응 반응의 순차성에는 장기적인 시스템의 유연성과 즉각적 효율성(혹은 행동의 자유)의 맞교환이 존재한다고 볼 수 있다.

예측 불가능하게 변하는 우주에서는 유연성을 최대한 많이 갖추는 것이 좋은 진화 전략이다. 시스템의 존속을 놓고 볼 때, 장기적인 과도 – 반응over-response은 단기적인 불충분 반응만큼 위험하다. (쉽게 말해 특정한 스트레스에 구조적 변화로 반응하는 것은 특수화specialization를 늘리는데, 증가된 특수화는 유연성의 상실과 규칙이 시시때때로 변하는 실존적 게임에서 이른 패배를 불러온다.) 교란에 대한 적절한 반응 수준을 정확히 결정하는 것은 일반적으로 생리적·진화적 반응의 특징인데, '진화적 지혜'는 유기체의 구조에 내재된 듯하다.

이와 반대로 그 반응이 어느 정도 합리적 계산의 결과인 사회적 시스템에서는 생리적·유전적 과정에서 불가능한 실수가 일어날 수 있다. 유기체로서는 숨을 헐떡거리고 심장박동이 빨라지기 전에 우심실의 크기와 폐활량을 확장할 방법이 없다. 그러나 도시나 국가는 필요하지 않은 우회 고속도로를 건설할 수 있다. 그것은 일단 건설하면 강이나 산처럼 지리의 일부가 되며, 그 지역의 향후 발전에 큰 영향을 미친다.

6.
적응성의 구조적 요건

적응에 대한 이런 설명은 적응성adaptiveness — 적응 반응의 일관된 순차성을 유지할 수 있는 능력 — 에 특정한 구조적 요건이 있음을 암시한다. 우리는 적응적 시스템이 자가 - 조절적이며, 자가 - 조절은 여러 형식을 취한다는 것을 살펴보았다. 대표적인 것이 시간 - 의존적(혹은 리듬적) 양식과 변수 - 의존적(혹은 사이버네틱스적) 양식이다. 두 양식의 인과 구조는 순환적이다. 사이버네틱스적 양식에서 이상적 조건의 이탈(더 전문적으로 말하면, 특정 변수의 준거 값에서 이탈)은 그 자체로 이탈을 되돌리고 무효화하는 프로그램을 가동한다. 사이버네틱스적 조절자의 간단한 예로 온도조절기가 있다. 신호등 같은 시간 - 의존적 조절 장치는 더 단순하다. 그것은 보통 일정한 경험에 근거한 가정, 즉 준거 값(예를 들어 직진하려고 기다리는 자동차)에서 이탈이 시간과 연관될 것이며, 주기적인 규칙적 행위를 통해 효과적으로 교정될 수 있다는 가정에 근거한다. 신호등은 몇 분마다 빨간불이 초록불로, 다시 빨간불로 바뀐다.

그러나 살아 있는 시스템의 적응적 구조가 단순히 자율적인 피드백 고리feedback loop*의 모음은 아니다. 시스템이 존속 가능한 수준의 화합과 일관성을 유지하려면, 그런 고리들이 전체 시스템에 충분히 통합되어야 한다. 인간이나 다른 생물종의 생물학적·사회

---

* 일부 출력을 입력으로 사용하여 시스템을 수정·제어하는 작용, 혹은 그런 시스템 회로.

적 적응은 전체 구조나 조직이 일반적인 위계를 이루어, 그중 일부가 다른 것에 종속되는 일련의 복잡한 조절 작용(과정)으로 구성되어야 한다(Kalmus, 1967; James Miller, 1965; Pattee, 1973; Piaget, 1971; Rappaport, 1969, 1971a; Simon, 1969). 적응적 시스템은 과정의 구조적 집합으로 간주될 수 있으며, 조절적 위계regulatory hierarchy는 특정한 생물학적 기관이나 사회집단에 내재하든 아니든 모든 생물학적·사회적 시스템에서 발견된다.

우리의 논의는 위계적 조직의 두 측면을 향한다. 먼저 포함의 위계hierarchies of inclusion라는 간단한 문제가 있다. 이는 전체에 포함되는 부분과 전체의 관계, 조금 다르게 말하면 특수 목적적 하위 시스템과 그것을 부분으로 하는 일반 목적적 시스템의 관계다. 물론 이 관계는 로머의 진화적 우화에도 함축되었다. 육지로 이행을 촉진한 몇몇 특수 목적적 하위 시스템의 변화가 일반 목적적 시스템(원시 양서류)의 구조를 상대적으로 불변하는 상태로 유지시켰고, 그 양서류는 육지 적응 초기 단계에 수생 양식도 유지할 수 있었다.

데본기 생물에 대한 고찰에서 우리가 도출한 일반화는 진화란 본질적으로 보수적이라는 것이다. 진화적 변화는 그 변화가 불변의 상태로 유지시킨 것을 통해 설명되어야 하며, 그 역도 참이다. 시스템의 몇몇 양상을 불변하는 것으로 유지시키는 대가는 그 시스템의 다른 부분의 변화다. 그런 변화의 대가는 대단히 높거나, 근본적이거나, 장기적으로 파괴적일 수 있다.[7] 우리는 이 문제를 14장에서 다시 고찰할 것이다.

일반 목적적 시스템은 특수 목적적 시스템으로, 다시 더 특수화된 하위 시스템으로 구성된다는 포함의 위계를 고찰했으니, 우리가 8~10장에서 제기한 위계의 담화적·조절적 측면을 살펴보자.

두 측면의 연결 고리는 일반 목적적 시스템과 거기에 포함된 특수 목적적 시스템의 관계에 함축되었다. 모든 적응적 시스템의 층위들의 관계는, 그것의 목표나 목적의 구체성의 차이에 상응한다. 원시 양서류의 목표는 생존·번식하는 것이다. 그것의 보행 시스템의 목표는 특수한 방식으로 그런 일반 목표에 기여하는 것이다. 적응 시스템 전체의 적절한 목표는 대단히 비-구체적이어서 거의 목표가 아닌 것처럼 보인다. 그 목표는 존속하는 것, 즉 슬로보드킨과 라파포트가 말하는 실존적 게임에서 살아남는 것이다. 반대로 하위 시스템의 목표는 점점 구체적으로 변한다. 정연한 적응 시스템에서 특정한 하위 시스템이 덜 포괄적일수록 그것의 목표와 목적, 기능도 구체적으로 변한다. 예를 들어 군대의 기능은 군대를 하위 시스템으로 둔 정치체를 방어하는 것이다. 군대 내 포병대의 기능은 그런 방어에 특수한 방식으로 기여하는 것이다.

지금까지 논지를 요약하면, 적절한 질서를 갖춘 적응적 시스템은 그 목표나 목적의 구체성 측면에서 위계적이다. 즉 그 시스템의 목표나 목적은 일종의 연속체를 구성하는데, 특수화된 하위 시스템에서는 대단히 구체적이고, 더 포괄적인 시스템 차원에서는 대단히 일반적이다. 정연한 시스템에서 하위 시스템의 특수한 목표와 목적은 더 포괄적인 시스템의 더 일반적인 목적에 봉사한다. 조금 다르게 표현하면, 특수화된 하위 시스템의 목표는 단순히 실존적 게임에 계속 머무르는 것을 목표로 하는, 적응적 시스템 전체의 근본적 목표에 봉사하는 수단적 성격을 띤다.

이 모든 논의는 자명해 보이지만 중요한 것이다. 인간의 사회 체계에서는 구체성 – 일반성의 연속체가 붕괴될 수 있고, 그럼으로써 적응 과정의 혼란, 더 나아가 심각한 사회적 분열을 가져올 수 있기 때문이다. 우리는 14장에서 이런 부적응의 사례를 다룰 것이다.

목표와 목적의 일반성 – 구체성의 연속체는 여러 방식의 시간적 질서 부여도 함축한다. 공장의 감독관 같은 저차 – 조절자low-order regulator는 지속적으로 변하는 현장의 상황에 따라 거의 지속적으로 명령해야 한다. 거기서 유래하는 지속적인 저차원적 변화는 (사태가 종료되면) 빠르게 수정되거나 원상 복귀될 가능성이 크다. 다시 말해 특수화된 하위 시스템은 빠르고, 빈번하며, 지속적이고, 세부적이고, 가역적인 상태변화를 위해 구성될 가능성이 높다.

고차 – 조절자higher-order regulator, 즉 더 포괄적인 시스템과 관계된 조절 메커니즘이나 (입법부와 같은) 집단은 대개 저차 – 조절자처럼 빠르게 외부 교란에 대응하지 않으며, 그래서도 안 된다. 게다가 그들이 반응을 보일 때 명령의 형태를 띠는 고차 – 조절자의 출력 정보는 덜 지속적이거나 더 간헐적이며, 저차 – 조절자의 명령보다 되돌리기 어렵다. 또 고차 – 조절자의 기능과 작동에는 거기 종속되는 하위 시스템의 수정이나 교체를 위한 절차가 존재한다. 고차 시스템과 적응적 시스템 전체는 그것의 하위 시스템 일부나 전체가 근본적 변화 혹은 교체를 겪는 와중에도 지속성, 정체성, 일반적 구성 조직을 상대적으로 불변 상태로 유지할 수 있다.

따라서 일반 목적적인 적응적 구조의 시간적 질서 부여는 불변성뿐만 아니라 속도, 빈도, 가역성으로 구성된 연속체를 이룬다. 일반 목적적인 적응적 시스템 전체는 때로 영원히 존속하는 것처럼 보이거나 그렇게 재현되지만(7장 참조), 특수화된 하위 시스템은 그 본성상 일시적이라고 말할 수 있다. 시간적 질서 부여에 대한 이런 논의는 자명해 보이지만, 그 질서는 붕괴되어 사회적·물질적으로 파괴적 결과를 초래할 수 있다. 이 문제를 간략히 살펴보고, 종교적 개념과 실천에 따른 개선을 논의해보자.

7.
지시 사항, 가치, 신성성의 위계적 조직

여기서 나는 아무런 언급 없이 '지시 사항directive'이라는 용어를 도입했다. 그러나 지금까지 우리 논의에서 드러난 지시 사항의 분위기와 효과, 수사적 힘은 다양하며, 이런 차이는 대략적으로 지시 사항의 구체성과 반응 속도, 빈도, 불변성, 가역성의 차이에 상응한다. 특수 목적적 하위 시스템 내 전형적인 저차-조절용 지시 사항은 보통 '명령commands' 혹은 '지령orders'이라 불리는 상황-특정적 요구다. 한편 고차-조절자는 어떤 맥락에서 '규칙rules'이라 불리고, 다른 맥락에서 '법률laws'이라 불리는 유-일반class-general의 지시 사항을 선포한다. 더 고차적인 조절자는 '정책', 한 단계 더 높은 '원칙'이라 불리는 더 일반적인 지시 사항을 선포하거나, 이 책에서 '우주론적 공리'라 이름 붙인 세계의 근본 토대에 관한 명제를 선언한다.

　정책이나 원칙은 명령적 분위기해서 공표되지 않을 수도 있다. 그런데도 그것들은 저차 지시 사항이 따라야 하는 대단히 일반적이고 권위적인 성격을 띤다. 그것들은 저차 명령보다 되돌리기 어려우며, 어떤 경우에는 그 근원이 살아 있는 인간이 아니라 문서이기 때문에—토라나 복음서, 코란, 미국 독립선언문처럼—한번 선포되면 모든 시대에 유효하고, 개인이 조작하기 극도로 어렵다.[8]

　궁극적이고 신성한 공준도 명령적 분위기에서 선포되지는 않지만, 일반성이 가장 높은 명령을 구성한다는 점을 상기해보자(7~8장 참조). 그 공준은 적응 시스템 전체와 연관될 가능성이 크며, 신이나 조상 등 그것의 지시물은 복종하는 이들에게 그들의 시스템의 궁극적인 조절자로 인식된다. 다시 말해 모두 복종하고 그들 모두 거기에 비춰 판단되는 신성神性으로 인식된다. 거의 동어반복처럼 들리지만, 정연한 적응적 사회시스템에서도 조절적 위계는 권위의 위계이자 구체성, 속도, 빈도, 가역성, 불멸성, 수사적 형식의 위계다. 그런 관계는 치명적 결과를 낳으며 와해될 수 있는데, 우리는 이 문제를 14장에서 다룰 것이다.

　가치의 위계적 조직에도 주목할 필요가 있다. 사회 체계의 위계적 구조의 '위쪽으로' 전진할수록 우리는 물질적·구체적 조절 가치 대신 더욱 이념적으로 여겨지는 가치를 만난다. 예를 들어 밀 농사에 관한 대화는 대단히 구체적이며, 중국과 미국 밀 농부들의 근본적인 관심사는 아마 비슷할 것이다. 두 사회에서는 모두 충분한 물의 조달, 토양에 적절한 영양 공급, 트랙터 연료 공급을 위한 조절이 행해질 것이다.

그러나 단순히 생산이 아니라 생산과 분배의 권리라는 의미에서 '경제'가 논의되면, '자유기업'이나 '각자 줄 수 있는 것에서, 각자에게 필요한 것을!' 같은 구절이 등장할 것이다. 이런 구절에 함축된 의미의 차이는 기술적 차이가 아니라 이데올로기적 차이다. 각각의 추종자들은 그 이념을 대단히 윤리적인 것으로 여긴다. 그러나 더 고차적인 조절은 명예, 자유, 정의, 애국주의 같은 개념에 의해 강화되며, 최고차 조절은 자연스럽게 혹은 자명하게 윤리적인 것으로 간주되는 '생명, 자유, 행복 추구 같은' 개념의 보존에 명시적으로 관여한다. 이렇게 명시적으로 선포된 가치와 원칙의 보존에서 정부나 다른 기관은 단순히 수단적 역할을 수행한다.

조절적 위계는 언제나 가치의 위계다. 나는 정돈된 적응적 시스템에서는 가장 낮은 단계의 '수단적 가치'부터 '궁극적' 혹은 '근본적'이라 불리는 가장 높은 단계의 가치 순으로 배열된다고 주장했다. 최고차 단계의 조절에서는 앞서 보았듯이 종종 신성이 도입된다. 파라오는 살아 있는 호루스였고, 엘리자베스는 신의 은총에 의해 여왕이 된 것이다. 심지어 미국조차 신의 이름 아래 세워진 하나의 민족[9]으로 여겨지며, 미국의 최고 원칙—생명, 자유, 행복의 추구—도 신에 의해서 주어졌다고 간주된다.

신성과 최고차 조절의 연계는 신성성의 위계적 조직의 문제로 이어진다. 즉 8~9장에서 논의된 예식 질서 내 관념 체계상의 위계적 조직과, 신성화 과정에 대한 10장의 논의에서 드러난 신성성과 신성화된 것의 관계의 문제로 이어진다. 우리는 양자에서 특수성,

불변성, 구체성, 가변성의 연속체가 궁극적인 신성성과 단순한 신성성의 관계를 규정하는 것을 살펴보았다. 8장에서는 그런 연속체가 적응에 중요하다는 것도 살펴보았다.

적응에서 신성성의 위치를 살피기 전에, 사람 사이의 적응적 위계는 신성성의 위계일 뿐만 아니라 앞서 우리가 논의한 다른 특질의 위계라는 점도 다시 언급해야겠다. 보통 신성성은 물질적 지시물이 없지만, 물질적 지시물이 있는 다른 명제('헨리는 신의 은총에 의한 왕이다' '주는 것이 받는 것보다 복되다' '나는 신의 이름으로 진실을 말할 것을 맹세한다')로 신성성을 흘려보내는 궁극적이고 신성한 공준에 그 근원을 둔다. 궁극적이고 신성한 공준에서 흘러 나가는 신성성의 의문 제기 불가능성은 더 구체적인 특질인 정확성, 적절성, 정당성, 도덕성, 진실성, 자연성, 효험으로 변모함으로써 의심쩍고 자의적이고 관습적인 요소를 정확하고 필연적이고 자연스러운 것으로 바꾼다.

신성화된 명제의 내용은 다양하며, 우리는 10장에서 그런 주요 명제를 열거했다. 그런 명제로는 무엇보다 우주론적 공리(종종 신화, 경전 혹은 그와 비슷한 형식에 내재하거나 표현된다), 의례적 규칙, 터부, 맹세, 서약, 특정한 수행문, 명령, 권위를 확립하는 명제, 권위체나 권위자가 발표하는 지령이 있다. 그런 명제는 사회 체계의 조절적 위계를 조직하는 명령의 커다란 군#을 구성한다.

궁극적이고 신성한 공준에서 유래한 신성성이 의례의 테두리를 벗어나, 사회 일반의 통치에도 관여한다는 점을 기억하자.

8.
신성성, 공허, 신비, 적응성

신성성이 사회질서를 지탱한다는 것은 인류학의 오래된 교훈 중 하나다. 그러나 신성성이 사회 체계의 적응성을 증가시킨다는 사실은 그렇지 못하다. 유연성은 적응성의 핵심이며, 신성성을 구성하는 불변성이 유연성을 낳는다는 것은 역설로 보인다. 단순한 불안정성은 혼돈을 초래할 뿐 유연성과 다르다. 유연성은 (상황에 따른) 차별적 반응을 가능하게 하는 체계화된 능력으로, 나는 그것이 적응 시스템의 위계적 구조에 본질적이라고 언급했다. 궁극적인 신성성은 적응적 사회구조 내의 다른 모든 것이 정연함을 상실하지 않고 지속적으로 변할 수 있게 하며, 불변하는 토대를 구성한다.

궁극적이고 신성한 공준의 물질적·사회적 공허함은 이 점에서 중요하다. 우리는 앞서 궁극적이고 신성한 공준의 비물질성이 그것을 허위화 불가능하게 만든다는 것을 살펴보았다. 그런 비물질성은 그것의 담화와 목표의 근거를 신성한 공준에 두는 사회시스템의 유연성에도 중요하다. 궁극적이고 신성한 공준은 물질적 조건이 결여되었기 때문에 그 자체로 특정한 사회적·물질적 목표나 그것을 성취하기 위해 적절한 수단을 명시하지 않는다. 그것들은 아무것도 명시하지 않음으로써 어떤 것이라도 신성화할 수 있다. 그 공준은 어떤 관습에도 매이지 않음으로써 모든 관습과 그런 모든 관습의 변화까지 신성화할 수 있다. 따라서 변화가 허용되고 연속성도 유지될 수 있는데, 특정한 단체나 관습이 궁극적이고 신성한 공준과 어떻게 연계되는지는 해석의 문제이기 때문이다.

　해석은 영구적으로 재해석의 위협을 받지만, 해석의 대상―궁극적이고 신성한 공준 자체―은 재해석에 도전받지 않는다. 재해석은 그 공준을 보존하고 강화할 수도 있다. 공준을 확립하는 궁극적으로 신성한 말이 확고하게 규정되어 겉보기에 영원한 것으로 남는 한, 궁극적인 목표도 겉보기에 불변하는 것으로 남는다. 그러나 그 공준이 신성화하는 관습은 역사나 환경의 동요에 대응하며 지속적으로 수정·변환·대체될 수 있다. 심지어 궁극적인 것에 대한 관념 체계 역시 궁극적인 것을 지시하는 공준 자체는 불변하는 동안 변할 수 있다. 즉 변하는 역사적 조건에 따라 영원히 불변하는 진실과 끊임없이 변하는 역사의 연결 고리가 재해석될 수 있고, 그런 재해석에 힘입어 가장 독실한 신자들조차 알아채지 못하는 사이에 사회적 규칙과 때로는 우주론적 공리까지 변할 수 있다.

　더 나아가 궁극적이고 신성한 공준의 수수께끼 같은 특징과 그것의 비–물질성은, 그런 지속적 재해석을 장려·촉진한다고도 할 수 있다. 신은 하나이며 셋이라든지, 와칸–탕카는 만물을 포괄한다든지, 꿈의 시대는 태곳적에 존재했지만 지금도 이어진다든지, 사아 나아가이 빅케 호조 같은 말의 의미는 무엇인가? 공준이 의문 제기 불가능한 것으로 간주되어야 한다면, 아무도 그것을 이해하지 못한다는 사실이 중요하다. 따라서 가톨릭교도가 궁극적이고 신성한 공준을 종종 '진정한 신비'[10]라고 부르는 것도 놀라운 일이 아니다. 실증주의자들이 이치에 맞지 않는다거나 심지어 난센스라고 간주하는 그 공준의 특징이―즉 입증 불가능하고, 허위화 불가능하며, 물질적 지시물이 없고, 사회적 구체성도 결여하며, 때로 이해조차 불가능한―그 공준을 적응적으로 만들며 그것을 특정한 '생존 게임의 참여자', 더 나아가 가장 포괄적인 의미의 사회 체계와 훌륭히 연계시킨다는 점은 아이로니컬하다.

로머의 법칙에서 도출되는 또 다른 함의를 생각해보자. 진화적 혁신의 최초 효과는 그런 혁신이 일어난 시스템의 특정 요소의 양상을 불변하는 상태로 보존하는 것일 수 있다. 그런 혁신의 차후 효과는 그리 보수적이지 않거나, 전혀 보수적이지 않다. 육상 척추동물의 새롭고 다양한 형태는 급변한 조건 아래 원시 양서류가 수생 양식을 유지하게 한 유전적 변화에서 태어난 것이다. 신성성 역시 출현한 뒤 엄청나게 다양한 인류의 새로운 사회조직에 근본적 원리를 제공했다. 신성성은 무수하게 다양한 인류의 적응을 가능하게 한 토대다.

9.
성스러움의 사이버네틱스

신성로마제국의 통치 기구처럼 신성화된 행정 구조는 그 자체로 완벽한 적응적 구조는 아니지만, 사이버네틱스적 특성을 갖춘 포괄적 구조의 일부일 수는 있다. 내가 보여준 대로 자신에게 종속된 하위 구조 앞에서 그 구조는, 말의 가장 직설적이고 단순한 의미에서 '위계적'으로 보인다. 다시 말해 권위와 신성성은 궁극적이고 신성한 공준의 정점에서 흘러나오며, 권위는 그 공준에 의해 직접적으로 신성화되는 듯하다.

예를 들어 '신에 의해 통치자로 임명된 가장 경건한 찰스 아우구스투스, 위대한 평화의 수호 황제여' 같은 구절을 생각해보라. 이런 신성화는 관념, 기관, 관료, 지령을 통해 그들이 통치하는 백성의 삶으로 퍼져간다. 그러나 의례는 자신의 사이버네틱스적 구조에서 그런 조절적 위계를 모두 포괄할 수 있다. 특이하게도 의례에서는 가장 신성한 공준이 거기 종속된 것처럼 보이는 자들에게 궁극적으로 종속된다.* 이제 우리 논의의 초점은 이 궁극적인 의례의 사이버네틱스적 회로다. 그것을 명시적으로 밝혀보자.

(1) 궁극적이고 신성한 공준은 권위체, 단체, 조절적 위계를 구성하는 다양한 명령을 신성화한다.

(2) 조절적 위계의 작용은 뚜렷하게 현존하는 물질적·사회적 조건에 영향을 미친다.

(3) 물질적·사회적 조건은 신성화된 조절적 위계에 종속된 자들의 안녕을 상당한 수준까지 결정하거나, 심지어 정의한다.

(4) 조절적 위계에 종속된 커뮤니티의 구성원은 의례에 참여하여 궁극적이고 신성한 공준을 수락하는(따라서 확립하는) 신도다. 그렇게 확립된 공준은 다시 조절적 위계를 신성화하며, 그 과정에서 종종 그런 위계 내 요소와 궁극적이고 신성한

* 가장 신성한 공준이라 해도 의례 참여자들에 의해 수락·구현되어야 한다는 뜻.

공준의 연관성을 명시적으로 보증한다. 따라서 궁극적이고 신성한 공준의 타당성과, 조절적 위계 요소(예를 들어 군주)와 그런 공준의 연관성은 궁극적으로 그런 공준에 종속된 자들의 수락에 달렸다. 즉 신성화된 권위는 궁극적으로 상황 의존적이다. 다시 말해 보통 그 권위에 의해 통치되는 자들의 (직접적이기보다는 간접적일 확률이 높은) 수락에 의해 신성화된다. 신성화의 구조, 즉 권위와 정당성의 구조는 '순환적'이며 사이버네틱스적인 '닫힌 고리'를 구성한다.

(5) 물질적·사회적 조건이 오랫동안 억압적이거나 불만족스럽게 느껴지면 그런 조건에 책임이 있다고 간주되는 조절적 구조에 대해, 신성화된 혹은 누미노스적 지지를 제공하던 신도의 의지나 능력이 감소할 수 있다. 그런 조건이 개선되지 않으면 조절적 구조를 지지하던 자들이나 조절적 구조 자체, 극단적인 경우 그런 구조를 신성화하는 궁극적이고 신성한 공준마저 곧 신성성을 상실할 것이다.

공준을 따르던 자들은 수동적으로, 단순히 그것을 신성화하는 의례에 참여하지 않음으로써 권위체나 조절적 구조에서 신성성을 박탈할 수 있다. 그러나 탈脫신성화 과정도 능동적일 수 있는데, 신성모독 행위나 행위자 자체도 신성화되거나 최소한 신성성을 주장할 수 있다. 왕이 신적 존재로 간주되던 아프리카 부족사회의 예식 질서에는 왕을 폐위하는 의례(종종 왕이 처형되기도 했다. James Frazer, 1963 참조)가 포함된다. 예언자들은 재임 중인 권력자와 신성성의 관계에 의문을

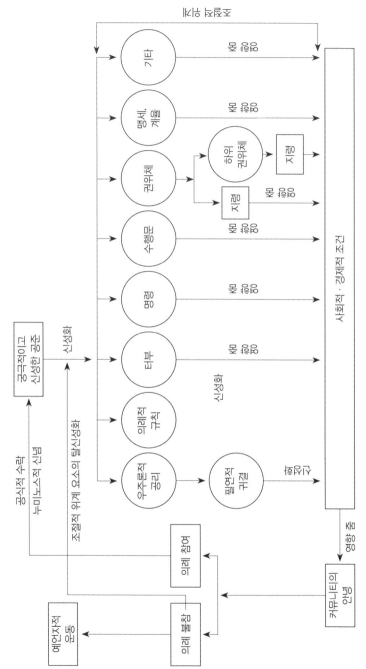

그림 1. 성스러움의 사이버네틱스

752

표할 뿐만 아니라, 자신의 권고가 신성하다고 주장하고, 심
지어 궁극적이고 신성한 공준을 새로 선포하기도 한다.

(6) 요약하면 권위체가 그들의 신성성(즉 그들의 정당성)을 유지하
고 그들이 통치하는 조절적 구조의 신성성을 유지하려면, 그
조절적 구조가 합리적인 질서 속에 머무르고 그 구조를 따르
는 이들에게 합리적으로 반응하도록 해야 한다.

우리는 이 관계를 '성스러움의 사이버네틱스'라는 단순화된 다이
어그램으로 나타낼 수 있다(그림 1).

여기에는 보충 설명이 필요하다. 나는 조절적 위계의 오작동은
조만간 그것의 탈신성화 혹은 그보다 먼저 그 위계를 다스리는 자
들의 탈신성화를 불러온다고 주장했다. 물론 '조만간'이라는 표현
은 역사적 조건은 언제나 정확한 공식화를 빗나갈 만큼 독특하다
는 뜻이지만, 성스러움의 사이버네틱스에는 지연이나 '시간 차time-
lag'가 중요하고 동시에 내재한다는 뜻이다. 일단 조절적 구조나 그
대표자에게서 신성성이 박탈되면, 나중에 경험하는 모든 비참함
이 조절적 위계나 그 대표자의 결함 혹은 오작동에 의한 것이라는
인식이 뒤따른다. 그러나 몇몇 사회의 작동은 참으로 신비화되거나
복잡해서, 혹은 거기에 영향을 받는 사람들이 그 작동에 무지해서
기능 불량이나 착취, 억압이 더디게 감지된다.

더 중요하게 탈신성화 과정이 막 시작된 단체나 권위체라도 여
전히 신성화된 상태에 있으며, 그런 신성성을 쉽고 빠르게 박탈당
하지 않는다. 사람들은 보통 신이나 구세주를 위해 현재의 고난을

기꺼이 견디려 하며, 그런 행동은 어쩌면 당연하다. 불만족스러운 조건은 피할 수 없는 만큼 곧 수그러드는 경향이 있으며, 고난 앞에서 의연하게 버티는 것은 종종 득보다 실이 많은 혁명적인 교정 작용보다 나을 때도 있다. 이란혁명을 떠올려보라.

게다가 적응 반응의 순차성에 대한 앞 절의 논의는 때 이른 반응, 특히 때 이른 구조적 변환은 단기적인 스트레스를 경감할지 몰라도 장기적으로는 곤란을 초래할 수 있음을 말해준다. 신성화가 장려하는 억제와 의연함은 덜 심오하고 더 쉽게 되돌릴 수 있는 교정적 반응이 먼저 작동하고, 덜 근본적인 교정 작용이 실패했을 경우 신성화된 구조적 변화가 뒤따를 수 있는 시간을 제공한다. 요약하면 신성화는 적응 반응의 순차성을 유지시킬 수 있다. 여기에는 추가적인 논의가 필요하다.

조절적 위계의 오작동에 대한 탈신성화 반응은 13장 3절에서 다룬 적응 과정과 마찬가지로, 정연한 순서에 따라 그 심오함을 증가시킨다. 그런 단계적 차이는 무수히 많거나, 미세하게 분화되거나, 미묘하고 다양할 수 있고, 그 차이들이 배열되는 특정한 순서는 역사적 조건에 따라 변할 수 있다. 이 문제는 극도로 복잡하고, 여기서 전부 논의할 수 없다. 그러나 민족지적·역사적으로 친숙한 억압적 조절에 대한 탈신성화 반응을 중요성과 가역성, 반응의 개시 속도와 빈도에 따라 유형별로 정돈하는 것은 어려운 일이 아니다.

가장 초기에 일어나는 가장 덜 심오한 반응에서는 사람들이 그것을 신성화하는 의례에 불참함으로써 조절적 구조의 약화가 일어난다. 근대의 사례를 들면 교황 바오로 6세가 화학적·기계적 수단에 따른 산아제한에 반대하는 '바티칸'의 뜻을 재천명한 회칙 '인간의 삶에 관하여Humanae vitae'를 선포하자, 미국 가톨릭교도의 예배 참여가 급격히 감소했다. 개인이 가톨릭 의례에 불참하는 것은 지표적으로 표현되는 자기 – 지시적 메시지인데, 이는 우리가 4장에서 논의한 의례적 수락의 논리와도 상응한다. 적응 과정의 순차성에서 가역성을 논의한 부분을 떠올려보면, 이런 불참은 빠르게 시작된 만큼 빠르게 번복될 수도 있다. 지난주에 미사에 불참한 사람들이 이번 주에는 교회로 복귀할 수도 있다.

조절적 구조는 참여의 철회로 즉각 변하지 않으며, 불참하는 이들이 필연적으로 구조적 변화를 꾀하는 것도 아니다. 그들은 시위할 뿐이다. 다시 말해 수동적이고 일시적인 방식으로, 조절적 구조 그 자체보다 조절적 구조의 특정한 작동에 대한 그들의 불만을 지표적으로 나타내는 것이다. 그러나 수동적 시위의 효과는 대단히 커질 수 있다. 일시적 불참은 영구적인 탈퇴로 이어질 수 있고, 이는 불참자나 교회 측에 결코 작은 문제가 아니다. 미국에서 가톨릭교의 존속이 위협받은 적은 없는 듯하지만, 신도 숫자 감소는 분명 기관으로서 가톨릭교회에 손실을 끼쳤다.

더 중요한 것은 한 지역에서 일어난 가톨릭교의 권위에 대한 도전이 일반적인 신성성을 훼손한다는 점이다. 구체적인 저차원의 규칙에 대한 불만이, 궁극적이고 신성한 공준의 수락이 일어나는 근본적 의례에 대한 불참으로 표현된 것이다. 우리는 이 문제와 연관된 측면을 나중에 다시 논할 것이다.

나는 다른 책(1979)에서 비슷한 시위가 최소한 폴리네시아 추장들이 주재하는 의례적 재분배에서 일어났다고 제안했다. 추장이 음식을 징수하고 나중에 재분배하는 것(Sahlins, 1958)은 대다수 폴리네시아 사회의 음식 공급에서 그리 중요하지 않았는지도 모른다. 그런 재분배는 평민들이 그 음식을 전유한 다음 평민들에게 다시 분배하는 신성한 추장에게 바치는 복종의 지표index로 이해되어야 한다.

　그러나 폴리네시아 사회에서는 대부분 한 추장의 영토에서 다른 추장의 영토로 이주하는 것이 가능했다. 예를 들어 더글러스 올리버Douglas Oliver(1974)는 《Ancient Tahitian Society 고대 타히티 사회》에 소시에테제도에서는 "부족의 거주지 변경을 금하는 어떤 긍정적·부정적 규범도 존재하지 않은 듯하다"라고 썼다. 그는 변덕스러운 신민에게 버림받은 한 추장의 불평을 소개한다. 올리버는 방대한 저작에서 그런 이주에는 단순한 선호나 변덕 이상의 무엇이 있는 것 같다고 본다. 그는 뫼레노Jacques-Antoine Moerenhaut의 설명을 인용한다.

　　추장의 폭정에도, 어쩌면 추장의 폭정 때문에 추장들이 빈번한 전쟁에서 대단히 필요한 신민과 지속적으로 사이좋게 지낸다는 점이 흥미롭다. 추장에게 부당한 대우를 받은 원주민은 떠나겠다고 위협할 수 있다. 그러면 그 신민을 달래서 자기 아래 두려고 노력하지 않는 추장은 거의 없다. 원주민이 추장에게 내보이는 협박에는 거의 뭔가 감동적인 것이 있다. 그때 추장은 신민에게 폭군이라기보다 아버지에 가까워 보인다.

지금은 노인이 된 내가 아는 원주민은 추장에게 "당신은 내게 화가 났군요. 좋소, 나는 내 아버지가 묻힌 땅을 떠나겠소. 자녀들과 함께 떠나 이방인, 당신의 적들 사이에서 죽겠소"라고 말했다. 추장이 예전에 그의 땅을 조금 빼앗은 것이다. 그 말을 듣고 추장은 아무 대답 없이 나갔다. 다음 날 추장은 그에게 빼앗은 것의 두 배 되는 땅과 다른 선물을 가지고 돌아왔다. (1837)

추장들이 생산량에 영향을 미치는 자연조건을 자세히 알고 있었음을 감안하면, 그들은 다른 방식으로 설명 불가능한 공물량의 변동을 통해 자신을 지지하는 세력의 증감을 추론할 수 있었을지도 모른다. 공물량의 감소는 추장 직무를 잘 수행하고 신민을 보살피라는 책망으로 받아들여졌을 수도 있다. 이는 소규모 사회 단위가 더 힘센 이웃들에 의해 흡수될 위험이 지속적으로 존재하는 정치 환경에서는 대단히 중요한 문제였을 것이다(Oliver, 1974).

종전의 권위체를 위협하지만 언제나 그 권위체의 탈신성화에 성공하지는 못하는 더 능동적인 반응으로 예언자의 연설이 있다. 구약성경은 그런 예로 가득한데, 고대 이스라엘의 왕들에게 지겹도록 익숙한 그런 존재는 다른 사회에도 있었다. 우리는 11장에서 고대 이집트의 예언자, 이푸웨르의 사자후를 인용했다.

여기서 예언자가 '성스러운 자holy man'라는 점이 중요하다. 예언자와 예언자의 말은 거의 직접적으로 예식 질서에 의해 신성화된다. 예언자는 자신을 궁극적이고 신성한 공준이 확립한 신들과 직접적 조우를 통해 신성화된 존재로 제시한다. 예언자는 어떤 경우에도 그들이 맹렬히 비난하는 권위자보다 자신이 신성성의 근원에 가까이 있다고 주장한다. 그럼으로써 자신이 질책하는 대상에게서 신성성을 박탈할 수 있는 위치에 있다고 주장하는 것이다. 질책 받은 권위자가 뉘우치거나 개선하지 않을 경우, 예언자는 억압받고 분노하고 반항적인 군중에게 누미노스적 지지를 받을 수도 있다. 1970년대 후반에 일어난 이란혁명을 생각해보자. 거기서 예언자는 종전의 권력에 등을 돌리고 그의 추종자가 됨으로써 사태에 개입한 불만스런 군중에 의해 '누미노스화'되었다.

이제 권력체의 직무 개선을 권고하는 '저차' 혹은 '일차적' 반응에서, 종전의 권력체와 신성화의 토대의 관계를 의문시하는 '이차적 반응'으로 넘어가자. 우리는 10장에서 개종 이전의 게르만 사람들에 대해 살펴보았다.

> 왕의 행운이나 카리스마적 힘이 유지될 때 신의 호의는 부족과 머물렀다. 그러나 왕이 '운'을 잃고 신의 은총을 얻지 못할 때, 그의 백성은 왕답게 직무를 수행할 수 있는 다른 인물로 교체할 수 있었다.
> (Chaney, 1970)

개별 왕들의 무능 때문에 게르만 왕권제 자체가 의문시되지는 않았지만, 왕권제나 다른 제도의 신성성은 사라질 수 있었다. '삼차적 반응'에서는 종전의 구조적 요소나 전체 구조에서 신성성을 박탈하고, 대신 다른 구조를 신성화하려는 시도가 전개된다. 더 중

대한 반응은 빈번하게 폭력을 수반한다. 그 폭력은 궁극적이고 신성한 공준에 의해 촉진·신성화되며, 누미노스적 경험에 의해 강화된다. 역사는 그런 종교적 운동으로 가득한데, '와트 타일러의 난'으로도 불리는 1381년 영국의 농민반란이 뚜렷한 예다. 그 반란은 다소 미숙한 방식으로 영국 사회의 (군주는 제외하고) 귀족을 제거하려 했는데, 존 볼의 설교 중 '아담과 하와의 시대에도 귀족이 있었던가?'라는 문장을 슬로건으로 삼았다(Dobson, 1970; Tuchman, 1978 참조).

최근의 사례는 아야톨라 호메이니Ayatollah Ruhollah Khomeini[*]의 이란혁명이 있다. 그보다 오래되었지만 조금 덜 뚜렷한 사례로 미국독립혁명을 들 수 있다. 미국독립혁명은 예언자가 이끌지 않았고, 종교적으로 촉발되었다고 볼 수 없다. 그러나 독립선언문은 명시적으로 조지 3세의 정당성을 부인하고, '인간의 창조주에 의해 부여된 생명, 자유, 행복추구권' 보장에 헌신하는 새로운 독립 정부를 신성화한다.

'사차적 반응'은 궁극적이고 신성한 공준 자체를 대체하려 한다. 복잡 사회에서는 오래된 궁극적이고 신성한 공준을 거부하고 새로운 공준을 신성화하려는 시도가 드물지 않지만, 그런 시도는 보통 '컬트 집단'이라 불리며 역사적 과정의 주변부에 머무르는 소규모 개인 이상을 개종시키지 못했다. 이슬람교, 조로아스터교, 불

---

[*] 이란의 종교가, 정치가. 왕정을 부정하고, 이란의 서구화와 세속화에 반대하며 이란혁명을 이끌었다.

교, 기독교의 출현은 전 사회가 궁극적이고 신성한 공준을 새로 채택한 드문 사례라고 볼 수 있다. 그러나 사실은 그것조차 불분명한데, 그 종교들은 종전 사회 체계의 궁극적이고 신성한 공준을 부정했다기보다 거기에 새로운 요소를 덧붙이고 정교하게 만들었기 때문이다(9~10장 참조).

인간 역사에서 궁극적이고 신성한 공준은 수없이 폐기·교체되었지만, 대부분 새로운 공준에 필요한 정보가 자생적으로 생겨나지는 않았다. 그것은 외부에서 유입되어 어떻게든 거기에 복종하게 된 자들 위로 부과되었다. 10장에서 짧게 논의한 고대 영국의 기독교 개종이 적절한 사례다. 게다가 7세기 영국의 기독교 개종은 왕들이 지지했고, 왕권제를 포함한 종전 제도를 개혁하거나 교체하기보다 강화하는 효과를 낳았다.

이 사례는 내가 정의한 '사차적 반응'의 범주에 포함되지 않는다. 그것을 외부의 교란적 힘에 대한 앵글로·색슨 왕국의 적응적 반응으로 여길 수는 있지만, 지금 논의 중인 '성스러움의 사이버네틱스'의 한 단계를 구성하지는 않는다. 성스러움의 사이버네틱스는 조절적 위계에 종속된 자들이 그런 위계에 따라 통치되는 시스템 내부의 불만족스러운 조건을 개선하기 위해, 그 시스템의 압력에 대한 반응으로 촉발한 교정적 행위로 구성된다.

그보다 19세기 후반에 미국 서부 원주민 사회를 휩쓴 유령 춤 같은 예언적 운동(Mooney, 1896), 20세기 멜라네시아 사회에서 전개된 천년왕국 운동(Williams, 1923; Worsley, 1957 등)이 '사차적 반응'의 범주에 들어맞는다. 이 운동들은 외래적 스트레스에 대한 반응이었지만 선거권 상실, 상대적 박탈감, 질병, 토지 몰수, 사회적 무질서 같은 '지금, 여기'의 조건에서 구현되었다. 특히 미국 원주민의 사례가 그렇다. 이 운동들의 궁극적이고 신성한 공준은 때로 외래적 요소를 포함하지만 자생적으로 잉태되었고, 새로운 의례에서 그 공준의 재현은 종전의 조절적 구조를 완전히 다른 구조로 대체하려는 시도(몇몇 경우에는 폭력이 수반되는)를 신성화하는 것이었다. 이런 종교적 운동은 완결된 사이버네틱스적 회로를 구성하지 못했다. 식민 정부의 행정적 통치는 그런 공준의 의례적 연행을 통한 신성화를 기반으로 하지 않았기 때문이다.

식민 정부의 권위가 신성성에 의존해도 그들은 그 권위를 식민지에서 끌어오지 않았다. 예를 들어 몇몇 기독교 단체의 신성성의 근원은 그들이 권력으로 억압한 원주민의 이해 범위 밖에 있었다. 권력은 성스러움의 사이버네틱스를 훼손한다. 이 문제는 다음 장에서 논의할 것이다. 여기서는 종교적 관념이 외부의 압제를 완화할 때, 외부인의 신성성을 제거하기보다 그들을 타도하기 위한 신성화와 '누미노스화'를 의도하고, 성스러움의 사이버네틱스가 작동할 수 있는 토착적 원칙의 회복을 꾀한다는 점을 언급하고 넘어가자.

내가 '성스러움의 사이버네틱스'라고 부른 교정적 과정은 전체로서 시스템에 내재한다. 앞 장에서 우리는 '성스러운holy'이라는 단어가 '전체whole'라는 단어와 어원이 같은 것을 살펴보았다. 두 단어 모두 고대 영어 할레hale의 파생어인데, '건강health'이란 단어 역시 거기서 파생되었다. 그렇다면 담화적 신성함과 비담화적 누미노스를 포괄하는 더 큰 범주를 지칭할 때 '성스러움Holy'이라는 용어는 적합하다. 신성성과 누미노스, 합리성과 감정, 사회의 일상적·형식적 구조와 간헐적 의례나 커뮤니타스의 축제적 상태는 하나의 전체를 구성한다. 그 전체를 통해 개개인의 야심이 공동의 이익 아래 종속되며, 사회의 작동이 동일한 개인들의 요구에 따라 지속적으로 검토·조절된다. 전체성, 성스러움, 적응성은 긴밀히 연계되었다.

14

성스러움의
파괴와
그 구원

성스러움의

파괴와

그 구원

지하드*나 홀로코스트, 그보다 덜 치명적이지만 파괴적인 종교적 박해를 겪은 이들은 성스러움의 사이버네틱스와 인간의 적응에서 종교의 위치를 논한 13장의 내용이 기껏해야 이상화되고, 순진하고, 안타까워하는 듯하고, 그릇된 논의로 비칠 수 있다. 그러나 13장의 주장에는 모든 진화적 진보는 종전의 문제를 개선하는 동시에 새로운 문제를 제기하며, 성스러움과 그 구성 요소 역시 예외가 아니라는 원리가 깔려 있다. 구체적으로 신성성이라는 개념의 출현이 언어의 특정 양상에 내재한 전복적 가능성을 개선함으로써 인간적 삶의 양식을 가능하게 했다는 1장의 내용을 떠올려보자.

한편 신성성이나 다른 종교적 개념에도 자체적인 문제가 있을 수 있다는 가능성은 13장에서 언급했다. 특히 언어가 없던 인류의 조상부터 인류가 출현하는 과정에서, 적응적 장치와 적응하는 종의 관계에 도치가 일어났음을 언급하는 부분에 그 문제를 다뤘다. 우리는 인간이 상상을 통해 만든 개념의 지배를 받게 되었다고 제안했다.

---

* 이슬람교를 전파하기 위해 이교도와 벌여야 하는 전쟁. 이슬람교도에게 부과된 종교적 의무로, 보통 성전(聖戰)이라고 번역한다.

이제 우리는 종교의 병리성, 신성성의 허위화, 누미노스에서 유래한 망상, 성스러움의 훼손이라는 문제를 논의할 것이다. 끝부분에서는 새로이 정식화된 로고스에서 그것들이 어떻게 재생될 수 있을지 탐구할 것이다.

1.
자연스러운 것과 부자연스러운 것

먼저 신성성의 미덕 자체에 내재한 뚜렷한 악을 살펴보자. 이 책의 주장대로 신성화가 특정한 사회집단의 관습을 옳고 도덕적인 것으로 인증한다면, 거기에는 최소한 암묵적으로 다른 사회집단이 지지하는 정통적·비정통적 관습은 옳지 않거나 윤리적이지 않거나 심지어 자연스럽지 않다는 의미가 함축되었다. 그 다른 관습들은 혐오스러운 것(악)으로 간주될 수 있고, 그런 '부자연스러운 행위'를 하는 자들은 인간 외 혹은 인간 이하의 존재로 간주되어, 정의로움과 정의라는 명분에 따라 실제 그런 존재로 취급될 수 있다. 그렇다면 신성성은 사소한 문화적 차이에 불과한 것을 근본적인 자연적 차이처럼 보이는 무엇으로 확대할 수 있다. 그것은 신성성 자체에서 직접 유래하지 않은 적대감을 강화할 뿐만 아니라 그런 적대감을 낳을 수도 있는데, 그럼으로써 인간과 인간 집단을 불화하게 한다.[1]

나는 궁극적이고 신성한 공준이 전형적으로 사회적 구체성을 결여한다는 것, 즉 보통[2] 그 공준을 수락하는 사회집단 내의 특정한 사회적 패턴이나 권위 관계를 규정하지는 않는다고 주장했다. 그러나 궁극적이고 신성한 공준의 하위 명제는 그것을 수락하는 자들의 정체성을 규정하며, 수락하는 자를 수락하지 않는 자와 구분한다. 10장에서 주장한 대로 궁극적이고 신성한 공준이 공동체 구성원에게 커뮤니케이션을 위한 신뢰의 토대를 제공한다면, 서로 다른 신성한 공준을 수락하는 사람들의 커뮤니케이션은 방해받거나 최소한 제한될 것이다.

궁극적이고 신성한 공준은 수락하는 자와 수락하지 않는 자를 구별함으로써, 인간의 자애로운 본능을 억압하고 동포애의 적용 범위를 제한할 수도 있다. 이런 제한은 궁극적이고 신성한 공준의 수락과 비수락에 암묵적으로 함축되지만, 의례적 실천은 (심지어 동일한 공준을 수락하는 개별 집단의 의례적 실천이라 해도) 그런 적대감을 강화한다. 마링족의 카이코 의례 주기는 동일하지 않더라도 비슷한 공준에 근거한, 서로 다른 조상을 위한 의례 주기가 형식적으로 유사한 적과 '우리'를 뚜렷하게 구별한다.

분열을 일으키는 이런 종교적 개념과 실천은 인간 조건 자체의 불행하고 심지어 비극적인 측면이라고 말할 수 있다. 그런 분열성은 한편으로 신성화의 자연스런 수반물이며, 다른 한편으로 인류 적응 단위 고유의 성격일 수 있다. 인류 진화에서 상대적으로 최근에, 다시 말해 기껏해야 5000~6000년 전에 시작되었으며 수십 년 전만 해도 인류의 보편적 조건은 아니던 국가조직의 출현과 확산이 있을 때까지, 인류의 적응 단위는 일반적으로(어쩌면 필연적으로)

소규모였다. 그 단위는 종종 비슷한 소규모 다른 적응 단위와 제한된 자원을 두고 경쟁해왔다.[3] 그런 갈등의 봉합이 국가의 출현을 촉진한 주원인인 듯한데, 그런 견해의 타당성을 확인하기 위해서 굳이 국가의 기원에 대한 정복 이론을 자세히 참조할 필요는 없으리라 본다.

2.
신성성과 구체성

신성성에 내재한 다른 문제는 위의 사례보다 덜 뚜렷하다. 나는 인간의 사회시스템이 적응적인 시스템으로 남으려면 유연해야 하고, 유연한 시스템으로 남으려면 그것의 조절적 담화를 구성하는 다양한 명제에 부여된 신성성이 그런 명제의 물질적 · 사회적 구체성과 반비례해야 한다고 주장했다. 즉 규칙이나 명령이 구체적일수록 그 권위의 영역은 제한적이며, 거기에 수반되는 신성성도 적다. 역으로 표현하면, 고도로 신성화된 명제의 정치적 · 사회적 · 물질적 구체성은 반드시 낮아야 한다.

신성성과 구체성의 불협화음도 가능하다. 즉 고도로 구체적인 명제가 '지나치게 신성화'되어, 그 명제의 편협성이나 구체성이 감당할 수준 이상의 신성성을 부여받을 수도 있다.

그 결과는 대단히 파괴적이다. 적절한 사례로, 교황 바오로 6세 (1968)가 '인간의 삶에 관하여'라는 회칙에서 개진한 산아제한과 관련된 규칙을 살펴보자. 그 회칙에서는 가톨릭교도가 아닌 나뿐만 아니라 가톨릭 교단의 중요한 인물인 한스 큉Hans Küng(1971) 같은 이의 눈에도, '원죄없는 잉태' 같은 기독교 교리의 신성성에 거의 필적하는 신성성이 산아제한과 관련된 구체적인 저차원의 규칙에 부여된 것처럼 보였다. 그 결과 특히 선진국에서 로마가톨릭교회 신자들이 즉각적이고 대대적으로 탈퇴했다. 그 회칙에 대한 불만으로 예배를 중단한 사람들은 대부분 성당으로 돌아갔지만, 나와 대화를 나눈 사제들에 따르면 복귀한 많은 사람들도 자신과 교회의 관계가 예전과 달라졌음을 느꼈다고 한다. 즉 신도들이 모든 사회문제에 대한 바티칸의 입장을 일상적으로 묵인하는 일이 줄었을 뿐만 아니라, 산아제한 규칙을 위반했다고 고해하는 이들도 거의 사라졌다.

요약하면 그 회칙은 외부자뿐만 아니라 로마가톨릭교회 신도에게도 지나치게 특수한 규칙의 과도한 신성화로 여겨졌고, 가톨릭교회의 일반적 권위가 크게 실추되었다. 평신도조차 예전이라면 수락했을 그런 회칙을 거부하거나 무시했기 때문이다. 교황의 권위 추락이 단순히 평신도 차원에서 확인된 것도 아니다. 한스 큉이나 찰스 쿠란Charles Curran 같은 신학자도 문제의 회칙과 그런 회칙을 공포한 교황의 무오류설*에 의문을 제기했다(Küng, 1971 참조).

구체적인 것의 과잉 신성화는 변하는 역사적 상황에 대한 적응적 대응을 저해한다. 이는 신성화 과정에 끊임없이 내재한 가능성

---

* 교황의 결정은 성령이 보증하기 때문에 오류가 있을 수 없다는 로마가톨릭교회의 교리.

으로, 발전 단계에 있는 모든 사회에서 곤란을 야기할 수 있다. 레이먼드 켈리Raymond Kelly(개인적 대화, 1993; 1974 참조)는 1960년대 후반에 현지 조사를 수행한 파푸아뉴기니의 에토로족Etoro이 최근 오스트레일리아 행정부와 접촉하여 더 많은 쇠도끼를 지원받으면서, 전통적으로 해온 것보다 많은 밭을 경작하기 시작했다고 보고했다. 에토로족은 돌도끼만 사용했을 때보다 사고sago* 경작에 매달렸다. 이들은 작물이 성장하는 특정 시기에 성교를 금지하는 고도로 신성화된 터부를 지켰는데, 밭 경작이 증가하면서 성교 금지 기간이 1년에 205~260일로 늘어났다. 그 후 에토로 사회에 출산율이 낮아진 것이 늘어난 성교 금지 기간 때문인지 확인할 방법은 없다. 그러나 출산율 감소는 이 소규모 사회집단의 미래를 위험에 빠뜨렸다. 켈리는 에토로족 인구가 16년 이내에 절반 규모로 감소할 것이라고 예상했다.

켈리의 설명에 따르면, 구체적인 것의 과잉 신성화는 상대적으로 인간 – 환경 관계의 오랜 안정기 뒤에 찾아온 역사적 · 기술적 급변기에(예를 들어 갑작스런 쇠도끼 도입에 따른) 에토로족의 생존을 위험에 빠뜨렸다. 하지만 과잉 신성화는 자신들의 해석을 강요하고(예를 들어 종교재판처럼) 무엇이 정통 교리인지 규정할 수 있는 강력한 수단을 갖춘 종교인이 존재하는 문명국가 사회에서 더 흔하고 심각한 문제다.

정통 종교는 주류의 기호와 해석을 지지함으로써 종전의 사회

---

* 사고야자의 열매. 여기서 나오는 흰 녹말을 각종 요리에 사용한다.

적·정치적 상황을 옹호하거나, 태곳적이며 분명한 진리로 여겨지는 과거의 몇몇 구체적이고 이상화된 조건을 향해 사회질서를 복귀시키려는 경향이 있다(예를 들어 여자는 베일을 써야 한다든지, 남자는 옆면 곱슬머리를 기르거나 주변 장식이 있는 옷을 입어야 한다는 등).

3.
과잉 신성화, 우상숭배, 부적응

전근대사회에서(때로 현대에도) 구체적인 것의 과잉 신성화는 경직된 주류 신앙이 구체적인 사회적·의례적 실천과 일반적인 사회적·종교적 교리를 융합하려 할 때 자주 일어났다. 그러나 고도로 분화된 현대사회에서 과잉 신성화는 다른 원인, 즉 신성성 자체의 내적 역동뿐만 아니라 사회 문화적 진화 일반에 내재한 원인 때문에 발생할 가능성이 높다.

　지난 장에서 논의했듯이 적응적 시스템은 일반 목적적 시스템이다. 자립적인 일반 목적적 시스템의 유일한 목표는 '실존적 게임'에 머무르는 것이다. 그러나 그 시스템은 특수 목적적 하위 시스템과 하위 집단으로 구성된다. 더 큰 시스템의 일부로서 그 시스템의 존속을 위해 생산 활동을 수행하는 특수한 목적이 있는 부서나 기업이 그 예다. 그러나 사회가 점점 부문sector별로 구획되면서, 즉 내적으로 점점 분화되면서 특수 목적적 하위 시스템은 점점 특정한 개인들과 동일시된다. 이 개인들은 약삭빠르게 자신이 참여하는 특수 목적적 시스템(군대, 자동차 기업, 언론사)의 성과물과 특수 목표를 자신의 일반적 목표로 삼을 확률이 높다. 그들은 자주 그런 특수 목적을 자신이 단순히 특화된 부분을 구성하는 더 큰 시스템(사회)에서 지배적인 위치로 끌어올리려고 노력한다.

기술적으로 발전된 사회에서 권력은 여러 사회 부문에 차등적으로 분배된다. 더 강력한 부문—제조 회사, 금융회사, 일반 상사, 군대—은 그들이 단순히 부분을 구성하는 더 큰 사회에서 자기 목표와 이해를 가장 수월하게 지배적 위치로 끌어올릴 수 있다.

조금 우스운 사례를 하나 들어보자. 쿨리지John Calvin Coolidge[*]가 말한 대로 '미국의 비즈니스는 비즈니스'[4]이고 (미국 화폐에 적혔듯이) 미국은 우리가 믿는 '신 아래 단일민족'이라면, 비즈니스나 그것과 관련된 모든 것—이윤, 민간 기업, 소비—은 고도로 신성화된다. 사실 미국의 비즈니스가 비즈니스라면, 비즈니스와 이윤, 민간 기업, 소비는 암묵적으로 궁극적 가치로 선포되며, 생명이나 자유, 행복추구권과 동일한 신성성을 누린다. 동시에 그것은 후자의 가치와 쉽게 통합될 수도 있다.

신학자 폴 틸리히(1957)라면 쿨리지의 금언을 그가 '우상숭배'라고 부른 것의 한 사례로 여겼을 것이다. 틸리히에 따르면 우상숭배는 '상대적인 것의 절대화'로서 상대적이고, 상황 의존적이고, 물질적인 가치를 궁극성의 지위로 격상하는 것이다. 상대적인 것의 절대화는 역으로, 어쩔 수 없이 절대적인 것의 상대화이기도 하

---

[*] 미국의 30대 대통령으로 1923~1929년 재임했다.

다. 쿨리지는 절대적인 것을 사회의 현 상태나 물질적인 것과 동일시하고, 이윤과 민간 기업, 소비와 동일시하기 때문이다. 그것은 궁극적인 것을 속화俗化하고, 모독하고, 그 품격을 떨어뜨리는데, 틸리히는 그 점 때문에 그것을 악으로 간주했다.

나는 특정한 명제나 이익, 목표의 구체성보다 높은 층위의 신성성을 그것에 부여하는 것은, 한 시스템을 실존적 게임에 머무를 수 있게 하는 조건의 범위를 좁힘으로써 변하는 상황에 유연하게 대처하는 것을 방해한다고 본다. 우상숭배가 악이든 아니든 그것은 뚜렷이 부적응적이다. 부적응과 틸리히가 말한 의미에서 모든 악惡은 그가 '우상숭배'라 부른 것에 포함된다. 나는 우상숭배를 세속적 거짓말, 베다적 거짓말, 곧 우리가 살펴볼 또 다른 거짓말을 포함하는 허위의 범주family of Falsehoods에 넣는다.

4.
적응적 진실과 거짓

우리는 진실과 거짓, 진실과 그것의 확립, 진실의 유형에 대해 논의했다. 우상숭배에 대한 앞선 논의는 관습적 진실과 다른 진실이 있음을 암시한다. 우리가 '적응적으로 진실한' 명제를 그 명제의 수락이 실존적 게임에서 존속할 기회의 향상을 불러오는 명제로 간주한다면, 우상숭배적 공준은 적응적으로 그릇된 것이라고 할 수 있다. 우상숭배의 필수 요소인 구체적이고 물질적인 것에 대한 신격화가 생존이라는 물질적 목표 자체를 망친다는 점은 아이러니컬하다. 물론 적응적 진실은 실용적 진실pragmatic의 한 형식이다(W. James, 1909).[5]

나는 우상숭배적 공준을 그것들이 수락되는 정도와 관계없이 거짓된 것이라고 본다. 이는 동의나 만장일치로 관습적 질서를 확립하기에 충분치 않다는 의미다. 적응적으로 진실한 궁극적이고 신성한 공준은 물질적 지시물을 갖지 않으며, 그 공준을 수락하는 사회를 특정한 시공간에 국한된 관습이나 단체에 절대적으로 종속시키지 않는다. 마르틴 부버(1952)는 "거짓말은 시간에서 유래하며 시간에 의해 삼켜질 것이다. 진실, 신적 진실은 영원성에서 유래하며 영원성 속에 있고, 진실에 대한 헌신 속에서 영원성을 띤다"고 썼다. 궁극적이고 신성한 공준이 영원성을 획득할 수 있는 방법은 특정한 시공간에서 유래한 특수 사항에 국한되는 것을 피하는 것뿐이다. 이런 측면에서 합리주의자들이 환상, 망상 혹은 난센스라고 간주하는 비－우상숭배적인 궁극적이고 신성한 공준의 특성이, 그 공준을 적응적으로 진실한 것으로 만든다는 점은 흥미롭다.

5.
우상숭배와 글쓰기

구체적인 것의 과잉 신성화인 우상숭배는 인류 진화의 위대한 진보 중 하나인 글쓰기에 내재한 문제이기도 하다. 인간이 말한 것을 기록으로 남길 수 있게 한 글쓰기는 인류 역사에서 상대적으로 최근에 발명되었다. 글쓰기는 몇몇 사회에서 대략 5000년 전에 생겨났으며,[6] 세계 대다수 지역에서는 그보다 나중에 도입되었다.

9장에서 나는 의례적 불변성에서 신성성을 끌어내며 의례가 언어만큼 오래되었다고 주장했다. 이는 의례가 글쓰기보다 대략 수만 년, 심지어 수십만 년 일찍 출현했다는 뜻이다. 나는 더 나아가 신성성의 확립에 핵심적인 것은 불변성 자체가 아니라 외관상의 불변성, 다시 말해 한 번도 변한 적 없는 영원한 메시지처럼 보이는 메시지의 논리적·기호학적 수반물이라고 말했다.

우리는 외관상 불변하는 의례가 상대적으로 시간 인식이 제한된 사람들, 예를 들어 누에르족 같은 무문자 사회의 구성원처럼 세계 창조 이후 대략 6세대를 인식하는 사람들에게는 인식되지 못한 채 변할 수도 있다고 말했다(Evans-Pritchard, 1940). 신성성의 생성에서 중요한 것은 불변성의 기호지, 실제적 불변성이 아니다.

글로 쓰인 텍스트의 불변성은 그와 다르다. 텍스트가 돌에 새겨지거나 토라 두루마리에 꼼꼼하게 기록될 때, 그것은 단순히 외관상으로 불변하는 것이 아니다. 그것들은 실제적으로 변하지 않는데, 수정과 변화의 여지도—그런 가능성이 있다면—훨씬 적다.

경전의 텍스트는 대단히 명확하고 구체적인 경향이 있다. 그 텍스트는 역사나 자연사에 대한 엄밀한 보고를 지향할 뿐만 아니라, 종종 정확하고 세부적이며 특정한 용어를 통해 무엇이 선과 적절성, 진실인지 선언한다. 그 텍스트의 실제적이면서 외관적인 불변성을 감안할 때, 경전 자체가 궁극적으로 신성한 것으로 여겨질 수 있다. 사실 유대교의 일부 신비주의 사상에서 토라는 신의 이름이며, 신은 그의 이름과 구별되지 않는다(Scholem, 1969).

　유연성이 적응성의 핵심이라면 경전 자체가 궁극적인 신성성의 지위로 올라갈 때 적응성은 상실될 확률이 높고, 동시에 정치적·사회적 보수주의가 출현할 가능성이 높다. 또 대단히 구체적인 경전 텍스트에 관한 절대적 권위 부여와, 그것에 관해 문자 그대로 해석하는 것이 중시되는 근본주의가 출현할 것이다.

　근본주의의 근본적 문제는 여러 가지다. 가장 빈번하게 지적된 문제로 근본주의는 세속적 학문 활동에 저항함으로써 그것을 방해한다. 그러나 이 문제는 거의 그 역으로 보이는 문제보다 덜 심각하다. 근본주의는 신성하거나 신성화된 진실을 경험적 절차에 따라 발견되는 진실과 나란히 놓아, 그 자체로 관습적 진실의 토대를 구성하는 신성성을 무효화·허위화하거나 상당한 불확실성 앞에 드러낸다. 신성성이 예를 들어 17세기 초의 지동설이나 20세기 후반의 천지창조설에 봉사한다면, 현대 천문학 이론이나 진화론이 폐기되는 게 아니라 일반적인 보증의 원리로서 신성성의 권위 자체가 퇴색된다. 신성성이 여전히 효력을 발휘하는 영역, 즉 사회생활을 통치하는 관습의 신성화라는 영역에서도 말이다.

　관습의 신성화와 관련해 글쓰기 역시 구체적인 것을 과잉 신성화하는 경향이 있다. 더 정확히 표현하면, 특정한 시공간에 국한된 윤리적 원칙의 구체적 명제를 일반적인 원칙 자체와 혼동하는 경향이 있다. 그럼으로써 글쓰기는 시대에 뒤떨어진 법칙을 기술한 죽은 텍스트를 유지시키기 위해 일반적 원칙을 하찮거나 퇴색하게 만든다. 이와 관련해 유대교 개혁 운동이 음식 관련 계율을 포기한 것을 떠올려보자. 미슈나Mishnah*에 근거해 음식 계율을 준수하는 정통파 유대교도는 서기 200년경에 형성되었다. 그들은 지금도 음식 계율의 목적이 개인과 공동체의 성스러움을 유지하는 것이라고 믿는다. 필레이 - 하르닉Feeley-Harnick(1994)은 다음과 같이 썼다.

> 정통파 유대교도에게 음식 계율을 준수하는 것은 개인을 신성하게 하며, 그와 그의 집단을 (음식 계율을 준수하지 않는) 다른 사람들과 분리한다. 이와 반대로 1885년에 일어난 유대교 개혁 운동은 음식 계율이 특수한 시대의 산물이고, 지금은 상황이 바뀌었다며 다음과 같이 천명했다. "오늘날 그 계율을 준수하는 것은 현대인의 영적 고양을 촉진하기보다 방해할 확률이 높다."(유대교 백과사전 6장 44절)

이 문제의 옳고 그름을 가릴 방법은 없다. 그러나 최소한 미국에서 개혁파 유대교 신도가 크게 증가했음을 감안하면, 고대의 음식 계율은 그 계율을 버렸지만 유대교는 버리지 않았다고 믿는 19세기 후반의 대다수 미국 유대교 신도를 더는 신성화하거나 영적으로 고양하지 않았음이 확실하다. 그들에게 돼지고기를 먹지 않는 것은 이제 성스러움을 의미하지 않으며, 오히려 성스러움을 하찮게 만든다.

---

* 구전된 유대인의 율법.

6.
신성성, 권력, 억압의 거짓말

우리는 사회가 사회적 · 정치적 · 경제적 · 기술적으로 정교해질수록 우상숭배의 기회 역시 증가한다고 언급했다. 이는 신성성이나 성스러움과 연관된 다른 문제에도 적용된다. 성스러움의 사이버네틱스는 사회적 진화 과정에서 점점 더 많이 훼손되는데, 이는 권위체의 규모와 분화도가 증가하고 기술적으로 발전한 결과다.

기술적으로 단순한 사회에서 권위체의 힘은 그것의 신성화에서 나온다. 폴리네시아 추장의 방대한 특권은 궁극적으로 그의 지배력이 아니라 고도의 신성성에서 나온다. 그러나 사회 – 문화적으로 진화한 결과 사회가 분화되고 기술이 진보하면, 권위체는 더 강력하지만 신민은 더 접근하기 어려운 강제적 수단을 갖는다. 권위체는 강제적 수단을 소유하면 신성성에 덜 의존한다. 권위체가 강력해질수록 그것은 권력에 더 의지하며(수학적 의미에서 인력×자원× 조직의 최종 값. Bierstaft, 1950 참조), 신성성에는 덜 의존한다.

이것은 강력한 권위체가 필연적으로 신성성을 폐기한다는 의미가 아니다. 권력이 축적될수록 신성성과 권위체의 관계가 역전될 가능성이 있다는 뜻이다. 기술적 · 사회적으로 단순한 사회에서 권위체의 힘은 그것의 신성성 유지에 달렸지만, 기술적 · 사회적으로 복잡한 사회에서 신성성은 권위체의 도구 수준으로 추락한다.[7]

신성성이 퇴색하면 궁극적이고 신성한 공준의 의문 제기 불가능성의 토대 역시 변한다. 한때 그 공준은 신자들의 자발적 수락에 의존했고, 종종 누미노스적 경험에 의해 강화되었지만, 이제 무력에 의존한다. 이단자는 화형을 당하고, 불신자는 사형되는 것이다. 수락이 강요된다면 그 수락은 거짓일 수밖에 없다. 'No'가 불가능하다면 'Yes' 역시 유효하거나 구속력을 갖출 수 없다. 그러나 강요된 수락은 표면적으로 그런 수락을 행한 자의 거짓말이 되지는 않는다. 그것은 수락을 강요한 자의 거짓말이다. 그런 수락은 법률적 의무는 확립할 수 있겠지만, 자발적 수락과 달리 강요당한 사람에게 어떤 윤리적 의무도 확립할 수 없다.[8]

우리는 방금 거짓말의 범주에 억압의 거짓말을 추가했다. 억압의 거짓말에서 강요한 사람은 거짓말쟁이일 뿐만 아니라, 자기가 한 거짓말의 궁극적인 피해자 중 한 명이다. 성스러움의 사이버네틱스를 설명할 때 주장했듯이, 수락과 그 수락의 철회는 사회의 조절 양식에 일정한 메시지를 던지는 것이기 때문이다. 그렇다면 권위체가 수락을 강요하는 것은 그 권위체를 인도하는 정보를 왜곡하는 행위다. 권력은 진실을 위협하고, 적응적 시스템의 사이버네틱스를 위협한다. 적응은 현 상태와 관련된 합리적이고 정확한 정보에 의존하기 때문이다. 억압은 비인간적일 뿐 아니라 부적응적이며, 최종적으로 자멸적이다.

7.
성스러움의 파괴와 악마적 거짓말

의례 참여는 복잡한 국가 사회에서 인정된 교회에서 여전히 왕성하게 이어지며, 종교적 경험도 교회 안에서 지속적으로 일어난다. 그러나 의례적 참여가 강요되면 그 참여는 어떤 윤리적 의미에서도 수락이 될 수 없다. 열성적으로 참여할 때조차 복잡한 국가 사회에서 참여의 적응적 의미는 더 단순한 사회에서 그것과 결정적으로 다를 수 있다. 국가 사회의 교회에서 진행되는 종교적 경험과 의례적 참여는 보통 '가이사의 것은 가이사에게'라는 원칙에 따르며, 개인을 축복해주는 경향이 있다. 그것은 다른 세계에서 구원을 강조하며 '지금, 여기'의 부당함과 관련된 교정 작용에서는 손을 떼는 경향이 있다. 그때 복을 받는 자는 온유한 자다.

수락, 비-수락, 종교적 경험은 이제 우리가 성스러움의 사이버네틱스라 부른 포괄적인 적응적 과정의 일부가 되지 않는다. 사실 의례 참여의 경험이 불안의 원인은 교정하지 않은 채 신자의 불안을 경감하는 데 그친다면, 프로이트(1907)가 '신경증'이라 부르고 마르크스(1842, 1844)가 '아편'이라 칭한 것과 형식적으로 유사해진다. 의례가 구원을 약속하면서 신도를 속박으로 이끈다면 의례는 기만의 일부가 되는 것이다.

따라서 진실과 옳은 것의 토대인 신성성과 신성성을 지지하는 누미노스는 권력에 종속되는 순간 허위가 된다. 인간의 의식을 허위화하기 때문이다. 그러나 속지 않은 자들에게도 그 대가는 크다. 그들에게 의례는 공허하고 의미 없는 것이 되기 때문이다. 지금은 의례라는 용어 자체가 공허한 형식을 가리킨다(Douglas, 1973). 한때 신념보다 심오한 의미가 있던 의례적 수락 행위는 대표적인 위선의 형식이 되는 것이다.

그러나 위선적 참여에 위선적으로 참여하기를 거부하면, 의식 있는 개인의 정신은 의례적 참여가 불러내서 통합하는 그들 내부의 깊이 숨겨진 영역과 분리된 상태로 남는다. 은총의 상태는 더욱 성취하기 어려워지는데, 자아가 파편화되거나 그 파편 중 일부가 상실될 수도 있기 때문이다. 남은 의식도 그 자체의 근본적 분열에 사로잡힐 수 있다. 구원이라는 이름에 속지 않거나 억압되지 않는 자들은 자아의 가장 심오한 부분에서 소외될 가능성이 있는 것이다.

그렇게 신성성과 누미노스는 분리되며, 그것의 사이버네틱스 혹은 교정적 기능도 잃는다. 내가 설명한 전체성과 성스러움의 연관성을 감안하면, 성스러움의 비–성스러움화가 일어난다고 해도 과언이 아니다. 성스러움이 전체성, 적응성, 생존과 연관된다면, 비–성스러움은 파편화, 부적응, 허무와 연관된다. 이삭 루리아Issac Luria*의 카발라 신비주의에서 악의 근원은 특정한 실체나 존재의 출현이 아니라, 태곳적 통일성의 파편화와 관련이 있다(Scholem, 1969). 성스러움의 사이버네틱스의 파괴 역시 그런 파편화다. 베다교와 조로아스터교가 신성한 질서의 위반을 거짓말로

---

* 16세기에 산 유대교 신비주의자.

간주한 것을 상기해보자. 그런데 여기서는 질서 자체가 무질서해지고 생태계를 파괴하며, 인간을 억압하고, 사회를 퇴락시킨다.

오래전에 드 루즈몽Denis de Rougemont(1944)은 일상적 거짓말과 그가 '악마적 거짓말'이라 부른 것―'거짓말의 아버지'인 악마의 성향에서 유래하는―을 구별했다. 악마적 거짓말은 단순히 그릇된 정보 전달이 아니라 진실의 규범 자체를 조작하는 거짓말이다. 나는 그 거짓말의 범주에 의문 제기 불가능성이 궁극적으로 힘에 의존한다는 전제를 기반으로 한 신성성의 일방적 강요도 포함해야 한다고 생각한다. 이때 신성성은 그것이 신성화하는 권위체보다 우월하지 않고 거기에 종속되며, 의례적 수락과 누미노스적 경험은 '지금, 여기'에 대한 교정적 효과를 상실하고, 전체성과 천국에 대한 약속에서 파편화와 부적응을 조장한다.

〈시편〉 12편에 대한 부버(1952)의 분석이 보여주듯이, 악마적 거짓말은 새로운 게 아니다. 부버는 〈시편〉 작가에 대해 다음과 같이 표현했다.

> 단순한 거짓말쟁이뿐 아니라 거짓말의 생성에 의해서도 고통 받는다. 이렇게 생겨난 거짓말은 완벽하게 정교해지는데, 교묘하게 제어된 지배권을 가지고 인간의 일상적 삶의 토대를 완벽하게 제거한다. 〈시편〉 작가가 염두에 둔 자들은 '기만'을 말하며, 그들의 말을 듣는 자들 속에 '기만'을 낳고, 그들을 위해 허상을 지어낸다. 그자들은 인간의 건강한 사고와 앎이 그렇듯이 동료 인간들의 경험과 통찰을 자신의 경험과 통찰로 더욱 세련되게 만드는 대신, 허위화된 자료를 인

간의 세계와 삶에 대한 지식에 도입해 그의 영혼과 존재의 관계를 허위화한다. 거짓말쟁이는 거짓말이 진실처럼 보이게 할 목적으로 특별한 마음 상태를 꾸며낸다. 대단히 자연스러워 보이는 그런 마음 상태에서 거짓말은 자발적인 경험과 통찰에서 우러난 발화처럼 '부드러운 입술'을 통해 흘러나온다. 이 모든 것은 힘 있는 자가 억압한 자들을 속이기 쉽도록 기획한 것이다. (pp. 8~10)

악마적 거짓말은 억압의 거짓말과 우상숭배적 거짓말처럼 권력의 산물이다. 악마적 거짓말이 세계에 만연한다면 소수 집단과 더 특수화되고 강력하고 부유한 기관이 더 철저하게 방대한 정보를 제어하고, 에너지를 집중적·총체적으로 소비하는 능력을 더 많이 갖추면서, 새로운 악마적 거짓말의 가능성은 더 증가할 것이다. 그런 집단의 능력은 기술의 발전, 사회 규모와 분화도의 증가에 의해 더 커질 것이다. 즉 그 능력은 문화 진화의 핵심적 원인과 연계된다. 그렇다면 인류의 추락은 진화와 더불어 시작되었다고 할 수 있다. 인류의 진화는 언어를 기반으로 하기 때문에 언어가 인류를 장악하면서 인류의 운명이 결정되었다. 언어에서 비교적 온건하다고 할 수 있는 세속적 거짓말과 베다적 거짓말뿐 아니라, 이 세계를 침식시키는 '거짓말의 무리'인 억압의 거짓말, 우상숭배적 거짓말, 악마적 거짓말, 다른 허위가 태어난 것이다. 이 거짓말은 〈시편〉 작가의 시대보다 우리 시대를 위협한다.

8.
지식 위계의 역전

일반적으로 모든 진화적 진보에는 새롭고 종종 전례가 없는 문제가 내재하는데, 성스러움도 예외는 아니다. 우리는 지난 수백 년 동안 인류의 재능 있는 사상가들이 정통 종교의 속박에서 벗어나고자 투쟁하는 모습을 보았으며, 그것을 영웅적인 행위로 칭송했다. 물리 세계를 구성하는 법칙을 발견하고 사회 세계를 탈신비화하려는 그들의 노력이 성공하면서, 특수한 신성성과 성스러움 일반에 대한 평판은 더 나빠졌다. 성스러움이 빠지기 쉬운 오류와 그것이 현재 문자가 있는 국가 사회의 불행에 기여하는 바를 생각하면, 성스러움의 쇠퇴가 자유를 향한 인간정신의 위대한 도약이라고 쉽사리 간주할 수도 있다. 그러나 과학과 세속적 사고가 신성성에서 해방됨에 따라 나름의 대가도 치러야 했다. 모든 진화적 진보는 오래된 문제를 해결하는 동시에 새로운 문제를 제시한다는 점을 다시 한 번 짚어둔다. 세속주의나 과학의 성공도 예외는 아니다.

계몽주의, 구체적으로 현대 과학이 출현하면서 이집트의 마앗, 조로아스터교의 아스하, 마링족의 노마네와는 아주 다른 지식의 질서가 세계를 지배하게 되었다. 새로운 지식의 질서는 로고스의 일반적 구조를 역전한다.

11장에서 논의한 모든 로고이 속의 궁극적 지식은 신성한 지식이다. 그 지식은 누미노스적으로 파악되거나 의례적으로 수락되기 때문에 의문 제기 불가능한 지식이다. 영원히 진실한 것으로 간주되는 궁극적이고 신성한 공준은 다른 명제—우주의 항구적인 구조에 관한 공리, 그런 구조적 원칙에 근거한 가치, 그 가치를 실현하는 규칙—를 신성화하고 보증한다. 현세적 사실은 그 지식 위계의 밑바닥에 있다. 일상적 지식은 대개 흥미롭고 중요한 것으로 간주되지만 뚜렷하고 덧없으며, 신성성이 결여되었거나 낮고, 근본적이기보다 상황 의존적이고 수단적인 것으로 간주된다.

인류의 진화 도중에 세속적 사고, 특히 과학적 사고가 종교에서 해방되었을 때 이런 지식의 구조는 역전되었다. 궁극적인 지식은 사실의 지식knowledge of fact이 되었다. 사실은 분명 '이론'이라 불리는 일반화 아래 포섭되지만, 이론은 지속적으로 변칙적인 사실의 희생물이 된다. 사실이 궁극적인 것이 되는 동시에 일시적이라면 확실성은 사라지는데, 이론 역시 일시적일 뿐만 아니라 적용 범위도 제한적이다. 한 분야에서 발전된 개념을 다른 분야에 적용하는 것, 예를 들어 동물생태학 개념을 인간 사회에 적용하려는 시도는 '단순 유추'나 부적절한 '환원'으로 여겨져 폐기되기 일쑤이며, 우리가 '중차 의미'라 부른 것, 겉보기에 상이한 사물의 표면 아래 숨겨진 유사성의 인식에서 유래하는 의미성도 위축된다. 지식은 더 정확해질지 모르나 더 파편화되며, 통일성oneness이 로고스 개념의 핵심이라고 할 때 로고스 역시 훼손될 위험에 처한다.

그러면 사실이 최고 권력을 가질 뿐 아니라 그 이상의 일이 일어난다. 사실은 사실을 낳고, 사실의 지식이 크게 증가하면 그 지식의 영역이 더 잘게 쪼개져 인간과 인간의 지식도 더 특수화된다.

그 결과 세계의 전체성에 대한 감각이 상실된다. 사르마sarma가 로고스를 지배하는 것이다.

사실이 최고 권력을 가지면 궁극적 지식의 운명은 어떻게 되는가? 사실의 왕국에서는 '신성한 것은 아무것도 없다'는 격언을 제외하면 아무것도 신성하지 않으며, 궁극적으로 신성한 지식은 이제 지식이 아니다. 그 지식은 '단순한 신념', 독사의 지위로 축소된 신념이 되고 만다. 궁극적으로 신성한 지식에 의해 신성화된 가치 역시 취향이나 선호 사항으로 추락한다. 그 가치는 상대화되며, 경제적 합리성의 형식을 취한 이디아 프로네시스가 고삐 풀린 사회조직의 원리가 되어 심지어 신성성을 주장하기도 한다. 미국의 비즈니스는 비즈니스라는 식으로 말이다. 호모 이코노미쿠스Homo economicus은 인류의 도덕적·자연적 모델이 된다.

마지막으로 추종자들에게 도덕적·감정적 의무를 부과하는 로고스와 달리, 새로운 지식의 질서는 이상理想과 관련해 그 지식의 사용자에게 단순히 지적인 의무 이상을 부과하지 않는다. 과학적 인식론에 부합하도록 세계를 관찰·분석하는 과학적 행위에 참여하는 것은, 로고스에 부합하도록 세계를 구성·유지하는 의례적 행위에 참여하는 것과 다르다. 의례와 의례의 연행 자체가 구현하는 질서에 참여한다는 궁극적으로 의미 있는 행위는 '단순한 의례', 즉 공허하거나 심지어 위선적인 형식주의가 되고 만다. 그런 상황에서는 최고차 의미와 그것에 대한 탐색이 '신비적'인 것으로 치부되어 폐기되거나, 심지어 '광신적' 혹은 '수상한' 것으로 낙인 찍히기도 한다.

모든 인간의 확실성이 근거하던 신성한 확실성, 즉 한스 큉(1980)이 말한 대로 바위 - 같은 확실성이자 내가 말한 언어로 구성된 그 확실성이 위협받으면, 이 세계는 조금 덜 의미 있는 장소가 된다. 인간 세계의 토대를 확립하는 수단으로서 의례는 현재 완전히 파괴되지는 않았지만 심각하게 훼손되었다. 그런 토대를 확립하는 데 의례만큼 효과적인 다른 수단이 발전되었는지, 앞으로 그럴 수 있을지는 분명하지 않다.

9.
인류의 근본적 모순

이 책의 두 번째 명제에 명시했고 후속 논의에서 여러 번 말한 인류의 성격은 다음과 같다. 인간은 물리적 법칙의 지배를 받지만 그 본래적 의미가 결여된 세계에서, 오직 스스로 직조한 의미를 통해 살아가고 살아갈 수 있는 생물종이다. 이제 우리는 처음부터 인류의 본성에 있었으나, 모더니티의 조건이 허용한 모순이 더욱 첨예하게 성장했음을 목격한다.

결과적으로 인류를 해방해 물리적 세계를 탐험하고 그 법칙을 발견하게 한 지식의 재정비는 본성상 '미신'과 '주술'에 적대적이며, 인간 사회가 기반으로 한 신성성과 신성화된 개념, 인간 집단의 구축에 필요한 신성하거나 신성화된 과정에도 적대적이다. 이 세계의 물리적 측면이 작동하는 양상을 밝히는 데 놀랄 만큼 성공적이던 과학적 인식론이 인류의 관습적 토대를 관찰할 때, 그것을 인간의 조립물로 파악한다. 다시 말해 객관성과 사실이 진실을 담보한다고 여겨지는 세계에서 그것을 일종의 망상으로 간주한다.

발견의 인식론이 인간의 삶의 양식이 기초하는 신성한 이해 체계를 전복하는 사이, 인간이 만들어낸 관념 체계도 이 세계의 물리적 본성을 오해하여 회복 불가능하게 파괴할 수 있다.

기술적·사회적 진화가 가속화하면서 발견의 인식론과 의미의 직조 사이의 모순의 결과는 더욱 중대한 것이 되어간다. 어떤 회의적인 인식론도 수렵·채집민, 부족사회의 경작자, 고대 문명이 구상하고 만들어낸 사회 세계의 토대를 위협하지는 못했다. 기술 수준이 낮고 사회 규모가 작은 곳에서는 자연의 본성에 대한 오해로 야기되는 파괴성의 수준도 제한적이다.

세계의 본성에 대한 오해가 필연적으로 경험적 오류의 문제는 아니다. 여기서 우리는 관념 체계의 적응성을 논하는 것이지, 특정한 역사적 순간에 어떤 지식이 경험적으로 옳다고 간주되는지 논하는 게 아니다. 우리는 그런 관념 체계에 따른 행동의 결과를 논의하고 있다. 어떤 행위가 행위자가 실존적 게임에 머무를 수 있는 기회를 무한히 증가시킨다면, 세계를 파괴할 수 있는 인간의 역량이 더할 나위 없이 커진 이 시대에 실존적 게임 자체를 보존하는 경향이 있다면, 그 행위를 기반으로 한 이해 체계가 아무리 경험적으로 터무니없다 해도 적응적으로 진실일 것이다.

나는 오래전에 물리적 요소를 통제하는 과정이 잘 알려지지 않았고 예측하기도 힘든 세계에서는, 그런 과정에 관한 경험적 지식

이 그 과정의 신비에 대한 존경을 무너뜨리지 않는다고 주장했다
(1969, 1984〔1968〕). 그런 세계에서는 그 과정을 초자연적 베일 속에
가려두는 것이 경험적으로 정확하지만, 자연주의적으로 불완전한
이해 체계에 노출하는 것보다 적응적이라고(즉 적응적으로 진실이라
고) 주장했다. 적은 지식은 오히려 위험한데, 인간이 자연 과정을
억제하거나 피하거나 길들이는 한도를 과대평가할 수 있기 때문이
다. 그런 오해의 결과 사막화, 오존층 파괴, 생물종 멸종, 지구온
난화, 환경 파괴에서 야기되는 사회적·정치적 문제가 발생한다.

문화상대주의 원칙과는 대조되지만, 특정 사회가 자신을 위해
구축한 몇몇 이해 체계는 틀렸다고 말할 수 있다. 그 이해 체계가
개인을 이 세계의 물리적 구성과 상충되는 방식으로 행동하도록
이끌어, 세계를 돌이킬 수 없이 파괴하기 때문이다. 인류의 이해
체계와 관습의 토대가 된 자연의 질서는 지금도 인간의 이해 체계
와 관습의 적절성을 평가할 수 있는 기준을 제공한다.

10.
법칙과 의미의 불화

정리하면 자연법칙의 영역과 의미의 영역은 외연이 동일하지 않으
며, 상이한 방법으로 인간에게 알려진다. 물리적 법칙과 그 법칙으
로 구성되는 현상을 알기 위해서는 그것을 발견하고 설명해야 한
다. 대조적으로 인류가 의지해 살아가는 의미는 구성되고 수락되

는 것이다. 법칙과 사실, 그것을 발견하기 위한 과학적 절차는 의미를 구성하기 위한 자료를 제공할 수 있겠지만 그 자체로 의미를 구성하지는 않으며, 인간의 행위를 의미 있게 조직하지도 못한다. 역으로 인간이 구성한 의미는 종종 발견된 자연법칙처럼 재현되지만, 그 의미는 자연을 작동하지 않는다. 물리학, 화학, 생물학에 의해 발견된 법칙과 거기에 의존하는 현상은 의미 부여와 상관없이 독자적으로 작동한다.

진화 과정에서 인간이 물리 세계의 특성과 독립된 의미를 구성하는 능력을 갖췄다고 인간이 물리법칙의 영향을 받지 않게 된 것은 아니다. 대신 그것은 인간이 사회적 세계를 이해하는 능력뿐만 아니라 물리적 세계를 오해할 수 있는 능력도 크게 증가시켰다. 따라서 발견의 인식론이 인간 집단이 기반으로 하는 신성한 진실을 탈신성화의 가능성으로 위협하듯이, 인간이 구성한 의미 역시 세계의 물리적 요소를 파괴하는 행동을 야기할 수 있다. 게다가 한때는 단순히 자기-파괴적이거나 국소적으로 파괴적이던 의미가, 기술력이 증가하고 사회 규모가 커지면서 잠재적으로 세계-파괴적인 것이 되었다.

그런 의미는 고도로, 명시적으로 신성화될 수 있다. 오래전 역사학자 린 화이트Lynn White Jr.(1967)는 〈창세기〉 1장에서 인간이 대지와 거기 서식하는 모든 피조물의 지배자로 상정된 것이, 현대의 생태적 위기의 이데올로기적·윤리적 기반이 되었다고 지적했다. 틀린 말은 아니지만 그런 지배의 개념이 종교 일반에 내재한 것은 아니다. 자연 과정에 대한 존중은 최소한 여러 종교적 개념에서 널리 발견되며, 〈창세기〉 1장 26~31절에 대한 좀 더 온건한 해석도 가능하다. 나는 린 화이트의 해석에 맞서 성경 구절을 옹호할 생각은 없다. 그러나 외관상 더 세속적인 것으로 여겨지는 관념 체계가 내게는 더 파괴적인 것으로 여겨진다. 나는 '외관상 더 세속적인'이라고 말했지만, 그 개념도 고도로 신성화될 수 있다.

현대사회의 지배적인 가치 부여 양식인 돈에 내재한 인식론을 고찰해보자. 특히 물리적 환경을 평가하고 그것들과 관련된 결정을 내리는 수단으로서 돈에 대해서 말이다. 게오르그 지멜Georg Simmel(1950)이 오래전에 지적했듯이, 돈의 해체적 힘은 그것의 가장 기묘하고 흥미로운 능력에 기초한다. 즉 돈은 질적 특성quality을 없앤다. 다시 말해 돈은 질적으로 같지 않은 사물들의 구별을 없애고, 모든 사물의 가치를 다른 사물의 가치와 직접 비교할 수 있는 공통 척도를 제공함으로써 그런 구별을 단순한 양적 차이로 환원한다. 그러나 돈이라는 척도가 부과된 이 세계는 그 척도 자체만큼 단순하지 않다.

살아 있는 시스템—인간, 식물, 생태계—은 모두 생존하기 위해 무수히 다양한 질적으로 다른 물질이 필요하다. 예를 들어 단백질과 비타민 C는 서로 대체될 수 없다. 단백질이 풍부한 음식을 먹어도 비타민 C가 부족하면 잇몸이 헐 것이다. 많고 적음, 덧셈과 뺄셈의 논리에 따라 작동하는 게 아니라, 질적으로 구별되는 구성 요소의 상호 보완성과 호혜성에 근거해 작동하는 시스템(가장 뚜렷하게는 유기체와 생태계)에 돈의 양적 논리를 부과하는 일은 필연적으로 파괴적이다. 미국 웨스트버지니아 주의 자연이라는 복잡한 시스템을, 화폐가치가 있는 단순한 물질인 석탄 채굴을 위해 파괴한 것도 화폐화된 합리성이다.

화폐적 인식론에 의해 생기는 오해와 그것의 위험을 더 논의해보자. 돈이 모든 가치 부여와 비교의 기준이 된다면 돈은 그 자체로, 바로 그 사실 때문에 최고의 가치가 된다. 돈과 경제적 개념, 경제적 도구는 고대에도 중요시되었지만, 최근 수십 년간 현대의 사회과정을 분석하는 가장 영향력 있는 학문인 경제학이 정당화한 '손익 분석'이라는 절차에 따라 공식화·정교화·세련화되었다. 104차 미국 연방의회의 많은 의원들이 손익 분석의 논리에 설득된 나머지, 건강·안전·환경 관련 법안을 경제 논리에 종속시켰다. 그런 결정은 돈이 신격화되었기 때문에 상호 의존적인 자연적 관계를 훼손할 수밖에 없다. 경제적 가치와 모든 경제적 시스템은 그보다 먼저 존재한 생물학적 시스템, 그 안의 유기체와 생태계에 완전히 의존한다.

하지만 그 역은 참이 아니다. 생물학적 시스템은 경제적 시스템에 의존하지 않으며, 일방적인 경제 시스템이라 불리는 것이 출현하기 전에도 35억 년 혹은 그 이상 존재해왔다. 경제적 가치를 생물학적 가치보다 우선하는 것은 생명 과정이라는 근본적인 어떤 것을 단순히 도구적·관습적·자의적인 (종종 협소하고 자기 이익만 챙기는) 가치에 종속시키는 것이다.[9] 그 자체가 목적이면서 그것에 의존하는 존재에게는 필수 불가결한 근본적인 어떤 것을, 그것에 의존하는 동시에 종속된 무엇에 종속시키는 것은 적응과 부적응에 대한 우리의 논의에 따르면 뚜렷이 부적응적이다. 예를 들어 생태계적 총체성이 공식적으로 경제적 이익에 종속되면, 필연적으로 생태계의 파괴가 잇따를 것이다. 비슷하게 의료 서비스가 '의료 산업'이라 불리는 영역, 즉 고객의 건강보다 다른 모든 산업처럼 그 성공적 운영이 경제적 '손익계산'에 달린 영역으로 이전되면 생물학적 가치가 경제적 가치에 종속된다.

나는 화폐적 인식론의 출현을 세속적 영역에서 발전이자 경제적 합리성의 핵심 요소로 보는데, 이는 실제로도 그렇다. 그러나 돈이 그 자체로 가치의 궁극적 기준이 되고, 그런 인식론이 쿨리지가 말한 "미국의 비즈니스는 비즈니스다" 같은 표현을 그것의 궁극적 목표와 가치로 삼는 사회에 깃들 경우, 그런 인식론은 신학이 되고 고도로 신성화된다. 우리는 그런 인식론을 틸리히가 말한 것처럼 '우상숭배' 사례로 간주할 수 있다. 상대적·상황 의존적·관습적인 차원의 대상이 과잉 신성화되고, 틸리히의 표현대로 '절대화'되어 '궁극적 관심사'가 되면, 근본적인 차원의 가치(여기서는 삶 자체)가 상황 의존적인 차원의 지위로 추락해 '상대화'되기 때문이다.

생물학적 시스템에 적용된 화폐적 인식론은 '우상숭배'이자 악마적 거짓말의 사례지만, 그 자체로 고유한 허위의 형태로 거짓군Lie Family에 포함될 수 있다. 이 세계는 은혜로운 신의 작품이 아니라 준–악마적 존재의 작품이라는 그노시스파의 관념 체계를 상기해보자. 그런 인식론은 이 세계에 관한 총체적이고 포괄적인 착란이다. 유기적·생태학적·사회적 시스템에 대한 화폐적 설명 역시 그것이 설명하려는 것의 본성을 그릇되게 재현하여, 세계에 대한 우리의 이해를 왜곡하거나 오도한다.

우리는 이 세계의 본성에 대한 총체적인 허위화를 '그노시스적 거짓말'이라 명명할 수 있다. 그노시스적 거짓말은 사회적 · 정치적 · 경제적 과정이 세계화할수록, 그 과정이 정교하고 비용이 많이 드는 집약적 기술의 지원으로 강력해질수록 더 지배적이고 위험한 것이 된다. 진화 결과 인류의 그릇된 인식에 기술적 · 경제적 · 정치적 능력이 추가되면서, 더 협소하고 사소하고 추상적인 이유로 이 세계를 타락시키고 파괴할 수 있는 인간의 능력도 강화되었다. 종교는 때때로 그런 파괴의 주인공을 직간접적으로 신성화했다.

11.
포스트모던 과학과 자연종교

그렇다면 인간의 세계는 거기 몸담은 자들이 그 세계의 특징과 작동 방법을 구축하는 동시에 발견해야 하는 세계다. 그러나 조심할 것이 있다. 우리는 개별적인 유$_{class}$로서 물리적으로 구성된 세계와 문화적으로 구성된 세계를 구분할 수 있다. 그러나 자연에서 그 둘은 분리될 수 없으며, 이 세계는 점점 그 둘의 상호작용에 큰 영향을 받는다. 발견과 구축의 지속적인 조화, 끊임없이 필요한 양자의 화해, 한편으로 미지의 것과 다른 한편으로 신성화된 것에 대한 존경은 쉽지 않은 과제지만, 세계를 파괴할 수 있는 인류의 역량이 증가하고 인간의 상징적 구성물의 확실성이 흔들리는 요즈음 더 어려운 것이 되었다.

법칙과 의미 사이에 걸린 인간 조건에서 유래하는 문제를 인식하는 일은 이제 절실한 것이 되었다. 이 말은 그 인간 조건이 앞으로 절망적이리라는 뜻이 아니다. 스티븐 툴민Stephen Toulmin(1982)은 《The Return to Cosmology 우주론으로 복귀》에서 그가 '포스트모던 과학'이라 부른 것의 발전을 촉구한다. 그 과학은 다시 한 번 17~19세기에 '자연신학' 혹은 '자연종교'라 불린 이해 체계―뉴턴도 자신이 거기에 참여한다고 생각한 일련의 탐구[10]―에 가 닿을 수 있는 과학이다. 그 이해 체계에 따르면 자연은 신의 책이며, 자연을 통해 신의 정신을 읽을 수 있다.

툴민에 따르면 그런 재통합에 참여할 수 있는 과학은 데카르트나 그와 가까운 동시대인이 정의한 현대 과학과 여러모로 다르다.

첫째, 그것은 데카르트적 기획이 초연한 관찰자라는 미명 아래 분리하려고 한 과학자들을 시스템으로 복귀시킨다. 하이젠베르크의 불확정성원리, 연구 대상이 되는 살아 있는 시스템은 주관적이면서 객관적 특성이 있다는 인식의 확산, 여론조사 자체가 여론에 영향을 끼친다는 사실의 발견, 생태 시스템에 대한 연구는 그 시스템에 간섭하는 것이라는 사실을 감안하면 관찰자의 초연한 지위는 이제 유효하지 않다.

철저한 과학적 초연함의 불가능성은 둘째 차이로 이어진다. 자칭 초연한 현대 과학은 이론을 구축하는 데 국한했고, 그 '실천praxis'은 공학자와 배관공, 전기 기사에게 맡겨두었다. 하지만 세계에 참여하는 것을 피할 수 없다는 인식에 따라, 포스트모던 과학은 실천에 대한 고찰도 포용하려 한다. '이론'과 '실천'의 구분을 넘어서겠다는 것이다.

셋째, 포스트모던 과학이 단순히 무생물적 객체와 무생물적으로 취급되는 주체가 아니라 정신 작용과 행동하는 주체에 주목하려면, 그것은 객관적으로 도출된 지식은 물론 주관적으로 도출된 지식도 타당한 것으로 간주해야 한다. 데카르트의 확실성(certum)뿐만 아니라 비코의 진실(verum)도 타당한 것으로 여겨야 한다.

넷째 차이는 다음과 같다. 현대 과학은 가치의 자유나 가치중립을 표방하지만, 포스트모던 과학은 실천과 연관되는 한 그 자체로 가치의 인도를 받는다. 실천은 목표를 함축하기 때문이다. 따라서 포스트모던 과학에는 윤리적 차원이 내재한다.

다섯째 차이는 더 일반적이다. 현대 과학에 필요한 관찰은 실용적 이유에서 늘 특화된 노동 분화를 요구한다. 따라서 현대 과학의 학제 숫자는 필연적으로 증가하며, 그 결과 지식은 파편화되고, 전체로서 세계 통합은 진지한 과학자의 업무가 되지 못한다. 툴민에 따르면 포스트모던 과학은 그와 반대로 통합되고 질서 잡힌 전체로서 세계(코스모스)에 대한 관심을 부활한다. 코스모스Cosmos란 17세기 천문학과 그 후의 데카르트적 혁명이 바빌로니아 시대부터 전해온 고대 천문학에 근거한 우주론적 모델을 폐기한 이래, 진지한 과학적 고찰의 영역에서 추방된 개념이다.

그러나 고대 천문학이 궁극적으로 우주에 대한 불만족스러운 설명 방식임이 증명되었다고 해서, 우주론적 모델에 적절한 토대가 될 수 없는 것은 아니다. 툴민이 보기에 포스트모던 과학은 궁극적으로 세계의 통일성에 관여한다(나는 의도적으로 틸리히의 표현을 사용한다). 즉 그런 통일성의 기저에 깔린 원칙과 실천을 통한 그 원칙의 보존에 동시에 관여한다. 요약하면 '포스트모던 과학'은 인식론이자 행동의 질서로, 그 안에서 자연법칙을 발견하려는 사람과 의미의 본성이나 그것의 직조를 이해하려는 사람은 재통합된다. 그때 그들은 단순한 세계의 관찰자가 아니라, 그들이 참여하고 유지시키려 노력하는 세계의 창조자가 된다.

전근대적 우주론은 천문학을 기반으로 하지만, 툴민은 (다른 학자들도 자기 언어로 표현했듯이) 포스트모던 우주론은 생태학을 기반으로 할 수 있다고 본다. 천문학을 기반으로 한 우주론과 생태학을 기반으로 한 우주론은 근본적으로 다르다. 한때 별들의 운행이 인간에게 영향을 미친다는 믿음은 타당하게 여겨졌지만, 인류가 별들에게 영향을 끼칠 수 있다고 믿은 적은 거의 없다. 인간의 조작에 영향을 받지 않는다는 점은 우주론적으로 별들의 중요한 매력 요인일 것이다.

반대로 인간이 사는 생태계와 인간의 호혜적 관계는 뚜렷하고, 지속적으로 경험되며, 부인할 수 없는 사실이다. 인간의 삶과 천체 운동의 관계는 철저하게 분리된 시스템의 상응correspondence 관계지만, 인간과 인간을 둘러싼 동식물, 물과 토양의 관계는 끊임없고 분명한 거래transaction 관계다. 게다가 인류는 식물 경작이 시작된 이래 결정적으로 자신이 이해하려 할 뿐만 아니라 그 안에서 살아가고, 유지하려고 하는 시스템의 가장 중요한 행위자가 되었다.

툴민은 코스모스라는 개념의 부활, 현대화, 포스트모던화를 논하지만 나는 로고스라는 용어와 개념을 선호한다. 그 개념에는 세계의 질서가 인간이 개입하지 않은 지질학적·화산학적·기상학적·화학적·유전적 과정에 따라 구성될 뿐 아니라, 인류가 출현한 뒤에는 부분적으로 사회적·상징적으로 구성된다는 인식이 내재하기 때문이다. 로고스는 분명 가장 자연주의적인 개념에도 적용될 수 있다. 예를 들어 생태계라는 개념은 발견을 위한 경험적 절차에서 필연적으로 추론된 것이 아니다. 그것은 인간이 구성한 논쟁의 여지가 있는 이해 체계다(Worster, 1993 참조).

몇 페이지 앞에 제기한 경고를 다시 떠올려보자. 우리는 개별적인 유class로서 물리적으로 구성된 세계와 문화적으로 구성된 세계를 구분할 수 있지만, 자연에서 그 둘이 언제나 분리되는 것은 아니다. 게다가 세계의 상태는 점점 그 둘의 상호작용에 크게 영향을 받으며, 사회 규모의 성장, 기술의 발전, 돈의 지배력 확대와 더불어 세계의 문화적 구성은 더욱 결정적인 것이 되었다.

생태계라는 개념은 단순한 발견도, 단순한 가공도 아니다. 그 개념은 현대 과학의 설명적 진술과 닮은 만큼 종교적 개념과도 닮았다고 말할 수 있다. 사실 그 개념은 양자를 중재할 수 있고, 그렇기 때문에 통합성과 전체성, 성스러움을 특징으로 하는 부활된 로고스를 위한 토대가 될 수 있다. 이 점은 앞서 인용한 헤라클레이토스의 단편 50에 분명히 표현되었다. "현명한 자들은 내 말이 아니라 로고스에 귀 기울이면서, 만물이 하나라는 점에 동의한다."(G. Kirk, 1954)

생태계의 구성이 실제 저런지는 과학적으로 입증할 수 없다. 그러나 생태계라는 개념은 '조절적 원리regulative principle'(Angeles, 1981)로 기능하며, 경험적 문제를 엄격히 탐구·정식화할 수 있는 틀을 제공한다. 동시에 그 개념은 사람들이 거기에 비추어 자신과 생태계의 실제적·윤리적 관계를 정의하는 물리적 세계에 대한 일반적 견해를 제공한다. 생태계 개념은 자연에 대한 설명이자 성찰이며, 자연에서 행동 지침이다.

여기서 다시 적응적 진실이라는 개념을 상기해보자. 그 자체로 입증이 불가능한 생태계라는 개념은 오존층 파괴, 온실효과, 삼림 파괴, 사막화, 핵폐기물 오염처럼 인간이 촉발한 과정을 통해 더 많이 훼손·타락·파괴할 수 있게 된 이 세계와, 그 속에서 살아가는 인간 집단을 존속시키기 위한 인류의 필수 불가결한 수단 중 하나다. 조금 다르게 표현하면, 생태계 개념은 생태계를 유지하기 위한 인간의 수단 중 하나다. 이 세계가 여러 생태계로 구성된 것처럼, 어떤 이들은 가이아라고 부르는 포괄적인 하나의 생태계로 구성된 것처럼 행동하는 일은 어느 정도 이 세계의 구성 형식을 창조하면서 보존하는 수행적 행위performative다.

툴민이 부활된 코스모스(내 용어로 하면 새로운 로고스)의 핵심으로 보는 생태계 개념은 종교적 개념과 유사하며, 과학적 가설인 것만큼 종교적 개념이라고도 말할 수 있을 것이다. 일단 생태적 진실은 과학적 인식론의 객관적 절차에 따라 입증될 수 없다(사실 과학적 인식론은 생태적 진실을 위협한다). 따라서 종교적 관념 체계를 포함한 모든 관습의 타당성이 그렇듯이, 생태적 진실의 타당성도 그것의 수락에 달렸다.

나는 코스모스보다 새로운 로고스라는 개념을 선호한다. 그 이유는 11장에 썼듯이, 단지 여러 평자들이 로고스적 이해 체계가 과학적 이해 체계와 다르다는 데 동의하기 때문은 아니다. 현대의 헤라클레이토스 연구자 가운데 한 명이 썼듯이, 로고스는 그것을 파악하는 이들을 '요구한다'. 로고스 개념에 내재한 것은 세계의 생태적 질서에 근거한 하위 질서의 단순한 관찰이 아니라, 그 질서를 구현·참여·유지·교정·전환하기 위한 헌신이다. 객관적 이해가 어떻게 헌신으로 변모될 수 있는지 분명히 밝히기는 어렵다.

　　우리는 이 점과 관련해서 의례의 역량, 의례에 수반되는 의무와 책임의 공식적 수락, 누미노스적 확신에 대해 길게 논했다. 그러나 의례의 역량이 계몽주의 시대 이후 약화되었으며, 의례의 힘이 인간 사회를 통치하는 자들과 화폐적 인식론의 주술에 걸린 자들을 '요구하기에'는 역부족이라는 점도 살펴보았다. 약해졌든 아니든, 의례나 그와 관련된 행위 양식을 생태계 개념을 기반으로 한 새로운 로고스의 확립에서 배제할 수는 없다.

　　나는 최근에 미국의 외측 대륙붕 석유 임대의 사회적 효과와, 미국의 고농축 핵폐기물 저장소 위치 선정에 관한 연구 사업에 참여했다. 거기서 나는 생태적 가치와 철학에 따라 생태적·사회적 무질서를 개선하기 위한 공동 행위에 참여하는 일이 의례적 '참여'와 유사하며, 참여자에게 '심오하게' 의미 있고 대단한 헌신을 요구하는 행위가 될 수 있음을 발견했다. 그런 행위의 몇몇 측면을 좀 더 공식화할 수 있다면, 그 행위는 의례만큼이나 참여자의 헌신을 요구하는 그 무엇이 될 것이다.[11]

생태적 개념은 그 **자체로** 서구적·현대적 개념이다. 그러나 내가 아는 한 서양의 생태학자는 생태학을 과학적 인식론의 산물로 여길 뿐, 그것을 위한 종교적 논의를 펼친 적이 없다. 서구 종교가 생태학을 요구한 적도 없다. 생태적 개념은 성경을 기반으로 한 종교에서 명시적으로 표현되지 않았지만, 내가 보기에 그 종교들과 무관하지 않다. 〈창세기〉와 성경의 다른 장에서 강조된 자연에 대한 인간의 지배 역시 자연에 대한 인간의 착취가 아니라, 관리와 보호를 요구한 것으로 해석할 수도 있다. 노아는 방주에 불결한 동물도 받아들였다.

몇몇 비–서구 사회에서 생태적 개념은 궁극적인 신성성의 지위에 도달했다. 따라서 서구 종교도 그 개념을 고도로 신성화할 가치가 있다. 생태적 개념과 행위를 명시적으로, 고도로 신성화하면 현대사회에 만연한 파편화와 분열화의 힘 앞에서 세계의 전체성 보존에 기여할 수 있을 뿐만 아니라, 종교에 더 많은 회의와 냉소가 쏟아지는 시대에 종교의 부활에도 기여할 수 있다.

생태학을 기반으로 한 로고스 개념을 되살리자는 말은 모든 인간의 문제를 생태적 문제로 환원하자는 것이 아니라, 전체로서 세계 안에서 인간의 위치를 정의하자는 것이다. 인간의 독특한 위치에서 유래하는 윤리적 책임은 오스트레일리아 원주민의 종교에서 가장 심오하게 표현되었다.

오스트레일리아 원주민의 일반적 종교 관념에 따르면, 이 세계의 질서는 '영웅들'이 부여했다. 예를 들어 왈비리족의 영웅들(Meggitt, 1965a 참조)은 특정한 장소를 거쳐 부족 영토로 들어왔거나 땅속에서 나타났다. 그들은 "곳곳을 여행하며, 여러 지형을 창조하고, 의식을 거행하며, 법률과 관습을 도입하고, 신령스러운 본질을 부여했다". 세계의 지형은 많은 영웅들이 지나간 뒤얽힌 꿈의 여로dream track에서 태어났는데, 법률과 관습은 지형과 완전히 구분되지 않는다.

> 이 모든 사건은 오래전 꿈의 시대에 일어났다. 꿈의 시대란 역사적 시간에 선행한 시대이자 그것과 평행하게 지속되는 시대다(그것은 존재의 범주이기도 하다). 토템들은 꿈의 시대에 왈비리 영토를 떠났거나 땅속으로 사라졌지만, 지금도 존재하며 그들의 힘과 행위는 오늘날 사회에 직접적으로 영향을 미친다. (Meggitt, 1965a)

꿈의 시대 영웅은 대개 의례와 명명 행위를 통해 태곳적의 형태 – 없음에서 세계를 창조했다(Meggitt, n.d. 참조). 세계의 존속은 꿈의 시대 의례의 계속된 연행에 달렸다. 그런데 "왈비리족은 적절한 의례와 노래를 연행함으로써 인간은 실제로 잠시 동안 그 영웅이 '되며', 잠시나마 꿈의 시대에 참여한다고 믿는다"(Meggitt, 1965a).

요약하면 잠시 창조적 존재로 신격화된 인간은 그 자체로 꿈의 시대 영웅이 되고, 세계의 창조와 존속을 책임진다. 세계를 구축 · 파괴 · 와해시킬 수 있는 인류의 힘과 생태계에서 지배적 위치를 감안할 때, 인간의 책임 의식은 왈비리족과 무린바타족, 다른 오스트레일리아 원주민 부족이 오랫동안 구현해왔듯이 인류뿐만 아니라 세계를 향해야 한다. 인간과 다른 생물종의 진화가 계속되려면, 인류는 이 세계에 대해 숙고해야 하고, 이 세계를 대신해서 숙고해야 한다. 인간은 이 세계에서 대단히 특별한 존재가 되어, 어떤 의미에서 오스트레일리아 원주민이 깨달았듯이 막대한 책임도 지게 되었기 때문이다.

여기서 한 헤라클레이토스 연구자의 말에 귀 기울여보자. "인간의 특수한 로고스particular Logos는 인간 내부에서 인식되는 일반적 로고스general Logos의 일부다."(Kleinknecht, 1967) 다시 말해 로고스는 인간의 정신에서 인식되며, 우리가 아는 한 오직 인간의 정신에서 인식된다. 이 사실은 인간에게 **호모 이코노미쿠스**와 매우 다른 본성, 내가 보기에 그것보다 고귀한 본성이 깃들었음을 암시한다. 경제적 인간이란 경제학자들이 자기 이론의 설득력과 강제성을 통해, 진화생물학자들이 인간종의 번식이라는 측면을 강박적으로 강조하면서 만들어낸 골렘일 뿐이다. 생태적 시각에서 볼 때 인간종은 여러 생물종의 일부에 지나지 않는다. 그렇지만 인간종은 세계 전체가 그것을 통해 자신을 사유하는 세계의 일부다.

주석

1장

1 찰스 샌더스 퍼스Charles Sanders Peirce에 따르면 상징은 세 부류의 기호 중 하나다. 나머지 두 부류는 **도상**icon과 **지표**index다. 퍼스에게 기호(혹은 표상체)는 다음과 같다.

어떤 역량의 측면에서 어떤 사람에게 무엇을 의미하는 어떤 것이다. 그것은 어떤 사람의 마음속에 그와 동등한 기호를 창조하거나 그보다 발전된 기호를 제시한다. 나는 그것이 창조하는 기호를 최초 기호의 해석체interpretant라 부른다. 기호는 무엇, 즉 그것의 대상체object를 의미한다. 기호는 그 대상체를 모든 측면에서 나타내는 게 아니라, 내가 때로 표상체의 토대라 부른 일종의 개념에 준거하여 나타낸다. (Buchler, 1955)

퍼스에게 상징은 다음과 같다.

법칙에 따라 대상체를 나타내는 기호로, 그 법칙은 보통 상징을 특정한 대상체와 연계하여 해석하는 일반적인 관념들의 연관을 말한다. 따라서 상징은 그 자체가 일반적인 법칙 유형, 다시 말해 법칙 기호legisign(Buchler, 1960 참조)다. 이렇게 상징은 복제replica를 통해서 역할을 수행한다(Buchler, 1990 참조). 상징은 그 자체가 일반적일 뿐만 아니라, 그것이 가리키는 대상체 역시 일반적 속성이 있다. 일반적인 것은 그것이 결정될 사례에 존재한다. "따라서 상징이 나타내는 바와 관련된 사례가 존재해야 한다. 여기서 '존재하는existent'의 의미는 가능한 상상

적 우주에서 그 상징이 나타내는 바가 존재한다는 뜻이다."(Buchler, 1955. 강조는 라파포트)

이 정의에 따르면 언어는 본질적인 상징이다. 퍼스에게 도상은 다음과 같다.

대상체가 실제로 존재하든, 존재하지 않든 단순히 대상체 자체의 특징과 그것이 소유한 것(그 둘은 동일한데)에 따라 대상체를 나타내는 기호다. 그런 특질이 있는 모든 것, 현존하는 개인, 법칙은 무엇의 도상인데, 그것이 대상체와 닮았고 대상체의 기호로 사용되는 한 그렇다. (Buchler, 1960)

이 정의에 따르면 지도가 영토와 형식적 유사성이 있는 한, 지도는 영토의 도상이다. 지금까지 자주 '남근 상징'이라 불린 것은 상징이 아니라 도상이다.

퍼스의 용어에 따르면, 지표는 '그 대상체에 의해 실제로 영향을 받음으로써 그 대상체를 가리키는 기호'(Buchler, 1960)다. 이 정의에 따르면 발진은 홍역의 지표, 검은 구름은 비의 지표, 말이 꼬이는 것은 취기의 지표다.

2 비커튼Bickerton(1990)은 언어, 심지어 원시언어와 더불어 그가 '구성적constructional'이라고 부른 학습 형식이 더 중요해진다고 주장한다. 구성적 학습이란 학습자나 어떤 사람의 경험, 관찰에 직접 의존하지 않고, 개념의 합리적 조작(물론 그 개념은 예전의 관찰이나 경험에서 유래할 수 있다)에 의존하는 학습이다. 제한된 구성적 학습은 조건이 맞을 경우 몇몇 다른 생물종(가

장 뚜렷하게는 영장류, 그리고 아마 돌고래)에서도 일어날 수 있다. 그러나 비커튼이 '2차 재현적 시스템Secondary representational Systems'이라고 부른 세계에 대한 복잡하고 준*독립적인 모델, 원시언어와 언어의 수반물은 그런 학습을 위한 훨씬 풍부한 자료를 제공한다.

3 체질인류학자들은 인간의 해부학적 진화의 어느 단계에서 언어적 능력이 발전했는지 아직 합의하지 못했다.

인류의 두개골 용량은 오스트랄로피테쿠스 300~600cc, 호모하빌리스 평균 659cc(Corballis, 1991), 호모에렉투스 843~1067cc(Shepartz, 1993) 순으로 확장되었다. 오스트랄로피테쿠스와 이후 인간종의 두개골 용량 변화는 언어의 출현과 결부된 듯하다. 뇌는 신진대사에서 대단히 많은 에너지를 소모하기 때문에, 초기의 인간속 인류(특히 초기 호모에렉투스와 호모하빌리스)는 최소한 뇌의 확장과 연계된 새롭고 유용한 기능을 개발했다고 보는 게 옳다. 그렇다면 뇌 용량의 증가가 언어 발전의 초기 단계, 아마도 원시언어와 연관되었다고 봐도 큰 무리는 없을 것이다.

월포프Wolpoff(1980) 역시 뇌의 구조적 변환은 뇌 용량 증가와 연계되거나 최소한 같은 시기에 일어났다고 언급했다. "언어능력의 진화는 뇌 반구 우세hemispheric dominance나 뇌 반구 비대칭성과 연계된 것으로 보이며" 양쪽 뇌 크기와 형태의 비대칭은 호모에렉투스에게서 "두드러진다". 따라서 월포프에 따르면 "어떤 면에서 보든 호모에렉투스에게는 언어능력이 있었던 듯하다". 더 최근에는 코르발리스Corballis(1991) 역시 언어능력의 출현이 뇌 기능 편재화brain lateralization*와 관련 있으며, 그런 능력이 호모하빌리스에서 시작되었다고 했다.

그러나 다른 학자들은 이와 다른 주장을 편다. 비커튼(1990)은 원시언어가 인간종의 진화 중 호모하빌리스 단계(아마 호모하빌리스 말기나 호모에렉투스 단계)에 발전되었을 수 있지만, 완전한 언어는 호모사피엔스가 출현한 뒤 등장했다고 본다. 그외 학자들(Laitman, 1981; Durhin, 1990)은 완전한 언어가 나타난 시기가 호모사피엔스의 출현 시기와 일치한다고 본다. 그들은 인간의 발음 능력을 향상했다고 보이는 상부 기도氣道의 해부학적·진화적 변화를 그 증거로 든다.

4 최초로 출현한 원시언어는 주로 구체적인 비언어적 경험에서 **직접적으로** 유래된 개념 혹은 '원시-개념'을 명명하는 데 사용된 듯하다. 언어 발전의 초기 단계에서 상징의 지시물은 눈앞의 것에 국한되지 않더라도 여전히 물질적 대상—음식, 천적, 먹잇감, 적, 지형적 특징 등—과 인지 가능한 세계의 물질적 조건—더움, 차가움, 축축함—으로 제한되었을 확률이 높다. 그러나 비커튼(1990)은 "상당히 일찍부터 대상을 직접적으로 지시하지 않고 대신 물질적으로 지시하거나, 추상적 요소가 필요한 커뮤니케이션에 활용된 일련의 용어가 발명되어야 했

---

* 좌우 대뇌가 서로 다른 정신 기능을 수행하는 성질 혹은 그런 경향성. 예를 들어 오른손잡이에게는 대부분 좌뇌가 언어 기능을, 우뇌가 공간적 기능을 수행한다.

다"고 주장한다.

언어가 진화되면서 원시언어에 포함된 듯한 추상적 요소에는 부정, 질문, 상대적 시간이나 양상(이전/이후, 완성된/미완성된), 상대적 공간과 방향(위에/안에/에, ~를 향해/~부터, 가까운/먼 등), 양을 나타내는 단어가 추가되었고, 나중에는 조동사적 요소까지 포함된 듯하다. 그렇게 원시언어는 '완전한 언어'의 출현, 즉 '단어 자체로 구성된 단어(지시물을 손으로 가리킬 수 없는 단어)'의 출현을 향해 가고 있었다.

담화는 **필연적으로** 물리적인 실제 너머를 향한다. 어쩌면 원시언어에서 완전한 언어가 출현하기 전에도 더 정교한 분류법과 코르발리스(1991)가 '생성적 조립 장치Generative Assembling Devices'라 부른 더 유연하고 섬세한 언어를 활용해서 들소는 물론, 유니콘 같은 대상도 지시할 수 있었을지 모른다.

그런데 '유니콘'에 구체적인 지시물이 없다 해도, 그것은 최소한 인격화된 신령이나 신처럼 자연 세계에 존재하는 대상(동물)의 한 종류다. 물리적인 구체성에서 더 멀어진 것은 명예, 의무 같은 개념에 이르러서다.

5 나는 레슬리 화이트Leslie White의 정의가 지금까지 문화에 대한 정의 중에 가장 중요하고 근본적이라고 생각한다.

문화는 상이한 질서, 부류, 현상의 이름으로서 오직 인간종에게 고유한 정신적 능력의 행사(보통 상징화라고 불리는 상징의 발명과 사용)에 의존하는 대상과 사건을 말한다. 문화는 정교한 메커니즘으로, 존속과 생존을 위한 투쟁에서 특정한 동물종인 인간이 채택하는 방법과 수단

의 체계다. (1949)

6 유진 오덤Eugene Odum의 정의에 따르면 다음과 같다.

생태학적 우점종이란 특정 생물군집에 가장 큰 지배력을 행사하는 유기체를 말한다. 그렇다면 우점종은 다른 생물종의 생존을 향상·저하시키는 조건을 설정하는 종이기도 하다. 육지 생태계에서는 인간을 제외하면 보통 식물이 우점종이다. 몇몇 해양생태계에서는 산호와 같이 식물처럼 보이는 동물들이 우점종이다. (Odum, 1959)

7 앞선 논의에서 나는 이것을 '일상적 거짓말'이라고 불렀다.

8 이 사례는 규칙상 이런 것이 허용되거나 장려되는 게임에서 발췌한 것이다. 우리는 여기서 좀 더 일반적인 의미의 놀이라는 문제를 만난다. 어린아이들이 '카우보이 – 인디언' 놀이를 할 때, 강아지들이 씨름할 때, 놀이는 기만과 가까워진다. 놀이는 그 본성상 겉으로 재현하는 것과 동일하지 않기 때문이다. 하지만 놀이는 그 행위가 놀이임을 나타내는 암묵적·맥락적 표지에 따라 기만이나 거짓과 구별된다. 베이트슨Gregory Bateson이 말한 것처럼 "'이건 놀이다'라는 진술은 '우리가 지금 관여하는 행위들은 (실제로) 그 행위들이 나타내는 바를 나타내는 게 아니다'라는 의미다"(1972, 강조는 Bateson). 그래서 우리는 경찰과 도둑 놀이를 하는 어린이, 로미오와 줄리엣을 연기하는 배우를 기만적이라고 말하지 않는다.

9 여기서는 심리학자 미첼R. W. Mitchell이 정식화한 기만의 위계적 분류가 유용하리라 본다. 그는 기만을 네 층위로 나눴다.

1단계. 이 단계에서 유기체는 그와 다르게 행동하거나 존재할 수 없기 때문에 현재 상태로 행하거나 존재한다. '노련한' 큰어치의 먹잇감인 나비가 잡아먹히지 않으려고 큰어치가 싫어하는 나비처럼 위장하는(Brower, 1969; Mitchell, 1986의 인용) 기만은 유전적으로 결정된다. 그와 비슷한 형태학적 의태는 동물뿐만 아니라 식물에게서도 발견된다. 의도라는 개념에 의식과 행위의 통제가 수반된다면, 1단계 기만에는 의도가 존재하지 않는다.

2단계. 유기체의 행위는 여기서도 유전적으로 결정되지만, 다른 유기체의 행위를 모방하기 위해 프로그래밍 된다. 정보 수신자의 행위가 발신자의 행위에 영향을 미친다는 점이 1단계와 다르다. 즉 유기체는 'q일 경우 p를 행한다'(여기서 p, q는 각각 발신자, 수신자의 행위)는 식으로 프로그래밍 된다(p. 24).

아직 학습이나 의도(자극에 대한 자동적 반응 이상의 모든 것을 '의도'라고 부른다면)와 거리가 먼 2단계 기만의 사례는 천적 반딧불이가 그들이 먹이로 삼는 수컷 반딧불이의 반짝임을 보고 먹잇감 반딧불이의 암컷이 성적 신호를 보내는 것을 들 수 있다. 그렇게 유혹된 수컷 반딧불이는 자기가 연인 대신 저녁거리가 되었음을 발견할 것이다.

3단계. 여기서도 유기체의 행위는 기만적 신호의 잠재적 피해자에게서 나오는 특정한 자극에 의존한다. 하지만 그 행위는 2단계 기만과 달리 학습에 따라 수정된다. 따라서 2단계 기만의 명제인 'q일 경우 p를 행한다'는 더 복잡하고 인지적으로 까다로운 '과거에 p가 q라는 바람직한 결과를 낳았을 때 p를 행한다'로 대체된다. 그리고 "3단계 기만은 시행착오와 도구적·관찰적 학습에 의존한다"(p. 25).

미첼은 3단계 기만의 다양한 사례를 보여주는데, 내가 보기에 그 모든 것이 타당하지는 않은 듯하다. 그러나 그의 사례 중 일부는 앞선 차원의 기만과 근본적으로 다르다. 그는 어느 고릴라에 대한 헤디거Hediger의 설명을 인용하는데(1955), "그 암컷은 팔이 철창에 끼인 척해서 사육자를 우리로 유인했다". 모리스Morris(1986)는 다른 코끼리에게 코로 물을 뿌리는 시늉을 해서 기선을 제압하려는 코끼리를 관찰했다.

높은 층위로 갈수록 기만의 가능성은 더 복잡하게 뒤엉키고 여러 갈래로 갈라진다. 미첼은 3단계 기만에서 "동물은 자신의 학습 결과에 의해 기만당할 수 있다"고 지적한다. 큰어치는 자기가 싫어하는 나비를 한두 번 먹고 불쾌한 경험을 한 뒤, 그 나비를 닮은 진짜 먹잇감을 무시하는 법을 배운다. 이 사례는 기만하는 자는 한 층위(여기서는 1단계)에서 행동하고, 기만당하는 자는 또 다른 층위(여기서는 3단계 기만에 상응하는 학습 단계)에서 행동함을 암시한다. 여기에 함축된 씁쓸한 사실은 정보 처리 능력이 좋아질수록 오류로 이어지는 경로의 숫자가 증가하며, 오류에 대한 취약성과 오류를 범할 가능성도 늘어난다는 점이다.

3단계에도 의도성은 존재하지만, 미첼은 그것이 기만하려는 의도성인지 분명하지 않다고 말한다. 동물은 특정한 행위가 바람직한 결과를 불러왔음을 학습했기 때문에 특정한 방식으로 행동할 수 있다. 로이드 모건Lloyd Morgan(1970)은 다리를 다친 뒤 주인이 더 많이 쓰다듬어주자 일부러 절뚝거리는 흉내를 낸 조지 로마네스George Romanes*의 유명한 개를 언급하면서(1977), 그 개가 (로마네스가 주장했듯이) 주인을 속여 자기가 다시 다쳤음을 믿게 하려는 것이 아니라, 특정한 걸음걸이로 걸으면 주인이 쓰다듬어주고, 더 나아가 특정한 걸음걸이는 '나를 쓰다듬어주세요'라는 메시지임을 배운 것이라고 주장했다.

4단계. 이 단계에서는 기만의 의도가 뚜렷해진다. 미첼은 이 단계의 기만에는 다음 사항이 수반된다고 본다.

기만된 유기체의 과거와 현재의 행위에 근거해서 그 자신의 반응을 설정·재설정할 수 있는 열린 프로그램. 이때 정보 발신자는 수신자의 불쾌한 행위에 대응하고 바람직한 행위를 장려하기 위해 자신의 행위를 교정하고 바꿀 수 있다. 그런 의미에서 정보 발신자는 자기 행동의 프로그래머가 된다. 이런 메타-프로그래밍은 전형적으로 '생각하고 계획하기thinking and planning'라 불리며, 이 단계 기만에서 정보 발신자는 실제로 **정보 수신자를 속이려는 의도가 있다.** (p. 24, 강조는 원저자)

이런 4단계 기만은 인간 외에도 북극여우(Ruppell, 1986)를 포함한 여러 생물종에서 보고되었고, 야생 침팬지와 길들여진

---

* 영국의 생물학자. 여러 동물종과 인간의 정신적 능력 발달을 연구했다.

침팬지 사이에도 존재하는 듯하다. 우리는 본문에서 피간Figan이라는 침팬지의 속임수를 살펴보았다. 피간이 다른 영장류보다 훨씬 독창적이었을 수는 있지만, 외관상 기만적 의도가 오직 피간에게 있는 것은 아닌 듯하다. 나는 '외관상'이라고 표현했다. 피간이 실제로 밖에서 뭔가를 듣고 우연히 다른 침팬지보다 먼저 공터로 향했을 수도 있기 때문이다. 그러나 그렇다고 믿기에는 피간이 한 번 이상 속임수를 썼고, 전문 연구자들 역시 영장류의 기만 사례를 대단히 많이 보고했다(de Waal, 1986, 1988 참조).

10 프랑 드 발(1986)은 고등 영장류에서 발견되는 다섯 가지 기만을 관찰했다. 원숭이와 영장류에서 가장 흔히 발견되는 기만은 '자기 지식, 충동, 의도에 관한 지식을 숨기는 것'이다. 예를 들어 침팬지는 음식의 위치에 관한 '비밀을 간직'할 줄 알고, 비우점종 수컷은 발정기 우점종 암컷에 대한 성적 충동을 숨길 수 있다. 침팬지는 자신에 대한 위협을 알아채지 못한 척해서 그 위협과 조우를 회피하는 모습이 관찰되기도 했다.

첫 번째 기만과 밀접히 연관된 두 번째 기만은 현재 진행되는 사태에 대한 의도적 무관심, 즉 '그 순간에 진행 중인 사회적 상호작용과 표면적으로 무관한 대상이나 사건에 대단한 관심을 보이는 일'이다. 이것은 적대적 상호작용이 있던 다른 유기체와 화해를 이끌어내기 위한 방법이다.

이와 밀접하게 연관된 또 다른 기만으로 '기분 가장하기'가 있다. '예로엔Yeroen'이라 불리는 늙은 침팬지의 행동이 이 범주에 속한다. 예로엔은 젊은 수컷에게 도전받을 때 다른 침팬지들이 보기에 (그러나 훈련된 인간 관찰자에게는 그렇지 않은) '대단히 기분 좋음'을 의미하는 방식으로 뛰어놀기 시작했다. 침팬지는 보통 지표적으로 전달되는 기분 신호를 조절할 수 있다. 그래서 적대적 과시 행위를 하던 수컷이 순간적으로 상대에게서 등을 돌려 표정을 바꾸는 장면이 관찰되기도 했다. 얼굴에 공포가 드러나는 것을 숨기기 위해서 말이다.

침팬지 피간의 행동은 드 발이 '허위화falsification'라 부른 기만에 속한다. 헤디거가 보고했듯이, 암컷 고릴라가 자기 팔이 철창 사이에 끼인 척해서 사육사를 우리로 유인한 뒤 붙잡은 사례 역시 여기에 속한다. 침팬지가 사육사를 '유인'한 사례는 지금까지 여섯 번 보고되었다(그중 그 암컷 고릴라의 '유인'이 네 번이다). 암컷 고릴라는 네 경우 모두 사육사를 공격한 직후 얼굴 표정, 손동작 등으로 화해를 구하는 신호를 보냈다. 그러나 사육사가 접근하자 다시 공격했다.

그밖에 흥미로운 사례로 아른하임 동물원의 밀폐된 공간에서 고참 동료 세 마리와 같이 음식을 배급받던 가장 어린 수컷 고릴라 댄디Dandy가 있다. 동료들은 '그를 괴롭혔고', 그의 음식도 빼앗은 모양이다. 댄디는 음식 배급 시간 직전에 대단히 온순하고 즐겁게 뛰노는 행동을 취해 다른 이들까지 놀이에 끌어들였다. 놀고 나면 동료들이 그를 괴롭히지 않았기 때문이다.

여기서 몇 가지 지적할 점이 있다.

첫째, 언어학자 마셜Marshall은 "동물의 기호와 언어 행위의 가장 큰 차이는 동물적 기호의 경직되고 정형화된 본성과, 그 기호들이 개별적인 외적 자극과 내적 상태의 지배 아래 있다는 사실이다"(1970)라고 썼다. 이런 설명은 인간의 커뮤니케이션과 다른 동물의 커뮤니케이션 체계의 차이를 설명하기에는 다소 불충분하다. 일단 인간의 커뮤니케이션은 단순히 언어에 의존하지 않는다. 관찰자에게 당황이나 쑥스러움을 나타내는(그것은 '상징화'가 아니다) 인간의 얼굴 붉힘은 침팬지나 개들이 보여주는 털 세우기만큼 '개별적인 외적 자극과 내적 (감정) 상태'의 지배를 받는다. 한편 미첼이나 드 발, 다른 연구자들이 관찰했듯이, 침팬지와 다른 많은 동물은 신호 표시에 상당한 통제력을 보여준다. 반딧불이의 총체적 커뮤니케이션 체계에 대한 마셜의 설명은 반딧불이보다 '고등한' 많은 생물종에게 전적으로 적용될 수는 없다.

미첼과 드 발의 설명은 고등한 기만이 최소한 동물이 지속적으로 발산하는 신호 중 일부를 의식적으로 통제하는 능력에 달렸음을 보여준다. 그런데 동물의 몇몇 기만 유형은 발정기의 감정 상태를 숨길 때 기만적이다. 예로엔의 꾸며낸 흥겨움 같은 기만(그것을 기만이라 간주할 수 있다면)이 기만당하는 대상에게 해를 끼치는지 분명치 않다. 예로엔은 적대자에게 직접적 신호를 보내지 않음으로써 '당신에게 도전하지 않겠다'는 신호, 모두를 곤란에서 구하는 메시지를 보내는 것이다. 한 영장류가 다른 영장류의 위협적 과시를 못 본 듯 행동할 때 자기 지식과 감정 상태를 숨겨야겠지만, 그런 행위는 기만이라기보다 기초적인 외교술이나 정중함으로 보인다.

우리가 경험한 바에 따르면 외교술과 정중함은 종종 진실함sincerity과 상충되지만, 비진실함과 기만이 동일하지는 않다. (비록 상호 배제적인 것은 아니라도) '진실함'이라는 용어는 신호와 신호 전달자 감정 상태의 관계와 연관되지만, 부정직하거나 그와 비슷한 고등한 기만은 신호와 의도의 관계와 연관된다. 우리는 진실함이라는 문제와 비진실함의 미덕을 3~4장에서 다룰 것이다.

여기서는 비진실함이 모든 복잡한 사회생활의 전제 조건이고, 미성숙한 유기체가 온전히 기능하는 사회 구성원으로 변모하는 '사회화' 역시 상당한 수준까지 '적절한 비진실함'을 배우는 일이라는 점을 언급하고 넘어가자. 조금 다르게 표현하면, 사교성이나 정중함은 사회 구성원에게 한편으로 그들의 사적·주관적·감정적·인지적 상태와, 다른 한편으로 그들의 공적·사회적 표현과 행위를 구별할 것을 요구한다. 더 나아가 인간의 심리적 건강과 유능한 사회생활을 위해서는 사적 영역과 공적 영역에 어느 정도 거리를 둘 필요가 있다. 그런 구별과 거리 두기는 비진실함과 기만뿐 아니라 메시지 전달의 의식적 통제에도 포함되었다.

한 동물이 신호 표시와 신호 전달을 어느 정도 통제·관리할 수 있다면 그 동물은 사회적 삶 역시 어느 정도 통제할 수 있다. 유기체의 사회관계 관리에 기만과 비진실함이 일정한 역할을 한다 해도, 드 발이 침팬지의 기만적 행위라고 간주한 몇몇 사례를 다시 살펴볼 필요가 있다. 댄디가 보여준 식사 전의 익살이 특히 흥미롭다. 댄디는 자기를 괴롭히는 세 동료를 고의로 속여 놀이로 유도한 게 아니다. 드 발에 따르면 댄디의 의도는 동료들을 놀게 하려는 것이었고, 그는 거기에 성공했다. 여기서 표면적 의도와 더 깊은 동기를 구분할 필요가 있다.

그러나 드 발이 적절히 지적했듯이 댄디가 놀이를 시작한 동기가 갑작스런 유쾌함을 표현하는 것이 아니고, 동료들을 놀이에 끌어들이면 괴롭힘을 멈추리라는 신념을 기반으로 한 것이었다 해도, 댄디가 속였고 '비진실'했다고 말할 수 있지만 기만적deceitful이었다고 볼 수는 없다. 오히려 댄디는 기술적 지능과 구별되는 지성의 형식이자 양상인 고도의 '사회적 지능' 혹은 '마키아벨리적 지능'을 드러낸 것이다.

기술적 지능이 물리적 대상의 이해와 조작에 초점을 맞춘다면, 사회적 지능은 사회적 과정에서 유래하고, 동시에 그런 과정, 그 과정에 관여하는 요인(특히 심리학적인), 그 요인의 조작을 이해하고자 한다(Byrne and Whiten, 1988; 특히 Humphrey, Jolly, Chance, Mead의 논문을 참조할 것. Barnes, 1994도 참조). 이들은 인간 지능의 발전에서 '기술적 지능'과 구분되는 '사회적 지능'(험프리), '지성의 사회적 이용'(졸리), '마키아벨리적 지능'(번과 화이튼)의 잠재적 중요성에 주목할 것을 요청한다.

우리는 앞서 몇몇 연구자가 영장류의 속임수나 기만적 행위로 간주한 사례에 이의를 제기했다. 그런데도 몇몇 사례는 기만이라 할 수 있다. 피간의 간교한 주의 흩뜨리기, 침팬지와 고릴라에게서 모두 발견되는 유인 행위가 그렇다. 이런 사례가 노골적인 거짓말은 아니라도 그것과 대단히 비슷하다. 최소한 그 기만의 피해자가 가까운 친족(침팬지도 친족을 인식하는 듯하다)을 포함한 피간의 행동은 진실로 기만적이었다. 그러나 본문에서 제시한 원인, 특히 상징이 아니라 유사-지표를 통한 거짓말의 제한적 역량 때문에, 나는 그런 기만을 미첼의 용어를 빌려 '원시적-거짓말proto-lies'로 칭하고 기만의 다섯 번째 층위에 놓으려 한다.

11 대다수 사회에서 사회질서의 교란은 악으로 간주된다. 무질서나 교란이 악과 연관된다는 점은 다소 심오한 주제지만 여러 문화권에서 발견된다. 서구의 전통에서 그 둘이 연관된다는 점은 영어 단어 '상징symbol' '우화parable' '악마적diabolic'에 관한 몇몇 어원 연구가 뒷받침한다.

일반적으로(아메리칸 헤리티지 사전, 1992) '상징'은 '함께' '더불어'라는 뜻이 있는 그리스어 신syn, '던지다'를 의미하는 발레인ballein에서 파생되었다고 여겨진다. 그렇다면 상징은 '사물을 함께 던지는', 아마도 기호와 그 지시물을 함께 던지는 무엇이다.

같은 사전에 따르면 '우화'는 '나란히 놓다'를 뜻하는 파라발레인paraballein에서 파생했고, 그 단어는 다시 발레인과 '옆에'를 의미하는 파라para에서 유래했다. 즉 우화는 그것이 묘사하거나 재현하는 도덕적 문제와 평행하게 달리는 이야기다.

　대조적으로 '악마적'이라는 단어는 시플리Shipley(1945)와 파트리지Partridge(1958)에 따르면, '악마'를 의미하는 라틴어 디아볼루스diabolus에서 직접 파생했다. 그 라틴어는 고대 그리스에서 사탄을 의미한 디아볼로스diabolos에서 유래했으며, 그 말은 다시 '비방하다'를 의미하는 디아발레인diaballein에서 파생했다. 그 단어는 '가로질러 던지다'라는 뜻으로, 발레인과 '가로질러' '통과해' '~와 직각으로'를 의미하는 디아dia에서 나왔다(아메리칸 헤리티지 사전, 1992). 상징과 우화의 어원이 질서, 조화, 깨달음, 의미성과 연계되었음을 감안할 때, '가로질러 던지다'는 교란하고, 무질서하게 만들고, 혼란스럽게 한다는 뜻이다.

2장

1 잭 구디Jack Goody 교수는 안타깝게도 몇 해 전(1977) "종교에 관한, 특히 모든 의례에 관한 인류학적 논의에 사용되는 일련의 용어들이 있다. 그것들은 분석적 목적을 위해 거의 쓸모가 없다"고 단언했다. 그는 더 나아가 명목론의 늪에 빠질 수 있기 때문에 그런 용어들을 정의하려는 노력은 그만두는 게 좋다고 말했다. 그가 보여준 일반적인 개념 정의, 특히 의례 정의에 대한 보류적 태도는 존경할 만한 것이지만, 이 책에서 우리는 의례의 개념을 명료하게 정의하고 시작했다.

2 나는 여기서 치료cure보다 개선amelioration이라는 용어를 선택했다. 거짓말과 대안성에 내재한 문제를 완전히 제거하려면 언어 자체를 제거할 필요가 있기 때문이다. 따라서 이 문제를 논할 때는 '충분히 좋은'이 '가장 좋은'보다 낫고, '적절한'이 '완벽한'보다 낫다.*

3 캐퍼러Bruce Kapferer는 다음과 같이 썼다.

나는 문화 구성원들이 '의례'라고 인정하는 행위의 기저에 깔린 요인들의 유형에 근거해서 의례의 정의를 제시하려고 한다. 의례라는 현상의 보편적 차원과 민족지적으로 특수한 차원을 모두 고려하고, 의례가 지역적·상황적으로 전개될 가능성을 포괄하는 정의를. (1983)

---

* 칼날 같은 이분법이 아니라 '정도'의 문제를 고려하겠다는 의미.

822

캐퍼러는 두 문장 뒤에 다음 정의를 제시한다.

의례는 공간적·시간적으로 매일의 일상과 뚜렷이 구별되는(그런 사건들이 일상에 필수적일 때조차), 문화적으로 인정되고 규범화된 일련의 사건으로서 예식 질서는 그 의례의 연행 이전부터 알려져온 것이다.

의례는 시공간적으로 일상생활과 분리된다는 설명은 다소 문제가 있고, 의례가 일상생활에 필요하다는 언급은 다소 불필요해 보이지만, 나는 그 정의가 여전히 생각할 거리를 던져주는 선험적·기능적인 진술이라고 본다. 그가 1983년에 제안한 의례의 정의는 이 책에서 보완해 사용한 1974년의 내 정의와 다소 다르지만 대략적으로 합치한다.

4 의례가 얼마간 문법과 유사한 것으로 이해되어야 한다는 뜻은 아니다.

5 마이어호프Myerhoff(1977)는 최소한 암시적으로 그가 '임시적 의례nonce ritual'라고 부른 것과, 그와 대조되는 '전적인 의례full ritual' 혹은 '진정한 의례'(더 단순하게는 '의례')를 구분한다. 임시적 의례는 "부자연스럽게 조직되었고 종종 감동적일 만큼 투명하게 의례 참여자들의 희망과 의도가 드러나는 어색하고, 자기 의식적인 '최초의 연례행사'와 비슷한 사건"이다. 보통 그런 의례 참여자는 다른 의례에서 신성한 요소를 차용하고, 그것을 새로운 의례 내용과 목적을 구성하는 새롭고 대개 세속적인 물질과 병치해서 의례의 고유성을 창조한다. 그 의례는 정식 의례를 은유의 근원으로 취급하기도 한다. 예를 들어

1974년 로스앤젤레스의 노인센터에서 마이어호프가 관찰한 임시적 의례는 미국의 졸업식, 신성한 텍스트에 대한 수련을 마쳤을 때 행하던 전통 유대교 의례 시윰siyum의 요소를 차용한다.

6 우리의 관심사는 정신의학이 아니지만, 정신의학자들은 '의례'나 '의식'(Freud, 1907)이라 불리는 정형화되고 기이한 행동의 경직된 순차적 진행이 몇몇 정신병이나 신경증 환자들에 의해 강박적이고 사적으로 연행된다고 보았다. 그것들은 보통 '자아 이질감' 속에서 경험되는데, 다시 말해 경험자가 자아의 일부로 인식하지 못하는 심리적 영역에서 솟구쳐 나온다 (Fenichel, 1945). 환자는 자기 자신이라고 간주하는 것에서 분리된 몇몇 요소에 의해 그런 행위 양식이 자신에게 부과되었다고 느낀다.

프로이트와 다른 학자들이 그러했듯이 신경증과 종교 행위의 유사성을 지적하는 것은 유용할 수 있으나, 그 둘의 동일시에서는 얻어지는 것이 없다. 나는 의례가 편집증적·강박적 장애의 형태라고 보지도 않는다. 자아 아닌 무엇에 의해 부과된 질서에 순응하는 주관적 경험은 종교 의례와 신경증적 의례에 공통적이지만, 그 둘은 구분될 수 있다. 불변하는 차례로 구성된 형식적 행위와 발화가 단지 그것의 발명자에 의해서 연행된다면, 그것은 의례가 아니며 광기의 한 형식이다. 그때 연행자는 예언자가 아니고, 그렇게 간주되지도 않는다. 그는 강박적인 신경증 환자나 미친 사람에 지나지 않는다.

7 이런 관행은 2차 바티칸공의회(1962~1965) 이후의 것이다. 그 이전에는 사제가 미사를 집전하고 신도는 미사를 돕는다고 간주되었다(베르질 펑크Virgil Funk와 개인적 대화).

8 벨Bell(1992)은 기어츠Geertz(1973)와 싱어Singer(1959)를 따라 사고 – 행위의 이분법이라는 맥락에서 의례에 참여하는 제3의 인간 범주, 즉 이론가와 연구자에 대해 논의한다. 그들과 의례의 관계는 의례 참여자나 의례 청중의 그것과 다르다. 싱어는 "힌두교도는 연행하거나 내보일 의식儀式이 있지만, 연구자는 사색이나 토론의 대상이 되는 개념이 있다. 그런 차이 때문에 특정한 지역 의례의 특수성은 더 포괄적이고 추상적인 연구자의 일반화와 대조된다"(p. 30)고 썼다. 나중에 그녀는 "연행으로서 의례는 이론가의 추상적이고 개념적인 범주와 의식의 문화적 특수성의 통합을 가능하게 한다"(p. 31)고 썼다.

9 극적인 캐릭터는 분명 극작가, 배우, 감독에 의해 발명된다. 그들이 역사적 인물을 재현할 때도 마찬가지다.

10 의례의 이런 측면은 우리가 의례의 도구성을 언급하지 않고 그 자체의 형식성을 강조한 데서 암시되듯이, 우리의 정의에서 명시적으로 드러나지 않는다. 물질적 효험의 결여는 여러 이유에서 제외되었다. 첫째, 우리가 정의한 모든 의례가 어떤 의미에서든 효험 있다고 간주할 수는 없다. 둘째, 물질적이든 아니든 의례 형식에 어떤 효험이 내재한다면 그것은 선험적으로 주장되는 게 아니라 그 형식의 수반물로 여겨져야 한다. 셋째, 우리의 정의는 의례의 가장 뚜렷한 특성을 다룬다. 효

험, 효험의 본성, 효험의 존재나 결여는 언제나 뚜렷한 것이 아니다. 넷째, 의례를 형식적 행위와 발화의 불변하는 차례로 정의한다 해도 그 안에서 물질적 효험이 발견될 수 있다. 의례에서 행해지는 상징적 행위는 때로 불분명한 인과관계의 연쇄를 통해 그것이 추구하는 결과에 도달한다.

여기서 너스캐피 인디언의 어깨뼈 점scapulamancy*에 관한 무어Omar Khayyam Moore의 제안(1955)을 되새겨 보자. 무어에 따르면 그 점은 그들의 사냥 패턴을 무작위화해, 즉 그들의 사냥감인 순록이 부지불식간에 학습할지도 모르는 규칙성을 제거해 그들의 사냥 운을 좋게 한다. 나 역시 마링족 주민의 뼈가 적 주술사의 손에 들어가면, 물질적인 이유 때문에 그들의 건강이 나빠질 수 있다고 주장했다(1968).

11 포티스Meyer Fortes가 비술秘術의 근원으로 지목한 '프로이트적 무의식'은 일련의 애매모호한, 그러나 강력하고 대단히 감정으로 충만한 과정의 복합체를 말한다. 다른 연구자들은 '비술'이란 용어를 언제나 포티스가 말한 의미에서 사용하지는 않는다. 그렇지만 뒤르켐Émile Durkheim의 입장(1961)에서 우리가 '비술'이라 부르는 것은 열광적 의례에 참여하는 사람들의 감정적 반응에서 유래한다고 보는 게 옳을 것이다. 리치Edmund Leach(1966) 역시 뒤르켐을 따라 비술적 힘의 근원이 열광적 의례에서 신성화된 사회라고 본다.

---

* 너스캐피 인디언이 순록의 어깨를 뜨거운 석탄에 올려놓고 뼈에 금이 가는 것을 관찰해서 치는 점.

반면 더글러스Mary Douglas는 그 힘이 정신과 사회의 질서뿐 아니라 그 아래 깔린 무질서, 그런 질서와 무질서의 병치, 조우, 교대에서 나온다고 주장했다. 그런 질서와 무질서는 의례 특유의 상징적 형식, 그와 대조되는 상징적 형태 없음(예를 들어 통과의례의 주변적 단계에서 소년도, 남성도 아닌 입문자의 상태와 같이)에서 모두 표현된다. "의례에서 형식은 스스로 유지할 수 있는 힘을 갖춘 듯 보이지만, 언제든 무너질 수 있다. 형식 없음 속에도 약간은 위험하고, 약간은 좋은 힘이 있다고 믿어진다."(1966)

에이브러햄스(1973)는 의례의 '활력'이 형식과 형식 없음의 조우에서 도출된다는 더 정교한 주장을 펼친다. "우리는 에티켓의 준수에서 의례의 연행으로 나아갈 때 형식성이 증가함을 볼 수 있다. 그러나 실제 의례의 연행에서 널리 보고되는 흥겨움, 혼돈, 카오스의 재현은 무엇을 의미하는가?"(p. 5) 이런 혼돈은 광대 짓, 복장 도착, 입문자에 대한 물리적 공격, "더 큰 공동체를 위해 정리되지 않은 에너지를 보존하기 위한" 행위에서 표현된다(p. 14). 그에 따르면 "의례는 집단의 잠재성을 상연하고 축하하는 일이다"(p. 8). "의례의 핵심에는 가장 기본적 의미에서 모순의 경험이 존재한다. 즉 필멸하는 존재의 생명력(혹은 살아 있는 것의 필멸성)과 한 집단이 숭상하는 세계 질서의 천명, 그것의 (거의) 절대적인 부인이 공존한다."(p. 15)

의례의 '힘'의 토대와 관련된 이런 개념과 기타 개념은 상호 배제적이지 않다. 사실 그것들은 어떤 심오한 방식으로도 상충되지 않는다. 그 개념들이 연구자들이 의례적 연행의 부산물로 여기는 불특정하지만 강렬한 감정과 인지적 반응을 불러일으키기 때문이다. 다시 말해 의례의 '활력'은 부싯돌과 쇠의 충돌에서 불꽃이 솟구치듯이 질서와 무질서 그 자체의 충돌(예를 들어 경외심을 불러일으키는 의례적 물건과 우스꽝스런 물건의 병치처럼)에서 솟구치는 것은 아니다. 그것은 그런 충돌이라 간주되는 무엇에 대한 참여자들의 감정적 반응에서 유래한다.

12 어떤 의례에 참여하면 감정이 고양되고, 어떤 의례는 진정 효과가 있으며, 또 다른 의례에서는 더 복잡한 감정적 경험이 수반된다는 점은 경험적 사실이다. 동물과 인간 의례의 연구자들은 일반적으로 의례의 감정적 경험이 의례를 이해하는 데 중요하다고 본다. 몇몇 학자는 의례의 감정적 측면을 의례라는 현상의 개념 자체에 본질적인 것으로 간주한다. 그리고 의례와 감정의 관계를 다룬 많은 이론(대부분 기능주의적인)이 제안되었다. 지금까지 제안된 이론의 내용은 다음과 같다.

의례 참여는 위험하거나 예측 불가능한 것 앞에서 경험하는 공포, 불안 같은 무기력한 감정을 완화하고(Malinowski, 1922), 공경과 예의가 중시되는 의례는 지속적인 시련에서 인간의 감정을 보호한다(Goffman, 1956; Tinbergen, 1964a). 또 의례는 사회조직을 위한 감정적 지원을 끌어내거나(Durkheim, 1964; Radcliffe-Brown, 1964), 갈등하는 인간의 감정이나 충동을 중재하는데(Freud, 1907; Gluckman, 1954; Tinbergen, 1964a), 몇몇 의례 형식은 그것들이 중재하는 상충되는 감정에 따라 설명될 수 있다(Freud, 1907; Tinbergen, 1964b). 젊은이의 원형적 감정이 승화되는 성장 의례rituals of ontogeny에서 감정은 사회적으로 가치 있는 목표와 연계된다(Campbell, 1959; Erikson, 1966; V. Turner, 1969). 한편 의례 참여의 생리학적 효과는 다킬리Eugene d'Aquili, 로플린Charles Laughlin, 맥마누스John MaManus(1979)의 저서 중에서 특히 렉스Barbara Lex와 다킬리, 로플린의 논문을 참조한다.

13 나는 푸코Michel Foucault(1990)에 반대하여 '강력한powerful'이란 용어는 에르그erg, 마력, 와트와 같이 측정 가능한 에너지 교환을 지칭할 때 쓰여야 한다고 본다. 정치적 논의에서 '힘power'*이라는 용어를 쓸 때도 우리는 그것을 강제적 기획을 위해 동원 가능한 사람들과 자원의 숫자처럼 물질적 조건으로 계량화할 수 있다. 비어슈타트Richard Bierstadt(1950)는 오래전에 사회적·정치적 의미에서 '힘'이란 수학적 의미에서 (사람×자원×조직)의 합이라고 보았다.

힘은 물질과 에너지의 산물인 데 반해, 권위는 정보의 측면에서 정의되어야 한다. 권위란 커뮤니케이션 네트워크에서 명령이 흘러나오는 장소다. 하지만 그 명령이 꼭 명령적 분위기에서 발화될 필요는 없다. 명령은 개체 발생과 관련된 공리, 원칙의 공표, 정책의 형태를 띨 수도 있고, 도덕적·윤리적 금언, 사실과 가치에 대한 주장을 포함할 수 있다. 명령이 불러일으키려는 행위는 명시되지 않거나 불특정한 것으로 남을

---

* 보통 '권력'으로 번역하지만, 여기서는 라파포트의 논지에 따라 힘으로 옮겼다.

수도 있다. 권위의 토대는 매우 다양하다. 다시 말해 사람들이 권위의 명령을 묵인하는 이유는 그것이 강력하기 때문이지만, 한편으로 그것이 식견 있고 설득력 있고 많은 부를 지녔으며, 신성하거나 신성화되었기 때문이다.

14 여기서 사용하는 '정보'는 넓고 비전문적 의미에서 정보다. 이 점을 언급하는 것은 이 책 후반부에서 정보를 더 전문적인 의미로 사용하기 때문이다.

15 규범적인 것과 자기 – 지시적인 것의 관계에 대한 논의는 퍼스가 '유형들types'과 '징표들tokens'이라 부른 것의 관계에 대한 아서 버크스Arthur Burks(1949)의 논의와 비슷하다. 이 논의는 버크스의 전체 논지(나는 그의 논지에 동의하지 않지만 여기서 그게 중요한 건 아니다) 가운데 일부인데, 그는 "근본적인 지표적 기호는 순수한 지표보다 지표적 상징(즉 지표적으로 사용되는 언어적 표현)이다"라고 말한다.

징표란 개별적으로 출현하는 단어를 말한다. 같은 단어가 이어진 두 문장에 모두 나온다면 징표가 두 개 있는 셈이다. 징표의 출현은 하나의 사건이며, 시공간에서 특정한 위치가 있다. 특정한 단어의 모든 징표(특정 단어의 의미 중 하나로, 예를 들어 색깔을 지칭하는 '빨강'의 의미는 공산당원을 지칭하는 '빨강'의 의미와 다르다)의 집합을 '유형'이라 한다. 유형은 징표와 다르게 시공간에서 구체적인 위치가 없다. 특정한 색깔을 상징하는 '빨강'이란 단어는 어디서 출현하든 동일한 의미다. 이 말은 '순수한' 상징의 경우, 유형의 의미와 그 징표의 의미에 차이가 없다는 뜻이다.

지표적 상징의 경우 상황은 다르다. 버크스(1949)에게 지표란 '그 대상체와 실존적 관계를 맺는' 기호이며(손가락으로 무엇을 가리키는 행위처럼), '실존적 관계에 근거해 그 대상체를 결정하는 기호'다. 따라서 "'이것this'이라는 상징은 동시에 지표인데, 그것이 손가락으로 가리킴pointing이라는 행위와 정확히 동일한 기능을 수행하기 때문이다"(p. 674). 예를 들어 '지금now'과 같은 단어(상징)는 지표로 기능한다. 그러나 '지금'이라는 징표의 의미와, 유형으로서 '지금'의 의미가 정확히 일치하지는 않는다. 유형으로서 '지금'은 '이 순간', 다시 말해 1초 전과 1초 후가 아니라 정확히 지금 이 순간을 의미한다. 따라서 9시에 '지금'이라고 말하는 것과 9시 1분에 '지금'이라고 말하는 것은 다르다. 버크스는 다음과 같이 요약한다.

징표의 의미와 유형의 의미에서 공통되는 요소는 그것의 상징적 의미(관습적 규칙에 따른 연상)다. 유형의 완전한 의미(지표적이든 비지표적이든)는 그것의 상징적 의미다. 게다가 비지표적 상징에서 징표의 완전한 의미는 그것의 상징적 의미다. 그러나 지표적 상징에서 징표의 상징적 의미는 그것의 전체 의미의 부분일 뿐이다. 우리는 그것의 전체 의미를 그것의 지표적 의미라 불러야 한다. (pp. 681∼682)

내가 보기에 버크스가 지표적 상징의 전체 의미에 상징적 의미뿐 아니라 지표적 의미도 포함된다고 말했다면 그의 논지는 더욱 강력해졌을 것이다. 여하튼 그와 나의 설명에 따르면, 어떤 경우에는 단어의 일반적 의미와 지속적 의미(한편으로 세마와 같이 되풀이되는 경구와, 다른 한편으로 그 말들이 사용되는 특정한 순간의 의미)에 근본적인 차이가 존재한다.

버크스는 자신의 분석이 역사적·진화적이라 주장하지 않지만, 그의 설명에 논리적·시간적으로 선행하는 상징적 기능에 지표적 기능이 추가되었다는 점이 암시된다. 반대로 나는 상징적 기능이 시간적으로 앞선 지표적 기능에 추가된 것이라고 본다. 나는 순수한 지표보다 지표적 상징이 '근본적인 지표적 기호'라는 버크스의 주장에 동의하지 않는다. 나는 이를 부적절한 인간 중심적 견해라고 보지만, 여기서 우리의 논의 차이가 중요한 것은 아니다.

나의 논의는 무엇보다 인간과 동물 커뮤니케이션의 일반적 차이에 근거해서 인간 의례와 동물 의례를 구분하는 일반적인 진화적 견해를 따른다. 동물 사이에서는 지표적 커뮤니케이션 능력이 상징적 커뮤니케이션 능력보다 광범위하게 발견되며, 후자의 능력은 사람과를 제외한 다른 종에서는 거의 발견되지 않는다. 사람이나 그들의 조상에서도 지표적 커뮤니케이션은 상징의 사용보다 시간적으로 앞섰음이 틀림없다. 그러나 버크스도 퍼스처럼 언어의 출현과 언어의 논리적 관계에 관심을 보인다. 내가 보기에 버크스의 논의는 다음 공식을 지지한다.

가변자:불변자::자기 – 지시적:규범적::징표:유형::지표:상징

16 의례적 재현은 종종 도상적 측면이 있다. 그러나 본문에서 암

시했듯이 의례에 순수한 도상은 존재하지 않을 수 있으며, 의
례에서 사용되는 대다수 도상은 최소한 그것 중 하나에 대한
상징적 정의에 의존한다. 자기 꼬리를 먹고 살아가는 우로보
로스Ouroboros라는 뱀은 영원성의 도상일 수 있다. 그러나 그
뱀이 도상이 되기 전에 영원성이라는 개념이 언어를 통해(다
시 말해 상징적으로) 구상되었어야 한다.

17 예를 들어 첫 열매 수확 의례에 등장하는 식물은 작물의 성숙
을 의미하기도 한다.

18 수행문에 내재한 지표성은 뚜렷해 보이지만, 나는 이 효과에
주목한 선행 연구에 대해서는 아는 바 없다.

19 우리는 의례 도중에 사람들이 지표적으로 전달하는 그들의 조
건과 관련된 모든 정보에 주목하는 것이 아니다. 사람들은 의
례 전후나 도중에 잡담을 하고, 옷과 장식품으로 부를 과시하
며, 혈색과 눈빛으로 건강을 나타내고, 인사나 모욕, 몸짓, 얼
굴 표현으로 성격을 드러낸다. 사람들이 시공간에서 결집하
는 하나의 결절점이 되는 의례는, 자기 – 지시적 정보나 그 외
사회적 정보의 부수적 전달에 대단히 중요한 역할을 할 수 있
다. 그런 정보는 평상시에도 사람들이 거의 끊임없이 전달하
므로, 의례의 고유한 특성으로 보는 것은 무리다.

　우리가 사건으로서 '의례들'과, 그 사건들의 형식적 측면으
로서 '의례들'을 간략하게 구분한 것을 떠올려보자. 우리는 모
든 의례에서 모든 참여자들에 의해 우발적으로 전달되는 모
든 자기 – 지시적 메시지를 다루는 것이 아니다. 우리는 의례

자체의 연행에 의해 전달되는 메시지에 관심이 있다. 한 미국 여자가 예배 중에 새로운 모피 코트를 입거나 다른 이에게 특정한 태도를 취함으로써 전달하려는 정보나, 파푸아뉴기니 고산지대의 돼지 축제에서 춤꾼이 보여주는 상당한 비장함은 우리가 논의할 대상이 아니다. 관건은 그 여자가 교회에서 무릎을 꿇음으로써, 뉴기니 고산 부족의 춤꾼이 이웃 부족의 신성화된 춤판에서 춤을 춤으로써 나타내는 것이다.

3장

1   어린 자녀가 있는 과부는 종종 자신이 출생한 집단으로 돌아간다.

2   링기ringi는 전쟁 돌 아래 피워놓은 불 속에서 준비된다. 붉은 혼령들이 이 불 속으로 초대되어 링기와 전쟁 돌(붉은 혼령들에게 바칠 돼지를 요리하기 위해 데워놓은 오븐의 돌도 포함해서)을 그들의 '뜨거움과 딱딱함'으로, 다시 말해 그들의 호전성과 힘, 분노, 복수심으로 채운다. 마링족은 붉은 혼령들이 전쟁 돌과 링기 속으로 들어가 다시 전사들에게로 옮아 간다고 말한다. 몇몇 마링족은 붉은 혼령들 자체가 전사들의 머릿속에서 불처럼 타오른다고 말한다.

3   마링족은 링기가 전사들의 힘과 호전성을 향상하고 취약성을 줄인다고 하지만, 사실은 그들의 취약성을 증가시킬 수도 있다. 링기는 핵심 전사들과 동맹군을 구분하는데, 상대 집단도 동맹군은 잘 공격하지 않기 때문이다. 핵심 전사들이 동맹군보다 많이 사망하는 것은 기정사실이다. 이는 상대 집단이 동맹군보다 핵심 전사를 주공격 대상으로 생각하기 때문이다. 링기가 나타내는 것도 핵심 전사다.

4   **룸빔** 나무가 땅에 있는데도 공격을 받으면 방어 행위를 할 수 있다. 여기서 터부는 전쟁의 시작을 금하는 터부다.

5   마링족 남자들은 조개껍데기와 깃털 장식에 관심이 아주 많아

서, 서구인의 눈에는 거의 강박적으로 보인다.

6 마링족의 구애에서는 자신을 매력적으로 치장하는 쪽이 남자고, 만남을 제안하는 쪽은 여자다.

7 내가 사용하는 '허세적 과시epideictic display'라는 용어는 윈 – 에드워즈Vero Copner Wynne-Edwards의 집단 선택 개념과는 연관성이 없다.

8 설득력 있는 논의를 위해서 피독케S. Piddocke(1965), 서틀스 Wayne Suttles(1960), 바이다Andrew P. Vayda, 리즈A. Leeds, 스미스D. Smith(1961), 영Michael Young(1971)을 참조할 것.

9 우리는 여기서 과시의 합산적·서수적 측면을 구별할 수 있다. 과시의 합산적 측면은 분명 서수적 목적을 위한 것이다.

10 경제적 과시와 관련해서 주고받은 재화를 평가·기록하는 데 도움을 주는 장치가 널리 활용된다는 점은 대단히 흥미롭다. 올리버Douglas Oliver는 소니족Soni 사회에서 추장의 관대함의 주요 수혜자('수혜자'라는 표현이 적절하다면)는 재화를 분배할 때 양치식물 이파리에 받은 양을 기록한다고 말한다. 기록용 막대기는 미국 북서부 연안에서도 사용되었으며(Drucker, 1965), 구디너프 섬에서는 덩굴을 이용한 (아날로그와 디지털 원리를 결합한) 측량법을 사용한다(Young, 1971).

11 나는 단순히 디지털적 재현이 아날로그적 재현보다 우월하다고 말하는 게 아니다. 베이트슨(1972)은 인간의 커뮤니케이션에서 디지털적 신호 체계는 인간 진화의 후기에 출현한 듯하지만, 아날로그적 신호 체계를 대체하지는 못했다고 보았다

(Sebeok, 1962, 1965; Wilden, 1972). 서벅T. Sebeok은 방대한 정보량을 더 정확하게 파악하는 능력이 인류의 진화에 유리해졌을 때 디지털적 신호체계가 출현했다고 보았다. 이 점은 우리의 논지와 밀접한 관련이 있다. 그러나 두 양식은 함께 발전해왔음이 분명한데, 베이트슨이 제안했듯이 두 체계는 서로 다른 기능에 적합한 특성이 있기 때문이다.

12 베이트슨(1972)은 정보의 기본단위인 비트(이진수)를 '차이를 만드는 차이'라고 정의했다.

13 이 시술은 페니스 아래 포피를 세로 방향으로 베는 것이며, 통증이 할례보다 덜 극심하다.

14 부모에게 정보를 전달하는 것과 허락을 구하는 것의 구별이 언제나 쉽지는 않다. 의식의 한 양상은 더 큰 개인적 자주성의 확립이기 때문에, 부모의 허락은 자유롭게 주어졌다 해도 모순적이다(집에서 도망칠 목적으로 엄마한테 길을 건너도 되느냐고 묻는 소년처럼). 한편 부모의 허락 없이 행동하는 것은 단순히 더 큰 자주성을 구하는 것이 아니라, 자주성을 실행하는 것이다. 의례 참여도 자주성의 지표다.

15 페티트George Pettitt의 입장은 다른 해석이나 설명과 다소 상충된다. 라코타족(수족)의 '애도'(Brown, 1971)에 대한 블랙 엘크Black Elk의 설명에 따르면, 어린이들이 강제로 비전 탐색 의식을 해야 하는 것은 아니다.

16 터너Victor Tuner의 설명은 지금까지 언급한 여러 요소를 요약해서 보여준다.

여기서 중요한 무칸다 의례는 많은 소년들이 성장하면서 교란되는 은 뎀부 지역사회의 핵심적·구조적 요소들의 동적 평형상태 회복을 위한 사이버네틱적·관습적 '메커니즘'이다. 지나치게 많은 '부정不淨한 (할례 받지 않은)' 소년들이 여자들의 부엌 근처를 '어슬렁거리는' 것도, 마을 광장에서 어른들의 직무에 참여할 젊은이가 부족한 것도 문제가 된다. 그 소년들을 성인으로 변모시켜 그들의 존재가 야기할 수 있는 사회생활의 문제를 교정하는 것은 모든 이들의 관심사다. 할례 받지 않은 은뎀부 남자들은 부정할 뿐만 아니라 미성숙하다는 관습적 신념을 감안할 때, 그 소년들의 숫자는 남자와 여자의 사회적 영향력의 수적 불균형도 불러온다. 할례 받지 않은 소년들은 여자의 활동 영역에 속하고, 시간이 갈수록 소년들은 여자들의 영역에 더 애착을 보일 것이다. (p. 167)

남자들은 보통 할례 받지 않은 아이들은 심부름을 시키거나 꾸짖지 않는다. 소년들은 무칸다 의례에 의해 정화되고 '성인'이 되면 어른의 말에 복종해야 하며, 친족 관계의 각 범주를 다스리는 규범을 준수해야 한다. 그때는 연장자 남성에게 복종하지 않으면 처벌받는다. 마을이나 마을 근처에 할례 받지 않은 소년들이 지나치게 늘어나면, 마을을 유지하기 위한 일상적 업무를 수행할 젊은 남자들이 부족해진다. 그 소년들은 구조적 관계를 유지하기 위한 은뎀부 사회의 원칙에 점점 반기를 들 가능성이 있다. 어머니와 여자들의 영역에 대한 장기적 애착은, 그들의 포피가 라비아 마조라labia majora와 유사하다는 사실에 의해 상징화된다.

할례를 통해 포피가 제거되면 어린이의 유약함도 제거된다. 물리적 시술은 그 자체로 사회적 지위 변화를 상징한다. 은뎀부족은 마을에 할례 받지 않은 소년이 많으면 불편하다고 말한다. 할례 받은 성인 남자들은 그 소년들의 음식을 요리한 화덕에서 만든 음식을 먹을 수 없을 뿐만 아니라, 소년들이 쓴 접시도 사용할 수 없기 때문이다. 은뎀부족은 마을 소년들은 할례 받은 자와 할례 받지 않은 자로 나뉘며, 전자는 후자를 비웃는다고 말한다. (p. 268)

무칸다 의례의 기능에 관한 관습적 신념에 따르면, 마을에 할례 받지 않은 소년이 지나치게 많아지면 도덕적 · 신체적으로 불편한 상황이 야기된다. 그런 분위기에서 책임감 있는 성인 남자가 무칸다 의례를 치르자고 제안하면, 사람들은 일종의 안도감을 느끼며 수락한다. (p. 269)

17 나는 신호로서 의례 개최, 더 나아가 단순한 이항적 신호가 다른 신호 양식보다 우월하다고 주장하는 게 아니다. 바람직한 신호에 필요한 두 가지 특성이 있다. 그것은 논리적으로 대립되지 않더라도 호환이 불가능하다. 좋은 신호는 한편으로 수신자에게 신호의 확실성을 보장할 수 있도록 명료해야 한다. 그런데 애매성의 결여는 불가피하게 상당한 정보를 희생시킨 결과다. 다른 한편으로 정보성informativeness이 있다. 좋은 신호는 수신자에게 바뀐 사항을 정확히 반영한 자세한 정보를 전달한다. 그러나 이 경우에는 애매모호함과 표면상의 비非일관성이 증가하고, 섬세한 해석이 필요하며, 확실성이 감소

한다.

실제 신호는 대부분 정보성과 확실성의 타협이나 상쇄로 구성된다. 물론 이항적 신호 체계는 확실성 쪽의 극(극단적 사례는 의미가 있지만 정보는 결여된 불변하는 신호다. 이는 우리가 다시 논의할 필요가 있는 중요한 문제다)에 가깝고, 이항적 원리가 내재한 의례 개최는 정보성보다 확실성이 관건이 되는 상황에서 중요해질 가망이 높다.

확실성과 정보성이 논리적으로 대립된다고 해서 상호 보완적이지 않다는 말은 아니다. 의례는 거기 포함된 조건, 상황, 변화를 일체의 애매함 없이 표시한다―베이트슨의 용어를 빌리면 의례는 '맥락 표시자들context markers'(1972)이다. 의례 개최에 의해 분명하게 확립된 맥락에서도 더욱 정보적인 메시지를 지속적이고 섬세하게 해석할 수 있다. 그러나 의례 개최는 그런 해석을 위한 조건들까지 설정한다. 말, 몸짓, 얼굴 표정이나 무의식적 동작은 상이한 맥락에서 상이한 대상을 의미할 수 있다.

마링족 남자가 다른 부족의 카이코 축제에서 춤추는 것은 자기 부족 축제에서 즐거움을 위해 춤추는 것과 의미가 다르다. 같은 말이라도 법정과 칵테일파티에서 할 때는 그 의미가 달라지며, 비슷한 감정이라도 다른 장소에서는 서로 다른 방식으로 표현될 확률이 높다. 그러나 의례에 의해 표시되는 맥락이 단지 의례 내에서 영향을 주는 것은 아니다. 성인식을 마친 남자의 말, 표현, 몸짓은 성인이 되지 못한 젊은이의 그것과 다르게 해석되어야 한다. 요약하면 의례 개최의 확실성은 고도로 정보적이지만, 막연하고 애매한 메시지를 적절하고 섬세하고 주의 깊게 해석할 수 있도록 도와준다.

18 '일관성coherence'이라는 용어는 시스템의 한 요소의 상태 변화가 다른 요소에 영향을 미치는 정도를 말한다. 전적으로 일관된 시스템에서 한 구성 요소의 변화는 다른 모든 요소의 즉각적·비례적 변화를 불러일으킨다(Hall and Fagan, 1956).

4장

1 마링족의 춤과 **룸빔** 나무 심기는 연행자가 자기 상태를 바꾸는 사건이다. 그러나 모든 의례적 변화가 자기‒변화는 아니다. 한 명이나 그보다 많은 참여자들이 다른 이들의 조건을 바꿀 수도 있다. 권위 있는 인물이 어떤 사람에게 "나는 그대에게 기사 작위를 수여하노라"와 같이 적절한 문구를 암송하거나, 동시에 무릎 꿇은 남자를 칼로 건드리는 것처럼 적절한 행동을 했을 경우, 이는 단순히 그에게 기사가 되라고 말하거나 기사가 되는 방법을 알려주는 것이 아니다. 그를 기사로 만들며, 그럼으로써 그와 다른 이들에게 그가 이제 기사임을 나타내는 것이다.

2 푸코(1990)는 다음과 같이 썼다.

일단 권력은 특정한 영역에 내재하며, 그 안에서 작동하고, 고유한 조직을 구성하는 힘의 관계의 다양성으로 이해되어야 한다. 그것은 끊임없는 투쟁과 부딪침을 통해서 자신을 변화·강화·역전하는 과정이다. 권력은 그 힘의 관계가 서로 속에서 발견하여 힘의 연쇄나 체계를 이루는 지지나, 서로 고립시키는 분리와 모순이기도 하다. 마지막으로 권력은 그 영역에서 효과가 있는 전략으로, 그 일반 기획이나 제도적 결정화結晶化는 국가 장치, 법의 제정, 다양한 사회적 헤게모니에 내재한다.

다른 이들의 단어 사용, 특히 푸코 같은 학자의 영향력 있는 정의를 트집 잡는 일은 그리 생산적이지 않을 것이다. 주로 섹슈얼리티를 구성하는 사회적 힘에 관한 탁월한 논의에서 발전된 푸코의 정의는 권력 분석이나 권력 이론에 초점을 맞춘 것이 아니다(1990).

그러나 내가 보기에 푸코의 정의는 그 분석적 입장에도 상이한 힘들의 효험에 내재한 근본적 차이, 특히 그 힘들이 어느 정도까지 물리적 원칙이나 커뮤니케이션 원칙에 근거했는가와 같은 문제를 애매하게 만들 수 있다. 예를 들어 왜 명령문(명령, 규칙, 정책의 진술, 원칙의 선언)의 수신자는 그 명령에 따르는가? 그 이유는 권위(명령이 흘러나오는 커뮤니케이션 네트워크의 한 장소)가 물리적으로 강력하기 때문인가(다시 말해 불복종하는 사람에게 물리적 제재를 가할 수 있기 때문인가), 아니면 '권위가 있기'(즉 전문가이기) 때문인가, 아니면 설득력 있거나 신성하거나 신성화되었기 때문인가? 나는 '힘power'이라는 단어를 물질과 에너지를 기술하고 평가하는 척도로서 힘force이나 역량capability이라고 보며, 권위의 토대는 다른 곳에 있다고 생각한다. 나의 입장은 리처드 비어슈타트(1950)의 용어 사용과 부합한다.

3 이것이 완전한 만족을 위한 기반이 되기는 힘들다. 한 시스템의 정보 처리 능력이 커질수록, 그 시스템이 정보나 다른 의미 형식에서 끌어낼 수 있는 자극의 다양성이 높아질수록, 오류나 부조화, 불일치, 혼란의 역량도 증가한다.

4 기술적으로 단순하고 문자가 없는 소규모 사회보다 정보 저장 체계가 많고 정보 처리 능력과 문자가 있는 기술적으로 발전한 사회가 구성원들에게 수준 낮은 정보 처리를 요구하는 것은 불가능하다. 그런데 메시지 처리와 관련된 사회의 차이는 좁은 의미의 정보, 즉 메시지의 저차 의미에서 가장 두드러진다. 기술적·경제적 발전은 정보 처리의 정교화와 관련이 있기 때문이다. 그와 반대로 우리는 3장에서 정보 처리의 정교화가 고차적 의미의 커뮤니케이션을 파괴·훼손·감소함을 암시했다.

5 이 점은 의미 있는 통과의례가 구성원들의 사회적 성숙을 결정하는 사회와 그런 통과의례가 미약하거나 결핍된 사회에서, 개개인이 지향점으로 삼는 '성인의 정체성'이 크게 다를 수 있음을 분명히 보여준다.

6 특정한 행위나 발화가 그것을 행하거나 말하는 자체로 효과가 있을 때, 우리는 그것이 발화 수반력illocutionary force이 있다고 말한다. 효과effect란 언표 내적 행위나 수행에 내재한 개념이다. 발화 수반력의 개념은 로마 가톨릭 성례의 효험을 명시한 **성사 효험**ex opera operato **원칙***의 세속적 등가물인데, 기독교 외 다른 종교 전통의 사고와 실천에도 내재한다. 대조적으로 특정한 행위나 발화의 결과가 그 발화의 수신자에 미치는 효과를

---

* 가톨릭 성사를 거행할 때, 그 효과가 성사 집행자(인간)가 아니라 성사 자체의 힘과 은총에서 유래한다는 신학 용어.

통해 성취된다면, 발화 효과력perlocutionary force이 있다고 말한다. 여기서 효과는 행위나 발화 자체에 내재한 것이 아니고, 그런 행위나 발화가 타인을 행동하도록 설득·협박·회유할 수 있을 때 성취된다(Austin, 1962).

7 지난 저작들에서 나는 '사역적factitive'이라는 용어를 사용했는데, 그 주요 의미는 문법적인 것이었다. 나는 거의 쓸모가 없는 그 단어의 일차적 의미인 '뭔가를 만드는 경향이 있는, 그런 힘이 있는'에 '단어나 사고에 의해 특정한 성격을 띠는 대상을 만들다'(옥스퍼드 영어사전)라는 좀 더 최근의 의미를 덧붙이려 한다.

8 수행문을 사실 발화factive와 언약 발화commissive로 나누는 것은 우리 논의에서는 충분하지만, 오스틴의 분류법은 아니다. 그는 다섯 가지 범주를 제시한다(1962).

1. 판정 발화verdictive : '평결을 내리는 발화'로 조금 덜 형식적인 판단이다. 평가, 등급이나 서열 매김 등이 여기에 포함된다.

2. 행사 발화exercitive : '권력이나 권리, 영향력의 행사'다. 임명, 투표, 명령하기 등이 여기에 포함된다.

3. 언약 발화commissive : '약속을 표현하는 발화'로 뭔가 하겠다는 약속을 표현한다.

4. 행태 발화behavitive : 대단히 잡다한 범주로 태도나 **사회적 행위**와 관련이 있다. 사과하기, 축하하기, 칭찬하기, 위로

하기, 저주하기, 이의 제기하기 등이 포함된다. (강조는 원저자)

5. 평서 발화expositive : 우리의 발화가 논쟁이나 대화와 어떤 관련이 있는지, 우리가 어떻게 단어를 사용하고 무엇을 말하는지 설명하는 발화. 나는 논쟁한다, 동의한다, 설명한다, 명시한다 등이 포함된다.

이 범주들은 분명 상호 배제적이지 않다. 오스틴은 수행문, 진술, 보고, 설명(그가 '사실 진술 발화constative'라고 부른 표현들의 범주)의 구별이 언제나 분명한 것은 아니며, 언표 내적 행위는 종종 발화 효과력도 있다고 지적한다. 오스틴은 사실 발화를 독립된 범주로 인정하지 않지만, 이는 최소한 그의 두 범주에 걸쳐 있으며, 그중 일부(예를 들어 '우리는 평화를 선포한다')는 언약적 효과도 있다. 대체로 오스틴의 범주와 '사실 발화'라는 용어는 특정한 명제의 범주라기보다 언표 내적 기능으로 간주하는 편이 나을 것이다.

9 참여란 그 본성상 모호하지 않은 것이지만 불참은 분명 그렇지 않다. 의례의 불참은 비-수락을 나타낼 수도 있지만, 한편으로 참여자가 지독한 감기에 걸렸거나, 선약이 있거나, 다리가 부러졌거나, 그의 비서와 함께 달아났다는 의미일 수도 있다.

10 강하게 주장하면, 수락 행위가 결여되면 어떤 의미도 존재하지 않는다. 그보다 약하게 주장하면, 수락 행위는 의무를 확

립하고 몇몇 의무는 수락 행위가 없어도 존재할 수 있다. 예를 들어 의무는 특정한 관계에 내재한다고 간주된다(예를 들어 어머니는 무방비 상태인 아기를 보호할 '자연적 의무'가 있다고 간주된다). 이 주장들은 모두 의례적 수락에 관한 이 장의 논의를 지지한다.

11 이것과 관련된 관습의 정의는 다음과 같다.

일반적 동의에 근거했거나 사회 전체가 수락하고 유지하는 규칙이나 실천(옥스퍼드 영어사전 항목 10); 특정한 실천이나 태도와 관련된 일반적 합의 혹은 수락(아메리칸 헤리티지 사전 항목 3); 특정 집단에서 널리 관찰되는 실천이나 절차로, 특히 사회적 상호작용의 촉진을 위한 것. 풍습(아메리칸 헤리티지 사전 항목 4).

12 이는 평화를 확립하는 문장과 같은 사실 발화들이 동시에 언약 발화임을 암시한다. 그 발화들이 확립하는 사태는 특정 방향으로 (다른 방향이 아니라) 행동하겠다는 의무를 함축하기 때문이다(Searle, 1969).

5장

1. 그러나 성 아우구스티누스가 말하는 은총의 원칙과 그가 주장한 은총과 세례 같은 특정 의례의 연관은 12~13세기에 유행했고, 16세기에 원칙화된 좁은 의미에서 성례聖禮 개념의 토대가 되었다(Lacey, 1918).

2 우주의 기원에 관한 '빅뱅' 이론에 따르면, 우주는 물질 – 에너지가 압축된 미분화 상태의 질량(때로 '아일럼ylem'이라 불린다. 이 단어는 물질을 의미하는 그리스어 휠레hȳlē에서 파생되었다)에서 시작되었다.

3 용어상 구분은 존재하지 않지만, 나바호족은 개념적으로 말들words과 체계로서 언어를 구분한다. 그리고 언어나 단어(saad)와 발화된 말(yati)은 용어상으로 구별한다(Witherspoon, 1977).

4 대안적인 것이 무질서의 가능성을 증가시킨다는 말은 질서유지에 대안성이 하는 역할이 없다는 의미는 아니다.

6장

1 반복에는 언제나 연행 전체의 몇몇 요소의 추상화가 수반된다. 어떤 연행도 다른 연행을 모든 세부 사항까지 동일하게 반복하기 힘들기 때문이다(실제 그렇다고 해도 자기-지시적 메시지는 거의 전달하지 못할 것이다). 이 점에서 연행의 엄격한 법식을 강조한 것이 특히 흥미롭다. 반복되는 연행이 얼마나 엄격한 법식에 따라 수행되든 그런 법식은 어느 정도 관습적이다. 또 사회마다 반복되는 연행에서 허용하는 법식의 변화 정도가 다르다.

2 물론 '연속'이라는 단어는 기간이 아닌 다른 것, 특히 사람과 체제에도 사용된다. 예를 들어 에드워드 7세는 빅토리아 여왕을 계승했다. 이 용법은 그 본성상 서수적이지만, 기간의 개념을 강하게 암시한다. 우리가 빅토리아 여왕과 에드워드 왕의 재임 '기간'이나 '케네디 시절' '존슨 시대'에 대해 이야기하듯이 말이다.

3 과정적 국면processual phase이 개별적 시기distinct period로 변하는 일이 의례에 고유한 인지적·인식론적 행위는 아니다. 고생물학자나 지질학자는 매우 긴 시간 단위를 비슷한 방식으로 구별한다. 그런 시간 단위 중 가장 긴 것은 '(지질학의) 대代'인데, 신생대를 제외하면 모든 '대'의 길이는 수억 년이며, 그 각각은 고유한 동물상의 진화에 따라 구별된다. 고생대와 중생

대, 중생대와 신생대 사이에는 대멸종에 따른 급격한 단절이
있었다고 추정된다.

4 서양에서는 천체를 기반으로 두 가지 시간적 질서가 있었는
데, 모두 대단히 오래되었다. 하나는 천문학적 질서고 다른
하나는 점성학적 질서다. 양자는 연계되지만 그 내용과 강조
하는 점, 질서가 다르다. 그러나 양쪽 질서에서 모두 관련된
천체의 움직임은 불변하며 예측 가능하다.

5 베커Judith Becker(1979)와 기어츠(1973)에 따르면 발리 사람들의
동시 발생적 10개 '주기' 중 하나는 오직 하루 동안 지속된다.

6 레비스트로스Claude Lévi-Strauss의 '기계적 시간'은 '가역적이며
비 – 누적적인' 에번스프리처드의 '구조적 시간'과 매우 유사하
다. 반대로 역사학의 시간인 '통계적 시간'은 '방향성이 있으며
비가역적'이다(Lévi-Strauss, 1953).

7 3장에서 언급했듯이, 마링족은 다른 우호 집단을 대상으로 전
쟁에서 원조를 호소하지 않는다. 그들은 다른 곳에 있는 인척
과 동족에게 "싸움을 도와달라"고 호소한다. 집단 간 혼인의
빈도는 거리와 밀접한 관련이 있으므로, 쿵가가이 – 메르카이
족은 더 먼 곳에 있는 쿵가가이족보다 카뭉가가이 – 쳄바가족
과 자주 혼인할 것이다. 비슷하게 카뭉가가이 – 쳄바가족은 더
먼 곳에 사는 딤바가이 – 임야가이족보다 쿵가가이 – 메르카이
족과 많은 여성을 교환했다. 따라서 두 집단은 상대의 적 부
족을 도와주기보다 상대를 위해 훨씬 많은 전사를 동맹군으로
파견했다. 그러나 이런 동맹이 칼날처럼 깨끗한 것은 아니다.

몇몇 카뭉가가이족 전사들은 딤바가이 – 임야가이족을 도왔고, 그 결과 몇몇 딤바가이 – 임야가이족 주민은 카뭉가가이족의 거처에 피난처를 얻었다.

8 그러나 합병이 완전한 것은 아니다. 1962년 쳄바가족을 구성하던 다섯 씨족은 하위 영토 단위 세 개로 나뉘었다. (1) 동부는 메르카이 씨족으로 구성되었다('쿵가가이 – 메르카이'라는 용어는 여전히 쓰였지만, 쿵가가이족은 이제 그 지역에 살지 않았다). (2) 중부는 쳄바가, 토메가이, 퀴바가이 씨족의 연합으로 구성되었지만 '쳄바가 – 토메가이'라고 불렸다. (3) 서부는 카뭉가가이 씨족으로 구성되었다. 각 영토 단위는 자기 **룸빔** 나무를 심거나 뽑았다. 그들에게 같은 **룸빔** 나무 심기에 공동으로 참여하는 것은 사회적·영토적·의례적 합병을 의미했다. 그 행위에는 하위 영토들의 경계 해체와 혼인의 중단(그들은 사회적 유대와 경작지 접근권에서 동족이 되므로)이 수반되었기 때문이다 (Rappaport, 1984 참조).

1962∼1964년에는 카뭉가가이족과 중부의 씨족 연합체 사이에 그런 병합이 진행되는 듯했다. 양쪽의 영토 경계가 점점 흐릿해졌기 때문이다. 전쟁의 영향(휴전이 선포된 것은 채 10년이 되지 않았다)과 전투력을 유지시킬 필요 때문에, 모든 지역 씨족 구성원들 사이에서 경작지의 양도(영구적 양도와 임차권의 양도)가 진행되었다. 그러나 그 후 평화가 확립되면서 (1) 쳄바가족에 의한 **카이코** 의례가 중단되었고(다른 마링족 집단이 모두 그랬던 것은 아니다), (2) 1981∼1982년 동부 연합체(지금은 메르

카이족과 퀴바가이족)와 서부 연합체(카뭉가가이족과 쳄바가족; 토메가이족은 쳄바가 씨족에 융합됨) 사이에 갈등이 있었다.

그런 분열의 징표는 (a) 몇몇 중요한 공동체 의례의 개별 수행(특히 유대류 포획이나 훈제와 관련된 의례), (b) 양쪽 연합체의 의례적 교환 시작을 들 수 있다. 나는 평화가 지속된 결과 지역의 모든 잠재적 전사들에게 충분한 경작지를 보장해줄 수 없었기 때문에 이런 분열이 일어났다고 본다. 1981~1982년에 사람들은 거의 배타적으로 하위 – 씨족의 밭만 경작했는데, 이는 놀라운 일이다. 임차권의 양도는 매우 드물었고, 하위 – 씨족 형제들의 경작지 영구 양도 역시 관찰되지 않았다. 1960년대에 '대단히 흔한' 것으로 묘사되던 다른 씨족 구성원에 대한 경작지 양도는 사라진 상태였다.

9 한 사회 단위가 의례적 일정의 변화를 통해 다른 사회 단위와 구별이나 분리를 시도하는 것은 인간 외 생물종에서도 관찰된다. 밀접하게 연관된 생물종이 분리되었다가 다시 같은 지역에 서식할 경우, 그들의 구애 의례가 달라져 점점 상대 종의 의례와 구별된다. 이는 부적절한 교미가 벌어질 가능성을 줄여준다(Cullen, 1966).

10 마링족 의례 주기는 마링 사회의 생산 관계를 구성하거나 최소한 성문화한다고 볼 수 있다. 내가 말하는 '생산 관계relations of production'란 생산의 물질적 과정과 생산물의 성격을 규정하는 사회적 관계다. 그렇다면 의례 주기는 마링족이 거기에 맞게 경제행위를 조직하고, 도덕성을 판단하며, 그 행위를 수행

하기 위한 구체적인 고려 사항을 이끌어내는 준거점이다.

마링족 의례가 자본주의, 봉건제, 동양적 전제주의와 비견되는 조직 원리라거나, 생산 관계를 조직하는 그와 다른 사회들의 원리에 상응한다고 주장한다고 해서 모든 의례가 그런 기능을 한다는 말은 아니다. 의례는 모든 사회에 존재한다. 하지만 생산, 재생산, 교환과 호전성을 의례 그 **자체**를 통해 철저히 통제하는 것은 아마 단순사회와 몇몇 고대국가에서나 관찰될 것이다.

11 엘리아데Mircea Eliade라면 **룸빔** 나무를 세계의 **중심축**Axis Mundi의 한 유형으로 보았을 것이다.

7장

1 대다수 서구 종교 의례에 리듬성이 결여되었음을 굳이 지적할
  필요는 없을 것이다.

2 프레더릭 C. 애덤스Frederick C. Adams와 그레고리 로플린Gregory
  Laughlin은 우주가 지금부터 10^{100}년 뒤 종말에 도달할 것이며,
  수조 년 뒤에는 블랙홀이 은하보다 커져서 은하들은 증발하
  고 그 잔해(대부분 파장이 엄청난 광자, 중성미자, 전자, 양전자)
  만 남을 것이라고 예측했다. 프레더릭 애덤스 · 그레고리 로
  플린, 〈A Dying Universe 죽어가는 우주〉, 《Review of Modern
  Physics 현대물리학 리뷰》, 1997년 4월.

8장

1 주요 적대 집단의 후손들 사이에서 모든 터부가 해제되려면 4세대가 필요하다.

2 적대자 사이에는 직접적 커뮤니케이션이 금지된다. 그들은 중립적 중개자를 통해 상대의 의도를 전해 듣는다.

3 독자들은 내가 앞선 논의들에서 '상징'이라는 단어 사용을 의도적으로 피한다는 사실을 알아챘을 것이다. '상징'이라는 단어는 다양한 방식으로 사용된다. 따라서 오해를 피하려면 언제나 그에 관한 정의나 논의가 필요하다. 여기서 우리가 채택한 상징이라는 개념의 의미를 다시 확인해보자. 우리는 1장에서 퍼스를 따라 상징을 규칙이나 관습에 의해 그것의 지시물과 연관되는 기호로 보았다. 그렇다면 상징은 도상이나 지표와 대조된다. 이제 내가 어째서 의례의 규범적 기호canonical sign를 '의례적' 상징으로 간주하는 학자들의 의견에 동조할 수 없는지 분명해진다. 퍼스가 말한 의미에서 규범적 기호와 그 지시물의 관계는 언제나 상징적인 것은 아니기 때문이다.

사실 몇몇 학자는 의례의 규범적 기호를 '상징'으로 부르면서도 다른 기호 – 지시물 관계를 강조했다. 예를 들어 폴 틸리히Paul Tillich는 오래전에 자신이 상징이라 부른 것들(가장 중요하게는 규범적 기호들)과 다른 기호를 구분했는데, 상징은 '그것이 가리키는 것에 참여하기' 때문이다(1957). 그런 참여의 개념에는 지표성은 아니라도 희미한 동일시의 개념이 어른거린다. 한편 존 비티John Beattie는 의례적 요소의 도상성을 제안하며, 자신이 상징이라 부른 것과 그것의 지시물의 관계가 단지 자의적인 것은 아니라고 주장했다. 그 둘은 '근원적인 합리성' 혹은 적절성에 의해 결합되었다. 자기 꼬리를 먹는 뱀은 영원성을, 머리가 큰 올빼미는 지혜를, 흰색은 순수와 덕을 나타낸다(1964).

나는 규범적 기호에 도상적 특징과 지표적 성질이 있음을 부인하지 않으며, 거기에 대해 자세히 논의했다. 하지만 의례적 기호는 지표적·도상적 성질을 띨 뿐 아니라, 그 지시물과 퍼스가 '상징적' 관계라고 부른 관계 속에 있다. 내가 보기에 그 기호를 상징이라 칭하면 그것의 기호학적 복잡성을 무시하는 셈이 되고, 최악의 경우 그것의 중요한 도상적 특질과 지표적 미덕을 간과하게 된다. 나는 그 기호들을 '규범적(혹은 의례적) 기호들' 혹은 '의례적 재현들'이라 부르려고 한다.

'재현representation'이라는 용어 역시 몇 가지 문제를 제기한다. 존 스코럽스키John Skorupski(1976)에 따르면 지시자designator에는 두 종류가 있다. 하나는 명명하거나 의미하는 것이고, 다른 하나는 재현하는 것이다. 예를 들어 '메리'라는 이름은 특정한 개를 명명하거나 나타낸다. 그 이름은 개를 재현하지 않는다. 반대로 자기 꼬리를 먹는 뱀은 영원성을 재현하지만, 그것을 명명하거나 나타내지 않는다. 비슷하게 흰색은 순수성을 나타내거나 명명하는 것이 아니라 재현한다.

스코럽스키는 '상징'이라는 용어가 지시적denotative · 재현적 representational 지시자를 모두 의미하기 때문에 혼동이 발생했으며, '상징적 행위'를 이해하는 데 어려움을 주었다고 주장한다. 그는 '상징'이 재현적 지시자에게 쓰여야 하며, 단순히 무엇을 명명하거나 나타내는 것은 다른 이름으로 불러야 한다고 제안한다. 그런 입장은 의례, 특히 그가 큰 관심을 보인 주술적 의례에서 재현의 중요성에 대한 고찰에서 나온 것이다.

그러므로 상징은 상징화되는 대상을 대체한다. 때로 우리는 언어를 통해 사고한다고 여겨진다—분명 우리는 말로 의사소통한다. 사물들에 관해 언어로써…. 상징은 사고의 산물이다. 그것은 상징화되는 대상을 의미하거나 다시 - 나타낸다re-present. 다시 말해 상징은 대상체를 우리 감각에 제시하며, 상징적 행위라는 목표를 위해 상징화된다. 그렇다면 상징적 행위의 논리는 분명하다. 그것은 행동, 사건, 사태를 재현하거나 상연한다. 그때 상징에 의해 재현되는 대상은, 상징이 상징적 행위에서 하는 역할과 유사한 역할을 수행한다. (1976)

스코럽스키의 설명은 주술적 효험의 감염 · 공감 원칙에 모두 부합하며, 비술적 효험 일반에 관한 수행 이론과도 부합한다. 재현과 지시에 대한 그의 구별 역시 중요하고 유익한데, 그로 인해 의례적 기호의 물질적 성격에 거듭 주목하게 되었다. 이 부분은 그에게 감사한다. 그러나 '상징'이라는 용어를 단지 재현적 지시자에게 사용하는 것은 생산적이지 않은 듯하다. 재현하는 기호를 '상징'으로, 지시하는 기호를 다른 이름으로 명명하는 것은 그 둘을 지나치게 철저히 구분하는 것이다. 반면 '재현적 상징'과 '지시적 상징'을 대략적으로 구별하면 양자의 일반적 유사성뿐 아니라 구체적 차이를 인정할 수 있고, 지시와 재현의 관계도 더 고찰할 여지가 생긴다.

여기서 그 자체로 물질적 지시물이 없는 개념의 재현은 뚜렷하게 그 이전의 지시에 의존함을 언급해야 한다. 자기 꼬리를 먹는 우로보로스 뱀은 영원성이 먼저 지시되지 않으면 영원성을 재현할 수 없다. 머리 큰 올빼미도 지혜가 먼저 명명되지 않으면 지혜를 재현할 수 없다. 이런 예는 초반의 논의와 관련이 있다. 퍼스가 말한 의미에서는 모든 지시 행위가 상징적이고 몇몇 재현은 상징적이지만, 재현은 단순히 상징의 사용에 의존하지 않는다. 올빼미가 지혜를 재현하는 것은 분명 도상적이고, 내가 4장에서 주장했듯이 의례적 참여에 따른 (수행적 특성이 있는) 수락의 재현은 지표적이다.

표식은 도상이나 지표와 결합되어 의례에서 재현물로 변모한다. 그렇게 무엇이 재현되면 '의미화되는 어떤 것'으로 취급된다. 여기서 우리는 의례적 기호에서 대상, 물체, 몸을 사용하는 또 다른 이유를 알 수 있다. 재현되는 것이 추상적이고 언어로 표현하기 힘들어도 재현물이 물질적이라면, 재현물은 그것의 지시물에 현실성을 부여한다. 게다가 재현물이 실체가 있을 경우 그것을 활용하기가 훨씬 쉽다. 여기서 '예술, 주술, 종교가 중첩되는 그 흐릿한 영역'에서는 '지도와 영토의 차이를 부인하려는 시도'가 나타난다는 그레고리 베이트슨(1972f)

의 지적을 상기해보자. 이런 시도는 재현적 상징과 그것들에 근거한 사고의 특성이다.

4 퍼스에 따르면 일원성Firstness은 의식의 다른 두 조건, 즉 이원성Secondness이나 삼원성Thirdness과 대조된다. 일원성은 "아담이 처음 눈뜬 날, 그가 어떤 구별도 하기 전에, 자신의 존재조차 의식하기 전에 이 세계가 그에게 보인 모습이다―처음이고, 현재이며, 즉각적이고, 신선하고, 새롭고, 독창적이고, 자발적이고, 자유롭고, 생생하고, 의식적이고, 쉬이 사라지는"(Peirce in Hoopes, 1991) 것이고, 절대적으로 불분명한(표현이 어려운) 것이다. 이원성은 "사물들 사이의 이항적이거나 반응적인 관계"로, "한 물체가 다른 물체에 부딪칠 때 일어나는 작용과 반작용의 과정"(Hoopes, 1991)이다. "우리는 사건occurrence에서 이원성을 발견하는데, 사건의 본질은 우리와 그것의 맞닥뜨림으로 구성되기 때문"이다(Peirce in Hoopes, 1991).

그리고 삼원성이 있다. "물질적 힘이나 이원성 외에 퍼스가 삼원성이라 부르고 우리가 지성이라 부르는 실제적 관계가 있다―제삼자에 의해 한 대상을 다른 대상으로 재현하는 것이다. 이는 퍼스 기호학의 본질이다."(Hoopes, 1991) 그것은 "정신적인 것(예를 들어 인지적, 현상적)의 우주"이며 "제삼자, 즉 기호의 재현에 따른 한 대상과 두 번째 대상의 관계"다(Hoopes, 1991). 캐링턴Robert S. Carrington(1993)의 논의도 참조할 만하다.

5 할례와 같은 인간 신체의 영구적 변형이 육체화incarnation의 모

든 사례는 아니다. 그 범주에는 몸에 무엇을 새기는 행위와 다른, 일시적이고 덜 강렬한 변환 효과가 있으며, 덜 뚜렷한 방식으로 연행되는 의례적 동작과 자세도 포함될 수 있다. 상흔이 한번 살에 새겨지면 몸은 지속적·영구적·비가역적으로 그 흔적을 간직한다. 반대로 양식화된 몸짓이나 자세의 의미는 순간의 행위에서 구현되며, 그것을 영속화하려면 반복해야 한다.

개인과 의례적 상처의 흉터를 연결해주는 것은 젊은 시절 그가 불굴의 용기를 낸 짧은 순간이다. 반면 규칙적으로 반복되는 몸짓과 자세의 연행자는 그 동작의 지시물과 충실성 loyalty을 통해, 다시 말해 습관적인 것이 되었을 때 의미가 있는 충실성을 통해 연결된다. 거의 자율적인 것으로 변한 습관이나 충실성은 개인 정체성의 한 양상을 띠며, 그 외 참여에서 유래하는 사회적·감정적·인지적 만족감이나 보상이 있을 수도 있다. 물론 어떤 사람은 참여를 그만두고 의례적 수락에 따르는 혜택과 의무를 포기할 수도 있다. 하지만 몸에 의례적 상흔을 간직한 사람은 그런 선택을 하기 어려우며, 설사 그렇다고 해도 대단히 자기-소외적인 행동이 될 것이다.

6 '인지화된 모델'(Rappaport, 1979a)도 참조할 것.

9장

1 왕권이 의례에서 확립된다는 말은 그것이 의례에서 기원한다
   는 주장이 아니다. 이 '확립'이라는 용어의 의미는 4장에서 언
   급했다. 관습을 확립한다는 것은 그것을 규정하고 수락한다는
   의미다. 하지만 좁은 의미에서 왕권은 언제, 어디서나 의례
   를 기반으로 한다고 주장할 수 있다. 왕은 단순히 강력한 권
   위자는 아니기 때문이다. 왕은 다른 이들과 구분되는 지도자
   다. 세습상 적격성과 서열상 우위를 갖춰야 한다는 의미에서
   그렇고, 왕위 수여식 같은 의례적 행위 측면에서 그렇다. 왕
   권은 거의 언제나 '신성하거나 신성화된 왕권'이었다. 이 설명
   은 고대 이집트처럼 군주 자체가 신이거나, 고대 게르만처럼
   군주가 신의 후손인 경우(Chaney, 1970; Wallace-Hadrill, 1971) 혹
   은 고대 수메르처럼 '왕권이 하늘에서 내려온' 국가뿐만 아니
   라(Frankfort, 1948), 왕의 통치를 '신의 은총'이나 성례聖禮 행위
   로 본 국가에도 적용된다.

2 가톨릭 사상에 따르면 '진정한 신비'는 '이성에 반하지 않지만
   그것을 훌쩍 초월하여, 어떤 피조물의 지성도 아직 그것을 발
   견하지 못한 진실, 그것이 현현할 때조차 어떤 피조물도 파악
   할 수 없는 진실'을 말한다(Attwater, 1961).

3 예전에 나는 신성성을 신도들이 그 본성상 입증이나 허위화
   가 불가능한 공준에 부여하는 의문 제기 불가능성이라고 정의

했다. 나는 입증 불가능성과 관련된 곤란함 때문에 그 정의를 이 책에서 수정했다.

4 이 책 전반부 장에서 모든 의례는 약간의 변화 가능성을 허용하며, 제한된 정보를 전달한다고 말했다. 이 논지는 앞쪽 논의와 상충되는 듯 보이지만 그렇지 않다. 자기-지시적 정보의 전달은 의례적 규범의 불변성을 줄이지 않기 때문이다.

5 그런 확실성은 정보를 결여할 수 있지만, 불확실한 세계에서 충만한 의미가 있을 수도 있다. 정보가 증가할수록 의미는 감소한다. 기술 발전이나 산업화를 능가하는 정보의 폭증은 지난 수 세기 동안 서구 사회를 괴롭혀온 의미의 위기를 초래한 장본인이라고 할 수도 있다. 우리는 이 의미의 문제를 다시 논의할 것이다.

6 이런 경우도 있을 수 있다. 그러나 마지막 장에서 논의한 이유 때문에 그 정도의 구체성은 의문 제기 불가능성의 지위에 어울리지 않으며, 사회 체계에 문제를 야기할 수 있다.

7 사소하지만 뚜렷한 예외는 판테온을 구성하는 신들을 확립하는 궁극적이고 신성한 공준이다. 그때 신들 사이에는 일종의 지역적 특수화나 노동 분화가 일어나기도 한다(Weber, 1963〔1922〕참조). 그런 예외가 이 책의 논지를 심각하게 흔들지는 않지만, 간단히 응답할 필요가 있다. 먼저 판테온을 전체로 볼 때, 개별 신들의 관계는 일관적 질서를 따른다. 따라서 전체 판테온과 그 구조에 관한 포괄적 가정이 궁극적으로 신성한 공준이 된다.

이와 관련된 또 다른 대답은, 고대나 외국의 다신론에 대한 서구적 이해가 종종 피상적이고 왜곡되며 일신론에 우선권을 부여하는 경향이 있는 듯하다는 점이다. 다신론 체계에 관한 진지한 연구들은 다신론과 일신론을 강하게 구별하지 않는 경향이 있다. 냉정히 고찰하면 보통 별개의 신격으로 간주되는 신들은 단일한 신이나 질서의 여러 양상이거나, 개별 신격이 아닌 여러 원칙의 인격화라는 것이다. 동시에 일신론적 종교에 존재하는 다신론적 경향이나 요소—천사, 대천사, 아기 천사, 치품천사, 성자, 신령, 악마—도 무시되는 경향이 있다.

8   이 점은 로버트 레비Robert Levy가 알려주었다. 구체적으로 감사 표시를 하지 못한 많은 이들도 내게 도움을 주었다.

9   예외로 강력한 권위자의 명령을 들 수 있다. 그 명령도 의문 제기 불가능하다고 볼 수 있는데, 발화자가 자기 의지를 강요할 힘이 있기 때문이다. 물론 이는 우리가 논의하는 의문 제기 불가능성과 그 성격이 다르다.

10   비전문가도 이해할 수 있는 간결한 설명을 위해서는 앨런 화이트Alan R. White(1971)를 참조하라. 조지 피처George Pitcher(1964)도 참조할 것.

11   상응성 이론과 라이벌 구도에 있는 일반적인 '진실의 일관성 이론coherence theory of truth'은 여기서 소개하지 않았다.

12   아메리칸 헤리티지 사전은 진실성veracity과 진실verity을 구별한다. **진실성veracity**은 주로 말하거나 쓴 표현과 관련된 사실적 정확성, 정직성을 암시한다. **진실verity**은 대개 오래 존속하거나

반복적으로 입증되는 진실truth을 말한다.

13 베이트슨은 이런 진실을 '그 진실의 유효성이 신념에 근거한 진실'이라고 했다. 나는 그의 설명에 나오는 '신념'을 '수락'이라는 용어로 대체했다. 베이트슨은 논의에 신성한 진실을 포함하지 않는다.

14 〈The Logical Categories of Learning and Communication 학습과 커뮤니케이션의 논리적 범주〉(G. Bateson, 1972a)를 참조할 것. 그는 앞서 이차–학습이라 명명한 것을 1964년에 처음 쓴 이 논문에서는 '학습 II'라 부른다.

15 우리의 일상적 경험과 상충된다는 오해를 피하기 위해 말해야겠다. 나는 의례가 궁극적이고 신성한 공준이 학습되는 근본적 맥락을 제공하지, 유일한 맥락을 제공한다고 주장하는 게 아니다. 글을 읽고 쓸 줄 아는 사람들은 그 공준을 교리문답서나 경전에서 읽을 수 있다. 교실에서는 선생이 학생들에게 교훈 조로 가르칠 수도 있다. 보통 가르침은 일상적인 주기적 시간 속에 일어나지만, 교훈적 학습과 가르침은 일상적 사건 속에서 배움이 일어나는 방식과 다르다. 4월의 숲을 걸으며, 어머니가 타로 심는 걸 도와주며, 아버지가 사슴 뒤쫓는 걸 따라 하며, 자는 아이가 불 쪽으로 기어가는 걸 보며, 어떤 사람이 죽을 때까지 기침하는 걸 들으며 뭔가 배우는 것과는 다르다.

교훈적 가르침은 학습자의 추론이나 분석이 필요하지 않다. 그 가르침은 의도적이고 인공적이며, 그 교훈은 일상적 경험보다 훨씬 덜 다양하다. 교훈적 가르침은 언제나, 필연적으로 파생적이다. 예를 들어 강의실에서 강습·학습되는 과학적 교훈은 과학자의 일상적 경험에서 유래한 것이다. 교훈적으로 제시되는 신성한 진실은 비일상적 맥락, 특히 의례라는 맥락에서 파생된다.

10장

1   기록에 따르면 에드워드참회왕Edward the Confessor이 영국에서 연주창을 처음 치료한 왕이다. 그는 왕위에 오르기 전부터 사람들을 치료했다. 흥미롭게도 스튜어트왕조의 왕이나 왕자도 그런 치유 능력이 있다고 주장했다. 몬머스 공작Duke of Monmouth[*]의 공판에서 그가 받은 비난 중 하나는 '악마를 위해 아이들을 만졌다'는 것이었다. 영국사에 따르면 이런 마지막 의식儀式은 1745년, ('어여쁜 찰리 왕자Bonnie Prince Charlie'라고 불린) 찰스 에드워드 왕자가 치른 것이다. 아직 기름 부음을 받지 않은 왕위 후보자들이 이 의식을 연행한 것은, 분명 신성화된 왕권과 연계된 카리스마적 힘을 내보임으로써 자신의 왕위 요구를 정당화하기 위함이다(Axon, 1914).

2   이 사례에서 권위의 신성화에 의해 생겨나고 동시에 해소되는 사회적·정치적 문제를 살펴볼 수 있다. 이 문제의 형식적·물질적 특성은 마지막 장에서 논의할 것이다.

3   마링족의 터부에 관한 간략한 설명은 라파포트(1984)를 참조하라.

4   이 점은 7세기 스페인 서고트 왕국의 법률에 잘 드러난다.

나쁜 종교를 위해 훌륭한 종교를 포기한 사람은 용서받을 자격이 없

---

[*] 영국 왕 찰스 2세의 서자. 제임스 2세의 왕위를 노렸으나 처형당했다.

다. 잔인하고 경악스러운 몰염치 행위는 더 잔인한 형벌을 통해 근절해야 하듯이, 우리는 다음 칙령을 선포한다.

> 성별과 상관없이 기독교도, 특히 기독교도 부모에게서 태어난 기독교도가 할례를 실시했거나 다른 유대교 의례를 행했다면(오, 신이여 이를 막아주소서!) 가톨릭교도의 열정과 협력에 의해, 가장 기발하고 극도로 고통스런 고문과 함께 수치스런 사형에 처해져야 한다. 그가 그토록 악명 높게 저지른 위반 행위가 얼마나 끔찍하고 혐오스러운지 가르쳐주기 위해서.—서고트 법률 XII 2, 16 (Hillgarth, 1969)

서고트족에게 박해를 받았어도, 유대교도로 태어난 사람들은 (기독교도였다가 변절한 사람들만큼) 심한 대우를 받지는 않았다('태생적 이단자'에 관한 아퀴나스의 논의에 대해서는 Coulton, 1924 참조).

5 불변성은 절대적 용어라서 비교적 · 상대적 · 차별적 가변성을 논하는 것이 더 적절할지 모른다. 엄격한 의미에서 부적절하더라도 나는 '불변성'이라는 용어를 계속 사용할 것이다. 내가 말하고자 하는 바를 더 명료히 전달하기 때문이다.

6 붉은 신령들에게 바치는 일반적인 기도는 다음과 같다. "태양-불, 난초-화식조, 아버지-할아버지여, 들으소서!(Runge-Yinge, Norum-Kombri, Ana-Koka, Kanan!)"

7 언뜻 보기에 이 문제는 나의 분석을 약화하는 듯하지만 그렇지 않다. 예식 질서에서 토라가 특별한 행위와 금기로 둘러싸

인 매우 신성한 위치를 점하고, 불변성과 신성성에 상관관계가 있다면, 토라 전체는 유대교의 궁극적이고 신성한 공준의 일부가 아닐까? 이런 시각은 "토라는 신의 이름으로 구성되었을 뿐만 아니라, 그 전체가 신의 위대한 이름"이며, 신 자체라는(Scholem, 1969) 신비적 개념에도 포함된 듯하다. 지카틸라 Gikatila가 표현했듯이 "《카발라》 신비주의자들에 따르면 신의 토라는 신 자체에 있다. 다시 말해 거룩한 분, 은총 받아 마땅한 분은 그의 이름 속에 있으며, 그의 이름은 그 속에 있고, 그의 이름은 그의 토라다"(Scholem, 1969). 비슷하게 기독교와 이슬람 근본주의자들도 성경과 코란에 궁극적인 신성성의 지위를 부여한다. 근본주의자들은 경전을 문자 그대로, 절대적인 진실로 간주한다. 두꺼운 경전에 궁극적인 신성성의 지위를 부여하거나, 경전 자체를 신격화하는 것은 문자 사회가 자연스럽게 빠지기 쉬운 증후라 할 수 있다.

'증후syndrome'라는 용어는 무질서를 암시한다. 의례 규범에서 표현되고 특수한 규정과 금지, 고도의 엄격성을 통해 일상적인 것과 분리되는 명제는 고도의 신성성을 획득하며, 심지어 신성한 것으로 간주된다. 역사를 이야기하는 두꺼운 경전이 신성성의 지위를 부여받으면, 구체적인 사회적·물질적 지시물이 있거나 거의 없는 궁극적이고 신성한 공준의 성격과 모순된다. 그 성격은 '일반적으로' '대개' 그렇다는 것이지만, 이 설명은 사실의 차원에서도 참이다. 그렇다면 이것을 정언적 문장으로 바꿔볼 수 있다. 궁극적이고 신성한 공준은 직접적·사회적인 의미가 결여되거나 그 수준이 낮아야 한다. 각 사회는 대단히 구체적인 사회적·물질적 내용이 있는 명제에 고도의 신성성을 부여할 수도 있다. 그러나 그것은 신성성의 토대를 무너뜨려 허위화의 가능성에 노출하며, 신성성의 진실을 경험적 토대가 뚜렷한 명제와 조우시켜 약화한다.

오늘날 미국에서 근본적 창조론자들이 진화론을 공격하는 것은 신성성 자체를 불명예스럽게 만드는 신성성의 과잉-구체화overspecification에서 나온 행동으로 볼 수 있다. 사회가 특정한 사회적 규범이나 제도에 궁극적인 신성성의 지위(다시 말해 의문 제기 불가능성의 지위)를 부여할 때는 또 다른 문제가 발생한다. 사실 이 문제는 기독교와 유대교, 이슬람교에 늘 존재했고, 우리는 이 문제를 마지막 장에서 논의할 것이다. 경전과 관련된 곤란함은 경전의 수수께끼 같은 특성에 의해 어느 정도 개선된다. 경전 구절의 신비스러움이 해석을 허용하고 더 나아가 요구하기 때문이다. 물론 이 경우 다시 해석이라는 구체적 문제가 남는다. 읽고 쓸 줄 아는 능력은 영원성에 대해서 그렇듯이 신성성에 대한 문제도 야기한다.

8 이것은 고대 이스라엘의 모든 역사적 시기를 통틀어 의례적 실천이 표준이었다는 말이 아니다. 제1성전 건축 이전에 희생 제의를 행하던 성소에서는 다양한 예배가 치러졌을 것이고, 그 예배는 결코 사원에 의해 완벽하게 일원화된 적이 없었다(de Vaux, 1961). 제2성전이 파괴된 후 팔레스타인과 바빌로니아의 의례 역시 중요한 차이에 따라 구별되었다(Idelsohn, 1932).

9 '엘El'이라는 이름은 그 자체로 쓰이거나 벧엘의 성소에 쓰인 대로 '엘 - 베델El-Bethel' 혹은 브엘세바 성소의 '엘올람El'Olam' (de Vaux, 1961) 혹은 '엘 샤다이El Shadday'처럼 혼합되어 사용된다. 드 보Roland de Vaux(1961)와 프리드먼David N. Freedman(1976)에 따르면 가나안 사람들은 '엘 엘리온El Elyon'과 우리에게 익숙한 복수형 '엘로힘Elohim'을 사용했고, '거룩한 분'을 의미하는 '케도쉬Kedosh'란 낱말도 썼다(Freedman, 1976). 다후드Dahood(1980)에 따르면, '영광'을 의미하는 카보드Kabod는 신성을 지칭하는 히브리어로 이해되어야 한다. 그 낱말은 모세 시대부터 거의 1000년 전인 기원전 2000년경에 에블라어*로 적힌 신의 이름이기도 하다.

10 프리드먼(1976, 개인적 대화)에 따르면 야훼Yahweh와 다른 명칭은 원래 동사다. 더 정확히 '있다to be'는 동사의 사역형 동사다. 노아의 방주에 새겨진 '야훼 사보스Yahweh Sabaoth'는 모세 추종자들에게 가장 신성한 신의 이름으로, '주인들의 창조자 Creator of Hosts'라는 의미다. 가나안에서 추방된 이후 '거룩한 이름 야훼(tetragrammaton YHVH)'는 '너무 신성해서 발음할 수 없는' 단어(Marvin H. Pope, 1965)가 되었고, 기도에서는 '주' '신'을 의미하는 아도나이adonay로 대체해야 했다. 테트라그라마톤 tetragrammaton이 실제로 '있다'는 동사에서 파생되었다면, 기도문에서 용어 대체는 의미상 중요한 변화를 야기한 것이다.

---

* 시리아 북부에서 발견된 세계 최고(最古)의 셈어족 언어.

11 채드윅H. Munro Chadwick은 다음과 같이 썼다. "몇몇 현대 연구자는 양력 체계와 음력 체계의 불가능한 조합이라며 여기에 이의를 제기했다. 그러나 이 설명은 기독교를 채택하기 전부터 양력 체계가 음력 체계를 잠식하기 시작했다는 뜻이다. 원래 한 해는 동지와 가장 가까운 '달이 안 보이는 시기'에 시작된 듯하다."(1910)

12 이 정책은 601년 그레고리우스가 캔터베리로 가는 **도중에**, 수도원장 말리투스Mallitus에게 건넨 편지에 자세히 적혔다. 이 문서는 흥미롭기 때문에 여기에 자세히 인용하겠다.

전능한 신이 당신에게 우리의 가장 거룩한 형제인 아우구스티누스 주교를 만나게 해주신다면, 그에게 내가 오랫동안 영국의 문제를 숙고해왔다고 말하시오. 다시 말해 그 민족이 지은 우상의 사원들을 파괴해서는 안 되고, 그들 정신 속에 있는 우상의 사원을 파괴해야 한다는 것이오. 성수를 준비해 그 사원들에 흐르게 하고, 제단을 세우고, 유물은 그대로 두시오. 그 사원들이 훌륭히 지어졌다면, 그것을 우상숭배하는 곳에서 진정한 신의 예배당으로 바꿔야 하오. 사람들이 그 사원들이 파괴되지 않은 것을 보면 마음속의 오류를 몰아내고, 진정한 신을 인식하고 숭배하면서, 더 큰 친밀감으로 옛 사원에 의지할 것이오.

그들은 악마를 위한 희생 제의 때 많은 황소를 잡는 버릇이 있소. 그렇다면 그들이 달라진 의례 형식에서 약간의 엄숙함을 품도록 해야 하오. 희생 제의를 치르는 날이나 거룩한 순교자의 기념일에 그들이 교회로 바뀐 사원 주변에 나뭇가지로 만든 움막을 지어, 종교 축제를 엄숙하게 거행하도록 하시오. 악마를 위한 그들의 공희를 금하지 말고, 대신 신을 찬미하면서 그들이 먹을 수 있도록 동물을 잡게 하시오. 그리고 그 모든 풍요를 가져다준 분에게 감사를 바치게 하시오. 그들에게 외적인 기쁨을 남겨준다면 그들의 마음은 더 쉽게 내적 기쁨으로 향할 것이오. 완고한 마음에서 한 번에 모든 것을 제거하기는 불가능한 일이오. 가장 높은 곳으로 오르려는 자는 한 걸음씩 오를 수 있소.

주는 이집트에 있던 이스라엘 사람들에게 자신을 그런 식으로 드러내셨소. 주는 이스라엘 사람들이 악마를 위해 바치던 제물을 그대로 사용하는 것을 허락하고, 다만 주를 위해 동물을 불태우라고 명하셨소. 그렇게 이스라엘 사람들의 정신이 바뀌어 희생 제의에서 몇몇 요소를 생략하고 어떤 것은 남겨두었소. 제물은 그들이 과거에 바치던 것과 동일하지만, 그들은 우상이 아니라 신을 위해 동물을 태웠으니 동일한 희생 제의가 아니오. 앞서 말한 우리 형제에게 당신이 이 말을 전해줄 필요가 있소. 지금 영국에 있는 형제가 향후 일을 어떻게 처리할지 숙고할 수 있도록 말이오(Hillgarth, 1969).

13 고대 영국에서는 왕권의 신성성의 토대가 점진적으로 신적인 혈통에서 기독교 의례로 옮겨 갔다. 《The Saxon Chronicle 색슨족의 연대기》(Ingram, 1823)를 보면, 웨섹스에서는 기독교로 개종하고 2세기 후에도 앨프레드대왕의 아버지 애설울프Aethelwulf의 가계도에 '오든Woden'이라는 명칭이 포함되었다. 이 가계도는 기독교의 궁극적이고 신성한 공준이 도입되기 전의 중요한 이교도적 요소가 존속할 뿐만 아니라, 그런 요소 중 일부가 기독교 교리에 동화되는 방식을 보여준다는 점에서 흥

미롭다. 애설울프 재임 기간에 오든은 '스카프Scaef' 신의 16번째 혈통이었다.

신들의 계보를 잠깐 살펴보면 '스카프, 라메쉬, 메추살렘, 에노, 자레드, 말랄라헬, 카이니온, 에노스, 세트, 최초의 인간 아담, 우리 아버지 예수, 아멘'(Ingram, 1823) 순이다. 이 계보는 스카프 신에서 오든을 거쳐 웨섹스 왕조를 세운 세르딕 신까지 이어지며, 영국의 군주들은 지금도 자신이 세르딕의 후손이라고 주장한다. 이 사실은 관광객용 책자나 윈저성 같은 역사적 기념물의 안내 팸플릿에도 등장하는데, 물론 '이 내용은 전설적인 것으로 간주되어야 한다'는 문구가 있다(Montague-Smith, 1972).

체니William A. Chaney(1970)는 마군Magoun을 인용하며 "이런 '신비로운' 전환은 서부 색슨 지역의 통치자들을 우리 주our Lord의 방계 친척으로 만든다"고 쓴다. 그는 10세기 웨일스의 통치자 하월 왕Hywel Dda의 왕족 혈통에서도 비슷한 사례가 있음을 지적한다.

(하월 왕의 조상은) 예수 그리스도의 어머니 동정녀 마리아의 조카인 안나Anna를 어머니로 두고, 벨리 대왕Beli the Great을 아버지로 둔 아말렉Amalech이다. 여기서 안나는 필경 대지의 여신 다누Danu의 변이형인 아나Ana 혹은 아누Anu고, 벨리 마우어Beli Maur는 분명 벨레누스의 벨리 신이기 때문에, 우리의 왕은 신들의 어머니의 친척일 것이다. (1970)

이런 혼합적 계보의 다른 양상도 흥미롭다. 최소한 서부 색슨 지역의 경우, 오든 신과 관련된 예전의 궁극적이고 신성한 공준은 새로운 공준에 종속되고 거기에 의존하게 되었다. 오든 신은 단순히 노아의 후손으로서 태초부터 존재한 '우리 아버지 예수'와 달리 특정한 역사적 시점에 유래한 존재로 변모했다. 오든 신이 인간의 후손으로 취급되면서 그 신성은 손상되고, 그는 전설적인 인물로서 기독교의 신적 질서에 종속되었다. 애설울프의 계보는 여전히 왕의 신적 혈통을 주장하지만(정치적으로 유용했을 것이므로), 웨섹스가 개종하고 2세기 뒤 왕이 신적 존재의 비범한 혈통이라는 개념이 폐기되었다.

14 수백 년 사이에 네 가지 근본적인 의례 유형—안티오크형, 알렉산드리아형, 갈리아형, 로마형—이 나타났다. 앞쪽 세 유형은 여러 문화적으로 특수한 '의식rite', 다시 말해 다양한 예식 질서를 포함한다. 예를 들어 안티오크형 의식의 '가족'에는 네스토리우스형·칼데아형·말라바르형 의식으로 구성된 동東시리아 계통, 야곱파·마론파·아르메니아·비잔틴 의식으로 구성된 서西시리아 계통이 포함된다. 이렇게 문화적으로 특수한 의식이 영영 사라졌다. 갈리아형에 속하고 기독교 개종 이후에도 브르타뉴, 아일랜드, 스코틀랜드, 웨일스, 영국 일부에서 수백 년간 이어진 켈트 의례는 9~12세기 로마 가톨릭 의례로 대체되었다(John Miller, 1959).

11장

1 랄프 만하임Ralph Manheim은 '철학적 발명'을 의미하는 seiend의 역어로 'essent'라는 신조어를 도입한다(Manheim, 1959). 나는 이런 생소한 용어를 도입할 필요는 없다고 본다. 따라서 만하임이 번역문 첫 페이지에 제시한 유사한 표현 중 하나를 사용했다.

2 이 구절은 하이데거가 시논xynon에 부여하는 의미로, 커크G. Kirk(1954)는 이 단어를 '공유된' '보편적'이라는 의미에서 모두 '공통된common'으로 번역한다. 그러나 몇몇 맥락에서는 하이데거의 번역이 타당해 보인다.

3 헤라클레이토스에게 불이 어떤 위치인가에 대해서는 G. 커크(1954) 외에 윌리엄 C. 커크William C. Kirk(1940)가 쓴《Fire in the Cosmological Speculations of Heracleitos 헤라클레이토스의 우주론적 성찰에서 불》을 참조하라.

4 커크는 단편 50 전체를 다음과 같이 번역한다. "나(헤라클레이토스)의 말 대신 로고스에 귀 기울이면서 만물은 하나라는 데 동의하는 것이 현명할 것이다."(G. Kirk, 1954) 여기서 헤라클레이토스는 사람들에게 '자기 말을 듣지 말고 로고스에 귀 기울여라'라고 충고하면서, '만물은 하나'임이 단순한 의견(doxa)이나 자신의 견해가 아니라 로고스임을 말한다.

5 나는 영어에서 사용되는 그리스어 복수형이 어딘지 허세를 부

리는 듯해 불편하지만, 딱히 대안은 없어 보인다. 예를 들어 로고스를 영어 복수형 'logoses'으로 쓰는 건 더 나쁘다. 일종의 라틴어식 타협책으로 'logi'라는 용어를 쓸 수도 있겠지만, '로기logy'*는 여전히 변비 걸린 듯 무겁고 갑갑한 느낌을 준다. 물론 가장 좋은 방법은 완곡한 단수형을 취해서 가급적이면 복수형을 피하는 것이다.

6 3000년 이상 발전되었으나 현재 2000년 이상 명맥이 끊긴 뮈토스는 지역에 따라 다양한 변형이 있는 것으로 유명하다. 그렇기 때문에 뮈토스에는 모순이 존재할 수 있다.

7 플린더스 피트리Flinders Petrie(1912)는 마앗Ma'at은 성격이 결여된 단순한 신학적 추상체였다고 말한다. 그래서 파라오 아크나톤은 짧은 종교적 혁명 과정에서 태양신 아톤Aton을 제외하고, 그녀의 이름과 다른 모든 신의 이름을 사용하지 못하게 했다. 여성적 인격으로서 마앗은 한 번도 숭배된 적이 없는 것 같다. 이 문제에 대해서는 의견 차가 존재한다. 제임스 베이키 James Baikie(1914)는 "숭배를 위한 어떤 마앗의 이미지도 만들어진 적이 없다"고 분명하게 주장한다. 같은 책에 실린 다른 논문에서 비더만Alfred Wiedemann(1914)은 여신이 된 마앗이 "머리에 진실의 상징(깃털)을 단 여성으로 많은 사원에서 숭배되었다. 게다가 특정한 인간이나 신의 특정한 진실 역시 마앗과 비슷한 형상에서 인격화되었다. 이런 진실은 먹거나 마실 수

---

* logy는 원래 '~학, ~론'이라는 뜻이지만, 미국 구어 표현으로 '둔함, 무거움'을 의미한다.

있는 것이었고, 왕은 이를 신에게 바칠 수 있었다"고 썼다.

　마지막으로 가장 중요한 것은, 사원에서 마앗의 상대적으로 왜소한 입지는 신은 물론 인간이 복종해야 하는 질서의 최고 원리를 표현하기에 충분치 않은 듯하다. 이는 물론 (서양식) 자민족 중심주의적 시각일 수 있다. 어떤 견지에서든 머리에 깃털을 달고 앉은 여성으로 재현된 마앗은 여신이라기보다, 오늘날 우리가 정의正義를 여신으로 재현하듯 추상체를 단순히 인격화한 것으로 간주되어야 한다. 비슷하게 그녀가 레신의 딸로 재현되는 것도 태양의 움직임에 내재한 질서를 표현하기 위해 불가피한 은유였을 수 있다. 마앗을 신격으로 숭배하든, 신조차 따라야 하는 원리로 간주하든 시대와 장소, 집단에 따라 마앗에 대한 태도 역시 달라진 듯하다.

8　조로아스터교가 훨씬 오래된 듯하다. 예언자 자라투스트라가 언제 살았는지는 불분명한데, 그의 생몰 연대는 현대 학자들 사이에 상당한 견해차가 있다. 재흐너R. C. Zaehner(1961)는 기원전 628~551년이라고 보며, 대다수 학자들도 동의한다. 보이스Mary Boyce(1979)는 대조적으로 "그의 생애는 정확한 시기를 가늠할 수 없다. 그러나 이란에서 석기시대가 청동기시대로 넘어가던 시기, 기원전 1700~1500년에 그가 존재했다는 증거가 있다"고 말한다.

9　주신 아후라마즈다Ahura Mazda를 포함하면 일곱, 그렇지 않으면 여섯이다. 마사니Rustom Masani는 일곱으로, 빈트푸르Gernot L. Windfuhr는 롬멜Herman Lommel(1930)을 따라 여섯으로 본다.

10 '훌륭한 정신'을 의미하는 보후 마나Vohu Manah, '절대적 힘이나 훌륭한 통치'를 뜻하는 크샤트라Khshathra, '헌신, 겸허'를 의미하는 아르마이티Armaiti, '완벽, 완전, 건강'을 뜻하는 하우바탓Haurvatat, '불멸성'을 의미하는 아메레탓Ameretat이 있다(Masani, 1968; Windfuhr, 1976)

11 '아베스타Avesta'는 조로아스터교의 경전 규범을 총칭한다.

12장

1 성스러움의 네 가지 구성 요소—신성한 것, 누미노스, 비술적
  인 것, 신적인 것—는 1장에서 언급했다. 이중에서 근본적인
  것은 신성한 것과 누미노스이며, 비술적인 것과 신적인 것은
  파생된 것이다.

2 몇몇 궁극적이고 신성한 공준은 허위화 가능하지는 않더라도
  최소한 틀렸음이 입증될 가능성이 높다. 예를 들어 살아 있는
  군주의 신성을 주장하는 공준이 그렇다.

3 모든 궁극적이고 신성한 공준은 그것을 수락하는 자들과 그렇
  지 않은 자들을 구별하는 근거를 제공함으로써 나름의 사회적
  의미가 있다.

4 인용문을 발췌한 판본은 1961년 콜리어북스Collier Books에서 출
  간한 것이다. 야로슬라프 펠리칸Jaroslav Pelikan이 서문을 쓴 최
  신판은 1990년 빈티지북스Vintage Books에서 다시 출간했다.

5 제임스는 제도화된 종교를 불신하는 듯한데, 그것을 부패하기
  쉽고 잠재적으로 사악한 것으로 본다.

  종교적 설명은 자주 조악하다고 비난받는다. 사실 그런 비난은 진정
  한 종교에게는 부당하다. 그보다 종교의 사악한 실제적 파트너인 집
  단적 권위의 정신에나 걸맞다. 종교에 대한 편견은 종교의 사악한 지
  적 파트너인 도그마적 권위의 정신, 다시 말해 종교적 규칙을 절대적
  으로 닫힌 이론적 체계로 만들려는 정신에나 어울리는 것이다. 일반

적인 (제도화된) 기독교 정신은 이런 두 권위의 결합이다. 나는 독자들이 이렇게 단순한 파벌적·집단적 종교 심리를 우리 연구의 대상인 순수하게 내적인 종교적 삶의 현현과 절대 혼동하지 말 것을 부탁한다. (W. James, 1961)

6   제임스는 '신적인'이라는 용어를 분명히 정의하면서 인격화라는 개념은 포함하지 않는다. "우리는 종교를 개인과 '그가 신적이라고 여기는 무엇'의 관계로 정의했는데, 여기서 '신적'이라는 용어는 대단히 넓은 의미로 해석해야 한다. 그것은 구체적인 신적 존재든, 아니든 상관없이 신과 닮은Godlike 모든 대상을 의미한다."(1961)

7   월러스가 설명하는 의례적 학습은 고구마를 심거나, 양을 관리하거나, 사냥감을 쫓는 일상적 행위를 배우는 데 적합하지 않다.

8   터너Victor Tuner(1973)와 캠벨Joseph Campbell(1959)이 강조하는 의례적 재현물의 양극적 성격은 참여자의 성장에 중요하다. 그런 재현물은 한편으로 우주적·사회적 개념을, 다른 한편으로 심리적·생리적 경험을 동시에 나타낸다. 의례적 재현물의 중재를 통해서 개념적인 것에 경험적인 것의 힘이 주어지며, 경험적인 것은 개념적인 것의 인도를 받는다. 경험적인 것은 '승화'되며(즉 숭고해지며), 개념적인 것은 '새로운 활력을 얻거나' '호소력 있는' 것이 된다. 참여자의 성장에 영향을 미치는 의례적 재현물에서 개념적 형식과 경험적 내용의 관계는, 5장에

서 우리가 논의한 세계 창조에 대한 설명을 연상시킨다.

9 내가 보기에 자발적 순교의 무수한 사례는 신념이나 확신의 지표로 간주될 수 있다. 특히 자기 신념에 따라 수락한 궁극적이고 신성한 공준을 포기하기보다 차라리 죽음을 택한 사례가 그렇다.

10 종교―종교적 운동, 교파, 숭배 의식―는 그 역사적 전개 과정에서 누미노스나 열광이 우세한 초기 단계를 거쳐, 공식적 수락에 더 큰 비중을 둔 후기 단계로 나아간 듯하다. 후기 단계에서는 조직화된 종교 안팎에서 다양한 재생 운동이 자주 일어났다. 이는 현대사회에서도 쉽게 관찰할 수 있다.

13장

1 이 정의는 앞서 내가 제안한 정의와 다른데, 앞선 정의는 교란 원인을 단지 환경이라고 여겼다. 여기서 '환경'은 '생태계'와 동의어가 아니고, 문화적·사회적 요소는 물론 물리적·생물적 요소까지 포함한 개념이다.

2 예를 들어 씨족은 하위 씨족을 포함하며, 그 자체로 더 큰 씨족 집단의 일부다.

3 시스템 항상성systemic homeostasis의 구체적 의미는 다음과 같다.

한 시스템의 존속에 필수적인 것으로 간주되는 조건에서 (경험적 혹은 이론적 원인으로) 추상화된 일련의 상응하는 변수들의 집합에 근거한 생존 능력의 범위.

다시 말해 시스템의 핵심 변수(예를 들어 체온, 인구 규모, 단백질 섭취, 에너지 증감)의 상태를 시스템의 생존 가능 범위 내로 유지하거나, 그 범위에서 벗어났을 경우 그 범위로 되돌리려는 경향이 있는 모든 생리적·행동적·문화적·유전적 과정은 다른 조건이 같다면 적응적인 것으로 간주할 수 있다.

4 아메리칸 헤리티지 사전(3판)은 사이버네틱스를 '생물학적·기계적·전자적 시스템 내의 커뮤니케이션과 제어 과정에 대한 이론적 연구. 특히 생물학적 시스템과 인공 시스템 내 그런 과정의 비교 연구'라고 정의한다.

5   지표는 상징 사이에 지표적 관계를 확립함으로써 상징을 강화
한다. 그 관계는 수행적 행위performative act가 수행될 때면 언제
나 등장한다. 관습적 행위가 관습적 사태를 불러오면 그 행위
는 어쩔 수 없이 그런 사태를 지시한다.

6   물론 구체적 문제에 대한 구조적 반응이 장기적인 유연성을
감소하지 않는 사례도 있다. 인간의 손의 진화가 그 예다.

7   여기서 그 중요성이 다른 두 가지 변환을 구분할 수 있다. '저
차원'의 변환, 즉 특수한 하위 시스템의 내적 구조의 변환은
거의 지속적으로 일어날 수 있다. 그러나 살아 있는 복잡한
시스템은 사이먼Herbert Simon(1969)의 표현을 빌리면 '느슨하게
연결되어', 저차원적 변환의 효과는 그것이 일어난 하위 시스
템에 국한된다. 더 포괄적인 시스템의 구조적 변환인 고차원
적 변환은 드물며, 당연히 그 효과도 강력하다. 따라서 단순
히 구조적 변환에 대해 말하는 것으로 충분하지 않다. 층위가
다른 변환을 구분하고, 그 변환들의 시간적·인과적·형식적
관계를 식별할 필요가 있다. 우리는 이와 관계된 문제를 나중
에 다시 논의할 것이다.

　모든 살아 있는 시스템의 적응적 구조는 몇몇 근본적 특질
―위계적 구조, 자가-조절적이면서 자가-변환적인 특질
(Piaget, 1971 참조)―을 공유하지만, 상이한 부류에 속하는 시
스템은 그 구조에서도 중요한 차이가 난다. 예를 들어 분절적
segmentary 원칙이나 부문적sectorial 원칙에 따라 조직되는 시스
템에서는 위계성에 차이가 난다(전자의 하위 시스템은 구조적-

기능적으로 동등하지만, 후자의 하위 시스템은 전문화되었다). 유기체, 사회, 생태계의 진화 과정에서 개별적인 특수 목적적 하위 시스템의 점증적 분화는 '진보적 분리Progressive Segregation'라 불렸다.

이 과정은 종종 유기체와 사회시스템—생태계에서는 그렇지 않다—에서 조절 작용의 집중화의 증가, 즉 '진보적 집중화Progressive Centralization'를 동반했다. 유기체에서는 중앙 신경계가 정교해지고, 사회에서는 중앙 행정 구조가 발전하는 것이다. 생태학적 시스템과 다른 시스템의 발전상의 차이는 그 시스템의 질서 유지의 토대가 다른 데서 기인한다. 생태계의 질서 기반은 '개척' 단계에서 '성숙' 단계로 발전하면서 변하는 듯하다. 초기에는 개별 유기체의 회복 탄력성에 의존하지만, 후기에는 종 다양성의 증가에서 유래하는 물질과 에너지 경로의 과잉에 의존한다. 이런 질서 유지를 위한 기반의 차이는 상이한 부류의 시스템이 요구하고 용인할 수 있는 일관성coherence의 정도를 반영한다.

인류학자들은 전통적으로 사회-문화 시스템 내의 다양한 구성 요소들이 결합된(전문 용어로 '통합된integrated') 방식에 관심이 많았다. 그러나 일반적으로 그런 시스템의 각 부분과 과정이 서로 상대의 방해에서 보호하는 방식에는 관심이 없었다. 나는 유기체들은 그 본성상 사회시스템보다 통합적이며, 사회시스템은 생태계보다 통합적이라고 본다. 경험적으로 보건대 포괄적인 시스템일수록 덜 통합적이고, 덜 통합적이어야 한다. 어떤 시스템이 덜 포괄적일수록 그것의 내적 정연함과 행위의 효과성은 각 부분들의 섬세한 조정에 의존한다. 유기체는 사회에 비해 각 부분들의 긴밀한 조화가 필요하며, 그런 조화를 용인한다. 사회 역시 때로는 생태계보다 그렇다. 각 부분들의 조화는 집중화, 즉 유기체와 사회의 진보적 집중화에 의해 촉진되는 듯한데, 생태계에서는 그런 일이 일어나지 않는다.

8   물론 그것들은 언제나, 최소한 어느 정도는 살아 있는 인간에 의한 해석과 재해석에 열려 있다.

9   오늘날에는 이 원칙을 불신하는 미국인들도 있다.

10 가톨릭교도에게 "진정한 신비란 이성에 반하지 않지만, 그것을 초월하여 어떤 피조물의 지성도 아직 그것을 발견하지 못한 진실, 그것이 드러날 때조차 어떤 피조물도 파악하지 못하는 진실을 말한다". 그 예로 신의 삼위일체적 본성을 들 수 있다(Attwater, 1961).

14장

1 종교적 박해의 폭력성은 적대 집단 간의 문화적 유사성과 직접적 관계가 있다. 그 유사성이 클수록 박해는 더욱 잔인해진다. 로마 이후 중세 내내, 기독교 사회는 그들 사회 내 이단자를 다른 문화권의 비신자보다 훨씬 가혹하게 다뤘다.

2 이런 일반화에 대한 예외는 왕, 추장이나 황제가 신적인 존재로 간주된 고대 왕국과 몇몇 추장국의 사례를 들 수 있다.

3 여기서 교훈은 다음과 같다. '문제'는 '인간 조건'에 '자연스럽게' 내재하지만, 그렇다고 불가피하거나 개선할 수 없는 것은 아니다. 평화로운 사회구성체social formation의 규모는 현재 수억 개에 이른다.

4 이와 비슷한 최근의 진술은, 아이젠하워Dwight David Eisenhower 통치기에 국방 장관으로 임명된 찰스 윌슨Charles Wilson이 상원 인사 청문회에서 한 대답이다. 미국의 주요 군수 무기 제조사인 제너럴모터스의 회장이 국방 장관에 임명되면 두 직함의 이해관계가 충돌하지 않겠느냐는 질문에, 그는 "제너럴모터스에 좋은 것은 미국에도 좋은 것"이라고 대답했다.

5 (무엇이) 현실과 부합한다는 말은 가장 넓은 의미에서 현실이나 현실을 둘러싼 상황에 의해 인도된다는 뜻이거나, 그렇지 않았을 때보다 현실에 잘 대처할 수 있도록(실제적으로든, 지적으로든) 현실과 역동적으로 접촉한다는 뜻이다. 우리가 현실이나 현실의 부산물을 잘

다룰 수 있도록 해주고, 우리의 진전을 좌절에 얽어매지 않고, 사실과 부합하며, 우리 삶을 현실의 전체적 환경에 적응시키는 모든 관념은 그런 요건에 부합한다. 즉 그 현실에 대한 진실이다.

정리하면 정의the right가 우리의 행동방식을 이끄는 수단이듯이, 진실the true은 우리의 사고방식을 이끄는 수단이다. (W. James, 1909)

6 더 초기의 텍스트는 회계 기록인 듯하다.

7 이는 권위체가 필연적으로 교회를 종속시킨다는 의미가 아니다. 쌍방향이 모두 가능하다. 예를 들어 교황이 신성로마제국의 황제를 복종시킬 수 있으며, 그 역도 가능하다. 800년경에 교황이 샤를마뉴Charlemagne대제, 즉 '가장 경건한 아우구스투스 황제이며 평화의 수호자'에게 왕위를 수여했을 때, 정말로 누가 누구에게 무엇을 하고 있었는지 불명확하다. 샤를마뉴 대제와 교황은 서로 다른 의도를 품었고, 그 결과에 대해서도 다르게 평가했을 확률이 높다. 그러나 어느 쪽이었든 신성성은 권력과 결합했고, 권력에 의해 오염되었다.

8 모든 측면에서 의례적 수락 행위와 형식적으로 동일한 강요된 행위는 스페인 이단 심문소 같은 기관에서는 법적 구속력이 있었다. 나는 강요된 행위의 법적 결과가 무엇이든, 그 행위는 자발적인 의례적 수락에 수반되는 윤리적 책임을 낳을 수 없다고 본다.

9 오해를 피하기 위해 내가 돈이나 시장, 이윤을 위한 생산양식의 폐기를 주장하거나 경제학 원칙을 무시하는 게 아님을 분명히 밝히고 싶다. 나는 그런 개념이나 실천의 정당성에 의

문을 제기하는 게 아니다. 사회 일반, 특히 사회에서 영향력과 권력이 있는 이들이 그런 개념과 실천에 부여한 지나친(심지어 절대적인) 지위에 의문을 제기하는 것이다. 세계의 다른 많은 사물과 개념, 실천처럼 그것 역시 '자기 자리', 다시 말해 더 근본적인 생태학적·유기적 고려 아래 적절히 종속된 자리에 있다면 아무 문제가 없을 것이다. 그것이 위험해지거나 심지어 '악'으로 변하는 순간은 원래 있던 도구적·상황 의존적 지위에서 벗어나 인간 행동을 더 근본적으로 결정하는 지위로 올라설 때다. 흥미롭게도 옥스퍼드 영어사전에 따르면 '악evil'이라는 용어의 어원은 원시-게르만어 우빌로즈Ubiloz, 즉 '적절한 기준을 초과한' '적절한 한계를 뛰어넘은'이다(Partridge, 1958; Parkin, 1985; Macfarlane, 1985; Rappaport, 1993 참조). 여기 깃든 기본 개념은 경계의 위반이나 과도로 보인다.

10 스티븐 툴민Stephen Toulmin이 말하는 '포스트모던'의 의미는 문학비평가와 그들을 따르는 사회과학자가 사용하는 의미보다 제한적이다. 그들에게 '포스트모던 과학'이란 모순어법에 가까울 것이다.

11 나는 많은 기독교 교회 의례의 일부를 구성하는 공동 입회와 형식적으로 유사한 공공 증언을 염두에 두고 있다. '외측 대륙붕 석유 임대' 같은 사회 현안의 공식 공청회에 참여한 주민이 제시하는 공공 증언은 생태학적·미학적 가치가 있는 표현으로 가득하다.

Abrahams, I. 1909. "Blasphemy (Jewish)," in J. Hastings (ed.), *Encyclopedia of Religion and Ethics*, vol. 2. Edinburgh: T. & T. Clark.

　1918. "Sabbath (Jewish)," in J. Hastings (ed.), *Encyclopedia of Religion and Ethics*, vol. 10. Edinburgh: T. & T. Clark.

Abrahams, Roger. 1973. Ritual for fun and profit. Paper prepared for Burg-Wartenstein Conference, no. 59: Ritual and Reconciliation, July 21–29, 1973. M. C. Bateson and M. Mead (conveners). New York: Wenner-Gren Foundation.

Adams, Fred and Gregory Laughlin. 1997. "A dying universe: The long-term fate and evolution of astrophysical objects," *Reviews of Modern Physics* 69: 337–372.

Adler, Morris. 1963. *The World of the Talmud*. 2nd ed. New York: Schocken.

American Heritage Dictionary of the English Language. 3rd ed. 1992. New York: Houghton Mifflin Co.

Angeles, Peter A. 1981. *Dictionary of Philosophy*. New York: Harper and Row

Arendt, Hannah. 1958. "What was authority?," in K. Friedrich (ed.), *Authority*. Nomo Series, vol. 1. Cambridge, MA: Harvard University Press.

Aristotle. 1941. *The Basic Works of Aristotle*. Ed. with intro. R. McKeon. New York: Random House.

Attwater, Donald (ed.). 1961. *A Catholic Dictionary*. New York: The Macmillan Company.

Augustin, St. 1991. *The Confessions*. Trans. and Intord. by H. Chadwick. Oxford: Oxford University Press. First published c. 420.

Austin, J. L. 1962. *How to do Things with Words*. Oxford: Oxford University Press.

　1970. "Performative utterances," in J. Urmson and G. Warnock (eds.), *Philosophical Papers of J. L. Austin*. 2nd ed. Oxford: Oxford University Press.

Axon, William E. A. 1914. "King's evil," in J. Hastings (ed.), *Encyclopedia of Religion and Ethics*, vol. 7. Edinburgh: T. & T. Clark.

Babcock, Barbara. 1973. "The carnivalization of the novel and the high spirituality of dressing up." Paper prepared for Burg-Wartenstein Conference, no. 59: Ritual and Reconciliation. M. C. Bateson and M. Mead (conveners). New York: Wenner-Gren Foundation.

Baikie, James. 1914. "Images and idols," in J. Hastings (ed.), *Encyclopedia of Religion and Ethics*, vol. 7. Edinburgh: T. & T. Clark.

Barnes, J. A. 1994. *A Pack of Lies: Toward a Sociology of Lying*. Cambridge: Cambridge University Press.

Bateson, Gregory. 1951. "Conventions of communication: Where validity depends upon belief," in J. Ruesch and G. Bateson, *Communication: The Social Matrix of Psychiatry*. New York: Norton.

— 1958 [1936]. *Naven: A Survey of the Problems Suggested by a Composite Picture of the Culture of a New Guinea Tribe drawn from Three Points of View*. 2nd ed. Stanford: Stanford University Press.

— 1963. "The role of somatic change in evolution," *Evolution* 17: 529–539.

— 1972. *Steps to an Ecology of Mind*. New York: Ballantine.

— 1972a. "The logical categories of learning and communication," in Bateson 1972.

— 1972b. "The science of mind and order," in Bateson 1972.

— 1972c. "Redundancy and coding," in Bateson 1972. First published in T. Sebeok (ed.), *Animal Communication: Techniques of Study and Results of Research*. Bloomington, IN: University of Indiana Press, 1968.

— 1972d. "Form, subsistence, and difference," in Bateson 1972. First published in *General Semantics Bulletin* no. 37 (1970).

— 1972e. "Style, grace, and information in primitive art," in Bateson 1972.

— 1972f. "A theory of play and fantasy," in Bateson 1972. First published in *A. P.A. Psychiatric Research Reports* 2, 1955.

— 1972g. "Conscious purpose versus nature," in Bateson 1972.

— 1972h. "The role of semantic change in evolution," in Bateson 1972e. First published in *Evolution* 17 (1963).

— 1972i. "Cybernetic explanation," in Bateson 1972.

— 1979. *Mind and Nature: A Necessary Unity*. New York: Dutton.

Bateson, Mary Catherine. 1973. *Notes on the Problems of Boredom and Sincerity*. Paper distributed to participants in Burg-Wartenstein Symposium, no. 59. Ritual and Reconciliation, July 21–29, 1973. M. C. Bateson and M. Mead (convenors). New York: Wenner-Gren Foundation.

— 1974. "Ritualization: A study in texture and texture change," in I. Zaretsky and M. Leone (eds.), *Religious Movements in Contemporary America*. Princeton: Princeton University Press.

Beattie, John. 1964. *Other Cultures*. London: Routledge and Kegan Paul.

Becker, Judith. 1979. "Time and tune in Java," in A. Becker and A. Yengoyan (eds.), *The Imagination of Reality: Essays in Southeast Asian Coherence Systems*. Norwood, NJ: Ablex.

Bede. 1955. *A History of the English Church and People*. Trans. L. Sherky-Prince. Baltimore: Penguin.

Bell, Catherine. 1992. *Ritual Theory, Ritual Practice*. Oxford: Oxford University Press.

Bergin, Thomas G. and Max H. Fisch. 1984. *The New Science of Giambattista Vico*. Unabridged. Trans. of the 3rd ed. (1744) with the addition of "Practice of the New Science." Ithaca, NY: Cornell University Press.

Bergson, Henri. 1935. *The Two Sources of Morality and Religion*. Trans.

R. Audra and C. Brereton with the assistance of W. Carter. New York: Henry Holt.

Berlin, Isaiah. 1981. *Against the Current: Essays in the History of Ideas.* Oxford: Oxford University Press.

Bettelheim, Bruno. 1962. *Symbolic Wounds.* New York: Collier Books. First published by The Free Press, 1954.

Bickerton, Derek. 1990. *Language and Species.* Chicago: University of Chicago Press.

Bierstadt, Richard. 1950. "An analysis of social power," *American Sociological Review* 15: 730–738.

Blest, A. D. 1961. "The concept of ritualization," in W. Thorpe and O. Zangwill (eds.), *Current Problems in Animal Behavior.* Cambridge: Cambridge University Press.

Bligh, William. 1937. *The Log of the Bounty.* London: Golden Cockerel Press.

Bloch, Marc. 1961. *Feudal Society.* Vols. 1 & 2. Trans. L. Manyon. Chicago: University of Chicago Press.

Bloch, Maurice. 1973. "Symbols, song, dance and features of articulation," *European Journal of Sociology* 15: 55–81.

   1986. *From Blessing to Violence: History and Ideology in the Circumcision Ritual of the Merina of Madagascar.* Cambridge: Cambridge University Press.

Bochenski, Joseph M. 1965. *The Logic of Religion.* New York: New York University Press.

Bok, S. 1978. *Lying: Moral Choice in Public and Private Life.* New York: Pantheon.

Bourdieu, Pierre. 1977. *Outline of a Theory of Practice.* Trans. R. Nice. Cambridge Studies in Social Anthropology, no. 16. Cambridge: Cambridge University Press.

Bourguignon, E. 1972. "Dreams and altered states of consciousness in anthropological research," in F. Hsu (ed.), *Psychological Anthropology.* 2nd ed. Homewood, IL: The Dorsey Press.

Boyce, Mary. 1979. *Zoroastrians: Their Religious Beliefs and Practices.* London: Routledge and Kegan Paul.

Brandon, S. G. F. 1967. *The Judgement of the Dead: The Idea of Life After Death in the Major Religions.* New York: Charles Scribner's Sons.

Brenner, Charles. 1957. *An Elementary Textbook of Psychoanalysis.* New York: Doubleday.

Brower, L. P. 1969. "Ecological chemistry," *Scientific American* 220(2): 22–29.

Brown, Joseph E. 1954. *The Sacred Pipe.* Horman, OK: University of Oklahoma Press.

Brown, Joseph E. (recorder and ed.). 1971. *The Sacred Pipe: Black Elk's Account of the Seven Rites of the Oglala Sioux.* Baltimore: Penguin. First published by University of Oklahoma Press, 1953.

Brown, Norman W. 1972. "Duty as truth," *Proceedings of the American Philosophical Society* 116(3): 252–268.

Brown, Robert. 1963. *Explanation in Social Science.* Chicago: Aldine.

Bruner, Jerome. 1970. *On Knowing: Essays for the Left Hand.* New York: Athenaeum. First published by Harvard University Press, 1962.

Buber, Martin. 1952. *Good and Evil: Two Interpretations*. New York: Charles Scribner's Sons.

    1970. *I and Thou*. A New Translation with a Prologue, "I and You," and Notes by Walter Kaufmann. New York: Charles Scribner's Sons.

Buchbinder, Georgeda and Roy A. Rappaport. 1976. "Fertility and death among the Maring," in P. Brown and G. Buchbinder (eds.), *American Anthropological Association Special Publication* no. 8. Sex Roles in the New Guinea Highlands.

Buchler, Justus. 1955. *The Philosophical Writings of Peirce*. New York: Dover.

Budge, E. A. Wallis. 1895. *The Book of the Dead: The Papyrus of Ani*. Facsimile edition. New York: Dover Publications, 1967.

Bullough, Sebastian. 1963. *Roman Catholicism*. London: Penguin.

Bultmann, R. 1967. "The Greek and Hellenistic use of Alethia," in *Theological Dictionary of the New Testament*, vol. 1. Grand Rapids, MI: Eerdmanns.

Burks, Arthur. 1949. "Icon, index, and symbol," *Philosophic and Phenomenological Research* 9 (June): 673–689.

Burns, I. F. 1911. "Cosmogony and cosmology (Greek)," in J. Hastings (ed.), *Encyclopedia of Religion and Ethics*, vol. 4. Edinburgh: T. & T. Clark.

Byrne, Richard and Andrew Whiten (eds.). 1988. *Machiavellian Intelligence: Social Expertise and the Evolution of Intellect in Monkeys, Apes and Humans*. Oxford: Clarendon Press.

Calverley, E. E. 1958. *Islam: An Introduction*. Cairo: The American University at Cairo.

Campbell, Joseph. 1959. *The Masks of God*. Vol. 1, *Primitive Mythology*. New York: The Viking Press.

Carleton, James G. 1910. "Calendar (Christian)," in J. Hastings (ed.), *Encyclopedia of Religion and Ethics*, vol. 3. Edinburgh: T. & T. Clark.

Carnoy, A. V. 1921. "Zoroastrianism," in J. Hastings (ed.), *Encyclopedia of Religion and Ethics*, vol. 7. Edinburgh: T. & T. Clark.

Carrington, Robert S. 1993. *An Introduction to C. S. Peirce: Philosopher, Semiotician, and Ecstatic Naturalist*. Lanham, MD: Rowman and Littlefield Publishers.

Catlin, George. 1844. *Letters and Notes on the Manners, Customs, and Conditions of the North American Indians*. Republished with an introduction by M. Halpin. New York: Dover Publications, 1973.

Chadwick, H. Munro. 1910. "Calendar (Teutonic)," in J. Hastings (ed.), *Encyclopedia of Religion and Ethics*, vol. 3. Edinburgh: T. & T. Clark.

Chaney, William A. 1970. *The Cult of Kingship in Anglo-Saxon England: The Transition from Paganism to Christianity*. Manchester: Manchester University Press.

Chapple, E. D. 1970. *Culture and Biological Man*. New York: Holt, Rinehart, and Winston.

Cicero, Marcus T. 1933. *De Natura Deorum*. New York: G. P. Putnam's Sons.

Codere, H. 1950. "Fighting with property: A study of Kwakiutl potlatching and warfare, 1792–1930. *American Ethnological Society Monographs*, no. 18. New York.

Collins, Paul. 1965. "Functional analysis in the symposium 'Man, Culture, and

Animals'," in A. Leeds and A. Vayda (eds.), *Man, Culture, and Animals.* Washington, DC: American Association for the Advancement of Science.

Corballis, Michael C. 1991. *The Lopsided Ape: Evolution of the Generative Mind.* New York: Oxford University Press.

Coulton, C. G. 1924. *The Death Penalty for Heresy.* Medieval Studies, no. 18. London: Simpkin, Marshall, Hamilton, Kent and Co.

Crane, Jocelyn. 1966. "Combat display and ritualization in Fiddler Crabs," in J. Huxley (convenor), *A Discussion of the Ritualization of Behaviour in Animals and Man.* Philosophical Transactions of the Royal Society of London. Series B. Biological Sciences 251(772).

Croon, J. H. 1965. *The Encyclopedia of the Classical World.* Englewood Cliffs, NJ: Prentice Hall.

Cullen, J. M. 1966. "Reduction of ambiguity through ritualization," in J. Huxley (convenor), *A Discussion of the Ritualization of Behaviour in Animals and Man.* Philosophical Transactions of the Royal Society of London. Series B. Biological Sciences 251(772).

Cunningham, Clark. E. 1964. "Order in the Atoni house," *Bijdragen tot de Taal-Land en Volkenkunde.* Deel 120, le Aflevering.

Dahood, Mitchell. 1980. "Are the Ebla Tablets relevant to Biblical research," *Biblical Archaeology Review* 6(5) (Sept.-Oct.).

Daniel, E. Valentine. 1984. *Fluid Signs.* Berkeley: University of California Press.

d'Aquili, Eugene and Charles D. Laughlin. 1975. "The biophysical determinants of religious ritual behavior," *Zygon* 10: 32–57.

———. 1979. "The neurobiology of myth and ritual," in d'Aquili *et al.* 1979.

d'Aquili, Eugene, Charles D. Laughlin, and J. McManus. 1979. *The Spectrum of Ritual.* New York: Columbia University Press.

Debrunner, A. 1967. "Lego, Logos, Pneuma, Laleo," in *Theological Dictionary of the New Testament,* vol. 4. Grand Rapids, MI: Eerdmanns.

de Rougemont, Denis. 1944. *La Part du Diable.* New York: Brentano's.

Deshpande, Madhav. 1990. "Changing Conceptions of the Veda: From Speech Act to Magical Sounds", in *Adyar Library Bulletin* Vol. 56. Adyar Library and Research Centre, Theosophical Society: Adyar, Madras, India.

de Vaux, Roland. 1961. *Ancient Israel.* Vols. 1 & 2. New York: McGraw-Hill.

de Waal, Frans. 1986. "Deception in the natural communication of chimpanzees," in R. Mitchell and N. Thompson (eds.), *Deception: Perspectives on Human and Non-human Deceit.* New York: State University of New York Press.

———. 1988. "Chimpanzee politics," in R. Byrne and A. Whiten (eds.), *Machiavellian Intelligence.* Oxford: Clarendon Press.

Dixon, Robert M. W. 1971. "A method of semantic distinction," in D. Steinberg and L. Jacobovits (eds.), *Semiotics: An Introductory Reader in Philosophy, Linguistics, and Psychology.* Cambridge: Cambridge University Press.

Dobson, R. B. (ed.). 1970. *The Peasants' Revolt of 1381.* London: Macmillan and Co./St. Martin's Press.

Dorsey, James Owen. 1894. *A Study of Siouxian Cults.* Smithsonian Institution, Bureau of American Ethnology. Annual Report, no. 14. Washington, DC: US Government Printing Office.

Douglas, Mary. 1966. *Purity and Danger: An Analysis of The Concepts of Pollution and Taboo*. New York: Frederick A. Praeger.

— 1973. *Natural Symbols: Explorations in Cosmology*. Harmondsworth: Penguin. First published by Barrie and Rocklift, 1970.

Drucker, Philip. 1965. *Indians of the Northwest Coast*. New York: McGraw-Hill. Republished by Natural History Press, 1965.

Duchesne-Guillemin, Jacques. 1966. *Symbols and Values in Zoroastrianism*. New York: Harper and Row.

Dumont, Louis. 1980. *Homo Hierarchicus: The Caste System and its Implications*. Complete revised English edition. Chicago: Chicago University Press.

Durkheim, Emile. 1961. *The Elementary Forms of the Religious Life*. Trans. J. Swain. New York: Collier Books. First published in 1912 as *Les Formes Élémentaires de la Vie Religieuse: Le Systeme Totemique en Australie*. First English edition, 1915.

Durkheim, Emile and Marcel Mauss 1963. *Primitive Classification*. Trans. and ed. with intro. R. Needham. Chicago: University of Chicago Press. First published, 1903.

Eliade, Mircea. 1957a. "Time and eternity in Indian thought," in J. Campbell (ed.), *Man and Time: Papers from the Eranos Yearbooks*. Princeton: Bollingen Foundation.

— 1957b. *The Sacred and the Profane: The Nature of Religion*. Trans. W. Trask. New York: Harcourt, Brace, and World.

— 1959. *Cosmos and History: The Myth of the Eternal Return*. Trans. W. Trask. New York: The Bollingen Library. First English publication as *The Myth of the Eternal Return*. (New York: Pantheon). Original French publication, 1949.

— 1963. *Myth and Reality*. Trans. W. Trask. New York: Harper and Row.

Ellis, William. 1853. *Polynesian Researches During a Residence of Nearly Eight Years in the Society of the Sandwich Islands*. Vols. 1–4. London: H. G. Bohn. First published, 1829.

Erikson, Erik. 1966. "Ontogeny of ritualization in man," in J. Huxley (convenor), *A Discussion of the Ritualization of Behaviour in Animals and Man*. Philosophical Transactions of the Royal Society of London. Series B. Biological Sciences 251(772).

Etkin, William. 1964. *Social Behavior and Organization among Vertebrates*. Chicago: Chicago University Press.

Evans-Pritchard, E. E. 1937. *Witchcraft, Oracles and Magic among the Azande*. Oxford: Oxford University Press.

— 1940. *The Nuer: A Description of the Modes of Livelihood and Political Institutions of a Nilotic People*. Oxford: Oxford University Press.

— 1956. *Nuer Religion*. Oxford: Oxford University Press.

Feeley-Harnick, Gillian. 1994. *The Lord's Table: The Meaning of Food in Early Judaism and Christianity*. Washington: Smithsonian Institution Press.

Fenichel, Otto. 1945. *The Psychoanalytic Theory of Neurosis*. New York: W. W. Norton and Co.

Fernandez, James. 1974. "The mission of metaphor in expressive culture," *Current Anthropology* 15: 119–146.

Finkelstein, Louis. 1971. "The Jewish religion: Its beliefs and practices," in L. Finkelstein (ed.), *The Jews: Their Religion and Culture*. 4th ed.

Finnegan, Ruth. 1969. "How to do things with words: Performative utterances among the Limba of Sierra Leone," *Man* 4: 537–551.

Firth, Raymond. 1967a. *The Work of the Gods in Tikopia*. 2nd ed. London: Athlone Press.

1967b. *Tikopia Ritual and Belief*. Boston: Beacon Press.

1973. *Symbols, Public and Private*. London: Allen and Unwin.

Ford, Richard I. 1972. "An ecological perspective on the Eastern Pueblos," in A. Ortiz (ed.), *New Perspectives on the Pueblos*. Albuquerque, NM: University of New Mexico Press.

Fortes, Meyer. 1966. "Religious premises and logical technique in divinatory ritual," in J. Huxley (convenor), *A Discussion of Ritualization of Behaviour in Animals and Man*. Philosophical Transactions of the Royal Society of London. Series B. Biological Sciences 251(772).

Fortescue, Adrian and J. B. O'Connell. 1962. *The Ceremonies of the Roman Rite Described*. 12th ed., revised. Westminster, MD: The Newman Press.

Foucault, Michel. 1990. *The History of Sexuality*. Vol. 1, *An Introduction*. Trans. R. Hurley. New York: Vintage Books.

Fraisse, P. 1964. *The Psychology of Time*. London: Eyre & Spottiswoode.

Frake, C. 1964. "A structural description of Subanun 'religious behavior'," in W. H. Goodenough (ed.), *Explorations in Cultural Anthropology: Essays in Honor of George Peter Murdock*. New York: McGraw-Hill.

Frankfort, Henri. 1948. *Kingship and the Gods*. Chicago: University of Chicago Press.

Frazer, James. 1963. *The Golden Bough: A Study in Magic and Religion*. One volume abridged. New York: Macmillan and Co. First published, 1922.

Frazer, J. T. 1975. *Of Time, Passion, and Knowledge: Reflections on the Strategy of Existence*. New York: George Brazilier.

Frazer, J. T. (ed.). 1966. *The Voices of Time*. New York: George Brazilier.

Freedman, David N. 1976. "Divine names and title in early Hebrew poetry Magnalia Dei," in F. Cross, W. Lemke, and P. Miller (eds.), *The Mighty Acts of God*. New York: Doubleday.

Freud, Sigmund. 1907. "Obsessive Acts and Religious Practices," *Zeitschrift fur Religionpsychologie* 1: 4–12. Trans. in the standard edition of J. Stratchey (ed.), *The Collected Papers of Sigmund Freud*. Vol. 9. Trans. J. Riviere. London: Hogarth Press.

Frisancho, Roberto. 1975. "Functional adaptation to high altitude hypoxia," *Science* 187: 313–319.

Gardiner, Alan H. 1912. "Ethics and Morality (Egyptian)," in J. Hastings (ed.), *Encyclopedia of Religion and Ethics*, vol. 5. Edinburgh: T. & T. Clark.

Geertz, Clifford. 1965. "Religion as a cultural system," in M. Banton (ed.), *Anthropological Approaches to Religion*. ASA Monograph, no. 3. London: Tavistock.

1973. *The Interpretation of Cultures*. New York: Basic Books.

1980. *Negara: The Theatre State in Nineteenth Century Bali*. Princeton: Princeton University Press.

Giantumo, Elio (ed.). 1965. Vico, Giambattista: *On the Study of Methods of Our Time.* New York: Bobbs-Merrill/Library of Liberal Arts.

Glazebrook, M. G. 1921. "Sunday," in J. Hastings (ed.), *Encyclopedia of Religion and Ethics,* vol. 12. Edinburgh: T. & T. Clark.

Gluckman, Max. 1954. *Rituals of Rebellion in Southeast Africa.* The Frazer Lecture, 1952. Manchester: Manchester University Press.

   1962. "Les rites de passage," in M. Gluckman (ed.), *The Ritual of Social Relations.* Manchester: Manchester University Press.

Gluckman, Max and Mary Gluckman. 1977. "On drama, games, and athletic contests," in S. Moore and B. Myerhoff (eds.), *Secular Ritual.* Amsterdam: Van Gorcum.

Goffman, Erving. 1956. "The nature of deference and demeanor," *American Anthropologist* 58: 473–503.

   1967. *Interaction Ritual.* Garden City, NJ: Doubleday.

Goldman, Stanford. 1960. "Further consideration of the cybernetic aspects of homeostasis," in M. Yovits and S. Cameron (eds.), *Self-Organized Systems.* New York: Pergamon Press.

Goodenough, Erwin Ramsdell. 1990. *Goodenough on the Beginning of Christianity.* Ed. A. T. Kraabel. Atlanta: Scholar's Press.

Goodman, Felicitas D. 1972. *Speaking in Tongues: A Cross-cultural Study of Glossolalia.* Chicago: Chicago University Press.

Goody, Esther. 1972. "'Greeting,' 'begging,' and the presentation of respect," in J. LaFontaine (ed.), *The Interpretation of Ritual.* London: Tavistock.

Goody, Jack. 1961. "Religion and ritual: The definition problem," *British Journal of Sociology* 12: 142–164.

   1977. *The Domestication of the Savage Mind.* Cambridge: Cambridge University Press.

Gossen, Gary. 1972. "Temporal and spatial equivalents in Chamula ritual," in W. Lessa and E. Vogt (eds.), *Reader in Comparative Religion.* 3rd ed. New York: Harper and Row.

Gould, Richard A. 1969. *Yiwara: Foragers of the Australian Desert.* New York: Charles Scribner's Sons.

Griaule, Marcel. 1965. *Conversations with Ogotemmeli: An Introduction to Dogon Religion.* Oxford: Oxford University Press.

Grim, Patrick. 1991. *The Incomplete Universe: Totality, Knowledge and Truth.* Cambridge, MA: A Bradford Book/MIT Press.

Grimes, Ronald. 1990. *Ritual Criticism: Case Studies in its Practice, Essays on its Theory.* Columbia, SC: University of South Carolina Press.

Gurvitch, Georges. 1964. *The Spectrum of Social Time.* Dordrecht: D. Reidel Publishing.

Hall, A. D. and R. E. Fagan. 1956. "Definition of system," *General Systems Yearbook* 1: 18–28.

Hall, Edward T. 1984. *The Dance of Life: The Other Dimension of Time.* Garden City, NY: Anchor Press/Doubleday.

Hall, Robert. 1977. "An anthropocentric perspective for eastern United States prehistory," *American Antiquity* 42: 499–518.

Hallo, W. W. and J. J. A. van Dijk. 1968. *The Exultation of Inanna*. New Haven: Yale University Press.

Harlow, H. E. 1949. "The formation of learning sets," *Psychological Review* 56: 51–65.

Harrison, Jane. 1913. *Ancient Art and Ritual*. London: Williams and Norgate.

Hawking, Stephen W. 1988. *A Brief History of Time*. New York: Bantam.

Hediger, H. 1955. *Studies in the Psychology and Behavior of Animals in Zoos and Circuses*. London: Buttersworth Scientific Publications.

Heidegger, Martin. 1959. *An Introduction to Metaphysics*. Trans. R. Manheim: New Haven: Yale University Press.

Heidel, Alexander. 1951. *The Babylonian Genesis: The Story of Creation*. 2nd ed. Chicago: University of Chicago Press.

Hempel, Carl. 1958. "The logic of functional analysis," in L. Gross (ed.), *Symposium on Sociological Theory*. Evanstan, IL: Row, Peterson.

Herdt, Gilbert (ed.). 1982. *Rituals of Manhood: Male Initiation in Papua New Guinea*. Berkeley: University of California Press.

    1984. *Ritualized Homosexuality in Melanesia*. Berkeley: University of California Press.

Hillgarth, J. A. (ed.) 1969. *The Conversion of Western Europe 350–750*. Englewood Cliffs, NJ: Prentice-Hall.

Hinde, Robert. 1966. *Animal Behavior*. New York: McGraw-Hill.

Hobbes, Thomas. 1951. *Leviathan*. Oxford: Clarendon Press. First published 1651.

Hockett, Charles F. and Robert Asher. 1964. "The human revolution," *Current Anthropology* 5: 135–168.

Hockett, Charles F. and S. Altman. 1968. "A note on design features," in T. Sebeok (ed.), *Animal Communication*. Bloomington, IN: Indiana University Press.

Homans, George C. 1941. "Anxiety and ritual: The theories of Malinowski and Radcliffe Brown," *American Anthropologist* 43: 164–172.

Hooke, S. H. 1963. *Babylonian and Assyrian Religion*. Norman, OK: University of Oklahoma Press.

Hoopes, James (ed.). 1991. *Peirce on Signs: Writings on Semiotics*. Chapel Hill, NC: University of North Carolina Press.

Huxley, Julian. 1914. "The courtship habits of the great crested grebe (*Podiceps cristatus*) with an addition to the theory of sexual selection," *Proceedings of the Zoological Society of London*.

    1966. "Introduction," in J. Huxley (convenor), A Discussion of Ritualization of Behavior in Animals and Man. *Philosophical Transactions of the Royal Society of London*. Series B. Biological Sciences 251(772).

Idelsohn, A. Z. 1932. *Jewish Liturgy and its Development*. New York: Holt, Rinehart and Winston. Republished. New York: Schocken Books, 1960.

Ingram, J. 1823. *The Saxon Chronicle with an English Translation and Notes, Critical and Explanatory*. London: Longman, Hurst, Rees, Orme, and Brown.

Jacobson, Thorkild. 1976. *The Treasures of Darkness. A History of Mesopotamian Religion*. New Haven: Yale University Press.

Jacques, Elliot. 1982. *The Form of Time*. London: Heinemann.

Jakobson, Roman. 1957. "Shifters, verbal categories, and the Russian verb," in *Selected Writings*. Vol. 2, *Word and Language*. The Hague: Mouton.

James, Charles W. (ed.). 1943. *Bedae Opera de Temporibus*. Cambridge, MA: The Medieval Society of America.

James, William. 1909. *The Meaning of Truth: A Sequel to Pragmatism*. New York: Longmans, Green, and Co. Reprinted 1914.

1890. *The Principles of Psychology*. Vols. 1 & 2. New York: Henry Holt and Co.

1961. *The Varieties of Religious Experience: A Study of Human Nature*. With a new introduction by Reinhold Niebuhr. New York: Collier Books. First published by Longmans, Green and Co., 1902.

1990. *The Varieties of Religious Experience: A Study of Human Nature*. With an Introduction by Jaroslav Pelikan. New York: Vintage Books.

Jorgensen, Joseph. 1972. *The Sun Dance Religion: Power for the Powerless*. Chicago: Chicago University Press.

Kalmus, Hans (ed.). 1967. *Regulation and Control in Living Systems*. London: Wiley.

Kapferer, Bruce. 1977. "First class to Maradana: Secular drama in Sinhalese healing rites," in S. Moore and B. Myerhoff (eds.), *Secular Ritual*. Amsterdam: Van Gorcum.

1983. *A Celebration of Demons: Exorcism and the Aesthetics of Healing in Sri Lanka*. Bloomington, IN: Indiana University Press.

Katz, Richard. 1982. *Boiling Energy: Community Healing among the Kalahari Kung*. Cambridge, MA: Harvard University Press.

Kelly, Raymond. 1974. *Etoro Social Structure*. Ann Arbor: University of Michigan Press.

1993. *Constructing Inequality: The Fabrication of a Hierarchy of Virtue among the Etoro*. Ann Arbor: University of Michigan Press.

Kelly, Raymond and Roy A. Rappaport. 1975. "Function, generality and explanatory power: A commentary and response to Bergmann's arguments," *Michigan Discussions in Anthropology* 1: 24–44.

Kertzer, David I. 1988. *Ritual Politics and Power*. New Haven: Yale University Press.

Kirk, G. S. 1954. *Heraclitus: The Cosmic Fragments*. Cambridge: Cambridge University Press.

Kirk, William C. Jr. 1940. *Fire in the Cosmological Speculation of Heraclitus*. Minneapolis: Burgess Publishing Co.

Kittel, Gerhard. 1965. "Emet in Rabbinic Judaism," in G. Kittel (ed.), *Theological Dictionary of the New Testament*, vol. 1. Grand Rapids, MI: Eerdmans.

Kleinknecht, H. 1967. "The logos in the Greek and Hellenistic world," in G. Kittel (ed.), *Theological Dictionary of the New Testament*, vol. 4. Grand Rapids, MI: Eerdmans.

Kluckhohn, Clyde. 1949. "The philosophy of the Navaho Indians," in F. S. C. Northrup (ed.), *Ideological Differences and World Order*. New Haven: Yale University Press.

Kung, Hans. 1971. *Infallible? An Inquiry*. Garden City, NY: Doubleday.

　　1980. *Does God Exist? An Answer for Today*. Trans. E. Quinn. Garden City, NY: Doubleday.

Kuntz, Paul (ed.). 1968. *The Concept of Order*. Seattle: University of Washington Press for Grinnell College.

Lacey, T. A. 1918. "Sacraments (Christian, Western)," in J. Hastings (ed.), *Encyclopedia of Religion and Ethics*, vol. 10. Edinburgh: T. & T. Clark.

La Fontaine, J. S. 1972. "Introduction," in J. La Fontaine (ed.), *The Interpretation of Ritual*. London: Tavistock.

Laitman, J. T. 1981. "The evolution of the hominid upper respiratory system and its implications for the origins of speech," in E. D. Grolier (ed.), *Glossogenetics: The Origin and Evolution of Language*. Proceedings of the International Transdisciplinary Symposium on Glossogenetics. New York: Harwood Academic Publishers. First published by UNESCO, 1981.

Lane-Poole, Stanley. 1911. "Creed (Muhammadan)," in J. Hastings (ed.), *Encyclopedia of Religion and Ethics,* vol 4. Edinburgh: T. & T. Clark.

Langer, Susanne K. 1953. *Feeling and Form: A Theory of Art*. New York: Charles Scribner's Sons.

Lappenberg, J. M. 1894. *A History of England under the Anglo-Saxon Kings*. Trans. B. Thorpe. New edition revised by E. C. Otte. Vols. 1 & 2. London: George Bell and Sons.

Laughlin, Charles D., J. McManus, and E. d'Aquili. 1990. *Brain, Symbol and Experience*. New York: Columbia University Press.

Leach, Edmund R. 1954. *Political Systems of Highland Burma: A Study of Kachin Social Structure*. Boston: Beacon Press.

　　1961. *Rethinking Anthropology*. London: Athlone.

　　1966. "Ritualization in man in relation to conceptual and social developments," in J. Huxley (convenor), A Discussion of the Ritualization of Behavior in Animals and Man. *Transactions of the Royal Society of London*. Series B. Biological Sciences 251(772).

　　1972. "The influence of cultural context on non-verbal communication in man," in R. Hinde (ed.), *Non-Verbal Communication*. Cambridge: Cambridge University Press.

Leon-Portilla, Miguel. 1963. *Aztec Thought and Culture: A Study of The Ancient Nahuatl Mind*. Trans. J. E. Davis. Norman, OK: University of Oklahoma Press.

Leslau, Wolf. 1951. *Falasha Anthology: The Black Jews of Ethiopia*. New York: Schocken Books.

Lévi-Strauss, Claude. 1953. "Social structure," in A. Kroeber (chair), *Anthropology Today*. Chicago: Chicago University Press.

　　1963. "The structural study of myth," in *Structural Anthropology*. New York: Basic Books.

　　1966. *The Savage Mind*. London: Weidenfeld and Nicolson.

　　1981. *The Naked Man*. New York: Harper and Row.

Levy, Robert. 1973. *Tahitians: Mind and Experience in the Society Islands*. Chicago: Chicago University Press.

　　1990. *Mesocosm: Hinduism and the Organization of a Traditional Newar City in*

Nepal. With the collaboration of C. Raj Rajopadhyaya. Berkeley: University of California Press.

Lewis, C. T. 1891. *An Elementary Latin Dictionary*. Oxford: Oxford University Press.

Lewis, Gilbert. 1980. *Day of Shining Red: An Essay on Understanding Ritual*. New York: Cambridge University Press.

Lex, Barbara. 1979. "The neurobiology of ritual trance," in E. d'Aquili, C. Laughlin, and J. McManus (eds.), *The Spectrum of Ritual*. New York: Columbia University Press.

Lichtheim, Miriam. 1971. *Ancient Egyptian Literature. Volume One: The Old and Middle Kingdoms*. Berkeley: University of California Press.

LiPuma, Edward. 1990. "The terms of change: Linguistic mediation and reaffiliation among the Maring," *Journal of the Polynesian Society* 99: 93–121.

Lommel, Herman. 1930. *Die Religion Zarathustras nach dem Aresta Dargestellt*. Tubingen: J. C. B. Mohr.

Lyons, J. 1972. "Human language," in R. Hinde (ed.), *Non-Verbal Communication*. Cambridge: Cambridge University Press.

MacDonell, A. A. 1915. "Literature (Buddhist)," in J. Hastings (ed.), *Encyclopedia of Religion and Ethics*, vol. 8. Edinburgh: T. & T. Clark.

Macfarlane, Alan. 1985. "The root of all evil," in D. Parkin (ed.), *The Anthropology of Evil*. Oxford: Basil Blackwell.

MacKenzie, J. S. 1912. "Eternity," in J. Hastings (ed.), *Encyclopedia of Religion and Ethics*, vol. 5. Edinburgh: T. & T. Clark.

Malinowksi, Bronislaw. 1922. *Argonauts of the Western Pacific: An Account of Native Enterprise and Adventure in the Archipelagos of Melanesian New Guinea*. Reprinted, New York: E. D. Dutton, 1961.

— 1935. *Coral Gardens and their Magic*. Reprinted, Bloomington, IN: University of Indiana Press, 1965.

Manheim, Ralph. 1959. "Translator's note," in M. Heidegger, *An Introduction to Metaphysics*. New Haven: Yale University Press.

Margoliouth, G. 1918. "Sabbath (Muhammadan)," in J. Hastings (ed.), *Encyclopedia of Religion and Ethics*, vol. 10. Edinburgh: T. & T. Clark.

Marshall, J. C. 1970. "The biology of communication in man and animals," in J. Marshall (ed.), *New Horizons in Linguistics*. Harmondsworth: Penguin.

Maruyama, Magoroh. 1955. "The second cybernetics," *American Scientist*.

Marx, Karl. 1842. "Religion and authority," in F. Bender (ed.), *Karl Marx: The Essential Writings*. New York: Harper, 1972. First published as *The Leading Article in no. 179 of the Kolnische Zeitung: Religion, Free Press, and Philosophy*. Rheinische Zeitung, 1842.

— 1844. "Contribution to the critique of Hegel's philosophy of right: Introduction," in *Karl Marx and Freidrich Engels on Religion*. New York: Schocken, 1964.

Masani, Rustom. 1968. *Zoroastrianism: The Religion of the Good Life*. New York: Macmillan. First published 1938.

Mauss, Marcel. 1954. *The Gift: Forms and Functions of Exchange in Archaic Societies*. Trans. Ian Cunnison. London: Cohen and West.

McKelway, Alexander J. 1964. *The Systematic Theology of Paul Tillich: A Review and Analysis*. Richmond: John Knox Press.

McKenzie, John L. 1969. *The Roman Catholic Church*. New York: Holt, Rein-hart, and Winston.

McKeon, Richard (ed.). 1941 *The Basic Works of Aristotle*. New York: Random House.

McLuhan, Marshall and Q. Fiore. 1967. *The Medium is the Massage*. New York: Random House.

Meggitt, M. J. 1965a. *The Desert People: A Study of the Walbiri Aborigines of Central Australia*. Chicago: Chicago University Press.

    1965b. *The Lineage System of the Mae Enga of New Guinea*. Edinburgh: Oliver and Boyd.

    n.d. *Gadjari among the Walbiri Aborigines of Central Australia, The Oceania Monographs*, no. 14. Sydney.

Miller, James. 1965. "Living systems: Basic concepts," *Behavioral Science* 10: 193–257.

Miller, John H. 1959. *Fundamentals of the Liturgy*. Notre Dame, IN: Fides Publishing Co.

Milne, L. A. 1948. *Kinematic Relativity*. Oxford: Clarendon Press.

Mitchell, Robert W. and Nicholas S. Thompson (eds.). 1986. *Deception: Perspec-tives on Human and Non-Human Deceit*. State University of New York Press.

Moerenhaut, Jacques-Antoine 1837 *Voyages aux Iles du Grand Ocean*. 2 vols. Paris: A. Bertrand.

Molina, Alonso de. 1571. *Vocabulario en langua Castellana y Mexicana*. Facsimile edition, *Coleccion de Incunables Americanos*, vol. 4. Madrid, 1944.

Montague-Smith, Patrick W. 1972. *The Royal Line of Succession*. London: Pitkin.

Mooney, James. 1896. *The Ghost Dance Religion and the Sioux Outbreak of 1890*. Part Two of the Fourteenth Annual Report of the Bureau of Ethnology to the Secretary of the Smithsonian Institution, 1892–93. Washington: Govern-ment Printing Office. Reprint, abridged with an introduction by A. Wallace. Phoenix Books, 1965.

Moore, John M. 1938. *Theories of Religious Experience With Special Reference to James, Otto and Bergson*. New York: Round Table Press.

Moore, Omar Khayam. 1955. "Divination: A new perspective," *American Anthropologist* 59: 64–74.

Moore, Sally Falk and Barbara Myerhoff (eds.). 1977. *Secular Ritual*. Am-sterdam: Van Gorcum.

Morgan, Lloyd. 1900. *Animal Behavior*. Reprinted, New York: Johnson Reprint Corp., 1970.

Morris, Desmond. 1986. *Bodywatching: A Field Guide to the Human Species*. London: Guild.

Munn, Nancy D. 1973. *Walbiri Iconography: Graphic Representations and Cul-tural Symbolism in a Central Australian Society*. Ithaca and London: Cornell University Press.

Myerhoff., Barbara. 1977. "We don't wrap herring in a printed page," in S. Moore and B. Myerhoff (eds.), *Secular Ritual*. Amsterdam: Van Gorcum.

Nagel, Ernst. 1961. *The Structure of Science*. New York: Harcourt, Brace, and World.

Needham, Joseph. 1966. "Time and knowledge in China and the West," in J. T. Frazer (ed.), *The Voices of Time*. New York: George Brazilier.

Needham, Rodney. 1963. "Introduction," in E. Durkeim and M. Mauss (eds.), *Primitive Classification*. Chicago: University of Chicago Press. French edition, 1903.

1972. *Belief, Language, and Experience*. Oxford: Basil Blackwell.

Norbeck, Edward. 1963. "African rituals of conflict," *American Anthropologist* 65: 1254–1279.

O'Doherty, E. Fehean. 1973. Ritual as a second order language. Paper prepared for Burg-Wartenstein Conference, no. 59: Ritual and Reconciliation. M. C. Bateson and M. Mead (conveners). New York: Wenner-Gren Foundation.

Odum, Eugene. 1953. *Fundamentals of Ecology*. Philadelphia: Saunders.

1959. *Fundamentals of Ecology*. 2nd ed. In collaboration with H. T. Odum. Philadelphia: Saunders.

Oliver, Douglas. 1955. *A Solomon Island Society*. Cambridge, MA: Harvard University Press.

1974. *Ancient Tahitian Society*. Vols. 1–3. Honolulu: University of Hawaii Press.

Orlin, Louis L. 1976. "Athens and Persia ca. 507 B.C.: A neglected perspective," in L. Orlin (ed.), *Michigan Oriental Studies in Honor of George G. Cameron*. Ann Arbor, MI: Dept. of Near Eastern Studies, University of Michigan.

Ornstein, Robert E. 1969. *On the Experience of Time*. Baltimore: Penguin.

Ortiz, Alfonso. 1969. *The Tewa World: Space, Time, Being, and Becoming in a Pueblo Society*. Chicago: Chicago University Press.

Ortner, Sherry. "On key symbols," *American Anthropologist* 75: 1338–1346.

Otto, Rudolph. 1907. *Naturalism and Religion*. Trans. J. Thomson and M. Thomson. London: Williams and Norgate. First published as *Naturalistische und Religiose Weltansicht*. Tubingen: J. C. B. Mohr, 1904.

1923. *The Idea of the Holy*. Trans. J. Harvey. Oxford: Oxford University Press. Originally published as *Das Heilige*. Gotha: Leopold Klotz, 1917.

1931. *The Philosophy of Religion based on Kant and Fries*. Trans. E. Dicker. London: Williams and Norgate. First published as *Kantisch-Friesische Religionphilosophie und ihre Anwendung auf die Theologie*. Tubingen: J. C. B. Mohr, 1909.

1950. *The Idea of the Holy: An Inquiry into the Non-rational Factor in the Idea of the Divine and its Relation to the Rational*. 2nd ed. Trans. J. Harvey.

Palmer, L. M. 1988. *Vico, Giambattista. On the Most Ancient Wisdom of the Italians. Unearthed from the Origins of the Latin Language Including the Disputation with the Giornale de Litterati d'Italia*. Trans. with intro. and notes. Ithaca, NY: Cornell University Press.

Parkin, David (ed.). 1985. *The Anthropology of Evil*. Oxford: Basil Blackwell.

Parsons, Edmund. 1964. *Time Devoured*. London: George Allen and Unwin.

Parsons, R. G. 1918. "Sacraments (Christian, Eastern)," in J. Hastings (ed.), *Encyclopedia of Religion and Ethics*, vol. 10. Edinburgh: T. &. T. Clark.

Partridge, Eric. 1958. *Origins: A Short Etymological Dictionary of Modern English*. New York: Greenwhich House.

Pattee, Howard H. (ed.). 1973. *Hierarchy Theory: The Challenge of Complex Systems*. New York: George Brazillier.

Paul, Robert A. 1976. "The Sherpa temple as a model of the psyche," *American Ethnologist* 3: 131–146.

Peirce, Charles S. 1960. *The Collected Papers of Charles Sanders Pierce*. C. Hartshorne and P. Weiss (eds.). Cambridge, MA: Harvard University Press.

Peters, Edward (ed.). 1980. *Heresy and Authority in Medieval Europe*. Documents in Translation. Philadelphia: University of Pennsylvania Press.

Petrie, W. M. F. 1911. "Cosmogony and cosmology (Egyptian)," in J. Hastings (ed.), *Encyclopedia of Religion and Ethics*, vol. 4. Edinburgh: T. & T. Clark.

　　1912. "Egyptian religion," in J. Hastings (ed.), *Encyclopedia of Religion and Ethics*, vol. 5. Edinburgh: T. & T. Clark.

Pettitt, George. 1946. *Primitive Education in North America*. University of California Publications in Archaeology and Anthropology, vol. 43. Berkeley: University of California.

Piaget, Jean. 1971. *Structuralism*. London: Routledge and Kegan Paul.

Piddocke, S. 1965. "The Potlatch system of the Southern Kwakiutl: A New Perspective," *Southwestern Journal of Anthropology* 21: 244–264.

Pitcher, George (ed.). 1964. *Truth*. Englewood Cliffs, NJ: Prentice Hall.

Pond, Gideon H. 1866. *Dakota Superstitions*. Collections of the Minnesota Historical Society, vol. 2. Reprint, 1989.

Pope, Marvin H. 1965. Introduction, Job. *The Anchor Bible*. Garden City, NY: Doubleday.

Pope Paul VI. 1969. *On Human Life*. Papal Encylical. The Vatican.

Powers, William K. 1975. *Oglala Religion*. Lincoln: University of Nebraska Press.

Quell, Gotfried. 1965. "The word emet," in G. Kittel (ed.), *Theological Dictionary of the New Testament*. Grand Rapids, MI: Eerdmans.

Radcliffe-Brown, A. R. 1964. *The Andaman Islanders*. Glencoe: The Free Press. First published, Cambridge: Cambridge University Press, 1922.

Radhakrishnan, Sarvepalli and Charles A. Moore. 1957. *A Source Book in Indian Philosophy*. Princeton, NJ: Princeton University Press.

Radin, Paul. 1923. *The Winnebago Tribe*. Washington Bureau of American Ethnology, Smithsonian Institution Thirty-seventh Annual Report. Reprinted, Lincoln, NB: University of Nebraska Press.

Rappaport, Roy A. 1969. "Sanctity and Adaptation" Paper prepared for Wenner-Gren Conference on the Moral and Aesthetic Structure of Adaptation. Reprinted in *Io* (1970), 46–47.

　　1971a. "Nature, culture, and ecological anthropology" in H. Shapiro (ed.), *Man, Culture, and Society*. 2nd ed. New York: Oxford University Press.

　　1971b. "The sacred in human evolution," *Annual Review of Ecology and Systematics* 2: 23–44.

　　1971c. "Ritual, sanctity, and cybernetics," *American Anthropologist* 73: 59–76.

　　1976a. "Adaptation and maladaptation in social systems," in I. Hill (ed.), *The Ethical Basis of Economic Freedom*. Chapel Hill, NC: American Viewpoint.

　　1976b. "Liturgies and lies," *International Yearbook for the Sociology of Knowledge and Religion* 10: 75–104.

　　1977. "Maladaptation in social systems," in J. Friedman and M. Rowlands (eds.), *The Evolution of Social Systems*. London: Duckworth.

　　1979. *Ecology, Meaning, and Religion*. Richmond CA: North Atlantic Books.

1979a. "On cognized models," in Rappaport 1979.

1979b. "Sanctity and lies in evolution," in Rappaport 1979.

1979c. "Adaptive structure and its disorders," in Rappaport 1979.

1979d. "The obvious aspects of ritual," in Rappaport 1979.

1984. *Pigs for the Ancestors: Ritual in the Ecology of a New Guinea People*. 2nd ed. New Haven: Yale University Press. First published 1968.

1992. "Ritual, time, and eternity," *Zygon* 27: 5–30.

1993. "The anthropology of trouble" *American Anthropologist* 95(2).

1994. "Disorders of our own," in S. Forman (ed.), *Diagnosing America*. Ann Arbor: University of Michigan Press.

Read, Kenneth. 1965. *The High Valley*. New York: Charles Scribner's Sons.

Reeves, C. M. 1972. *An Introduction to the Logical Design of Digital Circuits*. New York: Cambridge University Press.

Reichard, G. 1944. *Prayer: The Compulsive Word*. American Ethnological Society Monograph, no. 7. Seattle: Washington University Press.

1950. *Navaho Religion: A Study of Symbolism*. New York: Bollingein Foundation.

Roheim, Geza. 1945. *The Eternal Ones of the Dream. A Psychoanalytic Interpretation of Australian Myth and Ritual*. New York: International Universities Press.

Romanes, G. J. 1977. *Animal Intelligence*. Washington: University Publications of America. First published, 1883.

Romer, Alfred S. 1954. *Man and the Vertebrates*. Vols. 1 & 2. London: Penguin. First published, 1933.

Ruppell, Von G. 1986. "A 'lie' as a directed message of the Arctic Fox (Alopex lagopus L.)," in R. Mitchell and N. Thompson (eds.), *Deception*. State University of New York Press.

Sahlins, Marshall. 1958. *Social Stratification in Polynesia*. American Ethnological Society Monograph. University of Washington Press.

Schechner, Richard. 1985. *Between Theatre and Anthropology*. Philadelphia: University of Pennsylvania Press.

Schneider, David. 1968. *American Kinship: A Cultural Account*. Englewood Cliffs, NJ: Prentice Hall.

Scholem, Gershom. 1969. *On the Kabbalah and Its Symbolism*. Trans. R. Manheim. New York: Schocken Books.

Searle, J. 1969. *Speech Acts*. Cambridge: Cambridge University Press.

Sebeok, T. 1962. "Coding in the evolution of signalling behavior," *Behavioral Science* 7: 430–442.

1965. "Animal communication," *Science* 147: 1006–1014.

Sebeok, T. (ed.). 1968. *Animal Communication: Techniques of Study and Results of Research*. Bloomington, IN: Indiana University Press.

Shannon, Claude and Warren Weaver. 1949. *The Mathematical Theory of Communication*. Urbana, IL: University of Illinois Press.

Shepartz, Lynn. 1993. "Language and modern human origins," *Yearbook of Physical Anthropology* 36: 91–126.

Shipley, Joseph. 1945. *Dictionary of Word Origins*. Totowa, NJ: Littlefield, Adams and Co. Reprinted, 1979.

Silverstein, Michael. 1976. "Shifters, linguistic categories, and cultural description," in K. Basso and H. Selby (eds.), *Meaning in Anthropology*. Albuquerque, NM: University of New Mexico Press.

Simmel, Georg. 1950. *The Philosophy of Money*. First published as *Philosophie des Geldes*. Leipzig, 1900.

Simon, Herbert. 1969. *The Sciences of the Artificial*. Cambridge, MA: MIT Press.

    1973. "The organization of complex systems," in H. H. Pattee (ed.), *Hierarchy Theory: The Challenge of Complex Systems*. New York: George Braziller.

Simpson, Otto von. 1964. *The Gothic Cathedral: Origins of Gothic Architecture and the Medieval Concept of Order*. 2nd ed. New York: Harper and Row.

Singer, Milton. 1959. *Traditional India: Structure and Change*. Philadelphia: American Folklore Society.

Skorupski, John. 1976. *Symbol and Theory: A Philosophical Study of Theories of Religion in Social Anthropology*. Cambridge: Cambridge University Press.

Slobodkin, L. and A. Rapoport. 1974. "An optimal strategy of evolution," *Quarterly Review of Biology* 49: 181–200.

Smith, Gerard. 1956. *The Truth That Frees*. The Aquinas Lecture 1956. Milwaukee, WI: Marquette University Press.

Smith, Jonathan Z. 1987. *To Take Place: Toward a Theory in Ritual*. Chicago: University of Chicago Press.

Soebardi. 1965. "Calendrical traditions in Indonesia," *Madjalah Ilmu-ilmu Sastra Indonesia* 3(1): 49–61.

Soloveitchik, Rabbi Joseph B. 1983. *Halakhic Man*. Philadelphia: The Jewish Publication Society of America.

Speiser, E. A. (ed. and trans.). 1964. "Genesis: Introduction, translation and notes," *The Anchor Bible*. Garden City, NY: Doubleday.

Spiro, Melford. 1970. *Buddhism and Society: A Great Tradition and its Burmese Vicissitudes*. New York: Evanston and London. Harper and Row.

Stanner, William E. H. 1956. "The Dreaming," in T. A. G. Hungerford (ed.), *Australian Signpost*. Melbourne: F. W. Chesire. Reprinted in W. Lessa and E. Vogt (eds.), *Reader in Comparative Religion*. 2nd ed. 1965.

    n.d. *On Aboriginal Religion*. The Oceania Monographs, no. 11. Sydney.

Strathern, Andrew. 1987. "'Noman': Representations of identity in Mount Hagen," in L. Holy and M. Stuchlik (eds.), *The Structure of Folk Models*. ASA Mongraph, no. 20. London: Academic Press.

Stritzower, Schiffra. 1971. *The Children of Israel: The Beni Israel of Bombay*. Oxford: Basil Blackwell.

Suttles, Wayne. 1960. "Affinal ties: subsistence and prestige among the coast Salish," *American Anthropologist* 62: 296–305.

Tambiah, Stanley J. 1968. "The magical power of words," *Man* 3: 175–208.

    1973. "Form and meaning of magical acts: A point of view," in R. Horton and R. Finnegan (eds.), *Modes of Thought: Essays on Thinking in Western and Non-western Societies*. London: Faber & Faber.

    1985. "A performative approach to ritual," in S. Tambiah, *Culture, Thought and Social Action: An Anthropological Perspective*. First published in *Proceedings of the British Academy* 65(198), 1979.

Teit, James. 1906. "The Thompson Indians of British Columbia," *Memoirs of the American Museum of Natural History* 2: 163–392.

Thomas, Lewis. 1974. *The Lives of a Cell*. New York: Viking Press.

Thomas, Owen. 1969. *Metaphor and Related Subjects*. Bloomington, NY: Random House.

Thorpe, W. H. 1968. "The comparison of vocal communication in animal and man," in R. Hinde (ed.), *Non-verbal Communication*. Cambridge: Cambridge University Press.

— 1972. *Duetting and Antiphoned Song in Birds; its Extent and Significance*. Leiden: E. J. Brill.

Tillich, Paul. 1951. *Systematic Theology*. Vol. 1. Chicago: University of Chicago Press.

— 1957. *The Dynamics of Faith*. New York: Harper and Row.

Tinbergen, N. 1964a "Behavior and natural selection," in J. Moore (ed.), *Ideas in Modern Biology*.

— 1964b. "The evolution of signalling devices," in W. Etkin (ed.), *Social Behavior and Organization among the Vertebrates*. Chicago: University of Chicago Press.

Titiev, Mischa. 1944. *Old Oraibi: A Study of Hopi Indians in the Third Mesa*. Papers of the Peabody Museum of American Archaeology and Ethnology, vol. 22 no. 1.

Toulmin, Stephen. 1982. *The Return to Cosmology: Postmodern Science and the Theology of Nature*. Berkeley: University of California Press.

Tuchman, Barbara. 1978. *A Distant Mirror: The Calamitous 14th Century*. New York: Alfred A. Knopf.

Tumarkin, Nina. 1983. *Lenin Lives! The Lenin Cult in Soviet Russia*. Cambridge, MA: Harvard University Press.

Turner, Victor. 1964. "Symbols in Ndembu ritual," in M. Gluckman and E. Devons (ed.), *Closed Systems and Open Minds: The Limits of Naivete in Social Anthropology*. Chicago: Aldine. Reprinted in Turner 1967.

— 1967. *The Forest of Symbols: Aspects of Ndembu Ritual*. Ithaca, NY: Cornell University Press.

— 1969. *The Ritual Process*. Chicago: Aldine.

— 1973. "Symbols in African ritual," *Science* 179: 1100–1105.

Turner, Victor and Edith Turner. 1978. *Image and Pilgrimage in Christian Culture: Anthropological Perspectives*. New York: Columbia University Press.

Ullman, Walter. 1975. *Medieval Political Thought*. Harmondsworth: Penguin.

Valeri, Valerio. 1985. *Kingship and Sacrifice: Ritual and Society in Ancient Hawaii*. Trans. P. Wissing. Chicago: University of Chicago Press.

Van Baal, J. 1966. *Dema: Description and Analysis of Marind-Anim Culture*. With the collaboration of Father J. Verschoern. The Hague: Martinus Nijhoff.

— 1971. *Symbols for Communication: An Introduction to the Anthropological Study of Religion*. Assen: Van Gorcum.

Van Gennep, Arnold. 1960. *The Rites of Passage*. Trans. M. Vizedom and G. Caffee, intro. S. Kimball. Chicago: Chicago University Press. First published, 1909.

Van Lawick-Goodall, Jane. 1971. *In the Shadow of Man*. London: Collins.

Vayda, Andrew P., A. Leeds, and D. Smith. 1961. "The place of pigs in Melanesian subsistence," in V. Garfield (ed.), *Proceedings of the American Ethnological Society*. Seattle: University of Washington Press.

Vayda, Andrew P. and Bonnie McKay. 1975. "New directions in ecology and ecological anthropology," *Annual Review of Anthropology* 4: 293–306.

Vickers, Geoffrey. 1965. *Value Systems and Social Process*. New York: Basic Books.

Vico, Giambattista. 1709. *On the Study of Methods of Our Time*. Trans. Elio Gianturco. New York: Bobbs-Merrill Library of Liberal Arts, 1965.

    1710. *On the Most Ancient Wisdom of the Italians. Unearthed from the Origins of the Latin Language. Including the Disputation with the Giornale de Letterati d'Italia*. Trans. with intro. and notes L. Palmer. Ithaca, NY: Cornell University Press, 1988.

    1744. *The New Science of Giambattista Vico*. Unabridged Translation of the Third Edition with the addition of "Practice of the New Science." Trans. T. Bergin and M. Fisch. Ithaca, NY: Cornell University Press, 1968.

Waddington, C. H. 1961. *The Ethical Animal*. New York: Athanaeum.

Walker, J. R. 1917. *The Sun Dance and Other Ceremonies of the Teton Dakota*. Anthropological Papers of the American Museum of Natural History, no. 16 pt. 1.

    1980. *Lakota Belief and Ritual*. Ed. R. DeMallie and E. Jahner. Lincoln, NE: University of Nebraska Press.

Wallace, Anthony F. C. 1956. "Revitalization movements," *American Anthropologist* 58: 264–281.

    1966. *Religion: An Anthropological View*. New York: Random House.

    1972. *The Death and Rebirth of the Seneca*. New York: Random House.

Wallace-Hadrill, J. M. 1971. *Early German Kingship in England and on the Continent*. Oxford: Oxford University Press.

Warner, W. L. 1937. *A Black Civilization: A Social Study of an Australian Tribe*. New York: Harper and Row.

Weber, Max. 1963. *The Sociology of Religion*. Trans. E. Fischoff with intro. by T. Parsons. Boston: Beacon Press.

Welsford, Enid. 1921. "Sun, moon, and stars (Teutonic and Balto-Slavic)," in J. Hastings (ed.), *Encyclopedia of Religion and Ethics*, vol. 12. Edinburgh: T. & T. Clark.

Wensinck, A. J. L. 1923. "The Semitic new year and the origin of Eschatology," *Acta Orientalia* 1: 158–199.

White, Alan R. 1971. *Truth*. London: Macmillan.

White, Leslie. 1949. *The Science of Culture*. New York: Farrar Strauss.

    1962. *The Pueblo of Sia, New Mexico*. Smithsonian Institution, Bureau of American Ethnology Bulletin no. 184. Washington: US Government Printing Office.

White, Lynn Jr. 1967. "The historical roots of our ecological crisis," *Science* 155: 1203–1207.

Whitehead, Alfred N. 1927. *Science and the Modern World*. Cambridge: Cambridge University Press.

    1927. *Symbolism*. New York: G. P. Putnam.

Whitehead, Alfred N. and B. Russell. 1910–1913. *Principia Mathematica*. Vols. 1–3. Cambridge: Cambridge University Press.

Whitrow, G. J. 1972. *The Nature of Time*. New York: Holt, Rinehart and Winston.

Wiedemann, A. 1914. "Incarnation (Egyptian)." in J. Hastings (ed.), *Encyclopedia of Religion and Ethics*, vol. 7. Edinburgh: T. & T. Clark.

Wilden, A. 1972. *System and Structure: Essays in Communication and Exchange*. London: Tavistock.

Williams, F. E. 1923. "The Vailala Maddness and the Destruction of Native Ceremonies in the Gulf Division." *Papuan Anthropology Reports* No. 4, Port Moresby.

Wilson, John A. 1951. *The Culture of Ancient Egypt*. Chicago: University of Chicago Press.

Windfuhr, Gernot L. 1976. "Vohu Manah: A Key to the Zoroastrian World-Formula," in L. Orlin (ed.), *Michigan Oriental Studies in Honor of George Cameron*. Ann Arbor, MI: University of Michigan, Dept. of Near Eastern Studies.

Witherspoon, Gary. 1977. *Language and Art in the Navaho Universe*. Ann Arbor, MI: University of Michigan Press.

Wolpoff., Milford. 1980. *Paleoanthropology*. New York: McGraw Hill.

Worsley, P. J. 1957. *The Trumpet Shall Sound: A Study of "Cargo" Cults in Melanesia*. London: MacGibbon & Kee.

Worster, Donald. 1993. *The Wealth of Nature: Environmental History and the Ecological Imagination*. New York: Oxford University Press.

Wynne-Edwards, V. C. 1962. *Animal Deception in Relation to Social Behavior*. Edinburgh: Oliver and Boyd.

Yengoyan, Aram. 1972. "Ritual and Exchange in Aboriginal Austrailia: An Adaptive Interpretation of Male Initiation Rites," in E. Wilmsen (ed.), *Social Exchange and Interaction. Anthropological Papers of the Museum of Anthropology*, University of Michigan, no. 46.

1976. "Structure, event, and ecology in aboriginal Australia," in N. Peterson (ed.), *Tribes and Boundaries in Australia*. Canberra: Australian Institute of Aboriginal Studies.

1979. "Cultural forms and a theory of constraints," in A. Becker and A. Yengoyan (eds.), *The Imagination of Reality: Essays on Southeast Asian Coherence Systems*. Norwood, NJ: ABLEX Publishing Corp.

Young, Michael. 1971. *Fighting with Food: Leadership, Values, and Social Control in a Massim Society*. Cambridge: Cambridge University Press.

Zaehner, R. C. 1961. *The Dawn and Twilight of Zoroastrianism*. London: Weidenfeld and Nicolson.

마

마르두크 54, 56~57, 294, 501, 529

마링족 의례 74, 153~154, 159, 163, 170, 198, 349, 351, 361, 364, 432~433, 453, 457~458, 475, 478, 497

마앗 622~628, 630, 632~634, 639~640, 643~644, 697, 784

목적적 시스템 718, 740~741, 771

바

반복성 76, 99, 105, 111, 342~344, 347~352, 401, 413, 419, 512, 670

발화 수반 행위 221~222

발화 효과 행위 222

방주네프 88, 181, 267, 317, 319, 338, 349, 384, 398, 420, 684

베다적 거짓말 45, 254, 530, 533, 773, 783

베룸 58, 60, 528~530

베이트슨, 그레고리 18~19, 36, 211, 213~214, 217, 285, 308, 323, 543, 545~546, 675~678, 704~706, 721

변수–의존적 조절 364~365, 380~381, 723

보헨스키, 요제프 518~522, 530

복종 624~625, 627, 657, 664, 681, 694, 744, 756, 760

부버, 마르틴 47, 55, 427, 570, 706, 731, 774, 782

부적응 715, 742, 771, 773, 779, 781~782, 792~793

불변성 69, 73, 79, 89, 98~99, 101~102, 116~117, 125, 241, 244, 285~286, 310, 313, 409, 420~422, 424, 426, 492, 509, 511, 519, 521, 523, 551, 558, 571~572, 580~581, 585~586, 588~589, 595, 601~603, 607, 609, 648, 657~658, 687, 691, 695, 698, 719, 731~732, 742~743, 746~747, 775

비술 29, 31~32, 67~68, 74, 83, 94, 108~112, 154, 160, 219, 225~226, 282~284, 312, 351, 566, 569, 635

사

사이기 330, 337~338, 344~345, 348, 384, 391, 395~398, 406, 409, 422~425, 427, 431

사이버네틱스 114, 351, 364, 513, 705, 721, 723, 739~751, 761, 779, 781

살아 있는 시스템 36, 198, 716~717, 724, 736~737, 739, 791, 795

상징 30~41, 43~44, 49~50, 52, 54, 56~60, 62~63, 72, 77, 79~80, 83, 106, 110,

아

자

914

차

로이 라파포트는 생태인류학의 고전으로 평가받는《Pigs for the Ancestors 조상을 위한 돼지들》(1968)로 세계적 명성을 얻었으며, 생태인류학은 물론 종교인류학, 더 나아가 실천인류학에도 크게 기여한 미국 인류학자다. 《인류를 만든 의례와 종교》는 종교와 생태에 관한 라파포트의 오랜 학문적 열정과 탐구의 결과물이다. 원래는 1982년에 출판할 계획이었으나 지은이 스스로 미흡하다고 느껴 출판을 미루다가, 1996년 폐암 선고를 받고 종전의 원고를 대대적으로 수정·보완하여 현재의 형태로 펴냈다. 이 책의 대담한 구상과 야심에 찬 기획은 학계 안팎의 많은 찬사를 받았다. 라파포트 역시 이 책을 자신의 학문적 생애를 총결산하는 필생의 역작으로 여겼다.

이 책의 주요 논지는 간명하다. 의례와 종교가 인류 진화에 필수적이었다는 것이다. 라파포트는 종교가 없었다면 인류는 원시 상태를 벗어나지 못했을 것이고, 종교는 인류 사회의 진화와 존속에 언어만큼 중요했으며, 종교의 토대는 바로 의례라고 주장한다. 그래서 이 책은 방대한 의례 연구이기도 하다. 총 14개 장 가운데

11개 장 이상을 의례 논의에 할애한다. 2장에서 제시한 의례의 정의를 후속 장들에서 조목조목, 다각도로 파헤치는 것이 이 책의 전체 구성이다.

> 나는 연행자들에 의해 전적으로 코드화되지 않은 형식적 행위나 발화의 거의 불변하는 차례를 따르는 연행은 논리적으로 관습의 확립, 사회적 계약의 승인, 우리가 로고이(로고스의 복수)라고 부르는 통합된 관습적 질서의 구축, 윤리성의 부여, 시간과 영원성의 구축, 세계 창조 패러다임의 재현, 신성성 개념의 생성과 관습적 질서의 신성화, 비술적 힘에 관한 이론 구성, 누미노스적 경험의 창조, 신성神性의 인식, 성스러움의 파악, 의미성을 초월한 의미 질서의 구축을 수반한다고 주장할 것이다. (pp. 73~74)

《인류를 만든 의례와 종교》에서 펼치는 논의에는 인류 진화의 필수 요소인 '언어'에 대한 비판적 성찰이 중심에 있다. 어떤 의미에서 이 책은 인간종 고유의 언어능력에서 파생된 두 가지 악惡에 대한 집요한 물음이다. 언어를 통한 상징화 능력은 현생 인류의 진화에 결정적으로 기여했지만, 언어의 사용과 더불어 인간 사회에 두 가지 악이 도입되었다. 언어를 통해 자의적 기호로써 대상체를 지시하게 되자, 인간은 거짓말하고 종전의 사회질서와 배치되는 대안적 질서를 상상하게 되었다. 라파포트는 종교와 의례가 인간 사회 존속에 치명적인 두 가지 악—거짓말과 대안성—의 해독제이자 억제제라고 주장한다.

먼저 퍼스의 기호 이론에 따르면 언어는 기호와 그것이 가리키는 대상체가 관습적·자의적으로 연계된다는 점에서 상징 기호에 속한다. 그래서 언어기호는 특정한 의미 작용이나 지시 대상, 사태와 무관하게 발화될 수 있다. 여기서 인간에게 고유한 거짓말의 가능성이 생겨나는데, 동물은 특정한 사태와 무관한 상징 기호로 다른 동물을 속이는 능력이 거의 없다. 그런데 의례에서는 특정한 메시지가 단순히 '말'이 아니라 '연행'과 더불어 전달된다.

라파포트에 따르면 의례적 행위와 발화들은 기호가 그 지시 대상과 직접적·실존적으로 연계된다는 점에서 지표 기호에 가깝다. 즉 의례는 무엇을 논하거나 말하는 대신 직접 연행하면서 입증한다. 게다가 의례는 청중과 연행자의 공적인 참여를 수반한다. 참여는 의례에서 공표되는 메시지나 개인적·사회적 상태 변화를 쉽게 번복할 수 없는 결정적인 것으로 만든다. 따라서 의례에서는 상징적 커뮤니케이션에 내재한 거짓 정보 전달 가능성이 최소화될 수 있다.

둘째, 언어는 주어부와 서술부의 조합으로 한 명제에 대립되는 또 다른 명제를 무궁무진하게 산출할 수 있다. 그 결과 인간은 종전의 사회질서, 윤리, 규범과 반대되는 대안적 질서를 끊임없이 상상하게 되었다. 이 대안성의 능력이 적절히 제어되지 못하면 인간 사회는 무질서와 혼란에 빠질 수 있다.

라파포트는 의례가 대안성의 위협에 맞서, 한 사회의 종교적·도덕적·사회적 규범의 토대가 되는 신성한 진실을 확립한다고 주장한다. 이 신성한 진실은 그 중요도와 추상성에 따라 위계가 있는데, 라파포트는 가장 정점에 있는 명제를 '궁극적이고 신성한 공준'이라 칭한다. 이 공준은 한 사회의 근간이 되는 신성불가침의 명제로서 반박되지 않고, 훼손될 수 없으며, 의문 제기가 불가능한 성스러운 진실이다. 의례는 이 신성불가침의 명제를 지속적으로 확립·수호하며, 이를 통해 인간 사회를 대안적인 것의 교란과 위협에서 벗어나게 한다.

이것이 이 책의 큰 줄기인데 그 안에는 훨씬 풍부하고 다양한 논의가 있다. 대략적인 내용을 장별로 소개하면 다음과 같다. 먼저 2장에서 라파포트는 의례에 관한 종전 연구들을 검토하고, 자신의 의례 정의를 제시한다. 그 정의는 의례의 내용보다 형식에 초점을 맞춘 것으로, 라파포트는 의례에 대한 자신의 관점이 구조적·생태학적·진화론적인 것임을 분명히 한다. 앞에 말했듯이 이 책은 2장의 논의에 대한 기나긴 주해註解라고도 볼 수 있다.

라파포트는 3~5장에서 인류가 언어라는 탁월한 커뮤니케이션 양식을 발전시켰음에도 어째서 의례를 꾸준히 연행해왔는지 고찰한다. 그는 의례를 특정한 정보 전달이 수반되는 커뮤니케이션 양식 가운데 하나로 본다. 그러면서 언어철학과 정보 이론, 기호학, 인공두뇌학 등 다방면의 논의에 기대어, 언어로는 불가능하고 오직 의례가 성취할 수 있는 투명하면서도 번복 불가능한 커뮤니케이션의 가능성을 조망한다. 이 장들은 전부 언어의 첫 번째 악인 거짓말에 대한 의례적 대응을 논의한다.

6~7장에는 의례와 시간의 관계를 다룬다. 여기서 라파포트는

의례가 인간 사회의 시간성을 어떻게 조직했는지 설명하고, 의례적 시간과 일상적 시간을 구별한다. 의례가 마련하는 특별한 시간성 안에서는 어떤 일들이 벌어지는가. 의례는 어떻게 한 사회의 종교적·도덕적 근간이 되는 신성한 규범과 진실을 생성해낼 수 있는가. 라파포트는 중세 철학자 잠바티스타 비코와 현대 언어학자 존 오스틴의 화행 이론에 근거하여, 의례적 진실이란 인간이 만들어낸 진실이며 그 만들어진 진실의 토대인 신성성이 의례에서 확립된다고 주장한다.

8장에서는 파푸아뉴기니 마링족에 관한 라파포트의 민족지적 현지 조사에 근거하여, 앞서 논의한 의례의 다양한 '특징'이 어떻게 마링족 의례에서 동시다발적으로 구현되는지 살핀다. 9~10장에는 언어의 두 번째 악인 대안성에 대한 의례적 대응을 논의한다. 의례는 한 사회의 근간이 되는 성스러운 진실을 확립하고 수호하는데, 그 진실들은 신성성의 정도에 따라 위계화되었다. 라파포트는 그중 가장 성스럽고 경외할 만한 명제를 '궁극적이고 신성한 공준'이라 칭한다. 이 명제는 한 사회의 도덕적·종교적·사회적 가치와 규범의 근원적 토대로, 반박하거나 허위화시키거나 의문을 제기할 수 없는 것들이다.

11장에서 라파포트는 고대 그리스의 로고스 개념에 주목하여 로고스를 자연, 사회, 우주를 지극한 조화와 전일성全一性 속으로 통합하는 합리적 질서로 이해한다. 그는 고대 그리스의 '로고스'에 상응하는 개념을 베다교, 힌두교, 고대 이집트, 북아메리카 원주민 종교 등 세계 여러 지역의 종교에서 찾아 함께 논의한다. 라파포트

922

에게 종교란 무엇보다 로고스의 모체母體이자 저장소다. 종교는 언어가 구별하고 일상적인 시간이 흩뜨려놓은 인간과 사회, 사물, 진실을 지고의 조화와 전일성 속으로 통합한다. 언어는 분할하고 구별하고 나누지만, 종교는 통합하고 연결하고 고립된 것들을 그보다 큰 힘과 연관시킨다. 몇몇 평자들은 여기서 뒤르켐의 영향을 읽어낸다.

12장에서는 성스럽고 섬뜩하며 동시에 지극한 고양감을 선사하는 종교적 경험이 어떤 것인지 다루면서, 의례와 종교가 인간 사회의 근본적 토대임을 다시 강조한다. 13장에서는 종교가 인류 진화에 필수적이었음을 '적응' 개념과 함께 논의한다. 여기서 라파포트는 생태학적·진화론적 관점에서 적응을 논하는데, 종교와 의례를 자연에 대한 적응기제로 파악하는 관점은 그의 유명한 저서 《Pigs for the Ancestors》에도 드러난다.

14장에서 라파포트는 종교의 신성성이 현대사회에 점점 훼손·변질됨을 지적한다. 그러면서 종교와 과학을 상보적인 것으로 파악하는, 한 차원 높은 자연종교 혹은 포스트모던 과학이 도래해야 한다고 호소하며 긴 연구를 끝맺는다.

이 책에서 라파포트는 인류학, 종교학, 기호학, 언어학, 철학, 진화생물학, 정보과학, 사이버네틱스 등 광범위한 분야에서 학문적 논의를 끌어들여 자신의 논지를 풍성하고 공고하게 만든다. 그 방대한 논의에 비해 라파포트가 제시하는 주요 논지는 간결하고 명료하다. 따라서 독자들은 분량에 겁먹지 말고 찬찬히 페이지를 넘기다 보면 '아하!' 하는 깨달음과 함께 인류의 진화, 언어, 종교 등에 대한 새로운 이해에 도달할 수 있을 것이다.

이 책의 논지에 대해서는 몇 가지 의문 제기도 뒤따랐다. 간단히 소개하면 다음과 같다. 몇몇 평자들은 본 연구가 '역사적 맥락을 거의 고려하지 않고, 의례의 보편적 형식에 주목하다 보니 문화적 차이를 경시한다'며, 이 책이 가정하는 다양한 이항 대립이 과연 생각만큼 유효한가'라는 질문을 제기했다. 특히 '의례와 비-의례를 그렇게 뚜렷이 구분할 수 있는가, 의례적인 것은 비-의례적인 것과 훨씬 긴밀하게, 애매한 방식으로 결합된 것이 아닌가'라는 비판이 제기되었다.

그런 지적은 대부분 이 책이 취하는 생태학적·진화론적·구조적 관점을 겨냥한 것으로, 사실 여기에는 보편주의와 상대주의, 법칙 정립적 방법과 개별 기술적 방법 등 인류학계 자체의 오랜 관점 차이가 반영되었다. 독자들은 그런 이론적 맥락을 고려해도 좋고, 고려하지 않아도 좋다. 각자 나름의 비판적 관점에서 다양한 물음을 던지며 읽기를 권한다.

끝으로 《인류를 만든 의례와 종교》는 '인간에게 종교란 무엇인가' '종교는 현대사회에 어떤 의미가 있는가'와 같이 학문적 논의를 넘어서는 실존적이고 윤리적인 질문을 던진다. 라파포트의 제자 키스 하트 교수가 지적했듯이, 이 책은 종교에 대한 책인 동시에 종교적인 책이다. 라파포트는 1996년 폐암 선고를 받은 뒤 자신에게 시간이 얼마 남지 않았음을 깨닫고 10년 이상 출판을 미뤄온 이 책을 다시 집필하기 시작했다. 그래서인지 이 책 곳곳에서 단순히 학자의 것이 아닌 한 인간의 '목소리'가 들려온다. 죽음을 마주하고, 동시에 죽어가는 한 인간이, 인류의 구원이라는 거대한 질문을 학문적 논의를 통해 감당하려고 애쓴다는 느낌마저 든다.

논리적 완결성과 엄밀함을 추구하는 학계의 관행에서는 이런 문제의식이 어리둥절하고 무모하게 여겨질 수도 있다. 그러나 아무도 살아간다는 문제와 그것이 제기하는 질문에서 자유롭지 않다는 점을 감안하면, 이 책이 던지는 물음은 단순히 학문적 공론의 장에 머무를 수 없을 것이다.

번역 원고를 마무리하는 동안 대한민국에서는 여러 가지 일이 있었다. 수많은 시민이 주말마다 촛불을 들고 광장으로 모여들었다. 그 촛불을 보면서 '학문을 한다는 것이 무엇일까, 인류학은 물론 모든 학문의 지고한 꿈은 어쩌면 윤리학을 향한 것이 아닐까'라는 생각이 들었다. 고인이 된 라파포트가 2016년 지구 반대편 작은 나라에서 벌어진 다사다난한 일을 볼 수는 없겠지만, 그가 언어의 악이라는 문제와 씨름하며 제기한 윤리적 질문, 종교와 의례를 통해 고찰하려 한 인류의 진정한 연대와 공동체성은 이 겨울 대한민국에서도 여전히 유효하고 시급한 물음이 아닐까?

2016년 겨울
강대훈

지은이

로이 라파포트Roy Rappaport

1926년 뉴욕에서 태어난 미국의 인류학자. 컬럼비아대학교에서 박사 학위를 받고,
미시간대학교에서 오랫동안 학생들을 가르쳤다. 파푸아뉴기니 고산지대에서 현지
조사를 수행했으며, 생태인류학과 의례 연구 분야에서 큰 업적을 남겼다. 파푸아뉴
기니 마링족의 의례와 종교를 생태학적 관점에서 분석한 《Pigs for the Ancestors조
상을 위한 돼지들》(1968)은 가장 영향력 있는 생태인류학의 고전으로 평가받는다.
주요 저작으로 《Ecology, Meaning, and Religion 생태, 의미, 종교》(1979), 《인류를
만든 의례와 종교Ritual and Religion in the Making of Humanity》(1999) 등이 있다.

옮긴이

강대훈

서울대학교 대학원에서 인류학을 공부했다. 지은 책으로 《타마르 타마르 바다거북 :
바다거북의 진화와 생활사 이야기》가 있고, 《아주 특별한 바다 여행》《홀릭 : 기묘하
고 재미있는 수 이야기》《바람이 불어오는 길》《버마 고산지대의 정치 체계 : 카친족
의 사회구조 연구》를 우리말로 옮겼다.

추천인

키스 하트Keith Hart

영국 맨체스터 출신 인류학자. 케임브리지대학교와 런던대학교 등의 교수를 역임했다. 돈과 시장에 대한 경제인류학적 연구를 주로 수행했으며, 특히 비공식 경제informal economy 연구에 크게 기여했다.

에릭 울프Eric Wolf

오스트리아 빈 출신 미국 인류학자. 푸에르토리코, 멕시코, 이탈리아 등에서 현지조사를 수행했다. 유럽 팽창과 자본주의의 역사를 마르크시즘 관점에서 서술한 《유럽과 역사 없는 사람들Europe and the People without History》(1982)은 현대 인류학의 고전으로 평가받는다.

권헌익

한국이 낳은 세계적인 인류학자. 영국 케임브리지대학교에서 사회인류학을 공부했으며, 현재 케임브리지대학교 트리니티칼리지 석좌교수다. 런던정치경제대학교 교수와 서울대학교 초빙교수를 역임했다. 주요 저서로 《학살, 그 이후》(2006), 《베트남전쟁의 유령들 Ghosts of War in Vietnam》(2013), 《또 하나의 냉전》(2013), 《극장국가 북한》(공저, 2013) 등이 있다. 2007년 《학살, 그 이후》로 인류학의 노벨상이라 불리는 '기어츠 상'을, 2009년 《베트남전쟁의 유령들》로 '조지 카힌 상'을 수상했다.

인류를 만든
의례와 종교
Ritual and Religion in the Making of Humanity

펴낸날 2017년 1월 31일 초판 1쇄
지은이 로이 라파포트
옮긴이 강대훈
만들어 펴낸이 정우진 강진영 김지영
꾸민이 Moon&Park(dacida@hanmail.net)
펴낸곳 (04091) 서울 마포구 토정로 222 한국출판콘텐츠센터 420호 도서출판 황소걸음
편집부 (02) 3272-8863
영업부 (02) 3272-8865
팩 스 (02) 717-7725
이메일 bullsbook@hanmail.net / bullsbook@naver.com
등 록 제22-243호(2000년 9월 18일)
ISBN 979-11-86821-09-1 93380

황소걸음
Slow&Steady

정성을 다해 만든 책입니다. 읽고 주위에 권해주시길…
잘못된 책은 바꿔드립니다. 값은 뒤표지에 있습니다.

이 도서의 국립중앙도서관 출판시도서목록(CIP)은 서지정보유통지원시스템 홈페이지(http://seoji.nl.go.kr)와
국가자료공동목록시스템(http://www.nl.go.kr/kolisnet)에서 이용하실 수 있습니다.
(CIP제어번호 : CIP2016032665)